Temas Aplicados de Direito do Trabalho
&
Estudos de Direito Público

ORGANIZAÇÃO E COORDENAÇÃO
Jerônimo Jesus dos Santos

Temas Aplicados de Direito do Trabalho
&
Estudos de Direito Público

LTr EDITORA LTDA.

© Todos os direitos reservados

Rua Jaguaribe, 571
CEP 01224-001
São Paulo, SP – Brasil
Fone: (11) 2167-1101
www.ltr.com.br

Produção Gráfica e Editoração Eletrônica: Peter Fritz Strotbek
Foto Capa: Renato Fernandes Alves / Divulgação MTE — Revista Trabalho
Capa: Allexandre dos Santos Silva e Rodrigo Soares da Silva
Revisão: Aline Moreira Mendes Pellegrine, Cacilda Lanuza da Rocha Duque, Carla Gonçalves Pinheiro, Deisy Lourenço Pires, Elimarlete da Costa Santos, Jerônimo Jesus dos Santos, Kaio da Silva Santos e Rosangela Marques do Amaral
Impressão: Pimenta Gráfica e Editora
LTr 4673.9
Maio, 2012

Dados Internacionais de Catalogação na Publicação (CIP)
(Câmara Brasileira do Livro, SP, Brasil)

Temas aplicados de direito do trabalho & estudos de direito público / organização e coordenação Jerônimo Jesus dos Santos. — São Paulo : LTr, 2012

Bibliografia.
ISBN 978-85-361-2110-9

1. Direito do trabalho 2. Direito do trabalho — Brasil 3. Direito público I. Santos, Jerônimo Jesus dos.

12-05257   CDU-34:331

Índice para catálogo sistemático:

1. Direito do trabalho 34:331

ORGANIZAÇÃO E COORDENAÇÃO
Jerônimo Jesus dos Santos

Procurador Federal. Mestre em Direito das Relações Econômicas pela Universidade Gama Filho (UGF). Pós-Graduado em Literatura Portuguesa e Brasileira pela Universidade do Estado do Rio de Janeiro (UERJ), com licenciatura plena em Português, Inglês, Literatura Portuguesa e Literatura Inglesa. Escritor. Autor dos livros "Meios Alternativos de Solução de Conflitos: Efeitos Sociais, Econômicos e Jurídicos no Seguro, Resseguro, Previdência e Capitalização", lançado em 1º de maio de 2003 pela FUNENSEG; "Previdência Privada: lei da previdência complementar comentada", lançado em 30 de setembro de 2004 pela Editora e Livraria Jurídica do Rio de Janeiro e "Termo de Ajustamento de Conduta", pela Editora e Livraria Jurídica do Rio de Janeiro, lançado em 2005. Autor de diversos artigos publicados em revistas do setor jurídico e na área de seguros, resseguro, previdência complementar, de capitalização, de trabalho. Atualmente, em exercício, está Consultor Jurídico da Consultoria Jurídica junto ao Ministério do Trabalho e Emprego.

INTRÓITO
Amauri Mascaro Nascimento

Formado pela Faculdade de Direito da Pontifícia Universidade de São Paulo, curso de Bacharelado em Direito e Ciência Sociais, de 1953 a 1957. Pós-graduado em Teoria do Estado pela Faculdade de Direito da Universidade de São Paulo, em 1960 a 1961. Especialização de "Collective Bargaining" na "Universith of Wisconsin-Madison", Estados Unidos da América do Norte, em 1984. Promotor de Justiça do Ministério Público do Estado de São Paulo, de 1958 a junho de 1961. Professor de Direito do Trabalho da Pontifícia Universidade Católica de São Paulo, Faculdade de Direito de Ciências Contábeis e de Serviço Social, a partir de 1964, licenciado desde 1984. Juiz do Trabalho Substituto da Justiça do Trabalho de São Paulo de 1961 a 1967, Juiz Presidente da Junta de Conciliação e Julgamento de 1967 a 1982, convocado para Juiz Togado do Tribunal Regional do Trabalho de São Paulo, aposentado a partir de 1983. Professor Titular de Direito do Trabalho das Faculdades Metropolitanas Unidas, de São Paulo, a partir de 1968. Professor Assistente-Doutor de Filosofia do Direito de 9.9.1974 a 23.3.1975. Professor Livre-Docente de Direito do Trabalho, de 24.3.1975 a 6.1.1977. Professor-Adjunto de Direito do Trabalho de 7.1.1977 a 21.2.1979. Professor Titular de Direito do Trabalho, da Faculdade de Direito da Universidade de São Paulo, a partir de 22.2.1979. Consultor Jurídico do Ministério do Trabalho de junho de 1986 a 1988. Diretor Jurídico do Sindicato das Sociedades de Advogados dos Estados de São Paulo e Rio de Janeiro (desde 1990). Presidente da Associação dos Magistrados Trabalhistas de São Paulo (1980). Presidente da Academia Nacional de Direito do Trabalho (1982/1986) e Presidente Honorário da mesma Academia a partir de 1990. Vice-Presidente da Academia Nacional de Direito (desde 1987). Membro Fundador da Academia Paulista de Direito; do Instituto Latino-americano de Direito do Trabalho e Previdência Social; do Instituto de Direito Social; do Centro Latino-americano de Direito Processual do Trabalho. Conselheiro da Ordem dos Advogados do Brasil-São Paulo, de 1991 a 1998. Membro do Instituto de Direito do Trabalho de Pernambuco (desde 1983); do Instituto de Direito do Trabalho do Pará (desde 1993); da Academia Brasileira de Letras Jurídicas (desde 1994). Sócio Efetivo do Instituto

Amazônico de Direito e Processo do Trabalho (desde 1995). Membro da Academia Brasileira de Previdência e Assistência Social; da Comissão Permanente de Legislação Social do Ministério do Trabalho (1995); da Comissão de Legislação, doutrina e jurisprudência da Ordem dos Advogados do Brasil – São Paulo (1995). Membro fundador do Instituto Ítalo-brasileiro de Direito do Trabalho (1998). Diretor Jurídico do Sindicato das Sociedades de Advogados do Estado de São Paulo. Membro do Instituto de Direito do Trabalho do Mercosul; da Academia Iberoamericana de Derecho del Trabajo y de la Seguridad Social. Participou e foi Presidente em várias Bancas Examinadoras de concurso para Promotor de Justiça; para Juiz do Trabalho; para Professor Livre-Docente de Direito do Trabalho; para Professor-Adjunto de Direito do Trabalho; para Professor-Titular de Direito do Trabalho; para ingresso na Magistratura do Trabalho e para mestrado. Mestre em Direito pela Faculdade de Direito da Universidade de São Paulo. Livre Docência pela Faculdade de Direito da Universidade Federal de Minas Gerais, em 1979. Professor Titular de Direito do Trabalho da Universidade Faculdade Paraná em 1980. Doutorado pela USP, em 1980. Conferencista e palestrista. Autor de mais de 30 (trinta) livros, tais como: "Instituições de Direito Público Privado", coautoria com Prof. Rui Rebelo Pinho, SP: Atlas, 1968; "Contrato de Trabalho", São Paulo: LTr, 1970; "Direito do Trabalho", coautoria com diversos professores, São Paulo: Atlas, 1970; "A objeção de consciência à luz política do direito e da moral", tese de doutorado pela USP, São Paulo, 1971. "Compêndio de Direito Processual do Trabalho", São Paulo: LTr, 1973; "Curso de Direito do Trabalho", São Paulo: Saraiva, 1991 (20 edições); "Iniciação ao Direito do Trabalho", São Paulo: LTr, 2.000 (32 edições); "Iniciação ao Processo do Trabalho", São Paulo: Saraiva, 2005, dentre outros.

APRESENTAÇÃO

João Oreste Dalazen

Ministro e Presidente do Tribunal Superior do Trabalho — TST

Graduado em Direito, em 1977, pela Faculdade de Direito da Universidade Federal do Paraná. Pós-graduado, ao nível de Mestrado, pela Faculdade de Direito da Universidade Federal do Paraná. Oficial R-2 do Exército Brasileiro, Arma de Artilharia. Aprovado em primeiro lugar no concurso público para o Cargo de Promotor de Justiça Substituto, no Paraná, em 1978. Procurador da Caixa Econômica Federal, de 1978 a 1980. Juiz do Trabalho Substituto do Tribunal Regional do Trabalho da Nona Região (Paraná), de junho de 1980 a junho de 1982. Juiz-Presidente de Junta de Conciliação e Julgamento, de 1982 a 1992, no Paraná (Maringá, Guarapuava e Curitiba). Juiz Togado do Tribunal Regional do Trabalho da 9ª Região desde janeiro de 1993, mediante promoção, por merecimento. Presidente da Terceira Turma do Tribunal Regional do Trabalho da 9ª Região (PR), de 1994 a 1995. Reeleito em 1996. Ministro do Tribunal Superior do Trabalho desde 1996, membro efetivo. Presidente da Primeira Turma do Tribunal Superior do Trabalho, de 2002 a 2007. Membro do Conselho Superior da Justiça do Trabalho (2005/2007). Corregedor-Geral da Justiça do Trabalho (2007/2009). Vice-Presidente do Tribunal Superior do Trabalho (2009/2011). Presidente do Tribunal Superior do Trabalho (2011/2013). Membro da Academia Nacional de Direito do Trabalho. Membro do Conselho Nacional de Justiça (2007/2009). Presidente do Conselho Deliberativo do TST Saúde (2009/2011). Presidente do Conselho Superior da Justiça do Trabalho (2011/2013). Presidente da Associação de Magistrados do Trabalho da 9ª (AMATRA IX) em 1984, reeleito em 1985; Vice-Presidente em 1986. Professor concursado de Direito

Processual Civil e Direito do Trabalho, da PUC-Paraná, de 1986 a 1989. Professor de Direito do Trabalho e de Direito Processual do Trabalho, bem como Coordenador do Curso Preparatório à Magistratura do Trabalho, promovido pela AMATRA IX, de 1988 a 1993. Professor Assistente, na cadeira de Direito do Trabalho e Direito Processual do Trabalho, da Faculdade de Direito da Universidade Federal do Paraná, onde ingressou mediante concurso público de provas e títulos, em 1992. Professor Assistente da Faculdade de Direito da Universidade Federal do Paraná (1992/2004). Professor Assistente da Faculdade de Direito da Universidade de Brasília (UNB), mediante redistribuição do cargo, desde 2004. Autor de dezenas de artigos doutrinários e da monografia "Competência Material Trabalhista" (dissertação de Mestrado). Participou de várias bancas examinadoras de concursos para provimento de cargos de Juiz do Trabalho e de Procurador. Participou de numerosos congressos e simpósios, como conferencista e debatedor. Agraciado, em 1985, pela AMB, com a Medalha José Albano Fragoso, por "serviços distintos" prestados à magistratura do País. Agraciado pelo TST com a Ordem do Mérito Judiciário do Trabalho, nos graus de Comendador e, por promoção, de Grã-Cruz. Presentemente: a) Ministro Presidente do TST (2011/2013); b) Presidente das Subseções Especializadas em Dissídios Individuais (SbDI-1 e SbDI-2), da Seção Especializada em Dissídios Coletivos (SDC) e do Órgão Especial do TST; c) Presidente do Conselho Superior da Justiça do Trabalho (CSJT); d) Professor de Direito e Processo do Trabalho da Faculdade de Direito da Universidade de Brasília (UNB).

PREFÁCIO

Luís Inácio Lucena Adams

Ministro de Estado Chefe da Advocacia-Geral da União

Integrante de uma das carreiras da Advocacia-Geral da União como Procurador da Fazenda Nacional, desde 1993. Formado em Direito pela Universidade Federal do Rio Grande do Sul. Entre 2001 e 2002 foi Secretário-Geral de Contencioso do Gabinete do Advogado-Geral da União. Também desempenhou funções no Ministério do Planejamento, Orçamento e Gestão, chegando a Secretário Executivo Adjunto do Ministério. Em 2006 foi nomeado Procurador-Geral da Fazenda Nacional até ser escolhido, pelo presidente Luiz Inácio Lula da Silva, para ocupar a Advocacia-Geral da União, em substituição a José Antônio Toffoli, em 23 de outubro de 2009.

INTRODUÇÃO

Luis Antonio Camargo de Melo

Procurador-Geral do Trabalho

Graduado em Ciências Jurídicas e Sociais e especialista em Advocacia Trabalhista pela Universidade Federal do Rio de Janeiro (UFRJ). Ingressou no Ministério Público do Trabalho em 1989. É membro da Câmara de Desenvolvimento Científico da Escola Superior do Ministério Público da União (ESMPU). Professor de Direito do Trabalho no Instituto de Educação Superior de Brasília (IESB) e Professor convidado da Escola Nacional de Formação e Aperfeiçoamento de Magistrados do Trabalho (ENAMAT) do TST. Em 2001 foi promovido a Subprocurador--Geral do Trabalho. Foi também Conselheiro do Conselho Superior do Ministério Público do Trabalho, Coordenador Nacional da Coordenadoria de Erradicação do Trabalho Escravo (CONAETE) e da Coordenadoria de Recursos Judiciais do MPT.

PARTICIPAÇÃO ESPECIAL

MINISTROS DO TRIBUNAL SUPERIOR DO TRABALHO

Aloysio Corrêa da Veiga

Ministro do Tribunal Superior do Trabalho — TST

Diretor Presidente da Escola Nacional de Formação e Aperfeiçoamento de Magistrados do Trabalho (ENAMAT) de 2011 a 2013. Formado em Direito pela Universidade Católica de Petrópolis. Ingressou na Magistratura em 1981 como Juiz do Trabalho Substituto na 1ª Região. Promovido por merecimento para compor o Tribunal Regional do Trabalho (TRT) da 1ª Região. Professor da Faculdade de Direito da Universidade Católica de Petrópolis. Autor de trabalhos publicados em diversas revistas especializadas. Integra a Associação dos Magistrados do Trabalho da 1ª Região. Empossado como Ministro do TST, em 2004. Atualmente preside a 6ª Turma do TST. Membro da Comissão de Precedentes Normativos do TST. Conselheiro suplente do Conselho Superior da Justiça do Trabalho e membro da Academia Nacional do Direito do Trabalho.

Carlos Alberto Reis de Paula

Ministro do Tribunal Superior do Trabalho — TST

Conselheiro do Conselho Nacional de Justiça — CNJ

Doutor e Mestre em Direito pela UFMG. Membro Efetivo da Academia Nacional de Direito do Trabalho. Bacharel em Direito pela Faculdade de Direito da UFMG, turma de 1970. Licenciado em Filosofia, turma de 1970. Mestre em Direito Constitucional pela Faculdade de Direito da UFMG, com dissertação defendida em 10/10/85. Doutor em Direito Constitucional pela Faculdade de Direito da UFMG. Especialista em Direito Público/Direito Constitucional, certificado pelo Conselho de Extensão da UFMG. Professor Assistente de Direito do Trabalho e Direito Processual do Trabalho da Faculdade de Direito da UFMG desde março de 1985 e Professor Adjunto a partir de setembro/2000 e até 13/fevereiro/2003. Professor Adjunto da UNB a partir de 14 de fevereiro de 2003. Juiz do Trabalho-Substituto no TRT da 3ª Região, de junho/1979 a julho/1980. Juiz-Presidente de JCJs a partir de 1980 (Coronel Fabriciano, Betim, 8ª, 16ª e 32ª de Belo Horizonte). Promovido, por merecimento, ao TRT - 3ª Região, em 12.7.1993. Presidente da 4ª Turma do TRT da 3ª Região, período 1993/1995. Juiz Convocado para substituir no TST de fevereiro/1998 a 24 de junho de 1998. Ministro do Tribunal Superior do Trabalho, nomeado em 19 de junho de 1998 e empossado em 25 de junho de 1998. Presidente da 3ª Turma do Tribunal Superior do Trabalho, pelo Ato GDGCJ.GP n. 24/2006, até fevereiro de 2009. Diretor da Escola Nacional de Formação e Aperfeiçoamento de Magistrados do Trabalho (Enamat), de fevereiro de 2007 a março de 2009. Corregedor--Geral da Justiça do Trabalho de 2.3.2009 a 1º.3.2011. Presidente da 8ª Turma do Tribunal Superior do Trabalho, pelo Ato SEGJUD.GP n. 175-A/11, a partir de 3 de março de 2011. Conselheiro do Conselho Nacional de Justiça, indicado pelo TST, a partir de 15 de agosto de 2011. Ex-Advogado militante nas Comarcas de Belo Horizonte, Pedro Leopoldo e Matozinhos, de 1970 a 1979. Membro efetivo da Academia Nacional de Direito do Trabalho, a partir de 10 de outubro de 2002, cadeira 35. Autor dos livros: "O Aviso-Prévio", São Paulo: LTr, 1988. "A especificidade do ônus da prova no Processo do Trabalho", São Paulo: LTr, 2001.

Participação, como articulista, nas seguintes obras coletivas: "Compêndio de Direito Processual do Trabalho" — em memória de Celso Agrícola Barbi, São Paulo: LTr, 1998; "Fundamentos do Direito do Trabalho", estudos em homenagem ao Ministro Milton de Moura França, publicado pela LTr, em 2000; "Curso de Direito do Trabalho" — em homenagem ao Professor Célio Goyatá, publicado pela LTr, 2 volumes, em 1993, 3ª edição, em 2002; "O novo Código Civil" — estudos em homenagem ao Professor Miguel Reale, publicado pela LTr, em 2003; "Os Novos Horizontes do Direito do Trabalho", em homenagem ao Ministro José Luciano de Castilho Pereira, publicado pela LTr, em 2005; e "O Direito Material e Processual do Trabalho dos Novos Tempos", estudos em homenagem ao Professor Estêvão Mallet, publicado pela LTr, em 2009. Conferencista e Palestrista. Membro de Banca Examinadora de mestrado e doutorado. Presidente de Bancas para Professor Adjunto na Universidade de Brasília. Orientador de dissertações de mestrado e teses de doutorado.

Delaíde Alves Miranda Arantes

Ministra do Tribunal Superior do Trabalho — TST

Bacharel em Direito pelo Centro Universitário de Goiás (Uni-Anhanguera). Pós-graduada em Direito e Processo do Trabalho pela Universidade Federal de Goiás (UFG) e em Magistério Superior, Docência Universitária, pela Pontifícia Universidade Católica de Goiás (PUC-GO). Exerceu a advocacia trabalhista exclusivamente nas áreas de direito individual e coletivo por 30 anos, prestando consultoria e assessoria jurídica para trabalhadores e empresas, tais como a Confederação Nacional dos Trabalhadores em Estabelecimentos de Ensino em Brasília-DF, a Federação dos Professores de São Paulo, os sindicatos dos Trabalhadores no Comércio de Minérios e dos Bancários de Goiás, e das Empresas de Transporte Urbano de Goiás, e empresas dos ramos de energia elétrica, hotéis, alimentação. Atuou na Justiça do Trabalho no Estado de Goiás (TRT 18ª Região), no TST e no STF. Professora de Direito e Processo do Trabalho da PUC-GO entre 2002 a 2004 e palestrante em diversos eventos jurídicos, universitários e sindicais. Atuando em defesa da valorização da mulher advogada, é atualmente Vice-Presidente da Associação Brasileira das Mulheres de Carreira Jurídica (ABMCJ-GO) e membro do Conselho Estadual da Mulher do Estado de Goiás (CONEM-GO). Como advogada trabalhista, presidiu o Instituto Goiano de Direito do Trabalho (IGT), do qual é sócia fundadora, e foi Vice-Presidente da Comissão de Direito do Trabalho da OAB-GO em 2009. Foi a primeira Presidente mulher da Associação Goiana de Advogados Trabalhistas de Goiás (AGATRA). Participou ainda de entidades como a Associação Brasileira de Advogados Trabalhistas (ABRAT), da qual foi conselheira representante no período de 2007/2008, e compôs o Comitê Técnico Assessor da Coordenadoria Latino-Americana de Advogados Trabalhistas (CADAL), com sede em Buenos Aires, Argentina, no período de 1987/1988. É autora de artigos em diversas obras jurídicas, entre as quais "Trabalho Doméstico — Direitos e Deveres" (Goiânia: AB Editora, 2002, 6ª edição), "Execução Trabalhista Célere e Eficiente — Um Sonho Possível" (em parceria com o Juiz do Trabalho Radson Rangel Ferreira Duarte, São Paulo: LTr, 2002); e "Direitos Trabalhistas e Previdenciários dos Trabalhadores no Ensino Privado" (coletânea de artigos coordenada pelo Ministro aposentado do TST, José Luciano de Castilho Pereira, São Paulo: LTr, 2008). Passou a integrar o Tribunal Superior do Trabalho em 1º de março de 2011, em vaga destinada à advocacia. Integra, no TST, a 7ª Turma e a Subseção I Especializada em Dissídios Individuais (SBDI-1).

João Oreste Dalazen

Ministro e Presidente do Tribunal Superior do Trabalho — TST

Graduado em Direito, em 1977, pela Faculdade de Direito da Universidade Federal do Paraná. Pós-graduado, ao nível de Mestrado, pela Faculdade de Direito da Universidade Federal do Paraná. Oficial R-2 do Exército Brasileiro, Arma de Artilharia. Aprovado em primeiro lugar no concurso público para o Cargo de Promotor de Justiça Substituto, no Paraná, em 1978. Procurador da Caixa Econômica Federal, de 1978 a 1980. Juiz do Trabalho Substituto do Tribunal Regional do Trabalho da Nona Região (Paraná), de junho de 1980 a junho de 1982. Juiz-Presidente de Junta de Conciliação e Julgamento, de 1982 a 1992, no Paraná (Maringá, Guarapuava e Curitiba). Juiz Togado do Tribunal Regional do Trabalho da 9ª Região desde janeiro de 1993, mediante promoção, por merecimento. Presidente da Terceira Turma do Tribunal Regional do Trabalho da 9ª Região (PR), de 1994 a 1995. Reeleito em 1996. Ministro do Tribunal Superior do Trabalho desde 1996, membro efetivo. Presidente da Primeira Turma do Tribunal Superior do Trabalho, de 2002 a 2007. Membro do Conselho Superior da Justiça do Trabalho (2005/2007). Corregedor-Geral da Justiça do Trabalho (2007/2009). Vice--Presidente do Tribunal Superior do Trabalho (2009/2011). Presidente do Tribunal Superior do Trabalho (2011/2013). Membro da Academia Nacional de Direito do Trabalho. Membro do Conselho Nacional de Justiça (2007/2009). Presidente do Conselho Deliberativo do TST Saúde (2009/2011). Presidente do Conselho Superior da Justiça do Trabalho (2011/2013). Presidente da Associação de Magistrados do Trabalho da 9ª (AMATRA IX) em 1984, reeleito em 1985; Vice-Presidente em 1986. Professor concursado de Direito Processual Civil e Direito do Trabalho, da PUC-Paraná, de 1986 a 1989. Professor de Direito do Trabalho e de Direito Processual do Trabalho, bem como Coordenador do Curso Preparatório à Magistratura do Trabalho, promovido pela AMATRA IX, de 1988 a 1993. Professor Assistente, na cadeira de Direito do Trabalho e Direito Processual do Trabalho, da Faculdade de Direito da Universidade Federal do Paraná, onde ingressou mediante concurso público de provas e títulos, em 1992. Professor Assistente da Faculdade de Direito da Universidade Federal do Paraná (1992/2004). Professor Assistente da Faculdade de Direito da Universidade de Brasília (UNB), mediante redistribuição do cargo, desde 2004. Autor de dezenas de artigos doutrinários e da monografia "Competência Material Trabalhista" (dissertação de Mestrado). Participou de várias bancas examinadoras de concursos para provimento de cargos de Juiz do Trabalho e de Procurador. Participou de numerosos congressos e simpósios, como conferencista e debatedor. Agraciado, em 1985, pela AMB, com a Medalha José Albano Fragoso, por "serviços distintos" prestados à magistratura do País. Agraciado pelo TST com a Ordem do Mérito Judiciário do Trabalho, nos graus de Comendador e, por promoção, de Grã-Cruz. Presentemente: a) Ministro Presidente do TST (2011/2013); b) Presidente das Subseções Especializadas em Dissídios Individuais (SbDI-1 e SbDI-2), da Seção Especializada em Dissídios Coletivos (SDC) e do Órgão Especial do TST; c) Presidente do Conselho Superior da Justiça do Trabalho (CSJT); d) Professor de Direito e Processo do Trabalho da Faculdade de Direito da Universidade de Brasília (UNB).

José Luciano de Castilho Pereira

Ministro aposentado do Tribunal Superior do Trabalho — TST

Professor de Direito do Trabalho, no IESB-Brasília. Mineiro de Pedro Leopoldo. Juiz do Trabalho, aprovado em concurso público, de 1974 a 2007. Foi Juiz Substituto de 1974 a 1979. Juiz Presidente da 8ª Junta de Conciliação e Julgamento de Brasília, de 1979 a 1990.

Em 1990 foi promovido a Juiz do Tribunal Regional do Trabalho de Brasília, onde foi Vice--Presidente, eleito em 1994. Em dezembro de 1995 foi nomeado Ministro do Tribunal Superior do Trabalho, tendo se aposentado em 2007, quando exercia o Cargo de Corregedor-Geral da Justiça do Trabalho. Ainda em 2007, voltou a advogar, estando inscrito na OAB-DF. Integrou, no Ministério da Justiça, a Comissão de Alto Nível, em ordem ao aprimoramento e modernização da legislação material e processual do trabalho, conforme Portaria n. 0840, do Ministro Tarso Genro. É professor de Direito e de Processo do Trabalho do IESB. Tem vários trabalhos jurídicos publicados em revistas especializadas, além de participação em várias obras coletivas sobre Direito e Processo do Trabalho.

Lelio Bentes Corrêa
Ministro do Tribunal Superior do Trabalho — TST

Bacharel em Direito pela Universidade de Brasília em 1986 e mestre em Direito Internacional dos Direitos Humanos pela Universidade de Essex, Inglaterra em 2000. Ingressou no Ministério Público do Trabalho em 1989, onde ocupou o Cargo de Subprocurador-Geral do Trabalho a partir de 2001. Em 2002, chefiou a Coordenadoria Nacional de Combate ao Trabalho Infantil e Proteção do Trabalhador Adolescente, e integrou o Conselho Superior do MPT de 2001 a 2003. Cedido à Organização Internacional do Trabalho (OIT) em Genebra (Suíça), atuou como oficial de programas para a América Latina junto ao Programa Internacional para a Erradicação do Trabalho Infantil (IPEC), entre 2002 e 2003. Autor de estudos diversos sobre trabalho infantil e trabalho escravo. Foi presidente da Associação Nacional dos Procuradores do Trabalho (ANPT) de 1992 a 1996. Coordenou a Marcha Global contra o Trabalho Infantil de 1997 a 1999. Professor da Escola Nacional de Formação e Aperfeiçoamento de Magistrados do Trabalho — ENAMAT e do IESB. Ministro do Tribunal Superior do Trabalho desde 7 de agosto de 2003, em posto destinado pela Constituição a representantes do Ministério Público do Trabalho. É Membro da Comissão de Peritos em Aplicação de Convenções e Recomendações da Organização Internacional do Trabalho, desde 2006.

Mauricio Godinho Delgado
Ministro do Tribunal Superior do Trabalho — TST

Bacharel em Direito pela Universidade Federal de Juiz de Fora (1975). Mestre em Ciência Política (1982) e Doutor em Direito (1994) pela UFMG. Magistrado do Trabalho em Minas Gerais por 18 anos (1989-2007), empossado como juiz substituto em novembro de 1989. Juiz Titular (Presidente de Junta de Conciliação e Julgamento e, desde dezembro de 1999, Vara do Trabalho) nas cidades de Governador Valadares (1990), Varginha (1990), Itabira (1990-91), Contagem (1ª JCJ, 1991) e, de 1991 a 2004, Belo Horizonte (1ª e 31ª JCJs, depois Varas do Trabalho). De 1994 a 2004, atuou diversas vezes no TRT da 3ª Região como Juiz Substituto ou Convocado. Em maio de 2004, por merecimento, tornou-se Desembargador Federal do Tribunal Regional do Trabalho de Minas Gerais. Professor (graduação e pós-graduação) da Universidade Federal de Minas Gerais por 22 anos, inicialmente no Departamento de Ciência Política da Faculdade de Filosofia e Ciências Humanas (1978-1992) e, em seguida, na área de Direito do Trabalho da Faculdade de Direito da UFMG (1993-2000). Em 2000, tornou-se professor (graduação e pós-graduação) da Faculdade de Direito da Pontifícia Universidade Católica de Minas Gerais, contribuindo para a fundação de seu mestrado em Direito do Trabalho. Desde novembro de 2007, passou a se dedicar apenas ao mestrado e ao doutorado em Direito da PUC-Minas (PUC Minas Virtual). É hoje professor de pós-graduação do IESB - Brasília. Autor de mais de oitenta artigos divulgados em livros coletivos e/ou revistas acadêmicas especializadas, sobretudo na área trabalhista. Possui treze livros individuais publicados (entre os quais "Curso de Direito do Trabalho", 9. ed. 2010; "Direito Coletivo do Trabalho", 3. ed. 2. tir., 2009; "Princípios de Direito Individual e Coletivo do Trabalho", 2. ed. 2004; "Introdução ao Direito do Trabalho", 3. ed. 2001) e três obras coletivas que co-organizou. Em novembro de 2007, tomou posse como Ministro do Tribunal Superior do Trabalho, em vaga destinada à magistratura trabalhista.

CONSULTOR- GERAL DA UNIÃO
Arnaldo Sampaio de Moraes Godoy
Consultor-Geral da União

Procurador da Fazenda Nacional Categoria Especial em Brasília/DF. Ex-integrante da Coordenação-Geral de Assuntos Tributários. Ex-Membro *ad hoc* pela Procuradoria-Geral da Fazenda Nacional no Grupo de Trabalho para Internalização de Normas de Mercosul, junto à Casa Civil da Presidência da República. Brasília/2004. Procurador Seccional da Fazenda Nacional em Londrina, de junho de 1995 a agosto de 2003. Ex-Advogado em Londrina, 1991 a 1993. Estudos após o doutoramento na Universidade de Boston (Boston University), ano acadêmico de 2002/2003. Concentração em Direito Tributário Norte--Americano. Bolsista Hubert Humphrey Fellow. Doutor em Filosofia do Direito e do Estado pela PUC de São Paulo, em 2002. Mestre em Filosofia do Direito e do Estado pela PUC de São Paulo, em 2000. Especialista em Filosofia: História do Pensamento Brasileiro em dezembro de 1998. Pós-Graduação em Direito Comunitário e em Direito Internacional Fiscal pela ESAF (Brasília) e Universidade de Munster (Alemanha). Bacharel em Direito pela Universidade Estadual de Londrina — 1991. Professor visitante na Universidade de Nova Brunswick, Frederictown, Canadá, ministrando curso sobre Globalização e Direito na América do Sul no International Course on Legal Pluralism, organizado e patrocinado pela Universidade de Nova Brusnwick e pelo Max Planck Institute da Alemanha, de 21 a 24 de agosto de 2004. Participação no Congresso de Antropologia Jurídica no Chile, II Taller Internacional de Interculturalidad, de 10 a 12 de dezembro de 2003, Universidade do Chile, Santiago. Fellow da Universidade de Boston, bolsista Hubert Humphrey, Comissão Fullbright, Departamento de Estado dos Estados Unidos da América do Norte. De 18 de agosto de 2002 a 13 de junho de 2003. Diploma em American Law pela Universidade de Boston, conclusão em 2 de maio de 2003. Diploma em Legal English, Inglês Jurídico, pela Universidade de Boston, 2002/2003. Apresentação de trabalho e palestra na Pace University em Nova Iorque, com tema "Tributação e Direito Ambiental no Brasil" — 8 de outubro de 2002. Estágio no Federal Reserve Bank, Boston, MA, Estados Unidos da América. Pesquisador em regime de *professional affiliation* em Nova Iorque, de agosto de 2002 a junho de 2003. Seminário em Direito Tributário Internacional, "Foreign Loss-making Branches", Downtown Harvard Club/Boston, IFA — International Fiscal Association/ EUA – branch, 19 de setembro de 2002, conferencista: Brainard L. Patton. Participação mensal em reuniões da IFA — International Fiscal Association, em Boston, Estados Unidos, de setembro de 2002 a junho de 2003. Vários Cursos e participação na Universidade Harvard, Cambridge, Estados Unidos da América; na Universidade de Boston; na Miami Beach, Flórida, Estados Unidos da América; na Faculdade de Ciências Sociais da Chiang Mai University, Tailândia, abril de 2002; na

Universidade de Montevideu, Uruguai, 28 e 29 de maio de 2001; na Nova Iorque, Estados Unidos da América, fevereiro de 2001 e na Universidade de Miami, Flórida, Estados Unidos da América do Norte, julho de 1992. Professor do Programa de Mestrado em Direito da Universidade Católica de Brasília. Disciplina: Direito Constitucional Comparado. Admissão em 1º de julho de 2005 por processo seletivo, aprovado em 1º lugar. Professor do Programa de Mestrado em Direito da Unisul/Universidade do Sul de Santa Catarina/campi de Florianópolis e de Tubarão, desde agosto de 2003, nas disciplinas: Direito Tributário, Globalização e Desenvolvimento Sustentável. Professor convidado do Programa de Mestrado em Direito da UEL/Universidade Estadual de Londrina, em outubro em 2003, na disciplina: Seminários de Direito Tributário Internacional. Professor de Graduação e Pós-graduação de Direito Tributário no ICAT/AEUDF-Brasília, programa de especialização em Direito, 2º semestre de 2002. Professor de Direito no Curso de Pós-Graduação *lato sensu* da Pontifícia Universidade Católica do Paraná, nas disciplinas Direito Processual Tributário e Direito Ambiental Econômico, campus Londrina, desde 2002. Professor de Direito Tributário Ambiental no curso de Pós--Graduação *stricto sensu* — mestrado — no programa de mestrado em Direito do Cesumar, Centro de Estudos Superiores de Maringá, no 1º semestre de 2002 entre outras Universidades. Autor de mais de 15 livros, tais como: "O Pós-Modernismo Jurídico", Porto Alegre: Sérgio Antonio Fabris; "Direito Tributário Comparado e Tratados Internacionais Fiscais", Porto Alegre: Sérgio Antonio Fabris, Tradução — "Necessidades Falsas — de Roberto Mangabeira Unger", São Paulo: Boitempo; "Introdução ao Movimento Critical Legal Studies", Porto Alegre: Sérgio Antonio Fabris, entre outros. Além de domínio e fluência em Inglês; Francês; Grego Moderno e Holandês.

COAUTORES

ADVOGADOS PÚBLICOS

Alexandre Gomes Moura

Advogado da União lotado na Consultoria Jurídica junto ao Ministério do Trabalho e Emprego. Chefe da Divisão de Atos Normativos da Coordenação de Legislação Trabalhista. Graduado em Direito pela Universidade de Fortaleza. Ex-Analista Judiciário do Tribunal Regional do Trabalho da 10ª Região. Especialista em Direito Processual Civil pela Universidade Anhanguera — UNIDERP.

Erico Ferrari Nogueira

Advogado da União lotado na Consultoria Jurídica junto ao Ministério do Trabalho e Emprego. Mestre em Direito pelo Centro Universitário de Brasília. Professor Universitário.

Francisco Moacir Barros

Advogado da União lotado na Consultoria Jurídica junto ao Ministério do Trabalho e Emprego. Coordenador-Geral de Licitações e Contratos.

Gustavo Nabuco Machado

Advogado da União lotado na Consultoria Jurídica junto ao Ministério do Trabalho e Emprego. Coordenador-Geral de Assuntos de Direito Trabalhista. Especialista em Direito do Trabalho e Processo do Trabalho pela Universidade Cândido Mendes. Especialista em Direito Público pela Universidade Cândido Mendes (UCAM). Coautor do livro "Temas Aprofundados da Advocacia-Geral da União".

Ivaniris Queiroz Silva

Advogada da União lotada na Consultoria Jurídica junto ao Ministério do Trabalho e Emprego. Chefe de Divisão de Análise de Procedimentos Administrativos Disciplinares. Graduada em Direito pela Universidade Federal do Ceará — UFC. Especialista em Direito Administrativo pela Universidade de Brasília — UNB. Especialista em Direito Público pela Universidade Anhanguera — UNIDERP.

Jasson Nunes Diniz

Advogado da União lotado na Consultoria Jurídica junto ao Ministério do Trabalho e Emprego.

Jerônimo Jesus dos Santos

Procurador Federal

Consultor Jurídico da Consultoria Jurídica junto ao Ministério do Trabalho e Emprego. Mestre em Direito das Relações Econômicas pela Universidade Gama Filho (UGF). Pós-Graduado em Literatura Portuguesa e Brasileira pela Universidade do Estado do Rio de Janeiro (UERJ), com licenciatura plena em Português, Inglês, Literatura Portuguesa e Literatura Inglesa. Escritor. Autor dos livros "Meios Alternativos de Solução de Conflitos: Efeitos Sociais, Econômicos e Jurídicos no Seguro, Resseguro, Previdência e Capitalização", lançado em 1º de maio de 2003 pela FUNENSEG; "Previdência Privada: lei da previdência complementar comentada", lançado em 30 de setembro de 2004 pela Editora e Livraria Jurídica do Rio de Janeiro e "Termo de Ajustamento de Conduta", pela Editora e Livraria Jurídica do Rio de Janeiro, lançado em 2005. Autor de diversos artigos publicados em revistas do setor jurídico e na área de seguros, resseguro, previdência complementar, de capitalização, de trabalho. Atualmente, em exercício, está Consultor Jurídico da Consultoria Jurídica junto ao Ministério do Trabalho e Emprego.

Joaquim Pereira dos Santos

Advogado da União lotado na Consultoria Jurídica junto ao Ministério do Trabalho e Emprego. Graduado em Direito pela Associação de Ensino Unificado do Distrito Federal — AEUDF. Ex-Advogado do Banco do Brasil S.A. Ex-Analista Judiciário do Tribunal Regional Federal da 1ª Região. Atuou como Procurador Regional da União na 1ª Região.

Juliana Moreira Batista

Advogada da União lotada na Consultoria Jurídica junto ao Ministério do Trabalho e Emprego. Chefe da Divisão de Informações Judiciais da Coordenação de Licitações e Contratos da Coordenação-Geral de Análise de Licitação e Contratos da CONJUR/MTE. Especialista em Direito do Trabalho e Direito Processual do Trabalho pela Faculdade Fortium. Especialista em Direito Processual Civil pela Universidade Anhanguera — UNIDERP.

Lourival Lopes Batista

**Advogado da União lotado na Consultoria Jurídica
junto ao Ministério do Trabalho e Emprego**

Coordenador de Legislação de Pessoal

**Especialista em Direito Constitucional
pelo Instituto Brasiliense de Direito Público (IDP)**

Atuou como Chefe substituto da Procuradoria Contenciosa da Procuradoria-Geral do INCRA; Chefe substituto da Divisão de Elaboração Legislativa da Secretaria de Assuntos Legislativos do Ministério da Justiça; Chefe substituto da Divisão de Consolidação Legislativa da Secretaria de Assuntos Legislativos do Ministério da Justiça; Assessor do Diretor do Departamento de Análise e de Elaboração Legislativa da Secretaria de Assuntos Legislativos do Ministério da Justiça; Coordenador substituto da Coordenação de Estudos e Pareceres da Consultoria Jurídica do Ministério da Justiça; Chefe da Divisão de Análise de Normas da Consultoria Jurídica do Ministério da Justiça; Coordenador de Contencioso Judicial da Consultoria Jurídica do Ministério da Justiça; Coordenador-Geral substituto da Coordenação-Geral de Assuntos Jurídicos da Consultoria Jurídica do Ministério da Justiça; respondeu pelo expediente de Consultor Jurídico da Consultoria Jurídica do Ministério da Justiça; Coordenador-Geral de Processos Judiciais e Disciplinares da Consultoria Jurídica do Ministério da Justiça e Coordenador-Geral substituto de Assuntos de Legislação de Pessoal da Consultoria Jurídica junto ao Ministério do Trabalho e Emprego.

Marcio Pereira de Andrade

**Advogado da União lotado na Consultoria Jurídica
junto ao Ministério do Trabalho e Emprego**

Coordenador de Licitações e Contratos. Graduado em Direito pela Pontifícia Universidade Católica de São Paulo (PUC/SP). Especialista em Direito Constitucional pelo Instituto Brasiliense de Direito Público (IDP). Coautor dos livros "Estudos dirigidos da AGU — Questões comentadas" e "Temas Aprofundados da Advocacia Geral da União".

Marco Aurélio Caixeta

**Advogado da União lotado na Consultoria Jurídica
junto ao Ministério do Trabalho e Emprego**

Chefe de Divisão de Análise e Consultas Trabalhistas

Maria Leiliane Xavier Cordeiro

**Advogada da União em exercício na Consultoria Jurídica
junto ao Ministério do Trabalho e Emprego**

Coordenadora de Legislação Trabalhista

Graduada em Direito pela Universidade Federal do Ceará (UFC). Pós-Graduação em Direito do Trabalho e Processo do Trabalho pela Universidade Cândido Mendes (UCAM). Pós-Graduação em Direito Público pela Universidade de Brasília. Autora de "Breves Considerações sobre a moralidade administrativa" — Revista Consulex; "Judicialização do Sistema Único de Saúde" — Revista da Advocacia-Geral da União"; "Judicialização de Saúde: temas emergentes e persistentes" — AJUFE. Atuou como Chefe de Serviço de Suporte Jurídico; Chefe da Divisão de Análise e Elaboração da Informação; Coordenadora de Assuntos Judiciais; Assessora do Gabinete do Advogado-Geral da União Substituto.

ADVOGADOS PÚBLICOS — AGU

Alexandre Gomes Moura
Erico Ferrari Nogueira
Francisco Moacir Barros
Gustavo Nabuco Machado
Ivaniris Queiroz Silva
Jasson Nunes Diniz
Jerônimo Jesus dos Santos
Joaquim Pereira dos Santos
Juliana Moreira Batista
Lourival Lopes Batista
Marcio Pereira de Andrade
Marco Aurélio Caixeta
Maria Leiliane Xavier Cordeiro

MINISTROS DO TRIBUNAL SUPERIOR DO TRABALHO

Aloysio Corrêa da Veiga
Carlos Alberto Reis de Paula
Delaíde Alves Miranda Arantes
João Oreste Dalazen
José Luciano de Castilho Pereira
Lelio Bentes Corrêa
Mauricio Godinho Delgado

CONSULTOR-GERAL DA UNIÃO

Arnaldo Sampaio de Moraes Godoy

AGRADECIMENTOS

A **DEUS**, em primeiro lugar, por tornar o nosso sonho em realidade.

Àquele por quem todas as coisas subsistem.

A Jônata, pelo amor e pela alegria de todos os dias dedicados à sua esposa Dra. Maria Leiliane Xavier Cordeiro.

À família do Dr. Alexandre Gomes Moura por estar sempre presente, não importando a distância.

A todos os servidores, colaboradores e Senhores Ministros do Tribunal Superior do Trabalho, na pessoa do seu preclaro Ministro Presidente, Dr. João Oreste Dalazen, notadamente os eminentes Ministros Aloysio Corrêa da Veiga, Carlos Alberto Reis de Paula, Delaíde Alves Miranda Arantes, José Luciano de Castilho Pereira, Lelio Bentes Corrêa e Mauricio Godinho Delgado, nobres doutrinadores e incentivadores para a escrita desta obra.

A Américo dos Santos, *in memorian*, pelos ensinamentos dos verdadeiros valores de caráter, honestidade e vontade de viver

e

À Isabel de Jesus Viana, *in memorian*, doce e eterna, pela existência física, moral, intelectual e humana do seu filho, Dr. Jerônimo Jesus dos Santos.

À memória de seus irmãos,

Adinei dos Santos e Adineia Nogueira dos Santos,

pelos exemplos de força e dignidade.

Uma perpétua lembrança.

Aos seus irmãos, "Belinha", Osvaldo, Damiana e Juvenal;

Aos seus filhos, Ana Paula e Fillipe;

Ao "seu filho postiço" Vinícius;

Aos seus sobrinhos e filhos;

Aos seus netos, Yasmim e Joaquim,
todos sangue do seu sangue,
razão maior do seu viver e
eterna perpetuação da vida através deles.

Aos servidores e colaboradores do Ministério do Trabalho e Emprego (MTE),
dentre os quais, e especialmente, os integrantes da Consultoria Jurídica
junto ao MTE, pela atenção, pelo apoio, pelo estímulo,
pela paciência e pela incansável colaboração.

Aos integrantes da Advocacia-Geral da União,
da Procuradoria-Geral Federal;
da Procuradoria da Fazenda Nacional;
aos amigos, companheiros de todas as horas,
o nosso sempre vivo reconhecimento.

Àqueles que, direta ou indiretamente, colaboraram na execução desta obra,
nossos sinceros agradecimentos, sobretudo a nossos colegas,
os quais muito facilitaram as pesquisas de natureza técnica.

A todos, a nossa dívida de gratidão, o nosso sentimento de ternura
pela bondade, pela delicadeza, pelo afeto, pelo olhar bondoso,
pelo afago, pelo sorriso e pela gentileza.

Enfim, àqueles que acreditam que, a cada instante,
a vida pode ser construída, reconstruída,
pode ser revitalizada, pode ser regenerada e
que dão mais valor ao que vem do coração,
o nosso muitíssimo obrigado por existirem.

DEDICATÓRIA

À família e aos não poucos amigos do Dr. Francisco Moacir Barros.

À sempre querida Livia, pelo apoio e companheirismo ao seu esposo Dr. Marcio Pereira de Andrade.

À Sandra Lima e à Ana Paula, pelo carinho e companheirismo, fundamentais para o desempenho das atividades jurídicas confiadas ao Dr. Joaquim Pereira dos Santos.

Ao Sr. Tarciso Cordeiro e a Sra. Maria Aparecida, em razão do incentivo incondicional aos estudos e por estarem sempre presentes durante cada uma das pequenas realizações profissionais da sua filha Dra. Maria Leiliane Xavier Cordeiro.

À Sra. Renata, amada esposa, cujo apoio incondicional mais uma vez revelou-se presente na consecução da pequena parcela que coube ao seu marido Dr. Gustavo Nabuco Machado.

Ao Sr. Francisco Moreira da Costa Neto e à Sra. Maria do Carmo Batista da Costa, pais da Dra. Juliana Moreira Batista pela dedicação à excelente formação pessoal e profissional da sua filha.

Aos pais, irmãs, irmãos e demais familiares do Dr. Jasson Nunes Diniz por todo empenho realizado para sua formação, ademais do carinho que sempre lhe proporcionaram.

Aos colegas de trabalho da Consultoria Jurídica junto ao MTE — a FAMÍLIA CONJUR — pelas experiências trocadas, que serviram como base para fomentar nossas ideias; pela constante troca de conhecimentos e experiências proporcionados pelo convívio profissional e pessoal.

À Giovana, filhinha do Dr. Erico Ferrari Nogueira que, ainda sem discernimento, já é um incentivo de vida e crescimento...

"Pois sabemos que a tribulação produz a paciência. A paciência prova a experiência e a experiência, comprovada, produz a esperança." **Romanos 1,3-4**

Sumário

Lista de abreviaturas e siglas usadas 39

Intróito 45

Prefácio 49

Apresentação 51

Introdução 55

PARTE I — TEMAS APLICADOS DE DIREITO DO TRABALHO

CAPÍTULO I — AS IMUNIDADES DAS EMBAIXADAS NAS EXECUÇÕES TRABALHISTAS NA CONSTRUÇÃO JURISPRUDENCIAL DO SUPREMO TRIBUNAL FEDERAL

Arnaldo Sampaio de Moraes Godoy
Consultor-Geral da União

Resumo 59
Abstract 59
Palavras-chaves 59
Keywords 59
1. Introdução 59
2. As imunidades das embaixadas na jurisprudência do Supremo Tribunal Federal 60
3. Conclusão 71
4. Referências Bibliográficas 71

CAPÍTULO II — REGISTRO SINDICAL

Juliana Moreira Batista
Advogada da União lotada na Consultoria Jurídica
junto ao Ministério do Trabalho e Emprego

Resumo 72
Abstract 72
Palavras-chaves 72

Keywords 72
1. Introdução 72
2. O Registro Sindical no Mundo 73
3. O Sistema Sindical no Brasil. 73
4. O Novo Papel do Ministério do Trabalho e Emprego nos Procedimentos de Registro Sindical 77
5. Conclusão 80
6. Referências Bibliográficas 81

CAPÍTULO III — O PRAZO PRESCRICIONAL PARA A COBRANÇA DA MULTA PELO NÃO RECOLHIMENTO DOS DEPÓSITOS MENSAIS AO FUNDO DE GARANTIA DO TEMPO DE SERVIÇO — FGTS

Ivaniris Queiroz Silva
Advogada da União lotada na Consultoria Jurídica
junto ao Ministério do Trabalho e Emprego

Resumo 83
Abstract 83
Palavras-chaves 83
Keywords 84
1. Introdução 84
2. Noções gerais sobre o Fundo de Garantia do Tempo de Serviço — FGTS 85
   2.1. A natureza jurídica do Fundo de Garantia do Tempo de Serviço — FGTS 86
   2.2. A natureza jurídica da multa por descumprimento à legislação trabalhista 90
3. Breves considerações acerca do poder de polícia administrativa e da prescrição relativa ao exercício da ação punitiva estatal 91
4. O termo inicial (*dies a quo*) da pretensão punitiva relativa às infrações ao Fundo de Garantia do Tempo de Serviço — FGTS 97
5. Conclusão 100
6. Referências Bibliográficas 100

CAPÍTULO IV — A IMPRESCRITIBILIDADE DA AÇÃO DE INDENIZAÇÃO POR DANO MORAL DECORRENTE DE ACIDENTE DO TRABALHO

Maria Leiliane Xavier Cordeiro
Advogada da União em exercício na Consultoria Jurídica
junto ao Ministério do Trabalho e Emprego

Resumo 101
Abstract 101
Palavras-chaves 101

Keywords... 101
1. Introdução 101
2. Exposição das teses doutrinárias e jurisprudências sobre a prescrição da ação indenizatória decorrente de acidente do trabalho 103
   2.1. Breves considerações sobre o instituto da prescrição......................... 103
   2.2. Argumentos pertinentes à aplicação da Legislação Civil..................... 106
   2.3. Argumentos pertinentes à aplicação da Legislação Trabalhista............ 109
   2.4. Críticas às demais correntes e defesa do posicionamento da imprescritibilidade.. 112
3. Aplicação dos direitos fundamentais às relações privadas – consagração da tese da eficácia horizontal.. 114
   3.1. Como solucionar a colisão entre direitos fundamentais 120
4. Conclusão 123
5. Referências Bibliográficas 123

CAPÍTULO V — INCIDÊNCIA DE JUROS E CORREÇÃO MONETÁRIA NA JUSTIÇA TRABALHISTA: UMA REVISÃO NECESSÁRIA

Marcio Pereira de Andrade
Advogado da União lotado na Consultoria Jurídica
junto ao Ministério do Trabalho e Emprego

Resumo 125
Abstract 125
Palavras-chaves 125
Keywords 125
Sumário 125
1. Introdução 125
2. Da correção monetária 126
3. Dos Juros de Mora 131
4. Conclusão 136
5. Referências Bibliográficas 136

CAPÍTULO VI — SISTEMA DE COTAS RACIAIS NO MERCADO DE TRABALHO E PRINCÍPIO DA PROPORCIONALIDADE

Gustavo Nabuco Machado
Advogado da União lotado na Consultoria Jurídica
junto ao Ministério do Trabalho e Emprego

Resumo 137
Abstract 137
Palavras-chaves 138
Keywords 138

1. Introdução 138
2. As Ações Afirmativas no Ordenamento Jurídico Brasileiro 139
3. Exame da Constitucionalidade da Medida sob o Enfoque do Princípio da Igualdade 145
4. Exame da Constitucionalidade da Medida sob o Enfoque do Princípio da Livre Iniciativa 147
5. Exame da Constitucionalidade da Medida à Luz do Princípio da Proporcionalidade: Ponderação de Interesses Constitucionais 149
6. Conclusão 152
7. Referências Bibliográficas 153

CAPÍTULO VII — LIMITES CONSTITUCIONAIS À REGULAMENTAÇÃO DE ATIVIDADE PROFISSIONAL

Alexandre Gomes Moura
Advogado da União lotado na Consultoria Jurídica
junto ao Ministério do Trabalho e Emprego

Resumo 154
Abstract 154
Palavras-chaves 154
Keywords 154
Sumário 155
1. Introdução 155
2. Desenvolvimento 155
3. Conclusão 160
4. Referências Bibliográficas 160

CAPÍTULO VIII — BREVES CONSIDERAÇÕES SOBRE O AVISO-PRÉVIO PROPORCIONAL REGULADO PELA LEI N. 12.506, DE 11 DE OUTUBRO DE 2011

Marco Aurélio Caixeta
Advogado da União lotado na Consultoria Jurídica
junto ao Ministério do Trabalho e Emprego

Resumo 161
Abstract 161
Palavras-chaves 162
Keywords 162
Sumário 162
1. Introdução 162
2. Das dúvidas interpretativas relativas à Lei n. 12.506, de 11 de outubro de 2011 ... 162
   2.1. Inaplicabilidade da norma em benefício dos empregadores 162

2.2. A questão da eficácia da Lei n. 12.506, de 2011, no tempo 167
2.3. A proporcionalidade do aviso-prévio instituído pelo art. 7º, XXI, da Constituição e regulamentado pela Lei n. 12.506, de 2011 171
3. Conclusão 173
4. Referências Bibliográficas 173

CAPÍTULO IX — IMPLICAÇÕES LEGAIS E CONSTITUCIONAIS DA DIVULGAÇÃO DOS DADOS DO SEGURO-DESEMPREGO DO PESCADOR ARTESANAL PELO PODER PÚBLICO

Marcio Pereira de Andrade
Advogado da União lotado na Consultoria Jurídica
junto ao Ministério do Trabalho e Emprego

Resumo 174
Abstract 174
Palavras-chaves 174
Keywords 174
Sumário 174
1. Introdução 174
2. As fraudes que ocorrem com o benefício do Seguro-Desemprego do Pescador Artesanal 175
3. A publicidade dos atos governamentais e o controle social 176
4. O direito à informação 179
5. O direito à privacidade 183
6. Direito à Informação, Publicidade e Direito de Privacidade 183
7. Conclusão 185
8. Referências Bibliográficas 185

CAPÍTULO X — INTERVALO INTRAJORNADA E NEGOCIAÇÃO COLETIVA: O ALCANCE NORMATIVO DA PORTARIA MTE N. 1.595, DE 2010

Erico Ferrari Nogueira
Advogado da União lotado na Consultoria Jurídica
junto ao Ministério do Trabalho e Emprego

Resumo 187
Abstract 187
Palavras-chaves 187
Keywords 187
Sumário 187
1. Introdução 187
2. A duração do trabalho e sua disponibilidade 188
3. Intervalos e a suposta contradição entre a jurisprudência e a norma de regência 191

4. Da suposta divergência entre o ato administrativo e a jurisprudência 195
5. Da aparente exorbitância do Poder Administrativo Regulamentar 195
6. Ponderação de direitos fundamentais sociais 197
7. Conclusão 198
8. Referências Bibliográficas 198

CAPÍTULO XI — TERCEIRIZAÇÃO E SUA APLICAÇÃO NA ADMINISTRAÇÃO PÚBLICA

Lourival Lopes Batista
Advogado da União lotado na Consultoria Jurídica junto ao Ministério do Trabalho e Emprego

Resumo 199
Abstract 199
Palavras-chaves 199
Keywords 199
Introdução 199
Sumário 199
1. Direito do Trabalho 200
    1.1. Conceito 200
    1.2. Natureza jurídica 200
    1.3. Fontes 200
    1.4. Princípios 201
2. Histórico e conceito de Terceirização 201
    2.1. Histórico da Terceirização 201
    2.2. Conceito de Terceirização 202
    2.3. Natureza jurídica 203
3. A Terceirização no direito estrangeiro e internacional 203
    3.1. Alemanha 203
    3.2. Argentina 204
    3.3. Espanha 204
    3.4. Itália 205
    3.5. França 205
    3.6. Japão e Tigres Asiáticos 205
    3.7. Organização Internacional do Trabalho (OIT) 206
4. Terceirização Lícita e Ilícita 206
5. Terceirização no serviço público 209
    5.1. Introdução 209
    5.2. O Inciso II da Súmula n. 331, TST 211

5.3. Responsabilidade trabalhista da Administração na Terceirização Lícita	212
5.4. Licitações e Contratos	214
5.5. Contratação Temporária de Servidores	215
5.6. Concessão e Permissão	216
5.7. Outras Hipóteses de Contratação de Terceiros	217
6. Conclusão	218
7. Jurisprudência selecionada acerca de Terceirização	219
8. Referências Bibliográficas	224
9. *Sites*	225

CAPÍTULO XII — DISCIPLINA JURÍDICA ACERCA DO EMPREGO DOMÉSTICO NO BRASIL E PRINCÍPIO DA IGUALDADE MATERIAL

Gustavo Nabuco Machado
Advogado da União lotado na Consultoria Jurídica junto ao Ministério do Trabalho e Emprego

Resumo	226
Abstract	226
Palavras-chaves	226
Keywords	227
Sumário	227
1. Introdução	227
2. Caracterização do emprego doméstico	227
3. Tratamento legal conferido ao emprego doméstico	231
4. Emprego doméstico e princípio da igualdade material	233
5. Conclusão	238
6. Referências Bibliográficas	239

CAPÍTULO XIII — JOVEM APRENDIZ. APRENDIZAGEM DO JOVEM NO DIREITO DO TRABALHO. NORMATIZAÇÃO DA FORMAÇÃO TÉCNICO--PROFISSIONAL E SOPESAMENTO DE PRINCÍPIOS CONSTITUCIONAIS EXPRESSOS E IMPLÍCITOS

Jerônimo Jesus Dos Santos
Procurador Federal. Consultor Jurídico da Consultoria Jurídica junto ao Ministério do Trabalho e Emprego

Resumo	240
Abstract	240
Palavras-chaves	240
Keywords	240
Sumário	240
1. Introdução	241

1.1. Conceito de aprendizagem 241
1.2. Aprendizagem legislada 241
2. Análise dos artigos 429 e 430, da CLT e do art. 8º, do Decreto n. 5.598, de 2005 244
   2.1. Princípios, Conceitos e Ponderações 246
      2.1.1. Princípio da Legalidade 246
      2.1.2. Princípio da Eficiência. Princípio da Razoabilidade. Princípio da Proporcionalidade 249
      2.1.3. Princípio da Unidade da Constituição. Princípio do Efeito Integrador 250
      2.1.4. Do Processo de Ponderação de Normas. Princípio da Razoabilidade. Princípio da Proporcionalidade. Princípio da Juridicidade Admistrativa 254
      2.1.5. Princípio da Legalidade. Princípio da Segurança Jurídica 256
      2.1.6. Princípio do Interesse Público. Princípio da Juridicidade. Princípio da Supremacia do Interesse Público 259
         2.1.6.1. Interpretação Gramatical. Interpretação Lógica. Interpretação Sistemática. Interpretação Teleológica. Interpretação Histórica 259
3. Considerações dos arts. 429 e 430, da CLT. Contrato de Emprego 261
   3.1. Do Interesse Público 268
   3.2. Do Princípio da Máxima Efetividade das Normas Constitucionais. Princípio da Eficiência ou da Interpretação Efetiva. Do Princípio da Justeza ou da Conformidade Funcional. Do Legalismo Exacerbado 269
   3.3. Princípio da Prática ou Harmonização 272
4. Conclusão 273
5. Referências Bibliográficas 274
   5.1. Legislação 275
6. Anexo: Portaria MTE n. 2.755, de 23 de novembro de 2010 275

CAPÍTULO XIV — INAPLICABILIDADE DA LEI DE ARBITRAGEM NA RESOLUÇÃO DE LITÍGIOS TRABALHISTAS INDIVIDUAIS

Alexandre Gomes Moura
Advogado da União lotado na Consultoria Jurídica
junto ao Ministério do Trabalho e Emprego

Resumo 278
Abstract 278
Palavras-chaves 278
Keywords 278
Sumário 278

1. Introdução 279
2. Aspectos gerais concernentes à arbitragem 280
3. A arbitragem e os princípios do Direito do Trabalho................................ 281
4. Dos efeitos das decisões arbitrais no pagamento do seguro-desemprego.... 286
5. Análise jurisprudencial... 287
6. Conclusão 290
7. Referências Bibliográficas 290

CAPÍTULO XV — TERMO DE AJUSTAMENTO DE CONDUTA — TAC — Meio essencial para solução de conflitos

Jerônimo Jesus Dos Santos
Procurador Federal. Consultor Jurídico da Consultoria
Jurídica junto ao Ministério do Trabalho e Emprego

Resumo.. 291
Abstract 291
Palavras-chaves 291
Keywords.. 291
Sumário 291
1. Conceito, surgimento e evolução histórica... 292
    1.1. Conceitos.. 292
        1.1.1. Termo 292
        1.1.2. Ajustamento 293
        1.1.3. Conduta... 293
            1.1.3.1. O TAC e a AGU 294
            1.1.3.2. Eficácia e características do TAC.............................. 296
    1.2. Surgimento e evolução do TAC 298
2. Dos objetivos e fundamentos do TAC 307
    2.1. Da disciplina e da relevância do TAC... 308
    2.2. As três ondas: obstáculos econômico, organizacional e processual..... 310
    2.3. Características da solução extrajudicial dos conflitos transindividuais.. 311
    2.4. Da extrajudicialidade e do potencial preventivo do TAC................ 313
    2.5. Da diferença entre Termo do Compromisso de Desempenho — TCD, do Ajustamento de Conduta — TAC e do Compromisso de Cessação de Prática — CCP 314
    2.6. Requisitos necessários para a celebração do TAC 319
3. Conclusão 323
4. Referências Bibliográficas 327
    4.1. Legislação 333
    4.2. *Sites* 334

PARTE II — ESTUDOS DE DIREITO PÚBLICO

CAPÍTULO XVI — A CONCESSÃO DE VISTO HUMANITÁRIO PELO BRASIL E A CONSTITUCIONALIDADE DA RESOLUÇÃO NORMATIVA N. 97, DE 12 DE JANEIRO DE 2012, DO CONSELHO NACIONAL DE IMIGRAÇÃO

Maria Leiliane Xavier Cordeiro
Advogada da União em exercício na Consultoria Jurídica
junto ao Ministério do Trabalho e Emprego

Resumo	337
Abstract	338
Palavras-chaves	338
Keywords	338
Sumário	338
1. Introdução	338
2. Da situação enfrentada pelo Brasil em relação à imigração de haitianos após o ano de 2010	342
3. Da constitucionalidade da Resolução Normativa n. 97, de 12 de janeiro de 2012, do Conselho Nacional de Imigração (CNIg)	349
4. Conclusão	352
5. Referências Bibliográficas	353
5.1. Sites	353

CAPÍTULO XVII — DIREITOS FUNDAMENTAIS SOCIAIS E A CLÁUSULA DA RESERVA DO POSSÍVEL: LIMITES À ATUAÇÃO ESTATAL

Marcio Pereira de Andrade
Advogado da União lotado na Consultoria Jurídica
junto ao Ministério do Trabalho e Emprego

Resumo	354
Abstract	354
Palavras-chaves	354
Keywords	354
Sumário	354
1. Introdução	354
2. Direitos Fundamentais Sociais	355
2.1. Conceito	355
2.2. A Efetividade das Normas Constitucionais	356
2.3. Direitos Fundamentais Sociais Como Regras e Princípios	357
2.4. Direitos Fundamentais Sociais e o Princípio da Proporcionalidade	360
3. Cláusula da Reserva do Possível	361
3.1. Introdução	361

3.2. Políticas Públicas e Orçamento: Breve Noção 362
3.3. Natureza Jurídica da Cláusula da Reserva do Possível 363
3.4. Origem da Cláusula da Reserva do Possível 365
3.5. A Reserva do Possível no Judiciário Brasileiro 366
3.6. O Princípio da Dignidade da Pessoa Humana e o Mínimo Existencial .. 368
4. Conclusão 372
5. Referências Bibliográficas 373

CAPÍTULO XVIII — O SISTEMA DE REGISTRO DE PREÇOS — SRP NAS CONTRATAÇÕES DE SERVIÇOS DE NATUREZA CONTINUADA

Joaquim Pereira dos Santos
Advogado da União lotado na Consultoria Jurídica
junto ao Ministério do Trabalho e Emprego

Resumo 374
Abstract 374
Palavras-chaves 374
Keywords 374
Sumário 374
1. Introdução 374
2. Exposição de teses doutrinárias e jurisprudências sobre a natureza jurídica do SRP e dos serviços de natureza continuada 375
3. Conclusão 387
4. Referências Bibliográficas 387

CAPÍTULO XIX — REFLEXÕES SOBRE A DECISÃO DO GESTOR PÚBLICO CONTRÁRIA À ORIENTAÇÃO CONTIDA EM PARECER DA CONSULTORIA JURÍDICA

Joaquim Pereira dos Santos
Advogado da União lotado na Consultoria Jurídica
junto ao Ministério do Trabalho e Emprego

Resumo 389
Abstract 389
Palavras-chaves 389
Keywords 389
Sumário 389
1. Introdução 389
2. Exposição de teses 390
3. Conclusão 400
4. Referências Bibliográficas 401

CAPÍTULO XX — ASPECTOS PENAIS REFERENTES À INEXIGÊNCIA OU DISPENSA DE LICITAÇÃO *EXTRA LEGEM*

Francisco Moacir Barros
Advogado da União lotado na Consultoria Jurídica
junto ao Ministério do Trabalho e Emprego

Resumo	402
Abstract	402
Palavras-chaves	402
Keywords	402
Sumário	402
1. Introdução	402
2. Constitucionalidade do Processo Licitatório	403
3. Tipo de conduta: comissiva	404
4. Elementos do tipo	408
5. Sujeito ativo do delito: autoria	409
6. Sujeito passivo do delito — Administração Pública	409
7. Tipo de conduta delitiva: comissividade	409
8. Necessidade de conduta comissiva dolosa	410
9. Princípio constitucional da legalidade	410
10. Da tentativa	411
11. Conclusão	411
12. Referências Bibliográficas	411

CAPÍTULO XXI — RESPONSABILIDADE PESSOAL DO ADVOGADO PÚBLICO NA EMISSÃO DE PARECERES JURÍDICOS

Jasson Nunes Diniz
Advogado da União lotado na Consultoria Jurídica
junto ao Ministério do Trabalho e Emprego

Resumo	413
Abstract	413
Palavras-chaves	413
Keywords	413
Sumário	413
1. Introdução	413
2. Norma constitucional	413
3. Norma infraconstitucional	414
4. Doutrina	415
4.1. Parecer facultativo	416
4.2. Parecer obrigatório	416

4.3. parecer vinculante 417
5. Jurisprudência... 417
   5.1. As decisões do Supremo Tribunal Federal sobre a responsabilização do advogado público 417
   5.2.. Acórdão — Parte I.. 418
   5.3. Acórdão — Parte II... 419
      5.3.1. O parecer facultativo 419
      5.3.2. O parecer obrigatório 420
6. Conclusão 421
7. Referências Bibliográficas 421

CAPÍTULO XXII — GESTÃO PÚBLICA APLICADA A ÓRGÃO JURÍDICO
Jerônimo Jesus Dos Santos
Procurador Federal. Consultor Jurídico da Consultoria Jurídica junto ao Ministério do Trabalho e Emprego

Resumo... 422
Abstract 422
Palavras-chaves 422
Keywords.. 422
Sumário 422
1. Introdução 422
2. O Papel da Gestão.. 423
3. Conceitos e Objetivos de Gestão Pública e de Administração Pública........ 423
   3.1. O Papel do Administrador ou do Gestor............................. 425
   3.2. Princípios Práticos do Administrador ou Gestor 426
4. Estudo dos Principais Modelos de Gestão 429
   4.1. Gestão por Competência 429
   4.2. Gestão por Processos 431
   4.3. O Papel do Líder 433
      4.3.1. Liderança Masculina e Feminina: Diferenças............ 439
   4.4. Gestão de Pessoas 440
      4.4.1. Gestão de Pessoas Participativa ou Gestão Participativa............ 443
         4.4.1.1. Pesquisa de Satisfação e de Clima Organizacional 443
            4.4.1.1.1. Conceito de Satisfação no Trabalho 444
            4.4.1.1.2. Conceito de Clima Organizacional 445
            4.4.1.1.3. Metodologia Aplicável à Pesquisa de Satisfação e de Clima Organizacional no Órgão Jurídico. 446

4.4.1.1.4. Caracterização da Pesquisa de Satisfação e de Clima Organizacional 447

4.4.1.1.5. Universo da Pesquisa de Satisfação e de Clima Organizacional 447

4.4.1.1.6. Instrumento de Coleta de Dados da Pesquisa de Satisfação e de Clima Organizacional...... 447

4.4.1.1.7. Da Coleta de Dados da Pesquisa de Satisfação e de Clima Organizacional 448

4.4.1.1.8. Tratamento de Dados da Pesquisa de Satisfação e de Clima Organizacional 448

4.4.1.1.9. Divulgação da Pesquisa de Satisfação e de Clima Organizacional 448

4.4.1.1.10. Resultados da Pesquisa de Satisfação e de Clima Organizacional realizada na Consultoria Jurídica junto ao MTE 448

4.4.1.1.11. Ações Implementadas 448

5. Conclusão 454
6. Referências Bibliográficas 458

PARTE III — HOMENAGEM AO DIA INTERNACIONAL DO TRABALHO

CAPÍTULO XXIII — AFIRMAÇÃO DO TRABALHO NO SÉCULO XXI
Mauricio Godinho Delgado
Ministro do Tribunal Superior do Trabalho — TST 463

CAPÍTULO XXIV — A COMEMORAÇÃO DO DIA INTERNACIONAL DO TRABALHO E OS TRABALHADORES DOMÉSTICOS, NA PERSPECTIVA DO ART. 7º DA CONSTITUIÇÃO FEDERAL
Delaíde Alves Miranda Arantes
Ministra do Tribunal Superior do Trabalho — TST 472

CAPÍTULO XXV — O PAPEL DAS NORMAS INTERNACIONAIS DO TRABALHO NO MUNDO GLOBALIZADO
Lelio Bentes Corrêa
Ministro do Tribunal Superior do Trabalho — TST 477

CAPÍTULO XXVI — ASPECTOS CONTROVERTIDOS DO DANO MORAL TRABALHISTA
João Oreste Dalazen
Ministro e Presidente do Tribunal Superior do Trabalho — TST 488

CAPÍTULO XXVII — ORIGENS DO DIREITO DO TRABALHO NO BRASIL
José Luciano de Castilho Pereira
Ministro aposentado do Tribunal Superior do Trabalho — TST 499

PARTE IV — RESPONSABILIDADE DA UNIÃO E TERCEIRIZAÇÃO

CAPÍTULO XXVIII — RESPONSABILIDADE DA UNIÃO
E SÚMULA N. 331 DO TST – TERCEIRIZAÇÃO
Aloysio Corrêa da Veiga
Ministro do Tribunal Superior do Trabalho — TST. Diretor-Presidente da Escola
Nacional de Formação e Aperfeiçoamento de Magistrados do Trabalho (ENAMAT)
de 2011 a 2013 511

PARTE V — A IMPRESCINDIBILIDADE DA NEGOCIAÇÃO COLETIVA

CAPÍTULO XXIX — A IMPRESCINDIBILIDADE DA NEGOCIAÇÃO
PARA A REALIZAÇÃO DE DISPENSA COLETIVA EM FACE
DA CONSTITUIÇÃO DE 1988
Carlos Alberto Reis de Paula
Ministro do Tribunal Superior do Trabalho — TST;
Conselheiro do Conselho Nacional de Justiça — CNJ;
Doutor e Mestre em Direito pela UFMG;
Membro Efetivo da Academia Nacional de Direito do Trabalho

Resumo 531
Abstract 531
Palavras-chaves 531
Keywords 531
Sumário 531
1. Introdução 531
2. Da proteção contra a dispensa 532
3. Nova postura do Judiciário 533
4. Eficácia dos Princípios de Direito 535
5. Da efetiva aplicação do instituto da negociação coletiva 536
6. Conclusão 541
7. Referências Bibliográficas 541

Lista de Abreviaturas e Siglas Usadas

a.	*autor, autuada, assinatura*
ABRH	*Associação Brasileira de Recursos Humanos*
ac.	*acórdão*
a. C.	*antes de Cristo*
ACP	*Ação Civil Pública*
ADCT	*Ato das Disposições Constitucionais Transitórias*
ADIN	*Ação Direta de Inconstitucionalidade*
ADPF	*Ação de Descumprimento de Preceito Fundamental*
Ad. lit.	*ad litteram — ao pé da letra; literalmente*
AGU	*Advogado-Geral da União* ou *Advocacia-Geral da União*
Ap.	*apud — preposição latina cujo significado é "junto a", "em"*
BACEN ou BCB	*Banco Central do Brasil*
BPM	*Business Process Management*
CADE	*Conselho Administrativo de Defesa Econômica*
C.C.	*Código Civil*
C.C.B.	*Código Civil Brasileiro*
C. Com.	*Código Comercial*
CDC	*Código de Defesa e Proteção do Consumidor*
CCP	*Compromisso de Cessação de Prática*
CCP	*Comissão de Conciliação Prévia*
cf.	*conforme*
CEF	*Caixa Econômica Federal*
CF	*Constituição Federal*
CGU	*Consultoria-Geral da União* ou *Consultor-Geral da União*
Cia	*companhia, empresa*
CJF	*Conselho da Justiça Federal*
CJT	*Conselho da Justiça do Trabalho*
CLT	*Consolidação das Leis do Trabalho* ou *Consolidação das Leis Trabalhistas*

CMN	*Conselho Monetário Nacional*
CNES	*Cadastro Nacional de Entidades Sindicais*
CNI	*Confederação Nacional da Indústria*
CNIg	*Conselho Nacional de Imigração*
CPC	*Código de Processo Civil*
CP	*Código Penal*
CNPJ	*Cadastro Nacional de Pessoas Jurídicas*
CPF	*Cadastro de Pessoas Físicas*
COPOM	*Comitê de Política Monetária*
CRFB	*Constituição da República Federativa do Brasil*
CRM	*Customer Relationship Management*
CTN	*Código Tributário Nacional*
CTPS	*Carteira de Trabalho e Previdência Social*
CVM	*Comissão de Valores Mobiliários*
d. C.	*depois de Cristo*
D. ou Dec.	*Decreto*
DJ	*Diário da Justiça*
Des.	*Desembargador*
DF	*Distrito Federal*
DIEESE	*Departamento Intersindical de Estatística e Estudos Socioeconômicos*
Dnit	*Departamento Nacional de Infraestrutura de Transportes*
Dnocs	*Departamento Nacional de Obras contra as Secas*
DOU	*Diário Oficial da União*
EC	*Emenda Constitucional*
Ed.	*edição (editor)*
ed.	*edição*
E.g.	*exempli gratia (por exemplo)*
ERPs	*Sistemas Integrados de Gestão*
EUA	*Estados Unidos da América*
FAT	*Fundo de Amparo ao Trabalhador*
FGTS	*Fundo de Garantia do Tempo de Serviço*
Fls. ou f.	*folha*
Funasa	*Fundação Nacional de Saúde*

IBC	*Instituto Brasileiro do Café*
Ibid., (ib)	*ibidem — forma de ib (advérbio latino cujo significado é "onde") + dem (elemento reforçativo) = no próprio lugar, no mesmo lugar, na mesma obra*
Id.	*idem: is (este) + dem (reforçativo): a própria pessoa, este mesmo, o próprio autor*
i. e.	*id est — literalmente "isto é" (a saber)*
in casu	*no caso*
INDG	*Instituto de Desenvolvimento Gerencial*
INSS	*Instituto Nacional de Seguridade Social*
Ip.v.	*ipsis verbis — corresponde a ip. lit. (ipsis litteris, literalmente): com as próprias palavras, com as próprias letras*
JAM	*Juros e Atualização Monetária*
LA	*Lei de Arbitragem*
LACP	*Lei da Ação Civil Pública*
LC	*Lei Complementar*
LCT	*Lei do Contrato de Trabalho*
LICC	*Lei de Introdução ao Código Civil*
LINDB	*Lei de Introdução às Normas do Direito Brasileiro*
Lit.	*litteratim — literalmente*
LOA	*Lei Orçamentária Anual*
Loc. Cit.	*loco citato (no lugar citado) ou locus citatus (lugar citado). Pode-se abreviar ob. cit. (obra citada)*
LDO	*Lei de Diretrizes Orçamentárias*
LSA	*Lei das Sociedades Anônimas ou Lei das Sociedades por Ações*
MASC	*Meios Alternativos de Solução de Conflitos*
MTE	*Ministério do Trabalho e Emprego*
Min.	*Ministro*
MP	*Ministério Público*
MPF	*Ministério Público Federal*
MPT	*Ministério Público do Trabalho*
MRE	*Ministério das Relações Exteriores*
NAJ	*Núcleo de Assessoramento Jurídico*
N. ou n.	*número*

N. B.	*nota bene — do verbo notyare (2ª pessoa do singular do imperativo afirmativo: nota, observa)+bene (advérbio latino bem). A tradução é: nota bem, observa bem.*
Ob.	*obra*
Obs.	*observação*
OIT	*Organização Internacional do Trabalho*
ONU	*Organização das Nações Unidas*
Op. cit.	*opus citatum (obra citada) ou opere citato (na obra citada)*
OS	*Ordem de Serviço*
PAC	*Programa de Aceleração do Crescimento*
PASEP	*Programa de Formação do Patrimônio do Servidor Público*
PED	*Pesquisa de Emprego e Desemprego*
P. ex.	*por exemplo*
PGF	*Procuradoria-Geral Federal ou Procurador-Geral Federal*
PGU	*Procuradoria-Geral da União*
PIB	*Produto Interno Bruto*
PIS	*Programa de Integração Social*
PPA	*Lei do Plano Plurianual*
Pres.	*Presidente*
Prof.	*professor*
PRU	*Procuradoria Regional da União ou Procurador Regional da União*
P.S.	*post scriptum (pós-escrito)*
Q.e.d.	*quod est (erat) demonstrandum (o que se tem ou tinha de provar)*
RE	*Recurso Extraordinário*
Rev.	*revista*
RN	*Resolução Normativa*
RO	*Recurso Ordinário*
RODC	*Recurso Ordinário em Dissídio Coletivo*
RR	*Recurso de Revista*
S/A	*Sociedades Anônima*
Sc.	*scilicet — advérbio latino afirmativo hoje usado com o sentido de "a saber"*
s.d.	*sine data (sem data)*
SDE	*Secretaria de Desenvolvimento Econômico*

SE	*Sentença Estrangeira*
s.e.	*sem editor*
séc.	*século*
SEBRAE	*Serviço Brasileiro de Apoio às Micro e Pequenas Empresas*
SELIC	*Sistema Especial de Liquidação de Custódia*
SENAI	*Serviço Nacional de Aprendizagem Industrial*
SENAC	*Serviço Nacional de Aprendizagem Comercial*
SENAR	*Serviço Nacional de Aprendizagem Rural*
SENAT	*Serviço Nacional de Aprendizagem do Transporte*
SESC	*Serviço Social do Comércio*
SESC	*Serviço Nacional de Aprendizagem do Cooperativismo*
SESI	*Serviço Social da Indústria*
SEST	*Serviço Social de Transporte*
SFN	*Sistema Financeiro Nacional*
SINE	*Sistema Público de Trabalho, Emprego e Renda Brasileiro*
SISNAMA	*Sistema Nacional do Meio Ambiente*
s.l.	*sine loco, sem indicação de lugar*
s.n.	*sine nomine (sem nome do editor)*
SNDC	*Sistema Nacional de Defesa do Consumidor*
SPC	*Serviço de Proteção ao Crédito*
SRP	*Sistema de Registro de Preços*
STF	*Supremo Tribunal Federal*
STJ	*Superior Tribunal de Justiça*
Supl.	*Suplemento*
t.	*tomo (singular ou plural)*
TAC	*Termo de Ajustamento de Conduta*
TDC	*Termo de Compromisso de Desempenho*
Tb.	*também*
TCU	*Tribunal de Contas da União*
Tit.	*título*
TFR	*Tribunal Federal de Recursos*
TR	*Taxa Referencial*
TRCT	*Termo de Rescisão do Contrato de Trabalho*

TRD .... *Taxa Referencial Diária*
TRT .... *Tribunal Regional do Trabalho*
TST .... *Tribunal Superior do Trabalho*
Ult. .... *ulterior (ulteriormente)*
un. .... *único (unânime)*
v. .... *veja (ver)*
verbo ad verbum... *palavra por palavra*
v. g. .... *verbi gratia (por exemplo)*

Intróito

Não é fácil prefaciar uma obra que conta com a colaboração de juristas que despontam com uma força inegável no pensamento jurídico laboral brasileiro. O presente livro tem todos os motivos para agradar ao leitor, considerando que os temas nele tratados abrangem várias áreas.

No Direito Sindical são diversas as questões importantes submetidas à reflexão dos autores. Por exemplo, o registro sindical, tema que pode suscitar controvérsias quando a perspectiva for a da liberdade sindical, porque entendem alguns que o simples registro é uma exigência que se atrita com os postulados da plena liberdade de que os sindicatos devem gozar, como uma forma de controle do Estado sobre os mesmos. Não é esse o meu ponto de vista, desde que se conclua que o registro é meramente cadastral e não constitutivo.

Passa-se, então, ao estudo de diversos outros temas, que aqui serão apontados de acordo com a sequência adotada pelo livro.

O prazo prescricional para cobrança de multa pelo não recolhimento dos depósitos do Fundo de Garantia do Tempo de Serviço, qual é? Trinta anos? Quais as leis aplicáveis à matéria? Esta é uma questão de grande interesse para os agentes públicos que atuam na fiscalização trabalhista e também para a advocacia, quando se trata de cobrar judicialmente tais verbas.

A ação de indenização por dano moral decorrente de acidente de trabalho é prescritível? Há quem afirme que não. As considerações são expendidas neste livro com muita autoridade, chegando a uma conclusão com a qual poderá o leitor concordar ou discordar, sendo mais importante o exame de seus fundamentos.

É necessária uma revisão da incidência de juros e correção monetária na Justiça do Trabalho? Tudo indica que sim, porque uma visão crítica sobre o tema já ressalta a necessidade de que este aspecto seja mais bem analisado e a legislação modificada, para que não haja dúvidas ou prejuízos quando comparados os critérios da Justiça Comum com os da Justiça Trabalhista.

É constitucional o sistema de cotas raciais para pessoas negras em processos de seleção para vagas no mercado de trabalho? Como coadunar o assunto com o princípio da proporcionalidade, da razoabilidade e com os parâmetros dos quais são constituídas as regras básicas de um ordenamento jurídico? É uma questão que gera polêmica, enfrentada aqui com todo o devido cuidado.

Quais os limites constitucionais da regulamentação da atividade profissional? O princípio básico é o da liberdade de exercício do trabalho, ofício e profissão, o que é considerado um direito fundamental. Como tal, entretanto, é passível de restrições? A lei pode impor limites a esta liberdade? Quais regras devem ser aplicadas à temática em questão?

O aviso-prévio proporcional, de recente regulamentação em nossa ordem jurídica, entrou em vigor sem que algumas questões da vida prática tenham sido solucionadas. De um modo geral, são outros os problemas, mas há aqueles que inegavelmente precisam ser verificados, sob pena de se transferir para a Justiça do Trabalho a solução de um maior número de controvérsias, o que é indesejável. A lei procurou ser clara e estabelecer certos parâmetros para regência da matéria. Não obstante, é importante uma análise mais aprofundada dessa questão, como é feita no presente livro.

Um tema singular, nem por isso menos interessante, é o das implicações legais e constitucionais da divulgação dos dados do seguro-desemprego do pescador artesanal. O livro enfrenta a questão da constitucionalidade e da legalidade da divulgação de dados do seguro-desemprego do referido pescador pelo poder público a terceiros em cotejo com as normas e princípios básicos e os aspectos legais envolvidos.

Qual o alcance da Portaria n. 1.595/2010 do MTE diante do ordenamento jurídico brasileiro quanto ao intervalo intrajornada em negociação coletiva? Qual o alcance normativo de uma portaria? Discute-se qual é a finalidade de uma portaria num conjunto de normas que compõem o ordenamento jurídico. Uma portaria é um meio pelo qual um superior emite ordens a um subalterno ou subordinado. Não obstante sempre atinge terceiros estranhos a essa relação entre mandante e mandatário. Em razão desses reflexos é sempre muito importante verificar profundamente o alcance normativo de uma portaria, ação realizada neste livro.

Sabidamente a terceirização na administração pública é um instituto cuja aplicação tem gerado grandes controvérsias. Existem opiniões divergentes, doutrina estrangeira e lições de autoridades do campo em questão. Esses dados foram analisados em todos os principais pontos problemáticos que envolvem o tema, daí a importância do estudo apresentado na presente obra, que tão oportunamente é lançada.

O trabalho doméstico tem passado por modificações em nossa legislação e no contexto internacional. No entanto, empiricamente ainda pouco foi mudado, e os problemas permanecem os mesmos. A duração da jornada é um deles, talvez o principal. Como introduzir intervalos nessa jornada? Qual a sua duração? Como se caracteriza o emprego doméstico? Segundo uma perspectiva restritiva ou, ao contrário, com uma dimensão ampla do conceito em questão? Discorreu-se no livro sobre a evolução legislativa da matéria e à luz do princípio da igualdade material, para que se entenda o verdadeiro sentido do princípio consagrado pela Constituição, abordando-se a controvertida questão da igualdade. O que é igualdade sob o prisma jurídico? É tratar desigualmente situações desiguais? É estabelecer uma simetria onde há uma assimetria?

A aprendizagem, que é um contrato de formação técnico-profissional, tem aspectos tratados pela CLT, mas também é regulada por portarias ministeriais, para permitir a existência de parcerias ou cooperação entre entidades sem fins lucrativos para o desenvolvimento e execução dos programas de aprendizagem. O que parece tão simples, na verdade, não é. Existem aspectos constitucionais pertinentes ao âmbito desta questão. Hoje há dois tipos de aprendizagem, a remunerada profissional e a não remunerada educacional. Tais assuntos não foram ainda, percucientemente, tratados pelos nossos autores, apesar de seu aspecto prático de inegável importância.

É aplicável a Lei de Arbitragem na solução dos litígios trabalhistas individuais? Esse instituto previsto pela lei mostra-se compatível com o Direito do Trabalho Individual? Ou deve prevalecer um espírito protecionista diante das especificidades do Direito do Trabalho?

O TAC — Termo de Ajustamento de Conduta — é um meio essencial para solução de conflitos. É feita sua análise como um instrumento de composição pela sua eficiência e eficácia ao estabelecer de modo incontroverso, pela aceitação dos interessados, um conjunto de regras em busca de maior simplificação da matéria. Qual postura deve tomar o Ministério Público do Trabalho quanto a esses termos? As multas sugeridas têm sido um entrave ou uma necessária forma de levar o inadimplente a uma situação de adimplência?

Outro tema também examinado é a concessão de visto humanitário pelo Brasil e a constitucionalidade da Resolução Normativa n. 97/2012 do Conselho Nacional de Imigração. Nenhum Estado soberano é obrigado a admitir, de modo definitivo ou temporário, estrangeiros em seu território. Portanto, trata-se de um ato de natureza discricionária a possibilidade de ingresso de nacional de outro país no âmbito especial de sua soberania. Surge daí que a internalização das normas do Direito Internacional pertinentes à matéria é uma questão da mais alta relevância. É preciso rever essas normas, pois o Estatuto do Estrangeiro peca ao exceder aquilo que as relações de trabalho necessitam. Seria muito conveniente um visto especial, chamado "visto humanitário", ao estrangeiro. Veja-se o exemplo dos imigrantes do Haiti, referencial tomado pelo livro, tecendo suas melhores observações.

Os Direitos Fundamentais Sociais e Cláusula da Reserva do Possível estão submetidos aos limites da atuação estatal? A questão é estudada no trabalho ora publicado, como também a atuação do poder público. O tema é dos mais instigantes e daí a inteira justificação de sua inclusão nesta obra coletiva.

Todas essas questões são abordadas pelos coautores do livro e, como se vê, são passíveis de discussão, razão pela qual este livro é de grande utilidade e está fadado ao sucesso editorial.

Amauri Mascaro Nascimento

Prefácio

É uma honra prefaciar obra que transcende a simples coletânea de manifestações jurídicas, e que é o resultado de esforço metodológico coletivo marcado por debates levados a cabo por advogados públicos no âmbito da Consultoria Jurídica junto ao Ministério do Trabalho e Emprego (CONJUR/MTE).

O livro examina temas aplicados de Direito do Trabalho em face de recente evolução jurisprudencial e legislativa que, de certo modo, antecipa a solução de inúmeros problemas suscitados pelos usuários do serviço público prestado pela Unidade Jurídica Consultiva do MTE.

O livro trata primeiramente de um magistral artigo intitulado "as imunidades das embaixadas nas execuções trabalhistas na construção jurisprudencial do Supremo Tribunal Federal" escrito pelo Dr. *Arnaldo Sampaio de Moraes Godoy*, eminente *Consultor-Geral da União*; seguido pelo tradicional tema "registro sindical"; introduz o "prazo prescricional para a cobrança da multa pelo não recolhimento dos depósitos mensais ao Fundo de Garantia do Tempo de Serviço — FGTS"; passa pela "imprescritibilidade da ação de indenização por dano moral decorrente de acidente do trabalho"; enveredada pelos "juros e correção monetária na Justiça trabalhista e sua revisão necessária"; traça o perfil do "sistema de cotas raciais no mercado de trabalho e princípio da proporcionalidade"; e polemiza sobre os "limites constitucionais à regulamentação de atividade profissional".

A obra tece "breves considerações sobre o aviso-prévio proporcional regulado pela Lei n. 12.506, de 2011," e sobre as "implicações legais e constitucionais da divulgação dos dados do seguro-desemprego do pescador artesanal pelo poder público", bem como versa sobre os "aspectos penais referentes à inexigência ou dispensa de licitação *extra legem*". Cuida do "intervalo intrajornada e negociação coletiva"; do polêmico tema da "terceirização e sua aplicação na administração pública"; da "disciplina jurídica acerca do emprego doméstico no Brasil e princípio da igualdade material" e do "jovem aprendiz".

O livro ainda levanta a tese da "inaplicabilidade da lei de arbitragem na resolução de litígios trabalhistas individuais", e, por outro lado, sugere a aplicação do "Termo de Ajustamento de Conduta (TAC) como meio essencial para solução de conflitos".

Ainda se preocupa com "a concessão de visto humanitário pelo Brasil e a constitucionalidade da Resolução Normativa n. 97, de 12 de janeiro de 2012, do Conselho Nacional de Imigração"; também se atém aos "direitos fundamentais sociais e a cláusula da reserva do possível e dos limites à atuação estatal"; e, ademais, trata do "sistema de registro de preços (SRP) nas contratações de serviços de natureza continuada".

Cuida também de "reflexões sobre a decisão do gestor público contrária à orientação contida em parecer da consultoria jurídica"; e sobre "a responsabilidade do advogado parecerista na ação de improbidade administrativa" e ainda faz referência aos limites da "responsabilidade pessoal do advogado público na emissão de pareceres jurídicos", bem como insere tema, não tradicionalmente jurídico, que é a "gestão pública aplicada a órgão jurídico", mas que vem despertando grande interesse na Administração Pública.

Na mesma linha de entendimento desse último artigo, a Consultoria Jurídica do MTE tem colhido bons frutos com a utilização das ferramentas gerenciais, bem como na realização de ações administrativas, de modo a tornar exitosa a sua prática jurídica.

A obra ganha mais peso doutrinário e robustez acadêmica com a transcrição das palestras proferidas pelos senhores Ministros do Tribunal Superior do Trabalho (TST) em homenagem ao Dia Internacional do Trabalho — o Dia do Trabalhador — realizadas no auditório do Ministério do Trabalho e Emprego, no dias 3 e 4 de maio de 2011.

Assim, nas Partes III e IV desta obra jurídica foram inseridos os textos das palestras dos Magistrados do TST que versam sobre *"a afirmação do trabalho no século XXI"*, proferida pelo Ministro Mauricio Godinho; *"a comemoração do dia internacional do trabalho e os trabalhadores domésticos, na perspectiva do art. 7º, da CF*, apresentada pela Ministra Delaíde Miranda; *"o papel das normas internacionais do trabalho no mundo globalizado"* abordada pelo Ministro Lélio Bentes; os *"aspectos controvertidos do dano moral trabalhista"*, defendida pelo Ministro João Dalazen, eminente Presidente do TST; sobre as *"origens do direito do trabalho no Brasil"*, apresentada pelo Ministro aposentado José Luciano de Castilho e, fechando, com maestria, o Ministro Aloysio Corrêa da Veiga, Diretor-Presidente da Escola Nacional de Formação e Aperfeiçoamento de Magistrados do Trabalho (ENAMAT), disserta sobre o polêmico tema *"responsabilidade da União e Súmula n. 331 do TST e Terceirização"*. E, por fim, na Parte V, o Ministro Carlos Alberto Reis de Paula disserta sobre *"a imprescindibilidade da negociação para a realização de dispensa coletiva em face da Constituição de 1988"*.

Desta forma, o objetivo da obra é extrair das relações públicas e privadas aqui debatidas em atendimento às políticas públicas esperadas pela sociedade as possibilidades hermenêuticas comprometidas diante da Carta Constitucional.

Eis então a obra para aproveitamento dos leitores.

Brasília, outono de 2012.

Ministro **LUÍS INÁCIO LUCENA ADAMS**
Ministro de Estado Chefe da Advocacia-Geral da União

Apresentação

É com renovado júbilo que faço a apresentação pública da obra coletiva "Temas aplicados de Direito do Trabalho e Estudos de Direito Público", composta por uma coletânea de estudos realizados pelos Advogados Públicos da Consultoria Jurídica junto ao Ministério do Trabalho e Emprego, resultado de discussões de temas que perpassam as matérias de Direito Constitucional, Direito Administrativo e, especialmente, pelo Direito do Trabalho moderno.

A obra também se constitui, ainda, pela degravação de palestras proferidas por Ministros do Tribunal Superior do Trabalho por ocasião de evento comemorativo ao Dia Internacional do Trabalho, realizado no ano de 2011, na sede do Ministério do Trabalho e Emprego em Brasília-DF. Evento do qual tive a honra de participar como palestrante em prol da valorização da atividade que mais dignifica o ser humano: o trabalho.

A perspectiva doutrinária do presente livro impõe uma visão do trabalho de operadores do Direito que constantemente estão acompanhando a evolução da doutrina e da jurisprudência, como também a modificação da situação legislativa. Esta leitura exige-se da relação do trabalho, cada vez mais dinâmica. E o Direito deve funcionar como um norte capacitador da harmônica e pacífica convivência social. O Direito do Trabalho, cumprido e realizado na Justiça do Trabalho, funciona como um algodão entre os cristais da delicada relação capital-trabalho. Amortece, equilibra e ampara estes elementos tão essenciais, quanto contraditórios.

A publicação desta obra permite a constatação da vitalidade da vigente Consolidação das Leis Trabalhistas — CLT, texto basilar para a formação de uma sociedade progressista, de vanguarda, que se revigora na leitura adensada que dele fazem os advogados públicos autores das manifestações que o leitor conhecerá.

Com formação jurídica acentuadamente trabalhista, administrativa e constitucional, os autores aliam sólidos conhecimentos jurídicos a valores pessoais que possibilitam um olhar para o amanhã com a esperança de se ver maior distribuição de justiça social e dignificação da pessoa humana.

Cabe, por fim, realçar que os textos produzidos pelos autores, dentre eles sete Ministros do Tribunal Superior do Trabalho, entre os quais me incluo, e o Consultor-Geral da União, da Advocacia-Geral da União, permitem a ilação de que tais escritos traduzem a forma de pensar jurídica de determinado segmento integrante da Administração Pública central, responsável pela regulação e fiscalização das relações decorrentes do trabalho digno, que se coaduna com a forma de compreender os liames intrincados do relacionamento entre o capital e o trabalho.

Os textos iniciais debruçam-se sobre a atormentadora e tormentosa questão da imunidade dos entes de personalidade internacional, no que tange ao cumprimento das normas trabalhistas brasileiras, notadamente aos cidadãos pátrios que se arregimentam para o labor no âmbito das unidades extraterritoriais. Em que medida e a quantas devem equilibrar-se os limites da imunidade da soberania dos Estados visitantes e o importante e indispensável núcleo da garantia da dignidade do trabalhador em terras brasileiras.

O livro prossegue em busca dos limites da realidade do mais importante dos elementos da relação de trabalho que se configura no sindicato. Registro sindical, delimitação das atribuições e competências desse organismo em muito importante para a realização de um direito mais justo e equânime, baseado na igualdade entre os contratantes, que se alcança, ainda que sob dificuldades, com a representação profissional forte e equipada.

O instituto do Fundo de Garantia por Tempo de Trabalho, que procurou substituir, em que pesem todas as suas desvantagens, a garantia decenal de emprego, com o acento constitucional de 1988, encontra-se estudado em seu importante núcleo, o da prescrição da cobrança dos valores devidos pelo empregador. Um ensaio do presente livro dedica-se a estudar os limites da restrição de direitos pela passagem do tempo e sua importância para o caráter inegavelmente social dessa figura.

A obra dedica-se, ainda, a perquirir os critérios de atualização das dívidas trabalhistas, apontando para a necessidade de revisão dos textos normativos acerca deste tema, com vistas à efetividade das imposições condenatórias. O cumprimento das sentenças deve, sempre, sugerir ao devedor maior vantagem do que sua omissão, sob pena de se tornar secundário em face de outras obrigações do empreendedor.

Avança-se sobre o preocupante terreno das quotas. As ações afirmativas, como se sabe, constituem reflexos necessários à compensação de segmentos da sociedade que se encontram em flagrante e histórica desvantagem, compensando-os até o ponto de equiparação com os cidadãos que ocuparam a classe dominante. Não mais do que a garantia do que a Constituição assegura com o *caput* do artigo 5º: isonomia.

O livro cuidará, ainda, da regulamentação de profissões, uma prática tipicamente brasileira e que resvala, nalguns casos, em ofensa às garantias constitucionais. Assegurar particularidades de trabalhadores de determinadas categorias não pode repercutir providência de menoscabo das premissas nucleares da Carta Cidadã.

Debruçam-se, os autores da obra, ainda, sobre a novel regulamentação do aviso-prévio proporcional ao tempo de serviço, marcado como direito pleno pela Constituição, mas regulado, com o tardio e comum procedimento das Casas Legislativas, com atraso superior a duas décadas. Será função dos tribunais, doravante, estabelecer os reflexos da Lei n. 12.506 sobre as relações recentemente findas, as ainda continuadas e as que se terminarem a partir de sua publicação. A busca de uma leitura constitucional mais incisiva desafia os operadores do Direito, como se lerá nas páginas que se seguem.

Os trabalhos doutrinários que se agrupam nesta obra não se descuraram de temas relevantes, como a regulamentação dos intervalos — o tempo de que o cidadão dispõe para si mesmo, embrenhado com aquele a que dedica a maior parte de sua vida, o trabalho — assim como a aproximação do trabalhador doméstico do urbano comum. Um traço de reprovável assenhoramento quase escravagista guia a leitura das relações de emprego domésticas e precisa, a esta quadra do século XXI, ser revista sob o prisma da dignidade do homem.

O leitor poderá participar do debate bem construído sobre uma alternativa forma de solução de litígios trabalhistas, que consiste na arbitragem privada. Em que medida e quando são adequados os instrumentos tipicamente privados, para responder às demandas de natureza pública, como são, inegavelmente, os direitos trabalhistas?

Nesta seara, despontam os Termos de Ajustamento de Conduta, firmados pelos empregadores com o Ministério Público do Trabalho, com grande e relevante força. Corrigir o traçado das relações, ainda em sua mantença, como é de intuitiva percepção, revela-se medida mais apropriada do que a intervenção judicial póstuma e de caráter nitidamente reparador. Um dos ensaios da obra dedica-se a verificar as condições de validade e exigibilidade dos TACs, sempre com vistas à implementação de um direito real, amplo e concreto do homem trabalhador.

Um livro que se concretize a partir de iniciativa dos entes públicos, não poderia olvidar, e não se olvida, das peculiaridades da ativação do advogado público, examinando a vinculação dos Administradores aos pareceres da consultoria jurídica e, sobretudo, dos efeitos da deletéria e ampla terceirização da 'mão de obra' no ambiente público.

Não escaparão da fruição do leitor desta obra, também, os elementos da internacionalização do trabalho, substrato indispensável à construção de uma sociedade mais justa, na medida dos custosos avanços da legislação supranacional.

Um justo capítulo separa-se para a análise dos efeitos da responsabilidade estatal pela terceirização do trabalho. A avançada jurisprudência do Tribunal Superior do Trabalho, atenta às evoluções dos tempos, funciona como diretriz à convocação dos beneficiários da cadeia produtiva, agentes púbicos ou não, pelas consequências dos contratos de emprego que a medeiam. O homem nunca será tratado como mercadoria — como já apregoava a *Rerum novarum* — e, para tanto, carecerá da proteção oriunda da figura pretorianamente construída da responsabilidade subsidiária do tomador dos serviços.

Coroa-se, o texto, com a manifestação em prol da indispensável negociação coletiva. A igualdade impossível entre empregador e empregado alcança sua mais próxima realidade por meio das tratativas que os sindicatos entabulam com os patrões. Um fator de avanço no patamar civilizatório das relações de emprego dependerá, em larga medida, do quanto puderem aprofundar os debates e as negociações coletivas.

Os acordos, as convenções e os contratos coletivos de trabalho representarão, cada vez mais, o direito do possível.

Auguro, firmemente, que esta obra possa contribuir como uma referência de esforço intelectual coletivo para o desenvolvimento de melhor convivência social e de estímulo para todos aqueles que nutrem sonhos de viverem em uma sociedade mais fraterna, plural e justa.

Aos autores, o registro de um trabalho bem empreendido e responsável. Aos leitores, meu sincero estímulo de que a busca por uma realidade maior tem a idade de nossa própria existência. Bom proveito!

Brasília, outono de 2012.

Ministro **JOÃO ORESTE DALAZEN**
Presidente do Tribunal Superior do Trabalho

Introdução

Não poderia ser mais oportuna a publicação do livro intitulado *Temas Aplicados de Direito do Trabalho & Estudos de Direito Público*, que conta com o artigo inaugural do Consultor-Geral da União seguido pelos artigos elaborados pelos Senhores Advogados da União lotados na Consultoria Jurídica do Ministério do Trabalho e Emprego, à frente o Procurador Federal Jerônimo Jesus dos Santos, e com textos extraídos de brilhantes palestras proferidas pelos doutos Ministros João Oreste Dalazen, Aloysio Corrêa da Veiga, Mauricio Godinho Delgado, Lelio Bentes Corrêa, Delaíde Alves Miranda e Luciano Castilho Pereira em 03 e 04 de maio de 2011.

Percebe-se facilmente que todos os autores inspiraram-se nos resultados e nos desafios da aplicação efetiva das normas trabalhistas no contexto social brasileiro. Os benefícios de tais estudos são inumeráveis, porquanto subsidiam sobremaneira a atuação de outros indivíduos e órgãos do Estado na defesa dos direitos sociais de todos os cidadãos e o aprimoramento do ordenamento jurídico pátrio no amparo dos trabalhadores no território nacional.

O Ministério Público do Trabalho é um desses órgãos do Estado brasileiro beneficiados pelo presente livro. Diversos temas tratados pelos autores recebem enorme atenção por parte do *Parquet* laboral, como a terceirização na Administração Pública e o Termo de Ajustamento de Conduta. Reforça-se, assim, a frutuosa parceria entre o MPT e o Ministério do Trabalho e Emprego, principalmente no combate ao trabalho forçado e degradante por meio do Grupo Especial de Fiscalização Móvel do Ministério do Trabalho e Emprego.

Ressalte-se que o livro trata de temas bastante pertinentes à atual situação dos direitos trabalhistas individuais e coletivos no Brasil. Sob mero título de exemplo, a análise do sistema de registro sindical contemporâneo e do papel do Ministério do Trabalho e Emprego, após as inovações introduzidas pela Constituição Federal de 1988 e por normas infraconstitucionais, favorece inúmeros trabalhadores, na medida em que embasa o aprimoramento institucional de diversos sindicatos espalhados por todo o território brasileiro.

Também é inenarrável a contribuição, a todos os trabalhadores e aos operadores do Direito do Trabalho, de estudos que culminam em conclusões bastante relevantes e inovadoras, como é o caso de diversos artigos. Nesse contexto, a defesa da tese da imprescritibilidade do prazo para a propositura de ação de indenização por dano moral decorrente de acidente de trabalho, após análise sistemática da doutrina e da jurisprudência pertinentes, é um desses textos. Também é exemplo a argumentação pela imperiosa necessidade de revisão das normas acerca de juros e correção monetária na Justiça do Trabalho.

Os temas e questionamentos recentes no âmbito do Direito do Trabalho são o centro da Parte I do livro. Encontram-se, nos diversos artigos, debates sobre registro sindical, multa sobre o Fundo de Garantia do Tempo de Serviço, dano moral trabalhista, sistema de cotas raciais, regulamentação das atividades profissionais, recente normatização do aviso-prévio proporcional, divulgação de dados do seguro-desemprego, duração do trabalho, terceirização na Administração Pública, emprego doméstico, jovem aprendiz, arbitragem, Termo de Ajustamento de Conduta.

Os estudos desenvolvidos na Parte II sobre Direito Público implementados pelos Advogados da União lotados no Ministério do Trabalho e Emprego, tratam de temas afeitos não somente a esse órgão da Administração Pública, mas também a toda a coletividade. São matérias como direitos fundamentais sociais, contratação de serviços de natureza continuada, decisões de gestor contrárias a parecer jurídico consultivo, licitações públicas, responsabilidade pessoal do Advogado da União, gestão pública.

Por fim, cabe destacar a importância da transcrição das palestras dos Ministros do Tribunal Superior do Trabalho, por ocasião do Dia Internacional do Trabalho. São ensinamentos valiosos que não devem ser limitados aos participantes presentes no referido evento. As Partes III, IV e V, portanto, arrematam com brilhantismo o presente livro, dentre outros, com temas profundos como a afirmação do trabalho no presente século e a função das normas internacionais do trabalho no mundo contemporâneo.

Se possível fosse nesse curto espaço, cada texto mereceria uma menção pormenorizada nessa pequena introdução, haja vista a grande densidade teórica de todos. Em que pese a não alusão a todos os artigos do presente livro, garante-se ao leitor a sua qualidade.

Em um contexto sem precedentes de contínuos e ininterruptos avanços sociais e jurídicos, a publicação de livros e textos que tratem especificamente dos resultados e dos desafios práticos na implementação desses direitos sociais é enormemente importante. A contribuição ao ordenamento jurídico pátrio dos presentes artigos fundamenta-se na busca contínua do aprimoramento das relações de trabalho e do desenvolvimento conjunto por parte de toda a sociedade brasileira.

LUIS ANTONIO CAMARGO DE MELO
Procurador-Geral do Trabalho

Parte I

Temas Aplicados de Direito do Trabalho

Capítulo I

As Imunidades das Embaixadas nas Execuções Trabalhistas na Construção Jurisprudencial do Supremo Tribunal Federal

Arnaldo Sampaio de Moraes Godoy
Consultor-Geral da União

Resumo: O Supremo Tribunal Federal construiu jurisprudência a propósito da Convenção de Viena, reconhecendo que as Embaixadas não detêm imunidade de jurisdição em âmbito de execuções trabalhistas. Reconhece-se a possibilidade de penhora de bens de Estados estrangeiros no Brasil na hipótese de que tais bens não sejam necessários para o desempenho de atividades essenciais da Embaixada.

Abstract: As for the Vienne Convention the Brazilian Supreme Court has acknowledged the fact that Embassies can be suited in labor matters. Our Supreme Court also allows the levy of goods and assets in the hypothesis that mentioned goods and assets are not necessary for the outcome of the essential activities of the Embassy.

Palavras-Chaves: Convenção de Viena. Execuções trabalhistas. Penhora de bens de Estados estrangeiros.

Keywords: The Vienne Convention. Labor law. Levy of goods and assets of the Foreign States.

Sumário: 1. Introdução. 2. As imunidades das embaixadas na jurisprudência do Supremo Tribunal Federal. 3. Conclusão. 4. Referências Bibliográficas.

1. Introdução

A execução contra Embaixadas na solução de discussões trabalhistas[1] tem sido questão que exige aproximação entre conteúdos conceituais de Direito do Trabalho e de Direito Internacional. A máxima efetividade da jurisdição, em âmbito do Direito do Trabalho, é argumento que exige fórmulas concretas para satisfação de créditos, que tenham como origem a composição judicial de conflitos trabalhistas. Por outro lado, há também cânones de Direito Internacional que devem ser prestigiados, a exemplo do pactuado nas Convenções de Viena, a propósito da imunidade das Embaixadas.

---

(1) Estudos de pós-doutoramento na Universidade de Boston. Doutor e Mestre em Filosofia do Direito e do Estado pela Pontifícia Universidade Católica de São Paulo. Consultor-Geral da União.

Até meados da década de 1980, a jurisprudência construída pelo Supremo Tribunal Federal era no sentido de reconhecer a imunidade jurisdicional das Embaixadas. Num segundo momento, triunfou a doutrina que seccionava os atos das Legações Internacionais em atos de império e atos de gestão, o que possibilitou a quebra do cânone da imunidade jurisdicional absoluta. Mais recentemente, prestigia-se a possibilidade de execução em face das referidas Legações, atentando-se, no entanto, para a questão da expropriabilidade dos bens. Isto é, a execução recairia, tão somente, sobre bens e valores que não atendem às atividades essenciais das Embaixadas sediadas no Brasil. Uma breve retomada desse trânsito jurisprudencial é o tema do presente artigo. É este o tema explorado no presente artigo.

2. As imunidades das embaixadas na jurisprudência do Supremo Tribunal Federal

Na **apelação cível n. 9.750-6-DF**, relatada pelo Ministro Moreira Alves, e julgada em 9 de setembro de 1987, problematizou-se a imunidade de jurisdição em face de silêncio do Estado estrangeiro. Como dito, entendia-se, até então, sem restrições, que a imunidade de jurisdição do Estado estrangeiro se justificava pelos costumes internacionais bem como pelas Convenções de Viena, de 1961 e de 1963.

A imunidade somente seria afastada se o Estado que dela se beneficiasse dela renunciasse. No caso, tinha-se reclamação trabalhista proposta contra a Embaixada da Espanha. Esta última, que se manteve em silêncio ao longo do processamento da reclamatória, foi condenada ao pagamento de verbas, que seriam apuradas em liquidação de sentença.

Os cálculos foram impugnados pela reclamante. Homologado o valor originário, em sentença, seguiu Agravo de Petição ao Tribunal Federal de Recursos - TFR. A agravante pretendia ampliar o valor da condenação, embutindo juros e correção monetária.

O TFR não conheceu do Agravo. Invocou-se que a competência para apreciação desse tipo de questão contra Estado estrangeiro era do Supremo Tribunal Federal. Este último recebeu o recurso e o processou como Apelação Cível, nos termos do art. 318 do Regimento Interno daquele Tribunal.

A Procuradoria-Geral da República juntou parecer, lembrando que a Espanha não havia se manifestado em nenhuma das fases processuais. Citou-se voto do Ministro Rafael Mayer, no sentido de que a revelia e, portanto, o silêncio, não significava que a Espanha renunciava a imunidade e aceitava a jurisdição brasileira, naquele caso.

Não se poderia retirar do silêncio um resultado de aquiescência, indício de presunção. Além do que, seriam necessárias duas renúncias: de jurisdição e, depois, de execução. O Procurador-Geral da República opinou pela extinção do processo. A sentença proferida na ação de conhecimento havia transitado em julgado.

A imunidade deveria ser compreendida em sentido amplo, isto é, deveria também alcançar a liquidação da sentença. O STF reconhecia a imunidade de jurisdição de Estados estrangeiros. Entendia-se que a imunidade recebia qualificação mais rigorosa ainda quando se tratasse de execução.

A imunidade somente seria afastada no caso de renúncia expressa, por parte de seu beneficiário. É a linguagem da Convenção de Viena, que também dispõe que a renúncia a imunidade não importa em renúncia para efeitos de execução. Não se conheceu da ação, com base na imunidade de jurisdição.

Mais tarde, na **ação cível originária n. 9.680**, relatada pelo Ministro Néri da Silveira, e julgada em 31 de agosto de 1988, discutiu-se se era caso de renúncia de imunidade, por parte do Estado estrangeiro, requerimento judicial para participação no polo ativo de uma demanda.

No caso, se tratava de discussão de cunho trabalhista, com inquérito prévio, requerido pelo Consulado dos Estados Unidos da América, em São Paulo, e que se desdobrou também em interessante discussão a propósito do instituto da *probation*, que é do direito norte-americano, e que se desconhece no direito brasileiro.

O consulado norte-americano havia protocolado inquérito trabalhista para apurar falta grave de um funcionário e obter autorização para despedida deste. Pode-se questionar se a movimentação do consulado qualificava, objetivamente, renúncia a imunidade.

O problema radicava em eventual falta grave praticada por funcionário brasileiro do consulado norte-americano. O funcionário teria agredido fisicamente a subordinado, o que justificaria demissão por justa causa. Antes da demissão o consulado havia submetido o funcionário brasileiro ao regime de *probation*, inexistente na legislação trabalhista brasileira.

Lembrou-se que nos termos do art. 17, da Lei de Introdução ao Código Civil[2] o direito estrangeiro poderia ser aqui aplicado na medida em que não se violasse a soberania nacional. O consulado afirmava que o funcionário mostrava-se desidioso, desinteressado, era alcoolista, o que justificava a aplicação dos arts. 482, *b* e *h*, 492 e 493 da Consolidação das Leis do Trabalho.

O consulado havia ajuizado inquérito trabalhista na Justiça Federal de 1ª instância com o objetivo de apurar falta grave do referido funcionário. Empregado do Consulado-Geral dos Estados Unidos em São Paulo desde 11 de março de 1959, o interessado começara como motorista.

Em 1979 passou a trabalhar como assistente de serviços gerais. Em 27 de fevereiro de 1980 violou moral e fisicamente companheiro de trabalho, subordinado seu, que era motorista. O inquérito (e correspondente ação) foi julgado procedente em 1ª

---

(2) Decreto-lei n. 4.657, de 4 de setembro de 1942 teve a sua ementa alterada pela Lei n. 12.376, de 30 de dezembro de 2010, passando sua redação de "Lei de Introdução ao Código Civil Brasileiro" — LICC para "Lei de Introdução às Normas do Direito Brasileiro" — LINDB).

instância. Concomitantemente, havia reclamatória trabalhista que corria na Justiça do Trabalho, e que foi remetida à Justiça Federal.

Na reclamatória trabalhista havia notícias de elogios e diplomas com os quais o consulado havia contemplado o reclamante. Por outro lado, além do episódio da agressão a colega de trabalho, o reclamante havia também utilizado indevidamente um avião militar de uso do consulado norte-americano. Os processos foram reunidos, e analisados pela Justiça Federal.

Manteve-se a decisão de procedência do inquérito trabalhista e decidiu-se pela improcedência da reclamação trabalhista: fora legal a demissão do funcionário desidioso, por justa causa.

O reclamante interpôs recurso ordinário, que foi autuado como apelação cível. Em 17 de junho de 1984 o reclamante faleceu. Seus sucessores se habilitaram para acompanharem a demanda. Invocavam *abuso de poder disciplinar*, porquanto o reclamante originário fora submetido ao regime de *probation*.

Alegavam que o reclamante havia se destacado na empresa, que fora recorrentemente elogiado, e que fora submetido a várias punições. O consulado contra-argumentava que a *probation* era mera medida de cunho administrativo. O empregado permaneceria um tempo em casa, e continuaria recebendo seus salários. Quando retornasse, durante um ano, ficaria sob observação, não se permitindo que tivesse aumentos salariais ou que fosse promovido.

O consulado também invocava que o fato de que aforaram inquérito trabalhista não significava que renunciavam as imunidades de jurisdição e de execução. Lembravam o art. 31 da Convenção de Viena, que exige renúncia expressa da imunidade que o tratado confere.

Além do que, devia-se levar em conta que o empregado não desempenhava suas funções numa fábrica ou oficina. Prestava serviços numa repartição consular. Comprovou-se também que o reclamante vinha apresentando vários sinais de alcoolismo. Morrera de insuficiência e cirrose hepática, aos 45 anos de idade, quando deixara três filhas, respectivamente de 24, 20 e 12 anos.

Negou-se provimento à apelação, mantendo-se a despedida, por justa causa, decorrente, entre outros, do inquérito trabalhista que apurou falta grave, consignando-se que o ajuizamento do inquérito não implicava em renúncia às imunidades.

Na **apelação cível n. 9.696**[(3)], relatada pelo Ministro Sydney Sanches, julgada em 31 de maio de 1989, percebeu-se guinada na jurisprudência brasileira. Acolheram-se

---

(3) **Ementa:** Estado Estrangeiro. Imunidade Judiciária. Causa Trabalhista. Não há imunidade de jurisdição para o estado estrangeiro, em causa de natureza trabalhista, em princípio, esta deve ser processada e julgada pela Justiça do Trabalho, se ajuizada depois do advento da Constituição Federal de 1988 (art. 114). Na hipótese, porém, permanece a competência da Justiça Federal, em face do disposto no § 10, do art. 27, do ADCT da Constituição Federal de 1988, c/c art. 125, II, da EC n. 1, de 1969. Recurso Ordinário conhecido e provido pelo Supremo Tribunal Federal para se afastar a imunidade judiciária reconhecida pelo juízo federal de primeiro grau, que deve prosseguir no julgamento da causa, como de direito.

as razões de voto do Ministro Francisco Rezek, que diferenciou *atos de gestão* e *atos de império*, fixando as fronteiras entre imunidade relativa e imunidade absoluta:

[...].

E M E N T A: ESTADO ESTRANGEIRO. IMUNIDADE JUDICIÁRIA. CAUSA TRABALHISTA. NÃO HÁ IMUNIDADE DE JURISDIÇÃO PARA O ESTADO ESTRANGEIRO, EM CAUSA DE NATUREZA TRABALHISTA. EM PRINCÍPIO, ESTA DEVE SER PROCESSADA E JULGADA PELA JUSTIÇA DO TRABALHO, SE AJUIZADA DEPOIS DO ADVENTO DA CONSTITUIÇÃO FEDERAL DE 1988 (ART. 114). NA HIPÓTESE, PORÉM, PERMANECE A COMPETÊNCIA DA JUSTIÇA FEDERAL, EM FACE DO DISPOSTO NO § 10, DO ART. 27 DO A.D.C.T. DA CONSTITUIÇÃO FEDERAL DE 1988, C/C ART. 125, II, DA E.C. N. 1/69. RECURSO ORDINÁRIO CONHECIDO E PROVIDO PELO SUPREMO TRIBUNAL FEDERAL PARA SE AFASTAR A IMUNIDADE JUDICIÁRIA RECONHECIDA PELO JUÍZO FEDERAL DE PRIMEIRO GRAU, QUE DEVE PROSSEGUIR NO JULGAMENTO DA CAUSA, COMO DE DIREITO.

[...].

Esta última, imunidade absoluta, alcançaria os atos de império. Aquela outra, imunidade relativa, alcançaria os atos de gestão.

Trata-se de causa trabalhista que remonta a reclamatória ajuizada contra a então embaixada da República Democrática Alemã.

Assentou-se que a imunidade de jurisdição não se aplicaria às causas trabalhistas, aforadas contra Estado estrangeiro. A ação foi proposta em 25 de outubro de 1976 contra a Representação Comercial da República Democrática Alemã. A autora pretendia que se fizesse anotação na carteira de trabalho de seu falecido marido, especialmente no que se referia a dados relativos a salários recebidos da reclamada.

Contestou-se a ação, invocando-se, como esperado, imunidade de jurisdição, em favor da Alemanha. A então Junta de Conciliação e Julgamento rejeitou a imunidade invocada, forte na tese de que o contrato de trabalho regulava atividade que seria desenvolvida em área comercial. O empregado não atuaria em áreas prioritárias de direito público.

A atividade negocial que fundamentava o contrato de trabalho não caracterizava ato de império. A Junta deu pela procedência da reclamação trabalhista. Subiu Recurso Ordinário para o Tribunal Regional do Trabalho da 2ª Região.

Analisou-se preliminar de incompetência da Justiça do Trabalho para apreciar a matéria, dado que havia Estado estrangeiro num dos polos da ação. Instaurado conflito de jurisdição o Supremo Tribunal Federal definiu pela competência da Justiça Federal, para onde os autos foram baixados. Magistrado da 1ª Vara da Justiça Federal em São Paulo julgou a reclamante carecedora de ação.

Reconheceu-se a imunidade de jurisdição em favor da Alemanha. Seguiu outro Recurso Ordinário, então para o antigo Tribunal Federal de Recursos. Este não conheceu do recurso e o remeteu para o Supremo Tribunal Federal. Registre-se que se entendeu que escritório comercial de embaixada fora considerado como parte e extensão da embaixada. Além do que, o referido escritório fora fechado ao longo do contrato de trabalho.

O reclamante/recorrente teria prestado serviços diretamente para a República Democrática Alemã. A reclamada detinha imunidade, cuja renúncia somente se daria mediante renúncia expressa. Eventual silêncio da reclamada, portanto, não qualificaria ato de renúncia, mediante aquiescência implícita.

O Ministério Público opinou pelo conhecimento do recurso, mas também por seu improvimento. A matéria seguiria para o Superior Tribunal de Justiça, que ainda não fora instalado.

Aplicou-se regra do Ato das Disposições Constitucionais Transitórias da Constituição Federal de 1988, que remetia a matéria, ao longo da transição, para o Supremo Tribunal Federal. Por outro lado, o art. 114 da Constituição de 1988 fixava a questão no âmbito de competência da Justiça do Trabalho.

Porém, como é o tempo quem rege o ato, e como os fatos todos se passaram sob o regime da Constituição de 1969, entendeu-se que a competência da Justiça Federal fora adequadamente exercida.

Alertou-se na ocasião que o regime do art. 114 da Constituição de 1988 havia abrandado o regime de imunidades, retirando sua natureza absoluta, que mostraria doravante relativa. O Supremo Tribunal Federal conheceu da apelação, firme em interpretação de direito constitucional superveniente, com eliminação, na hipótese, de imunidade de Estado estrangeiro em causa de natureza trabalhista.

Deu-se provimento à apelação. Cassou-se a sentença de 1º grau, determinando-se que os autos baixassem, para julgamento da causa, no mérito. Porém, na ação cível originária n. 9.680 o que de mais importante se ressalta fora o voto-vista do Ministro Francisco Rezek.

A vista fora pedida na convicção do Ministro Rezek, no sentido de que o STF deveria julgar a causa, ainda que se vivesse a iminência de instauração do STJ. E Rezek também decidiu que o magistrado de primeiro grau devesse prosseguir no julgamento da causa. Rezek lembrou que o STF sempre acentuara dois campos distintos quanto à imunidade de jurisdição. Havia a imunidade pessoal (decorrente das Convenções de Viena, de 1961 e de 1963), aplicada a quem ligado aos serviços diplomáticos e consulares.

Na hipótese, lembrava Rezek, processos cíveis e criminais nos quais se tinha réu membro do corpo diplomático ou consular estrangeiro acreditado no Brasil. Na prática corrente, no entanto, assinalava Rezek, o réu preferencial era o próprio Estado estrangeiro. É que não se tinha notícia de ajuizamento de ação contra diplomata ou cônsul.

Segundo Rezek, a demanda se dava contra pessoa jurídica de direito público externo. Eram ações trabalhistas (dois terços dos casos, segundo Rezek) ou indenizatórias (em âmbito de responsabilidade civil).

As convenções protegiam o diplomata e o cônsul, e não o Estado estrangeiro. A imunidade do Estado estrangeiro fundamentava-se em *antiga e sólida regra costumeira do Direito das Gentes*, e não em norma escrita, pactuada, nos termos do voto de Francisco Rezek.

Para Rezek, o art. 114 da Constituição Federal fixava competência para litígio entre empregado e empregador, inclusive quando este último fosse pessoa jurídica de direito público externo. O que a Constituição fizera não fora apenas um deslocamento de competência, da Justiça Federal para a Justiça do Trabalho, nas causas de direito do trabalho, quando se verificasse Estado estrangeiro num dos polos da lide.

O objetivo deste redesenho constitucional não se prendia apenas a questões de competência, isto é, o texto constitucional deixava claro que tal tipo de litígio seria admitido entre nós. A regra costumeira que justificava a imunidade, segundo Rezek, perdera sentido na década de 1970. Já não mais existia.

Em 16 de maio de 1972 conheceu-se uma convenção europeia sobre imunidade estatal, celebrada em Basileia. Chegou-se a uma distinção muito nítida entre atos de império e atos de gestão. Rezek pontuava que se fermentava tese no sentido de que a imunidade não poderia mais ostentar uma natureza absoluta.

Segundo o internacionalista, a imunidade *deveria comportar temperamentos*. No entanto, até então, o STF mantinha-se fiel à doutrina da imunidade absoluta. Para Rezek a efervescência capitalista fazia com que os Estados estrangeiros não se fizessem representar apenas por embaixadas e consulados; mas também por escritórios, em bolsas de valores, no comércio de títulos.

O STF e a doutrina brasileira marcavam entendimento de que todos os atos praticados por embaixadas ou consulados eram, efetivamente, atos de império. Rezek discordava. Embaixadas e consulados praticam atos de império, de conteúdo substancialmente administrativo, segundo Rezek, por exemplo, quando convocam o eleitorado ou outorgam passaportes.

Mas também praticam atos de gestão, quando contratam serviços, ou quando entabulam relações trabalhistas com funcionários brasileiros. A Convenção de 1972, dizia Rezek, afirmava que imunidade não existe em caso de demanda trabalhista ajuizada por súdito local.

E a regra valeria também para ação indenizatória pelo não cumprimento de contrato comum. Também nos Estados Unidos, em 21 de outubro de 1976, promulgou-se o *Foreign Sovereign Immunities Act*, que seguia, em linhas gerais, nos termos do voto de Rezek, a linha da Convenção Europeia.

E também na Inglaterra, em 1978, promulgou-se o *State Immunity Act*, que retirava a imunidade absoluta que se pretendia historicamente fixar nos Estados; a lei inglesa não reconhecia a imunidade absoluta. A imunidade não alcançaria matéria contratual, trabalhista, bem como ações indenizatórias decorrentes de responsabilidade civil.

Assim, segundo o Ministro Rezek, não se poderia mais falar em plenário que uma sólida regra de direito internacional costumeiro justificava a imunidade absoluta. Nesse sentido, o art. 114 da Constituição de 1988 não desafiava nenhuma regra (ainda que costumeira) de direito internacional público.

Paulo Brossard acompanhou o voto de Rezek, no que foi seguido por Célio Borja e Octavio Gallotti. Aldir Passarinho observou que Rezek havia separado atos de império e de gestão, especialmente no sentido de que o art. 114 da Constituição dispunha apenas sobre regra de competência, do mesmo modo como a questão era tratada na Constituição de 1969, embora com outra disciplina. Não havia nenhuma alteração de substância.

Aldir Passarinho ponderou que é a disponibilidade do Estado em se permitir julgado e executado em outra jurisdição que pacifica a questão. Um fundamento ético justificaria tal grandeza.

Citou a metáfora do moleiro prussiano, que ajustou ao problema que se debatia. Passarinho lembrou que o Rei Frederico, o Grande, pretendia comprar de um moleiro uma área de terras na Alemanha. O moleiro não se interessa em vendê-la. Frederico obtemperou que poderia tomar as terras para si. E o moleiro respondeu que isso seria muito fácil, se não houvesse juízes em Berlim...

Sydney Sanches, ao fim, aderiu às razões do voto de Rezek.

No **agravo regimental no agravo de instrumento n. 139671-8**, relatado por Celso de Mello, e julgado em 20 de junho de 1995, afirmou-se a doutrina da imunidade relativa. Reconheceu-se a jurisdição brasileira. Em tema de direito trabalhista confirmou-se que a imunidade (de jurisdição) é relativa. Trata-se da *teoria da imunidade jurisdicional relativa ou limitada*. Entendeu-se que o julgador deve levar em conta a natureza do ato motivador da instauração da causa.

Tem-se a queda de imunidade quando o Estado estrangeiro age na atividade privada. A referida teoria pretende conciliar imunidade jurisdicional de Estado estrangeiro com direito legítimo de o particular ressarcir-se de prejuízos de atos ilícitos.

No julgado se lembrou que os Estados Unidos da América já haviam repudiado a dogmática da doutrina *Schooner*, por intermédio da Carta Tatte; tal posição se consolidou com a lei norte-americana de 1976 (*Foreign Sovereign Immunities Act*).

Os Estados Unidos protocolaram recurso especial contra acórdão do STJ que não reconheceu a doutrina da imunidade absoluta, até então reinante. O STJ não conheceu do recurso especial; e contra tal decisão subiu agravo de instrumento. Negado provimento ao agravo, decidindo-se pela relatividade da imunidade, manejou-se o agravo regimental.

Nesta última peça, os Estados Unidos invocaram algumas questões formais: representação por advogado não exatamente explicitada no mandado, bem como nulidade da decisão no agravo por falta de pronunciamento do Ministério Público, nada obstante ter se realizado intimação regular.

Não se alterou o julgado. Entendeu-se que o recurso dos Estados Unidos não prosperaria porquanto a decisão do STJ ajustava-se a *magistério jurisprudencial do STF.* Fortaleceu-se o entendimento de que a imunidade jurisdicional dos Estados contava com fundamentação consuetudinária. Decorria da prática da *comitas gentium*. Não radicava em lei ou tratado. Não decorria de disposição das Convenções de Viena, que dispõem sobre relações diplomáticas e consulares. Não se tratava de questão de imunidade pessoal ou real, tal como se ajustou nas Convenções de Viena.

Nestes dois Tratados (Viena, 1961 e 1963) pretende-se a proteção do agente diplomático em suas atividades, bem como a inviolabilidade da missão, na percepção de Celso de Mello. Acentuou-se, por fim, que a legislação internacional (Estados Unidos, Inglaterra, Cingapura, África do Sul e Paquistão) abandonara a doutrina da imunidade absoluta.

Segue a ementa, na íntegra, do aludido e importante julgado:

[...].

EMENTA: *AGRAVO DE INSTRUMENTO — ESTADO ESTRANGEIRO — RECLAMAÇÃO TRABALHISTA AJUIZADA POR EMPREGADOS DE EMBAIXADA — IMUNIDADE DE JURISDIÇÃO — CARÁTER RELATIVO — RECONHECIMENTO DA JURISDIÇÃO DOMÉSTICA DOS JUÍZES E TRIBUNAIS BRASILEIROS — AGRAVO IMPROVIDO. IMUNIDADE DE JURISDIÇÃO. CONTROVÉRSIA DE NATUREZA TRABALHISTA. COMPETÊNCIA JURISDICIONAL DOS TRIBUNAIS BRASILEIROS. — A imunidade de jurisdição do Estado estrangeiro, quando se tratar de litígios trabalhistas, revestir--se-á de caráter meramente relativo e, em consequência, não impedirá que os juízes e Tribunais brasileiros conheçam de tais controvérsias e sobre elas exerçam o poder jurisdicional que lhes é inerente. ATUAÇÃO DO ESTADO ESTRANGEIRO EM MATÉRIA DE ORDEM PRIVADA. INCIDÊNCIA DA TEORIA DA IMUNIDADE JURISDICIONAL RELATIVA OU LIMITADA. — O novo quadro normativo que se delineou no plano do direito internacional, e também no âmbito do direito comparado, permitiu — ante a realidade do sistema de direito positivo dele emergente — que se construísse a teoria da imunidade jurisdicional relativa dos Estados soberanos, tendo-se presente, para esse específico efeito, a natureza do ato motivador da instauração da causa em juízo, de tal modo que deixa de prevalecer, ainda que excepcionalmente, a prerrogativa institucional da imunidade de jurisdição, sempre que o Estado estrangeiro, atuando em matéria de ordem estritamente privada, intervier em domínio estranho àquele em que se praticam os atos jure imperii. Doutrina. Legislação comparada. Precedente do STF. A teoria da imunidade limitada ou restrita objetiva institucionalizar solução jurídica que concilie o postulado básico da imunidade jurisdicional do Estado estrangeiro com a necessidade de fazer prevalecer, por decisão do Tribunal do foro, o legítimo direito do particular ao ressarcimento dos prejuízos que venha a sofrer em decorrência de comportamento imputável a agentes diplomáticos, que, agindo ilicitamente, tenham atuado* more privatorum *em nome do País que representam perante o Estado acreditado (o Brasil, no caso). Não se revela viável impor aos súditos brasileiros, ou a pessoas com domicílio no território nacional, o ônus de litigarem, em torno de questões meramente laborais, mercantis, empresariais ou civis, perante tribunais alienígenas, desde que o fato gerador da controvérsia judicial — necessariamente estranho ao específico domínio dos* acta jure imperii *— tenha decorrido da estrita atuação* more privatorum *do Estado estrangeiro. OS ESTADOS UNIDOS DA AMÉRICA E A DOUTRINA DA IMUNIDADE DE JURISDIÇÃO RELATIVA OU LIMITADA. Os Estados Unidos da América — parte ora agravante — já repudiaram a teoria clássica da imunidade absoluta naquelas questões em que o Estado estrangeiro intervém em domínio essencialmente privado. Os Estados Unidos da América — abandonando a posição dogmática que se refletia na doutrina consagrada por sua Corte Suprema em* Schooner Exchang v. McFaddon *(1812) — fizeram prevalecer, já no início da década de 1950, em típica declaração unilateral de caráter diplomático, e com fundamento nas premissas expostas na* Tate Letter, *a conclusão de que "tal imunidade, em certos tipos de caso, não devera continuar sendo concedida". O Congresso americano, em tempos mais recentes, institucionalizou essa orientação que consagra a tese da imunidade relativa de jurisdição, fazendo-a prevalecer, no que concerne a questões de índole meramente privada, no Foreign Sovereign Immunities Act (1976). DESISTÊNCIA DO RECURSO. NECESSIDADE DE PODER ESPECIAL. Não se revela lícito homologar qualquer pedido de desistência, inclusive o concernente a recurso já interposto, se o Advogado não dispõe, para tanto, de poderes especiais (CPC, art. 38). AUSÊNCIA DE MANIFESTAÇÃO DO MINISTÉRIO PÚBLICO. A jurisprudência dos Tribunais e o magistério da doutrina, pronunciando-se sobre a ausência de manifestação do Ministério Público nos processos em que se revela obrigatória a sua intervenção, tem sempre ressaltado que, em tal situação, o que verdadeiramente constitui causa de nulidade processual não é a falta de efetiva atuação do Parquet, que eventualmente deixe de emitir parecer no processo, mas, isso sim, a falta de intimação que inviabilize a participação do Ministério Público na causa em julgamento. Hipótese inocorrente na espécie, pois ensejou-se a Procuradoria-Geral da República a possibilidade de opinar no processo.*

[...].

No **agravo regimental no recurso extraordinário n. 222.368-4-PE**, relatado por Celso de Mello, e julgado em 30 de abril de 2002, discutiu-se autonomia entre imunidade de jurisdição e imunidade de execução, num contexto de transição conceitual entre imunidade jurisdicional absoluta e relativa.

A questão opunha um espólio ao Consulado-Geral do Japão. Entendeu-se que privilégios diplomáticos não poderiam ser invocados em processos trabalhistas para eventual justificativa de enriquecimento sem causa de Estados estrangeiros.

Na hipótese, segundo Celso de Mello, não se poderia sufragar *prática censurável de desvio ético-jurídico*. Decidiu-se que imunidade e princípio da boa-fé são princípios incompatíveis.

Entendeu-se também que o privilégio resultante de imunidade de execução não inibiria a Justiça brasileira de julgar processo de conhecimento instaurado contra Estado estrangeiro.

Celso de Mello avançou na doutrina da imunidade relativa. Insistiu-se na tese de que imunidade de jurisdição e imunidade de execução qualificavam-se como categorias autônomas e independentes. Impossibilidade de execução não inibiria a instauração de processo de conhecimento contra Estado estrangeiro, conforme decidido por Celso de Mello.

No agravo, protocolado pelo Consulado-Geral do Japão, defendeu-se que não há como se cindir a jurisdição em processo de conhecimento e em processo de execução. Impera o princípio da efetividade, que exige que a execução seja o desdobramento natural do juízo de conhecimento.

Estados que tratam a imunidade de modo relativo o fazem por força de norma interna, específica; e esse seguramente não seria o caso do Brasil. De tal modo, sentença produzida em processo de conhecimento poderia ser inócua.

E o juiz seria incompetente para proferir sentença que não poderá executar. Para o agravante, a tese que o STF abraçava tinha como resultado um fracionamento da competência. Pode-se dizer o que é o direito, mas não se pode impô-lo. E tal dicotomia (possibilidade de se dizer o direito e impossibilidade de se aplicá-lo) suscitaria questionamento a respeito da constitucionalidade de tal posição.

É que, na prática, jurisdição sem efetividade é o mesmo que ausência de jurisdição. Nos termos do agravo, a competência jurisdicional não poderia ser repartida. Não se pode dizer que ela existe para o processo de cognição, e que ela não existe para o processo executivo.

O titular de tal decisão, segue o agravo, teria mero documento estatal, sem valor prático: um documento desprovido de eficácia coercitiva. E nada haveria de antiético. Observou-se que o Estado brasileiro não pode gerar nos cidadãos uma expectativa que não pode cumprir.

Na forma como deduzida no agravo, *a fixação de competência para julgar o litígio, na prática, revela jurisdição desprovida de eficácia*. Para o agravante, mantida a decisão, ter-se-ia vitória sem efetividade. Uma vitória de Pirro, que revelaria inconstitucionalidade latente, retirando-se a essência da atuação do Estado, que consiste na efetividade de suas decisões.

Mas Celso de Mello não pensou dessa forma. A agravada fora condenada a pagar, à empregada brasileira, já à época falecida, verbas decorrentes de rescisão de contrato de trabalho.

A agravada trabalhou como lavadeira no Consulado-Geral do Japão por 15 anos. Admitida em 9 de novembro de 1975 só conseguiu anotação na Carteira de Trabalho em 1º de junho de 1981. Enfrentou dificuldades para se aposentar. Não gozou férias de 1985 a 1990. Nunca teria recebido 13º salário. Pedia indenização, aviso-prévio, o 13º salário, férias, baixa na Carteira de Trabalho.

A agravante em nenhum momento tocou no mérito da questão. O Tribunal Superior do Trabalho não reconheceu imunidade de jurisdição, lembrou Celso de Mello, por se tratar de litígio entre Estado estrangeiro e particular por aquele contratado. A jurisprudência trabalhista também estava sedimentada em favor do caráter relativo da imunidade. Entendia-se que a premissa definidora deveria de ser a natureza do ato motivador da instauração da causa em juízo.

Celso de Mello lembrava que se tinha um novo quadro normativo no direito internacional. O Ministro Celso de Mello mencionou a Nota Circular n. 560/DJ/CJ, de 14 de fevereiro de 1991, do Ministério das Relações Exteriores, que nos dá conta de que pessoas jurídicas de direito público externo não gozam de imunidades no domínio dos atos de gestão, como relações de trabalho estabelecidas localmente.

Reafirmou-se a doutrina de que imunidade de jurisdição e de execução são categorias absolutamente autônomas. Para Celso de Mello a impossibilidade de execução não inviabilizaria o pleno exercício, pelos tribunais brasileiros, de juízos de cognição.

De tal modo, afirmou Celso de Mello, a impossibilidade prática de se executar não obsta, por si só, a instauração de processo de conhecimento, por parte da Justiça brasileira.

No contexto desta decisão Francisco Rezek lembrava que o Brasil há havia sido executado lá fora. Referia-se a bens do Instituto Brasileiro do Café-IBC, do Lloyd Brasileiro. Buscaram-se bens do Estado, não afetos ao serviço diplomático ou consular, tese que será mais tarde incorporada pela jurisprudência do STF.

Sigo com o conteúdo da ementa, na íntegra:

[...].

E M E N T A: IMUNIDADE DE JURISDIÇÃO — RECLAMAÇÃO TRABALHISTA — LITÍGIO ENTRE ESTADO ESTRANGEIRO E EMPREGADO BRASILEIRO - EVOLUÇÃO DO TEMA NA DOUTRINA, NA LEGISLAÇÃO COMPARADA E NA JURISPRUDÊNCIA DO SUPREMO TRIBUNAL FEDERAL: DA IMUNIDADE JURISDICIONAL ABSOLUTA À IMUNIDADE JURISDICIONAL MERAMENTE RELATIVA — RECURSO EXTRAORDINÁRIO NÃO CONHECIDO. OS ESTADOS ESTRANGEIROS NÃO DISPÕEM DE IMUNIDADE DE JURISDIÇÃO, PERANTE O PODER JUDICIÁRIO BRASILEIRO, NAS CAUSAS DE NATUREZA TRABALHISTA, POIS ESSA PRERROGATIVA DE DIREITO INTERNACIONAL PÚBLICO TEM CARÁTER MERAMENTE RELATIVO. — *O Estado estrangeiro não dispõe de imunidade de jurisdição, perante órgãos do Poder Judiciário brasileiro, quando se tratar de causa de natureza trabalhista. Doutrina. Precedentes do STF (RTJ 133/159 e RTJ 161/643-644).* — *Privilégios diplomáticos não podem ser invocados, em processos trabalhistas, para coonestar o enriquecimento sem causa de Estados estrangeiros, em inaceitável detrimento de trabalhadores residentes em território brasileiro, sob pena de essa prática consagrar censurável desvio ético-jurídico, incompatível com o princípio da boa-fé e inconciliável com os grandes postulados do direito internacional.* O PRIVILÉGIO RESULTANTE DA IMUNIDADE DE EXECUÇÃO NÃO INIBE A JUSTIÇA BRASILEIRA DE EXERCER JURISDIÇÃO NOS PROCESSOS

DE CONHECIMENTO INSTAURADOS CONTRA ESTADOS ESTRANGEIROS. — A imunidade de jurisdição, de um lado, e a imunidade de execução, de outro, constituem categorias autônomas, juridicamente inconfundíveis, pois — ainda que guardem estreitas relações entre si — traduzem realidades independentes e distintas, assim reconhecidas quer no plano conceitual, quer, ainda, no âmbito de desenvolvimento das próprias relações internacionais. A eventual impossibilidade jurídica de ulterior realização prática do título judicial condenatório, em decorrência da prerrogativa da imunidade de execução, não se revela suficiente para obstar, só por si, a instauração, perante Tribunais brasileiros, de processos de conhecimento contra Estados estrangeiros, notadamente quando se tratar de litígio de natureza trabalhista. Doutrina. Precedentes.

[...].

3. Conclusão

O Supremo Tribunal Federal construiu jurisprudência dando conta da possibilidade de execução de Embaixada, por dívidas trabalhistas, devendo o exequente, no entanto, observar que somente pode penhorar bens que não sejam utilizados na consecução de atividades primárias e essenciais da executada. Fez-se uma conciliação entre as disposições da Convenção de Viena e os cânones que orientam o funcionamento da Justiça do Trabalho, em âmbito de máxima efetividade de suas intervenções.

4. Referências Bibliográficas

Constituição Federal de 1969.

Constituição Federal de 1988.

Lei de Introdução ao Código Civil.

Consolidação das Leis do Trabalho.

Convenção de Viena de 1961 e de 1963.

Regimento Interno do Supremo Tribunal Federal.

Nota Circular n. 560/DJ/CJ de 14 de fevereiro de 1991, do Ministério das Relações Exteriores.

Capítulo II

Registro Sindical

Juliana Moreira Batista

Advogada da União lotada na Consultoria Jurídica junto ao Ministério do Trabalho e Emprego. Chefe da Divisão de Informações Judiciais da Coordenação de Licitações e Contratos da Coordenação-Geral de Análise de Licitação e Contratos da CONJUR/MTE. Especialista em Direito do Trabalho e Direito Processual do Trabalho pela Faculdade Fortium. Especialista em Direito Processual Civil pela Universidade Anhanguera – UNIDERP.

Resumo: O presente trabalho destina-se à análise do atual sistema de registro sindical adotado pelo Brasil com o advento da Constituição Federal de 1988. Analisar-se-ão as mudanças introduzidas pelo novo ordenamento, e ainda o papel do Ministério do Trabalho e Emprego nesse novo panorama.

Abstract: This paper aims to review the current system of union registration adopted by Brazil with the advent of the Federal Constitution of 1988. It will examine the changes introduced by the new order, and the role of the Ministry of Labor and Employment in this new landscape.

Palavras-Chaves: Direito Coletivo do Trabalho. Registro Sindical. Ministério do Trabalho e Emprego.

Keywords: Collective Labor Law. Registry Association. Ministry of Labor and Employment.

Sumário: 1. Introdução. 2. O Registro Sindical no Mundo. 3. O Sistema Sindical no Brasil. 4. O Novo Papel do Ministério do Trabalho e Emprego nos Procedimentos de Registro Sindical. 5. Conclusão. 6. Referências Bibliográficas.

1. Introdução

O presente trabalho destina-se à análise do registro das entidades sindicais, matéria relacionada ao direito coletivo do trabalho e que ganhou contornos diferenciados com a entrada em vigor da Constituição Federal de 1988.

Antes de expor o sistema nacional, importante se faz tecer breves considerações acerca dos sistemas sindicais de outros países, sobretudo daqueles que serviram de inspiração para a sistemática adotada no Brasil.

Posteriormente, traçar-se-á um paralelo entre sistema sindical antes e após o advento da Constituição Federal de 1988, destacando-se as principais mudanças e princípios introduzidos pelo novo ordenamento constitucional.

Por fim, dar-se-á destaque à atuação do Ministério do Trabalho e Emprego nos procedimentos de registro das entidades sindicais.

2. O registro sindical no mundo

Diversos países europeus, dos quais se destacam Itália, Espanha e Portugal, passaram a adotar o princípio da liberdade sindical, ainda por volta da década de 50, que, no Brasil, passou a ser adotado apenas em 1988.

O sistema sindical português utiliza-se do referido princípio de forma bastante ampla. A liberdade sindical, no citado país europeu, implica a liberdade de inscrição, não havendo obrigação, por parte dos trabalhadores, no pagamento de contribuições para sindicato ao qual não esteja inscrito. Há ainda liberdade de organização e regulamentação interna das associações, além do direito de exercício de atividade sindical na empresa. Referido modelo europeu prevê, contudo, o registro obrigatório junto ao Ministério do Trabalho, com a exigência de formalidades mínimas. A legislação local confere ao Ministério Público a prerrogativa de ajuizar ação de extinção do sindicato em razão de eventual ilegalidade.

Já no modelo italiano, o sistema jurídico conferiu liberdade ainda maior aos sindicatos, tais como a autogestão e a criação espontânea, sem necessidade de registro ou controle estatal, sendo necessário apenas o registro cível junto aos cartórios, nos mesmos moldes dos registros das demais pessoas jurídicas de direito privado. Em razão da inexistência de regulamentação de artigos da Constituição italiana, existem até sindicatos de fato.

No sistema sindical espanhol, por seu turno, há previsão constitucional da livre criação de sindicatos. A legislação infraconstitucional (Lei Orgânica de Liberdade Sindical), no entanto, estabelece critérios para a aferição da entidade com maior representatividade, que será a única a exercer as prerrogativas inerentes aos sindicatos, a exemplo da possibilidade de estabelecer negociações coletivas.

3. O sistema sindical no Brasil

Antes da promulgação da Carta Constitucional de 1988, o Brasil adotava o sistema sindical corporativista da CLT, sendo que o pedido de reconhecimento (registro) era dirigido ao Ministério do Trabalho. Da aprovação ministerial a esse pedido dependia a investidura sindical, equivalente ao registro.

De acordo com Rodrigues Pinto[4]:

[...].

o registro do ato constitutivo do sindicato dependia de aprovação do Estado, o qual, desse modo, interferia diretamente na sua criação.

[...].

---

(4) PINTO, José Augusto Rodrigues. *Direito sindical e coletivo do trabalho*. 2. ed. São Paulo: LTr, 2002. p. 151-152.

O modelo adotado resultou de uma política corporativista empreendida por Getúlio Vargas, cujo objetivo era "incorporar o sindicalismo no Estado e nas Leis da República"[5].

Com a entrada em vigor da Constituição Federal de 1988, restaram derrogados os dispositivos de controle estatal sobre a atuação dos sindicatos, consagrados pela CLT. Fora extinta a Comissão de Enquadramento Sindical (art. 576, da CLT), órgão responsável pela elaboração do "plano básico" de delimitação de categorias, contendo atividades e profissões, o que representaria inequívoca interferência do Poder Público na organização sindical.

Deste modo, restou extinta a Comissão de Enquadramento Sindical, por configurar intervenção do Poder Público na organização sindical, subsistindo o anexo do art. 577 como mero orientador, simples modelo de referência, não obrigatório.

De acordo com Ubiracy Torres Cuóco, o enquadramento sindical, por ser indispensável ao regime da unicidade sindical, continua existindo no Brasil, significando um ato declaratório de colocação de um empregado no quadro de sua categoria[6].

Muito embora o texto constitucional de 1988 tenha abrandado, de forma significativa, a rigidez do período anterior à sua entrada em vigor, manteve, em diversos aspectos, normas que seriam, a princípio, incompatíveis com o modelo consagrado da liberdade sindical.

Nesse sentido, pode-se constatar que o art. 8º da Constituição, ao mesmo tempo em que fixou liberdades coletivas de associação e de administração, manteve restrições às liberdades coletivas de organização, citando-se como exemplo a unicidade sindical, a base territorial mínima, a sindicalização por categoria e o sistema confederativo da organização sindical. Manteve ainda restrição no exercício das funções, com a representação exclusiva de categoria pelo sindicato, inclusive nas negociações coletivas, além de restringir a liberdade sindical individual.

Por essas razões, entendem alguns juristas que o sistema sindical pátrio caracteriza-se como um sistema híbrido. Nesse sentido destaca Silva Neto[7]:

"[...].

Temos, então, um sistema sindical híbrido: de um lado, com liberdade e, de outro, com a manutenção de parte da estrutura do corporativismo, sob o controle de normas rígidas.

[...]."

---

(5) Exposição de motivos do Decreto-lei n. 19.770, de 1931, citada por Orlando Gomes. *Curso de direito do trabalho*. Rio de Janeiro: Forense, 1999. p. 557.
(6) CUÓCO, Ubiracy Torres. *Enquadramento sindical*. 3. ed., rev. São Paulo: LTr, 66-11/1327, nov. 2002.
(7) SILVA NETO, Manoel Jorge e (Coord.). *O sindicalismo no serviço público*. São Paulo: LTr, 1998. p. 134.

Assim, o modelo seria considerado híbrido porque, de um lado, oferece ampla liberdade sindical e, de outra banda, existe sem a interferência estatal.

Ao mesmo tempo em que veda, no *caput* do art. 8º, a autorização do Estado para a fundação de sindicatos, a Constituição Federal exige, por meio de ressalva, o registro no órgão competente.

Prevê ainda a unicidade e o enquadramento por categorias como alicerces da organização sindical, não sendo possível a existência de mais de um sindicato, da mesma categoria, dentro de uma mesma base territorial.

Esse conflito, aparente, no entanto, decorre de restrições impostas à liberdade sindical livre ou "anárquica", e é fruto de concessões mútuas que levaram à criação do modelo sindical de 1988.

José Washington Coelho[8] descreve as negociações travadas quando das discussões junto à Assembleia Constituinte:

[...].

A história narrada por quem viu pode afirmar que o art. 8º da Carta Magna é a soma algébrica composta pela necessidade de alcançar equilíbrio de forças antagônicas por vezes inconciliáveis. Correntes vigorosas em choque dramático, pedindo demais e cedendo de menos, lutaram palavra por palavra, no declarado anseio de impor sua solução. O constituinte, pressionado e espremido, compôs heterogêneo, muito próximo da técnica 'uma no cravo, outra na ferradura'. Além disso, poucos dentre os constituintes, conheciam o sindicalismo. As decisões tornaram-se penosas e em momento algum surgiu apreciação sobre o conjunto da obra que estava sendo edificada.

[...].

Conforme se observa, o grande ponto de discórdia é a manutenção da unicidade sindical. Isso porque, ante a permanência da unicidade sindical, o registro há de ser precedido de exame pelo órgão competente, para verificação do preenchimento das condições necessárias à aquisição da personalidade sindical com a mesma representação, na mesma base territorial.

Walküre Lopes Ribeiro da Silva destaca que, na Itália, a Constituição de 1947:

[...].

rompeu completamente com o corporativismo e inaugurou um período democrático que se estende até hoje, marcado pela plena liberdade sindical, enquanto no Brasil, a Constituição Federal de 1988 contemplou, no tocante à problemática da representação sindical, um misto de corporativismo e democracia: manteve

---

(8) COELHO, José Washington. *Sistema sindical constituinte interpretado*. São Paulo: Resenha Tributária, 1989.

a categoria como critério para organizar sindicatos e a unicidade sindical, elementos característicos do corporativismo, e estipulou a autonomia perante o Estado elemento integrante da liberdade sindical.[9].

[...].

A unicidade sindical caracteriza-se como a possibilidade de existência de uma única entidade estatal, representativa do mesmo grupo, em determinada base física.

Modelo oposto ao da unicidade sindical é o da pluralidade sindical, que se caracteriza pela possibilidade de existência de mais de uma entidade sindical representativa do mesmo grupo, em determinada base.

Segundo Cássio Mesquita Barros[10], na pluralidade sindical:

[...].

é facultada a criação, simultânea ou não, numa mesma base territorial, de mais de um sindicato representativo de trabalhadores ou de empresários da mesma profissão. A Franca, a Suíça e a Itália admitem o plurissindicalismo.

[...].

Há ainda o sistema da unidade sindical, no qual existe uma única entidade representando determinado grupo em determinada base, mas, agora, não por imposição do Estado e, sim, em razão da vontade livre dos interessados, trabalhadores e empregadores.

Outra característica do novo modelo sindical é a base territorial mínima delimitada pelos interessados, devendo ser, pelo menos, igual a um município. Tal previsão implicou duas distinções em relação ao modelo anterior: impossibilita a existência de entidades sindicais com base inferior a um município, e já não depende mais de ato do Ministro do Trabalho.

Tais características implicaram um avanço, na medida em que retiraram das mãos do Estado o poder de, contrariando a vontade daqueles que se pretendem unir em associação sindical, decidir o tamanho da base e outorgá-la.

Outra característica diz respeito à associação por categoria. Os sindicatos, assim como outras espécies de associação, formam-se em torno de um conjunto de pessoas com interesses comuns. Esses interesses, quando se trata de entidades sindicais, qualificam-se por ser profissionais ou econômicos.

---

(9) SILVA, Walküre Lopes Ribeiro da. A categoria como critério para organizar sindicatos nos ordenamentos jurídicos italiano e brasileiro. *Revista de Direito do Trabalho*, n. 107, ano 28, jul./set. 2002. Coordenação: Nelson Mannrich, São Paulo: RT, p. 278.

(10) FRANCO FILHO, Georgenor de Sousa (Coord.). *Pluralidade, unidade e unicidade. Curso de direito coletivo do trabalho*. São Paulo: LTr, 1998. p. 77.

Assim, é a solidariedade de interesses que irá motivar a formação, entre trabalhadores e empregadores, de um vínculo que os une. Esse vínculo de solidariedade, ou, nos dizeres da CLT, social básico, é o que forma ou se denomina de categoria.

Deste modo, pelo atual modelo sindical vigente, já não pode mais haver qualquer ingerência do Estado na vida do sindicato. Retirou-se o poder que tinha o Estado, desde a década de 30, de se imiscuir no dia a dia das entidades sindicais, controlando-as e, em algumas situações, intervindo.

Deixam de prevalecer regras como a do art. 553, § 2º, da CLT, que permitia ao Ministro do Trabalho afastar dirigentes sindicais ou a do art. 554, pela qual, destituída a administração da organização sindical, nomeava o Ministro do Trabalho um delegado para dirigir a entidade e proceder à eleição de novos dirigentes, típicas regras do poder de intervenção estatal.

Afastaram-se também as disposições do art. 531, §§ 3º e 4º, da CLT, que permitiam ao Ministro do Trabalho designar o presidente da sessão eleitoral, nas eleições do sindicato, e ainda regular o processo eleitoral.

Agora, com o advento do texto constitucional de 1988, os sindicatos passaram a ter liberdade para definir seu regramento interno, podendo definir o teor de seus estatutos sociais, fixarem seus órgãos de administração e fiscalização, dentre outras.

4. O novo papel do Ministério do Trabalho e Emprego nos procedimentos de registro sindical

O registro das entidades sindicais está previsto na Constituição Federal, que reza:

[...].

Art. 8º É livre a associação profissional ou sindical, observado o seguinte:

I – a lei não poderá exigir autorização do Estado para a fundação de sindicato, <u>ressalvado o registro no órgão competente</u>, vedadas ao Poder Público a interferência e a intervenção na organização sindical.

II – é vedada a criação de mais de uma organização sindical, em qualquer grau, representativa de categoria profissional ou econômica, na mesma base territorial, que será definida pelos trabalhadores ou empregadores interessados, não podendo ser inferior à área de um Município.

[...]. (Grifos nossos).

A Lei Fundamental, portanto, consagrou o princípio da liberdade sindical, limitado pela unicidade sindical, segundo a qual não pode haver mais de uma entidade sindical representando uma mesma categoria em idêntica base territorial.

Muito se discutiu qual seria o "órgão competente", no Brasil para efetuar o registro das entidades sindicais.

Carlos Alberto Gomes Chiarelli[11], ao analisar o inciso I do art. 8º da Constituição, destacou que tal dispositivo:

[...].

acaba com toda a parafernália burocratizante, de visível intuito de controle da ação sindical, que exigia reconhecimento por parte do Ministério do Trabalho.

[...].

Assim, para o referido jurista, o órgão de registro teria deixado de ser o Ministério do Trabalho, passando-se tal atribuição ao Registro Civil de Títulos e Documentos, muito embora reconhecesse o autor que o MTE não estaria impedido de ter seu catálogo no qual relacionaria as entidades sindicais existentes no país, armazenando dados, histórico das instituições, nome de dirigentes, âmbito de representação e outras informações.

Diverso, porém, era o posicionamento de Arnaldo Lopes Süssekind[12], em artigo publicado em 1992, interpretando os efeitos da nova Constituição sobre a organização sindical, descrevendo:

[...].

a) abolição da exigência da prévia constituição de associação profissional; b) derrogação do art. 519, da CLT para excluir o arbítrio do Ministro do Trabalho; c) substituição do ato de reconhecimento pelo simples registro dos estatutos, defendendo a competência do Ministério do Trabalho para o registro de associações sindicais, quer se trate de grupo ainda não sindicalizado, quer se cogite de concentração, dissociação, desmembramento (subdivisão) de categorias [...]. É só o Ministério do Trabalho que tem atuação administrativa nacional, possui o cadastro nacional das entidades sindicais que lhe permite exercer essa competência com a finalidade de preservar a unicidade de representação sindical e a observância das normas legais recepcionadas pela Carta Magna.

[...].

Wilson Ramos Filho[13], por sua vez, adotou postura bastante radical, ao sustentar que, atualmente, as organizações sindicais mantêm uma representatividade formal (representação legal), porém é necessária uma representatividade material e defende que:

[...].

representativo é quem os trabalhadores reconhecem como tal, estando a entidade registrada ou não no MTb, no Cartório de Registro de Pessoas Jurídicas ou outro órgão governamental.

[...].

---

(11) CHIARELLI, Carlos Alberto Gomes. *Trabalho na Constituição*. vol. II, Direito coletivo. São Paulo: LTr, 1990, p. 17-21.
(12) SÜSSEKIND, Arnaldo Lopes. Registro e investidura sindical. São Paulo: *Revista LTr*, n. 56-12/1433, vol. 56, n. 12, dez 1992.
(13) RAMOS FILHO, Wilson. Sindicalismo, práxis social e direito alternativo. In: *Lições de Direito Alternativo do Trabalho*. Coordenação Geral: Edmundo Lima de Arruda Junior. São Paulo: Acadêmica, 1993. p. 38.

Por fim, restou atribuída ao Ministério do Trabalho e Emprego a função de proceder ao registro das entidades sindicais, visando resguardar dita unicidade, sendo-lhe vedada qualquer interferência ou intervenção na organização sindical. Nesse sentido, decidiu o Superior Tribunal de Justiça:

> [...].
>
> Mandado de Segurança — Organização Sindical — Registro de entidade Sindical — Atribuição — Constituição Federal, art. 8º, itens I e II — A Constituição Federal erigiu como postulado a livre associação profissional e sindical, estabelecendo que a Lei não pode exigir autorização do Estado para a fundação de sindicato, ressalvado o registro no órgão competente, vedadas ao Poder Público a interferência e a intervenção na organização sindical. Persistência, no campo da legislação de regência, das regras legais anteriores que não discrepam da nova realidade constitucional, antes dão-lhe embasamento e operatividade. Atribuição residual do Ministério do Trabalho para promover o registro sindical, enquanto lei ordinária não vier dispor de outra forma. Atuação restrita, no caso, à verificação da observância ou não da ressalva constitucional que veda a existência de organização sindical da mesma categoria profissional em idêntica base territorial. (MS 29/DF; (1989/0007283-8) DJ:18.12.1989. Min. Miguel Ferrante).
>
> [...].

Corroborando esse entendimento, decidiu o Supremo Tribunal Federal, em sessão plena, no julgamento do Mandado de Injunção n. 1.418, relatado pelo Ministro Sepúlveda Pertence:

> [...].
>
> O que é inerente à nova concepção constitucional positiva de liberdade sindical é, não a existência de registro público — [...] — mas, a teor do art. 8º, I, do texto fundamental, "que a lei não poderá exigir autorização do Estado para fundação de sindicato"; o decisivo, para que se resguardem as liberdades constitucionais de associação civil ou de associação sindical, é, pois, que se trata efetivamente de simples registro — ato vinculado, subordinado apenas à verificação de pressupostos legais — e não de autorização ou de reconhecimento discricionários.
>
> [...]. Ao registro das entidades sindicais inere a função de garantia da imposição de unicidade – esta, sim, a mais importante das limitações constitucionais no princípio da liberdade sindical. [...]. A função de salvaguarda da unicidade sindical induz a sediar, 'si et in quantum', a competência para o registro das entidades sindicais no Ministério do Trabalho, detentor do acervo das informações imprescindíveis ao seu desempenho. (Ac. de 03.08.92 no MI-1.418, publicado na Rev. LTr. n. 57, 1993, p. 1099 e segs. Apud. SÜSSEKIND, Arnaldo. Direito Constitucional do Trabalho. Rio de Janeiro: Renovar, 1999, p. 353 e 354).
>
> [...].

O Supremo Tribunal Federal aprovou, na Sessão Plenária de 24.9.2003, a Súmula n. 677, que dispõe expressamente que:

> [...].
>
> Até que lei venha a dispor a respeito, incumbe ao Ministério do Trabalho proceder ao registro das entidades sindicais e zelar pela observância do princípio da unicidade.
>
> [...].

Com vistas a regular os procedimentos administrativos referentes aos pedidos de registro sindical, dando cumprimento ao seu mister nessa seara, o Ministério do Trabalho e Emprego edita normas disciplinadoras. Assim, após o entendimento firmado de que caberia ao Ministério do Trabalho e Emprego o registro sindical, referida entidade, com vistas a regular os procedimentos administrativos referentes aos pedidos de registro sindical, expediu a Instrução Normativa n. 05, de 15 de fevereiro de 1990, seguida da Instrução Normativa n. 09, de 21 de março de 1990. Este ato administrativo foi, contudo, revogado pela Instrução Normativa n. 01, de 27 de agosto de 1991, alterada pela Instrução Normativa n. 02, de 1º de setembro de 1992, donde se concluía que a inscrição do estatuto do sindicato deveria ser feita em cartório até que a matéria fosse regulamentada, sob pena de interferência do Poder Público na organização sindical. Facultava-se, porém, às entidades sindicais o depósito de seus estatutos no AESB — Arquivo de Entidades Sindicais Brasileiras, então criado pelo Ministério do Trabalho e Emprego para fins de cadastro, não constituindo ato concessivo de personalidade sindical.

A reiterada jurisprudência do STJ, no entanto, reafirmava que o arquivamento não atendia ao mandamento legal que determinava o registro, sob a argumentação de que tais atos tinham efeitos jurídicos diferentes.

Em seguida, foi expedida a Instrução Normativa n. 3, de 10 de agosto de 1994, que, além de criar o Cadastro Nacional de Entidades Sindicais — CNES atribuiu a competência para decidir sobre o registro de sindicatos e das correspondentes federações e confederações ao Ministro do Trabalho e Emprego — MTE. A Instrução Normativa n. 01, de 17 de julho de 1997, também dispunha sobre Registro Sindical.

Atualmente, o registro sindical encontra-se disciplinado pela Portaria n. 186, de 10 de abril de 2008 (DOU em 14 de abril de 2008).

Assim, no sistema constitucional brasileiro, o registro de sindicatos é imprescindível para a plena vigência da regra da unicidade, diferenciando-se a ingerência estatal do controle da unicidade sindical, exercido pelos próprios sindicatos por meio do MTE. Isso porque, instituída a unicidade, mister se faz que alguém fiscalize a criação de sindicatos, sob pena de ofensa ao sistema adotado pela Carta de 1988.

A decisão do MTE deve ser proferida nos limites de suas atribuições constitucionais, garantindo a unicidade sem ofender a liberdade sindical. Nesse sentido, o registro perante o citado órgão não configurará interferência estatal, tendo em vista que o Estado apenas autoriza os próprios órgãos a defender eventual violação à unicidade sindical.

5. Conclusão

Diversos sistemas sindicais europeus, em sintonia com o moderno sistema constitucionalista, que tem por intuito principal o controle do poder estatal, eliminaram o corporativismo por meio da incorporação da liberdade sindical como direito fundamental.

A Constituição Federal de 1988, seguindo essa tendência, estabeleceu o princípio da liberdade sindical como norte do sistema sindical brasileiro. Vedou-se a interferência estatal, não havendo mais necessidade de autorização para constituição de sindicatos.

A Carta de 1988, no entanto, fez ressalvas em relação à unicidade sindical, caracterizando-se o registro das entidades sindicais perante o MTE como medida imprescindível para a efetivação da regra da unicidade.

Assim, o registro de tais entidades perante o Ministério do Trabalho e Emprego não caracteriza interferência estatal, tendo em vista que o controle é exercido pelos próprios sindicatos já constituídos.

6. Referências Bibliográficas

BARROS, Alice Monteiro de. *Curso de direito do trabalho*. 2. ed. São Paulo: LTr, 2006.

BENITES FILHO, Flávio Antonello. *Direito sindical espanhol: a transição do franquismo à democracia*. São Paulo: LTr, 1997.

BRESCIANI, Luís Paulo e BENITES FILHO, Flávio Antonello. *Negociações tripartites na Itália e no Brasil*. São Paulo: LTr, 1995.

CHIARELLI, Carlos Alberto Gomes. *Trabalho na Constituição*. v. II, Direito coletivo. São Paulo: LTr, 1990.

COELHO, José Washington. *Sistema sindical constitucional interpretado*. São Paulo: Resenha Tributária, 1989.

CUÓCO, Ubiracy Torres. Enquadramento sindical. São Paulo: *Revista LTr*, 66-11/1327, nov. 2002.

DELGADO, Mauricio Godinho. *Curso de direito do trabalho*. 6. ed. São Paulo: LTr, 2007.

FRANCO FILHO, Georgenor de Sousa (Coord.). *Pluralidade, unidade e unicidade*. Curso de direito coletivo do trabalho. São Paulo: LTr, 1998.

NASCIMENTO, Amauri Mascaro. *Compêndio de direito sindical*. 2. ed. São Paulo: LTr, 2000.

OIT — Organização Internacional do Trabalho e Ministério do Trabalho do Brasil. *A Liberdade Sindical*. Editora da OIT, 1993.

PINTO, José Augusto Rodrigues. *Direito sindical e coletivo do trabalho*. 2. ed. São Paulo: LTr, 2002.

SILVA NETO, Manoel Jorge e (Coord.). *O sindicalismo no serviço público*. São Paulo: LTr, 1998.

SILVA, Walküre Lopes Ribeiro da. A categoria como critério para organizar sindicatos nos ordenamentos jurídicos italiano e brasileiro. *Revista de Direito do Trabalho*, n. 107, ano 28, jul/.set. 2002. Coordenação: Nelson Mannrich, São Paulo: RT.

SIQUEIRA NETO, José Francisco. *Liberdade sindical e representação dos trabalhadores nos locais de trabalho*. São Paulo: LTr, 1999.

SÜSSEKIND, Arnaldo Lopes. Registro e investidura sindical. São Paulo: *Revista LTr*, n. 56-12/1433, vol. 56, n. 12, dez. 1992.

SÜSSEKIND, Arnaldo Lopes; VIANNA, Segadas; MARANHÃO, Délio. *Instituições de direito do trabalho*. Rio de Janeiro – São Paulo: Freitas Bastos, 1967.

RAMOS FILHO, Wilson. Sindicalismo, práxis social e direito alternativo. In: *Lições de direito alternativo do trabalho*. Coordenação Geral: Edmundo Lima de Arruda Junior. São Paulo: Acadêmica, 1993.

VIANNA, Segadas. *O sindicato no Brasil*. São Paulo: Olímpica, 1953.

Capítulo III

O Prazo Prescricional para a Cobrança da Multa pelo não Recolhimento dos Depósitos Mensais ao Fundo de Garantia do Tempo de Serviço — FGTS

Ivaniris Queiroz Silva

Advogada da União lotada na Consultoria Jurídica junto ao Ministério do Trabalho e Emprego. Chefe de Divisão de Análise de Procedimentos Disciplinares. Graduada em Direito pela Universidade Federal do Ceará — UFC. Especialista em Direito Administrativo pela Universidade de Brasília — UNB. Especialista em Direito Público pela Universidade Anhanguera – UNIDERP.

Resumo: Pretende-se, por meio deste artigo, investigar o prazo prescricional para a cominação da multa administrativa, infligida aos empregadores ou aos tomadores de serviço, caso incursionem na figura infracional do artigo 23, § 1º, inciso I, 1ª parte, da Lei n. 8.036, de 1990, que tipifica como infração à legislação fundiária o não recolhimento mensal dos depósitos devidos ao Fundo de Garantia do Tempo de Serviço – FGTS. Demonstrar-se-á neste ensaio que embora a Lei n. 8.036, de 1990 preveja o prazo prescricional de trinta anos para a cobrança das contribuições que não foram vertidas ao Fundo de Garantia do Tempo de Serviço — FGTS, a prescrição administrativa, quando relacionada ao exercício do Poder de Polícia pela Administração frente aos particulares, regula-se pela Lei n. 9.873, de 1999, de forma que a leitura do presente trabalho apresenta-se relevante para os agentes públicos que atuam na fiscalização trabalhista, sobretudo por ser recorrente a prática de tal infração.

Abstract: It is intended, through this article, to investigate the statute of limitations for sanction of the administrative fine, imposed on employers or the makers of services if incursionem figure infraction of Article 23, § 1, Item I, Part 1, of Law n. 8.036/90, which typifies the land law as a breach of the nopayment of the monthly deposits due to the Guarantee Fund for Length of Service – FGTS. Will show here that althoufh the Law provides for the statute of limitations 8.036/1990 thirty years to the collection of contributions that were not dumped in the Guarantee Fund for Length of Service – FGTS, prescription administration, when related to the exercise police power by the Administration against individuals, is regulated by Law n] 9.873/1999, so that the reading of this paper presents relevant to public officials who act on labor inspection, especially for being such an applicant to practice infraction.

Palavras-Chaves: Direito do Trabalho. Infração à Legislação Trabalhista. Ausência dos Recolhimentos Mensais ao FGTS. Inflição de Multa Administrativa. Prazo Prescricional.

Keywords: Labor Law. Labor Law for Breach. Absence of Gatherings Monthly FGTS. Infliction of Administrative Penalty. Statute of limitations.

Sumário: 1. Introdução. 2. Noções gerais sobre o Fundo de Garantia do Tempo de Serviço — FGTS. 2.1. A natureza jurídica do Fundo de Garantia do Tempo de Serviço — FGTS. 2.2. A natureza jurídica da multa por descumprimento à legislação trabalhista. 3. Breves considerações acerca do Poder de Polícia administrativa e da Prescrição relativa ao exercício da ação punitiva estatal. 4. O Termo Inicial (*dies a quo*) da Pretensão Punitiva relativa às infrações ao Fundo de Garantia do Tempo de Serviço — FGTS. 5. Conclusão. 6. Referências Bibliográficas.

1. Introdução

Este trabalho tem por objetivo perquirir o prazo prescricional a ser observado pela Administração Pública Federal na cominação de multa administrativa, por infração ao artigo 23, § 1º, inciso I, 1ª parte, da Lei n. 8.036, de 1990[14], que retrata a hipótese em que o empregador deixa de efetuar os depósitos mensais relativos ao Fundo de Garantia do Tempo de Serviço — FGTS. O Tribunal Superior do Trabalho, no enunciado de sua Súmula n. 362[15], fixa a prescrição trintenária para a cobrança dos valores devidos em razão do não recolhimento da contribuição ao Fundo de Garantia do Tempo de Serviço — FGTS, competindo ao Auditor Fiscal do Trabalho[16], no momento da fiscalização, constituir o respectivo crédito relativo às competências não quitadas insertas no período de trinta anos.

Ocorre que a Lei n. 8.036, de 1990, em seu artigo 23, § 1º, inciso I, 1ª parte, tipifica, como infração à legislação fundiária, o inadimplemento, pelo empregador, da obrigação de recolhimento dos depósitos mensais devidos ao Fundo, sujeitando-o ao pagamento de multa por trabalhador prejudicado, embora silencie acerca do prazo prescricional a ser observado na aplicação dessa penalidade pecuniária.

Pois bem, nesse espectro, pretendemos desvendar quais os dispositivos legais que regulam a prescrição administrativa no processo sancionador diante do descumprimento dessa obrigação do empregador com o Fundo, sendo necessário, para tanto, analisarmos o Poder de Polícia administrativa e o instituto da prescrição, recorrendo a alguns conceitos do Direito Penal, imprescindíveis para a compreensão da matéria, para chegarmos à conclusão do presente estudo.

---

(14) "[...]. Art. 23. Competirá ao Ministério do Trabalho e da Previdência Social a verificação, em nome da Caixa Econômica Federal, do cumprimento do disposto nesta lei, especialmente quanto à apuração dos débitos e das infrações praticadas pelos empregadores ou tomadores de serviço, notificando-os para efetuarem e comprovarem os depósitos correspondentes e cumprirem as demais determinações legais, podendo, para tanto, contar com o concurso de outros órgãos do Governo Federal, na forma que vier a ser regulamentada. § 1º Constituem infrações para efeito desta lei: I – *não depositar mensalmente o percentual referente ao FGTS*, bem como os valores previstos no art. 18 desta Lei, nos prazos de que trata o § 6º, do art. 477, da Consolidação das Leis do Trabalho – CLT. [...]." (Grifos nossos).

(15) É trintenária a prescrição do direito de reclamar contra o não recolhimento da contribuição para o FGTS, observado o prazo de 2 (dois) anos após o término do contrato de trabalho.

(16) O Ministério do Trabalho e Emprego é responsável pela fiscalização e apuração das contribuições do FGTS, conforme previsto no art. 1º, da Lei n. 8.844, de 20 de janeiro de 1994.

2. Noções gerais sobre o Fundo de Garantia do Tempo de Serviço — FGTS

O Fundo de Garantia do Tempo de Serviço — FGTS foi instituído pela Lei n. 5.107, de 13 de setembro de 1966, para dar maior efetividade ao sistema de indenização por tempo de serviço, com base na estabilidade. Surgiu, portanto, num momento de transição entre o regime então vigente, de estabilidade decenal, conferido pela Consolidação das Leis Trabalhistas — CLT e, posteriormente garantido pelo artigo 157, inciso XII, da Constituição Federal de 1946, para outro, indenizatório do tempo de serviço.

Com o surgimento da Lei do FGTS, não se extinguiu, de pronto, o sistema da estabilidade decenal, até mesmo porque este possuía matiz constitucional, havendo que se preservar, ainda, o direito adquirido dos empregados já estáveis, mas se criou um regime paralelo, relativo à permanência no emprego e à eventual rescisão do contrato de trabalho, conferindo ao empregado o direito de opção entre os dois sistemas. Desse modo, se protegeu o instituto da estabilidade, de *status* constitucional, facultando, ao mesmo tempo, ao empregado, o direito de renunciar tal garantia e aderir ao regime do FGTS.

Se o empregado optasse pela nova sistemática, em caso de rescisão do contrato de trabalho, receberia uma indenização correspondente aos depósitos mensais vertidos pelo empregador para o FGTS, durante a constância do vínculo empregatício, no valor de 8% (oito por cento) da remuneração paga ao empregado. Em acréscimo a tal montante, caso a despedida se desse imotivadamente, o empregador deveria pagar, ainda, ao trabalhador, uma indenização no valor de 10% (dez por cento) sobre o valor de todos os recolhimentos existentes na conta fundiária do empregado, durante o tempo de serviço prestado na empresa.

A Constituição Federal de 1988 conferiu dignidade constitucional ao regime do FGTS, reconhecendo-o como um direito social, na forma do artigo 7º, inciso III, e no Ato das Disposições Constitucionais Transitórias – ADCT, em seu art. 10, inciso I, ao limitar a proteção do trabalhador em caso de despedida involuntária, prevista na Lei n. 5.107, de 1966, à multa de 40% sobre o saldo da conta vinculada do FGTS. Assim, com a promulgação do novo Texto Constitucional, a estabilidade decenal prevista na Constituição anterior deixou de existir, submetendo todos os empregados, afora aqueles alcançados pela estabilidade no regime anterior, em respeito ao direito adquirido, ao regime do FGTS, em proteção à garantia contra despedida arbitrária e sem justa causa, até a edição de Lei Complementar, conforme consignado no artigo 7º, inciso I, da Carta Magna.

Diante da nova dogmática constitucional conferida ao instituto do FGTS, mostrou-se necessário modificar algumas imprecisões existentes na Lei n. 5.107, de 1966, surgindo, nesse intuito, a Lei n. 7.839, de 12 de outubro de 1989, que revogou todas as normas anteriores sobre a matéria, conferindo à Caixa Econômica Federal a atribuição de gerir o Fundo, centralizando a administração de todos os recursos e das contas vinculadas. Posteriormente, referido diploma normativo foi revogado pela Lei n. 8.036, de 11 de maio de 1990, regulamentada pelo Decreto n. 99.684, de 08 de novembro do mesmo ano, passando o FGTS a reger-se por essa legislação, que, dentre outras inovações, definiu a competência do Ministério do Trabalho e Emprego na fiscalização e na apuração de tais contribuições, bem como a aplicação de multas e demais encargos devidos (art. 23)[17], sendo aperfeiçoada tal atribuição pela Lei n. 8.844, de 1994 (art. 1º)[18]. Cumpre destacar que o Ministério do Trabalho e Emprego editou a Portaria n. 148, de 25 de janeiro de 1996, destinada a regulamentar a organização e a tramitação dos processos de multas administrativas e de notificações para depósito do FGTS, estando em plena vigência, com a redação que lhe foi dada pela Portaria n. 241, de 16 de abril de 1998.

2.1. A natureza jurídica do Fundo de Garantia do Tempo de Serviço — FGTS

Feitas tais considerações acerca da legislação disciplinadora do Fundo, passa-se à sua conceituação e à análise de sua natureza jurídica, com o intuito de melhor desenvolver o tema proposto.

A Lei n. 8.036, de 11 de maio de 1990, em seu artigo 2º, traz a seguinte definição para o instituto:

[...].

> O FGTS é constituído pelos saldos das contas vinculadas a que se refere esta lei e outros recursos a ele incorporados, devendo ser aplicados com atualização monetária e juros, de modo a assegurar a cobertura de suas obrigações.

[...].

Nas lições de José Augusto Rodrigues Pinto[19], o FGTS se trata de:

[...].

> um conjunto de depósitos de responsabilidade dos empregadores, em função de suas relações individuais de emprego, em contas bancárias de que são titulares os empregados, destinadas à formação de um patrimônio retributivo da energia investida em favor da empresa, com movimentação vinculada, de acordo com as hipóteses previstas na lei.

[...].

---

(17) "[...]. Art. 23. *Competirá ao Ministério do Trabalho* e da Previdência Social a verificação, em nome da Caixa Econômica Federal, do cumprimento do disposto nesta lei, especialmente quanto à apuração dos débitos e das infrações praticadas pelos empregadores ou tomadores de serviço, notificando-os para efetuarem e comprovarem os depósitos correspondentes e cumprirem as demais determinações legais, podendo, para tanto, contar com o concurso de outros órgãos do Governo Federal, na forma que vier a ser regulamentada. [...]." (Grifos nossos).

(18) "[...]. Art. 1º *Compete ao Ministério do Trabalho a fiscalização e a apuração das contribuições ao Fundo de Garantia do Tempo de Serviço (FGTS), bem assim a aplicação das multas e demais encargos devidos.* [...]." (Grifos nossos).

(19) PINTO, José Augusto Rodrigues. *Curso de direito individual do trabalho.* São Paulo: LTr, 1991. p. 473.

Nesse mesmo sentido, é a definição de Aluysio Sampaio, citado por Fabiano Jantalia[20], ao afirmar que:

[...].

o FGTS não tem personalidade jurídica, não passando assim de mero patrimônio, formado idealmente pelo conjunto de contas bancárias vinculadas de que são titulares empregados optantes e empresas.

[...].

Em complemento, cita-se, ainda, a conceituação de Fabiano Jantalia[21]:

[...].

Pode-se definir o FGTS como um fundo de natureza financeira, composto pelo saldo das contas individuais dos trabalhadores e outros recursos a ele incorporados por força de lei, destinado ao custeio do regime de indenização por tempo de serviço.

[...].

Prosseguindo na análise acerca da natureza jurídica do instituto como um todo, Fabiano Jantalia[22] concebe que o mesmo se constitui em um **condomínio**, já que tem por finalidade receber contribuições dos empregadores para pagar as indenizações devidas aos trabalhadores, agregando uma comunhão de recursos para atender às finalidades especificadas em lei.

Com enfoque diverso, ou seja, atentando-se para os depósitos mensais vertidos pelos empregadores ao Fundo, faz-se referência ao paradigmático aresto do Supremo Tribunal Federal — STF, no qual ficou positivado o entendimento de que os recolhimentos patronais efetuados em favor do FGTS não se constituem receita pública[23], pelo que se demonstra a natureza **não tributária** dos recolhimentos patronais para o FGTS, assegurando-lhe a aplicação do prazo trintenário para as autuações da respectiva cobrança, e não quinquenal, na forma do artigo 174, do Código Tributário Nacional. Isso ocorre por se tratar de uma contribuição de intervenção no domínio econômico com destinação vinculada à habitação, infraestrutura e saneamento básico, além de encontrar-se estritamente ligada aos interesses das diversas categorias profissionais de nosso País, não se destinando, portanto, ao erário, os valores constantes nesse patrimônio, devendo ser carreados às contas vinculadas dos empregados.

Corroborando esse entendimento, citam-se o enunciado da Súmula n. 353, do Superior Tribunal de Justiça — STJ: *"As disposições do Código Tributário Nacional*

---

(20) JANTALIA, Fabiano. *Fundo de Garantia do Tempo de Serviço*. São Paulo: LTr, 2008, p. 47.
(21) JANTALIA, Fabiano. Ob. cit., p. 48.
(22) *Ibidem*, p. 52.
(23) RE n. 100.249-2, Rel. p/ o acórdão Min. Néri da Silveira, DJU de 1º.7.88.

não se aplicam às contribuições do FGTS" e o Enunciado n. 362, do Tribunal Superior do Trabalho — TST, que diz ser *"Trintenária a prescrição do direito de reclamar contra o não recolhimento da contribuição para o FGTS, observado o prazo de 2 (dois) anos após o término do contrato de trabalho"*. A propósito vale destacar a previsão contida no artigo 23, § 5º, da Lei n. 8.036, de 1990[24], referente ao rito administrativo a ser seguido para apuração de penalidade decorrente do descumprimento das obrigações impostas nessa mesma lei, que enfatiza, ao final da redação, o **privilégio do FGTS ao prazo prescricional de trinta anos**.

Desta feita, dos ensinamentos referidos, extrai-se que o FGTS é um fundo financeiro, ou seja, um conjunto de recursos que formam um patrimônio trabalhista, resultante de créditos vertidos pelo empregador, para socorrer o empregado em situações excepcionais ou quando da extinção do contrato de trabalho, conforme a causa da cessação do vínculo, submetendo-se ao prazo prescricional de trinta anos, sobretudo diante do reconhecimento de sua natureza não tributária.

Tal constatação reputa-se relevante, diante do comando inserto no artigo 2º, § 1º, alínea "d" da Lei n. 8.036, de 1990[25], que prescreve pertencer ao Fundo, integrando o seu patrimônio, a correção monetária e os juros moratórios creditados nas contas vinculadas, *bem como as multas eventualmente aplicadas ou devidas ao FGTS*. A esse respeito, primeiramente, se faz necessário esclarecer que o dispositivo em destaque não se refere à sistemática de remuneração do Fundo, prevista no artigo 13, da Lei n. 8.036, de 1990[26], já que os juros e a atualização monetária do FGTS (JAM), como forma de preservar o seu equilíbrio econômico-financeiro, pertencem à conta vinculada do empregado, muito embora não deixem de integrar o patrimônio global.

Outrossim, a correção monetária e os juros moratórios a que alude o citado artigo 2º, § 1º, alínea *"d"*, pertencem ao **Fundo** e não à conta vinculada correspondente, pois decorrem das penalidades infligidas ao empregador pelo descumprimento de suas obrigações com o mesmo, destacando-se, nesse contexto, a multa pelo não recolhimento, constituindo-se em sanções impostas pela legislação. Nesse sentido, manifestou-se o STJ, pedindo-se vênia para citar as Ementas dos seguintes precedentes:

[...].

PROCESSUAL CIVIL. RECURSO ESPECIAL. FGTS. EXECUÇÃO FISCAL. MULTA PREVISTA NO ART. 22, DA LEI N. 8.036, de 1990. MASSA FALIDA. INEXIGIBILIDADE.

---

(24) "[...]. Art. 23. § 5º O processo de fiscalização, de autuação e de imposição de multas reger-se-á pelo disposto no Título VII da CLT, respeitado *o privilégio do FGTS à prescrição trintenária.* [...]." (Grifos nossos).

(25) "[...]. Art. 2º O FGTS é constituído pelos saldos das contas vinculadas a que se refere esta lei e outros recursos a ele incorporados, devendo ser aplicados com atualização monetária e juros, de modo a assegurar a cobertura de suas obrigações. § 1º Constituem recursos incorporados ao FGTS, nos termos do *caput* deste artigo: [...]. d) *multas*, correção monetária e juros moratórios devidos; [...]."(Grifos nossos).

(26) "[...]. Art. 13. Os depósitos efetuados nas contas vinculadas serão corrigidos monetariamente com base nos parâmetros fixados para atualização dos saldos dos depósitos de poupança e capitalização juros de 3 (três) por cento ao ano. [...]."

1. Nos termos do art. 23, parágrafo único, III, do Decreto-lei n. 7.661, de 1945, "não podem ser reclamadas na falência as penas pecuniárias por infração das leis penais e administrativas". Assim, a jurisprudência dos Tribunais Superiores consolidou-se no sentido de que é descabida a cobrança de multa moratória da massa falida em execução fiscal, haja vista o seu caráter administrativo. Contudo, no caso dos autos, a controvérsia é referente à multa prevista no art. 22, da Lei 8.036, de 1990.

2. A multa prevista no art. 22, da Lei n. 8.036, de 1990 tem natureza de sanção, que é imposta por lei, decorrente do não recolhimento do FGTS no prazo legal. Acrescente-se que a jurisprudência da Primeira Seção/STJ é firme no sentido de que a relação jurídica existente entre o FGTS e o empregador decorre da lei, e não da relação de trabalho. Assim, a multa em comento decorre de imperativo legal, ou seja, não possui natureza convencional, razão pela qual as partes envolvidas nessa relação jurídica não podem afastar ou modificar o seu modo de incidência.

3. Cumpre ressaltar que o beneficiário da multa é o próprio fundo — o sistema do FGTS — e não o trabalhador. Como bem define Sérgio Pinto Martins, trata-se de "multa de natureza administrativa, num sentido amplo".

4. A princípio, a jurisprudência do Supremo Tribunal Federal firmou-se no sentido de que "não se inclui no crédito habilitado em falência a multa fiscal com efeito de pena administrativa" (Súmula n. 192/STF). Em virtude da vigência do atual Código Tributário Nacional, editou-se a Súmula n. 565/STF, in verbis: "A multa fiscal moratória constitui pena administrativa, não se incluindo no crédito habilitado em falência." 5. Quanto à origem da Súmula n. 565/STF, o Supremo Tribunal Federal, ao apreciar o RE n. 79.625/SP, entendeu que: 1) compensada a mora pela correção monetária e pelos juros moratórios, a sanção aplicada ao falido tem sempre natureza punitiva, ou seja, "caráter de pena administrativa"; 2) o princípio contido na "Lei de Falências" é o de que não se deve prejudicar a massa. Assim, assegura-se o crédito devido, e não as sanções de natureza administrativa; 3) tratando-se de multa de caráter punitivo, e não indenizatório, é inadmissível a sua incidência sobre a massa falida — por força do art. 23, parágrafo único, III, do Decreto-lei n. 7.661, de 1945 —, independentemente da denominação que receba.

6. Conclui-se, portanto, que a multa do art. 22, da Lei n. 8.036, de 1990 tem natureza legal e possui caráter de pena administrativa. Assim, por força do mesmo princípio contido nas Súmulas ns. 192 e 565, do STF, impõe-se o seu afastamento do crédito habilitado na falência, tendo em vista a hipótese de exclusão prevista no art. 23, parágrafo único, III, do Decreto-lei n. 7.661, de 1945.

7. Recurso especial desprovido. (REsp n. 882.545/RS, Relª. Ministra DENISE ARRUDA, PRIMEIRA SEÇÃO, julgado em 8.10.2008, DJe 28.10.2008).

[...].

[...].

ADMINISTRATIVO. EMBARGOS DE DIVERGÊNCIA. FGTS. MULTA MORATÓRIA: DESTINO. LEI N. 8.036, de 1990, ARTIGOS 22 E 2º. PRECEDENTES.

1. A multa prevista no artigo 22, da Lei n. 8.036, de 1990 é de natureza administrativa e, por consequência, pertencerá ao Fundo e não à conta vinculada correspondente.

2. O artigo 2º, § 1º, "d", da Lei do FGTS afasta a tese segundo a qual tem a multa natureza penal e se converte em favor do fundista.

> 3. "Não cabem embargos de divergência, quando a jurisprudência do tribunal se firmou no mesmo sentido do acórdão embargado" (Súmula n. 168/STJ). 4. Embargos de divergência não conhecidos. (REsp n. 572.002/RS, Rel. Ministro CASTRO MEIRA, PRIMEIRA SEÇÃO, julgado em 29.9.2005).
>
> [...].

2.2. A natureza jurídica da multa por descumprimento à legislação trabalhista

Entrevê-se, portanto, que os recursos vertidos para o FGTS, além de não possuírem natureza tributária, constituem-se num ativo do fundista, podendo o empregado revertê-lo para outras aplicações, tais como: a aquisição de casa própria e a compra de ações por meio de fundos de privatização, permitindo-lhe, ainda, movimentá-lo por causas relacionadas à sua saúde, ao atingimento da idade de setenta anos, à necessidade pessoal decorrente de desastre natural, dentre outros. Portanto, caso o empregador deixe de realizar o recolhimento mensal, evidencia-se grave prejuízo ao trabalhador, que verá comprometida a sua disponibilidade econômica para investir ou dar destinação na forma autorizada pela Lei n. 8.036, de 1990, o que propicia a inflição de multa por infração à legislação fundiária, radicada em seu artigo 23, § 1º, inciso I, cuja natureza jurídica procurar-se-á desvendar nesse tópico.

Celso Antônio Bandeira de Mello[27] ensina que se reconhece a natureza jurídica de uma infração pela natureza da sanção que lhe corresponde, e se reconhece a natureza da sanção pela **autoridade competente** para impô-la. Prossegue, conceituando sanção administrativa como sendo providência gravosa prevista em caso de incursão de alguém em uma infração administrativa cuja imposição seja da alçada da própria Administração.

Exatamente pela posição de supremacia em relação aos administrados (*jus imperii*), é que a Administração Pública tem a possibilidade, nos termos da lei, de aplicar sanções àqueles que incorram em infrações administrativas, objetivando desestimular a prática das condutas censuradas ou induzir ao cumprimento de alguma obrigação legal. Daniel Ferreira[28], em profundo estudo acerca das sanções administrativas, classificou-as em: (a) *sanções reais* — que são as pecuniárias (multas) e as que, por sua natureza, são imanentes às coisas, possuindo natureza real (perda de bens, interdição de estabelecimento, dentre outras) e, ainda, (b) *sanções pessoais* — referindo-se àquelas que atingem a "pessoa" do administrado, nelas incluindo as de prisão, suspensão de atividades etc. Necessário esclarecer que a valia de tal classificação, como afirma o autor, é apartar as sanções transmissíveis — ou seja, caso não cumpridas pelo infrator, podem ser transferidas para terceiros — *sanções reais* — daquelas que não ensejam transferência, as *pessoais*.

---

(27) MELLO, Celso Antônio Bandeira de. *Curso de direito administrativo*. 25. ed. São Paulo: Malheiros, p. 834.

(28) FERREIRA, Daniel. *Sanções administrativas*. São Paulo: Malheiros, 2001. p. 46.

Reconhece-se a utilidade da aludida distinção para o trabalho ora desenvolvido, na medida em que a multa por descumprimento à legislação fundiária qualifica-se como uma **sanção real**, e, portanto, na esteira do que dantes foi dito, pode ser transmissível para um sujeito distinto do infrator. O que se impõe, na aplicação dessa penalidade, é a necessária observância de processo administrativo no qual se assegure o exercício do direito à ampla defesa e ao contraditório, constituindo-se em um dever jurídico público, porquanto uma vez identificada a ocorrência da aludida infração administrativa, a autoridade competente, no caso, o Ministério do Trabalho e Emprego, não pode deixar de aplicar a sanção respectiva.

Neste artigo será abordada, apenas, a penalidade pecuniária prevista no artigo 23, § 1º, inciso I, 1ª parte, da Lei n. 8.036, de 1990, especificamente no que diz respeito ao prazo prescricional a ser observado na fixação de sobredita exação, a qual decorre do exercício do Poder de Polícia pela Administração frente aos particulares. Tal penalidade possui nítida natureza administrativa, considerando o teor da Portaria GM/MTB n. 148, de 26 de janeiro de 1996, cuja ementa *"Aprova normas para a organização e tramitação dos processos de multas administrativas e de notificações para depósitos do FGTS"*, dispondo, em seu Considerando, da seguinte forma: *"O Ministro de Estado do Trabalho, no uso de suas atribuições legais e considerando a necessidade de expedir instruções para execução do disposto no Título VII da Consolidação das Leis do Trabalho – CLT, e tendo em vista o § 1º, do art. 23, da Lei n. 8.036, de 11 de maio de 1990, resolve"*. A referência ao Título VII da CLT (Do Processo de Multas Administrativas) que trata das multas administrativas afasta qualquer dúvida quanto ao caráter **administrativo** dessa cominação.

Conclui-se, assim, que a multa pelo não recolhimento do FGTS, prevista no art. 23, § 1º, I, 1ª parte, da Lei 8.036, de 1990, constitui-se em penalidade administrativa, porquanto se vincula ao FGTS e não às partes do contrato de trabalho, conforme visto no item anterior. Fixadas tais premissas, rememora-se o cerne da presente manifestação, que consiste em responder ao seguinte questionamento: as multas administrativas impostas em virtude de irregularidades à legislação do FGTS, provenientes da ausência de depósitos fundiários, sujeitam-se ao prazo prescricional trintenário, previsto na legislação regedora do Fundo ou àquele constante no art. 1º, da Lei n. 9.873, de 1999[29], considerando a natureza administrativa de sobredita penalidade? Para responder a esse questionamento, far-se-ão algumas considerações acerca do Poder de Polícia administrativa e, por conseguinte, do prazo prescricional a ele consectário.

3. Breves considerações acerca do poder de polícia administrativa e da prescrição relativa ao exercício da ação punitiva estatal

Sucintamente, pode-se afirmar que o Poder de Polícia é a atividade estatal exercida em nome do interesse da sociedade (interesse público), capaz de restringir

---

(29) "[...]. Art. 1º Prescreve em cinco anos a ação punitiva da Administração Pública Federal, direta e indireta, no exercício do Poder de Polícia, objetivando apurar infração à legislação em vigor, contados da data da prática do ato ou, no caso de infração permanente ou continuada, do dia em que tiver cessado. [...]."

o exercício de certos direitos por parte dos particulares (direitos individuais)[30], diante da posição de supremacia da Administração (*jus imperii*). Celso Antônio Bandeira de Mello[31] refere-se ao Poder de Polícia como atos de polícia administrativa, definindo-o como:

[...].

a atividade da Administração Pública, expressa em atos normativos ou concretos, de condicionar, com fundamento em sua supremacia geral e na forma da lei, a liberdade e a propriedade dos indivíduos, mediante ação ora fiscalizadora, ora preventiva, ora repressiva, impondo coercitivamente aos particulares um dever de abstenção ('non facere') a fim de conformar-lhes os comportamentos aos interesses sociais consagrados no sistema normativo.

[...].

Inerente ao exercício dessa atividade administrativa regulatória e fiscalizatória é a possibilidade de aplicação de sanções aos particulares pelo descumprimento das normas legais, exsurgindo a coercibilidade que lhe é imanente. Nas palavras de Hely Lopes Meirelles[32], o Poder de Polícia:

[...].

seria inane e ineficiente se não fosse coercitivo e não estivesse aparelhado de sanções para os casos de desobediência à ordem legal da autoridade competente.

[...].

Continua o saudoso professor:

[...].

As sanções do Poder de Polícia, como elemento de coação e intimidação, principiam, geralmente, com a multa e se escalonam em penalidades mais graves como a interdição de atividade, o fechamento de estabelecimento, a demolição de construção, o embargo administrativo de obra, a destruição de objetos, a inutilização de gêneros, a proibição de fabricação ou comércio de certos produtos, a vedação de localização de indústrias ou de comércio em determinadas zonas e tudo o mais que houver de ser impedido em defesa da

---

(30) Por ser uma das hipóteses de incidência tributária da taxa (CF, art. 145, inc. II), o poder de polícia ganhou conceito legal no Código Tributário Nacional, no artigo 78, *caput*. "Art. 78. Considera-se Poder de Polícia a atividade da administração pública que, limitando ou disciplinando direito, interesse ou liberdade, regula a prática de ato ou abstenção de fato, em razão de interesse público concernente à segurança, à higiene, à ordem, aos costumes, à disciplina da produção e do mercado, ao exercício de atividades econômicas dependentes de concessão ou autorização do Poder Público, à tranquilidade pública ou ao respeito à propriedade e aos direitos individuais ou coletivos".

(31) MELLO, Celso Antônio Bandeira de. *Curso de direito administrativo*. 17. ed. São Paulo: Malheiros, 2004. p. 733.

(32) MEIRELLES, Hely Lopes. *Direito administrativo brasileiro*. 29. ed. São Paulo: Malheiros, 2004. p. 137.

moral, da saúde e da segurança pública, bem como da segurança nacional, desde que estabelecido em lei ou regulamento.

[...].

Destarte, é necessário esclarecer que a aplicação de sanções decorrentes do Poder de Polícia estatal depende de prévio **processo administrativo**, no qual se possibilite o pleno exercício do contraditório e da ampla defesa, conforme exigência constitucional prevista no artigo 5º, inciso LV. No campo da Lei n. 8.036, de 1990, conforme se pontuou no item precedente, a ação punitiva da Administração Pública Federal, em face das infrações previstas no artigo 23, § 1º, da Lei 8.036, de 1990, remonta ao exercício da atividade repressiva da Administração, surgindo para o Estado a pretensão de punir o infrator, oriunda de seu Poder de Polícia. É a chamada **pretensão punitiva**, que será satisfeita mediante a aplicação da penalidade pecuniária respectiva ao empregador, atentando-se, sobretudo, para o regular procedimento administrativo.

Ocorre que o exercício dessa pretensão punitiva deverá ser exercido em certo lapso de tempo, sob pena de restar caracterizada sua inércia, o que impede que seja aplicada a sanção respectiva ao infrator, em virtude da extinção da punibilidade pela prescrição. Isso porque, ocorrida a infração administrativa, não logrando o Poder Estatal de se desincumbir do seu dever de apurá-la, aplicando a respectiva penalidade, no prazo legalmente assinalado, estará extinta a punibilidade do infrator em virtude da **prescrição**.

Tal instituto é imanente a todos os ramos do Direito, tendo como principal fundamento o interesse público, consubstanciado na paz social e na tranquilidade da ordem jurídica, nas palavras de Caio Mário da Silva Pereira[33]:

[...].

É, então, na paz social, na tranquilidade da ordem jurídica que se deve buscar o seu verdadeiro fundamento. O direito exige que o devedor cumpra o obrigado e permite ao sujeito ativo valer-se da sanção contra quem quer que vulnere o seu direito. Mas **se ele se mantém inerte, por longo tempo, deixando que se constitua uma situação contrária ao seu direito, permitir que mais tarde reviva o passado é deixar em perpétua incerteza a vida social**. Há, pois, um interesse de ordem pública no afastamento das incertezas em torno da existência e eficácia dos direitos, e este interesse justifica o instituto da prescrição, em sentido genérico. Poder-se-á dizer que, assim procedendo, o direito dá amparo ao relapso, em prejuízo do titular da relação jurídica. E até certo ponto é uma verdade: em dado momento, o ordenamento jurídico é chamado a pronunciar-se entre o credor que não exigiu e o devedor que não pagou, inclinando-se por este. Mas se assim faz é porque o credor negligente

---

(33) PEREIRA, Caio Mário da Silva. *Instituições de direito civil*. 18. ed. Rio de Janeiro: Forense, 1997. p. 437.

teria permitido a criação de uma situação contrária ao seu direito, tornando-se a exigência de cumprimento deste um inconveniente ao sossego público, considerado mal maior do que o sacrifício do interesse individual, e tanto mais que a prolongada inatividade induzira já a presunção de uma renúncia tácita. É por esta razão que se dizia ser a prescrição *patrona generis humani*, produtora do efeito sedativo das incertezas.

[...].

Não se pode esquecer que o instituto em apreço não se refere, apenas, às relações privadas ocorrendo, também, nas relações firmadas entre os administrados e a Administração Pública. A propósito, vale destacar trecho do Parecer GQ-10, da Advocacia-Geral da União — AGU, exarado em 17 de setembro de 1993 pela Consultoria-Geral da União — CGU, adotado pelo Advogado-Geral da União e posteriormente aprovado por despacho do Presidente da República, publicado no Diário Oficial de 1º de novembro de 1993:

> [...].
>
> *29. A chamada prescrição administrativa, na esfera do poder disciplinar, significa a impossibilidade de ser aplicada punição por parte da Administração Pública após o decurso de certo lapso de tempo, vigorando, portanto, no universo da estrutura organizacional do Estado, o princípio da prescritibilidade da sua pretensão punitiva. Não importa se o ato punitivo esteja eivado de nulidade por defeito de competência, de finalidade, de forma, de motivo, e defeito de objeto; o certo é que ocorre a prescrição, que a Administração não pode relevar.*
>
> *30. Convém ressaltar, por oportuno, que a Constituição da República vigente, no § 5º, do art. 37, determina a fixação, através de lei ordinária, de **prazos de prescrição para ilícitos** praticados por qualquer agente (político, público) servidor ou não, que causem prejuízos ao erário, ressalvadas as respectivas ações de ressarcimento.*
>
> *Ora, **se a Lei Fundamental adota a regra da prescritibilidade de ilícitos** que acarretam danos ao erário, evidentemente prescrevem, do mesmo modo, todos os demais ilícitos que sejam prejudiciais ao bom desempenho dos serviços administrativos.*
>
> [...]. (Grifos nossos).

Note-se que o termo "prescrição administrativa" designa, de um lado, a perda do prazo para recorrer de determinada decisão administrativa, ou a perda do prazo para que a Administração reveja seus atos, ou, ainda, a perda do prazo para a aplicação de penalidades administrativas[34], sendo que esta última será utilizada para o tema ora desenvolvido. A prescrição é o instituto que impede o exercício de um direito por seu titular por ter ele permanecido inerte num determinado período de tempo considerado razoável pelo legislador, vale dizer, por não ter exercido seu direito oportunamente.

Nesses termos, há muito se encontra superada a tese da imprescritibilidade da pena administrativa, conforme já ficou assentado na jurisprudência do Supremo

---

(34) NASSAR, Elody. *Prescrição na Administração Pública*. São Paulo: Saraiva, 2004, p. 36.

Tribunal Federal[35], repousando a consagração do princípio da prescritibilidade na segurança jurídica, o que gera o dever de observância, pelo Poder Público, do prazo prescricional previsto em lei específica em caso de aplicação de multa administrativa. Corrobora tal ilação, a previsão constitucional contida no artigo 37, § 5º, da Constituição Federal de 1988, segundo a qual: *"a lei estabelecerá os prazos de prescrição para ilícitos praticados por qualquer agente, servidor ou não, que causem prejuízos ao erário, ressalvadas as respectivas ações de ressarcimento"*. Conclui-se que a Carta Constitucional preceitua a possibilidade de ocorrência da prescrição, pelo não exercício tempestivo por parte da Administração Pública, em apurar os ilícitos administrativos praticados pelos agentes, servidores ou não, ressalvando-se, apenas, as respectivas ações de ressarcimento ao erário, que são imprescritíveis.

Nesse sentido, Cretella Júnior[36] assevera que é insustentável a tese da imprescritibilidade da sanção administrativa, para o qual:

[...].

a prescrição penal e a prescrição administrativa são espécies da figura categorial "prescrição" que reponta em vários ramos do direito, definindo-se genericamente como a perda do direito de punir em decorrência do tempo. Ilícito, pena e prescrição são institutos conexos, peculiares aos diferentes ramos do direito que tratam da aplicação da penal.

[...].

Desse modo, verifica-se que uma vez ocorrida a infração no mundo real, não poderá o Poder Público punir o infrator indefinidamente, devendo dar início e concluir o devido processo administrativo em certo lapso de tempo, sob pena de restar caracterizada sua inércia e extinta sua pretensão punitiva. Maria Sylvia Zanella Di Pietro[37], corroborando com o ensinamento de Hely Lopes Meirelles, faz analogia com a prescrição do Decreto n. 20.910, de 1932 (que regula a prescrição quinquenal das ações dos particulares contra a Administração), enfatizando que, no prazo de cinco anos, no silêncio da lei, ocorre a prescrição contra a pretensão punitiva da Administração.

Observe-se que na esfera da Administração Pública Federal, a ação punitiva relativa ao exercício do Poder de Polícia prescreve em cinco anos contados da data da prática do ato ou, no caso de infração permanente ou continuada, do dia em que tiver cessado. É o que dispõe o artigo 1º, da Lei n. 9.873 de 1999, já referido, que cuida da prescrição contra o Poder Público e a favor do infrator, de modo que, consumada, fica este garantido contra qualquer sanção de Polícia a cargo da Administração.

---

(35) Hely Lopes Meirelles citando acórdão do STF publicado na RDA n. 135/78. In: *Direito administrativo brasileiro*. 29. ed. São Paulo: Malheiros, 2004. p. 657: "A esse propósito, o STF já decidiu que 'a regra é a prescritibilidade".

(36) CRETELLA JÚNIOR, J. *Prescrição da falta administrativa*. v. n. 275, Rio de Janeiro: Revista Forense, p. 05.

(37) DI PIETRO, Maria Sylvia Zanella. *Direito administrativo brasileiro*. 12. ed. São Paulo: Atlas, 2000. p. 487.

José dos Santos Carvalho Filho[38] ensina que a prescrição da pretensão punitiva da Administração, regulada pelo diploma normativo referido, tem incidência específica para as infrações sancionadas ao **Poder de Polícia**, sendo, por conseguinte, inaplicável em processos administrativos funcionais e de natureza tributária (art. 5º). Quanto a essas, o Código Tributário Nacional - CTN, em seu artigo 174, determina o prazo para a cobrança de tributos; já a Lei n. 8.112, de 11 de dezembro de 1990, fixa o lapso prescricional para a apuração de infrações de natureza funcional. Pode-se citar, ainda, o Decreto n. 20.910, de 06 de janeiro de 1932, que regula a prescrição quinquenal das ações dos particulares contra a Administração.

Pois bem, no caso em análise, busca-se desvendar o prazo prescricional aplicável à infração descrita no art. 23, § 1º, I, 1ª parte, da Lei n. 8.036, de 1990, a qual pedimos vênia para transcrevê-la, objetivando proporcionar uma análise mais detida, *in litteris*:

[...].

Art. 23. [...].

§ 1º Constituem infrações para efeito desta lei:

*I – **não depositar mensalmente o percentual referente ao FGTS**, bem como os valores previstos no art. 18 desta Lei, nos prazos de que trata o § 6º do art. 477, da Consolidação das Leis do Trabalho - CLT; (Redação dada pela Medida Provisória n. 2.197-43, de 2001).*

[...]. (Grifos nossos)

Como salientado acima, o artigo 23, § 5º, da Lei n. 8.036, de 1990 estabelece que o processo de fiscalização, de autuação e de imposição de multas rege-se pelo disposto no Título VII do Estatuto Consolidado, **respeitado o privilégio do FGTS à prescrição trintenária**. Todavia, entende-se que o dispositivo citado não se refere ao prazo prescricional para aplicação de multa administrativa por descumprimento à legislação do Fundo, mas, sim, à relação entre o FGTS e o empregador, permitindo-se a constituição de um crédito em favor do Fundo pelos débitos não quitados nos últimos trinta anos.

Sobremais, esclareça-se que o lapso trintenário é aplicado, também, para as relações entre os fundistas e o FGTS, consoante aplicação do princípio da simetria, tendo o fundista o prazo de 30 anos para reclamar contra o não recolhimento da contribuição para o FGTS, desde que observe o prazo de 02 (dois) anos após o término do contrato de trabalho, na forma do ensinamento contido na Súmula n. 362, do TST.

Entretanto, saliente-se que os cinco anos previstos pelo artigo 1º, da Lei n. 9.873, de 1999, não se referem à ação de cobrança das penalidades aplicadas, mas sim à *investigação do cometimento da infração em si*. Note-se que a lei é cristalina ao

---

(38) CARVALHO FILHO, José dos Santos. *Manual de direito administrativo*. 22. ed. Rio de Janeiro: Lumen Juris, p. 90.

afirmar que a ação a que faz menção é a que objetiva *"apurar infração à legislação em vigor"*[39], de forma que, pode-se compreender que o dispositivo em comento[40], estabelece o prazo prescricional de cinco anos para o exercício da ação punitiva pela Administração Pública Federal direta e indireta, incidente sobre o *"jus puniendi"* administrativo federal.

Extrai-se, portanto, que se há lei específica prevendo o prazo prescricional para imposição de multa administrativa, em decorrência da manifestação do Poder de Polícia, o jurista não poderá afastar a disposição legal, logo é de se obedecer à regra da quinquenalidade na apuração das infrações à legislação do FGTS. Não obstante seja aplicada a prescrição quinquenal, com supedâneo na Lei n. 9.873, de 1999, há um segundo ponto a ser examinado, atinente ao marco inicial do prazo prescricional, que será examinado no tópico seguinte.

4. O termo inicial (*dies a quo*) da pretensão punitiva relativa às infrações ao Fundo de Garantia do Tempo de Serviço — FGTS

De início, destacamos que o artigo 1º, da Lei n. 9.873, de 1999, ao estabelecer prazo prescricional para a Administração Pública infligir multas administrativas no exercício de seu Poder de Polícia administrativa, prevê seu início a partir da efetiva prática do ato ilícito ou do dia em que a infração tiver cessado, em caso de infração permanente ou da data em que tiver sido praticado o último ato da infração continuada.

Damásio Evangelista de Jesus[41], ao contrastar *crime* e **ilícito administrativo**, preleciona que:

[...].

não existe diferença ontológica entre eles. A diferença é de grau ou de quantidade. Reside na gravidade da violação ao ordenamento jurídico. Aqui também é a espécie de sanção que nos permite estabelecer se se cuida de um crime ou de um ilícito administrativo.

[...].

---

(39) O Ministro do STJ MAURO CAMPBELL MARQUES, em voto-vista no julgamento do AgRg no AGRAVO DE INSTRUMENTO N. 1.045.586 – RS adverte que referido prazo é decadencial e não prescricional: "De maneira inusitada, talvez como resultado da constante atecnia em que incorreu o legislador por todo o diploma normativo em comento - com frequentes menções ao instituto da prescrição, quando, a bem da dogmática, a referência deveria ser à decadência, como já explicado - acabou-se criando, além de uma proposta de interrupção e suspensão de prazo decadencial (arts. 2º e 3º), também um tipo de decadência intercorrente (art. 1º, § 1º).

(40) "[...]. Art. 1º *Prescreve em cinco anos* a ação punitiva da Administração Pública Federal, direta e indireta, *no exercício do poder de polícia*, objetivando apurar infração à legislação em vigor, contados da data da prática do ato ou, no caso de infração permanente ou continuada, do dia em que tiver cessado. [...]." (Grifos nossos).

(41) JESUS, Damásio Evangelista. *Direito penal – Parte geral*. 22. ed. São Paulo: Saraiva, 1999. p. 162.

Corroborando tal posicionamento, o Supremo Tribunal Federal, nos autos do Recurso Extraordinário n. 78.917-SP[42], em que se discutia o tema da **prescrição administrativa** em processo punitivo, salientou que:

> [...].
>
> *em se tratando de matéria punitiva, **os mesmos princípios de Direito Penal devem ser aqui aplicados**, razão pela qual, a prescrição deve ser contada a partir da data da prática da falta disciplinar.*
>
> [...].

O que se pretende enfatizar diante do exposto é que o direito administrativo punitivo compartilha com o Direito Penal os mesmos princípios gerais de aplicação das normas, sendo possível aplicar, analogicamente, em matéria de contagem do prazo de prescrição em processo punitivo instaurado na esfera administrativa, os princípios e normas penais. Sob uma perspectiva técnica, vale destacar, em reforço a essa tese, a previsão contida no artigo 142, § 2º, da Lei n. 8.112, de 11 de dezembro de 1990[43], que autoriza a aplicação, na esfera administrativa, dos prazos de prescrição da lei penal, caso a infração se constitua também como crime.

Posto isso, buscar-se-á no Direito Penal, a definição das infrações instantâneas, permanentes e continuadas, conforme referido no artigo 1º, da Lei n. 9.873, de 1999. Mais uma vez se reportando aos ensinamentos de Damásio Evangelista de Jesus[44] que ensina:

> [...].
>
> **Crimes instantâneos** *são os que se completam num só momento. A consumação se dá num determinado instante, sem continuidade temporal. Ex: homicídio, em que a morte ocorre num momento certo.* **Crimes permanentes** *são os que causam uma situação danosa ou perigosa que se prolonga no tempo. O momento consumativo se protrai no tempo, como diz a doutrina. Exs.: sequestro ou cárcere privado (art. 148), plágio (art. 149) etc. Nesses crimes, a situação ilícita criada pelo agente se prolonga no tempo.*
>
> [...].
>
> *Diz-se que há* **crime continuado** *quando o agente, mediante mais de uma ação ou omissão, pratica dois ou mais crimes da mesma espécie e, pelas condições de tempo, lugar, maneira de execução e outras semelhantes, devem os subsequentes ser havidos como continuação do primeiro. (CP, art. 71, caput).*
>
> [...]. (Grifos nossos).

Vê-se que a diferença entre infração instantânea e permanente reside no momento da **consumação do ilícito**, enquanto que na infração continuada o que

---

(42) Rel. Min. Luiz Gallotti, j. 11.06.1974.
(43) "[...]. Art. 142. A ação disciplinar prescreverá: § 2º Os prazos de prescrição previstos na lei penal aplicam-se às infrações disciplinares capituladas também como crime. [...]."
(44) JESUS, Damásio Evangelista de. Ob. cit., p. 193-196.

sobressai é a reiteração da prática irregular, ou seja, um conjunto de infrações instantâneas da mesma espécie cometidas sucessivamente[45].

> A compreensão desse raciocínio é fundamental para se delimitar o marco inicial do prazo prescricional da infração em análise no presente estudo. O núcleo "**não depositar <u>mensalmente</u>**" utilizado no dispositivo revela o caráter instantâneo da infração, posto que a consumação se dá quando não há o recolhimento das quantias devidas ao fundo, na forma prevista na lei, iniciando-se, a partir daí, a contagem do prazo prescricional. Dessa forma, não é a autuação que desencadeia a prescrição, ao revés, é a própria ocorrência da infração, cujo momento consumativo é levado em conta para fins prescricionais.

Nessa perspectiva, a cada ausência de recolhimento dos depósitos fundiários, cuja periodicidade é mensal, inicia-se a contagem quinquenal para aplicação da multa administrativa, exsurgindo o dever de imposição da sanção tantas vezes se observe o descumprimento da obrigação.

Outrossim, deve-se considerar a possibilidade de ocorrência de continuidade da infração, caso o empregador tenha deixado de efetuar o recolhimento do FGTS em diversas oportunidades, nas mesmas condições de tempo, lugar e maneira de execução. Nesse caso, diz a norma que a prescrição terá início na data em que for praticado o **último ato contrário à legislação**, de forma que infrações muito anteriores aos cinco anos poderão ser consideradas nessa hipótese, desde que, repita-se, reconheça-se o caráter continuativo do ilícito.

Nessa hipótese, todo o período anterior ao último ato infracional, em que houve descumprimento ao art. 23, § 1º, I, da Lei n. 8.036, de 1990, pode ser computado para fins de aplicação da penalidade prevista no art. 23, § 2º, do mesmo diploma, de forma que infrações muito anteriores aos cinco anos poderão ser consideradas, desde que, repita-se, **reconheça-se o caráter continuativo do ilícito**.

Dessarte, a prescrição da pretensão punitiva no tocante ao auto de infração que vier a ser lavrado começa na data em que foi praticado o último ato considerado naquela autuação. Se, após a lavratura do auto, verificar-se a ausência de novos recolhimentos, isto não significa que não tenha se iniciado a contagem prescricional relativamente àquele auto já lavrado, ou melhor, relativamente aos atos abarcados naquele auto já exarado. Nessa situação, as novas infrações constituem fatos novos, passíveis de nova autuação, sem que isto configure *bis in idem*, mas sim reincidência.

Outrossim, vale lembrar que apenas diante do caso concreto é que se pode reconhecer a existência de continuidade infracional, sendo certo que, ocorrida a infração objeto da presente estudo, começa a correr o prazo de cinco anos para aplicação da multa decorrente do Poder de Polícia administrativo.

---

(45) O Código Penal pátrio adotou a teoria da ficção jurídica para o crime continuado, sendo tratado no tópico atinente ao concurso de crimes (embora represente uma multiplicidade de crimes, por **ficção jurídica, vê-se delito único**). Conforme já assentado pelo STJ (Sexta Turma – AgRg no REsp n. 607929/PR – Rel. Min. Hamilton Carvalhido – j. em 26.4.2007 – DJ de 25.6.2007), o crime continuado representa "induvidoso concurso material de crimes gravado pela menor culpabilidade do agente, mas que é tratado como **crime único** pela lei penal vigente, como resulta da simples letra dos artigos 71 e 72, do Código Penal, à luz dos artigos 69 e 70 do mesmo diploma legal.

5. Conclusão

O estudo que se pretendeu realizar com o presente artigo relaciona-se com a investigação acerca do prazo prescricional da pretensão punitiva do Estado-Administração, para a aplicação da sanção pecuniária, em face da infração perpetrada pelo empregador, decorrente da ausência dos recolhimentos mensais relativos ao Fundo de Garantia do Tempo de Serviço – FGTS, prevista no artigo 23, § 1º, inciso I, 1ª parte, da Lei n. 8.036, de 1990.

Em que pese ser pacífico o entendimento acerca da prescrição trintenária para a cobrança dos valores devidos em razão do não recolhimento da contribuição ao Fundo de Garantia do Tempo de Serviço – FGTS, na cominação da penalidade pecuniária respectiva, em razão da aludida infração, o prazo prescricional aplicável é o quinquenal, em consonância com a redação do artigo 1º, da Lei n. 9.873, de 23 de novembro de 1999, que trata da prescrição administrativa relativa ao *jus puniendi* estatal, e, caso os Auditores Fiscais do Trabalho[46], no momento da fiscalização, não constituam o respectivo crédito, estará extinta a punibilidade do agente, porquanto tal lapso atinge o próprio *direito de punir* da Administração Pública.

Asseverou-se que por fulminar o *ius puniendi* estatal, aplicam-se à prescrição em pauta as regras e os princípios gerais do Direito Penal, sendo fundamental a incursão em tal ramo do Direito, em busca da definição das infrações instantâneas, permanentes e continuadas, para se delimitar o marco inicial do prazo prescricional da infração em análise no presente estudo.

6. Referências Bibliográficas

BECHARA FILHO, IVAN JORGE. A prescrição no processo administrativo sancionador da SPC. Artigo publicado na *Revista de Previdência da UERJ* n. 8. RJ: Gramma, jul. 2009. p. 5-40.

CARVALHO FILHO, José dos Santos. *Manual de direito administrativo*. 22. ed. Rio de Janeiro: Lumen Juris, 2010.

CRETELLA JÚNIOR, J. *Prescrição da falta administrativa*. n. 275, Rio de Janeiro: Revista Forense, p. 5.

DI PIETRO, Maria Sylvia Zanella. *Direito administrativo*. 12. ed. São Paulo: Atlas, 2000.

FERREIRA, Daniel. *Sanções administrativas*. São Paulo: Malheiros, 2001.

JANTALIA, Fabiano. *FGTS — Fundo de Garantia do Tempo de Serviço*. São Paulo: LTr, 2008.

JESUS, Damásio Evangelista de. *Direito penal – Parte geral*. 22. ed. São Paulo: Saraiva, 1999.

MEIRELLES, Hely Lopes. *Direito administrativo brasileiro*. 29. ed. São Paulo: Malheiros, 2004.

MELLO, Celso Antônio Bandeira de. *Curso de direito administrativo*. 25. ed. São Paulo: Malheiros, 2008.

NASSAR, Elody. *Prescrição na Administração Pública*. São Paulo: Saraiva, 2004.

PEREIRA, Caio Mário da Silva. *Instituições de direito civil*. 18. ed. Rio de Janeiro: Forense, 1997.

PINTO, José Augusto Rodrigues. *Curso de direito individual do trabalho*. São Paulo: LTr, 1991.

---

(46) O Ministério do Trabalho e Emprego é responsável pela fiscalização e apuração das contribuições do FGTS, conforme previsto no art. 1º, da Lei n. 8.844, de 20 de janeiro de 1994.

Capítulo IV

A Imprescritibilidade da Ação de Indenização por Dano Moral Decorrente de Acidente do Trabalho

Maria Leiliane Xavier Cordeiro
Advogada da União em exercício na Consultoria Jurídica junto ao Ministério do Trabalho e Emprego. Coordenadora de Legislação Trabalhista.

Resumo: O estudo realizado pretende, após analisar as diversas correntes doutrinárias e jurisprudenciais pertinentes à prescrição da ação de indenização por dano moral decorrente de acidente do trabalho, defender a tese da imprescritibilidade do prazo para a propositura de tal demanda. Como fundamento à defesa do ponto de vista apresentado, serão realizadas algumas considerações acerca da aplicação dos direitos fundamentais às relações privadas, sobretudo na relação de emprego, e de que forma este tema repercute diretamente na defesa da tese da imprescritibilidade.

Abstract: The study intends to look after the various doctrinal and jurisprudential currents relevant to the statute of limitations for compensation for moral damages resulting from accidents at work, defending the thesis of imprescriptibility the deadline for the filing of such demand. As basis for the defense of the view presented, some considerations are made about the application of fundamental rights to private relationships, especially in the employment relationship, and how this issue has a direct impact on the thesis of imprescriptibility.

Palavras-Chaves: Direito do Trabalho. Prescrição. Dano Moral. Acidente de Trabalho. Direitos Fundamentais.

Keywords: Labor Law. Prescription. Moral Damage. Accident. Fundamental Rights.

Sumário: 1. Introdução. 2. Exposição das teses doutrinárias e jurisprudências sobre a prescrição da ação indenizatória decorrente de acidente do trabalho. 2.1. Breves considerações sobre o *Instituto* da Prescrição. 2.2. Argumentos pertinentes à aplicação da Legislação Civil. 2.3. Argumentos pertinentes à aplicação da Legislação Trabalhista. 2.4. Críticas às demais correntes e defesa do posicionamento da imprescritibilidade. 3. Aplicação dos direitos fundamentais às relações privadas — consagração da tese da eficácia horizontal. 3.1. Como solucionar a colisão entre direitos fundamentais. 4. Conclusão. 5. Referências Bibliográficas.

1. Introdução

A partir das alterações legislativas realizadas no âmbito do Direito Privado (Lei n. 10.406, de 11 de janeiro de 2002 — Código Civil) e na esfera constitucional

(Emenda Constitucional n. 45, de 2004), o tema acerca da prescrição aplicável às ações de indenização por dano moral decorrentes de acidente do trabalho[47] mereceu atenção minuciosa da doutrina e da jurisprudência especializadas no tema.

O embate jurídico acerca do tema pode ser sintetizado na seguinte questão: seria mais adequado aplicar-se a prescrição prevista na legislação civil, por se tratar a matéria indenizatória de questão essencialmente pertinente ao direito privado ou, por outro lado, por se referir a acidente ocorrido no curso da relação de emprego, a prescrição a ser considerada na espécie seria a prevista na Constituição Federal para créditos de natureza trabalhista?

A princípio, ressalve-se que o estudo da matéria em evidência não pode se restringir ao âmbito de apreciação da legislação civil ou trabalhista, uma vez que a ciência jurídica, cada vez mais, exige uma apreciação global dos diversos ramos do direito, num verdadeiro *diálogo das fontes*[48].

Dessa forma, a questão deve ser inevitavelmente analisada pelo prisma constitucional referente aos direitos e garantias fundamentais, considerando-se, ainda, a influência imediata que este tema produz sobre as relações privadas, com destaque para a relação de emprego.

De fato, é intrínseco ao conceito de *relação de emprego* o desequilíbrio existente entre as partes contratantes[49].

Nesse ínterim de desigualdade entre as partes envolvidas na relação, tal qual como se caracteriza no âmbito da relação vertical estabelecida entre o Estado e o cidadão, é que destaca a influência da *aplicação horizontal ou objetiva dos direitos fundamentais* à relação de emprego.

Partindo-se do pressuposto, portanto, de que a ação de indenização por dano moral decorrente de acidente de trabalho busca, em última instância, preservar não apenas direitos patrimoniais, e sim os direitos fundamentais à vida, à saúde, à integridade física, à honra, dentre outros, busca-se consagrar a tese da aplicação dos direitos fundamentais à relação de emprego.

---

(47) Para os fins deste estudo, adota-se o conceito legal de acidente de trabalho definido pela Lei n. 8.213, de 24 de julho de 1991."[...]. Art. 19. Acidente do trabalho é o que ocorre pelo exercício do trabalho a serviço da empresa ou pelo exercício do trabalho dos segurados referidos no inciso VII do art. 11 desta Lei, provocando lesão corporal ou perturbação funcional que cause a morte ou a perda ou redução, permanente ou temporária, da capacidade para o trabalho. [...]."

(48) TEPEDINO, Gustavo. *A Parte geral do Novo Código Civil – Estudos na perspectiva civil-constitucional*. São Paulo: Renovar, 2003. p. 17.

(49) "Os elementos fáticos-jurídicos componentes da relação de emprego são cinco: a) prestação de trabalho por pessoa física a um tomador qualquer; b) prestação efetuada com pessoalidade pelo trabalhador; c) também efetuada com não eventualidade; d) efetuada ainda sob subordinação ao tomador dos serviços; e e) prestação de trabalho efetuada com onerosidade." DELGADO, Mauricio Godinho. *Curso de direito do trabalho*. São Paulo: LTr, 2006. p. 290.

Ainda nesse contexto, o conceito de *prescrição*, tradicionalmente estudado por meio do estrito aspecto patrimonial-individualista, será apreciado pelo prisma da integridade física e moral do trabalhador como direito fundamental, ressalvando-se ainda que a previsão normativa própria que visa indenizá-lo — o que inclui os meios processuais tendentes a protegê-lo - procura resguardar direitos fundamentais intrínsecos.

Pelo exposto, considerando-se a incidência dos direitos fundamentais na relação de emprego, advoga-se a tese da imprescritibilidade da ação de indenização por dano moral fundada no acidente de trabalho, em razão da natureza peculiar dos direitos que se buscam resguardar.

2. Exposição das teses doutrinárias e jurisprudências sobre a prescrição da ação indenizatória decorrente de acidente do trabalho

2.1. Breves considerações sobre o instituto da prescrição

O primeiro conceito que deverá ser apreciado para o breve estudo do tema proposto é o de *prescrição*.

O ordenamento jurídico assegura, a todos aqueles que se sintam lesados pela ofensa a um direito, a possibilidade de se insurgir contra a violação por meio da utilização da via judicial[50]. Em nome da *segurança jurídica*, entretanto, fixa o legislador determinados prazos para o exercício da pretensão de reparação dos lesados. Ao esgotamento do prazo para o exercício da pretensão, denomina-se *prescrição*, que se aplica, via de regra, aos direitos de natureza essencialmente patrimonial.

Dispõe o artigo 189 do Código Civil:

> [...].
>
> *Violado o direito, nasce para o titular a pretensão, a qual se extingue pela prescrição. nos prazos a que aludem os artigos 205 e 206.*
>
> [...].

Ainda que ocorra a prescrição, é possível, entretanto, o ressarcimento do direito violado. Após exaurido o prazo legal para exercício da pretensão, o direito ao ressarcimento deixa de ser exigível pela via judicial e passa a ser de exclusivo arbítrio do devedor, não existindo mais o amparo da coerção estatal que viabilize a sua exigibilidade. A regra geral, nesses casos, decorre do sopesamento de interesses entre a busca pela realização da justiça ideal e a segurança e estabilidade das relações jurídicas.[51]

---

(50) "[...]. Art. 5º Todos são iguais perante a lei, sem distinção de qualquer natureza, garantindo-se aos brasileiros e aos estrangeiros residentes no País a inviolabilidade do direito à vida, à liberdade, à igualdade, à segurança e à propriedade, nos termos seguintes: [...]. XXXV – a lei não excluirá da apreciação do Poder Judiciário lesão ou ameaça a direito; [...]."

(51) Este sopesamento de valores será melhor explicitado quando da análise do item 3 deste artigo, oportunidade na qual far-se-á uma análise acerca da preponderância do direito à dignidade humana sobre os direitos à

No que diz respeito ao tema, deve-se destacar também o momento que deve ter início a fluência do prazo prescricional, sendo certo que é necessário ressalvar uma particularidade referente à ação acidentária[52].

Em regra, o termo *a quo* de fluência do prazo prescricional é a própria violação do direito, de acordo com a previsão do artigo 189, do atual Código Civil.

Ocorre que, nos casos das doenças ocupacionais, compreendidas nestas as doenças profissionais e doenças do trabalho, equiparáveis, por força da Lei n. 8.213, de 24 de julho de 1991, aos acidentes de trabalho[53], é extremamente complexa a prova exata do início da lesão por parte do empregado, uma vez que, muitas vezes, esses eventos se originam de atos continuados no tempo.

Após iniciados os sintomas, há um processo complexo entre a constatação efetiva da enfermidade, o início do tratamento, o afastamento provisório das atividades, a percepção de auxílio-doença pago pela Previdência Social e o afastamento definitivo em razão da invalidez para o trabalho.

A jurisprudência consolidou, portanto, a teoria da *actio nata*[54], que marca o momento em que o direito do titular se torna efetivamente exercitável: apenas quando a vítima está ciente do dano, de sua extensão e de sua autoria pode começar a fluir legitimamente o prazo prescricional. Tal tese também pode ser encontrada na legislação civil (arts. 189, 200 e 206, II, "b", do Código Civil) e na Lei n. 8.078, de 11 de setembro de 1990, que disciplinou o Código de Defesa do Consumidor (arts. 26, § 3º e 27, CDC).[55]

Com relação à outra modalidade de "acidente", ou seja, as **doenças profissionais ou ocupacionais**, que decorrem de exposição contínua a agentes nocivos do ambiente

---

propriedade e à autonomia privadas. Compreende-se que, no caso da ação de dano moral decorrente de acidente de trabalho, não há que se falar em proteção exclusiva de direitos patrimoniais, e sim da própria dignidade do trabalhador acidentado. Seria uma exceção à regra da preponderância da segurança jurídica sobre a justiça ideal.

(52) Ressalve-se que a exposição poderá ser aproveitada por qualquer uma das correntes doutrinárias que tratam a respeito da prescrição da ação indenizatória acidentária.

(53) "[...]. Art. 20. Consideram-se acidente do trabalho, nos termos do artigo anterior, as seguintes entidades mórbidas: I – doença profissional, assim entendida a produzida ou desencadeada pelo exercício do trabalho peculiar a determinada atividade e constante da respectiva relação elaborada pelo Ministério do Trabalho e da Previdência Social; II – doença do trabalho, assim entendida a adquirida ou desencadeada em função de condições especiais em que o trabalho é realizado e com ele se relacione diretamente, constante da relação mencionada no inciso I. [...]."

(54) Sobre o tema, o Ministro Napoleão Nunes Maia Filho, do Superior Tribunal de Justiça — STJ explicou que "o instituto da prescrição é regido pelo princípio da *actio nata*, ou seja, o curso do prazo prescricional tem início com a efetiva lesão ou ameaça do direito tutelado, momento em que nasce a pretensão a ser deduzida em juízo" – AgRg no REsp 1n. 148.236/RN, julgado em 7.4.2011. Disponível em: <http://www.stj.jus.br/webstj/processo/Justica/detalhe.asp?numreg=200901310323&pv=010000000000&tp=51> Acesso em: 1º fev. 2012.

(55) Referida exposição será útil para a compreensão do marco inicial da prescrição para as correntes que pugnam pela aplicação da prescrição própria do direito civil ou do direito do trabalho à ação de indenização por dano moral acidentária, conforme será exposto a seguir.

de trabalho, apenas se manifestando após anos de contato, o momento de início da fluência da prescrição deve ser a percepção da vítima de que foi acometida por doença ou incapacidade relacionada à prática contínua de suas atividades.

Note-se que, nesses casos, considera-se irrelevante a data de extinção do contrato de trabalho, bem como o fato de o empregado se encontrar com o contrato suspenso em razão da percepção de benefício previdenciário de auxílio-doença ou aposentadoria por invalidez[56].

Ainda a respeito da fluência do prazo prescricional, merece consideração a alteração promovida por meio da Lei n. 11.280, de 16 de fevereiro de 2006, que modificou a redação do art. 219, § 5º, da Lei n. 5.869, de 11 de janeiro de 1973 (Código de Processo Civil), para se permitir que a prescrição possa ser levantada *de ofício* pelo próprio órgão julgador, independentemente de provocação da parte interessada.

A doutrina especializada vem questionando a respeito da constitucionalidade e da possibilidade de aplicação do dispositivo alterado ao ramo justrabalhista em razão da natureza irrenunciável do crédito gerado nessa espécie de relação jurídica, tendo em vista que o dispositivo não realiza qualquer distinção entre direitos de natureza patrimonial ou não.

Aventam ainda que o pronunciamento de ofício da prescrição do crédito trabalhista afronta os princípios básicos que regem o Direito do Trabalho, em especial a proteção ao hipossuficiente, cujo principal, senão único, meio de sobrevivência é sua força de trabalho, em manifesta situação de desigualdade econômica e jurídica frente ao empregador.

Desta forma, pelo próprio requisito da dependência jurídica que caracteriza a relação de emprego, acredita-se que não cabe o pronunciamento de ofício da prescrição da ação no Direito do Trabalho, em especial do crédito decorrente de acidente de trabalho que, conforme se apresentará, extrapola os limites do direito privado para se arvorar na condição de direito inerente à dignidade humana[57].

Passa-se, então, à apresentação das teses que permeiam o tema da prescrição da ação de indenização decorrente de acidente do trabalho para, em seguida, apreciar-se a tese da sua imprescritibilidade em razão da aplicação dos direitos fundamentais à relação de emprego.

---

(56) Nesse sentido, já há entendimento pacificado em sede de tribunais superiores que, não obstante tenha sido elaborado com vista à ação indenizatória contra a autarquia de Seguridade Social, pode ter aplicação analógica à prescrição da ação de indenização em face do empregador, para as correntes que assim se posicionam: Súmula n. 230 – STF: "A prescrição da ação de acidente de trabalho conta-se do exame pericial que comprovar a enfermidade ou verificar a natureza da incapacidade". Súmula n. 278 – STJ: "O termo inicial do prazo prescricional, na ação de indenização, é a data em que o segurado teve ciência inequívoca da incapacidade laboral".

(57) A tese da impossibilidade de pronunciamento da prescrição de ofício nas ações decorrentes da relação de emprego coaduna-se com o posicionamento defendido neste estudo em relação à imprescritibilidade da ação por dano moral decorrente de acidente de trabalho promovida pelo empregado contra o empregador.

2.2. Argumentos pertinentes à aplicação da legislação civil

Preliminarmente, é imperioso esclarecer que a polêmica acerca da prescrição da ação indenizatória se restringe aos acidentes ocorridos no curso da *relação de emprego*, propriamente dita.

Nesses casos, deve-se analisar se prepondera a incidência da legislação trabalhista, em razão do contexto fático do acidente, ou o aspecto indenizatório e, por consequência, a aplicação da legislação civil, ressalvando-se ainda que a tese civilista reparte-se em duas correntes distintas, como será apreciado em seguida.[58]

Na hipótese de acidente ocorrido no curso nas demais relação de trabalho, *lato sensu* (contratos de atividade em geral, como cooperados, estagiários, autônomos, empreiteiros etc.), não existe dúvida de que a prescrição será regida pela previsão estatuída na legislação civil, ainda que, em razão da alteração de competência imposta pela Emenda Constitucional n. 45, de 2004, tais demandas devam ser julgadas pela Justiça do Trabalho.[59]

Entende-se pertinente ainda esclarecer que a ação que ora será apreciada é aquela cabível do empregado contra o empregador e não aquela que pode ser proposta pelo primeiro contra a entidade de Previdência Social. De fato, a Constituição Federal de 1988 consagrou a autonomia entre o ressarcimento previdenciário da lesão sofrida pelo obreiro em acidente de trabalho[60] (que se baseia em responsabilidade objetiva) e a responsabilidade civil subjetiva do empregador, quando se configurar o dolo ou a culpa patronal do evento danoso.

A primeira corrente, que defende a **aplicação da legislação civil**, inicialmente foi a mais prestigiada pela jurisprudência pátria[61].

---

(58) Não obstante o objeto de defesa deste estudo seja voltado para a imprescritibilidade da ação por dano moral decorrente de acidente de trabalho, considera-se relevante para a compreensão do tema o conhecimento das teses antagônicas que se sustentam na aplicação dos prazos prescricionais da legislação civilista e trabalhista, em razão do reconhecimento e aceitação que estas correntes gozam perante a doutrina e a jurisprudência.

(59) "[...] Parece-me clara a nova redação: 'Compete à Justiça do Trabalho processar e julgar: I – as ações oriundas da relação de trabalho, abrangidos os entes. [...]'. Assim, pela primeira e específica regra constitucional sobre a competência trabalhista, originando a ação da relação de trabalho e, sem necessidade de qualquer 'interpretação ampliativa' a competência, e portanto o Juiz Natural, é da Justiça especializada, ainda que para a decisão da causa o Magistrado do Trabalho tenha de se valer do Código Civil, Código de Defesa do Consumidor, Código de Processo Civil ou qualquer outro dispositivo de direito material ou processual, até porque, por expressa determinação legal, o direito comum, material ou processual, é 'fonte subsidiária do direito do trabalho, naquilo em que não for incompatível com os princípios fundamentais deste' (CLT, arts. 8º e 769)." COUTINHO, Grijalbo Fernandes. *Nova competência da Justiça do Trabalho*. São Paulo: LTr, 2005.

(60) Tais demandas, por força do art. 109, inciso I, da CF, de 1988, devem ser apreciadas e julgadas pela Justiça Comum: "[...]. Art. 109. Aos juízes federais compete processar e julgar: [...] — as causas em que a União, entidade autárquica ou empresa pública federal forem interessadas na condição de autoras, rés, assistentes ou oponentes, exceto as de falência, as de acidentes de trabalho e as sujeitas à Justiça Eleitoral e à Justiça do Trabalho; [...]."

(61) "Indenização por Danos Morais — Prescrição — Observada a natureza civil do pedido de reparação por danos morais, pode-se concluir que a indenização deferida a tal título em lide cujo trâmite se deu na Justiça do Trabalho, não constitui crédito trabalhista, mas crédito de natureza civil resultante de ato praticado no curso

Defende tal posicionamento de que o direito discutido nas ações indenizatórias possui caráter estritamente civil, devendo preponderar o disposto no artigo 206, § 3º, inciso V, do Código Civil, *in verbis*:

[...].

Art. 206. Prescreve:

[...].

§ 3º Em três anos:

[...].

V – a pretensão da reparação civil;

[...].

Dessa forma, segundo esta corrente, a competência para julgar tais demandas seria da Justiça do Trabalho (aspecto processual), em razão do contexto do acidente, e em atendimento à expressa previsão do art. 114, inciso VI, da CF, de 1988, porém o direito material aplicável seria pertinente ao direito comum, não havendo que se invocar a prescrição prevista pela legislação trabalhista, considerando que o acidente, por si só, é fato de ocorrência extraordinária, não se enquadrando no rol dos direitos trabalhistas ordinários.

Nesse contexto, estaria fora do parâmetro tradicional de execução do contrato de trabalho, a previsibilidade, e, em consequência, a responsabilidade por acidentes, caracterizado o crédito daí decorrente como mera reparação de danos pessoais e não crédito de natureza trabalhista.

Questão interessante aventada pelos defensores dessa corrente é com relação às regras de transição fixadas na legislação civil, de aplicação imprescindível às

---

da relação de trabalho. Assim, ainda que justificada a competência desta Especializada para processar a lide não resulta daí, automaticamente, a incidência da prescrição trabalhista. A circunstância de o fato gerador do crédito de natureza civil ter ocorrido na vigência do contrato de trabalho, e decorrer da prática de ato calunioso ou desonroso praticado por empregador contra trabalhador não transmuda a natureza do direito, uma vez que o dano moral se caracteriza pela projeção de um gravame na esfera da honra e da imagem do indivíduo, transcendendo os limites da condição de trabalhador do ofendido. Dessa forma, aplica-se, na hipótese, o prazo prescricional de 20 anos previsto no artigo 177, do Código Civil, em observância ao art. 2.028, do novo Código Civil Brasileiro, e não o previsto no ordenamento jurídico-trabalhista, consagrado no artigo 7º, XXIX, da Constituição Federal. Embargos conhecidos e providos. (TST – SDI I – ERR 08871/2002-900-02-00.4 – Rel. Min. Lelio Bentes Corrêa – DJ 5.3.2004). "PRESCRIÇÃO — DANO MORAL E MATERIAL TRABALHISTA — 1. O prazo de prescrição do direito de ação de reparação por dano moral e material trabalhista é o previsto no Código Civil. 2. À Justiça do Trabalho não se antepõe qualquer obstáculo para que aplique prazos prescricionais diversos dos previstos nas Leis trabalhistas, podendo valer-se das normas do Código Civil e da legislação esparsa. 3. De outro lado, embora o dano moral trabalhista encontre matizes específicos no Direito do Trabalho, a indenização propriamente dita resulta de normas de Direito Civil, ostentando, portanto, natureza de crédito não trabalhista. 4. Por fim, a prescrição é um instituto de direito material e, portanto, não há como olvidar a inarredável vinculação entre a sede normativa da pretensão de direito material e as normas que regem o respectivo prazo prescricional. 5. Recurso de revista de que se conhece e a que se dá provimento." (TST – RR 1162/2002-014-03-00.1 – 1ª T. – Red. p/o Ac. Min. João Oreste Dalazen - DJU 11.11.2005).

situações concretas que se iniciaram sob a vigência do Código anterior e que se concluíram sob a vigência do Código atual.

Dispõe o artigo 2.028, do Código Civil vigente:

[...].

Art. 2.028. *Serão os da lei anterior os prazos, quando reduzidos por este Código, e se, na data de sua entrada em vigor, já houver transcorrido mais da metade do tempo estabelecido na lei revogada.*

[...].

Pelo exposto, tendo em consideração que o Código Civil atual teve sua vigência iniciada em 12 de janeiro de 2003, podem ser vislumbradas três situações: (1) acidentes ocorridos antes de 12 de janeiro de 1993 (ou seja, transcorrido mais da metade do tempo estabelecido no Código revogado); (2) acidentes ocorridos entre 12 de janeiro de 1993 e 11 de janeiro de 2003; (3) acidentes ocorridos depois de 12 de janeiro de 2003.

No primeiro caso, prescrição aplicável seria a do artigo 177, do Código Civil de 1916, ou seja, de vinte anos, uma vez transcorridos mais de dez anos (e, portanto, mais da metade) do início do prazo prescricional.

No segundo caso, como ainda não decorrida a metade do prazo (menos de dez anos), a prescrição aplicável seria o prazo de três anos do artigo 206, do CC, de 2002, conforme a previsão do artigo 2.028. Evitando-se a aplicação retroativa da lei nova, bem como a preservação do princípio da *segurança jurídica* ainda que, quando da vigência do Código atual, já tivessem transcorrido três anos desde o acidente, não se deveria considerar prescrito o direito de ação do titular do direito à reparação civil.

Por fim, com relação aos acidentes ocorridos *após* 12 de janeiro de 2003, a prescrição aplicável, para os defensores de que o direito protegido pela ação de indenização por dano moral decorrente de acidente de trabalho é de natureza civil, seria de *três anos* (art. 206, § 3º, inciso V).[62]

Ainda na defesa da aplicação da legislação civil como parâmetro da prescrição aplicável à ação indenizatória decorrente de acidente de trabalho, deve-se destacar um segundo entendimento que, afastando o caráter de reparação civil do instituto, pugna pela aplicação da regra geral fixada no artigo 205, do atual Código Civil, *in verbis*:

---

(62) "[...]. ACIDENTE DE TRABALHO: PRESCRIÇÃO APLICÁVEL: DIREITO INTERTEMPORAL. (1) prescrição aplicável durante a vigência exclusiva do Código Civil de 1916: incide o prazo de 20 (vinte) anos descrito pelo art. 177, parte inicial, do CC, de 1916, se a ciência do dano decorrente do acidente de trabalho ocorreu antes de 11 de janeiro de 2003, considerada a vigência do CC, de 2002; (2) prescrição aplicável durante a vigência exclusiva do Código Civil de 2002: incide o prazo de 3 (três) anos descrito pelo art. 206, IV, do CC, de 2002, se a ciência do dano decorrente do acidente de trabalho ocorreu após 11 de janeiro de 2003, considerada a vigência do CC, de 2002 [...]." Decisão da 2ª Turma do Tribunal Regional do Trabalho da 10ª Região. Disponível em: <http://www.ambito-juridico.com.br/site/?n_link=visualiza_noticia&id_caderno=&id_noticia=15324> Acesso em: 3 fev. 2012.

[...].

Art. 205. A prescrição ocorre em dez anos, quando a lei não lhe haja fixado prazo menor.

[...].

Ressaltam os defensores de referida tese que, sendo o acidente de trabalho instituto jurídico autônomo, acolhido expressamente pela legislação pátria em diversos dispositivos (arts. 7º, inciso XXVIII, 109, inciso I, art. 201, § 10 da CF, de 1988; art. 10, II, "a", do ADCT; na Lei de Falência; nas Leis Previdenciárias etc.), não se confunde com direito protegido pelas regras aplicáveis à reparação civil.

Ao não ser específico quanto à sua inclusão no art. 206, § 3º, inciso V, do CC, para esta corrente, teria o legislador a intenção de excluir a referida prescrição da natureza específica de reparação civil. Para tanto, a prescrição aplicável seria não de três, e sim de dez anos.[63]

Data vênia as opiniões em sentido contrário, compreende-se que as correntes civilistas ora apresentadas falham ao considerar o trabalho como produto dos padrões tradicionais e liberais do contrato, enquadrando-o simplesmente como forma de "prestação de serviço".

Tendo em vista o avanço dos estudos referentes às peculiaridades do instituto do acidente de trabalho e seu vínculo com o ramo especializado *justrabalhista*, além do enfoque social que passou a ser deferido à questão, as correntes civilistas passaram a ser amplamente questionadas pelos defensores das demais teses propostas a respeito da matéria.

2.3. Argumentos pertinentes à aplicação da legislação trabalhista

Corrente oposta à apresentada é a que defende a incidência da prescrição prevista no **art. 7º, inciso XXIX**, da Constituição Federal, à ação de indenização por dano moral decorrente de acidente de trabalho, em decorrência da expressa previsão do art. 7º, XXVIII, do mesmo diploma normativo.[64]

---

(63) Prescrição. Acidente do Trabalho. O prazo prescricional em ações que objetivem o recebimento de indenização por acidente do trabalho ou moléstia profissional não pode ser regido pelo inciso XXIX, art. 7º, da CLT, pois não se relacionam com a prestação ou a contraprestação laboral derivadas da execução contratual, mas de fato anômalo, indesejado, sem relação com o contrato em si. A lesão à integridade física atine ao ser humano, mais que simplesmente à condição de trabalhador, de modo que os prazos aplicáveis são os civis, de 20 anos (1916) ou de 10 anos (2003). Recurso Ordinário não provido. (TRT/SP – 00060200640102004 – RO – Ac. 12ª T. – 20090813183 – Rel. Davi Furtado Meirelles – DOE 2.10.2009). Disponível em: <http://www.centraljuridica.com/jurisprudencia/t/475/prescricao_de_acidente_de_trabalho.html> Acesso em: 3 fev. 2012.

(64) "[...]. Art. 7º São direitos dos trabalhadores urbanos e rurais, além de outros que visem à melhoria de sua condição de vida: "[...] XXVIII – seguro contra acidentes de trabalho, a cargo do empregador, sem excluir a indenização a que este está obrigado, quando incorrer em dolo ou culpa; [...] XXIX – ação, quanto aos créditos resultantes das relações de trabalho, com prazo prescricional de cinco anos, para os trabalhadores urbanos e rurais, até o limite de dois anos após a extinção do contrato de trabalho; [...]."

Argumentam os partidários desse posicionamento que, nesses casos, haveria o pagamento de crédito trabalhista de natureza *atípica*, uma vez que não consta do rol dos direitos trabalhistas clássicos.

Segundo esse entendimento, portanto, deve-se considerar que, quando o empregado sofre acidente de trabalho, ocorre violação das normas de segurança e saúde previstas no Decreto-lei n. 5.452, de 1º de maio de 1943, que aprovou a Consolidação das Leis do Trabalho — CLT, não sendo possível afastar a aplicação da prescrição própria da legislação trabalhista.

Além disso, ventilam que as próprias partes que compõem o litígio são, de um lado, o empregado e, de outro, o empregador, tal qual qualquer outro litígio trabalhista, uma vez que a norma jurídica violada seria, essencialmente, de natureza trabalhista — ou seja, o dever de indenizar decorreria do contexto da relação de emprego já que o acidente não seria fato jurídico isolado e sim uma consequência decorrente do dever de cautela do empregador, com previsão normativa específica (art. 7º, XXVIII, CF, de 1988).

Para fundamentar essa linha de pensamento, seus defensores recorrem ainda à competência estabelecida pela EC n. 45, de 2004, reiterando que a alteração do art. 114, inciso VI, da CF, de 1988 seria uma forma de o legislador confirmar a natureza ínsita do crédito trabalhista às ações de indenização por dano moral oriundas da relação de trabalho.

Destaca-se ainda, como subsídio à defesa desse posicionamento, que a aplicação do prazo prescricional da legislação civil seria uma forma de reduzir de forma simplista todo o avanço alcançado pela legislação trabalhista e seus atores envolvidos.

Outro argumento ventilado por essa corrente é que, não obstante o Código Civil ainda seja visto como núcleo do Direito Privado, não pode ser ignorada a importância dos "microssistemas legais" paralelos que foram fortalecendo os ramos especializados das demais relações jurídicas entre particulares.

Pode-se citar, como exemplo, o Código de Defesa do Consumidor, a legislação Comercial e a própria legislação Trabalhista, cujas peculiaridades impõem consideração particularizada diante da apreciação das situações concretas. A legislação civil restaria, dessa forma, como um mecanismo de aplicação subsidiária em caso de omissão dos demais diplomas (art. 8º, da CLT).

Para a corrente que defende a aplicação da prescrição trabalhista às ações de indenização decorrentes de acidente de trabalho, o maior argumento seria, portanto, a ausência de omissão da legislação (art. 7º, incisos XXVIII e XXIX, CF de 1988), tendo tido o legislador o devido cuidado de prever tanto a reparação decorrente de acidente de trabalho, como a prescrição específica para as relações trabalhistas.

Nesse sentido, o jurista mineiro Sebastião Geraldo de Oliveira[65] afirma que:

---

(65) OLIVEIRA, Sebastião Geraldo de. *Indenizações por acidente do trabalho ou doença ocupacional*. São Paulo: LTr, 2005.

[...].

a indenização por acidente do trabalho é também um direito de natureza trabalhista, diante da previsão contida no artigo 7º, XXVIII, da Constituição da República de 1988, devendo-se aplicar, portanto, a prescrição de cinco ou dois anos prevista no inciso XXIX do mesmo artigo 7º.

[...].

Por sua vez, Eduardo Fornazari Alencar[66], citando Arnaldo Süssekind e Raimundo Simão de Melo argumenta que:

"[...].

a partir do momento em que a Constituição expressamente coloca a indenização de dano moral decorrente do acidente do trabalho, quando requerida em face do empregador, como um direito do trabalhador, seja porque a controvérsia se dá necessariamente entre empregado e empregador e tem como objeto um fato do contrato de trabalho, que é o acidente, não se poderia deixar de reconhecer que a pretensão respectiva se revestiria de um verdadeiro crédito resultante da relação de trabalho e, por conta disso, a ação reparatória estaria sujeita ao prazo prescricional previsto no inciso XXIX, do artigo 7º, da Carta da República.

[...]."

Com a evolução dos debates referentes à matéria, a tese da prescrição trabalhista vem merecendo acolhida cada vez mais ampla pela jurisprudência majoritária, inclusive no Tribunal Superior do Trabalho[67].

---

(66) FORNAZARI ALENCAR, Eduardo. *A prescrição do dano moral decorrente de acidente do trabalho*. São Paulo: LTr, 2004.
(67) "[...]. Ementa: RECURSO DE REVISTA. INDENIZAÇÃO POR DANOS MORAIS DECORRENTE DA RELAÇÃO DE EMPREGO. PRESCRIÇÃO. AÇÃO AJUIZADA APÓS A EMENDA CONSTITUCIONAL N. 45/2004. Tratando-se de pedido de indenização por dano moral decorrente da relação de emprego, a prescrição aplicável é aquela prevista no art. 7º, XXIX, da Constituição Federal, de cinco anos, contados da ocorrência da lesão, observado o prazo de dois anos após a extinção do contrato de trabalho. Recurso de revista conhecido e desprovido. [...]" (Processo: RR n. 1941/2006-008-18-00.7 Data de Julgamento: 26.3.2008, Relator Ministro: Alberto Luiz Bresciani de Fontan Pereira, 3ª Turma, Data de Publicação: DJ 18.4.2008).
"[...]. Ementa: RECURSO DE REVISTA. DANO MORAL. ACIDENTE DE TRABALHO. LESÃO OCORRIDA EM PERÍODO ANTERIOR À DEFINIÇÃO DA COMPETÊNCIA DA JUSTIÇA DO TRABALHO COM A EC N. 45/2004. PRETENSÃO DE REPARAÇÃO INDENIZATÓRIA. AÇÃO AJUIZADA APÓS A VIGÊNCIA DA EC N. 45/2004. Pacificou--se o entendimento nesta Corte de que a data do ajuizamento da ação é que rege a aplicação da prescrição, de modo que, ajuizada a ação na Justiça do Trabalho após a vigência da Emenda Constitucional n. 45, de 8.12.2004, aplica-se a regra do direito do trabalho, nos termos do art. 7º, XXIX, da CF, sendo bienal a prescrição a ser examinada. No caso, o acidente de trabalho que embasa o pedido de indenização por danos morais e materiais ocorreu em 31.3.1999, em face de acidente de trabalho que vitimou o empregado, e a presente ação foi ajuizada pela viúva em 6.2.2007. Embora considerada a data da lesão, quando a competência para julgamento de ação visando indenização por acidente de trabalho não era da Justiça do Trabalho, verifica-se que a partir da regra de transição prevista no art. 2.028, do novo Código Civil, na data em que este entrou em vigor não havia transcorrido metade do prazo prescricional da lei anterior (de 1999 até 2003 decorreram apenas 4 anos). Logo, a partir de EC 45, de 2004, quando já não havia mais controvérsia sobre o prazo para

A Súmula Vinculante n. 22 do Supremo Tribunal Federal, por sua vez, encerrou as celeumas a respeito da competência da Justiça do Trabalho para o julgamento das ações de indenização por danos morais e patrimoniais decorrentes de acidente de trabalho propostas por empregado contra empregador[68].

Embora extremamente significativos os argumentos ora apresentados, merece relevância a linha doutrinária que passou a considerar restritivas as interpretações propostas pelas correntes vinculadas à doutrina civil e trabalhista, especialmente porque estas tomam a lesão sofrida pelo trabalhador como um "crédito", esvaindo de tal reparação qualquer conteúdo atinente à **dignidade da pessoa humana**.

2.4. Críticas às demais correntes e defesa do posicionamento da imprescritibilidade

A aplicação da legislação civil imprime à ação indenizatória por dano moral decorrente de acidente de trabalho um caráter patrimonial-individualista que não é compatível com a atual abordagem deferida aos direitos sociais.

O acidente sofrido pelo trabalhador afeta, em regra, não apenas seu perfil de elemento do mercado produtivo capitalista, ou seja, sua condição de empregado, mas também e, principalmente, seu perfil de cidadão e ser humano.

De fato, a proteção legal concedida pela ordem jurídica contra o acidente de trabalho não pode se restringir à reparação da ofensa financeira sofrida pelo empregado, seja em razão dos gastos sofridos com o tratamento, seja em razão de seu afastamento do ciclo produtivo (aspectos do dano material), ou ainda com relação aos danos sofridos em seu íntimo em razão do abalo interno (dano moral e estético).

Sua própria condição de ser humano deve ser protegida pela legislação, de forma que o **direito à vida digna** seja o objeto jurídico fim de todo esse contexto legislativo. Nesse enfoque, cabe a consideração de que o direito à vida, muito além do simples direito de permanecer vivo, deve ser interpretado como o direito a viver gozando de condições mínimas de dignidade, saúde e bem-estar.

---

ajuizar ação pretendendo reparação pelo dano moral perante a Justiça do Trabalho, o prazo bienal deve ser observado, o que não ocorreu no presente caso. Recurso de revista não conhecido. [...]." (Processo: RR – 75/2007-071-23-00.7 Data de Julgamento: 11.3.2009, Relator Ministro Aloysio Corrêa da Veiga, 6ª Turma, Data de Divulgação: DEJT 20.3.2009).

(68) Para alguns autores, existe um raciocínio quase automático que vincula a questão da competência ao prazo da prescrição como observa Rodolfo Pamplona Filho: "Reconhecida a competência da Justiça do Trabalho para apreciar e julgar pedido de reparação de dano moral, a prescrição aplicável a esse crédito deve ser a ordinária trabalhista, atualmente prevista no art. 7º, XXIX, da Constituição Federal de 1988" (*O dano moral na relação de trabalho*. São Paulo: LTr, 1998. p. 115-121). Ou seja, os mesmos argumentos que fundamentam a competência da Justiça do Trabalho acabam por influenciar na decisão a respeito da prescrição aplicável, o que teria levado à edição da Súmula Vinculante n. 22 pelo Supremo Tribunal Federal: "A Justiça do Trabalho é competente para processar e julgar as ações de indenização por danos morais e patrimoniais decorrentes de acidente de trabalho propostas por empregado contra empregador, inclusive aquelas que ainda não possuíam sentença de mérito em primeiro grau quando da promulgação da Emenda Constitucional n. 45, de 2004. [...]."

Por este prisma, simplesmente imprimir à pretensão reparatória por dano moral decorrente de acidente do trabalho o mesmo prazo prescricional previsto pela legislação civil, ou mesmo pela legislação trabalhista, significa ignorar a densa carga normativa de direitos fundamentais implícita nesse evento.

O direito à vida digna — o que inclui o alcance a todas as condições mínimas de existência, inclusive, saúde — como verdadeiro direito fundamental, não se condiciona à prescrição civil-patrimonial nem mesmo à trabalhista, uma vez que vida e dignidade não são elementos exclusivamente pertinentes à relação empregatícia. Ao contrário, seu alcance e abrangência são tamanhos que alcançam todos os indivíduos, em qualquer contexto.

Pelo exposto, não se compreende adequado impor prazo prescricional, de natureza restritiva por definição, à pretensão de reparação das ofensas ao direito à vida, à saúde e à integridade física e moral, uma vez que estes se configuram como direitos fundamentais que condicionam o gozo e exercício de todos os demais direitos.

O atual texto constitucional assegura o direito à indenização pelo dano material ou moral decorrente de qualquer espécie de violação ao ser humano, enquanto pessoa portadora de uma dignidade pessoal, independentemente de profissão, sexo, crença religiosa, cor da pele etc. (art. 5º, inciso X, CF de 1988).[69]

No caso do acidente de trabalho (ou doença ocupacional), os danos dele decorrentes, sejam materiais, morais ou estéticos, representam verdadeiras violações aos direitos da personalidade, afrontando valores jurídicos como a vida, a saúde física e/ou psíquica, a imagem, a intimidade, a honra etc.

De fato, a Carta Constitucional garante, como fundamentos da República e da Ordem Econômica, a cidadania, a dignidade da pessoa humana, os valores sociais do trabalho, o trabalho com qualidade e o respeito ao meio ambiente (arts. 1º e 170)[70], com a redução dos riscos inerentes ao trabalho por meio de normas de proteção à saúde, higiene e à segurança do trabalhador (artigo 7º, inciso XXIII).

Referidos direitos fundamentais incrustados de forma indissociável às normas de proteção contra acidentes de trabalho e, em consequência, à respectiva ação de

---

(69) "[...]. Art. 5º Todos são iguais perante a lei, sem distinção de qualquer natureza, garantindo-se aos brasileiros e aos estrangeiros residentes no País a inviolabilidade do direito à vida, à liberdade, à igualdade, à segurança e à propriedade, nos termos seguintes: [...] X – são invioláveis a intimidade, a vida privada, a honra e a imagem das pessoas, assegurado o direito a indenização pelo dano material ou moral decorrente de sua violação. [...]."

(70) "[...]. Art. 1º A República Federativa do Brasil, formada pela união indissolúvel dos Estados e Municípios e do Distrito Federal, constitui-se em Estado Democrático de Direito e tem como fundamentos: I – a soberania; II – a cidadania; III – a dignidade da pessoa humana; IV – os valores sociais do trabalho e da livre iniciativa"; "[...]. Art. 170. A ordem econômica, fundada na valorização do trabalho humano e na livre iniciativa, tem por fim assegurar a todos existência digna, conforme os ditames da justiça social, observados os seguintes princípios: [...] III – função social da propriedade; [...] VI – defesa do meio ambiente, inclusive mediante tratamento diferenciado conforme o impacto ambiental dos produtos e serviços e de seus processos de elaboração e prestação; VII – redução das desigualdades regionais e sociais; VIII – busca do pleno emprego; [...]."

reparação — que, como visto, não se compatibiliza com um caráter estritamente civilista – não podem ser atingidos pelo prazo prescricional.

Por esta razão, não se compreende coerente a tese que reconhece a imprescritibilidade *material* dos direitos fundamentais, porém afasta a imprescritibilidade das respectivas ações que pretendem reclamar sua efetivação, dissociando um aspecto do outro.

Ora, em termos práticos, torna-se inócua a existência de qualquer direito sem a possibilidade de sua concretização, especialmente quando se trata de direitos de natureza fundamental.[71]

Dessa forma, ao se afastar a interpretação de que a ação de reparação pelos danos morais causados em razão de acidente de trabalho se restringe a proteger direitos patrimoniais, buscando sua vocação inata à proteção dos direitos fundamentais, defende-se o posicionamento da imprescritibilidade do prazo para a propositura da demanda.

Para melhor compreensão do exposto, deve-se considerar dois pontos nevrálgicos do problema, quais sejam: (1) a imprescritibilidade dos direitos fundamentais; e (2) a aplicação da doutrina dos direitos fundamentais às relações privadas, inclusive à relação de emprego.

Continuando a abordagem do tema *prescrição* já iniciada neste item, será apreciada, em seguida, a questão da imprescritibilidade dos direitos fundamentais, matéria já pacificada no meio doutrinário, concluindo o estudo com a abordagem do tema da aplicação dos direitos fundamentais nas relações privadas. Pretende-se firmar a incontroversa pertinência entre as matérias, concluindo-se pela aplicação da imprescritibilidade, própria dos direitos fundamentais, em qualquer contexto em que estes venham a incidir.

3. Aplicação dos direitos fundamentais às relações privadas — consagração da tese da eficácia horizontal

A indisponibilidade dos direitos fundamentais se mostra sob duplo aspecto: o *ativo*, na medida em que os direitos humanos são inalienáveis pelo seu titular, bem como o *passivo*, já que não podem ser expropriados por outros sujeitos, começando pelo próprio Estado que tem o dever de garanti-los e protegê-los.

Por isso, os direitos da personalidade que fundamentam o dano moral decorrente de acidente de trabalho têm como principal característica a imprescritibilidade que

---

(71) Entende-se que, por irrenunciável o objeto, não pode o exercício da ação de reparação de danos a direitos da personalidade está sujeito à prescrição, face aos termos do que disposto no artigo 11, do Código Civil e pela natureza do bem envolvido, ou seja, a personalidade, a dignidade do ser humano, *in verbis*: "[...]. Art. 11. Com exceção dos casos previstos em lei, os direitos da personalidade são intransmissíveis e irrenunciáveis, não podendo o seu exercício sofrer limitação voluntária. [...]."

decorre da sua natureza indisponível. Não se trata, pois, de mero direito trabalhista como pretendem alguns, ou civis em sentido estrito, como sustentam outros.

Por conseguinte, entende-se que não deverá ser aplicado o prazo previsto no inciso XXIX, do art. 7º, da Constituição Federal nem aquele constante do art. 206, § 3º, inciso V, do Código Civil, próprio para o ajuizamento das ações de reparações civis inerentes aos danos causados ao patrimônio material.

A dignidade humana é compreendida por Ingo Wolfgang Sarlet[72] como:

[...].

a qualidade intrínseca e distintiva reconhecida em cada ser humano que o faz merecedor do mesmo respeito e consideração por parte do Estado e da comunidade, implicando, neste sentido, um complexo de direitos e deveres fundamentais que assegurem a pessoa tanto contra todo e qualquer ato de cunho degradante e desumano, como venham a lhe garantir as condições existenciais mínimas para uma vida saudável, além de propiciar e promover sua participação ativa e corresponsável nos destinos da própria existência e da vida em comunhão com os demais seres humanos.

[...].

Assim, não pode ser subtraída da tutela constitucional apenas porque aquele que sofreu a violação não reclamou seu exercício, muitas vezes por circunstâncias alheias à sua vontade, dentro de certo lapso temporal. Não se perde a dignidade e o direito ao seu exercício em razão do mero decurso do tempo.

Ainda nesse sentido, a respeito da não aplicação da prescrição com relação aos direitos da personalidade, pode-se citar Francisco Amaral[73]:

[...].

De modo geral, a prescrição aplica-se apenas aos direitos subjetivos patrimoniais, especificamente às obrigações em sentido técnico.

[...].

Ressalve-se que a tese da imprescritibilidade não é completamente inovadora na seara do Direito do Trabalho, tendo em vista o que dispõe o art. 11, da CLT, com a redação proposta pela Lei n. 9.658, de 05 de junho de 1998, a respeito da ação declaratória (compreendida esta, nos termos do artigo 4º, do Código de Processo Civil, como aquela que visa eliminar dúvida sobre a existência ou inexistência de relação jurídica, ou autenticidade ou falsidade de documento).

---

(72) SARLET, Ingo Wolfgang. *Dignidade da pessoa humana e direitos fundamentais na Constituição Federal de 1988*. 3. ed. São Paulo: Livraria do Advogado, p. 59-60.

(73) AMARAL, Francisco. *Direito Civil — Introdução*. Rio de Janeiro: Renovar, 2006. p. 566.

O mesmo se aplica com relação ao direito de apresentar certas defesas, como as alegações de litispendência, perempção, coisa julgada, decadência, que podem ser suscitadas a qualquer tempo do ínterim processual.

Em complementação, conclui-se que, com maior razão, deve a ordem jurídica preocupar-se com a preservação dos direitos fundamentais resguardados pela ação de reparação por danos morais decorrentes de acidente de trabalho.

Ponto polêmico no que diz respeito ao tema é a aplicabilidade do rol dos direitos fundamentais na relação de emprego, uma vez que, ainda que seja questionável a natureza de crédito trabalhista do dano moral decorrente do acidente de trabalho, deve-se reconhecer que este ocorre no contexto de um vínculo de natureza privada.

Tradicionalmente, segundo grande parte da doutrina, entendeu-se que a aplicação dos direitos fundamentais estaria restrita às relações que envolvessem, num dos polos, o Poder Público, caracterizando, *ipso facto*, a hipossuficiência da outra parte, ou seja, o particular. Apenas nesses casos, tendo em vista o notório desequilíbrio entre os interessados, justificar-se-ia a necessidade de que os direitos fundamentais servissem de ponto mediador para os interesses em questão.

De fato, originariamente, os direitos fundamentais foram concebidos como direitos subjetivos públicos, de forma que todos os Poderes e ocupantes de funções públicas estariam diretamente vinculados aos preceitos consagrados pelos direitos e garantias fundamentais.

Com o desenvolver dos estudos a respeito da matéria, a doutrina passou a se questionar se, assim como é vedada ao Estado toda e qualquer forma de discriminação negativa em razão de critérios de sexo, idade, raça, concepção filosófica, dentre outras, também não deveriam tais limitações incidir sobre as pessoas e entidades privadas?

Observa-se que a conclusão dessa questão torna-se essencial para a sustentação da tese que pugna pela aplicação da imprescritibilidade inerente aos direitos fundamentais no contexto da ação de dano moral decorrente de acidente de trabalho.

De fato, diversos sistemas jurídicos vêm se aprofundando a respeito da questão.

A doutrina alemã do *"Drittwirkung"*[74] e a concepção americana da *"state action"*[75] estabeleceram os delineamentos do tema, de forma que a tese da não

---

(74) "O *drittwirkung* — ou a responsabilização horizontal — nascida na Alemanha e já apropriada pela moderna teoria dos direitos humanos é a resposta a tal questão, constituindo-se em garantia de que mesmo as ações violadoras não empreendidas pelo Estado, mas por particulares, já não mais devem ser atribuídas àquele, por culpa *in vigilando*, mas, sim, por invocação simples e direta de violação de direitos humanos praticadas por grupos ou indivíduos agindo particularmente. O *drittwirkung* amplia, pois, a rede universal de proteção direta dos direitos humanos e sua consideração deve inserir-se no quadro geral do garantismo jurídico." RUFINO DO VALE, André. *Eficácia dos direitos fundamentais nas relações privadas*. Porto Alegre: Safe, 2004.

(75) Sendo assim, pode-se dizer que a *State Action Doctrine* é uma doutrina norte-americana que afirma que os direitos fundamentais estabelecidos pela Constituição dos Estados Unidos somente protegem os cidadãos contra a ação do Estado (*State Action*) e não se aplicam a relações entre particulares. No entanto, essa doutrina

aplicabilidade dos direitos fundamentais às relações privadas vem atraindo cada vez menos defensores.[76]

Nesse estágio de desenvolvimento dos Direitos Fundamentais, em síntese, considera-se o fato que as partes são titulares de direitos e que sua aplicação às relações privadas deve ser uma questão de ponderação de interesses.

O tema da incidência dos direitos fundamentais nas relações privadas situa-se num contexto maior que vem sendo explorado pela doutrina que é a chamada *constitucionalização do direito civil* ou *civilização do direito constitucional*[77].

Nesse ínterim, devem ser avaliados dois conceitos fundamentais para a compreensão da polêmica: *eficácia vertical* e *eficácia horizontal dos direitos fundamentais*, conceitos mencionados tanto entre a doutrina como entre a jurisprudência especializadas.

A **eficácia vertical dos direitos fundamentais** representa a vinculação do legislador, da administração pública e do Poder Judiciário às normas sobre tais garantias. Essa dimensão, conforme mencionado, pouca ou nenhuma polêmica gera, uma vez que a concepção originária dos direitos fundamentais destina-se justamente à oposição das ações do poder soberano.

Por outro lado, a chamada **eficácia horizontal ou privada**, seria aquela destinada a terceiros particulares, sejam pessoas físicas ou jurídicas de direito privado, tratando os direitos fundamentais de uma forma objetiva: a simples constatação da força vinculante dos direitos fundamentais e sua posição no topo da pirâmide normativa favorecem a percepção de que esses direitos irradiam por toda a ordem jurídica, até mesmo no âmbito privado.

É preciso compreender-se, entretanto, a exata medida da incidência dos direitos fundamentais nas relações entre particulares, sendo certo que se torna inevitável a colisão de interesses entre as partes, ambas portadoras de direitos de natureza fundamental.

A priori, poder-se-ia admitir que, em se tratando os interesses em questão de direitos de natureza fundamental, não haveria como a ordem jurídica dar prevalência a um ou outro.

---

apresenta 02 (duas) exceções, em que podem ser aplicados os direitos fundamentais nas relações entre particulares. A primeira exceção é denominada *"public function exception"*, que trata sobre a possibilidade de se alegar a proteção dos direitos fundamentais numa relação privada quando uma das partes envolvidas estiver no exercício de uma função pública. Já a segunda exceção é chamada de *"entanglement exception"* e estabelece que se o governo delega uma de suas funções para uma entidade privada, essa entidade será considerada um agente estatal somente em relação às funções delegadas pelo governo. Disponível em: <http://jus.com.br/revista/texto/18416/state-action-doctrine> Acesso em: 2 fev. 2012.

(76) Ver RE 201819 / RJ - RIO DE JANEIRO e juisprudencial/RE201819/RJ. ADPF 130 / DF – DISTRITO FEDERAL. Disponível em: <http://www.stf.jus.br/portal/jurisprudencia/listarJurisprudencia.asp?s1=%28constitucional iza%E7%E3o+do+direito+civil%29&base=baseAcordaos> Acesso em: 2 fev. 2012.

(77) TEPEDINO, Gustavo. *A parte geral do Novo Código Civil — Estudos na perspectiva civil-constitucional*. São Paulo: Renovar, 2003.

Nos casos de acidente de trabalho, decorrente, muitas vezes, de negligência na observância das normas que tratam de saúde e segurança do ambiente de trabalho, os direitos fundamentais envolvidos são, em regra, a saúde, a integridade física e moral e, muitas vezes a própria vida do trabalhador.

Por outro lado, possui o empregador o direito fundamental à liberdade de conduzir e administrar a empresa conforme sua própria vontade e determinação, aliado ao direito à propriedade privada, à livre iniciativa e à liberdade de contratar.

Não ignorando a necessidade de se preservar direitos como a propriedade e a liberdade, o legislador acautelou-se ao impor-lhes uma configuração compatível com a evolução proposta pela constitucionalização do direito privado, instituindo no art. 170, da atual Constituição Federal, o Princípio do Desenvolvimento Sustentável.

Nesse sentido, dispõe Raimundo Simão de Melo[78]:

[...].

Desenvolvimento Sustentável é a política desenvolvimentista que leva em conta a livre iniciativa, porém, de forma convergente com outras políticas de desenvolvimento social, cultural, humano e de proteção ao meio ambiente.

[...].

Dessa forma, dispõem os arts. 421 e 422, do Código Civil, e o já mencionado art. 170, inciso III, da CF de 1988 a respeito, respectivamente, da liberdade contratual, da boa-fé objetiva, da probidade na negociação privada e na função social da propriedade.

Tais dispositivos impedem, por si só, que se exerça o controle da propriedade e dos contratos privados de forma a beneficiar unilateralmente uma das partes, sem se fixar parâmetros mínimos de ordem pública que jamais poderão ser desprezados em detrimento do interesse individual.

Nesse contexto, os preceitos de ordem pública a respeito de saúde, higiene e segurança no trabalho, cuja inobservância, muitas vezes, é o que gera os acidentes de trabalho, não podem ser afastados pelo empregador, ainda que este alegue o exercício do direito de propriedade, sendo nula qualquer cláusula contratual que afaste, minimize ou condicione a responsabilidade patronal por eventuais danos sofridos pelo empregado no contexto da prestação laboral.

A legislação trabalhista há muito atenta para a necessidade de proteção aos interesses da parte hipossuficiente nessas situações, impondo a nulidade absoluta

---

(78) SIMÃO DE MELO, Raimundo. *Direito ambiental do trabalho e a saúde do trabalhador*. São Paulo: LTr, 2006. Compreende-se que, por meio deste dispositivo, mesmo considerando a natureza de direito privado do qual é dotado o contrato de trabalho, não devem ser admitidos ajustes individuais de renúncia a direitos relacionados à segurança e saúde no ambiente de trabalho, de forma que acidentes decorrentes da inobservância de tais normas sempre acarretam responsabilidade para o empregador.

de qualquer cláusula que fixasse desrespeito a tais preceitos de ordem pública (arts. 9º e 468, da CLT).

Observa-se também a superação do conceito de *autonomia privada*, de natureza estritamente individualista-liberal, para se evidenciar o conceito de *autonomia da vontade*, de forma que o interesse individual não mais poderá ser apreciado isoladamente do contexto social no qual está inserido.

Trata-se de uma verdadeira **relativização da ideia de autonomia privada** que, assim como os próprios princípios e direitos fundamentais amparados no texto constitucional, também não possui natureza absoluta (daí a aceitação da ideia de colisão e prevalência casuística de um direito fundamental em detrimento de outro, a depender do caso concreto).

Não é que a ordem jurídica repudie a ideia de autodeterminação privada e de liberdade contratual dos indivíduos. O fato é que existem situações em que os interesses em questão superam o âmbito de discussão entre as partes e atingem interesses comuns de toda a coletividade.

De fato, a observância das normas de ordem pública referentes à saúde, higiene e segurança do trabalhador não é de interesse restrito do próprio empregado ou da empresa. Ainda segundo a doutrina de Raimundo Simão de Melo[79]:

[...].

Quando se fala em meio ambiente do trabalho, por sua vez, não se está referindo apenas ao local de trabalho estritamente, mas às condições de trabalho e de vida fora do trabalho como consequência de uma sadia qualidade de vida que se almeja para o ser humano; quando se fala em meio ambiente do trabalho, é de se pensar nas consequências de um acidente ou doença laboral que atingem não somente o homem como trabalhador, mas este como ser humano; é de se pensar nas consequências financeiras, sociais e humanas para a vítima, mas também para a empresa, e, finalmente, para toda a sociedade, a qual, em última análise, responde pelas mazelas sociais em todos os seus graus e aspectos.

[...].

A preservação da vida, da segurança, da saúde e da integridade de cada indivíduo, tomado na condição de trabalhador, é questão muito superior à bilateralidade da relação empregado *versus* empregador, pois envolve uma questão de **dignidade**.

Por esta razão, compreende-se que os direitos inerentes à dignidade, dentre eles a ação para exercê-la, não devem estar sujeitos à incidência de prazo prescricional, sob pena de privar o indivíduo do efetivo exercício de sua condição, limitação esta que não se compatibiliza com os parâmetros traçados pela atual ordem constitucional.

---

(79) SIMÃO DE MELO, Raimundo. *Idem.*

Nesse caso, também se evidencia a necessidade de sopesamento dos valores relativos à dignidade da pessoa humana e à segurança jurídica (que demanda a imposição de prazo prescricional para o exercício do direito de ação), conflito no qual, segundo depreende-se do exposto, deve prevalecer o primeiro.

No próximo tópico, portanto, apreciar-se-á *como* deve ocorrer a ponderação entre os direitos fundamentais referentes à vida e à saúde do trabalhador, por um lado, e a liberdade contratual e a propriedade privada do empregador, por outro, num sopesamento de princípios necessariamente imposto pelo contexto em que se dá a ocorrência do acidente de trabalho.

3.1. Como solucionar a colisão entre direitos fundamentais

Conforme exposto, o principal problema em torno da eficácia horizontal dos direitos fundamentais é a possível colisão dos direitos invocados pelas partes envolvidas.

Para a solução do conflito entre os direitos fundamentais deve-se ter em mente a distinção clássica das normas em regras e princípios.

Em breves linhas, pode-se dizer que **regras** são preceitos que determinam algo que deve ser cumprido.[80]

Os critérios clássicos para a solução de conflitos entre regras jurídicas são: declaração de invalidade de uma das normas; declaração de apenas uma norma como aplicável; construção de uma exceção em uma das normas.[81]

Em razão do caráter excludente dos critérios apresentados, que se baseiam numa *dimensão de validade*, o que acabaria por esvaziar, de forma inconcebível, o conteúdo de um dos direitos fundamentais em conflito, foi proposta pela doutrina a aplicação da teoria dos princípios para a solução do conflito entre direitos fundamentais.

Os princípios, ao contrário das regras, admitem que algo seja realizado na maior medida possível, dentro das possibilidades teóricas e fáticas do caso concreto, ou seja, após uma análise circunstancial da situação. Na concepção de Robert Alexy são verdadeiros *mandatos de otimização* da ordem jurídica, possibilitando uma maior liberdade de atuação do intérprete.[82]

Quando dois ou mais princípios entram em colisão, um deles deverá ceder ao outro, não significando, entretanto, a declaração de invalidez do princípio rechaçado.

---

(80) CANOTILHO, José Joaquim Gomes. *Direito Constitucional e Teoria da Constituição.* Coimbra: Almedina, 2000.

(81) DWORKIN, Ronald. *Levando os direitos a sério.* Trad. Nelson Boeira. São Paulo: Martins Fontes, 2002.

(82) ALEXY, Robert. *Teoria da argumentação Jurídica.* Trad. Zilda Hutchinson Schild Silva. São Paulo: Landy, 2001.

Aplica-se ao caso concreto o princípio de maior peso, sem que se elimine do ordenamento jurídico o outro princípio, devendo-se conhecer quais as condições concretas e princípios envolvidos.

Valendo-se, ainda, de uma expressão de Robert Alexy, estabelece-se uma *relação de precedência condicionada*, por meio de uma ponderação das variantes fáticas e jurídicas do caso concreto[83].

Estabelecida a regra da *ponderação* em detrimento da regra de *exclusão*, entende-se que o próximo passo é saber qual valor deve prevalecer no caso concreto do acidente de trabalho.

Dever-se-ão estabelecer, portanto, quais os critérios utilizados para a perfeita adequação dos interesses.

Inicialmente, verifica-se a configuração de uma relação entre desiguais, marcada pela preponderância de poderes de uma das partes.

Assim como ocorre no âmbito da *relação Estado-indivíduo*, propõe-se também no plano da eficácia horizontal (entre particulares), o restabelecimento do equilíbrio de uma relação assimétrica no qual o poder social de uma das partes torna impossível a atuação da parte juridicamente subordinada com total equidade.

Não é por outra razão, portanto, que se vislumbra uma perfeita adequação da teoria da eficácia horizontal dos direitos fundamentais na reparação do dano moral decorrente de acidente no curso da relação de emprego.

Se, por um lado, nas relações entre iguais, a autonomia da vontade, será, *a princípio*, prevalente sobre os demais direitos, uma vez que a ordem jurídica deve preservar o espaço da livre negociação e da autorregulação privada, por outro lado, entende-se que, em qualquer caso, devem ser resguardados os direitos de natureza fundamental que se relacionam à dignidade humana (vida, saúde, integridade etc.), tendo em vista que toda a sociedade passa a ser interessada.

Conforme expõe André Rufino do Vale[84]:

[...].

A dignidade humana, como núcleo intangível e absoluto da ordem jurídica, deve servir de limite geral para os comportamentos dos sujeitos públicos e privados.

[...].

O conjunto de valores formados pelo sistema de direitos fundamentais assegurados constitucionalmente é, tradicionalmente, assentado com base na *liberdade individual*.

---

(83) *Idem.*
(84) RUFINO DO VALE, André. *Eficácia dos Direitos Fundamentais nas Relações Privadas*. São Paulo: Safe, 2004.

Dessa forma, o poder de autodeterminação conferido aos indivíduos é o núcleo que, originariamente, os direitos fundamentais se propuseram a proteger, uma vez que tal delineamento se adequava perfeitamente à proteção contra as ações estatais.

Na esfera de proteção entre indivíduos, sempre existiu uma tendência à proteção da liberdade individual nos comportamentos e na celebração dos negócios jurídicos. Contudo, assim como nas relações de poder, a autodeterminação privada deverá ceder diante da intervenção dos direitos fundamentais na relação de trabalho, sempre que estiver em evidência a dignidade de uma das partes.

Considera-se, portanto, que a *dignidade humana* deve reger todo o corpo de relações jurídicas de índole privada ou pública, traduzindo-se no único valor que não admite relativização, o que inclui também o direito de opor seu exercício contra aquele que violou o direito.

Por esta razão, o aparente paradoxo criado entre a liberdade negocial privada e a aplicabilidade dos direitos fundamentais (de natureza irrenunciável e imprescritível) nas relações privadas, inclusive a relação de emprego, encontra um único limite absoluto: a dignidade do ser humano.

Conforme a doutrina de Jorge Reis Novais[85] (*apud* André Rufino do Vale):

[...].

Os limites imanentes que decorrem do conteúdo essencial dos preceitos constitucionais, enquanto projeção direta e inalienável da dignidade da pessoa humana, designadamente nos direitos pessoais, e também da afirmação imediata de valores comunitários básicos.

[...].

Nesse sentido, a natureza irrenunciável de um direito, imprime caráter imprescritível, inclusive, à ação para exercê-lo, sob pena de se ter que admitir que, por não mais exercitável juridicamente, a dignidade do ser humano pode perecer no decorrer do tempo.

A proteção ao direito a uma vida digna, e a respectiva ação que o assegura, supera qualquer discussão a respeito do seu caráter **irrenunciável e imprescritível**, prevalecendo nos casos de colisão com outros direitos fundamentais, como ocorre

---

(85) Na mesma linha de raciocínio, Vieira Andrade, "nos casos de renúncia e, em geral, de autorrestrição do titular do direito fundamental, que são aqueles em que mais se pode ir na garantia da liberdade negocial, aceitamos (pressuposta sempre a igualdade dos sujeitos e a existência de uma vontade livre e esclarecida) que ela exclua a aplicação de preceito constitucional, mas, ainda aí, só se não atingir aquele mínimo de conteúdo do direito para além do qual o indivíduo se reduz à condição de objeto ou de não pessoa — nestes casos o bem jurídico deve ser considerado indisponível. Esta é uma das soluções possíveis: aceitar a liberdade de atuação individual, mas só desde que não prejudique intoleravelmente a ideia da dignidade da pessoa humana". (*apud* DO VALE, André. *Eficácia dos Direitos Fundamentais nas Relações Privadas*. São Paulo: Safe, 2004).

no caso da ação indenizatória por dano moral decorrente de acidente de trabalho, quando em conflito o direito irrenunciável e imprescritível do trabalhador à saúde e à vida, de um lado e, de outro, o direito à autonomia privada.

4. Conclusão

Por todo o exposto, pode-se apresentar as seguintes conclusões:

— o Ordenamento Jurídico pátrio, desde o texto constitucional até as leis e atos normativos infraconstitucionais, converge no sentido da preservação do princípio da *dignidade da pessoa humana*, que traz intrinsecamente em si o direito à vida, à saúde e à integridade física, todos direitos fundamentais de caráter irrenunciável e imprescritível;

— paralelamente, deve-se ainda considerar que o avanço dos Direitos e Garantias Fundamentais, a partir da Carta Constitucional vigente, atingiu não apenas à esfera do Poder Público, mas também das relações particulares, dentre estas, com destaque para a relação de emprego;

— por esta razão, busca-se também preservar a dignidade do homem em sua qualidade de trabalhador, independentemente de qualquer lapso prescricional, uma vez que não há de se falar em prescrição da defesa do direito à vida, à saúde, à honra, à integridade física;

— nos casos das ações de indenização por dano moral decorrentes de acidentes ocorridos em razão do desempenho da atividade de trabalho, o que se procura preservar, em última instância, não é apenas o patrimônio do lesado, e sim os valores fundamentais violados em razão do evento;

— restando violados direitos de natureza fundamental, indisponíveis e imprescritíveis por definição, assim deve se considerar a ação que visa protegê-los, sob pena de se inviabilizar seu próprio exercício *in concreto*; e

— não há, portanto, como se sustentar quaisquer das teorias que visam impor prazo prescricional à ação de indenização por dano moral decorrente de acidente de trabalho, uma vez que estas se baseiam, em última análise, em critérios estritamente patrimonialistas, ignorando o avanço legislativo acerca da matéria.

5. Referências Bibliográficas

ALEXY, Robert. *Teoria da argumentação jurídica*. Trad. Zilda Hutchinson Schild Silva. São Paulo: Landy, 2001.

AMARAL, Francisco. *Direito Civil — Introdução*. Rio de Janeiro: Renovar, 2004.

CANOTILHO, José Joaquim Gomes. *Direito Constitucional e Teoria da Constituição*. Lisboa: Almedina, 2000.

DWORKIN, Ronald. *Levando os direitos a sério*. Trad. Nelson Boeira. São Paulo: Martins Fontes, 2002.

FORNAZARI ALENCAR, Eduardo. *A Prescrição do Dano Moral Decorrente de Acidente do Trabalho*. São Paulo: LTr, 2004.

LIMA FILHO, Francisco das Chagas. *Dignidade humana - Prescrição da ação de danos morais em acidente de trabalho*. Disponível em: <http://www.conjur.com.br/2005-dez-24/prescricao_acao_danos_morais_acidente_trabalho> Acesso em: 3 fev. 2012.

OLIVEIRA, Sebastião Geraldo de. *Indenizações por acidente do trabalho ou doença ocupacional*. São Paulo: LTr, 2005.

RUFINO DO VALE, André. *Eficácia dos Direitos Fundamentais nas Relações Privadas*. Porto Alegre: Safe, 2004.

SARLET, Ingo Wolfgang. *Dignidade da pessoa humana e direitos fundamentais na Constituição Federal de 1988*. Porto Alegre: Livraria do Advogado, 2002.

SIMÃO DE MELO, Raimundo. *Direito ambiental do trabalho e a saúde do trabalhador*. São Paulo: LTr, 2004.

SOUTO MAIOR, Jorge Luiz. *A prescrição do direito de ação para pleitear indenização por dano moral e material decorrente de acidente do trabalho*. São Paulo: Revista LTr, 70-05/535.

SÜSSEKIND, Arnaldo. *Direito Constitucional do Trabalho*. São Paulo: LTr, 2001.

Capítulo V

Incidência de Juros e Correção Monetária na Justiça Trabalhista: Uma Revisão Necessária

Marcio Pereira de Andrade

Advogado da União lotado na Consultoria Jurídica junto ao Ministério do Trabalho e Emprego. Coordenador de Licitações e Contratos. Graduado em Direito pela Pontifícia Universidade Católica de São Paulo (PUC/SP). Especialista em Direito Constitucional pelo Instituto Brasiliense de Direito Público (IDP). Coautor dos livros "Estudos dirigidos da AGU – Questões comentadas" e "Temas Aprofundados da Advocacia Geral da União".

Resumo: O presente artigo tem por finalidade analisar a incidência dos índices financeiros, tais como os juros e correção monetária nas condenações judiciais da Justiça Trabalhista comparando-os com a Justiça Comum, em especial nas condenações contra a Fazenda Pública, de forma a trazer uma visão crítica sobre o tema.

Abstract: This article aims to analyze the impact of financial ratios such as interest and monetary correction in court convictions of Justice Labour comparing them with the regular courts, particularly in the condemnations of the Exchequer, in order to bring a critical view over the issue.

Palavras-Chaves: Índices Financeiros. Juros e Correção Monetária. Justiça Trabalhista. Fazenda Pública.

Keywords: Financial ratios. Interest and monetary correction. Justice Labour. Exchequer.

Sumário: 1. Introdução. 2. Da correção monetária. 3. Dos Juros de Mora. 4. Conclusão. 5. Referências Bibliográficas.

1. Introdução

Não é de hoje que a incidência de correção monetária e juros nos débitos oriundos de condenações nos diferentes ramos do Poder Judiciário carecem de melhor regulamentação, tendo em vista a necessidade de se uniformizarem os índices adotados.

A padronização dos índices financeiros de correção monetária em todos os ramos do Poder Judiciário se mostra necessária, considerando-se que dizem respeito a aspecto econômico externo à lide. Em outras palavras: independentemente do ramo do Poder Judiciário em que a causa é ajuizada não justifica a utilização de índice de correção monetária diferente, a não ser que a legislação expressamente imponha um tratamento diferenciado.

De fato, da análise dos índices financeiros adotados pelo Poder Judiciário, verifica-se que a Justiça do Trabalho adota a Taxa Referencial — TR. É certo que incidência da TR nos débitos trabalhistas tem se mostrado pouco representativa em relação à efetiva depreciação da moeda, quando comparada a outros índices oficiais, como o IPCA, INPC ou IGP-M.

Ademais, em relação à incidência de juros nas condenações impostas à Fazenda Pública, a Justiça do Trabalho vem adotando posição particularizada, igualmente diferente da adotada na Justiça Comum.

No presente estudo, portanto, abordaremos a questão da correção monetária e dos juros no âmbito da Justiça do Trabalho de forma a traçar um paralelo dos temas com a Justiça Comum em seus diferentes aspectos.

2. Da correção monetária

Inicialmente, pode-se observar, que, no panorama atual, as verbas decorrentes da condenação em sentença judicial devidas aos Reclamantes são constituídas pelo valor principal e pelo FGTS. Após a apuração do *quantum debeatur*, tais valores deverão ser atualizados, a fim de ressarcir as perdas que o empregado sofreu por não receber o dinheiro na época devida. Assim, a atualização dos débitos trabalhistas, atualmente, envolve, além da correção monetária, a aplicação de juros[86].

A correção monetária dos débitos trabalhistas foi inicialmente determinada pelo Decreto-Lei n. 75, de 21 de novembro de 1966, tendo evoluído sua aplicação pela adoção da variação trimestral da ORTN, mensal da OTN, IPC, BTN, e atualmente, pelo art. 39, da Lei n. 8.177, de 1º de março de 1991, surgindo daí a obrigatoriedade da incidência da Taxa Referencial nos débitos trabalhistas.

Mas no que consiste a Taxa Referencial — TR?

Passa-se agora a uma breve investigação do histórico e da utilidade da TR, e, posteriormente, à análise da sua possível desatualização em face dos índices econômicos oficiais em vigor no país.

A Taxa Referencial — TR foi criada no Plano Collor II para ser o principal índice brasileiro, como uma taxa básica referencial dos juros a serem praticados no mês vigente e que não refletissem a inflação do mês anterior. Apesar de definida pelo governo federal como indexadora dos contratos com prazo superior a 90 (noventa) dias, a TR também corrige os saldos mensais — houve tempo em que era diária — da caderneta de poupança e também dos débitos trabalhistas de qualquer natureza[87].

---

(86) ROCHA, Gisele Mariano da. *Cálculos Trabalhistas para rotinas, liquidação de sentenças e atualização de débitos judiciais*. 3. ed., rev. e atual. Porto Alegre: Livraria do Advogado, 2010. p. 92.

(87) In: <http://www.portalbrasil.net/tr_diaria.htm>

O cálculo da TR é elaborado pelas trinta maiores instituições financeiras do País, assim consideradas em função do volume de captação de Certificado e Recibo de Depósito Bancário (CDB/RDB), dentre os bancos múltiplos com carteira comercial ou de investimento, bancos comerciais e de investimentos e caixas econômicas[88].

A TR, atualmente, encontra-se disciplinada pela Lei n. 8.177, de 1991, pela Resolução do Conselho Monetário Nacional — CMN n. 2.437, de 30 de outubro de 1997, e n. 2.604, de 23 de abril de 1999 e pela Circular do Banco Central do Brasil n. 3.056, de 20 de agosto de 2001.

Observa-se, contudo, que apenas a análise do art. 39, da Lei n. 8.177, de 1991 é que efetivamente se mostra necessária para os fins aqui pretendidos, conforme abaixo transcrito:

> [...].
>
> Art. 39. *Os débitos trabalhistas de qualquer natureza, quando não satisfeitos pelo empregador nas épocas próprias assim definidas em lei, acordo ou convenção coletiva, sentença normativa ou cláusula contratual* **sofrerão juros de mora equivalentes à TRD**[89] *acumulada no período compreendido entre a data de vencimento da obrigação e o seu efetivo pagamento.*
>
> § 1º *Aos débitos trabalhistas constantes de condenação pela Justiça do Trabalho ou decorrentes dos acordos feitos em reclamatória trabalhista, quando não cumpridos nas condições homologadas ou constantes do termo de conciliação, serão acrescidos,* **nos juros de mora previstos no caput juros de um por cento ao mês, contados do ajuizamento da reclamatória e aplicados pro rata die**, *ainda que não explicitados na sentença ou no termo de conciliação.*
>
> § 2º *Na hipótese de a data de vencimento das obrigações de que trata este artigo ser anterior a 1º de fevereiro de 1991, os juros de mora serão calculados pela composição entre a variação acumulada do BTN Fiscal no período compreendido entre a data de vencimento da obrigação e 31 de janeiro de 1991, e a TRD acumulada entre 1º de fevereiro de 1991 e seu efetivo pagamento.*
>
> [...]. (Grifos nossos)

Esclarecidos os aspectos gerais da TR, tem-se que a principal utilidade da correção monetária é justamente proteger os valores contra o processo inflacionário, devendo a TR refletir a recomposição do valor da moeda com base na taxa inflacionária verificada no período anterior, com o fim de restabelecer o seu poder aquisitivo da época do pagamento não efetuado. Assim, a correção monetária deve incidir a partir do vencimento da obrigação, ou seja, a partir do momento em que o direito se tornaria exigível.[90]

Nesse momento, cumpre esclarecer que o artigo 39, da Lei n. 8.177, de 1991, acima transcrito, é claro ao definir como época própria a data de vencimento da

---
(88) *Idem.*
(89) TRD — Taxa Referencial Diária, foi extinta a partir de julho de 1993.
(90) ROCHA, *ibidem,* p. 93.

obrigação prevista em lei, acordo ou convenção coletiva, sentença normativa ou cláusula contratual. Observa-se que na legislação pátria (artigo 459, parágrafo único, da CLT[91]), as prestações salariais devem ser pagas pelo empregador ao empregado até o 5º dia útil do mês subsequente ao mês da prestação de serviços, pelo que, somente depois de escoado referido prazo, é que pode ser considerada vencida a obrigação, incidindo, então, a correção monetária.

Havia grande controvérsia jurisprudencial na Justiça do Trabalho sobre qual seria o exato momento do vencimento das verbas salariais. O Tribunal Superior do Trabalho, visando consolidar o seu entendimento sobre a matéria, editou a Súmula n. 381, abaixo transcrita:

> [...].
>
> *Súmula n. 381 – TST – Res. n. 129/2005 – DJ 20, 22 e 25.04.2005 – Conversão da Orientação Jurisprudencial n. 124 da SDI-1 Correção Monetária — Salário. O pagamento dos salários até o 5º dia útil do mês subsequente ao vencido não está sujeito à correção monetária. Se essa data limite for ultrapassada, incidirá o índice da correção monetária do mês subsequente ao da prestação dos serviços, a partir do dia 1º. (ex-OJ n. 124 – Inserida em 20.4.1998)*
>
> [...].

Dessa forma, pacificou-se o entendimento de que o salário é devido até o 5º dia útil do mês subsequente, incidindo correção monetária a partir do 1º dia do mês subsequente, caso não seja pago até a data limite.

Feita essa breve consideração, observa-se que os índices de correção monetária na Justiça Trabalhista, historicamente, podem ser sintetizados na seguinte tabela[92]:

Indexador	Período
ORTN	De janeiro/85 a fevereiro/86
OTN	março/86 a janeiro/89
BTN (índice de poupança)	fevereiro/89 a janeiro/91
TRD	fevereiro/91 a junho/93
TR (mensal)	A partir de julho/93

Atualmente, para facilitar a vida de todos os operadores do direito e para uniformizar a incidência da correção monetária no âmbito da Justiça Trabalhista foi editada pelo TST a Tabela Única para Atualização e Conversão de Débitos Trabalhistas, a ser atualizada a cada mês, de acordo com a variação da TR. Da mesma forma, foi editada a Resolução n. 8, de 2005, que instituiu o sistema único de cálculo, vigorando a partir de 1º de novembro de 2005.

---

(91) "[...]. Art. 459. O pagamento do salário, qualquer que seja a modalidade do trabalho, não deve ser estipulado por período superior a 1 (um) mês, salvo no que concerne a comissões, percentagens e gratificações. [...].
§ 1º Quando o pagamento houver sido estipulado por mês, deverá ser efetuado, o mais tardar, até o quinto dia útil do mês subsequente ao vencido. [...]." (Redação dada pela Lei n. 7.855, de 24 de outubro de1989).
(92) ROCHA, *ibidem*, p. 95.

Para concluir o tema da incidência da correção monetária na Justiça Trabalhista, temos o seguinte quadro: a) a TR é o indexador utilizado para atualização monetária dos valores; b) a incidência ocorre a partir do vencimento da obrigação; c) para verbas salariais mensais a obrigação é devida até o 5º dia útil do mês subsequente, a partir daí o empregador está em mora, devendo incidir correção monetária a partir do 1º dia do mês subsequente.

Na Justiça Comum, a correção monetária também sempre foi um assunto tormentoso e com agravante, quando comparado com a Justiça Comum, é que à falta de um índice oficial que fosse de incidência obrigatória — como no caso da TR para a Justiça Especializada — cada Tribunal do país, federal ou estadual, passou a aplicar índices distintos, causando um verdadeiro caos e insegurança jurídica ao devedor.

Em brilhante artigo, Gilberto da Silva Melo[93], traça o panorama dos índices de correção monetária adotados pela Justiça Comum, conforme resumido no quadro abaixo:

Indexador	Período
ORTN	outubro/64 a fevereiro/86
OTN	março/86 a janeiro/89
BTN	fevereiro/89 a janeiro/91
INPC (substituindo a TR)	fevereiro/91 a junho/94
IPC-r	julho/94 a junho/95
INPC	julho/95 em diante

Afora esse complicador de índices, que tinham aplicação variável em cada canto do Brasil, ainda merece registro a dificuldade de atualização monetária em decorrência das diversas modificações na moeda brasileira ao longo do tempo, dando origem ao que se convencionou chamar de expurgos inflacionários, outra celeuma quase sem fim.

Apesar do quadro caótico, o Conselho da Justiça Federal — CJF, vinculado ao STJ — a exemplo do Conselho da Justiça do Trabalho — CJT, vinculado ao TST — editou a Resolução n. 561, de 2007, padronizando a aplicação dos índices de correção monetária e de expurgos inflacionários.

O aresto do STJ abaixo transcrito bem mostra a variedade de índices existentes ao longo dos anos e como a incidência da tabela uniformizou o entendimento a ser adotado pelos tribunais:

[...].

EMBARGOS DE DECLARAÇÃO. EXPURGOS INFLACIONÁRIOS. APLICAÇÃO. TABELA ÚNICA DA JUSTIÇA FEDERAL APROVADA PELA RESOLUÇÃO N. 561, de 2007 DO CONSELHO DA JUSTIÇA FEDERAL.

---

(93) MELO, Gilberto da Silva. *Correção Monetária no Cível.* Disponível em: <http://gilbertomelo.com.br/artigos/159--correcao-monetaria-no-civel>.

1. A correção monetária deve seguir a Tabela Única da Justiça Federal, aprovada pela Resolução n. 561, do Conselho da Justiça Federal, de 2.7.2007, e a jurisprudência da Primeira Seção do STJ, que determinam os indexadores e expurgos inflacionários a serem aplicados na repetição de indébito: ORTN — de 1964 a fev/86; OTN — de mar/86 a jan/89; BTN — de mar/89 a mar/90; IPC — de mar/90 a fev/91; INPC — de mar/91 a nov/91; IPCA — dez/91; UFIR — de jan/92 a dez/95; Selic — a partir de jan/96. Os expurgos devem seguir o seguinte patamar: fev/86 (14,36%); jun/87 (26,06%); jan/89 (42,72%); fev/89 (10,14%); mar/90 (84,32%); abril/90 (44, 80%); mai/90 (7,87%); jun/90 (9,55%); jul/90 (12,92%); ago/90 (12,03%); set/90 (12,76%); out/90 (14,20%); nov/90 (15,58%); dez/90 (18,30%); jan/91 (19,91%); fev/91 (21,87%); mar/91 (11,79%).

2. Embargos de declaração acolhidos em parte, sem efeitos modificativos.

(EDcl no REsp n. 941.805/SP, Rel. Ministro CASTRO MEIRA, SEGUNDA TURMA, julgado em 8.4.2008, DJ 22.4.2008 p. 1).

[...].

Do panorama geral da Justiça Comum ora apresentado, pode-se concluir que a TR, apesar de sua baixa representatividade em relação ao impacto inflacionário na depreciação da moeda, teve a grande virtude de ser um indexador único para atualização dos débitos na Justiça Especializada, evitando, consequentemente, a proliferação de recursos e de contendas judiciais acerca de qual seria o melhor índice a ser aplicado na atualização dos débitos. Na Justiça Comum, por outro lado, a questão só veio a ter aparente apaziguamento, mais recentemente, com a Tabela Única editada pelo CJF.

Atualmente, portanto, a Justiça Comum orientada pela Resolução n. 561, de 2007, tem aplicado o INPC para os débitos judiciais a serem atualizados a partir de julho de 1995.

No entanto, a seguir, restará demonstrado que a Justiça do Trabalho carece de nova regulamentação sobre a aplicação de índice financeiro de correção monetária mais representativo da depreciação inflacionária, conforme tabela comparativa a seguir:

Índice Financeiro	Mês/ano	Índice do mês (em %)	Índice acumulado 2010 (em %)	Índice acumulado nos últimos 12 meses (em %)
TR	Out/2010	0,0472	0,5145	0,5678
INPC	Out/2010	0,9200	4,7513	5,3912
IPCA[1]	Out/2010	0,7500	4,3797	5,1954
IGP-DI	Out/2010	1,0300	9,1597	9,1160
IGP-M	Out/2010	1,0100	8,9790	8,8043

Fonte: Banco Central

De fato, a TR, no acumulado dos últimos 12 meses, é aproximadamente dez vezes menor que o INPC, índice adotado pela Resolução do CJF, e menor ainda que os outros índices acima coletados. Portanto, o quadro acima demonstra o descompasso da TR em relação a outros índices financeiros na representação da depreciação da moeda, o que está a demandar nova regulamentação dessa matéria pela Justiça Laboral.

3. Dos juros de mora

Conforme já esclarecido, além da correção monetária, incidem sobre os débitos trabalhistas juros de mora. Ensina Álvaro Villaça Azevedo[94]:

[...].

Juros moratórios são os devidos em razão da mora, significando, pois, aquele pagamento que se faz pela utilização não consentida de capital alheio.

[...].

Nas palavras de Bernardo Ribeiro de Moraes[95]:

[...].

Juros moratórios representam a remuneração do credor, pelo devedor, em razão daquele ter ficado privado de seu capital após determinado momento.

Os juros são, portanto, uma sanção pecuniária decorrente da impontualidade do devedor no adimplemento de uma obrigação.

O Código Civil de 1916, em seu art. 1062, preceituava que não tendo sido convencionados os juros, a taxa seria de 6% ao ano.

[...]."

A taxa de 6% ao ano foi aplicada aos débitos trabalhistas até o advento do Decreto-Lei n. 2.322, de 27 de fevereiro de 1987, que passou a disciplinar os juros na Justiça do Trabalho, estabelecida a taxa de 12% ao ano e admitida a sua capitalização.

O atual Código Civil Brasileiro, Lei n. 10.406, de 10 de janeiro de 2002, disciplina a incidência de juros de mora da seguinte forma:

[...].

Art. 406. Quando os *juros moratórios não forem convencionados, ou o forem sem taxa estipulada, ou quando provierem de determinação da lei, serão fixados segundo a taxa que estiver em vigor para a mora do pagamento de impostos devidos à Fazenda Nacional.*

[...]. (Grifos nossos).

Diante da nova redação, instaurou-se nova polêmica doutrinária e jurisprudencial, pois havia dúvidas sobre qual seria a taxa "em vigor para a mora do pagamento de impostos devidos à Fazenda Nacional".

---

(94) AZEVEDO, Álvaro Villaça. *Direito Civil — Teoria Geral das Obrigações*. 2. ed. São Paulo: Hemeron, 1978. p. 315-317.
(95) MORAES, Bernardo Ribeiro de. *Compêndio de direito tributário*. 1. ed. Rio de Janeiro: Forense, 1984. p. 701.

Após longos debates no intuito de se saber se deveria ser aplicada a Taxa SELIC — Sistema Especial de Liquidação de Custódia[96] ou a taxa de 1% ao ano prevista no art. 161, § 1º, do Código Tributário Nacional, prevaleceu o entendimento de que deveria incidir esta última.

Dentre os argumentos levantados para defesa da tese, destaca-se aquele segundo o qual a taxa SELIC teria sido criada por meio de Circular do Banco Central, e não por lei, sendo variável mês a mês, a depender dos critérios fixados pelo Comitê de Política Monetária — COPOM. Ademais, a variabilidade da taxa traria insegurança jurídica para as partes contraentes, pois nunca se poderia prever a taxa em vigor à época do eventual inadimplemento da obrigação no momento da celebração do contrato[97].

Dessa forma, restou estabelecido no Enunciado n. 20 da Jornada de Direito Civil do Conselho da Justiça Federal, realizada de 11 a 13 de setembro de 2002, que deve ser aplicada a taxa prevista no art. 161, § 1º, CTN, isto é, 1% ao mês ou 12% ao ano. Tal entendimento vem sendo seguido pelas diversas Cortes do País, não obstante o tema não ser pacífico no âmbito do próprio Superior Tribunal de Justiça.

Deve-se consignar que, atualmente, a incidência dos juros moratórios para os débitos trabalhistas encontra-se prevista no §1º do art. 39 da Lei n. 8.177, de 1991 (acima transcrito). Assim, nos termos da norma em vigor, incidem juros de 1%, *pro rata die*, ou seja, mês a mês, de forma simples, ou 12% ao ano.

A principal polêmica em relação à taxa de juros moratórios na Justiça Trabalhista diz respeito à sua incidência nas dívidas trabalhistas dos servidores e empregados públicos, quando a Fazenda Pública é empregadora ou tomadora do serviço.

De fato, nas condenações da Fazenda Pública, com o advento da Medida Provisória n. 2.180-35, de 24 de agosto de 2001, que incluiu o art. 1º-F à Lei n. 9.494, de 10 de setembro de 1997 (que, dentre outras providências, disciplina a aplicação da tutela antecipada à Fazenda Pública), foi imposto aos juros moratórios um limite de 6% ao ano para pagamento de verbas remuneratórias devidas a servidores e empregados públicos.

Vários autores se lançaram contra essa norma, ao argumento de que estaria sendo violado o princípio constitucional da isonomia (art. 5º, *caput*, CF), haja vista que o empregado público regido pela CLT teria menos direitos que o empregado de empresa privada igualmente regido pela CLT.

Por todos, destaca-se a lição de Rildo Albuquerque Mousinho Brito[98]:

---

(96) Criada por norma interna do Banco Central do Brasil (v. Manual de Normas e Instruções — MNI do BACEN e Circular BACEN 3108, de 10 de abril de 2002).
(97) GAGLIANO, Pablo Stolze *et alli. Novo Curso de Direito Civil — Obrigações*. 9. ed. São Paulo: Saraiva, 2008. p. 298.
(98) BRITO, Rildo Albuquerque Mousinho. *Nova Taxa de Juros de Mora. Repertório de Jurisprudência IOB* – 2ª quinzena de setembro de 2002 – n. 18/2002 – caderno 2.

[...].

A prevalecer a taxa de juros diferenciada, os direitos dos empregados públicos passariam a ser menos direitos ou direitos de valor inferior ao dos trabalhadores da iniciativa privada, por estarem sujeitos, se violados, a uma reparação financeira de menor importância, o que seria um rematado absurdo. Cuida-se de um fator de discríminem desproporcional e desprovido de qualquer justificativa plausível. A única razão que se pode vislumbrar para esse tratamento díspar é a ilegítima vocação do poder público brasileiro para pagar menos do que deve, ou se puder, para não pagar as suas dívidas.

[...].

Não obstante, em Sessão Plenária de 28 de fevereiro de 2007, o Supremo Tribunal Federal declarou a constitucionalidade do art. 1º-F, da Lei n. 9.494, de 1997, o qual limita a 6% ao ano os juros de mora nas condenações impostas à Fazenda Pública para pagamento de verbas remuneratórias devidas a servidores e empregados públicos, nos termos da ementa abaixo transcrita:

> [...].
>
> EMENTA: Recurso Extraordinário. Conhecimento. Provimento. 2. Juros de Mora. 3. Art. 1º-F, da Lei n. 9.494, de 1997. 4. Constitucionalidade.
>
> (RE n. 453.740/RJ, Rel. Min. Gilmar Mendes, Tribunal Pleno).
>
> [...].

Ambas as Turmas do E. Supremo Tribunal Federal fixaram entendimento no sentido de que a norma do art. 1º-F, da Lei n. 9.494, de 1997, modificada pela Medida Provisória 2.180-35, de 2001, é aplicável a processos em curso, na data de sua entrada em vigor, em homenagem ao Princípio do *tempus regit actum* que rege a lei processual. Confira-se:

> [...].
>
> RECURSO EXTRAORDINÁRIO. AGRAVO REGIMENTAL. JUROS DE MORA. EXECUÇÃO CONTRA A FAZENDA PÚBLICA. ART. 1º-F DA LEI 9.494, de 1997 COM REDAÇÃO DA MP N. 2.180-35. CONSTITUCIONALIDADE. EFICÁCIA IMEDIATA. 1. É constitucional a limitação de 6% (seis por cento) ao ano dos juros de mora devidos em decorrência de condenação judicial da Fazenda Pública para pagamento de verbas remuneratórias devidas a servidores e empregados públicos. Precedentes. 2. <u>Aplicação imediata da lei processual aos processos em curso</u>. 3. Agravo regimental improvido. (RE n. 559.445-AgR/PR, Rel. Min. Ellen Gracie, Segunda Turma).
>
> [...].
>
> [...].
>
> EMENTA: ADMINISTRATIVO. ANÁLISE DE NORMAS INFRACONSTITUCIONAIS. NECESSIDADE DE REEXAME DO CONJUNTO FÁTICO-PROBATÓRIO CONSTANTE DOS AUTOS. SÚMULA N. 279 DO STF. ART. 1º-F, da LEI N. 9.494, de 1997. CONSTITU-CIONALIDADE. AGRAVO IMPROVIDO. I – A apreciação dos temas constitucionais, no

> caso, depende do prévio exame de normas infraconstitucionais. A afronta à Constituição, se ocorrente, seria indireta. Incabível, portanto, o recurso extraordinário. Precedentes. II – Matéria que demanda a análise de fatos e provas, o que atrai a incidência da Súmula n. 279, do STF. III – Em Sessão Plenária de 28.2.2007, o Supremo Tribunal Federal declarou a constitucionalidade do art. 1º-F, da Lei n. 9.494, de 1997, o qual limita a 6% ao ano os juros de mora nas condenações impostas à Fazenda Pública para pagamento de verbas remuneratórias devidas a servidores e empregados públicos. IV – Agravo regimental improvido. (AI n. 622.204-AgR/RS, Min. Ricardo Lewandowiski, Primeira Turma).
>
> [...].

Portanto, nos exatos termos da jurisprudência consolidada do E. STF, não mais se questiona a constitucionalidade do art. 1º-F, nem sua incidência nos processos já em curso.

Todavia, a recalcitrante jurisprudência do Tribunal Superior do Trabalho, por vias oblíquas, afasta a aplicação do art. 1º-F, da Lei n. 9.494, de 1997, nas ações em que a Fazenda Pública é condenada subsidiariamente, como tomadora de serviço terceirizado. Observe-se o julgado abaixo:

> [...].
>
> *AGRAVO DE INSTRUMENTO. RECURSO DE REVISTA. RESPONSABILIDADE SUBSIDIÁRIA. TOMADOR DOS SERVIÇOS. SÚMULA N. 331, IV. NÃO PROVIMENTO.*
>
> *1. A decisão regional consignou que a 2ª reclamada, embora não fosse a real empregadora da reclamante, utilizou-se de sua mão de obra.*
>
> *2. Deve, portanto, responder subsidiariamente pelos créditos trabalhistas devidos ao reclamante, nos termos do item IV da Súmula n. 331, segundo o qual — o inadimplemento das obrigações trabalhistas, por parte do empregador, implica na responsabilidade subsidiária do tomador dos serviços, quanto àquelas obrigações, <u>inclusive quanto aos órgãos da administração direta, das autarquias, das fundações públicas</u>, das empresas públicas e das sociedades de economia mista, desde que hajam participado da relação processual e constem também do título executivo judicial (artigo 71, da Lei n. 8.666, de 1993).*
>
> *3. Agravo de instrumento a que se nega provimento.*
>
> (AIRR – 74340-88.2006.5.03.0035, Relator Ministro: Guilherme Augusto Caputo Bastos, Data de Julgamento: 11.6.2008, 7ª Turma, Data de Publicação: 13.6.2008).
>
> [...].

Para bem ilustrar o posicionamento do C. Sodalício, dá-se especial destaque ao trecho adotado nas razões de decidir do Exmo. Sr. Ministro Relator:

> [...].
>
> *Por fim, a Súmula n. 331 que trata da responsabilidade subsidiária não faz ressalva quanto às verbas que devem ser atribuídas à tomadora de serviços, de modo que não lhe assiste assim o direito de se eximir das obrigações não satisfeitas pelo empregador, <u>independentemente de sua natureza jurídica</u>.*
>
> *Aliás, a matéria está superada pela atual, notória e iterativa jurisprudência desta Casa, que sinaliza no sentido de que as obrigações não cumpridas pelo real empregador <u>são</u>*

transferidas ao tomador dos serviços, que responde subsidiariamente por toda e qualquer inadimplência decorrente do contrato de trabalho (AIRR-36668/2002.0, 3ª Turma, Ministro Carlos Alberto Reis de Paula, publicado no DJU de 3.8.2004).

[...].

Parte desta discussão, hoje, quedou prejudicada, pois a Lei n. 11.960, de 29 de junho de 2009, fruto da conversão da Medida Provisória n. 457, de 2009, deu nova redação ao art. 1º-F, da Lei n. 9.494, de 1997, nos seguintes termos:

[...].

> Art. 1º-F. Nas condenações impostas à Fazenda Pública, independentemente de sua natureza e para fins de atualização monetária, remuneração do capital e compensação da mora, haverá a incidência uma única vez, até o efetivo pagamento, dos índices oficiais de remuneração básica e juros aplicados à caderneta de poupança.

[...].

Contudo, novas contendas hão de surgir em torno do tema, porquanto sobre os débitos da Fazenda Pública, conforme já discutido e pacificado pela jurisprudência do STF, incidiam, em geral, juros de mora simples de 0,5% (art. 1-F, Lei n. 9.494, de 1997). Em âmbito federal, para a hipótese de repetição de indébito (devolução de valores referentes a tributos pagos indevidamente), aplica-se a taxa Selic mais 1% no mês do pagamento (art. 161, do CTN).

Com a nova lei, a atualização dos débitos provenientes de condenações judiciais em qualquer das esferas da Federação será feita tão somente pelos índices adotados para a correção da poupança, que hoje é a Taxa Referencial — TR.

Com base no panorama acima relatado, pode-se chegar ao seguinte quadro:

	Cc. 1916	Decreto-lei n. 2.322/87	Lei n. 8.177/91	Mp n. 2.180-35/2001	Lei n. 11.960/2009
Pessoa Física ou Jurídica	6% ao ano, Simples	12% ao ano, Capitalizados	12% ao ano, Simples	—	—
Fazenda Pública	6% ao ano, Simples	12% ao ano, Capitalizados	12% ao ano, Simples	6% ao ano, Simples	Juros Caderneta de Poupança (TR)

Conclui-se que no âmbito legal e na jurisprudência do STF a questão encontra-se pacificada. Entretanto, no âmbito da Justiça Trabalhista a questão ainda se mostra tormentosa, já que a Justiça Especializada não admite a aplicação diferenciada de juros em relação aos débitos devidos pela Fazenda Pública.

Portanto, também em relação aos juros moratórios, a Justiça do Trabalho vem adotando posicionamento diferente do adotado pela Justiça Comum; desta feita, deixando de aplicar a legislação em vigor, bem como a jurisprudência do STF.

4. Conclusão

Consoante todo o exposto, infere-se que a Justiça do Trabalho adota índice financeiro de correção monetária — TR — e de juros moratórios em relação à Fazenda Pública diferentes dos adotados pela Justiça Comum.

Essa discrepância, conforme aqui defendido, não se justifica, tendo em vista que a correção monetária e os juros moratórios representam aspectos externos à natureza da lide deduzida em juízo. Assim, à exceção das lides de natureza tributária, que possuem tratamento legislativo próprio, os demais débitos judiciais deveriam ser corrigidos com base nos mesmos índices financeiros de correção monetária e juros.

A revisão dos índices financeiros adotados pela Justiça Trabalhista, portanto, é medida que se impõe com vistas a uniformizar os padrões adotados pela Justiça Comum e pela Justiça Especializada e no intuito de assegurar maior segurança jurídica ao devedor, seja ele a Fazenda Pública, ou não.

5. Referências Bibliográficas

AZEVEDO, Álvaro Villaça. *Direito Civil – Teoria Geral das Obrigações*. 2. ed. São Paulo: Hemeron, 1978.

BRITO, Rildo Albuquerque Mousinho. Nova Taxa de Juros de Mora. *Repertório de Jurisprudência IOB* – 2ª quinzena de setembro de 2002 – n. 18/2002 – caderno 2.

GAGLIANO, Pablo Stolze *et alli*. *Novo Curso de Direito Civil – Obrigações*. 9. ed. São Paulo: Saraiva, 2008.

MELO, Gilberto da Silva. *Correção Monetária no Cível*. Disponível em: <http://gilbertomelo.com.br/artigos/159-correcao-monetaria-no-civel>.

MORAES, Bernardo Ribeiro de. *Compêndio de Direito Tributário*. 1. ed. Rio de Janeiro: Forense, 1984.

ROCHA, Gisele Mariano da. *Cálculos Trabalhistas para rotinas, liquidação de sentenças e atualização de débitos judiciais*. 3. ed. rev., atual. Porto Alegre: Livraria do Advogado, 2010.

Capítulo VI

Sistema de Cotas Raciais no Mercado de Trabalho e Princípio da Proporcionalidade

Gustavo Nabuco Machado

Advogado da União lotado na Consultoria Jurídica junto ao Ministério do Trabalho e Emprego. Coordenador-Geral de Assuntos de Direito Trabalhista. Especialista em Direito do Trabalho e Processo do Trabalho pela Universidade Cândido Mendes. Especialista em Direito Público pela Universidade Cândido Mendes. Coautor do livro "Temas Aprofundados da Advocacia-Geral da União".

Resumo: Pretende o presente artigo promover a análise da constitucionalidade do sistema de cotas raciais para pessoas negras em processos de seleção para vagas no mercado de trabalho à luz do princípio da proporcionalidade. Com efeito, tratando-se de medida eminentemente restritiva, a sua constitucionalidade pressupõe a aferição de sua razoabilidade ou proporcionalidade, por meio da ponderação dos interesses constitucionais pertinentes, no caso, os princípios da igualdade material e da livre iniciativa econômica. Para tanto, discorrer-se-á, inicialmente, acerca das ações afirmativas, analisando-se sua compatibilidade com o ordenamento jurídico brasileiro. Após, a medida será examinada sob o prisma do princípio da igualdade, investigando-se se há correlação lógica entre o critério de discriminação adotado e a desigualdade de tratamento estabelecida, bem como se a medida ampara-se em critério juridicamente legítimo. Em seguida, confrontar-se-á o sistema de cotas raciais na seleção para vagas de emprego com a livre iniciativa econômica do empregador. Por fim, far-se-á a ponderação dos interesses envolvidos, perquirindo se o fim colimado pela medida justifica, sob o ponto de vista jurídico, a restrição dela decorrente, de modo a aferir a sua razoabilidade.

Abstract: This article aims to promote the analysis of the constitutionality of the racial quota system for black people in selection processes for jobs in the labor market under the principle of proportionality. Indeed, in the case of highly restrictive measure, its constitutionality requires the assessment of its reasonableness or proportionality by examining relevant constitutional interests, in this case, the principles of substantive equality and freedom of economic initiative. To do so, will talk initially about the affirmative action, analyzing its compatibility with the Brazilian legal system. Afterwards, the measure will be examined in the light of the principle of equality, investigating whether a correlation exists between the logical adopted criteria of discrimination and unequal treatment is established as well as whether the measure supports this criteria is legally legitimate. Then, it will confront the racial quota system in job selection with the free economic initiative of the employer. Finally, it will ponderate the balance of interest's involved, collimate investigation if the end justifies the measure, under the legal point of view, the constraint arising from it in order to assess their reasonableness.

Palavras-Chaves: Ações Afirmativas. Sistema de Cotas Raciais. Seleção de Vagas de Emprego. Princípio da Proporcionalidade. Princípio da Igualdade Material. Livre Iniciativa Econômica.

Keywords: Affirmative Action. Racial Quota System, Selection of Job Vacancies. Principle of Proportionality. Principle of Material Equality, Free Enterprise Economy.

Sumário: 1. Introdução. 2. As Ações Afirmativas no Ordenamento Jurídico Brasileiro. 3. Exame da Constitucionalidade da Medida sob o Enfoque do Princípio da Igualdade. 4. Exame da Constitucionalidade da Medida sob o Enfoque do Princípio da Livre Iniciativa. 5. Exame da Constitucionalidade da Medida à Luz do Princípio da Proporcionalidade: Ponderação de Interesses Constitucionais. 6. Conclusão. 7. Referências Bibliográficas.

1. Introdução

A análise do texto constitucional brasileiro conduz à inegável conclusão de que a busca pela igualdade material constituiu uma das principais preocupações do Constituinte de 1988. Assim é que o princípio da isonomia permeou a elaboração de diversos dispositivos constitucionais, como, por exemplo, os artigos 3º, 5º, *caput*; 7º, XXX e XXXI; e 170, VII.

Por outro lado, percebe-se que a mera proibição da discriminação revelou-se insuficiente à efetividade do princípio da isonomia. Verificou-se, em verdade, a necessidade de adoção por parte do Estado de uma postura eminentemente ativa na eliminação das desigualdades. Nesse contexto é que surgem as ações afirmativas, como políticas promovidas pelo Estado visando conceder efetividade ao princípio da igualdade material. Embora não constitua o objeto principal do presente trabalho, a compatibilidade de tais medidas com a Carta Magna será analisada, ainda que de forma breve.

Uma das modalidades das quais as ações afirmativas podem se revestir é o sistema de cotas raciais para pessoas negras em processos de seleção para vagas no mercado de trabalho, por meio do qual o Estado impõe a obrigação de que o empregador reserve à população negra determinado percentual dos postos de trabalho disponibilizados.

O presente artigo tem a pretensão de promover o estudo da constitucionalidade de tal medida à luz do princípio da proporcionalidade.

Com efeito, conforme será demonstrado, o princípio da proporcionalidade revela-se como instrumento hábil à ponderação de interesses constitucionais em conflito. Nesse sentido, a aferição da constitucionalidade de determinada medida eminentemente restritiva, como o sistema de cotas, pressupõe o exame de sua razoabilidade ou proporcionalidade.

No caso do sistema de cotas raciais, ponderar-se-ão, por intermédio do princípio da proporcionalidade, os princípios da igualdade e da livre iniciativa econômica, valores constitucionais afetos à hipótese específica em estudo.

Espera-se que o presente artigo possa contribuir, de alguma forma, com o debate referente à constitucionalidade do sistema de cotas raciais, tema tão em voga no âmbito jurídico brasileiro nos últimos anos.

2. As ações afirmativas no ordenamento jurídico brasileiro

A transição do Estado Liberal clássico para o Estado Social conduziu a uma nova concepção do princípio da igualdade, de modo a se privilegiar a igualdade material, em detrimento da mera igualdade formal.

Sobre o princípio da igualdade material, Joaquim Barbosa Gomes[99], hoje investido no Cargo de Ministro do Supremo Tribunal Federal — STF, proporciona importante lição:

[...].

Começa, assim, a esboçar-se o conceito de igualdade material ou substancial, que, longe de se apegar ao formalismo e à abstração da concepção igualitária do pensamento liberal oitocentista, recomenda, inversamente, que se levem na devida conta as desigualdades concretas existentes na sociedade, devendo as situações desiguais ser tratadas de maneira dessemelhante, evitando-se assim o aprofundamento e a perpetuação de desigualdades engendradas pela própria sociedade. Produto do Estado Social de Direito, a igualdade substancial ou material propugna redobrada atenção por parte dos aplicadores da norma jurídica à variedade das situações individuais, de modo a impedir que o dogma liberal da igualdade formal impeça ou dificulte a proteção e a defesa dos interesses das pessoas socialmente fragilizadas e desfavorecidas.

[...].

O Estado abandona sua cômoda posição de neutralidade em face da desigualdade, em que se limitava a proibi-la, para promover a igualdade substancial, buscando garantir aos cidadãos igualdade de condições à compensação de suas diferenças. Confere-se, assim, com amparo no princípio da isonomia, tratamento desigual aos desiguais, na medida de suas desigualdades. É o que nos ensina, novamente, Joaquim Barbosa[100]:

---

(99) GOMES, Joaquim B. Barbosa. *Ação Afirmativa e Princípio Constitucional da Igualdade*. Rio de Janeiro: Renovar, 2001. p. 04.

(100) GOMES, Joaquim B. Barbosa. A Recepção do Instituto da Ação Afirmativa pelo Direito Constitucional Brasileiro. In: *Revista de Informação Legislativa*, ano 38, n. 151, p. 129, 2001.

[...].

Essa, portanto, é a concepção moderna e dinâmica do princípio constitucional da igualdade, a que conclama o Estado a deixar de lado a passividade, a renunciar à sua suposta neutralidade e a adotar um comportamento ativo, positivo, afirmativo, quase militante na busca da concretização da igualdade substancial.

[...].

Com efeito, o sistema da mera proibição da discriminação, com posterior reparação, revelou-se ineficaz ao alcance da almejada igualdade jurídica, consagrada nos textos constitucionais, de modo que uma nova postura do Estado fez-se necessária.

Carmem Lúcia Antunes Rocha[101], igualmente investida no cargo de Ministra do STF, afirma em artigo sobre o tema:

[...].

Conclui-se, então, que proibir a discriminação não era bastante para se ter a efetividade do princípio da igualdade jurídica. O que naquele modelo se tinha e se tem é tão somente o princípio da vedação da desigualdade, ou da invalidade do comportamento motivado por preconceito manifesto ou comprovado (ou comprovável), o que não pode ser considerado o mesmo que garantir a igualdade jurídica.

[...].

Nesse contexto, surgem as ações afirmativas ou discriminações positivas, conceituadas por Joaquim Barbosa[102]:

"[...].

como um conjunto de políticas públicas e privadas de caráter compulsório, facultativo ou voluntário, concebidas com vistas ao combate à discriminação racial, de gênero, por deficiência física e de origem nacional, bem como para corrigir ou mitigar os efeitos presentes da discriminação praticada no passado, tendo por objetivo a concretização do ideal de efetiva igualdade de acesso a bens fundamentais como a educação e o emprego.

[...]."

Pertinente a lição de Carmem Lúcia Rocha[103] sobre o tema:

[...].

A expressão ação afirmativa, utilizada pela primeira vez numa ordem executiva federal norte-americana do mesmo ano de 1965, passou a significar, desde

---

(101) ROCHA, Carmem Lúcia Antunes. Ação Afirmativa — O Conteúdo Democrático do Princípio da Igualdade Jurídica. In: *Revista Trimestral de Direito Público*, n. 15/96.

(102) GOMES, Joaquim B. Barbosa. *Ação Afirmativa e Princípio Constitucional da Igualdade*. Rio de Janeiro: Renovar, 2001. p. 40.

(103) ROCHA, Carmem Lúcia Antunes. Ob. cit.

então, a exigência de favorecimento de algumas minorias socialmente inferiorizadas, vale dizer, juridicamente desigualadas, por preconceitos arraigados culturalmente e que precisavam ser superados para que se atingisse a eficácia da igualdade preconizada e assegurada constitucionalmente na principiologia dos direitos fundamentais.

[...]."

Calha registrar que embora as ações afirmativas sejam comumente confundidas com o sistema de cotas, este se constitui em apenas uma de suas modalidades, em verdade, *a mais radical delas*. De fato, são ainda exemplos de discriminações positivas, segundo Joaquim Barbosa[104], além do sistema de cotas, o método de estabelecimento de preferências, o sistema de bônus e a oferta de isenções, incentivos e benefícios fiscais.

O jurista Arivaldo Santos de Souza[105] elenca as modalidades nas quais as ações afirmativas podem revestir-se:

[...].

Sem a pretensão, nem a possibilidade de elencar todas as possíveis modalidades de Ações Afirmativas, com efeito, figuram como modalidades de operacionalização das mesmas:

1. implantação de sistemas de cotas em processos de seleção para vagas no mercado de trabalho e no sistema de educação, notadamente no ensino superior;

2. implantação de sistemas de bônus e preferências em licitações e concorrências para prestações de serviços, venda e aquisição de produtos em geral;

3. oferta de isenções, incentivos, benefícios fiscais a empreendedores levando-se em consideração a dimensão afirmativa do tratamento dos pleiteantes;

4. adoção de métodos de estabelecimento de preferências negativas e positivas, exemplificativamente, critério de preferência na execução de dívidas ativas fiscais (primeiro caso, negativo), estabelecimento de preferências creditícias em operações comerciais e/ou falimentares (segundo caso, positivo);

5. programas de inclusão de estagiários, *trainees* e profissionais no quadro profissional de instituições (universidades, empresas, ONGs).

[...]."

---

(104) GOMES, Joaquim B. Barbosa. *Instrumentos e métodos de mitigação da desigualdade em direito constitucional e internacional*. Disponível em: <www.mre.gov.br> Acesso em: 10. jul. 2008.

(105) SOUZA, Arivaldo Santos de. *Ações afirmativas:* origens, conceito, objetivos e modalidades. *Jus Navigandi*, Teresina, ano 11, n. 1.321, 12 fev. 2007. Disponível em: <http://jus2.uol.com.br/doutrina/texto.asp?id=9487> Acesso em: 21 jul. 2010.

Acerca da existência de modalidades de ações afirmativas diversas do sistema de cotas, afirmam ainda Wania Sant'Anna e Marcello Paixão, citados por Joaquim Barbosa[106]:

[...].

A política de ação afirmativa não exige, necessariamente, o estabelecimento de um percentual de vagas a ser preenchido por um dado grupo da população. Entre as estratégias previstas, incluem-se mecanismos que estimulem as empresas a buscarem pessoas de outro gênero e de grupos étnicos e raciais específicos, seja para compor seus quadros, seja para fins de promoção ou qualificação profissional. Busca-se, também, a adequação do elenco de profissionais às realidades verificadas na região de operação da empresa. Essas medidas estimulam as unidades empresariais a demonstrar sua preocupação com a diversidade humana de seus quadros. Isto não significa que uma dada empresa deva ter um percentual fixo de empregados negros, por exemplo, mas, sim, que esta empresa está demonstrando a preocupação em criar formas de acesso ao emprego e ascensão profissional para as pessoas não ligadas aos grupos tradicionalmente hegemônicas em determinadas funções (as mais qualificadas e remuneradas) e cargos (os hierarquicamente superiores).

[...].

Feitas tais considerações iniciais, examinar-se-á, por ora, a compatibilidade de referidas ações com a ordem constitucional brasileira.

A Constituição Federal estabelece, em seu art. 3º, os objetivos fundamentais da República Federativa do Brasil, *in verbis*:

> *[...].*
>
> *Art. 3º Constituem objetivos fundamentais da República Federativa do Brasil:*
>
> *I – construir uma sociedade livre, justa e solidária;*
>
> *II – garantir o desenvolvimento nacional;*
>
> *III – erradicar a pobreza e a marginalização e reduzir as desigualdades sociais e regionais;*
>
> *IV – promover o bem de todos, sem preconceitos de origem, raça, sexo, cor, idade e quaisquer outras formas de discriminação.*
>
> *[...].*

No que toca ao dispositivo constitucional transcrito, impende citar novamente o magistério de Carmem Lúcia da Rocha[107]:

[...].

Verifica-se que todos os verbos utilizados na expressão normativa — construir, erradicar, reduzir, promover — são de ação, vale dizer, designam um comportamento ativo. O que se tem, pois, é que os objetivos fundamentais da República

---

(106) GOMES, Joaquim B. Barbosa. *Instrumentos e métodos de mitigação da desigualdade em direito constitucional e internacional*. Disponível em: <www.mre.gov.br> Acesso em: 10 jul. 2008.

(107) ROCHA, Carmem Lúcia Antunes. Ob. cit.

Federativa do Brasil são definidos em termos de obrigações transformadoras do quadro social e político retratado pelo constituinte quando da elaboração do texto constitucional. E todos os objetivos contidos, especialmente nos três incisos acima transcritos, do art. 3º, da Lei Fundamental da República, traduzem exatamente mudança para se chegar à igualdade.

[...].

Prosseguindo na análise do texto constitucional, verifica-se que o princípio da igualdade é novamente contemplado no art. 5º, não somente em seu *caput*, como em diversos de seus incisos:

> [...].
>
> Art. 5º *Todos são iguais perante a lei, sem distinção de qualquer natureza, garantindo-se aos brasileiros e aos estrangeiros residentes no País a inviolabilidade do direito à vida, à liberdade, à igualdade, à segurança e à propriedade, nos termos seguintes:*
>
> *I – homens e mulheres são iguais em direitos e obrigações, nos termos desta Constituição;*
>
> [...].
>
> *XLI – a lei punirá qualquer discriminação atentatória dos direitos e liberdades fundamentais;*
>
> *XLII – a prática do racismo constitui crime inafiançável e imprescritível, sujeito à pena de reclusão, nos termos da lei;*
>
> [...].

No âmbito dos direitos de natureza trabalhista, o repúdio do constituinte às práticas discriminatórias pode ser igualmente percebido:

> [...].
>
> Art. 7º *São direitos dos trabalhadores urbanos e rurais, além de outros que visem à melhoria de sua condição social:*
>
> [...].
>
> *XXX – proibição de diferença de salários, de exercício de funções e de critério de admissão por motivo de sexo, idade, cor ou estado civil;*
>
> *XXXI – proibição de qualquer discriminação no tocante a salário e critérios de admissão do trabalhador portador de deficiência;*
>
> [...].

A análise do texto constitucional permite ainda a verificação da existência de diversas ações afirmativas promovidas pela própria Lei Fundamental, ou determinadas por esta ao legislador ordinário. É o que se extrai dos seguintes dispositivos:

> [...].
>
> Art. 7º *São direitos dos trabalhadores urbanos e rurais, além de outros que visem à melhoria de sua condição social:*
>
> [...].

XX – proteção do mercado de trabalho da mulher, mediante incentivos específicos, nos termos da lei.

[...].

[...].

Art. 37. [...].

VIII – a lei reservará percentual dos cargos e empregos públicos para as pessoas portadoras de deficiência e definirá os critérios de sua admissão.

[...].

[...].

Art. 170. A ordem econômica, fundada na valorização do trabalho humano e na livre iniciativa, tem por fim assegurar a todos existência digna, conforme os ditames da justiça social, observados os seguintes princípios:

[...].

VII – redução das desigualdades regionais e sociais.

IX – tratamento favorecido para as empresas de pequeno porte constituídas sob as leis brasileiras e que tenham sua sede e administração no País.

[...].

Com base em todos os dispositivos constitucionais transcritos, é possível se inferir a prevalência, na Carta Magna, da concepção de igualdade material em detrimento da igualdade meramente formal. Da mesma forma, é possível concluir que a Constituição Federal não só autoriza a ação afirmativa, como determina a sua instituição, como forma de alcançar a almejada igualdade substancial. Nas palavras de Carmem Lúcia Rocha[108]:

[...].

Somente a ação afirmativa, vale dizer, atuação transformadora, igualadora pelo e segundo o Direito possibilita a verdade do princípio da igualdade, para se chegar à igualdade que a Constituição brasileira garante como direito fundamental de todos.

[...].

Esclareça-se que a compatibilidade verificada entre o instituto da ação afirmativa e a Constituição Federal não exclui a necessidade da aferição, em cada caso concreto, da validade da medida que se pretende implementar, em face dos valores e princípios consagrados pelo ordenamento jurídico pátrio, notadamente o princípio da proporcionalidade.

Nesse sentido, reputa-se pertinente o estudo do sistema de cotas raciais para pessoas negras em processos de seleção para vagas no mercado de trabalho sob o

---

(108) *Idem.*

enfoque do princípio da igualdade, bem como do princípio da livre iniciativa, valores diretamente relacionados à medida sob enfoque.

3. Exame da constitucionalidade da medida sob o enfoque do princípio da igualdade

A constitucionalidade da medida em epígrafe, por óbvio, pressupõe sua consonância com o princípio da igualdade. Significa dizer que a desigualdade de tratamento conferido pela norma deve estar amparada em um critério juridicamente legítimo.

A aferição da legitimidade do critério discriminatório adotado faz-se por intermédio da análise do conteúdo jurídico do princípio da igualdade. Acerca do tema, em obra clássica no âmbito doutrinário brasileiro, Celso Antônio Bandeira de Mello proporciona inestimável contribuição.

Segundo o autor[109], para que se averigúe a compatibilidade da medida com o princípio da igualdade, em suma,

[...].

> tem-se que investigar, de um lado, aquilo que é adotado como critério discriminatório; de outro lado, cumpre verificar se há justificativa racional, isto é, fundamento lógico, para, à vista do traço desigualador acolhido, atribuir o específico tratamento jurídico construído em função da desigualdade proclamada. Finalmente, impende analisar se a correlação ou fundamento racional abstratamente existente é, *in concreto*, afinado com os valores prestigiados no sistema normativo constitucional.

[...].

A medida cuja constitucionalidade ora se estuda consiste no sistema de cotas para trabalhadores negros em processos de seleção para vagas no mercado de trabalho. Dessa forma, identifica-se como critério discriminatório adotado *a cor da pele dos indivíduos*. A desigualdade de tratamento jurídico que se pretende estabelecer consiste *na reserva de vagas em empresas para tais trabalhadores, ou seja, o sistema de cotas raciais*.

Haverá, abstratamente, correlação lógica entre o critério de discriminação adotado e a desigualdade de tratamento estabelecida? Há justificativa racional para tanto?

Entende-se que sim, em face da clara discriminação sofrida por essa parcela da população quando da admissão em empregos oferecidos nos estabelecimentos. Há mais negros desempregados proporcionalmente do que brancos. A título de exemplo, cabe salientar que pesquisa realizada em 1998 pelo Departamento Intersindical de Estatística e Estudos Socioeconômicos — DIEESE revelou que, nas principais

---
(109) MELLO, Celso Antônio Bandeira de. *Conteúdo Jurídico do Princípio da Igualdade*. 3. ed. São Paulo: Malheiros, 1999. p. 21.

Regiões Metropolitanas do país, as taxas de desemprego entre os negros são consideravelmente maiores do que as verificadas entre os não negros[110].

De tais dados é possível se inferir que a população negra encontra uma maior dificuldade em obter um posto de trabalho, em face da evidente e histórica discriminação sofrida por esta parcela da população. Logo, sob tal aspecto, justificar-se-ia, ao menos abstratamente, a reserva de vagas em empregos com base na cor da pele dos trabalhadores.

Para que a medida seja compatível com o princípio isonômico, porém, a existência de nexo lógico entre o critério de discriminação adotado e a desigualdade de tratamento estabelecida não é suficiente. Convém ainda que o referido nexo contemple valor constitucionalmente prestigiado. Nas palavras de Bandeira de Mello[111]:

"[...].

O último elemento encarece a circunstância de que não é qualquer diferença, conquanto real e logicamente explicável, que possui suficiência para discriminações legais. Não basta, pois, poder-se estabelecer racionalmente um nexo entre a diferença e um consequente tratamento diferenciado. *Requer-se, demais disso, que o vínculo demonstrável seja constitucionalmente pertinente. É dizer: as vantagens calçadas em alguma peculiaridade distintiva hão de ser conferidas prestigiando situações conotadas positivamente ou, quando menos, compatíveis com os interesses acolhidos no sistema constitucional.*

[...]. (Grifos nossos)

A medida em exame busca alcançar, por meio do estabelecimento de cotas nas empresas para negros, a almejada igualdade material, que, conforme demonstrado no decorrer do presente artigo, constitui-se em valor não só autorizado pela Constituição Federal, como por ela fomentado. Ademais, a eliminação das discriminações

(110)

Tabela 1 — Taxas de Desemprego segundo Raça Brasil — Regiões Metropolitanas 1998 (em %)			
Regiões Metropolitanas	Taxas de desemprego		Diferença entre as taxas de negros e não negros
	Negros	Não negros	
São Paulo	22,7	16,1	41%
Salvador	25,7	17,7	45%
Recife	23,0	19,1	20%
Distrito Federal	20,5	17,5	17%
Belo Horizonte	17,8	13,8	29%
Porto Alegre	20,6	15,2	35%

Fonte: DIEESE/SEADE e entidades regionais. PED — Pesquisa de Emprego e Desemprego — Elaboração: DIEESE. Obs.: Raça negra: pretos e pardos; raça não negra: brancos e amarelos. Disponível em: <http://www.dieese.org.br/esp/negro.xml> Acesso em: 16 set. 2010.

(111) MELLO, Celso Antônio Bandeira de. Ob. cit., p. 42.

foi alçada pelo constituinte a um dos objetivos da República Federativa do Brasil (art. 3º, inciso IV, da CF).

Ao prestigiar a igualdade material e a eliminação das discriminações no ambiente de trabalho, portanto, a distinção estabelecida pela medida ampara-se em valor consagrado no texto constitucional.

Dessa forma, verifica-se que a medida, sob o prisma do conteúdo jurídico da igualdade, além de apresentar correlação lógica entre o critério de discriminação adotado e a desigualdade de tratamento estabelecida, ampara-se em critério juridicamente legítimo, de modo que não revela dissonância com o princípio da isonomia.

4. Exame da constitucionalidade da medida sob o enfoque do princípio da livre iniciativa

É certo que a medida, como visto, busca atingir a igualdade material, princípio constitucionalmente assegurado.

Ao mesmo tempo, contudo, colide frontalmente com princípio norteador da ordem econômica constitucional, qual seja, a *livre-iniciativa*, conforme será a seguir demonstrado.

Com efeito, além de princípio fundamental da ordem econômica, constitui a livre iniciativa um dos fundamentos da República Federativa do Brasil, conforme se pode inferir dos seguintes dispositivos da Carta Magna:

[...].

Art. 1º *A República Federativa do Brasil, formada pela união indissolúvel dos Estados e Municípios e do Distrito Federal, constitui-se em Estado Democrático de Direito e* **tem como fundamentos:**

[...].

IV – *os valores sociais do trabalho e da* **livre-iniciativa**.

[...]. (Grifos nossos)

[...].

Art. 170. *A* **ordem econômica, fundada na valorização do trabalho humano e na livre-iniciativa,** *tem por fim assegurar a todos existência digna, conforme os ditames da justiça social, observados os seguintes princípios:*

[...]. (Grifos nossos)

Sobre o princípio da livre iniciativa, cumpre transcrever a lição de José Afonso da Silva[112]:

[...].

A liberdade de iniciativa envolve a liberdade de indústria e comércio ou liberdade de empresa e a **liberdade de contrato**. É regra que assegura a todos "o livre

---

(112) SILVA, José Afonso da. *Comentário Contextual à Constituição*. 3. ed. São Paulo: Malheiros, 2007. p. 711.

exercício de qualquer atividade econômica, independentemente de autorização de órgãos públicos, salvo nos casos previstos em lei (art. 170, parágrafo único).

[...]. (Grifos nossos).

Insere-se na liberdade de iniciativa econômica assegurada pela Constituição à empresa, o direito potestativo do empregador de admitir em seus quadros aqueles trabalhadores que, na sua concepção, apresentarem as características necessárias ao exercício do cargo.

Ademais, pressupõe a relação de emprego certo grau de fidúcia, da qual decorre, inclusive, o elemento da pessoalidade ou infungibilidade do empregado. De fato, deve a relação entre empregador e obreiro ser pautada, sobretudo, pela confiança, o que igualmente demonstra a necessidade de que o empregador tenha ampla liberdade de escolha na hora de contratar.

Ao obrigar o empregador a admitir em seus quadros, em determinada proporção, certa parcela da população, a medida obviamente restringe a liberdade de contrato na empresa, de modo a interferir em sua livre-iniciativa econômica.

Convém ressaltar, por outro lado, que assim como qualquer princípio constitucional, o princípio da livre iniciativa não é absoluto, podendo sofrer restrições em face de outros valores igualmente previstos na Constituição, especialmente no que tange às relações de trabalho.

A questão cinge-se em investigar se a restrição provocada pela medida pode ser juridicamente justificada pelo fim a que se destina. Para tanto, há que se perquirir sua razoabilidade ou proporcionalidade.

Nessa esteira ensina Gilmar Mendes[113]:

[...].

A doutrina constitucional mais moderna enfatiza que, em se tratando de imposição de restrições a determinados direitos, deve-se indagar não apenas sobre a admissibilidade constitucional da restrição eventualmente fixada (reserva legal), mas também sobre a compatibilidade das restrições estabelecidas com o princípio da proporcionalidade.

[...].

Na hipótese, a liberdade de iniciativa do empregador seria restringida pela necessidade de observância das cotas para trabalhadores negros no mercado de trabalho, sob a justificativa de se buscar a almejada igualdade material. Estar-se-ia, assim, diante de autêntica colisão de interesses constitucionais, solucionável por intermédio do *princípio da proporcionalidade*.

---

(113) MENDES, Gilmar Ferreira. *Direitos Fundamentais e Controle de Constitucionalidade*. São Paulo: IBDC, 1999. p. 72.

5. Exame da constitucionalidade da medida à luz do princípio da proporcionalidade: ponderação de interesses constitucionais

Caracteriza-se a Constituição por sua unidade, de modo a ser interpretada como um todo harmônico, e não como um conjunto de regras isoladas. Trata-se do princípio da unidade da Constituição, segundo o qual comenta Daniel Sarmento[114]:

[...].

O princípio da unidade da Constituição leva o intérprete a buscar a harmonização entre dispositivos aparentemente conflitantes da Lei Maior. Caso a conciliação plena não seja viável, ele deve procurar solução onde a restrição à eficácia de cada uma das normas em confronto seja a menor possível, buscando a otimização da tutela aos bens jurídicos por elas protegidos.

[...].

Em face da citada colisão de princípios constitucionais verificada na hipótese em exame, deve-se buscar a ponderação dos interesses que estão em jogo, de modo que a restrição a estes seja a menor possível. Nessa esteira, o princípio da proporcionalidade apresenta-se como instrumento hábil ao sopesamento de interesses constitucionais em conflito.

Nas palavras de Daniel Sarmento[115]:

[...].

O princípio da proporcionalidade é essencial para a realização da ponderação de interesses constitucionais, pois o raciocínio que lhe é inerente, em suas três fases subsequentes, é exatamente aquele que se deve utilizar na ponderação.

[...].

Com efeito, pode o princípio da proporcionalidade, segundo a doutrina de Paulo Bonavides[116], ser decomposto em três subprincípios:

[...]

a) **adequação**, segundo o qual a medida deve ser apta ao atingimento dos fins colimados;

b) **necessidade ou exigibilidade**, que impõe seja adotada sempre a medida menos gravosa possível para se atingir aquele fim; e

c) **proporcionalidade em sentido estrito**, por meio do qual se procede a uma análise da relação custo-benefício da norma avaliada, de modo que o ônus imposto deve ser inferior ao benefício produzido.

[...].

---

(114) SARMENTO, Daniel. *A Ponderação de Interesses na Constituição Federal.* Rio de Janeiro: Lumen Juris, 2000. p. 29.
(115) *Ibidem*, p. 96.
(116) BONAVIDES, Paulo. *Curso de Direito Constitucional.* 21. ed. São Paulo: Malheiros, 2007. p. 396-402.

Em outras palavras, novamente se valendo do magistério de Daniel Sarmento[117]:

[...].

na ponderação, a restrição imposta a cada interesse em jogo, num caso de conflito entre princípios constitucionais, só se justificará na medida em que:

(a) mostrar-se apta a garantir a sobrevivência do interesse contraposto,

(b) não houver solução menos gravosa, e

(c) o benefício logrado com a restrição a um interesse compensar o grau de sacrifício imposto ao interesse antagônico.

[...].

Ainda sobre o tema, cumpre citar novamente Gilmar Mendes[118]:

[...].

Essa nova orientação, que permitiu converter o princípio da reserva legal (Gesetzesvorbehalt) no princípio da reserva legal proporcional (Vorbehalt dês verhältnismässigen Gesetzes), pressupõe não só a legitimidade dos meios utilizados e dos fins perseguidos pelo legislador, mas também a adequação desses meios para consecução dos objetivos pretendidos (Geeignetheit) e a necessidade de sua utilização (Notwendigkeit oder Erforderlinchkeit). Um juízo definitivo sobre a proporcionalidade ou razoabilidade da medida há de resultar da rigorosa ponderação entre o significado da intervenção para o atingido e os objetivos perseguidos pelo legislador (proporcionalidade ou razoabilidade em sentido estrito).

[...].

A ponderação dos interesses em conflito na hipótese em exame conduz à conclusão de ofensa ao princípio da proporcionalidade, por ausência de necessidade ou exigibilidade da medida, conforme restará demonstrado a seguir.

Efetivamente, o fim colimado pela medida, qual seja, a igualdade material nas empresas entre os trabalhadores, com a mais ampla admissão de obreiros da cor negra, pode ser alcançada por meio de medida menos gravosa à liberdade de iniciativa econômica do empregador.

De fato, conforme demonstrado no decorrer do presente estudo, as ações afirmativas não se limitam ao sistema de cotas. Este representa, como dito, a sua forma mais radical.

A almejada e necessária eliminação das desigualdades raciais verificadas no âmbito laboral poderia perfeitamente ser promovida, a título de ilustração, por

---

(117) SARMENTO, Daniel. Ob. cit., p. 96.
(118) MENDES, Gilmar Ferreira. Ob. cit., p. 72.

intermédio da oferta de isenções, incentivos e benefícios fiscais. Preservar-se-ia, assim, a livre iniciativa econômica da empresa, que não seria aviltada em sua liberdade de contratar.

Paulo Bonavides[119], reportando-se à doutrina alemã, afirma que:

[...].

de todas as medidas que igualmente servem à obtenção de um fim, cumpre eleger aquela menos nociva aos interesses do cidadão, podendo assim o princípio da necessidade ('Erforderlichkeit') ser também chamado princípio da escolha do meio mais suave ('das Prinzip der Wahl dês mildesten Mittels').

[...].

No caso, o sistema de cotas raciais, embora apto, em tese, ao atingimento da pretendida igualdade no processo de seleção a vagas no mercado de trabalho revela-se, como visto, o meio mais ofensivo à liberdade econômica da empresa. Em verdade, outros meios igualmente aptos à finalidade colimada poderiam ser implementados, preservando-se a liberdade de contratação do empregador.

Com efeito, é possível vislumbrar com certa facilidade outras medidas capazes de incentivar a contratação de segmentos da população considerados socialmente menos favorecidos, sem que haja uma indesejável imposição por parte do Estado. Ao invés de impor ao empregador uma determinada cota a ser cumprida, melhor faria o Estado se promovesse o estímulo à conduta desejada, concedendo ao particular uma espécie de contraprestação. Assim é que, ilustrativamente, poderiam ser ofertados incentivos, isenções e benefícios de natureza fiscal, bem como implementados sistemas de bônus e preferência em licitações e concorrências.

As medidas citadas, longe de representarem uma agressão à liberdade econômica empresarial, incitariam os empregadores, em face das atrativas vantagens oferecidas, a recrutarem em seus quadros aqueles trabalhadores antes discriminados. Tratar-se-iam de meios evidentemente mais suaves ao atingimento da almejada igualdade material, quando comparados ao sistema de cotas raciais.

Havendo, pois, solução menos gravosa ao fim pretendido, o sistema de cotas raciais para seleção de vagas no marcado de trabalho revela-se inconstitucional, por ofensa ao princípio da proporcionalidade, face à ausência de necessidade ou exigibilidade da medida.

Nesse contexto, é possível inferir que a busca pela desejada igualdade material não pode, sob o ponto de vista jurídico, justificar a restrição imposta à liberdade econômica do empregador, o que demonstra a ausência de razoabilidade ou proporcionalidade da medida.

---

(119) BONAVIDES, Paulo. Ob. cit., p. 397.

6. Conclusão

As ações afirmativas não apenas são autorizadas pelo ordenamento jurídico brasileiro, como são por ele fomentadas, como forma de alcançar a igualdade material preconizada pela Constituição Federal.

O sistema de cotas raciais constitui-se em apenas uma das modalidades de ações afirmativas, que ainda podem se revestir das seguintes medidas, ilustrativamente: método de estabelecimento de preferências; sistema de bônus; oferta de isenções; incentivos e benefícios fiscais.

Muito embora se possa concluir pela compatibilidade das ações afirmativas com a Carta Magna, é preciso que se averigúe, em cada caso concreto, a validade da medida que se pretende implementar, em face dos valores e princípios consagrados pelo ordenamento jurídico pátrio.

No caso do sistema de cotas raciais para pessoas negras em processos de seleção para vagas no mercado de trabalho, tratando-se de medida eminentemente restritiva, impende a análise de sua constitucionalidade à luz do princípio da proporcionalidade, ponderando-se os valores da igualdade material e da livre iniciativa econômica.

Sob o prisma do conteúdo jurídico da igualdade, além de apresentar correlação lógica entre o critério de discriminação adotado e a desigualdade de tratamento estabelecida, a medida ampara-se em critério juridicamente legítimo, de modo que guarda plena consonância com o princípio da igualdade.

Por outro lado, ao obrigar o empregador a admitir em seus quadros, em determinada proporção, certa parcela da sociedade, no caso, da população negra, a medida restringe a liberdade de contrato na empresa, de modo a interferir em sua livre iniciativa econômica.

Em face da aludida restrição promovida pela medida, o exame de sua constitucionalidade à luz do princípio da proporcionalidade pressupõe a ponderação dos interesses constitucionais em jogo, quais sejam, o princípio da igualdade material e o princípio da livre iniciativa econômica.

Na hipótese, a ponderação dos interesses em conflito conduz à conclusão de ofensa ao princípio da proporcionalidade, por ausência de necessidade ou exigibilidade da medida, eis que a almejada igualdade material nos processos de seleção para vagas de emprego poderia ser alcançada por meio de medida menos gravosa à liberdade de iniciativa econômica do empregador, como, por exemplo, por intermédio da oferta de isenções, incentivos e benefícios fiscais.

Por todo o exposto, não sendo juridicamente possível face à existência de instrumentos menos gravosos, justificar a restrição imposta à liberdade econômica do empregador com base na necessidade de atingimento da pretendida isonomia, revela-se a ausência de razoabilidade ou proporcionalidade do sistema de cotas raciais para pessoas negras em processos de seleção para vagas no mercado de trabalho, o que conduz, inevitavelmente, ao vício de inconstitucionalidade.

7. Referências Bibliográficas

BONAVIDES, Paulo. *Curso de Direito Constitucional*. 21. ed. São Paulo: Malheiros, 2007.

GOMES, Joaquim B. Barbosa. *Ação Afirmativa e Princípio Constitucional da Igualdade*. Rio de Janeiro: Renovar, 2001.

_____. A Recepção do Instituto da Ação Afirmativa pelo Direito Constitucional Brasileiro. In: *Revista de Informação Legislativa*, ano 38, n. 151, 2001.

_____. *Instrumentos e métodos de mitigação da desigualdade em direito constitucional e internacional*. Disponível em: <www.mre.gov.br> Acesso em: 10 jul. 2008.

MELLO, Celso Antônio Bandeira de. *Conteúdo Jurídico do Princípio da Igualdade*. 3. ed. São Paulo: Malheiros, 1999.

MENDES, Gilmar Ferreira. *Direitos Fundamentais e Controle de Constitucionalidade*. São Paulo: IBDC, 1999.

ROCHA, Carmem Lúcia Antunes. Ação Afirmativa — O Conteúdo Democrático do Princípio da Igualdade Jurídica. In: *Revista Trimestral de Direito Público*, n. 15/96.

SARMENTO, Daniel. *A Ponderação de Interesses na Constituição Federal*. Rio de Janeiro: Lumen Juris, 2000.

SILVA, José Afonso da. *Comentário Contextual à Constituição*. 3. ed. São Paulo: Malheiros, 2007.

SOUZA, Arivaldo Santos de. *Ações afirmativas:* origens, conceito, objetivos e modalidades. *Jus Navigandi*, Teresina, ano 11, n. 1321, 12 fev. 2007. Disponível em: <http://jus2.uol.com.br/doutrina/texto.asp?id=9487> Acesso em: 21 jul. 2010.

Capítulo VII

Limites Constitucionais à Regulamentação de Atividade Profissional

Alexandre Gomes Moura

Advogado da União lotado na Consultoria Jurídica junto ao Ministério do Trabalho e Emprego. Chefe da Divisão de Atos Normativos da Coordenação de Legislação Trabalhista.

Resumo: Trata-se de estudo cujo desiderato é aclarar os limites previstos na Constituição Federal à elaboração de propostas legislativas que visem à regulamentação de atividade profissional. Com efeito, em análise a diversas iniciativas com este objeto, percebe-se, com frequência, a falta de uma avaliação minuciosa acerca da propriedade jurídica da regulamentação desejada, situação esta capaz de gerar um estado de inegável insegurança jurídica. Veja-se que a liberdade de exercício de trabalho, ofício e profissão constitui direito fundamental, sendo o seu exercício passível de restrição, somente, mediante lei que imponha as qualificações necessárias ao exercício do mister. Destarte, tem-se que as restrições ao princípio do livre exercício profissional limitam-se, em um primeiro momento, àquelas relacionadas com os atributos necessários para a adequada realização da atividade profissional. Ademais, a iniciativa deve passar por um criterioso juízo de razoabilidade e proporcionalidade, tendo como parâmetro a ser seguido a noção de interesse público e proteção à segurança, à propriedade, à saúde pública, assim como à estabilidade institucional.

ABSTRACT: This article intends to study the constitutional limits to propounding professional activities rules. The research of bills submitted to Congress has often found a absence of appropiate estimation about the desired regulation, inducing, thereby, a lack of legal security and legal predictability. Once the freedom of practicing any labour, occupation or profession is a fundamental right, it's limitations can only be stated in laws in order to impose their required qualifications. Therefore, the restrictions to the freedom of exercising any profession or occupation are limited, foreground, to prescribing the necessary qualities to their practicing. It is also important that the proposed law surrounds a discerning reasonableness and proportionality judgement, based on the interest of general public and safety protection, property, public health, as well as social systems stability.

Palavras-Chaves: Regulamentação profissional. Princípio da liberdade de exercício de trabalho, ofício e profissão. Limites Constitucionais. Razoabilidade e proporcionalidade. Interesse público.

Keywords: Professional regulations. Freedom of work, occupation or profession principle. Constitucional Restrictions. Reasonableness and proportionality. General interest.

Sumário: 1. Introdução. 2. Desenvolvimento. 3. Conclusão. 4. Referências Bibliográficas.

1. Introdução

O direito ao trabalho livre e em harmonia com os valores sociais garantidos pela Constituição Federal enquadra-se como fundamento de nossa República, constituindo, desta forma, verdadeira pilastra da ordem jurídica democrática inaugurada em 1988. Foi como corolário do postulado constitucional *supra* que o constituinte originário positivou, no inciso XIII, do art. 5º, da Carta Política, a liberdade de exercício de trabalho, ofício e profissão como direito fundamental, sendo tal postulado passível de restrição, somente, mediante lei que imponha as qualificações necessárias ao exercício do mister.

Percebe-se, todavia, o exponencial crescimento do número de propostas legislativas tendentes a regulamentar o exercício de profissão, sem que haja, em grande parte destas iniciativas, uma avaliação minuciosa acerca da propriedade jurídica da regulamentação desejada. Neste contexto, torna-se importante proceder a um estudo dos limites constitucionais à edição de ato legal com este desiderato, de forma a compatibilizar o princípio da liberdade de exercício profissional com os demais valores consagrados na ordem constitucional[120].

2. Desenvolvimento

Pois bem, conforme a classificação sugerida por José Afonso da Silva em sua celebrada *"Aplicabilidade das Normas Constitucionais"*[121], o princípio da liberdade de exercício de profissão pode ser entendido como norma de eficácia contida, haja vista a possibilidade de edição de lei impondo restrições ao exercício do direito. Deve-se esclarecer, no entanto, que a edição da referida espécie normativa possui incontrastável limite no texto constitucional, não podendo o legislador ordinário, por mero juízo político (conveniência e oportunidade), afastar a essência, o núcleo do bem jurídico assegurado pelo princípio constitucional.

A liberdade de exercício de profissão deriva diretamente de dispositivo constitucional, razão pela qual o estudo da restrição ao livre exercício profissional implica na análise sistemática da Constituição Federal, de forma a se observar a congruência entre o diploma restritivo e valores sociojurídicos protegidos pelo ordenamento. A liberdade de profissão, é importante reforçar, não decorre de lei alguma. É direito fundamental que deflui do próprio texto constitucional e, como tal, tem eficácia e aplicação imediata.

---

[120] Cita-se, a título meramente ilustrativo, algumas iniciativas tendentes a regulamentar as profissões de musicoterapeuta (PL n. 3.034-a/97); Técnico Comunitário especializado em Dependência Química (PL n. 85-A/990); Frentista (PL n. 891/99); Terapeuta Holístico (PL n. 2.783/97); carregador de bagagens nos aeroportos (PL n. 812-A/99); e astrólogo (PL n. 6.748/2002).

[121] SILVA, José Afonso da. *Aplicabilidade das Normas Constitucionais*. 7. ed. São Paulo: Malheiros, 2008.

No plano internacional, a Organização Internacional do Trabalho — OIT possui convenção específica destinada a combater as práticas discriminatórias em matéria de emprego e profissão, impondo aos Estados signatários a implementação de políticas que promovam a igualdade de oportunidade e de tratamento em matéria de emprego e profissão.

Leia-se o previsto no art. 2º da Convenção n. 111 da OIT:

> [...].
>
> ARTIGO 2º:
>
> Qualquer Membro para o qual a presente convenção se encontre em vigor compromete--se a formular e aplicar uma política nacional que tenha por fim promover, por métodos adequados às circunstâncias e aos usos nacionais, a igualdade de oportunidade e de tratamento em matéria de emprego e profissão, com objetivo de eliminar toda discriminação nessa matéria.
>
> [...].

Com efeito, não se mostra simples a tarefa de extrair do texto constitucional as balizas a serem seguidas pelo legislador quando da elaboração de Projeto de Lei que vise regulamentar profissão. Contudo, como ponto de partida para a exegese a ser feita, adota-se o disposto no art. 5º, inciso XIII, da Constituição Federal, *in verbis*:

> [...].
>
> É livre o exercício de qualquer trabalho, ofício ou profissão, atendidas as qualificações profissionais que a lei estabelecer.
>
> [...].

Cuida-se de norma cujo desiderato primordial é afastar os privilégios outrora concedidos a determinadas corporações, por meio da atribuição injustificada da exclusividade de realização de um mister[122]. Busca-se, em contraponto, evitar o exercício de atividades profissionais por pessoas não habilitadas, pondo em risco, assim, o interesse coletivo. A liberdade de profissão, assevera Pontes de Miranda[123]:

> [...].
>
> não pode ir ao ponto de se permitir que exerçam algumas profissões pessoas inabilitadas, nem até o ponto de se abster o Estado de firmar métodos de seleção.
>
> [...].

Dito isto, pode-se inferir da redação do dispositivo *retro*, que as restrições ao princípio do livre exercício profissional limitam-se, em um primeiro momento, àquelas relacionadas com os atributos necessários para a adequada realização da atividade profissional.

---

(122) Convenção n. 111, da Organização Internacional do Trabalho, internalizada na ordem jurídica brasileira por meio do Decreto n. 62.150, de 19 de janeiro de 1968.

(123) MIRANDA, Pontes de. *Comentários à Constituição de 1967, com a Emenda de 1969*. 3. ed. Rio de Janeiro: Forense, 1987. p. 542.

Ensina Cretella Júnior[124] que:

[...].

Nessas condições, o exercício de qualquer tipo de trabalho, ofício ou profissão é livre, não podendo, assim, ter como causa impeditiva discriminação para mais ou para menos, feita por entidade — corporação profissional — pública ou privada, que se levantasse contra aquele que pretendesse o exercício da atividade em causa. Assim, nenhum traço típico do postulante de trabalho, ofício ou profissão — convicção política, filosófica, religiosa, científica — poderá ser levado em conta para servir de motivo ao impedimento de desempenho concernente ao trabalho.

[...].

É permitido concluir, destarte, que o diploma legal regulamentador de profissão deve conter, sem embargo de requisitos específicos condizentes com as particularidades de cada atividade, a delimitação do campo de atuação dos profissionais, as qualificações necessárias para o exercício do mister, o rol dos direitos e deveres conferidos aos trabalhadores e, ainda, a previsão de mecanismos efetivos de fiscalização, sob pena de impropriedade.

Sobre o tema, assim já se posicionou o Supremo Tribunal Federal[125]:

[...].

Possibilidade de estabelecimento de requisitos objetivos para o exercício de profissão:

A legislação somente poderá estabelecer condicionamentos capacitários que apresentem nexo lógico com as funções a serem exercidas, jamais qualquer requisito discriminatório ou abusivo, sob pena de ferimento ao princípio da igualdade.

[...].

Com o intuito de balizar as análises de projetos de lei cujo intuito seja a regulamentação de profissão, a Comissão de Trabalho, Administração e Serviço Público da Câmara dos Deputados editou o Verbete n. 2, da Súmula de sua jurisprudência, prevendo que:

[...].

O exercício de profissões subordina-se aos comandos constitucionais dos arts. 5º, inciso XIII, e 170, parágrafo único, que estabelecem o princípio da liberdade de exercício de qualquer trabalho, ofício ou profissão. A regulamentação legislativa só é aceitável se atendidos, cumulativamente, os seguintes requisitos:

a. que não proponha a reserva de mercado para um segmento em detrimento de outras profissões com formação idêntica ou equivalente;

---

(124) JÚNIOR, José Cretella. *Comentários à Constituição de 1988*. vol. 1, 2. ed. São Paulo: Forense Universitária, 1990. p. 274.

(125) SUPREMO TRIBUNAL FEDERAL. 1ª Turma. Ag. Rg. em Ag. Instr. n. 134.449/SP. Rel. Min. Sepúlveda Pertence, Diário da Justiça, Seção I, 21 set. 1990, p. 9.784.

b. que haja a garantia de fiscalização do exercício profissional; e

c. que se estabeleçam os deveres e as responsabilidades pelo exercício profissional.

Outrossim, caso o projeto de regulamentação seja de iniciativa de membro do Congresso Nacional, a vigência da lei deve ser subordinada à existência de órgão fiscalizador a ser criado por lei de iniciativa do Poder Executivo.

[...].

Em 9 de dezembro de 2009, contudo, o referido Verbete foi revogado, não havendo mais, no âmbito do Poder Legislativo, orientação interna que delimite a análise da matéria. O conteúdo do citado Verbete, em que pese a sua revogação, ainda serve de critério norteador da atividade legislativa, haja vista a congruência entre a sua essência e os ditames constitucionais que regem a matéria.

Superado este primeiro momento, passa-se a perquirir, sob o prisma essencialmente jurídico, se o instrumento legal que impõe restrição à liberdade profissional é, de fato, adequado para atingir seus fins e, ainda, se nenhum outro meio menos gravoso para o indivíduo revelar-se-ia igualmente eficaz para a consecução dos objetivos pretendidos[126]. Trata-se de averiguar, no caso concreto, se a atividade legislativa não se mostrou excessiva diante das nuances da atividade a ser regulamentada e dos demais bens jurídicos salvaguardados pela Constituição Federal.

Acerca do tema, assevera Gilmar Mendes[127]:

[...].

Portanto, a doutrina constitucional mais moderna enfatiza que, em se tratando de imposição de restrições a determinados direitos, deve-se indagar não apenas sobre a admissibilidade constitucional da restrição eventualmente fixada (reserva legal), mas também sobre a compatibilidade das restrições estabelecidas com o princípio da proporcionalidade.

[...].

Em julgado de grande repercussão, ao decidir pela desnecessidade da apresentação de diploma de curso superior em jornalismo para o registro de jornalistas no Ministério do Trabalho e Emprego, o STF asseverou, categoricamente, que a Constituição de 1988, ao assegurar a liberdade profissional (art. 5º, XIII), segue um modelo de reserva legal qualificada presente nas Constituições anteriores, as quais prescreviam à lei a definição das "condições de capacidade" como condicionantes para o exercício profissional.

No âmbito do modelo de reserva legal qualificada presente na formulação do art. 5º, XIII, da Constituição de 1988, paira uma imanente questão constitucional

---

(126) MENDES, Gilmar Ferreira. *O princípio da proporcionalidade na jurisprudência do Supremo tribunal Federal: novas leituras.* Disponível em: <http://www.direitopublico.com.br/pdf_5/DIALOGO-JURIDICO-05-
-AGOSTO-2001-GILMAR-MENDES.pdf> Acesso em: 5 set. 2010.

(127) MENDES, Gilmar Ferreira. Ob. cit., 2010.

quanto à razoabilidade e proporcionalidade das leis restritivas, especificamente, das leis que disciplinam as qualificações profissionais como condicionantes do livre exercício das profissões, conforme jurisprudência do Supremo Tribunal Federal: Representação n. 930, Relator para o acórdão Ministro Rodrigues Alckmin, DJ, 2.9.1977. A reserva legal estabelecida pelo art. 5º, XIII, não confere ao legislador o poder de restringir o exercício da liberdade profissional a ponto de atingir o seu próprio núcleo essencial[128].

Na ocasião, a MM Ministra Ellen Gracie, em substancial pronunciamento, assentou:

"[...].

As restrições legais não podem servir de instrumento de grupos que, sob pretextos políticos variados, busquem estrangular ou alijar os direitos fundamentais gerados pelo constituinte originário, pois aquelas (as restrições) servem ao exercício equilibrado, justo, possível e real destes últimos (os direitos fundamentais).

Daí a utilidade do juízo de proporcionalidade ou de razoabilidade no exame da norma restritiva de direito fundamental, que deve passar pelo crivo dos critérios da adequação, da necessidade e da proporcionalidade em sentido restrito.

[...]."

É preciso ter em mente que a restrição legal a direito fundamental constitucionalmente autorizada é aquela estritamente indispensável, ou seja, cuja ausência tornaria o exercício individual do direito um verdadeiro risco aos demais integrantes da coletividade. É nessa perspectiva que a expressão "atendidas as qualificações profissionais", constante do inciso XIII, do art. 5º, da Constituição, deve ser entendida.

Nota-se, em verdade, que a restrição ao livre exercício de trabalho, ofício e profissão está condicionada à manutenção da ordem pública, entendida esta como sendo a situação fática de respeito aos interesses da coletividade e aos direitos individuais que o Estado assegura, pela Constituição da República e pelas leis, a todos os membros da Comunidade.

O conceito de ordem pública está sempre vinculado à noção de interesse público e de proteção à segurança, à propriedade, à saúde pública, aos bons costumes, ao bem--estar coletivo e individual, assim como à estabilidade das instituições em geral[129].

É o que se depreende da leitura de trecho do voto proferido pelo MM Ministro César Peluso, no aludido RE n. 511.961 – São Paulo. Confira-se:

---

(128) SUPREMO TRIBUNAL FERDERAL. RE N. 511.961, Rel. Min. Gilmar Ferreira Mendes, Publicado em: DJE 13.11.2009.
(129) ROMITA, Arion Sayão. Direitos Fundamentais nas Relações de Trabalho. 3. ed. São Paulo, LTr, 2009. p. 182. In: MEIRELLES, Hely Lopes. *Polícia de manutenção da Ordem Pública e suas atribuições.*

[...].

O artigo 5º, inciso XIII, sujeita a liberdade de exercício de trabalho, ofício ou profissão a requisitos que a lei venha a estabelecer. A pergunta que se põe logo é se a lei pode estabelecer qualquer condição ou qualquer requisito de capacidade. E a resposta evidentemente é negativa, porque, para não incidir em abuso legislativo, nem em irrazoabilidade, que seria ofensiva ao devido processo legal substantivo, porque também o processo de produção legislativa tem, nos termos do art. 5º, inciso LIV, de ser justa no sentido de ser adequada e idônea para o fim lícito que pretende promover, é preciso que a norma adquira um sentido racional. O que significa essa racionalidade no caso? Significa admitir não apenas a conveniência, mas a necessidade de se estabelecerem qualificações para o exercício da profissão que as exija como garantia de prevenção de riscos e danos à coletividade, ou seja, a todas as pessoas sujeitas aos efeitos do exercício da profissão.

[...].

Há que se rechaçar, de uma vez por todas, a ideia de que a regulamentação profissional presta-se, primordialmente, a atender a interesses corporativos, servindo como mecanismo de reserva de mercado, em detrimento dos macrointeresses da coletividade.

Não se está a olvidar a importância histórica, cultural e econômica de determinadas atividades profissionais. Todavia, como dito, tais elementos não são suficientes para autorizar a edição de ato restritivo à liberdade de exercício profissional. A Constituição Federal, neste tocante, exige do legislador ordinário a busca de um bem jurídico maior, consistente na preservação do interesse público e nos valores constitucionais assegurados.

3. Conclusão

De se firmar que é sob esta ótica que o legislador deve pautar-se quando da elaboração de diplomas normativos de regulamentação de atividades profissionais, sopesando, em cada caso, o interesse público e os demais valores consagrados pela Constituição Federal, sob pena de se ter por excessiva, desarrazoada, desproporcional e, em consequência, inconstitucional a atividade legiferante.

4. Referências Bibliográficas

SILVA, José Afonso da. *Aplicabilidade das Normas Constitucionais*. 7. ed. São Paulo: Malheiros, 2008.

MIRANDA, Pontes de. *Comentários à Constituição de 1967, com a Emenda de 1969*. 3. ed. Rio de Janeiro: Forense, 1987.

JÚNIOR, José Cretella. *Comentários à Constituição de 1988*. vol. I, 2. ed. São Paulo: Forense Universitária, 1990.

MENDES, Gilmar Ferreira. *O Princípio da Proporcionalidade na Jurisprudência do Supremo Tribunal Federal: Novas Leituras*. Disponível em: <http://www.direitopublico.com.br/pdf_5/DIALOGO-JURIDICO-05-AGOSTO-2001-GILMAR-MENDES.pdf> Acesso em: 5 set. 2010.

ROMITA, Arion Sayão. Direitos Fundamentais nas Relações de Trabalho. 3. ed. São Paulo: LTr, 2009, In: MEIRELLES, Hely Lopes. *Polícia de manutenção da Ordem Pública e suas atribuições*.

Capítulo VIII

Breves Considerações Sobre o Aviso-Prévio Proporcional Regulado Pela Lei n. 12.506, de 11 de Outubro de 2011

Marco Aurélio Caixeta

Advogado da União lotado na Consultoria Jurídica junto ao Ministério do Trabalho e Emprego. Chefe de Divisão de Análise e Consultas Trabalhistas.

Resumo: Recentemente, entrou em vigor a Lei n. 12.506, de 11 de outubro de 2011, com o objetivo de regulamentar o art. 7º, XXI, da Constituição. Entretanto, surgiram várias dúvidas sobre o alcance da norma trabalhista. Não obstante, a utilização das técnicas de interpretação gramatical, histórica, sistemática e teleológica evidencia que o aviso-prévio proporcional regulamentado pela Lei n. 12.506, de 2011, aplica-se apenas em benefício do empregado. Ademais, a nova regra de duração do aviso--prévio (proporcionalidade) incide tanto sobre os avisos-prévios firmados a partir da data da vigência da Lei n. 12.506, de 2011, quanto em relação aos avisos em curso naquela data. Por seu turno, não há possibilidade de fixar períodos inferiores a um ano de trabalho para ensejar parcela inferior a três dias de aviso-prévio proporcional. Ademais, para os empregados com direito ao aviso-prévio com duração superior a trinta dias foi revogada a faculdade deferida aos demais pelo parágrafo único, do art. 488 da Consolidação das Leis do Trabalho — CLT, aprovada pelo Decreto-Lei n. 5.452, de 1º de maio de 1943, restando a possibilidade, todavia, da concessão de um período corrido, observada a proporcionalidade e desde que precedida de acordo individual ou por meio de negociação coletiva. Por fim, nos termos da Lei n. 12.506, de 2011, para os empregados com até um ano de serviço, o aviso é de trinta dias; até dois anos, trinta e três dias; até três anos, trinta e seis; seguindo-se essa regra até que o aviso seja de noventa dias, a partir do vigésimo ano completo de serviço prestado à empresa.

Abstract: Recently, came into effect Law n. 12.506, of 11 October 2011, aiming to regulate the art. 7º, XXI of the Constitution. However, there were several questions about the reach of the rule labor. Nevertheless, using the techniques of grammatical, historical, systematic and teleological interpretation, have evidences that notice previous warning proportional regulated by Law n. 12.506 of 2011, applies only to the benefit of the employee. Moreover, the new rule of the previous warning period (proportionality) falls on both the previous warnings from the signed date of the effective date of Law n. 12.506, of 2011, and in relation to the warnings under way on that date. Besides, there is no possibility of fixing periods of less than one year of work to give rise portion less than three days early warning proportional. Furthermore, for employees entitled to notice of longer than thirty days was repealed by the other option granted by paragraph of art. 488 of the Consolidation of Labor Laws — Labor Code, approved by Decree-Law n. 5452, of May 1st, 1943, remaining the possibility, however, the granting of a time gone, observed proportionality and since preceded by individual agreement or through collective negotiation. Finally, accordance with Law n. 12.506, 2011, for employees with one year of service, the warning is thirty days up to two years, thirty-three days to three years, thirty-six, followed by this rule until the early warning is ninety days from the twentieth full year of service to the company.

Palavras-Chaves: Aviso-prévio proporcional. Regulamentação do art. 7º, XXI, da Constituição. Dúvidas interpretativas.

Keywords: Previous warning proportional. Regulation of the art. 7º, XXI of the Constitution. Interpretive questions.

Sumário: 1. Introdução. 2. Das dúvidas interpretativas relativas à Lei n. 12.506, de 11 de outubro de 2011. 2.1. Inaplicabilidade da norma em benefício dos empregadores. 2.2. A questão da eficácia da Lei n. 12.506, de 2011, no tempo. 2.3. A proporcionalidade do aviso-prévio instituído pelo art. 7º, XXI, da Constituição e regulamentado pela Lei n. 12.506, de 2011. 3. Conclusão. 4. Referências Bibliográficas.

1. Introdução

A Lei n. 12.506, de 11 de outubro de 2011, alterou substancialmente o aviso--prévio regulado pela Consolidação das Leis do Trabalho — CLT, aprovada pelo Decreto-Lei n. 5.452, de 1º de maio de 1943.

Seguindo a diretriz constitucional, foi regulamentado o art. 7º, XXI, da Constituição, que instituiu o aviso-prévio proporcional ao tempo de serviço, depois de mais de vinte anos da entrada em vigor da Carta Magna.

Embora a proposição que originou a referida Lei n. 12.506, de 2011, remonte ao ano de 1989, restando claro o intuito regulamentar, atualmente observam-se manifestações no sentido de que a iniciativa teria reflexos no aviso-prévio devido pelo empregado.

Indagam-se também outras questões legais que tornariam o instituto do aviso--prévio proporcional dependente de interpretação.

É bem verdade que a referida Lei foi omissa em diversos pontos, mas não há que se cogitar em qualquer inconstitucionalidade capaz de torná-la inválida, cabendo ao intérprete fazer, em cada aspecto da nova norma, a exegese mais adequada.

2. Das dúvidas interpretativas relativas à Lei n. 12.506, de outubro de 2011

2.1. Inaplicabilidade da norma em benefício dos empregadores

O Congresso Nacional aprovou e submeteu à sanção presidencial o Projeto de Lei n. 3.941-F, de 1989 (PLS n. 89, de 1989, no Senado Federal), que se transformou na Lei n. 12.506, de 2011, cuja transcrição é a seguinte:

[...].

Art. 1º O aviso-prévio, de que trata o Capítulo VI do Título IV da Consolidação das Leis do Trabalho — CLT, aprovada pelo Decreto-lei n. 5.452, de 1º de maio de 1943, será concedido na proporção de 30 (trinta) dias aos empregados que contem até 1 (um) ano de serviço na mesma empresa.

Parágrafo único. Ao aviso-prévio previsto neste artigo serão acrescidos 3 (três) dias por ano de serviço prestado na mesma empresa, até o máximo de 60 (sessenta) dias, perfazendo um total de até 90 (noventa) dias.

Art. 2º Esta Lei entra em vigor na data de sua publicação.

[...].

Como se percebe da redação dada ao *caput* do art. 1º, da Lei n. 12.506, de 2011, o aviso-prévio proporcional foi deferido apenas aos empregados, sem que se possa extrair da *literalidade* da Lei outra interpretação.

A Lei (*caput* do art. 1º) determina que o aviso-prévio (de que trata a CLT) *será concedido* (na proporção de 30 dias) *aos empregados* que contem até um ano de serviço na mesma empresa.

Na sequência, no parágrafo único, o legislador fixou a regra de proporcionalidade do *aviso de que trata o mesmo artigo*, de forma a inviabilizar uma exegese que venha a atribuir ao empregador esse benefício.

É cediço que a interpretação meramente literal da lei pode ser falha, como ensina a doutrina em sua generalidade. No caso, entretanto, a Lei diz claramente o que pretendeu o legislador e a própria Constituição Federal.

Por seu turno, a técnica de interpretação *histórica* da Lei n. 12.506, de 2011, também conduz à mesma conclusão a que se chegou ao realizar a interpretação literal do dispositivo comentado.

Com efeito, a proposição foi aprovada no Senado Federal no ano de 1989 e enviada à Câmara dos Deputados. Esta, por sua vez, manifestou-se favoravelmente à proposição por meio de suas diversas Comissões (Diário do Congresso; Seção 1; 12.9.1995; p. 21642/21660).

Ao explicitar seu entendimento sobre a matéria, o então relator designado pela Comissão de Constituição e Justiça da Câmara dos Deputados afirmou categoricamente (Diário do Congresso; 12.9.1995; p. 21.642):

[...].

1.1. Honrou-me o ilustre presidente desta Comissão, Deputado Nelson Jobim, com a tarefa de relatar as propostas em epígrafe, que têm por objetivo comum dar regulamentação ao disposto no art. 7º, XXI, da Constituição de 5 de outubro de 1988, que estabelece como direito dos trabalhadores urbanos e rurais o 'aviso-prévio proporcional ao tempo de serviço, sendo no mínimo de trinta dias, nos termos da lei'.

[...].

Mais adiante, ao se pronunciar especificamente sobre o Projeto de Lei n. 3.941, de 1989, o relator consignou (p. 21.643), *in verbis*:

[...].

2.1. A proposta já aprovada pelo Senado Federal (originalmente, PL n. 89/89, do Senador Carlos Chiarelli) estabelece que o aviso-prévio do empregador ao empregado que conte até um ano de serviço na mesma empresa será de trinta dias, dispondo que a tal prazo serão acrescidos mais três dias por ano de serviço, até o máximo de sessenta, perfazendo um total de até noventa dias.

[...].

Por seu turno, na Comissão do Trabalho, de Administração e Serviço Público da Câmara dos Deputados, o respectivo relator registrou (Diário do Congresso; 12.9.1995; fl. 21.654):

[...].

*O PL n. 3.941-B/89, do Senado Federal, assegura aviso-prévio de 30 dias para os trabalhadores que contarem até um ano de serviço no mesmo empregador. Para cada ano adicional de serviço, serão acrescentados 3 dias ao prazo mínimo de 30 dias, não podendo o prazo total exceder a 90 dias. Como o Projeto de Lei refere-se especificamente ao aviso-prévio de que trata o Capítulo VI do Título IV da Consolidação das Leis do Trabalho (CLT), **depreende-se que o único dispositivo substituído é aquele referente ao art. 407 e seus incisos, no que diz respeito ao aviso-prévio por parte do empregador**.*

[...].

Já na Comissão de Economia, Indústria e Comércio da Câmara, o parecer vencedor relatou a proposição nos seguintes termos (Diário do Congresso; 12.9.1995; fl. 21.658):

[...].

O PL n. 3.941, de 1989 (PLS n. 89/89 no Senado Federal) tem por objetivo a regulamentação do inciso XXI, do artigo 7º, da Constituição Federal, que assegura aos trabalhadores urbanos e rurais, dentre outros direitos, o aviso-prévio proporcional ao tempo de serviço, sendo no mínimo de trinta dias, nos termos da lei. [...].

É certo que a Carta Magna prevê 'aviso-prévio proporcional ao tempo de serviço, sendo no mínimo de trinta dias, nos termos da lei' (art. 7º, XXI). Mas também é certo que qualquer proposição legislativa que vise estabelecer essa proporcionalidade deverá ser fruto de uma avaliação séria e precisa dos impactos causados pelas disposições constitucionais autoaplicáveis sobre o emprego, produtividade e competitividade das empresas oneradas com os novos direitos trabalhistas.

Não resta dúvida, portanto, que das proposições em tela, a única razoável é a originária do Senado Federal, que concede acréscimo, ao mínimo de trinta dias, de três dias por ano de serviço prestado na mesma empresa, até o limite máximo de sessenta, perfazendo um total de até noventa dias. Tal proposição, sem dúvida, apesar de onerosa, é a única suportável pelo empresariado nacional.

[...].

Como se não bastasse, também a análise *sistemática* da Lei conduz ao raciocínio de que a aplicabilidade do aviso-prévio proporcional instituído pela Lei n. 12.506, de 2011, dá-se apenas em benefício do empregado.

Com efeito, todo o processo legislativo que a análise do Projeto de Lei n. 3.941, de 1989, pelo Congresso Nacional, partia da premissa de que se regulamentava o inciso XXI, do art. 7º, da Constituição, cujo teor é o seguinte:

[...].

Art. 7º São direitos dos trabalhadores urbanos e rurais, além de outros que visem à melhoria de sua condição social:

[...].

XXI – aviso-prévio proporcional ao tempo de serviço, sendo no mínimo de trinta dias, nos termos da lei;

[...]. (Grifos nossos).

A proposição que deu origem à Lei n. 12.506, de 2011, fixou a proporcionalidade constitucionalmente assegurada aos empregados (art. 7º, XXI), o que torna inviável qualquer interpretação que tenda a estender esse direito social ao empregador.

Além disso, é de conhecimento geral que a aprovação do Projeto de Lei ocorreu após diversas manifestações do Supremo Tribunal Federal — STF sobre a mora do Congresso Nacional na regulamentação do aviso-prévio proporcional:

[...].

EMENTA: Mandado de injunção: ausência de regulamentação do direito ao aviso-prévio proporcional previsto no art. 7º, XXI, da Constituição da República. Mora legislativa: critério objetivo de sua verificação: procedência, para declarar a mora e comunicar a decisão ao Congresso Nacional para que a supra. (STF. MI 695/MA. Tribunal Pleno. Rel. Min. Sepúlveda Pertence. DJ 20.4.2007, p. 00087).

[...].

[...].

EMENTA: Mandado de Injunção. Regulamentação do disposto no art. 7º, incisos I e XXI, da Constituição Federal. Relação de emprego protegida contra despedida arbitrária ou sem justa causa. Aviso-prévio proporcional ao tempo de serviço.

Pedido não conhecido em relação ao art. 7º, I, da CF, diante do que decidiu esta Corte no MI n. 114/SP.

Pedido deferido em parte no que toca à regulamentação do art. 7º, XXI, da CF, para declarar a mora do Congresso Nacional, que deverá ser comunicado para supri-la. (STF. MI n. 278/MG. Tribunal Pleno. Rel. Min. Carlos Velloso. DJ 14.12.2001, p. 00028).

[...].

[...].

EMENTA — Mandado de Injunção: ausência de lei regulamentadora do direito ao aviso--prévio proporcional; ilegitimidade passiva do empregador suprida pela integração ao processo do Congresso Nacional; mora legislativa: critério objetivo de sua verificação: procedência, para, declarada a mora, notificar o legislador para que a supra. (STF. MI n. 95/RR. Tribunal Pleno. Rel. Min. Carlos Velloso. DJ 18.6.1993, p. 12.108).

[...].

[...].

EMENTA: Mandado de Injunção. Aviso-prévio proporcional. Constituição, art. 7º, inciso XXI. Mandado de injunção ajuizado por empregado despedido, exclusivamente, contra a ex-empregadora. Natureza do mandado de injunção. Firmou-se, no STF, o entendimento segundo o qual o mandado de injunção há de dirigir-se contra o Poder, órgão, entidade ou autoridade que tem o dever de regulamentar a norma constitucional, não se legitimando "ad causam", passivamente, em princípio, quem não estiver obrigado a editar a regulamentação respectiva. Não é viável dar curso a mandado de injunção, por ilegitimidade passiva "ad causam", da ex-empregadora do requerente, única que se indica como demandada, na inicial. Mandado de injunção não conhecido. (STF MI-QO n. 352/RS. Tribunal Pleno. Rel. Min. Néri da Silveira. DJ 12.12.1997. p. 65.569).

[...].

[...].

EMENTA: Mandado de Injunção. Artigo 7º, XXI, DA CONSTITUIÇÃO. AVISO-PRÉVIO PROPORCIONAL AO TEMPO DE SERVIÇO.

Situação de mora do legislador ordinário na atividade de regulamentar o aviso-prévio, como previsto no artigo 7º, XXI, da Constituição. Falta de perspectiva de qualquer benefício ao peticionário, visto que dispensado em perfeita sintonia com o direito positivo da época — circunstância impeditiva de desdobramentos, no caso concreto, em favor de impetrante.

Mandado de injunção parcialmente deferido, com o reconhecimento da mora do Congresso Nacional. (STF. MI 369 / DF. Tribunal Pleno. Rel. Min. Néri da Silveira. DJ 26.2.1993, p. 02354).

[...].

O próprio TST, por meio da SBDI-1, pronunciava-se sobre a inaplicabilidade da proporcionalidade constitucional antes da regulamentação por meio de Lei, in verbis:

[...].

Orientação Jurisprudencial n. 84:

AVISO-PRÉVIO. PROPORCIONALIDADE (inserida em 28.4.1997)

A proporcionalidade do aviso-prévio, com base no tempo de serviço, depende da legislação regulamentadora, visto que o art. 7º, inc. XXI, da CF de 1988 não é autoaplicável.

[...].

Portanto, ao regulamentar a matéria, o Congresso Nacional tornou possível a concretização de um direito constitucional previsto desde a originária redação do art. 7º da Lei Maior; há mais de duas décadas, portanto.

Utilizando-se, ainda, da técnica de interpretação *teleológica*, a conclusão não destoa das demais, já que a Constituição não estendeu, em momento algum, o benefício da proporcionalidade do aviso-prévio ao empregador.

Diferentemente, ela o reservou, como direito social, ao trabalhador, de forma a protegê-lo de maneira mais efetiva em função do seu tempo de serviço prestado ao mesmo empregador.

Isso porque o contrato de emprego não é um contrato comum. Esse contrato possui características próprias decorrentes da necessidade de intervenção do Estado nessas relações jurídicas (arts. 9º, 444 e 468, da CLT).

O Direito do Trabalho surgiu no Século XIX, justamente em razão da necessidade de intervenção do Estado por meio de uma legislação imperativa, de força cogente, insuscetível de renúncia pelas partes e limitadora da autonomia da vontade.

A proporcionalidade fixada em Lei decorre da necessidade de preservação da dignidade do trabalhador e foi instituída para assegurar ao empregado mais tempo para se readaptar às necessidades do mercado de trabalho.

É evidente que, em razão da inobservância da Lei Complementar n. 95, de 26 de fevereiro de 1998 — que não existia quando a matéria foi aprovada no Senado e durante a tramitação em algumas Comissões da Câmara dos Deputados — a proposição tratou de matéria trabalhista fora do texto celetista.

Essa imprecisão técnica, contudo, não impede a perfeita compreensão da Lei n. 12.506, de 2011, e sua adequação aos dispositivos relativos ao aviso-prévio previstos na CLT.

Convém salientar, ainda, que a Lei n. 12.506, de 2011, não revogou o art. 487 da CLT, tendo apenas procedido à derrogação desse dispositivo celetista nos limites da sua incompatibilidade com a nova Lei.

A CLT continua a atribuir o aviso-prévio às partes da relação jurídica trabalhista, mas a nova Lei, especialmente no que toca à proporcionalidade, refere-se apenas ao direito do trabalhador, em conformidade com o inciso XXI, do art. 7º, da CF.

Assim, pode-se afirmar que o aviso-prévio proporcional regulamentado pela Lei n. 12.506, de 2011, aplica-se apenas em benefício do empregado.

2.2. A questão da eficácia da Lei n. 12.506, de 2011, no tempo

Outro aspecto relevante a ser objeto de reflexão refere-se à retroatividade da Lei n. 12.506, de 2011.

Maria Helena Diniz, com propriedade, afirma que não se deve atribuir caráter absoluto aos princípios da retroatividade ou irretroatividade (p. 98-99):

[...].

Quando a lei nova modificar ou regular, de forma diferente, a matéria versada pela norma anterior, podem surgir conflitos entre as novas disposições e as relações jurídicas já definidas sob a vigência da velha norma. A nova norma só tem vigor para o futuro ou regula situações anteriormente constituídas?

Para solucionar tal questão dois são os critérios utilizados:

1) O das disposições transitórias, [...].

2) O dos princípios da retroatividade e da irretroatividade das normas, construções doutrinárias para solucionar conflitos na ausência de normação transitória. É retroativa a norma que atinge os efeitos de atos jurídicos praticados sob o império da norma revogada. E irretroativa a que não se aplica a qualquer situação jurídica constituída anteriormente. Não se pode aceitar a retroatividade e a irretroatividade como princípios absolutos. O ideal seria que a lei nova retroagisse em alguns casos, em outros não. Foi o que fez o direito pátrio no art. 5º, XXXVI, da Constituição Federal, e no art. 6º, §§ 1º, 2º e 3º, da Lei de Introdução ao Código Civil, com a redação da Lei n. 3.238, de 1957, ao prescrever que a nova norma em vigor tem efeito imediato e geral, respeitando sempre o ato jurídico perfeito, o direito adquirido e a coisa julgada. Ato jurídico perfeito é o que já se consumou segundo a norma vigente ao tempo em que se efetuou; o direito adquirido é o que já se incorporou definitivamente ao patrimônio e à personalidade de seu titular; e a coisa julgada é a decisão judiciária de que já não caiba mais recurso. É a decisão definitiva do Poder Judiciário, trazendo a presunção absoluta de que o direito foi aplicado corretamente ao caso *sub judice*.

[...].

Na verdade, a Constituição Federal, em seu art. 5º, inciso XXXVI, determina que "a lei não prejudicará o direito adquirido, o ato jurídico perfeito e a coisa julgada."

Em matéria penal, a Constituição consigna expressamente a irretroatividade da lei prejudicial ao acusado (art. 5º, XL, da CF — a lei penal não retroagirá, salvo para beneficiar o réu).

A lei destina-se, em regra, a vigorar para o futuro, mas incide sobre as relações jurídicas trabalhistas em curso, em conformidade com a teoria do *efeito imediato*, conforme ensina Amauri Mascaro Nascimento (p. 328):

[...].

Os conflitos de leis no tempo, em direito do trabalho, são resolvidos segundo o princípio do efeito imediato. Significa que uma lei nova tem aplicabilidade imediata, recai desde logo sobre os contratos em curso à data da sua vigência, embora constituídos anteriormente, mas ainda não extintos. Portanto, à medida que novas leis trabalhistas são editadas, a todos os que são empregados, por ocasião da sua vigência, beneficiarão. Diz Caldeira que a vigência imediata 'é uma qualidade da ordem pública em que se fundam as disposições trabalhistas. Se, por exemplo, uma lei nova reduz a jornada de trabalho, seria impossível esperar que se celebrassem novos contratos de trabalho para que a redução entrasse em vigor. O mesmo ocorreria se, estabelecido legalmente um tipo de salário mínimo, ficasse admitido que continuariam sendo pagos salários inferiores aos trabalhadores.

[...].

O princípio do efeito imediato é determinado pelo *caput* do art. 6º, do Decreto-lei n. 4.657, de 04 de setembro de 1942 (Lei de Introdução às normas do Direito Brasileiro — LINDB).

Na hipótese em questão, não há que se cogitar em direito adquirido ou ato jurídico perfeito a dar suporte à manutenção do prazo de trinta dias conferido anteriormente ao aviso-prévio.

Por seu turno, ao regular o aviso-prévio, a CLT fixou regras claras sobre a forma de notificação e estabeleceu os respectivos prazos.

Já a Lei n. 12.506, de 2011, não trata da forma de notificação do aviso-prévio, mas da *duração* do mesmo, incidindo imediatamente sobre as relações jurídicas novas e pendentes, aderindo, dessa forma, ao contrato de trabalho em curso.

Por sua vez, *a rescisão contratual, na dicção do art. 489, somente se torna efetiva após a expiração do prazo do aviso-prévio* que, nesse caso, em razão do efeito imediato da Lei n. 12.506, de 2011, deverá ser majorado a depender do tempo de serviço do obreiro.

Aliás, é importante salientar que o período de aviso-prévio trabalhado é tempo de serviço, enseja o pagamento de salário e, portanto, deve ser garantido ao empregado que contar período superior a um ano de serviços prestados ao mesmo empregador na data da entrada em vigor da Lei n. 12.506, de 2011.

Até mesmo a contagem de tempo do aviso-prévio indenizado deve levar em consideração tal proporcionalidade, devendo ser anotada na Carteira de Trabalho e Previdência Social — CTPS a data final desse aviso (§1º, do art. 487, da CLT; e Orientação Jurisprudencial n. 82, da SDI-1).

Portanto, a nova regra de duração do aviso-prévio incide tanto sobre os avisos-prévios firmados a partir da data da vigência da Lei n. 12.506, de 2011, quanto em relação aos avisos em curso naquela data.

Entretanto, quanto ao efeito da nova Lei sobre avisos-prévios consumados antes da sua entrada em vigor, a conclusão deve ser distinta.

De fato, podem ocorrer situações em que os empregados com direito ao aviso proporcional superior a trinta dias tenham tido seus contratos de trabalho rescindidos antes da entrada em vigor da Lei n. 12.506, de 2011.

Nesse caso, embora a norma aparentemente incida sobre essas situações jurídicas, houve um *ato jurídico perfeito*, consubstanciado na consumação do aviso-prévio segundo a regra de direito que incidia naquele momento.

José Afonso da Silva traduz a distinção entre direito adquirido e ato jurídico perfeito nos seguintes termos (p. 134):

[...].

3. ATO JURÍDICO PERFEITO. A LICC, art. 6º, § 1º, reputa 'ato jurídico perfeito o já consumado segundo a lei vigente ao tempo em que se efetuou'.

Essa definição dá a ideia de que 'ato jurídico perfeito' é aquela situação consumada ou direito consumado, referido acima, como direito definitivamente exercido. Não é disso, porém, que se trata. Esse direito consumado é também inatingível pela lei nova, não por ser ato perfeito, mas por ser direito mais do que adquirido, direito esgotado. Se o simples direito adquirido (isto é, direito que já integrou o patrimônio, mas não foi ainda exercido) é protegido contra interferência da lei nova, mais ainda o é o direito adquirido já consumado.

A diferença entre 'direito adquirido' e 'ato jurídico perfeito' está em que aquele emana diretamente da lei em favor de um titular, enquanto o segundo é negócio fundado na lei. 'O ato jurídico perfeito, a que se refere o art. 153, § 3º, [agora, art. 5º, XXXVI] é o negócio jurídico, ou o ato jurídico *stricto sensu*; portanto, assim as declarações unilaterais de vontade como os negócios jurídicos bilaterais, assim os negócios jurídicos, como as reclamações, interpretações, a fixação de prazo para a aceitação de doação, as comunicações, a constituição de domicílio, as notificações, o reconhecimento para interromper a prescrição ou com sua eficácia (ato jurídico *stricto sensu*)'. 'Ato jurídico perfeito, nos termos do art. 153, § 3º, [agora, art. 5º, XXXVI] é aquele que sob o regime da lei antiga se tornou apto para produzir os seus efeitos pela verificação de todos os requisitos a isso indispensáveis'. É perfeito ainda que possa estar sujeito a termo ou condição.

[...].

Registre-se que o TST já se manifestou no sentido de que a norma de prescrição trabalhista rural, inserida na Constituição (art. 7º, XXIX) por meio da Emenda Constitucional n. 28, de 25 de maio de 2000 (art. 1º), somente se aplica aos contratos firmados após a promulgação da respectiva Emenda, consoante se observa da seguinte ementa:

> [...].
>
> *RECURSO DE REVISTA. TRABALHADOR RURAL. PRESCRIÇÃO QUINQUENAL. EMENDA CONSTITUCIONAL N. 28, de 2000. Esta Corte firmou entendimento no sentido de que a prescrição quinquenal, prevista na EC n. 28, de 2000 para os trabalhadores rurais, somente se aplica às ações ajuizadas cinco anos após sua vigência, ou seja, após 29.5.2005, observado o prazo de dois anos da extinção do contrato de trabalho, sob pena de se conferir à mencionada emenda constitucional efeitos retroativos e de violar direito adquirido. Incidência do art. 896, § 4º, da CLT e aplicação da Súmula n. 333/TST. (Processo: RR – 195300-80.2002.5.15.0067 – Data de Julgamento: 17.3.2010, Relatora Ministra Rosa Maria Weber, 3ª Turma, Data de Divulgação: DEJT 9.4.2010).*
>
> [...].

Naquela hipótese, o TST reconheceu a existência de direito adquirido daqueles que, admitidos anteriormente à EC n. 28, de 2000, desejavam buscar junto ao Poder Judiciário o reconhecimento de seus direitos trabalhistas sem se submeter ao prazo prescricional fixado pela nova norma.

No caso em exame, também a Lei n. 12.506, de 2011, não pode retroagir para atingir eventuais atos praticados sob a égide da CLT, em sua redação derrogada, sob pena de contrariar o art. 5º, XXXVI, da Constituição.

2.3. A proporcionalidade do aviso-prévio instituído pelo art. 7º, XXI, da Constituição e regulamentado pela Lei n. 12.506, de 2011

Outro aspecto que se deseja esclarecer diz respeito à possibilidade de acréscimo inferior a três dias no aviso-prévio proporcional.

A resposta a essa indagação está na própria Lei n. 12.506, de 2011, que fixou a possibilidade de acréscimo de três dias de aviso-prévio a cada ano de serviço prestado ao mesmo empregador.

Não há possibilidade, assim, de fixar períodos inferiores a um ano de trabalho para ensejar parcela inferior a três dias.

Não se pode interpretar uma obrigação imposta ao empregador de forma extensiva, a ponto de criar uma nova modalidade de aviso-prévio proporcional não previsto em lei.

A proporcionalidade fixada pela Lei não leva em conta o quadrimestre de serviço prestado, nem o mês, nem o dia, mas o ano integralmente trabalhado. Se fosse admitida a possibilidade de fracionamento da proporcionalidade, ir-se-ia ao infinito.

Há, ainda, o questionamento sobre a aplicabilidade do art. 488, da CLT em face da Lei n. 12.506, de 2011. O dispositivo celetista tem o seguinte teor:

> [...].
>
> Art. 488. O horário normal de trabalho do empregado, durante o prazo do aviso, e se a rescisão tiver sido promovida pelo empregador, será reduzido de 2 (duas) horas diárias, sem prejuízo do salário integral.
>
> Parágrafo único. É facultado ao empregado trabalhar sem a redução das 2 (duas) horas diárias previstas neste artigo, caso em que poderá faltar ao serviço, sem prejuízo do salário integral, por 1 (um) dia, na hipótese do inciso I, e por 7 (sete) dias corridos, na hipótese do inciso II, do art. 487, desta Consolidação. (Incluído pela Lei n. 7.093, de 25.4.1983).
>
> [...].

Deve-se fixar a interpretação da norma considerando-se que a redução da jornada de trabalho é direito que foi assegurado ao trabalhador, cuja desconsideração enseja a própria nulidade do aviso-prévio, conforme se deduz da Súmula n. 230, do TST:

> [...].
>
> Súmula n. 230: AVISO-PRÉVIO. SUBSTITUIÇÃO PELO PAGAMENTO DAS HORAS REDUZIDAS DA JORNADA DE TRABALHO (mantida) – Res. n. 121/2003, DJ 19, 20 e 21.11.2003 – É ilegal substituir o período que se reduz da jornada de trabalho, no aviso--prévio, pelo pagamento das horas correspondentes. Histórico: Redação original – Res. n. 14/1985, DJ 19.9.1985 e 24, 25 e 26.9.1985.
>
> [...].

Não existe dúvida quanto à aplicabilidade do *caput* do art. 488 da CLT ao aviso-prévio proporcional.

Todavia, no que tange ao parágrafo único desse mesmo artigo, não se observa a possibilidade de fixar a proporcionalidade nesse caso sem a interferência do Congresso Nacional, face à incompatibilidade da nova Lei com a CLT.

De fato, houve a derrogação do parágrafo único do art. 488, da CLT. Nesse caso, para os empregados com direito ao aviso-prévio com duração superior a trinta dias não subsiste a faculdade deferida aos demais.

Para estes, aplica-se apenas a regra delineada pelo *caput* do art. 488 da CLT, sem a faculdade prevista no parágrafo único do mesmo artigo.

Isso não impede que os trabalhadores tenham acesso a um período corrido de afastamento do trabalho, observada a proporcionalidade do aviso-prévio, desde que fixada em negociação coletiva ou mesmo por acordo individual.

Evidentemente, para que seja válida tal negociação é necessário que seja observada a proporcionalidade estabelecida pela Lei ou outra condição mais favorável ao empregado.

Nesse ponto, deve-se ressaltar que não se está diante de regra sobre a jornada de trabalho, cuja negociação, mesmo coletiva, estaria vedada.

Na realidade, o objeto da negociação seria apenas instituição da faculdade, em benefício do empregado, de optar por ausentar-se do serviço por um período de dias corridos, observada obrigatoriamente a proporcionalidade.

Por fim, é importante consignar que a Lei n. 12.506, de 2011, deferiu três dias de aviso-prévio a cada ano trabalhado.

Com efeito, a Lei limita-se a afirmar, no *caput* do art. 1º, que o aviso de trinta dias será concedido aos empregados que contarem *até um ano* de serviço na mesma empresa.

Ou seja, o aviso-prévio de trinta dias somente se aplica se o empregado contar, no máximo, um ano de serviço na mesma empresa. A partir de um ano e um dia, o aviso passa a contar com a proporcionalidade do parágrafo único, do art. 1º, da Lei.

Isso porque o parágrafo único do mesmo art. 1º determina o acréscimo de três dias de aviso-prévio a cada ano de serviço prestado à mesma empresa, logicamente, a partir do primeiro dia seguinte ao ano completo.

A Lei não excluiu a incidência do parágrafo único sobre o aviso do empregado que contar apenas um ano de serviço na empresa.

Assim, para os empregados com *até um ano de serviço*, o aviso é de trinta dias; até dois anos, trinta e três dias; até três anos, trinta e seis; seguindo-se essa regra até que o aviso seja de noventa dias, a partir do vigésimo ano completo de serviço prestado à empresa.

3. Conclusão

Assim, pode-se concluir que o instituto do aviso-prévio proporcional aplica-se em benefício do empregado, haja vista tratar-se de benefício social concedido exclusivamente ao trabalhador pelo art. 7º, XXI, da Constituição Federal.

Por sua vez, as regras inerentes ao aviso-prévio proporcional incidem tanto sobre os avisos-prévios firmados a partir da data da vigência da Lei n. 12.506, de 2011, quanto em relação aos avisos em curso naquela data.

Para os empregados com direito ao aviso-prévio com duração superior a trinta dias foi revogada a faculdade deferida aos demais pelo parágrafo único do art. 488, da CLT, não restando obstaculizada, todavia, a concessão de um período corrido, observada a proporcionalidade e desde que precedida de acordo individual ou por meio de negociação coletiva.

No que tange à contagem do tempo do aviso-prévio proporcional, a nova regra determina que, para os empregados com até um ano de serviço, o aviso é de trinta dias; até dois anos, trinta e três dias; até três anos, trinta e seis; seguindo-se essa regra até que o aviso seja de noventa dias, a partir do vigésimo ano completo de serviço prestado à empresa.

4. Referências Bibliográficas

DIÁRIO DO CONGRESSO. 12.9.1995.

DINIZ, Maria Helena. *Curso de Direito Civil Brasileiro.* v. 1: teoria geral do direito civil. 21. ed. São Paulo: Saraiva, 2004.

NASCIMENTO, Amauri Mascaro. *Curso de Direito do Trabalho.* 19. ed. São Paulo: Saraiva, 2004.

SAAD, Eduardo Gabriel. *CLT Comentada.* 42. ed. São Paulo: LTr, 2009.

SILVA, José Afonso da. *Comentário Contextual à Constituição.* 3. ed. São Paulo: Malheiros, 2007.

Capítulo IX

Implicações Legais e Constitucionais da Divulgação dos Dados do Seguro-Desemprego do Pescador Artesanal pelo Poder Público

Marcio Pereira de Andrade
Advogado da União lotado na Consultoria Jurídica junto ao Ministério do Trabalho e Emprego. Coordenador de Licitações e Contratos. Graduado em Direito pela Pontifícia Universidade Católica de São Paulo (PUC/SP). Especialista em Direito Constitucional pelo Instituto Brasiliense de Direito Público (IDP). Coautor dos livros "Estudos dirigidos da AGU — Questões comentadas" e "Temas Aprofundados da Advocacia Geral da União".

Resumo: O presente trabalho enfrenta a questão da constitucionalidade e da legalidade da divulgação de dados do Seguro-Desemprego do Pescador Artesanal pelo Poder Público a terceiros em cotejo com as normas e princípios constitucionais e os aspectos legais envolvidos.

Abstract: The present study addresses the question of constitutionality and legality of the disclosure of data from Unemployment Insurance Fishermen's Craft by the Government to third approching norms and constitutional principles and legal aspects involved.

Palavras-Chaves: Seguro-Desemprego. Pescador Artesanal. Divulgação de dados. Constitucionalidade e Legalidade.

Keywords: Unemployment Insurance. Fishermen's Craft. Disclosure of data. Constitutionality and Legality.

Sumário: 1. Introdução. 2. As fraudes que ocorrem com o benefício do Seguro-Desemprego do Pescador Artesanal. 3. A publicidade dos atos governamentais e o controle social. 4. O direito à informação. 5. O direito à privacidade. 6. Direito à Informação, Publicidade e Direito de Privacidade. 7. Conclusão. 8. Referências Bibliográficas.

1. Introdução

O tema a ser tratado neste artigo relaciona-se à constitucionalidade e à legalidade da divulgação a terceiros de dados referentes aos beneficiários do Programa do Seguro-Desemprego do Pescador Artesanal, ou Seguro-Defeso como também é conhecido.

Com efeito, em tempos atuais, o Poder Público não oferece à sociedade a possibilidade de acessar as informações relativas a este benefício de uma maneira mais detalhada.

A divulgação dos registros coloca em posições antagônicas dois direitos fundamentais: o exercício do direito à informação insculpido no art. 5º, inc. XXXIII, da Constituição Federal e o direito de privacidade assegurado pelo art. 5º, inc. X, da CF.

Para análise da controvérsia deve-se considerar, ainda que o Seguro-Desemprego do Pescador Artesanal é um benefício de natureza assistencial pago com recursos do Fundo de Amparo ao Trabalhador — FAT, que, por sua vez, é formado basicamente com recursos oriundos da cobrança do PIS/PASEP.

Por certo, trata-se de uma despesa que é paga com recursos públicos os quais devem ser geridos de forma transparente, em homenagem aos princípios constitucionais que regem um Estado Republicano, especialmente o princípio da publicidade.

Por outro lado, a divulgação de dados das pessoas físicas, como nome, CPF, endereço, cidade e Estado, das pessoas que recebem o Seguro-Desemprego do Pescador Artesanal poderia vir a lesar um direito fundamental de todos os cidadãos, que é a proteção à intimidade.

Delimitada a controvérsia a qual pretendemos abordar, passemos ao seu enfrentamento.

2. As fraudes que ocorrem com o benefício do seguro-desemprego do pescador artesanal

Previamente à análise acima anunciada mostra-se pertinente contextualizar a polêmica que permeia o tema diante da realidade que a circunda.

De fato, é notória a ocorrência de fraudes envolvendo o pagamento de Seguro--Desemprego ao Pescador Artesanal de norte a sul do Brasil. Assim, vêm sendo divulgados casos extremamente graves de fraudes no saque de Seguro-Defeso no Pará e no Paraná, entre outros Estados da Federação, sendo inclusive objeto de investigação pela Controladoria-Geral da União.[130]

Os fatos estão a mostrar que o Poder Público tem o importante dever de apurar as irregularidades, e, além disso, identificar as posturas administrativas que contribuem para ocorrência de fraudes, com o fim de modificá-las para que os problemas sejam sanados no futuro.

Uma importante ferramenta para coibir as fraudes é a publicação dos dados do Seguro-Defeso, não apenas as estatísticas, como é feito atualmente, mas, também, os nomes e dados de inscrição dos beneficiários. Esse tema será abordado adiante, com maior profundidade.

---

(130) Disponível em: <http://contasabertas.uol.com.br/WebSite/Midias/DetalheMidias.aspx?Id=2300> Acesso em: 8 out. 2011.

3. A publicidade dos atos governamentais e o controle social

Com efeito, partindo-se de uma análise normativa-constitucional tem-se que os atos da Administração Pública estão regidos, entre outros, pelo Princípio da Publicidade, sendo o sigilo uma exceção, como bem explanado por CARVALHO FILHO[131], *in verbis*:

> [...].
>
> *Indica que os atos da Administração devem merecer a mais ampla divulgação possível entre os administrados, e isso porque constitui fundamento do princípio propiciar-lhes a possibilidade de controlar a legitimidade da conduta dos agentes administrativos. Só com a transparência dessa conduta é que poderão os indivíduos aquilatar a legalidade ou não dos atos e o grau de eficiência de que se revestem.*
>
> [...].
>
> *O que importa, com, efeito, é dar a eles a maior publicidade, porque somente em raríssimas hipóteses se admite o sigilo da Administração.*
>
> [...].

O cerne do Princípio da Publicidade é dar transparência aos atos da Administração com vistas à viabilização do controle, mormente quando se trata de gastos públicos. Em matéria de controle social roga-se *venia* para destacar importante lição de ALMEIDA[132]:

> [...].
>
> Note-se que um dos desafios das democracias modernas é construir um modelo de governo baseado no controle institucionalizado exercido pelo povo soberano sobre os detentores do poder político. [...]. a participação popular, em última análise, é a fonte maior de legitimação tanto das políticas públicas quanto do próprio direito.
>
> [...].

De fato, num Estado Democrático de Direito, a participação e o controle popular são ferramentas fundamentais para exercício da cidadania.

O controle da Administração Pública, como anuncia a doutrina[133] pode ser exercido por diversos meios, tais como: controle ministerial; hierarquia orgânica; revisão recursal; direito de petição, entre outros. Focar-se-á a análise, no direito de petição.

---

(131) CARVALHO FILHO, José Santos. *Manual de Direito Administrativo*. 22. ed. Rio de Janeiro: Lumen Juris, 2010. p. 18.

(132) ALMEIDA, Guilherme Henrique de La Rocque. *Controle das Transferências Financeiras da União*. Belo Horizonte: Fórum, 2009. p. 55.

(133) In: CARVALHO FILHO, José Santos. Ob. cit., p. 19.

Com efeito, como será abordado adiante, o direito de petição (art. 5º, XXXIV, "a", da CF) soma-se ao direito à informação (art. 5º, XXXIII, da CF) de forma a garantir que qualquer cidadão se dirija aos órgãos da Administração Pública para solicitar informações em defesa de direitos ou contra ilegalidade ou abuso de poder.[134]

Nesse sentido, cumpre destacar importante lição de CARVALHO FILHO[135]:

[...].

Avulta observar que esse direito tem grande amplitude. Na verdade quando admite que seja exercido para a defesa de direitos, não discrimina que tipos de direitos, o que torna admissível a interpretação de que abrange direitos individuais e coletivos, próprios ou de terceiros, contanto que possa refletir o poder jurídico do indivíduo de dirigir-se aos órgãos públicos e deles obter a devida resposta.

[...].

Cuida-se, indiscutivelmente, de um dos mais relevantes e tradicionais mecanismos de controle administrativo.

[...].

A publicação dos dados do Seguro-Desemprego do Pescador Artesanal, por certo, permitiria que o cidadão ou sociedade civil organizada pudesse ser parceira do governo na fiscalização do pagamento deste benefício.

Assim, observamos que a publicação de dados dos beneficiários de programas governamentais, tais como nome e CPF e montante do valor recebido, já é realizada pelo Governo Federal em alguns de seus programas. Nesse sentido, é emblemático o exemplo do Programa Bolsa Família, em que os dados dos beneficiários podem ser acessados no Portal da Transparência[136], fazendo-se busca pelo Estado, Município, nome e CPF, entre outras opções.

No caso do Programa do Seguro-Desemprego do Pescador Artesanal constatamos que suas informações não podem ser obtidas pelo endereço eletrônico do Portal da Transparência no nível de detalhamento acima verificado.

De fato, no portal pode-se obter os seguintes dados:

a) GASTOS DIRETOS POR PROGRAMA, no caso despendidos no PROGRAMA 0104 – Recursos Pesqueiros Sustentáveis;

---

(134) Nos termos do art. 3º, inc. V, da Lei n. 12.527, de 18 de novembro de 2011, nova Lei de Informações, *o desenvolvimento do controle social da administração pública* é uma diretriz a ser seguida com vistas a assegurar o direito à informação.
(135) *Ibidem*, p. 863.
(136) Disponível em: <http://www.portaltransparencia.gov.br/> Acesso em: 13 jun. 2011.

b) AÇÃO 0585 — Pagamento do Seguro-Desemprego do Pescador Artesanal, que no ano de 2010 totalizou R$ 1.175.991.882,00, cujo favorecido foi a CAIXA ECONÔMICA FEDERAL (CEF Matriz);

c) GRUPO DE DESPESA — Outras Despesas Correntes;

d) ELEMENTO DE DESPESA — outros benefícios de natureza social;

e) ÓRGÃO SUPERIOR — Ministério do Trabalho e Emprego;

f) ÓRGÃO — Fundo de Amparo ao Trabalhador; e

g) UNIDADE GESTORA — Coordenação-Geral de Recursos do FAT/MTE.

Assim, não podemos deixar de considerar que em termos orçamentários o pagamento do Seguro-Desemprego do Pescador Artesanal é uma despesa, um gasto público, que está regido no campo constitucional pelo valor fundamental da publicidade.

Contudo, apesar de não existir uma norma específica em relação à publicação dos dados do Programa Seguro-Desemprego do Pescador Artesanal, a exemplo do que ocorre no Programa Bolsa Família[137], devemos lembrar que os gastos e despesas públicas são regidos pela Lei de Responsabilidade Fiscal, Lei Complementar n. 101, de 2000, que cuida, entre outras coisas, da Transparência, Controle e Fiscalização da Gestão Fiscal, assim:

> [...].
>
> *Art. 48-A. Para os fins a que se refere o inciso II, do parágrafo único, do art. 48*[138], *os entes da Federação disponibilizarão a qualquer pessoa física ou jurídica o acesso a informações referentes a:*
>
> **I –** *quanto à despesa: todos os atos praticados pelas unidades gestoras no decorrer da execução da despesa, no momento de sua realização, com a disponibilização mínima dos dados referentes ao número do correspondente processo, ao bem fornecido ou ao serviço prestado, à pessoa física ou jurídica beneficiária do pagamento e, quando for o caso, ao procedimento licitatório realizado;*
>
> [...]. (Grifos nossos).

O dispositivo é claro ao dizer que os Entes da Federação têm a obrigação de publicar em meios eletrônicos os dados mínimos sobre a pessoa física ou jurídica beneficiária de pagamento com dinheiro público.

---

(137) "[...]. Art. 13. Será de acesso público a relação dos beneficiários e dos respectivos benefícios do Programa a que se refere o *caput* do art. 1º. Parágrafo único. A relação a que se refere o *caput* **terá divulgação em meios eletrônicos** de acesso público e em outros meios previstos em regulamento. [...]." (Grifos nossos).

(138) "[...]. Art. 48. São instrumentos de transparência da gestão fiscal, aos quais será dada ampla divulgação, inclusive em meios eletrônicos de acesso público: os planos, orçamentos e leis de diretrizes orçamentárias; as prestações de contas e o respectivo parecer prévio; o Relatório Resumido da Execução Orçamentária e o Relatório de Gestão Fiscal; e as versões simplificadas desses documentos. Parágrafo único. A transparência será assegurada também mediante: II – liberação ao pleno conhecimento e acompanhamento da sociedade, em tempo real, de informações pormenorizadas sobre a execução orçamentária e financeira, em meios eletrônicos de acesso público; [...]."

Entendemos, assim, que o art. 48-A, da LC n. 101, de 2000 é norma suficiente a ensejar a publicação em meios eletrônicos dos dados referentes a despesas com pagamento do Seguro-Desemprego do Pescador Artesanal.

Contudo, deve-se considerar que hoje, como já ressaltado, essas informações não podem ser obtidas no endereço eletrônico do Portal da Transparência, ao menos não no nível de detalhamento esperado, em que se requer a identificação da pessoa física beneficiária requerente, tampouco o Ministério do Trabalho e Emprego publica esses dados em sua página eletrônica.

Assim, se por um lado resta evidente que a publicação dos dados pode ser uma ferramenta importante no controle social dos gastos públicos, sendo regra para a Administração, por outro resta saber se a publicação dos dados pode vir a ferir interesses pessoais, especialmente a privacidade dos beneficiários.

4. O direito à informação

Previamente ao enfrentamento da questão de se saber se a publicação dos dados referentes ao Seguro-Desemprego do Pescador Artesanal feriria o direito à intimidade, à privacidade ou à honra de terceiros, cumpre esclarecer o conteúdo do direito à informação, essencial para chegarmos a uma conclusão efetiva sobre o tema posto.

O direito à informação está consagrado no art. 5º, inc. XXXIII, da Constituição Federal nos seguintes termos:

> [...].
>
> *Art. 5º [...].*
>
> *XXXIII – todos têm direito a receber dos órgãos públicos informações de seu interesse particular, ou de interesse coletivo ou geral, que serão prestadas no prazo da lei, sob pena de responsabilidade, ressalvadas aquelas cujo sigilo seja imprescindível à segurança da sociedade e do Estado;*
>
> [...].

Sobre a nomenclatura do referido direito é pertinente mencionar que alguns autores adotam a terminologia de "direito à informação", como SILVA[139], outros o conceituam como "direito de certidão", como MORAES[140]. Não obstante a diferença terminológica, o mais relevante é determinar o conteúdo do referido direito.

SILVA[141], com propriedade, o classifica como sendo um direito coletivo na medida que:

> [...].

---

(139) SILVA, José Afonso da. *Curso de Direito Constitucional Positivo*. 31. ed. São Paulo: Malheiros, p. 260.
(140) MORAES, Alexandre. *Constituição do Brasil Interpretada e legislação constitucional*. São Paulo: Atlas, 2007. p. 232.
(141) SILVA, José Afonso. Ob. cit., p. 260.

como se vê do enunciado, amalgamam-se direitos particulares, coletivos e gerais, donde se tem que não se trata de mero interesse individual.

[...].

Nesse passo, é importante ressaltar o caráter coletivo desse direito, tendo em vista a natureza do requerimento e da entidade que o formulou.

Contudo, alguns requisitos devem ser preenchidos para o exercício desse direito. Sobre este tema MELO FILHO[142] aponta os seguintes requisitos:

[...].

a) legítimo interesse;

b) ausência de sigilo;

c) *res habilis* (coisa hábil); e

c) indicação de finalidade;

[...].

Assim, o primeiro ponto a ser enfrentado diz respeito ao legítimo interesse individual, coletivo ou geral a ser defendido.

Vale considerar que interesse particular é aquele que interessa diretamente à pessoa, seja ela física ou jurídica. Já o interesse coletivo diria respeito a uma coletividade de pessoas unidas por um vínculo jurídico comum, como no caso de uma associação representativa de classe que requer informações a respeito de seus associados, p. ex. Ou, ainda, o interesse poderia ser geral, na hipótese de não se poder delimitar com precisão o universo das pessoas que seriam beneficiadas pelas informações.

O segundo pressuposto diz respeito à ausência de sigilo dos dados. Nesse sentido, convém ponderar que apenas os dados de Seguro-Defeso não são sigilosos, por força legal. Também não se tem conhecimento de que a Comissão de Averiguação e Análise de Informações Sigilosas no âmbito da Casa Civil da Presidência da República tenha editado ato que classifique os dados do Seguro-Desemprego do Pescador Artesanal como sigilosos, tampouco o Ministério do Trabalho e Emprego tenha editado ato normativo com vistas a estabelecer o grau de sigilo de dados e documentos que constam em seus arquivos, como faculta o § 2º, do art. 6º, do Decreto n. 4.553, de 27 de dezembro de 2002, com redação conferida pelo Decreto n. 5.301, de 2004, o qual regulamenta a Lei n. 8.159, de 8 de janeiro de 1991.[143]

---

(142) *Apud* MORAES, Alexandre. *Constituição do Brasil Interpretada e legislação constitucional.* São Paulo: Atlas, 2007. p. 232.

(143) A legislação referida foi parcialmente revogada pela Lei n. 12.527, de 18 de novembro de 2011. Contudo, nos termos da nova lei de informações, pode-se depreender da análise do art. 23, que as informações sobre os beneficiários do Seguro-Desemprego do Pescador Artesanal **não são imprescindíveis à segurança da sociedade ou do Estado**. Ademais, a referida lei normatizou o acesso a informações pessoais, autorizando

Ademais, a Constituição Federal só admite o sigilo em casos de necessidade de segurança do Estado ou da sociedade ou para preservação da intimidade, da vida privada, da imagem ou da honra das pessoas. A esse propósito, vale observar que o art. 7º, da Lei n. 11.111, de 5 de maio de 2005, que regulamenta a parte final do inc. XXXIII, do art. 5º, da Constituição Federal, expressamente prevê que "os documentos públicos que contenham informações relacionadas à intimidade, vida privada, honra e imagem de pessoas, e que sejam ou venham a ser de livre acesso poderão ser franqueados por meio de certidão ou cópia do documento, que expurgue ou oculte a parte sobre a qual recai o disposto no inciso X, *caput*, do art. 5º, da Constituição Federal."

Nesse sentido, vale a pena citar lição de TAVARES[144], para quem, em relação ao sigilo, *"há exclusão da tutela constitucional daqueles casos que envolvem verbas públicas"*.

O terceiro pressuposto diz respeito à incidência do direito de certidão sobre *res habilis* (coisa hábil), ou seja, que os dados solicitados sejam passíveis de certificação pelo Estado. No presente caso, trata-se do fornecimento de informações sobre os beneficiários e com as despesas do Programa do Seguro-Desemprego do Pescador Artesanal, informações estas que constam do banco de dados da Administração e que, portanto, são passíveis de ser certificadas.

O último pressuposto diz respeito à indicação de finalidade no uso das informações. Nesse ponto, destaca-se que a finalidade das informações seria para acompanhamento da execução orçamentária, financeira e contábil dos gastos da União, ou seja, para exercer um controle sobre os gastos públicos. Entende-se assim preenchido também este pressuposto.

Cumpre observar, ainda, que numa interpretação sistemática do ordenamento constitucional deve ser destacado que outros dispositivos constitucionais igualmente garantem o dever do poder público de fornecer informações aos cidadãos para a defesa de interesses individuais, coletivos ou gerais.

Assim, é relevante mencionar o quanto disposto no art. 37, §3º, II, CF:

[...].

Art. 37. *[...].*

§ 3º A lei disciplinará as formas de participação do usuário na administração pública direta e indireta, regulando especialmente:

---

sua divulgação quando previsto em lei, ou quando houver o consentimento expresso da pessoa a que elas se referirem. O consentimento, contudo, não é exigido no caso de proteção de interesse público e geral preponderante, conforme se deduz da interpretação do art. 31. Dessa forma, as premissas tomadas neste artigo não foram inviabilizadas pela nova lei, que, apesar de estar em vigor, ainda não foi regulamentada pelo Poder Executivo.

(144) TAVARES, André Ramos. *Curso de Direito Constitucional.* 3. ed. São Paulo: Saraiva, 2006. p. 580.

> II – *o acesso dos usuários a registros administrativos e a informações sobre atos de governo, observado o disposto no art. 5º, X e XXXIII;*
>
> *[...].* (Grifos nossos)

Veja que o dispositivo reforça o direito do cidadão de obter do serviço público informações pertinentes a seu funcionamento.

Observe-se, ainda, o quanto disposto no art. 216, § 2º, CF:

> *[...]. Art. 216. [...].*
>
> *§ 2º Cabe à administração pública, na forma da lei, a gestão da documentação governamental e as providências para franquear sua consulta a quantos dela necessitem.*
>
> *[...].* (Grifos nossos)

Trata-se, assim, de mais um dispositivo constitucional que parte da mesma premissa do direito à informação insculpido no art. 5º, XXXIII, ou seja, o direito do cidadão de obter do serviço público informações para controle da administração e para defesa de interesses individuais, coletivos ou gerais.

Não poderíamos deixar de mencionar, ainda, que o conteúdo do direito de petição insculpido no art. 5º, XXXIV, da Constituição Federal, reforça o direito à informação na medida em que pode ser utilizado no interesse da coletividade[145], nos seguintes termos:

> *[...].*
>
> *Art. 5º [...].*
>
> *XXXIV – são a todos assegurados, independentemente do pagamento de taxas:*
>
> *a) o direito de petição aos Poderes Públicos em defesa de direitos ou contra ilegalidade ou abuso de poder;*
>
> *b) a obtenção de certidões em repartições públicas, para defesa de direitos e esclarecimento de situações de interesse pessoal;*
>
> *[...].*

Dessa forma, verificamos que o direito à informação (art. 5º, XXXIII, CF) tem o viés de propiciar a qualquer do povo o acesso aos dados públicos para defesa de interesses individuais, coletivos ou gerais, sendo também um valor que pode ser aferido até mesmo em outros dispositivos constitucionais.

O exercício do direito, contudo, deve preencher pressupostos constitucionais, que no presente caso entendem-se presentes. Contudo, o único limite imposto ao fornecimento de dados do Seguro-Desemprego a terceiros advém do fato de as referidas informações dizerem respeito à vida privada, à intimidade, à honra ou à imagem de terceira pessoa, pois nesta hipótese somente o próprio titular das informações poderia requerê-las, ou, então, as informações deveriam ser fornecidas omitindo-se a parte da informação que violasse a privacidade, a intimidade ou a honra da pessoa.

---

(145) Nesse sentido, SILVA, José Afonso. Ob. cit., p. 260.

5. O direito à privacidade

Cabe, neste momento, tecer algumas considerações sobre o direito à privacidade. Inicialmente deve-se destacar que referido direito está insculpido no art. 5º, inc. X, da CF, nos seguintes termos:

> Art. 5º [...].
>
> X – são invioláveis a intimidade, a vida privada, a honra e a imagem das pessoas, assegurado o direito a indenização pelo dano material ou moral decorrente de sua violação;
>
> [...].

Sobre o referido direito MORAES[146], assim nos ensina:

[...].

Os direitos à intimidade e à própria imagem formam a proteção constitucional à vida privada, salvaguardando um espaço íntimo intransponível por intromissões ilícitas externas.

[...].

Os conceitos constitucionais de intimidade e vida privada apresentam grande interligação, podendo, porém, ser diferenciados por meio da menor amplitude do primeiro que se encontra no âmbito de incidência do segundo. Assim, o conceito de intimidade às relações subjetivas e de trato íntimo da pessoa humana, suas relações familiares e de amizade, enquanto o conceito da vida privada envolve todos os relacionamentos da pessoa inclusive os objetivos, tais como relações comerciais, de trabalho, de estudo etc.

[...].

No caso em análise, em que se discute a possibilidade de se fornecer a terceiros os dados referentes aos beneficiários do Seguro-Desemprego do Pescador Artesanal, tais como nome, CPF, endereço, Município e Estado, poder-se-ia entender que tais dados se referem à vida privada do beneficiário, pois dizem respeito à sua relação com o Poder Público no pagamento de um benefício assistencial.

Em tese, portanto, tais informações estariam albergadas pelo direito à privacidade, acarretando sua violação em indenização por danos morais.

Nesse sentido, o que deve prevalecer: o dever de publicidade dos atos de governo, o direito à informação ou o direito à privacidade?

Esta é a questão que será enfrentada adiante.

6. Direito à informação, publicidade e direito de privacidade

A problemática referente ao conflito de normas constitucionais já havia sido anunciada, resta portanto, enfrentá-la diretamente.

---

(146) MORAES, Alexandre. *Constituição do Brasil Interpretada e legislação constitucional*. São Paulo: Atlas, 2007. p. 159-160.

Já se tornou comezinha a noção de que o exercício de um direito constitucional fundamental, como são os casos do direito à informação e o direito à privacidade, não pode aniquilar outro igualmente protegido pela Constituição.

De fato, no campo dos direitos fundamentais é de bom alvitre recordar-se que entre suas características deve ser lembrada a "limitabilidade", que quer significar que nenhum direito fundamental é absoluto, ou seja, a relatividade é intrínseca aos direitos fundamentais. Daí decorre a noção de que um direito não pode anular um outro direito. Deve, sim, haver um esforço interpretativo para permitir a convivência dos direitos. Assim, não se trata de um problema de contradição de direitos em tese, mas de colisão de direitos no caso concreto.

Com efeito, como já analisado, não se pode fugir do dever estatal (art. 37, da CF, c/c art. 48-A, da LRF) de publicar os gastos referentes ao Seguro-Desemprego do Pescador Artesanal, tampouco se poderia suplantar o direito de informação (art. 5º, inc. XXXIII, da CF) da entidade requerente. Mas como fornecer as informações a terceiros sem violar a intimidade, a privacidade ou a honra dos beneficiários do Seguro-Desemprego do Pescador Artesanal?

A resposta parece estar na divulgação parcial dos dados, ou seja, não se poderia fornecer todos os dados (nome dos favorecidos, endereço, cidade, estado e número do CPF ou código identificado) mas apenas parte desses dados, como forma de, a um só tempo, privilegiar o dever de publicidade e o direito à informação, sem colocar em xeque o direito de privacidade.

Assim, numa tentativa de preservar os beneficiários do Seguro-Desemprego do Pescador Artesal entendo que não poderiam ser fornecidos o endereço residencial e o CPF do beneficiário, dados estes que viriam a expor o beneficiário desnecessariamente perante terceiros. Para identificação dos gastos do governo, entende-se viável que sejam fornecidos o nome do beneficiário, bem como o Estado, o Município, e o código de identificação do programa, tal como ocorre em relação ao Programa do Bolsa Família. Estas informações permitiriam, assim, um controle dos gastos públicos sem, contudo, violar a intimidade dos beneficiários.

A melhor solução seria viabilizar o acesso de todos os cidadãos que possam estar interessados nessas informações, sem que para isso precisem formular requerimento administrativo.

Portanto, deve ser dada à publicidade dos dados e o direito à informação uma interpretação que vise à maximização das normas constitucionais, conforme lição de CANOTILHO[147]:

[...].

A uma norma constitucional deve ser atribuído o sentido que maior eficácia lhe dê.

---

(147) *Apud* TAVARES, André Ramos. Ob. cit., p. 84.

[...].

não se pode empobrecer a Constituição.

[...]

Para concluir, citamos a ementa de acórdão do TRF da 1ª Região que bem ilustra tudo que foi até aqui exposto:

> [...].
>
> ADMINISTRATIVO. MANDADO DE SEGURANÇA IMPETRADO POR PARTIDO POLÍTICO. OBTENÇÃO DE INFORMAÇÕES ACERCA DO PROGRAMA "LUZ PARA TODOS". CF, ART. 5º, XXXIII. 1. A Constituição Federal assegura a todos o direito de receber dos órgãos públicos informações de seu interesse particular, ou de interesse coletivo ou geral, ressalvadas aquelas cujo sigilo seja imprescindível à segurança da sociedade e do Estado, o que não é a hipótese agitada nos autos. Ademais, está a Administração sujeita ao princípio da publicidade ampla, não havendo, no que tange ao pedido da agremiação política impetrante, nenhum óbice ao fornecimento dos dados pretendidos sobre o programa social do Governo, cujo objetivo é garantir o acesso ao serviço público de energia elétrica a todos os domicílios e estabelecimentos rurais do País. 2. Sentença concessiva da segurança confirmada. Remessa oficial desprovida (TRF1, REOMS, Rel. Desembargador Federal Daniel Paes Ribeiro, Sexta Turma, Data: 7.4.2008, Página: 290).
>
> [...].

7. Conclusão

Por todo o exposto, o Poder Público, detentor das informações do Seguro--Desemprego do Pescador Artesanal, está amparado em princípios e normas constitucionais e legais para divulgar, dentro dos limites necessários à preservação da privacidade, os dados a quem demonstrar interesse, nos limites do direito de petição, ou até mesmo publicar as informações dos beneficiários deste programa governamental para consulta da sociedade em geral.

Ademais, a divulgação dos dados pode ser uma importante ferramenta de controle social, convidando o cidadão e a sociedade civil organizada a, juntamente com o Poder Público, realizar um controle mais efetivo dos gastos do Seguro-Desemprego do Pescador Artesanal, sem que essa conduta coloque em xeque direitos fundamentais dos beneficiários do programa.

8. Referências Bibliográficas

ALMEIDA, Guilherme Henrique de La Rocque. *Controle das Transferências Financeiras da União*. Belo Horizonte: Fórum, 2009.

CARVALHO FILHO, José Santos. *Manual de Direito Administrativo*. 22. ed. Rio de Janeiro: Lumen Juris, 2010.

MORAES, Alexandre. *Constituição do Brasil Interpretada e legislação constitucional*. São Paulo: Atlas, 2007.

SILVA, José Afonso da. *Curso de Direito Constitucional Positivo*. 31. ed. São Paulo: Malheiros, 2009.

TAVARES, André Ramos. *Curso de Direito Constitucional*. 3. ed. São Paulo: Saraiva, 2006.

In: <http://contasabertas.uol.com.br/WebSite/Midias/DetalheMidias.aspx?Id=2300> Acesso em: 8 out. 2011.

In: <www.portaltransparencia.gov.br/> Acesso em: 13 jun. 2011.

Capítulo X

Intervalo Intrajornada e Negociação Coletiva: o Alcance Normativo da Portaria MTE n. 1.595, de 2010

Erico Ferrari Nogueira
Advogado da União lotado na Consultoria Jurídica junto ao Ministério do Trabalho e Emprego. Mestre em Direito pelo Centro Universitário de Brasília. Professor Universitário.

Resumo: O presente artigo tem por objetivo geral ilustrar, mesmo que sucintamente, acerca da duração do trabalho, tentando, com intuito mais específico, dirimir dúvidas a respeito do assunto. Mais especificamente, pretende-se apontar o alcance normativo da Portaria MTE n. 1.595, de 2010, diante do ordenamento jurídico brasileiro, com o claro propósito de conceder maior segurança jurídica na aplicação prática do intervalo intrajornada.

Abstract: The general object of this article is to treat about the duration of work trying to dispel doubts about the matter. More specifically, intend to point out the normative scope of the governmental regulation MTE n. 1.595, 2010, in face of the Brazilian legal system, with the clear purpose of confer more legal certainty in the practical application about the work break schedule.

Palavras-Chaves: Duração do Trabalho. Intervalo Intrajornada. Indisponibilidade.

Keywords: Duration of work. Work break schedule. Unavailability.

Sumário: 1. Introdução. 2. A duração do trabalho e sua disponibilidade. 3. Intervalos e a suposta contradição entre a jurisprudência e a norma de regência. 4. Da suposta divergência entre o ato administrativo e a jurisprudência. 5. Da aparente exorbitância do Poder Administrativo Regulamentar. 6. Ponderação de direitos fundamentais sociais. 7. Conclusão. 8. Referências Bibliográficas.

1. Introdução

O presente artigo pretende apreciar o alcance normativo da Portaria MTE n. 1.595, de 2010, perante o ordenamento jurídico brasileiro. Tal ato administrativo trata e regulamenta o chamado intervalo intrajornada no contrato de trabalho.

Para tal análise será necessário verificar a origem e o desenvolvimento do instituto da duração do trabalho para, posteriormente, examinar os intervalos existentes, bem como os requisitos legais que caracterizam o intervalo intrajornada.

Em verdade, a análise da teorização desse instituto é conveniente para examinar a suposta divergência ou prevalecência entre a Portaria do MTE e a jurisprudência do TST. Ademais, o presente artigo também aborda a questão da aparente ilegalidade e exorbitância do ato infralegal.

Pretende-se, para tanto, realizar uma análise à luz do direito posto e seu processo hermenêutico, bem como da literatura existente, sempre com uma visão crítica própria da dialética jurídica.

2. A duração do trabalho e sua disponibilidade

Para apreciação do tema debatido, necessário tecer breves linhas a respeito da duração do trabalho. Em primeiro lugar, para fins didáticos, é preciso diferenciar os institutos jurídicos relacionados ao tempo que o empregado se coloca à disposição do empregador para que não paire dúvida terminológica.

Pois bem, no meio jurídico, sobretudo na praxe jurídica, é comum ouvir falar de jornada, duração e horário de trabalho. Diante disso, qual seria a expressão correta? Qual será utilizada nesse trabalho?

Bom, em primeiro lugar, é preciso destacar que todas essas expressões existem e podem conviver harmonicamente no mundo jurídico, entretanto, não obstante ser possível o período de cada uma coincidir, é necessário diferenciá-las para definição do campo de atuação de cada uma.

A jornada, que do italiano *giorno* significa dia, isto é, o tempo por dia, diário, periódico de trabalho, caracteriza-se como o período em que o trabalhador coloca-se à disposição do empregador em cumprimento ao pacto laboral.

Nas palavras de Mauricio Godinho Delgado[148] jornada é:

[...].

o lapso temporal diário em que o empregado se coloca à disposição do empregador em virtude do respectivo contrato.

[...].

A duração é mais ampla do que a jornada, uma vez que nela está incluído tudo que está relacionado ao trabalho, isto é, o tempo efetivo em que o empregado trabalha ou fica à disposição do empregador acrescido do período de repouso.

Já o horário é o período de tempo entre o início e o fim de certa jornada de trabalho.[149] Na linguagem forense traduz-se na seguinte frase *"a hora que pega e a hora que larga"*.

---

(148) DELGADO, Mauricio Godinho. *Curso de direito do trabalho*. 3. ed. São Paulo: LTr, 2004. p. 830. Não obstante entendimentos contrários, este autor inclusive inclui os intervalos remunerados no conceito de jornada.

(149) MARANHÃO, Délio. *Direito do Trabalho*. Rio de Janeiro: FGV, 1987. p. 84.

Como o presente artigo vai tratar dos períodos de descanso do trabalhador, será utilizada a expressão "duração do trabalho". Independente da nomenclatura utilizada é cediço que a fixação e o limite da duração de trabalho são de extrema importância por diversos aspectos. Em primeiro lugar, a limitação é considerada direito fundamental mínimo dos trabalhadores.

A fixação e o controle da jornada se revelam de suma importância uma vez que sua ausência pode fomentar o desemprego já que, com a jornada extraordinária, menos trabalhadores são empregados. Ademais, a jornada suplementar impede um maior contato do empregado com a família, com os amigos, com os estudos e, de modo geral, com o direito fundamental ao lazer (CF, art. 6º, *caput*).

De outra parte, é possível afirmar que é mediante a jornada de trabalho que se afere a remuneração do trabalhador quando seu salário é estabelecido mediante o tempo trabalhado ou à disposição do empregador aguardando ou executando ordens.

Além disso, o controle da duração do horário de labor, seja diário ou semanal, é essencial para a preservação da saúde do trabalhador, uma vez que o trabalho em demasia atua como causador de acidentes de trabalho. Assim, a limitação da duração de jornada é medida eficaz para a redução de doenças profissionais. Pensando nisso foi que o próprio constituinte previu como direito dos trabalhadores a redução dos riscos inerentes ao trabalho, por meio de normas de saúde, higiene e segurança laboral (CF, art. 7º, XXII).

Como se verifica, o tema assume grande relevância no cotidiano das relações trabalhistas, com nítida repercussão em aspectos como a saúde, a segurança, a integração social e familiar do trabalhador. Ao analisar a influência da duração do trabalho na saúde e na segurança do trabalhador, Mauricio Godinho Delgado[150] assevera:

[...].

Noutras palavras, a modulação da duração do trabalho é parte integrante de qualquer política de saúde pública, uma vez que influencia, exponencialmente, a eficácia das medidas de medicina e segurança do trabalho adotadas na empresa. Do mesmo modo, que a ampliação da jornada (inclusive prestação de horas extras) acentua, drasticamente, as probabilidades de ocorrência de doenças profissionais ou acidentes de trabalho, sua redução diminui, de maneira significativa, tais probabilidades da denominada "infortunística" do trabalho.

[...].

Sendo cediço que o controle da duração de jornada tem conexão com a saúde, segurança e integração social do obreiro, resta perquirir acerca da possibilidade de

---

(150) DELGADO, Mauricio Godinho. Ob. cit., p. 832.

o trabalhador dispor desse direito. Sobre o tema, a Constituição Federal, no *caput* do artigo 7º, assim preceitua:

> [...].
>
> Art. 7º *São direitos dos trabalhadores urbanos e rurais, além de outros que visem à melhoria de sua condição social.*
>
> [...].

Desse modo, infere-se que é lícito ao legislador infraconstitucional estipular valores mais benéficos no tocante às condições de trabalho, respeitando, é claro, os parâmetros mínimos estipulados pela Constituição Federal. Tais padrões basilares e cogentes têm sido denominados pela doutrina especializada de *patamar civilizatório mínimo*. Nessa esteira, os direitos de indisponibilidade absoluta são tutelados pelo interesse público, em outras palavras, o patamar civilizatório mínimo nada mais é do que a discordância pela sociedade de ver direitos sociais reduzidos. A ofensa a esses direitos afronta a própria dignidade da pessoa humana e a valorização mínima deferível ao trabalho (CF, arts. 1º, III e 170, *caput*).[151]

Canotilho[152], ao tratar dos direitos sociais, assevera que é garantido o núcleo essencial como condição do mínimo de existência desses direitos como *standard* mínimo. Para o autor, todos têm um direito fundamental a um núcleo básico de direitos sociais (*minumun core of economic and social rights*).

Ao tratar do âmbito de proteção do conteúdo juridicamente protegido dos direitos fundamentais, Canotilho cita também que os direitos podem ser restringidos em três hipóteses: 1) restrições feitas diretamente pela Constituição; 2) restrições advindas por lei autorizadas pela Constituição; e 3) restrição legal sem autorização constitucional. Para o autor, mesmo se a restrição a esses direitos tiverem autorização constitucional (como no caso de a Constituição autorizar a negociação coletiva para flexibilizar direitos), esta se sujeita aos limites básicos decorrentes da ordem jurídico-constitucional.[153] É o que a doutrina chama de restrições limitadas ou limites dos limites.[154]

Se assim é com os direitos sociais gerais, com maior razão dever-se-á proteger os direitos sociais que possuem caráter de indisponibilidade absoluta. Com efeito, importa distinguir, dentro do universo jurídico, as normas que outorgam direitos revestidos de <u>indisponibilidade absoluta</u> e as que preveem benefícios aos quais os trabalhadores, pela via da negociação coletiva, <u>podem validamente renunciar em função de algum interesse ocorrente</u>. É cediço que a normatividade instituída por

---

(151) *Ibidem*, p. 1288.
(152) CANOTILHO, José Joaquim Gomes. *Direito Constitucional e Teoria da Constituição*. 7. ed. Coimbra: Almedina, p. 458-459 e 518.
(153) *Ibidem*, p. 448-451.
(154) MENDES, Gilmar Ferreira; COELHO, Inocêncio Mártires; BRANCO, Paulo Gustavo Gonet. *Curso de Direito Constitucional*. São Paulo: Saraiva, 2008. p. 314-316.

negociação coletiva constitui fonte formal secundária, porém não pode se sobrepor à lei quando cotejada com norma de ordem pública.

A questão então é perquirir se os intervalos usufruídos na duração do trabalho podem ser negociados, flexibilizados ou renunciados.[155] Antes de tratar desse assunto e suas repercussões, reputa-se conveniente tratar dos intervalos em tópico específico.

3. Intervalos e a suposta contradição entre a jurisprudência e a norma de regência

Intervalos são pausas concedidas ao obreiro para repouso e alimentação. Visam recuperar as energias e estabelecer a segurança e a saúde do trabalhador.

Alguns autores chamam de direito à desconexão do trabalho, isto é, o direito de o empregado se desligar temporariamente do trabalho. Trata-se de efetivação do direito ao lazer previsto no *caput* do artigo 6º, da Constituição Federal. Os intervalos seriam espécies das várias formas do gênero desconexão ao trabalho.

Souto Maior ao tratar dos períodos de descanso assevera que *"os períodos de repouso são, tipicamente, a expressão do direito à desconexão do trabalho"*. Para este autor, há de se ter em mente que o descanso é a pausa no trabalho e, portanto, somente será devidamente cumprido quando haja a desvinculação plena do trabalho. Fazer refeição ou tirar férias com contato direto ou indireto com o superior hierárquico representa a negação plena do descanso.[156]

Os intervalos podem ser inter e intrajornada. A diferença entre eles é que o primeiro é aquela pausa conferida ao empregado entre o fim de uma jornada diária de labor e o início de nova jornada no dia subsequente. Já o segundo é o interregno de tempo ocorrido dentro da duração diária de trabalho.

Não obstante a problemática do presente estudo tratar mais especificamente do intervalo intrajornada, nada impede que tratemos nesse tópico da questão da negociação, renúncia ou flexibilização dos intervalos usufruídos na duração do trabalho já que os dois, de modo geral, possuem a mesma natureza.

Em verdade, tais intervalos são normas de ordem pública, cogentes, que não podem ser renunciadas nem negociadas.

Alice Monteiro de Barros[157], ao comentar sobre os intervalos intra e interjornada, sustenta que a duração do trabalho é regida por **normas de ordem pública** e não podem sofrer derrogações, ainda que por via coletiva. Confira-se:

---

(155) Ressalte-se que o próprio TST já flexibilizou o tempo de intervalo da categoria de motorista de ônibus de uma hora de descanso e alimentação para conceder intervalos de 10 a 15 minutos entre uma viagem e outra (TST – EMBARGOS DECLARATORIOS RECURSO DE REVISTA: E-ED-RR 1057500692002511 1057500- -69.2002.5.11.0013).

(156) SOUTO MAIOR, Jorge Luiz. Do direito à desconexão do trabalho. *Revista do Tribunal Regional do Trabalho da 15ª Região*, Campinas, n. 23, 2003, p. 17. Disponível em: <http://trt15.gov.br/escola_da_magistratura/Rev23Art17.pdf> Acesso em: 24 jan. 2012.

(157) BARROS, Alice Monteiro de. *Curso de Direito do Trabalho*. 5. ed. São Paulo: LTr, 2009. p. 682.

[...].

As normas que regulam as medidas referentes à medicina e segurança do trabalho escapam, porém, da esfera conferida aos sindicatos. **Essas disposições são de ordem pública, revestem-se de caráter imperativo para a proteção do hipossuficiente, motivo pelo qual são inderrogáveis pela vontade das partes**. Compete ao legislador tutelar o trabalhador, impedindo-o de concordar com a redução desse intervalo, em detrimento de sua própria segurança e saúde.

Lembre-se que a finalidade dos intervalos intra e interjornadas é proporcionar ao trabalhador oportunidade de alimentar-se, descansar e repor suas energias. Sua manutenção é indispensável, na medida em que o trabalho realizado em jornadas prolongadas contribui para a fadiga física e psíquica, conduzindo à insegurança do ambiente de trabalho.

[...]. (Grifos nossos)

De outra parte, a Lei Magna garante o cumprimento de acordo coletivo de trabalho e da convenção coletiva de trabalho[158]. Então, como compatibilizar o reconhecimento da negociação coletiva com a inflexibilidade desse direito.

Ora, é sabido que, não obstante a Lei Magna garantir o cumprimento de acordo coletivo de trabalho e da convenção coletiva de trabalho, referidos instrumentos normativos não se prestam a validar a supressão ou diminuição de direitos trabalhistas **indisponíveis**, no caso em apreço, direitos relativos à duração do trabalho, sob pena de também caracterizar infração de ordem administrativa, em decorrência da violação do período destinado ao descanso do trabalhador.

Isso porque, caso se verifique a renúncia ou redução desse direito, ter-se-á, por consequência, prejuízo ao intervalo mínimo que deve ser observado entre os períodos de trabalho — intervalo interjornada — que são essenciais ao empregado para repor suas energias, ligando tal instituto às normas de saúde, higiene e segurança do trabalhador.

Sobre a natureza do intervalo intrajornada cumpre transcrever a ementa dos seguintes acórdãos relacionados à matéria:

> [...].
>
> **INTERVALO INTRAJORNADA. FALTA DE ANOTAÇÃO NOS CONTROLES DE PONTO**. *O intervalo intrajornada constitui medida de saúde e higiene no trabalho, garantido por norma de ordem pública, não podendo, nem mesmo por intermédio de negociação coletiva, ser suprimido ou mesmo reduzido. Na hipótese, constata-se que o trabalhador não gozava o intervalo intrajornada porque a correspondente anotação não consta dos controles de ponto. Devido, portanto, o pagamento.* (ACÓRDÃO TRT 8ª / 1ª T. / RO 0000363-40.2010.5.08.0114, 23.8.2011)
>
> [...].

---

(158) Veja a redação do inciso XXVI, do art. 7º, da Constituição da República de 1988, *in verbis*: "[...]. Art. 7º São direitos dos trabalhadores urbanos e rurais, além de outros que visem à melhoria de sua condição social: XXVI - reconhecimento das convenções e acordos coletivos de trabalho. [...]."

[...].

INTERVALO INTRAJORNADA. NATUREZA JURÍDICA. O intervalo intrajornada foi concebido com o objetivo de assegurar ao trabalhador condições de saúde e segurança no meio laboral, possibilitando a preservação da sua saúde mental e física, ao longo da prestação do trabalho diário. O descumprimento dessa garantia gera a obrigação de pagamento da penalidade prevista no art. 71, § 4º, da CLT, que, apesar da semelhança na forma de cálculo, não é pagamento de horas extras. Dessa forma, patente a natureza indenizatória do intervalo intrajornada mínimo não concedido, não havendo de se falar em reflexos sobre outras verbas. Recurso conhecido e provido (TST, 2ª Turma, RR-690/2005-321-01-00.0, Ministro-Relator JOSÉ SIMPLICIANO FONTES DE F. FERNANDES, 31.10.2007).

[...]. (Grifos nossos)

Com efeito, na esteira desse raciocínio, sobressai a natureza pública e imperativa das regras que impõem a obrigatoriedade da concessão de intervalos para descanso, não podendo sofrer derrogações, ainda que por via coletiva. Em outras palavras, referidos instrumentos normativos não se prestam a validar a supressão ou diminuição de direitos trabalhistas **indisponíveis**.

Para complementar o raciocínio, é imprescindível registrar que a indisponibilidade de tais normas é absoluta, ou seja, são normas em que o direito enfocado merece uma tutela de nível de interesse público, por traduzir um patamar civilizatório mínimo firmado pela sociedade política. É o que ocorre com as normas de proteção à saúde e segurança do trabalhador.[159]

Entender que a norma é de indisponibilidade absoluta significa não ser possível renúncia (ato unilateral do empregado) ou transação (ato bilateral negociado com o empregador), isto é, não é possível dispor desses direitos laborais, sendo nulo o ato dirigido a este despojamento. Assim, somente será passível de transação lícita parcela juridicamente não imantada por indisponibilidade absoluta.[160]

A própria legislação de regência, quando trata da redução de intervalo intrajornada apenas prevê a atuação estatal. A CLT disciplina o tema em sua especificidade no artigo 71, a saber:

[...].

Art. 71. *Em qualquer trabalho contínuo, cuja duração exceda de 6 (seis) horas, é obrigatória a concessão de um intervalo para repouso ou alimentação, o qual será, no mínimo, de 1 (uma) hora e, salvo acordo escrito ou contrato coletivo em contrário, não poderá exceder de 2 (duas) horas.*

§ 1º *Não excedendo de 6 (seis) horas o trabalho, será, entretanto, obrigatório um intervalo de 15 (quinze) minutos quando a duração ultrapassar 4 (quatro) horas.*

§ 2º *Os intervalos de descanso não serão computados na duração do trabalho.*

---

(159) DELGADO, Maurício Godinho. *Curso de direito do trabalho*. 3. ed. São Paulo: LTr, 2002. p. 212-213.
(160) *Ibidem*, p. 212-215.

§ 3º O limite mínimo de uma hora para repouso ou refeição poderá ser reduzido <u>por ato do Ministro do Trabalho</u>, Indústria e Comércio, quando ouvido o Serviço de Alimentação de Previdência Social, se verificar que o estabelecimento atende integralmente às exigências concernentes à organização dos refeitórios, e quando os respectivos empregados não estiverem sob regime de trabalho prorrogado a horas suplementares.

§ 4º Quando o intervalo para repouso e alimentação, previsto neste artigo, não for concedido pelo empregador, este ficará obrigado a remunerar o período correspondente com um acréscimo de no mínimo 50% (cinquenta por cento) sobre o valor da remuneração da hora normal de trabalho.

[...]."

De acordo com o dispositivo legal, quando a jornada for superior a 6 (seis) horas diárias, será obrigatória a concessão de intervalo de, no mínimo, uma hora. Para ser juridicamente possível a diminuição deste interregno de uma hora, é imprescindível <u>deliberação do Ministério do Trabalho e Emprego</u> após prévia fiscalização da empresa em que fique comprovado que <u>o estabelecimento possui refeitório de acordo com os padrões fixados na norma específica</u> e que <u>os empregados não estejam submetidos a jornada suplementar</u>.

Ainda em relação a este tipo de intervalo, o TST editou a Orientação Jurisprudencial n. 342 da SDI-I que entendeu ser nula cláusula de acordo ou convenção coletiva de trabalho que tenha contemplado a supressão ou redução do intervalo intrajornada, porquanto constitui medida de higiene, saúde e segurança do trabalho, garantido por norma de ordem pública, sendo proibida negociação coletiva relacionada a esse tema:

[...].

Orientação Jurisprudencial 342 da Seção I Especializada em Dissídios Individuais (SDI-1):
"[...]. I – É inválida cláusula de acordo ou convenção coletiva de trabalho contemplando a supressão ou redução do intervalo intrajornada porque este constitui medida de higiene, saúde e segurança do trabalho, garantido por norma de ordem pública (art. 71, da CLT e art. 7º, XXII, da CF, de 1998), infenso à negociação coletiva.

[...].

Ressalte-se que, segundo a norma regulamentar do MTE, a redução do intervalo deve também estar prevista em convenção ou acordo coletivo, consoante prescreve o artigo 1º, da Portaria MTE n. 1.095, de 19 de maio de 2010:

[...].

Art. 1º A redução do intervalo intrajornada de que trata o art. 71, § 3º, da Consolidação das Leis do Trabalho — CLT poderá ser deferida por ato de autoridade do Ministério do Trabalho e Emprego quando prevista em convenção ou acordo coletivo de trabalho, desde que os estabelecimentos abrangidos pelo seu âmbito de incidência atendam integralmente às exigências concernentes à organização dos refeitórios, e quando os respectivos empregados não estiverem sob regime de trabalho prorrogado a horas suplementares.

[...].

Entretanto, diante desses normativos e do entendimento sumular do Tribunal Laboral máximo, é comum operadores do direito questionarem acerca de suposta divergência entre a Portaria ministerial e a jurisprudência laboral. É que o entendimento do Tribunal Superior do Trabalho não permite a supressão ou redução do intervalo intrajornada por meio de cláusula prevista em convenção ou acordo coletivo e a Portaria MTE n. 1.595, de 2010, previu o requisito da negociação coletiva para possibilitar a redução do intervalo. Posta a problemática na mesa, cabe o pronunciamento sobre o tema.

4. Da suposta divergência entre o ato administrativo e a jurisprudência

Simplificada seria a resolução jurídica da questão apontada caso simplesmente se argumentasse que não haveria que falar em divergência entre Portaria do MTE e o julgado do TST, vez que a jurisprudência não é vinculante e que, diante do princípio da legalidade, o normativo ministerial prevaleceria sobre o pensamento daqueles que não estariam legitimados a regulamentar direitos. Entretanto, embora o raciocínio esteja correto, entendemos que a solução não se exaure nessa construção jurídica.

Seguindo direto ao ponto, não se vislumbra divergência entre a Portaria ministerial e a jurisprudência laboral. É que o ato editado pelo Poder Executivo apenas **acresceu** o requisito da previsão em convenção ou acordo coletivo para possibilitar a redução do intervalo, sem deslembrar dos demais pressupostos previstos no artigo 71, da CLT.

Em outras palavras, entende-se que o que não é possível é a redução do intervalo apenas por meio de negociação coletiva, já que a lei, no caso a CLT, previu outros requisitos: a) deliberação do Ministério do Trabalho e Emprego após prévia fiscalização da empresa; b) comprovação de que o estabelecimento possui refeitório de acordo com os padrões fixados na norma específica; c) que os empregados não estejam submetidos à jornada suplementar. Essa interpretação sistematiza os dispositivos previstos no ordenamento jurídico.

Não havendo divergência, resta apenas indagar se seria possível ato infralegal acrescer requisito não previsto em lei para fins de redução do intervalo.

5. Da aparente exorbitância do poder administrativo regulamentar

Diante da controvérsia, vislumbram-se duas correntes jurídicas que seriam passíveis de defesa. A primeira seria entender que a inclusão de novo requisito para a redução estabelecido por Portaria ministerial extrapolaria o poder regulamentar, já que esse tipo de ato administrativo apenas pode exercer a fiel execução da lei (CF, art. 84, IV). A segunda permitiria depreender que o ato infralegal poderia prever demais requisitos desde que não contrários à própria lei.

Sobre as duas interpretações possíveis, parece que a segunda deve prevalecer no presente caso. É que, para o princípio da legalidade, deve-se observar os preceitos e critérios da norma que lhe deu procedência, entretanto isso não quer dizer que o administrador público deva atuar apenas e tão somente *secundum legem*, podendo também operar *praeter legem*. O que não lhe é permitido é agir contra os ditames da lei.

Em verdade, no presente caso, é razoável entender que não houve lacuna da lei nem mera discricionariedade do gestor público quando da edição do regulamento ora vesgastado, uma vez que a legalidade, atualmente, tem uma abrangência mais alargada que outrora, significa que a Administração não está apenas vinculada às leis que cria, mas também ao Direito, incluindo-se o ordenamento jurídico como um todo. É o que se tem chamado de juridicidade.[161]

E, no caso sob exame, a Portaria ministerial está em harmonia com a própria Constituição Federal que reconhece a existência das convenções e acordos coletivos de trabalho (CF, art. 7º, XXVI). Há exercício hermenêutico da interpretação conforme a Constituição, isto é, na função de interpretação do ordenamento jurídico deve sempre ser concedida preferência ao sentido da norma que seja adequada à Constituição Federal.[162] Em outras palavras, recomenda-se que os aplicadores da Constituição, em face de normas infraconstitucionais, escolham o sentido que as torne constitucionais de modo a valorizar o trabalho regulamentar e prevenir o surgimento de conflitos.[163]

Além desse fator, mesmo que se entenda que o regulamento excedeu a lei ou a Constituição, que não é o caso, há corrente doutrinária laboral que permite tal extrapolação quando a norma inferior é considerada mais favorável. Nesse sentido, cumpre transcrever o referido entendimento:

[...].

Entretanto, a jurisprudência trabalhista tem enfrentado tais situações de outra maneira, suplantando o óbice constitucional fixado na Constituição e afirmando, em igual intensidade, o princípio da norma mais favorável. A jurisprudência tem acolhido o texto ampliativo de direitos trazido pelo decreto como proposta interpretativa mais favorável da regra legal apresentada pelo próprio Poder Executivo. Ou seja, a validade do preceito regulamentar ampliativo passa a se fundar no acatamento da sugestão interpretativa proposta pelo decreto do Poder Executivo, e não necessariamente na simples aplicação da teoria hierárquica especial do Direito do Trabalho.[164]

[...].

Resta então perquirir se a ampliação regulamentar pode ser considerada norma mais favorável ao trabalhador.

---

(161) OTERO, Paulo. *Legalidade e Administração Pública — O Sentido da Vinculação Administrativa à Juridicidade.* Coimbra: Almedina, 2003. p. 15.

(162) MORAES, Alexandre. *Direito Constitucional.* São Paulo: Atlas, 2007. p. 11.

(163) MENDES, Gilmar Ferreira. Ob. cit., p. 119.

(164) GODINHO, Mauricio Godinho. Ob. cit., p. 175.

6. Ponderação de direitos fundamentais sociais

Em verdade, a investigação apontada acima tem como substrato dois polos de direitos fundamentais sociais amparados pelos artigos 6º e 7,º da Lei Maior: a) o direito à saúde e segurança do trabalhador; e b) o direito ao lazer. Em outras palavras, deve-se aferir o que vale mais para o trabalhador: a) ter seu intervalo de repouso e alimentação reduzido para poder ir mais cedo para casa e ter maior convivência com seus familiares e amigos ou manter o intervalo mínimo de uma hora para descanso como medida eficaz para reduzir doenças profissionais e acidente de trabalho e preservar a saúde do trabalhador?

A resposta a esta indagação não é simplificada. O próprio trabalhador, em um primeiro momento, pode imaginar ser mais vantajoso reduzir o seu descanso para retornar ao convívio social e ao lazer.[165]

Entretanto, de outro lado, é preciso que se pondere que a saúde precede ou pelo menos deveria preceder ao lazer, uma vez que o lazer exige o bem-estar hígido do trabalhador.

Não é por acaso que a saúde e a segurança do trabalhador deve prevalecer neste caso. Afinal, a fadiga provocada pela ausência de descanso suficiente para recuperação do empregado fomenta a ocorrência de acidentes.

Este, inclusive, é o entendimento da jurisprudência pátria sobre a função do § 3º, do artigo 71, da CLT, a saber:

[...].

EMENTA: RECURSO ORDINÁRIO – INTERVALO INTRAJORNADA – ARTIGO 71, § 3º, DA CLT – CONDIÇÃO REDUTORA PREVISTA EM ACORDO COLETIVO – NÃO VEDAÇÃO PELO MINISTÉRIO PÚBLICO DO TRABALHO – EFICÁCIA DA PACTUAÇÃO.

[...].

Como se verifica, a única preocupação do legislador, no particular, é que a diminuição almejada não permita abusos à saúde do trabalhador. (TRT 6ª Região, Processo: (RO) 0067000-79.2005.5.06.0121 (00670.2005.121.06.00.5), Redator: Pedro Paulo Pereira Nóbrega, Publicação: 11/01/2006).

[...]. (Grifos nossos)

Como se verifica a preocupação maior do legislador é que a redução do intervalo não permita abusos à saúde do trabalhador. Adicione-se a tudo isso o fato de que a própria Constituição Federal previu como direito dos trabalhadores a redução dos riscos inerentes ao trabalho, por meio de normas de saúde, higiene e segurança. (CF, art. 7º, XXII).

---

(165) Esse inclusive é o entendimento de parte da doutrina (Cf. SAAD, Eduardo Gabriel; SAAD, José Eduardo Duarte; BRANCO, Ana Maria Saad C. *CLT Comentada*. São Paulo: LTr, 2011. p. 207).

7. Conclusão

Por todo o exposto, na esteira do raciocínio empregado, é possível concluir que: a) os intervalos para descanso estão inseridos no conceito de duração do trabalho; b) o intervalo intrajornada é considerado norma de indisponibilidade absoluta, não sendo possível renúncia nem transação sobre esse direito; c) a norma que impõe a obrigatoriedade da concessão de intervalos para descanso tem natureza pública e imperativa, não podendo sofrer derrogações, ainda que por via coletiva; d) esse fato não significa dizer que não se possa incluir a negociação coletiva como requisito para a redução do intervalo, desde que não afaste os demais pressupostos previstos na CLT, não havendo, portanto, divergência entre a Portaria ministerial e a jurisprudência do Tribunal Superior do Trabalho; e) embora o regulamento acresça requisitos previsto na lei, a previsão de negociação coletiva, além de harmonizada com a Constituição Federal, é mais favorável ao empregado e, portanto, permitida.

Certo de que não encerrada a presente discussão, finalizamos este breve artigo acreditando que auxiliará no fomento de um exame mais aprofundado sobre o tema, com uma maior reflexão e debate sobre o assunto.

8. Referências Bibliográficas

BARROS, Alice Monteiro de. *Curso de Direito do Trabalho*. 5. ed. São Paulo: LTr, 2009.

CANOTILHO, José Joaquim Gomes. *Direito Constitucional e Teoria da Constituição*. 7. ed. Coimbra: Almedina, 2003.

DELGADO, Mauricio Godinho. *Curso de direito do trabalho*. 3. ed. São Paulo: LTr, 2004.

MARANHÃO, Délio. *Direito do Trabalho*. Rio de Janeiro: FGV, 1987.

MENDES, Gilmar Ferreira; COELHO, Inocêncio Mártires; BRANCO, Paulo Gustavo Gonet. *Curso de Direito Constitucional*. São Paulo: Saraiva, 2008.

MORAES, Alexandre. *Direito Constitucional*. São Paulo: Atlas, 2007.

OTERO, Paulo. *Legalidade e Administração Pública — O Sentido da Vinculação Administrativa à Juridicidade*. Coimbra: Almedina, 2003.

SAAD, Eduardo Gabriel; SAAD, José Eduardo Duarte; BRANCO, Ana Maria Saad C. *CLT Comentada*. São Paulo: LTr, 2011.

SOUTO MAIOR, Jorge Luiz. Do direito à desconexão do trabalho. *Revista do Tribunal Regional do Trabalho da 15ª Região*, Campinas, n. 23, 2003. Disponível em: <http://trt15.gov.br/escola_da_magistratura/Rev23Art17.pdf>.

Capítulo XI

Terceirização e sua Aplicação na Administração Pública

Lourival Lopes Batista

Advogado da União lotado na Consultoria Jurídica junto ao Ministério do Trabalho e Emprego. Coordenador de Legislação de Pessoal. Especialista em Direito Constitucional pelo Instituto Brasiliense de Direito Público (IDP).

Resumo: O objetivo do presente artigo é o estudo do instituto da terceirização e sua aplicação na Administração Pública. Tal fim foi atingido conflitando-se opiniões divergentes, doutrina estrangeira e os ensinamentos das maiores autoridades do campo em questão. Com esse fito, foram esmiuçados todos os principais pontos problemáticos que envolvem a questão em apreço.

Abstract: The main goal of the present article is to study the outsourcing institute and its application on the Brazilian Administration (government) by conflicting different views and doctrines of the greatest authorities of the field in question as well as comparing the institute on foreigner countries. All the major problems that involve the issue at hand were solved.

Palavras-Chaves: Direito do Trabalho. Terceirização. Conceito. Direito Comparado. Terceirização Lícita e Ilícita. Terceirização na Administração Pública.

Keywords: Labor law. Outsourcing. Concepts. Foreigner law doctrines. Legal and ilegal Outsourcing. Outsourcing and the Administration.

Sumário: Introdução. 1. Direito do Trabalho. 1.1. Conceito. 1.2. Natureza jurídica. 1.3. Fontes. 1.4. Princípios. 2. Histórico e conceito de Terceirização. 2.1. Histórico da Terceirização. 2.2. Conceito de Terceirização. 2.3. Natureza jurídica. 3. A Terceirização no direito estrangeiro e internacional. 3.1. Alemanha. 3.2. Argentina. 3.3. Espanha. 3.4. Itália. 3.5. França. 3.6. Japão e Tigres Asiáticos. 3.7. Organização Internacional do Trabalho (OIT). 4. Terceirização Lícita e Ilícita. 5. Terceirização no serviço público. 5.1. Introdução. 5.2. O Inciso II da Súmula n. 331, TST. 5.3. Responsabilidade trabalhista da Administração na Terceirização Lícita. 5.4. Licitações e Contratos. 5.5. Contratação Temporária de Servidores. 5.6. Concessão e Permissão. 5.7. Outras Hipóteses de Contratação de Terceiros. 6. Conclusão. 7. Jurisprudência selecionada acerca de Terceirização. 8. Referências Bibliográficas. 9. *Sites*.

Introdução

Antes de adentramos na seara da terceirização é necessário que se faça, primeiramente, um breve relato sobre o Direito do Trabalho, ramo da Ciência Jurídica que rege as relações entre empregado e empregador.

1. Direito do trabalho

1.1. Conceito

Pode-se conceituar Direito do Trabalho ou Direito Laboral como o conjunto de normas jurídicas que regem as relações entre empregados e empregadores, portanto relações típicas de emprego, previstas na Consolidação das Leis do Trabalho — CLT e na Constituição Federal de 1988, bem como em normas esparsas, a exemplo das leis que definem o trabalho temporário, o trabalho doméstico, o trabalho eventual e o trabalho do estagiário, dentre outros.

Mauricio Godinho Delgado[166] conceitua Direito do Trabalho como ramo jurídico especializado, que regula certo tipo de relação laborativa na sociedade contemporânea.

1.2. Natureza jurídica

De acordo com o citado autor, a natureza jurídica do Direito do Trabalho não encontra ponto de equilíbrio entre os doutrinadores. Para uns, é ramo do Direito Privado, pois cuida da relação entre partes privadas, ou seja, o patrão e o empregado. É a corrente majoritária. Outros consideram a natureza jurídica do Direito do Trabalho mista, por abrigar normas de Direito Público e de Direito Privado, principalmente em razão do grande número de regras cogentes que visam à garantia de direitos mínimos ao trabalhador ante o empregador. Para outros, é ramo do Direito Público por entenderem que a livre manifestação de vontades foi substituída pela vontade do Estado. Por fim, tem a corrente que inclui o Direito do Trabalho ao Direito Social. E acrescenta[167] que hoje prepondera a classificação do ramo *justrabalhista* no seguimento do Direito Privado.

1.3. Fontes

Ainda segundo Mauricio Godinho Delgado[168], as fontes do Direito do Trabalho, a exemplo dos demais ramos da Ciência Jurídica, são divididas em dois blocos: materiais e formais. De acordo com o citado autor, as fontes materiais podem ser traduzidas em (i) econômicas; (ii) sociológicas; (iii) políticas; e (iv) filosóficas. Já as fontes formais, classificadas em heterônomas e autônomas. As heterônomas são

---

(166) DELGADO, Mauricio Godinho. *Curso de Direito do Trabalho*. São Paulo: LTr, 2006.
(167) Ob. cit., p. 72.
(168) Ob. cit., p. 141-144.

aquelas oriundas (i) da Constituição; (ii) das leis; (iii) dos regulamentos; (iv) das convenções internacionais (estas por ratificação ou adesão internas); e (v) das sentenças normativas. As autônomas são aquelas originárias de segmentos ou organizações da sociedade civil, como os costumes ou os instrumentos da negociação coletiva privada (contrato coletivo, convenção coletiva ou acordo coletivo de trabalho).

1.4. Princípios

Consoante a doutrina especializada, o Direito do Trabalho é regido, precipuamente, pelos seguintes princípios: (i) Princípio da Proteção; que se divide em três subprincípios: (a) do *in dubio pro operário*; (b) da aplicação da norma mais favorável; e (c) da condição mais benéfica; (ii) Princípio da Imperatividade das Normas Trabalhistas; (iii) Princípio da Indisponibilidade dos Direitos Trabalhistas; (iv) Princípio da Inalterabilidade Contratual Lesiva; (v) Princípio da Intangibilidade Salarial; (vi) Princípio da Primazia da Realidade sobre a Forma; e (vii) Princípio da Continuidade da Relação de Emprego.

Feitas essas breves e simples considerações acerca do Direito do Trabalho, passa-se a discorrer acerca da terceirização propriamente dita.

2. Histórico e conceito de terceirização

2.1. Histórico da terceirização

A história[169] mostra que os primeiros sinais da terceirização surgiram durante a Segunda Guerra Mundial, período no qual, em razão da recessão existente, houve a necessidade de se buscar um sistema capaz de proporcionar a ocupação da mão de obra ociosa, resultando na competitividade que culminou na redução de custos sem perda de qualidade.

Esse procedimento, focado na parceria e inovador naquela época, é hoje um dos mais utilizados, pois se apresenta como solucionador de problemas organizacionais no tocante à prestação de serviços de fornecimento de mão de obra qualificada, em períodos de rápidas transformações tecnológicas, sociais, políticas e econômicas, quando novas relações trabalhistas e estratégias surgem, empresas aguçando a competitividade do mercado, de forma que a organização estática acaba sendo atropelada pela avalanche de acontecimentos que impulsionam a sobreposição de um determinado seguimento sobre outros, resultando na falência de diversas delas em razão da não adaptação ao novo estilo de mercado globalizado, terceirizado e tecnológico.

Não se pode olvidar que a terceirização vem ganhando cada vez mais importância, principalmente em razão da melhoria no ambiente econômico mundial, fator que tem refletido, positivamente, no comércio bilateral, favorecendo a economia e a

---

(169) Disponível em: <http://pt.scribd.com/doc/22549001/Terceirizacao-vantagens-e-desvantagens-para-as--organizacoes-empresariais>.

impulsão do Produto Interno Bruto (PIB), via acordos regionais de comércio, pela busca da competitividade e pela conquista da unificação de mercado, por meio da globalização.

É corrente na doutrina especializada que um dos fatores preponderantes para a inserção da terceirização na economia foi o alargamento das relações trabalhistas, ocasionadora de novas divisões do trabalho, especialmente daqueles que não primavam pela eficiência e ampliação de mercados, mas sim pela comodidade e exploração, onde imperava o mercantilismo, mais tarde substituído por um capitalismo predatório e perverso ao trabalhador.

Essa técnica, conforme se extrai da doutrina sobre o tema, foi largamente difundida na produção de armamentos pelos países europeus que participaram da Segunda Guerra Mundial, época na qual teve início o processo de transferência de serviços a terceiros, especialmente na produção de uniformes militares, armas leves e pesadas, munição, navios, aviões e tanques de guerra.

No Brasil, imperou, por muito tempo, o regime militar, o que dificultou a introdução, no mercado interno, de novas tecnologias, especialmente na área de informação, nas décadas de 1960, 1970 e 1980, retardando, assim, o desenvolvimento econômico, tecnológico, político, cultural e social da indústria brasileira.

Apesar de esses fatores terem retardado o acolhimento, pelo mercado interno, do fenômeno da terceirização, o mesmo ganhou força, gradativamente, com o passar do tempo, notadamente no seguimento automobilístico, como no caso da Ford, que terceirizou seus serviços e passou a cuidar apenas da montagem da produção.

É induvidoso que tal fenômeno ganhou impulso no Brasil mais precisamente na década de 1990, com abertura comercial e o processo de privatização, fator que proporcionou a concorrência, inclusive com empresas estrangeiras que aqui se instalaram, notadamente do setor automobilístico.

De todo o exposto, extrai-se que a terceirização, fenômeno hoje reconhecido e aceito mundialmente, a qual, no pensamento de Paulo Schimidt[170] é uma das formas mais perversas encontradas para reduzir custos em detrimento dos trabalhadores, foi inserida nas empresas brasileiras na modalidade de contratação de outras empresas ou pessoas para a realização de atividades-meio. É certo, ainda, que as pequenas e médias empresas foram as primeiras a entrar nesse novo processo de transferência, em razão de sua maior flexibilidade e por terem percebido a gradativa mudança que vinha ocorrendo nas relações de trabalho, resultando na conquista de mais espaço no mercado de trabalho.

2.2. Conceito de terceirização

A definição do vocábulo terceirização não é encontrada em nenhuma lei ou norma jurídica. Todavia, como assinalam José Augusto Rodrigues Pinto e Rodolfo

---

(170) Paulo Schimidt,Vice-Presidente da ANAMATRA.

Pamplona Filho[171], terceirização pode ser conceituada como a transferência de segmento ou segmentos do processo de produção de uma empresa para outras de menor envergadura, porém com maior especialização na atividade transferida. De acordo com os citados autores pode-se resumir o significado de terceirização e globalização como o subproduto natural da Revolução Tecnológica nos campos econômico e organizacional da empresa.

Para Mauricio Godinho Delgado[172], terceirização é o fenômeno pelo qual se dissocia a relação econômica de trabalho da relação *justrabalhista* que lhe seria correspondente. Carmen Camino[173], por sua vez, enfatiza que na terceirização os elementos típicos da relação de emprego são analisados de modo mais flexível, com o objetivo de permitir a delegação de algumas atividades da empresa a terceiros.

Como visto, a terceirização nada mais é do que a contratação de um terceiro para a prestação de serviços ou fornecimento de produtos.

2.3. Natureza jurídica

Da leitura de diversos seguimentos doutrinários pode-se conceituar a natureza jurídica da terceirização como contratual, consistente no acordo de vontades, celebrado entre duas empresas, a tomadora e a prestadora, pelo qual a prestadora ou contratada prestará serviços especializados à tomadora ou contratante, de forma continuada e em caráter de parceria.

3. A terceirização no direito estrangeiro e internacional

De acordo com o magistério de Sérgio Pinto Martins[174], alguns países proíbem o trabalho temporário, como a Suécia, a Espanha e a Itália. Outros, apesar de o permitirem, estabelecem regulamentação legal para a questão. É o caso da Bélgica, da Alemanha, da Dinamarca, da Noruega e da França, sistemas esses que serviram de inspiração para o Brasil, espelhados na Lei n. 6.019, de 1974. Outras nações permitem a terceirização sem qualquer legislação sobre o assunto, como, por exemplo, a Grã-Bretanha, a Suíça, a Irlanda e Luxemburgo.

3.1. Alemanha

Consoante noticiado na *Deustche Welle TV*[175], a Alemanha, em 2004, ainda sob o comando do chanceler federal Gerhard Schröder, relaxou as rígidas leis alemãs sobre direitos trabalhistas, criando hipóteses excepcionais de terceirização. Entretanto, o

---

(171) RODRIGUES PINTO, José Augusto; PAMPLONA FILHO, Rodolfo. *Repertório de Conceitos Trabalhistas. Direito Individual.* vol. I. São Paulo: LTr, 2000. p. 500.
(172) DELGADO, Mauricio Godinho. *Curso de Direito do Trabalho.* São Paulo: LTr, 2006. p. 428.
(173) CAMINO, Carmen. *Direito individual do trabalho.* São Paulo: Síntese, 2003. p. 235-236.
(174) MARTINS, Sérgio Pinto. *A Terceirização e o Direito do Trabalho.* São Paulo: Atlas, 2011. p. 17-25.
(175) Disponível em: <http://www.dw-world.de/dw/article/0,,5527021,00.html>.

que era para ser exceção acabou virando regra naquele país, onde postos de trabalho temporários e terceirizados são cada vez mais comuns. Por isso mesmo, as relações advindas da terceirização geralmente são resolvidas por contratos coletivos.

3.2. Argentina

Em estudo sobre o tema na América Latina, a Doutora em Economia pela UNICAMP, Josiane Fachini Falvo[176] observa que a terceirização das relações de trabalho na Argentina é regulamentada pela Lei n. 30, de 2003, cujo artigo 1º dedica-se à matéria da intermediação e da interposição privada da terceirização do trabalho, autorizada nos casos em que os intermediários (terceiros) se enquadrem no artigo 1º, l, da referida lei. Além disso, a legislação é clara quanto ao reconhecimento da responsabilidade solidária entre a empresa tomadora e a terceira no que se refere aos direitos dos trabalhadores terceirizados, assegurando, dessa maneira, tratamento semelhante aos trabalhadores diretos e indiretos da tomadora. Portanto, quanto à interposição de sujeitos empregadores, a Justiça argentina atribui a responsabilidade solidária laboral entre a empresa principal e a interposta.

A eminente autora alerta, ainda, que os artigos 30 e 136 da LCT (*Lei del Contrato de Trabajo*) também estabelecem os círculos de responsabilidade solidária entre o empregador principal e o interposto quanto à contratação, subcontratação e delegação dos estabelecimentos. Tais dispositivos, segundo ela, obrigam a empresa principal a controlar os contratistas e os subcontratistas com respeito ao cumprimento das normas relativas ao trabalho e à seguridade social, sendo que a omissão da empresa principal pode resultar, automaticamente, em responsabilidade solidária.

Ao final, conclui que, para evitar fraudes e o exercício abusivo, principalmente quanto ao uso do trabalho de menores, a citada Lei n. 30 prevê sanções civis e penais nos casos de violação da disciplina da mediação privada nas relações de trabalho, estabelecendo, inclusive, sanções penais específicas, nesses casos.

3.3. Espanha

Cássio Mesquita Barros[177], doutrinador e professor de Direito do Trabalho da Universidade de São Paulo, explica que na Espanha, segundo o artigo 42 do Estatuto dos Trabalhadores, a terceirização é lícita, gerando, conforme o caso, responsabilidade solidária pelos encargos trabalhistas das empresas envolvidas. Acrescenta que para eximir-se dessa solidariedade, o empresário beneficiário dos serviços deve, segundo o mesmo dispositivo, exigir da empresa prestadora a comprovação do recolhimento das cotas da seguridade social. Ressalta que no tocante aos direitos trabalhistas, o empresário responderá solidariamente pelas obrigações salariais contraídas, durante um ano após o término do contrato.

---

(176) Disponível em: <http://www.iela.ufsc.br/uploads/docs/134_texto3.josiane.pdf>.
(177) Disponível em: <http://www.s.conjur.com.br/dl/terceirizacao-cedes.pdf>.

3.4. Itália

Na Itália, segundo Sérgio Pinto Martins[178], a Lei n. 264, de 1949 proíbe a terceirização. Por outro lado, a Lei n. 1.369, de 1960 estabelece, no artigo 3º, que:

[...].

Os empresários arrendatários de obras ou serviços, inclusive os trabalhos de porte, limpeza ou conservação normal das instalações, que tenham de ser executados no interior de sua propriedade sob organização e gestão do arrendador, serão solidários a este no pagamento dos trabalhadores que deste dependam, de um salário-mínimo não inferior ao que percebem os trabalhadores que daquele dependam, bem como lhes assegurarão condições de trabalho não inferiores às que desfrutem seus trabalhadores.

[...].

3.5. França

De acordo com Sérgio Pinto Martins, na França, a terceirização tem sido realizada por meio de contrato de cooperação entre as partes, sendo utilizada até mesmo para atividades-fim da empresa, desde que o poder de direção seja do terceirizado. Assevera que o sistema legal francês e a jurisprudência não vedam completamente a terceirização. O que se veda é a exploração do operário, com subsalários ou até mesmo o não pagamento deles.

Na França, há ainda a permissão da *filialisation* (criação de filiais, com personalidade jurídica própria daquela da qual foram desmembradas, em razão da supressão de parte das atividades da empresa principal, visando à contratação de trabalhadores para a filial com salários inferiores e menores encargos sociais) e a *sous traitance* (uma forma de empreitada, em que a empresa tomadora contrata de outra empresa a produção ou parte da produção de um serviço que ela própria teria de executar para um cliente)[179].

3.6. Japão e Tigres Asiáticos

Nos países do sudeste asiático, como a Coreia do Sul e Cingapura, a terceirização é prática comum, além da subcontratação e emprego temporário, sempre visando obter lucros maiores, sem quaisquer regulamentações.

No Japão, a terceirização também é permitida em alguns casos, mas sempre de maneira regulamentada, com os sindicatos dos subcontratados devendo observar todos os requisitos da lei de subcontratação.

Kazuo Sugemo[180], citado por Sérgio Pinto Martins, afirma que as fornecedoras de mão de obra devem ter autorização do Ministério do Trabalho para funcionar.

---

(178) MARTINS, Sérgio Pinto. Ob. cit., p. 17-25.
(179) *Idem.*
(180) SUGEMO, Kazuo. *Japanese Labour Law.* University of Washington Press, 1992, p. 164-168.

Caso haja sua desqualificação, mediante revogação da sua autorização, poderão até mesmo ser fechadas.

Registre-se, por derradeiro, que no sistema legal japonês a terceirização é proibida no transporte portuário e na construção.

3.7. Organização Internacional do Trabalho (OIT)

A Organização Internacional do Trabalho (OIT) não dispõe, expressamente, sobre a terceirização. Contudo, da análise de suas Convenções pode-se extrair a existência desse permissivo legal, como é o caso da Convenção n. 161, que estabelece que os serviços de saúde do trabalho sejam organizados por uma ou por várias empresas, o que leva à conclusão de que essas atividades, principalmente na área de assistência médica, podem ser terceirizadas.

Por outro, insta salientar que a Conferência Internacional do Trabalho aprovou a Recomendação n. 198, de 2006, sobre relação de trabalho, na qual dispõe que a legislação deve definir, de forma clara e precisa, a existência de trabalho subordinado, distinguindo-o do trabalho independente. Demais disso, em sua 96ª Sessão, realizada no período de 30 de maio a 15 de junho de 2007, discutiu a subcontratação e a terceirização, estimulando o trabalho decente, com a aplicação dos princípios e direitos fundamentais no trabalho, o que inclui a igualdade no trabalho, possibilitando, com isso, a eliminação da discriminação em matéria de emprego e profissão, bem como o trabalho infantil[181].

4. Terceirização lícita e ilícita

Não existe normativo legal vedando a contratação de serviços por terceiros. Todavia, no intuito de se evitar o incurso de ilicitude na transferência dessas atividades urge que se observem os limites constitucionais e infraconstitucionais.

Nesse aspecto, encontram-se bem delimitadas pela Súmula n. 331, do Superior Tribunal do Trabalho, as condições em que a terceirização pode ser considerada lícita ou ilícita. Veja-se:

> [...].
>
> I – A contratação de trabalhadores por empresa interposta é ilegal, formando-se o vínculo diretamente com o tomador dos serviços, salvo no caso de trabalho temporário (Lei n. 6.019, de 3.1.1974).
>
> II – A contratação irregular de trabalhador, mediante empresa interposta, não gera vínculo de emprego com os órgãos da Administração Pública direta, indireta ou fundacional (art. 37, II, da CF, de 1988).
>
> III – Não forma vínculo de emprego com o tomador a contratação de serviços de vigilância (Lei n. 7.102, de 20.6.1983) e de conservação e limpeza, bem como a de serviços especializados ligados à atividade-meio do tomador, desde que inexistente a pessoalidade e a subordinação direta.

---

(181) Disponível em: <http://www.s.conjur.com.br/dl/terceirizacao-cedes.pdf>.

IV – O inadimplemento das obrigações trabalhistas, por parte do empregador, implica a responsabilidade subsidiária do tomador dos serviços quanto àquelas obrigações, desde que haja participado da relação processual e conste também do título executivo judicial.

V – 0 Os entes integrantes da Administração Pública direta e indireta respondem subsidiariamente, nas mesmas condições do item IV, caso evidenciada a sua conduta culposa no cumprimento das obrigações da Lei n. 8.666, de 21.6.1993, especialmente na fiscalização do cumprimento das obrigações contratuais e legais da prestadora de serviço como empregadora. A aludida responsabilidade não decorre de mero inadimplemento das obrigações trabalhistas assumidas pela empresa regularmente contratada.

VI – A responsabilidade subsidiária do tomador de serviços abrange todas as verbas decorrentes da condenação referentes ao período da prestação laboral.

[...].

Portanto, pode-se afirmar que a terceirização lícita é dividida em quatro grupos, quais sejam:

i) Trabalho temporário, consistente na substituição de pessoal regular e permanente da empresa tomadora ou de necessidade resultante de acréscimo extraordinário de serviços dessa empresa;

ii) Atividades de vigilância;

iii) Atividades de conservação e limpeza; e

iv) Serviços especializados ligados à atividade-meio do tomador.

Compartilha desse entendimento o eminente Professor e Ministro do Superior Tribunal do Trabalho Mauricio Godinho Delgado[182], para quem:

[...].

As situações-tipo de terceirização lícita estão, hoje, claramente assentadas pelo texto da Súmula n. 331, TST. Constituem quatro grandes grupos de situações sociojurídicas delimitadas. São as que seguem.

Em primeiro lugar, situações empresariais que autorizem contratação de trabalho temporário (Súmula n. 331, I).

São as situações expressamente especificadas pela Lei n. 6.019, de 1974. Assim, ou se trata de necessidades transitórias de substituição de pessoal regular e permanente da empresa tomadora ou se trata de necessidade resultante de acréscimo extraordinário de serviços dessa empresa.

[...].

Em segundo lugar, "atividades de vigilância", regidas pela Lei n. 7.102 (Súmula n. 331, II, *ab initio*).

---

(182) DELGADO, Mauricio Godinho. Ob. cit., p. 439-440.

[...].

O terceiro grupo de situações passíveis de contratação terceirizada lícita é o que envolve atividades de conservação e limpeza (Súmula n. 331, III).

[...].

O quarto grupo de situações passíveis de contratação terceirizada lícita diz respeito a serviços especializados ligados à atividade-meio do tomador.

[...]."

Não obstante tais delimitações, as quais se encontram bastante sedimentadas, tem-se como significativo sobre a questão, também, o magistério de Sérgio Pinto Martins[183], segundo o qual:

[...].

A terceirização ilegal ou ilícita é a que se refere à locação permanente de mão de obra, que pode dar ensejo a fraudes e a prejuízos aos trabalhadores.

A terceirização é lícita, pois toda espécie de serviço ou trabalho lícito, material ou imaterial, pode ser contratado mediante retribuição (art. 594, do Código Civil).

A terceirização ilícita busca apenas o menor preço.

É lícita a terceirização feita por meio de trabalho temporário (Lei n. 6.019, de 1974), desde que não sejam excedidos os três meses de prestação de serviços pelo funcionário na empresa tomadora; em relação a vigilantes (Lei n. 7.102, de 1983); de serviços de limpeza; da empreitada (arts. 610 a 626, do Código Civil); da subempreitada (art. 455, da CLT); da prestação de serviços (arts. 593 a 609, do Código Civil); das empresas definidas na lista de serviços submetidos ao ISS, conforme Lei Complementar n. 11, de 2003, pois tais empresas pagam, inclusive, impostos; em relação ao representante comercial autônomo (Lei n. 4.886, de 1965); na compensação de cheques feita por empresa especializada e desde que não haja subordinação e pessoalidade do trabalhador com o tomador de serviços; do estagiário, de modo a lhe propiciar a complementação do estudo mediante a interveniência obrigatória da instituição de ensino (Lei n. 11.788, de 2008); e as cooperativas desde que não exista subordinação.

A Lei n. 9.472, de 16 de julho de 1997, dispõe sobre a organização dos serviços de telecomunicações, a criação e funcionamento de um órgão regulador e outros aspectos institucionais. Permite o inciso II, do art. 94 a concessionária 'contratar com terceiros o desenvolvimento de atividades inerentes, acessórias ou complementares ao serviço, bem como a implementação de projetos associados'.

---

(183) MARTINS, Sérgio Pinto. Ob. cit., p. 159-161.

É também forma lícita de terceirização a de trabalho em domicílio, desde que feito sob a forma de contratação de autônomos. Não é só na contratação de costureiras, marceneiros, confeiteiras ou cozinheiras que se tem a terceirização lícita, mas também em outros tipos de profissões, desde que haja efetiva autonomia do prestador de serviços. A contratação de trabalhador avulso também é lícita, desde que exista a intermediação obrigatória do sindicato da categoria profissional.

Indiretamente, porém, o próprio TST admite como lícita a prestação de serviços médicos por empresa conveniada, para efeito de abono de faltas dos trabalhadores (Súmula n. 282, do TST). A Convenção n. 161, da OIT foi aprovada pelo Decreto Legislativo n. 86, de 14 de dezembro de 1989, sendo promulgada pelo Decreto n. 127, de 23 de maio de 1991. Tal Convenção, que trata sobre serviços de saúde do trabalho, em seu art. 7º, permite que os referidos serviços sejam organizados para uma só ou para várias empresas, o que também mostra que as empresas que cuidam de assistência médica têm sua atividade considerada lícita, inclusive pela referida Convenção. A subempreitada também vem a ser uma forma de terceirização lícita, pois é prevista, *a contrario sensu*, no art. 455, da CLT.

[...]."

A terceirização lícita seria feita na atividade-meio. A terceirização ilícita na atividade-fim, segundo o entendimento da jurisprudência.

Algumas regras, contudo, podem ser enunciadas para se determinar a licitude da terceirização, tais como:

(a) idoneidade econômica da terceirizada;

(b) assunção de riscos pela terceirizada;

(c) especialização nos serviços a serem prestados;

(d) direção dos serviços pela própria empresa terceirizada;

(e) utilização do serviço, principalmente em relação à atividade-meio da empresa que terceiriza serviços, evitando-se a terceirização da atividade-fim; e

(f) necessidade extraordinária e temporária de serviços.

5. Terceirização no serviço público

5.1. Introdução

Hoje não há mais dúvida de que a terceirização de serviços é aplicável na Administração Pública. Aliás, esse fenômeno mundial teve como marco legal no Brasil o Decreto-lei n. 200, de 25 de fevereiro de 1967, que estabelece, no artigo 10, e § 7º, *verbis*:

[...].

Art. 10. A execução das atividades da Administração Federal deverá ser amplamente descentralizada.

[...].

§ 7º Para melhor desincumbir-se das tarefas de planejamento, coordenação, supervisão e controle e com o objetivo de impedir o crescimento desmesurado da máquina administrativa, a Administração procurará desobrigar-se da realização material das tarefas executivas, recorrendo, sempre que possível, à execução indireta, mediante contrato, desde que exista na área, iniciativa privada suficientemente desenvolvida e capacitada para desempenhar os encargos de execução.

[...].

Tal iniciativa foi reafirmada, posteriormente, pela Lei n. 5.645, de 10 de dezembro de 1970, que dispôs no seu artigo 3º[184], que *"As atividades relacionadas com transporte, conservação, custódia, operação de elevadores, limpeza e outras assemelhadas serão, de preferência, objeto de execução indireta, mediante contrato, de acordo com o artigo 10, § 7º, do Decreto-lei n. 200, de 25 de fevereiro de 1967"*.

À espécie aplica-se, também, a Lei n. 8.666, de 21 de junho de 1993, porquanto esse normativo legal, ao regulamentar o artigo 37, inciso XXI, da Constituição Federal de 1988, não ofereceu nenhuma restrição à terceirização, consoante se extrai do artigo 3º, com a redação que lhe foi dada pela Lei n. 12.349, de 2010, ao estabelecer que:

[...].

A licitação destina-se a garantir a observância do princípio constitucional da isonomia, a seleção da proposta mais vantajosa para a administração e a promoção do desenvolvimento nacional sustentável e será processada e julgada em estrita conformidade com os princípios básicos da legalidade, da impessoalidade, da moralidade, da igualdade, da publicidade, da probidade administrativa, da vinculação ao instrumento convocatório, do julgamento objetivo e dos que lhes são correlatos.

[...].

Finalmente, o Decreto n. 2.271, de 7 de julho de 1997, deu início a uma política de terceirização para a Administração Pública Federal, ao permitir sua aplicação, principalmente, nas atividades de conservação, limpeza, segurança, vigilância, transportes, informática, copeiragem, recepção, reprografia, telecomunicações e manutenção de prédios, equipamentos e instalações (artigo 1º, § 1º).

Nesse diapasão, Sérgio Pinto Martins[185] afirma que a terceirização de serviços é permitida na Administração Pública. Ressalta, no entanto, sua impossibilidade nos serviços de mão de obra, sob pena de se propiciar o favorecimento ao nepotismo e

---

(184) Revogado pela Lei n. 9.527, de 1997.
(185) MARTINS, Sérgio Pinto. Ob. cit. p. 142-144.

às nomeações políticas, o que, segundo ele, feriria a exigência do concurso público. Acrescenta que o governo gasta com o terceirizado mais do que com o servidor público, aliado ao fato de o terceirizado, na maioria das vezes, não ter o mesmo comprometimento que o servidor público. Acertados e oportunos tais comentários, porquanto quase sempre os tais não recebem nem um terço do valor que é repassado para o tomador dos serviços, ou seja, a empresa contratada.

O renomado autor acrescenta que o Estado pode beneficiar-se da terceirização destinando atividade que não lhe seja essencial, a exemplo do transporte público e da coleta de lixo, feita por meio de concessão ou de permissão. Segundo ele, tal fenômeno é corrente, também, na medição do consumo de água, energia elétrica, gás e assistência técnica do consumidor, especialmente em áreas determinadas. O Estado, obviamente, não poderá terceirizar os serviços que lhe são essenciais.

Ao fim e ao cabo, não se pode olvidar que os serviços de coleta de lixo e de transporte são terceirizados pelo Estado, mediante concessão ou permissão. Da mesma forma, outras atividades que, por sua natureza, não são peculiares ao Poder Público, a exemplo dos serviços de vigilância e conservação e limpeza. Nesse sentido já previa o Decreto-lei n. 200, de 1967. Também trata da questão, positivamente, a Lei n. 5.645, de 1970.

5.2. O Inciso II da Súmula n. 331, TST

O inciso II, da Súmula 331, do Tribunal Superior do Trabalho determina que a contratação irregular de trabalhador, mediante empresa interposta, não gera vínculo de emprego com os órgãos da Administração Pública direta, indireta ou fundacional.

Como não poderia ser diferente, esse entendimento encontra motivação no artigo 37, inciso II, da Constituição Federal, que estabelece que a investidura em cargo ou emprego público depende de aprovação prévia em concurso público de provas ou de provas e títulos. Portanto, a administração direta, indireta ou fundacional, que inclui as autarquias, fundações, sociedades de economia mista, que podem ter emprego público, e empresas públicas que explorem atividade econômica são sujeitas ao concurso público.

Nesse mesmo sentido assentou o Supremo Tribunal Federal[186]:

> [...].
>
> *A acessibilidade aos cargos públicos a todos os brasileiros, nos termos da Lei e mediante concurso público é princípio constitucional explícito, desde 1934, art. 168. Embora cronicamente sofismado, mercê de expedientes destinados a iludir a regra, não só foi reafirmado pela Constituição, como ampliado, para alcançar os empregos públicos, art. 37, I e II. Pela vigente ordem constitucional, em regra, o acesso aos empregos públicos opera-se mediante concurso público, que pode não ser de igual conteúdo, mas há de ser público. As autarquias, empresas públicas ou sociedades de economia mista estão sujeitas à regra,*

---

(186) STF, MS n. 21.322-1 DF, 3.12.1992 – Rel. Min. Paulo Brossard.

que envolve a administração direta, indireta ou fundacional, de qualquer dos poderes da União, dos Estados, do Distrito Federal e dos Municípios. Sociedade de economia mista destinada a explorar atividade econômica esta igualmente sujeita a esse princípio, que não colide com o expresso no art. 173, PAR.1. Exceções ao princípio, se existem, estão na própria Constituição.

[...].

Portanto, não é despiciendo recordar que se deve ter em mente, sempre, o que preceitua o artigo 37, § 2º, e inciso XXI, da Carta Política, que assim dispõem:

[...].

§ 2º A não observância do disposto nos incisos II e III implicará a nulidade do ato e a punição da autoridade responsável, nos termos da lei.

II – a investidura em cargo ou emprego público depende de aprovação prévia em concurso público de provas ou de provas e títulos, de acordo com a natureza e a complexidade do cargo ou emprego, na forma prevista em lei, ressalvadas as nomeações para cargo em comissão declarado em lei de livre nomeação e exoneração;

III – o prazo de validade do concurso público será de até dois anos, prorrogável uma vez, por igual período;

XXI – ressalvados os casos especificados na legislação, as obras, serviços, compras e alienações serão contratados mediante processo de licitação pública que assegure igualdade de condições a todos os concorrentes, com cláusulas que estabeleçam obrigações de pagamento, mantidas as condições efetivas da proposta, nos termos da lei, o qual somente permitirá as exigências de qualificação técnica e econômica indispensáveis à garantia do cumprimento das obrigações.

[...].

Na ocorrência de terceirização ilícita pela Administração, recorde-se que o Tribunal Superior do Trabalho editou a Orientação Jurisprudencial n. 383, assentando que a contratação irregular de trabalhador, mediante empresa interposta, não gera vínculo de emprego com ente da Administração Pública. Não afasta, contudo, em razão do princípio da isonomia, o direito dos empregados terceirizados às mesmas verbas trabalhistas legais e normativas asseguradas àqueles contratados pelo tomador dos serviços, desde que presente a igualdade de funções. Trata-se excepcionalmente de responsabilidade solidária da Administração.

É importante deixar claro, ainda, que na terceirização a prestação de serviços do trabalhador para a Administração Pública não gera vínculo empregatício.

5.3. Responsabilidade trabalhista da administração na terceirização lícita

De acordo com o inciso V, da Súmula n. 331, do Tribunal Superior do Trabalho, os entes integrantes da Administração Pública direta e indireta respondem subsidiariamente, nas mesmas condições do item IV, caso seja evidenciada sua conduta culposa no cumprimento das obrigações da Lei n. 8.666, de 1993, especialmente na fiscalização do cumprimento das obrigações contratuais e legais da prestadora de serviço como empregadora. A aludida responsabilidade não decorre de mero inadimplemento das obrigações trabalhistas assumidas pela empresa regularmente contratada.

Sobre o assunto, é bastante elucidativa a lição do Ministro Presidente do Tribunal Superior do Trabalho, Doutor João Oreste Dalazen, assentada nos seguintes termos:

[...].

Reafirmamos a responsabilidade subsidiária do ente público nos casos de terceirização nos débitos contraídos pela empresa prestadora de serviços que ele contratar, sempre que esta empresa não honrar seus compromissos para com seus empregados que prestam serviços ao poder público e houver conduta culposa do ente público em fiscalizar o cumprimento das obrigações trabalhistas. Evidencia-se, portanto, que se trata de responsabilidade subsidiária causada apenas por culpa *in vigilando*, devendo ser demonstrada pelo empregado.

[...].

Já Felipe Regis de Andrade Caminha[187] ressalta que, nos termos do Enunciado n. 331, do TST, somente poderá ser estendida à Administração Pública a responsabilidade pelas obrigações trabalhistas se restar confirmada pelo contexto fático-probatório uma atuação culposa do agente público com relação à fiscalização do regular cumprimento do contrato administrativo de terceirização.

Acentua, ainda, a importância da instrução probatória, por ser nessa oportunidade que o demandante, figura que normalmente coincide com o empregado, se desincumbirá, por intermédio dos diversos mecanismos postos à sua disposição, do ônus de provar, no caso concreto, a eventual culpa da administração e o nexo causal com o dano que sofreu.

Conclui asseverando que apenas mediante uma fiscalização ativa da execução dos contratos administrativos pelos agentes públicos, aliada a uma atuação preventiva da Advocacia Pública, com a adoção das medidas administrativas e judiciais adequadas para o caso concreto, é que a Administração Pública cumprirá os deveres de fiscalização. Tal atitude certamente impedirá qualquer responsabilização sua pelas obrigações trabalhistas descumpridas pelo contratado.

No tocante à responsabilidade trabalhista da Administração, nos casos que tais, mais precisamente sobre os efeitos jurídicos, não poderíamos deixar de trazer à lume a lição de Mauricio Godinho Delgado[188], assentada nos seguintes termos:

[...].

A Constituição de 1988 lançou uma especificidade no tocante aos efeitos jurídicos da terceirização efetuada por entidades da administração pública direta,

---

(187) *Apud* PAVIONE, Lucas dos Santos; AMORIN SILVA, Luiz Antônio Miranda. *Temas Aprofundados da AGU*. São Paulo: Jus Podivm, 2012. p. 719.

(188) Ob. cit., p. 445-446.

indireta e fundacional. É que a Carta Magna colocou a aprovação prévia em concurso público de provas ou de provas e títulos como requisito insuplantável para a investidura em cargo ou emprego público, considerando nulo o ato de admissão efetuado sem a observância de tal requisito (art. 37, II e § 2º, CF, de 1988). Nesse quadro insculpiu um expresso obstáculo, desde 5.10.88, ao reconhecimento de vínculos empregatícios com entes da Administração Pública, ainda que configurada a ilicitude da terceirização.

Nesse quadro constitucional, torna-se inviável, juridicamente, acatar-se a relação empregatícia com entidades estatais mesmo em situações de terceirização ilícita, já que, nesse caso, o requisito formal do concurso público não terá sido cumprido (art. 37, II, e §2º, CF, de 1988). Para a Constituição, a forma passou a ser, portanto, da essência do ato de admissão de trabalhadores em entes estatais (arts. 82, 130 e 145, III, Código Civil de 1916).

[...].

5.4. Licitações e contratos

Além dos preceitos insertos no artigo 37, da Constituição Federal de 1988, é possível verificar a legalidade da terceirização observando, também, as regras dispostas na Lei n. 8.666, de 1993, denominada Lei de Licitações.

Nessa quadra, impende salientar a relevância da lição de Odete Medauar[189], segundo a qual licitação é o processo administrativo em que a sucessão de fases e atos leva à indicação de quem vai celebrar contrato com a Administração. Como exemplo, a referida autora cita os dispositivos do mencionado diploma legal, a seguir transcritos:

[...].

Art. 6º Para os fins desta Lei, considera-se:

II – Serviço — toda atividade destinada a obter determinada utilidade de interesse para a Administração, tais como: demolição, conserto, instalação, montagem, operação, conservação, reparação, adaptação, manutenção, transporte, locação de bens, publicidade, seguro ou trabalhos técnico-profissionais;

[...].

[...].

Art. 72. O contratado, na execução do contrato, sem prejuízo das responsabilidades contratuais e legais, poderá subcontratar partes da obra, serviço ou fornecimento, até o limite admitido, em cada caso, pela Administração.

[...].

---

(189) MEDAUAR, Odete. *Direito Administrativo Moderno.* São Paulo: Revista dos Tribunais, 2006. p. 366-367.

[...].

Art. 13. Para os fins desta Lei, consideram-se serviços técnicos profissionais especializados os trabalhos relativos a:

I – estudos técnicos, planejamentos e projetos básicos ou executivos;

II – pareceres, perícias e avaliações em geral;

III – assessorias ou consultorias técnicas e auditorias financeiras ou tributárias;

IV – fiscalização, supervisão ou gerenciamento de obras ou serviços;

V – patrocínio ou defesa de causas judiciais ou administrativas;

VI – treinamento e aperfeiçoamento de pessoal;

VII – restauração de obras de arte e bens de valor histórico.

[...].

§ 3º A empresa de prestação de serviços técnicos especializados que apresente relação de integrantes de seu corpo técnico em procedimento licitatório ou como elemento de justificação de dispensa ou inexigibilidade de licitação, ficará obrigada a garantir que os referidos integrantes realizem pessoal e diretamente os serviços objeto do contrato.

[...].

Por tudo o que foi dito, a conclusão a que se poderia chegar é de que a terceirização no Serviço Público, apesar de na maioria das vezes mais onerosa ao erário, não se restringe aos exemplos anteriormente especificados. É o que se deduz da expressão "tais como", inserida no dispositivo acima transcrito. Nesse mesmo sentido dispõe o artigo 72, do mesmo normativo legal, ao prever a subcontratação dentro dos limites admitidos pelo Estado.

5.5. Contratação temporária de servidores

Como o próprio nome traduz, servidores temporários são aqueles contratados pela Administração Pública sem a necessária observância do requisito do concurso público, para atender a necessidades temporárias de excepcional interesse público. Sobre o tema, é bastante esclarecedora a lição de Sérgio Pinto Martins[190], segundo a qual a Administração Pública também pode contratar serviços temporários, na forma da Lei n. 8.745, de 9 de dezembro de 1993, que regula a contratação temporária de servidores pela Administração Pública federal, conforme o inciso IX, do art. 37, da Constituição. A referida lei permite o ingresso de pessoas, nos quadros funcionais de entidades da Administração Pública federal, sem o requisito do concurso público, para atender à necessidade temporária de excepcional interesse público, em casos de calamidade pública, combate a surtos endêmicos, recenseamentos; admissão de professor substituto e professor visitante; admissão de professor e pesquisador visitantes estrangeiros; atividades especiais nas organizações das Forças Armadas

---

(190) MARTINS, Sérgio Pinto. Ob. cit., p. 153.

para atender à área industrial ou encargos temporários e serviços de Engenharia (artigos 1º e 2º).

5.6. Concessão e permissão

Primeiramente cabe registrar que não poderiam ficar de fora deste modesto estudo os institutos da Concessão e da Permissão, até mesmo pela sua importância e vasta utilização como forma de transferência de serviços públicos a entes privados e também públicos.

Dito isso, urge trazer à evidência o magistério de Maria Sylvia Zanella Di Pietro[191], segundo o qual a concessão pode ser definida como o:

[...].

Contrato administrativo pelo qual a Administração confere ao particular a execução remunerada de serviço público ou de obra pública, ou lhe cede o uso de bem público, para que o explore por sua conta e risco, pelo prazo e nas condições regulamentares e contratuais.

[...]. (Grifos nossos)

A propósito, não é desarrazoado lembrar que a terceirização na Administração Pública pode ser feita mediante concessão e permissão. É o que se depreende da leitura do artigo 175, da Constituição Federal de 1988, segundo o qual incumbe ao Poder Público, na forma da lei, diretamente ou sob regime de concessão ou permissão, sempre por meio de licitação, a prestação de serviços públicos. O mencionado dispositivo constitucional foi regulamentado pela Lei n. 8.987, de 1995, que trata do regime de concessão e permissão da prestação de serviços públicos.

Por outro lado, o artigo 2º, inciso II, da supracitada Lei n. 8.987, de 1995, define concessão de serviço público como sendo a delegação de sua prestação, feita pelo poder concedente, mediante licitação, na modalidade de concorrência, à pessoa jurídica ou consórcio de empresas que demonstre capacidade para seu desempenho, por sua conta e risco e por prazo determinado. O inciso III do mesmo artigo, por sua vez, prescreve a concessão de serviço público precedida da execução de obra pública: a construção, total ou parcial, conservação, reforma, ampliação ou melhoramento de quaisquer obras de interesse público, delegada pelo poder concedente, mediante licitação, na modalidade de concorrência, à pessoa jurídica ou consórcio de empresas que demonstre capacidade para a sua realização, por sua conta e risco, de forma que o investimento da concessionária seja remunerado e amortizado mediante a exploração do serviço ou da obra por prazo determinado.

Desse modo, sem prejuízo da responsabilidade a que se refere o artigo 25, da Lei n. 8.987, de 1995, a concessionária poderá contratar com terceiros o desenvolvimento

---

(191) DI PIETRO, Maria Sylvia Zanella. *Direito Administrativo*. São Paulo: Atlas, 2004. p. 275.

de atividades inerentes, acessórias ou complementares ao serviço concedido, bem como a implementação de projetos associados, mas, nesse caso, os contratos celebrados entre a concessionária e os terceiros reger-se-ão pelo direito privado, não se estabelecendo qualquer relação jurídica entre os terceiros e o poder concedente.

Demais disso, o artigo 26 do mesmo diploma legal admite a subconcessão, desde que observados os termos previstos no contrato de concessão e desde que expressamente autorizada pelo poder concedente. A outorga de subconcessão será sempre precedida de concorrência e o subconcessionário se sub-rogará de todos os direitos e obrigações da subconcedente dentro dos limites da subconcessão. A subconcessão é, portanto, um contrato administrativo acessório, mas, para a subconcessão, não se exige licitação.

Por seu turno, a permissão de serviço público pode ser conceituada como ato administrativo unilateral, precário e discricionário, no qual não há direito do particular contra a Administração. Trata-se de delegação, mediante licitação, da prestação de serviços públicos, feita pelo poder concedente a pessoa física ou jurídica que demonstre capacidade para seu desempenho, por sua conta e risco. Repita-se, a permissão de uso de bem público ou execução de um serviço público, de que trata o artigo 175, da Magna Carta, será feita sempre por meio de licitação.

Nessa linha de raciocínio, Sérgio Pinto Martins[192] adiciona que o inciso XII, do artigo 21, da Constituição Federal estabelece que é da competência da União explorar, diretamente ou mediante autorização, concessão ou permissão, os serviços de radiodifusão sonora, e de sons e imagens; os serviços e instalações de energia elétrica e o aproveitamento energético dos cursos de água, em articulação com os Estados onde se situam os potenciais hidroenergéticos; a navegação aérea, aeroespacial e a infraestrutura aeroportuária; os serviços de transporte ferroviário e aquaviário entre portos brasileiros e fronteiras nacionais, ou que transponham os limites de Estado ou Território; os serviços de transporte rodoviário interestadual e internacional de passageiros e os portos marítimos, fluviais e lacustres. Isso evidencia que a terceirização de tais serviços é permitida, mediante concessão, permissão ou autorização.

5.7. Outras hipóteses de contratação de terceiros

Também podem ser objeto de terceirização os serviços de saúde, educação e assistência social, conforme expressamente estatuído na Constituição Federal de 1988.

Convém lembrar que as ações e serviços de saúde, consoante estatuído no artigo 197, da Constituição Federal, são de relevância pública, cabendo ao Estado dispor, nos termos da lei, sobre sua regulamentação, fiscalização e controle, devendo sua execução ser feita diretamente ou por meio de terceiros, pessoa física ou jurídica de direito privado, pelo que resta evidente a possibilidade de terceirização desses serviços.

---

(192) MARTINS, Sérgio Pinto. Ob. cit., p. 156.

Por outro lado, conforme espelhado no artigo 209, da Constituição Federal, é livre à iniciativa privada, observadas as seguintes condições: (i) cumprimento das normas gerais da educação nacional; e (ii) autorização e avaliação de qualidade pelo Poder Público.

Por fim, no que toca às ações governamentais na área da assistência social, é sabido que são realizadas com recursos do orçamento da seguridade social, previstos no artigo 195, além de outras fontes. Para tanto são organizadas com base nas seguintes diretrizes, de acordo com o artigo 204, da Constituição Federal: (i) descentralização político-administrativa, cabendo a coordenação e as normas gerais à esfera federal e a coordenação e a execução dos respectivos programas às esferas estadual e municipal, bem como a entidades beneficentes e de assistência social; e (ii) participação da população, por meio de organizações representativas, na formulação das políticas e no controle das ações em todos os níveis.

6. Conclusão

Não se pode perder de vista — repita-se — que a Administração Pública deve obediência, sempre, ao Princípio Constitucional da Legalidade. Por esse princípio pode-se afirmar que o Estado só pode fazer aquilo que a lei determinar, ou seja, ato legal e legítimo é aquele praticado de acordo com os ditames legais. Diferentemente do administrado, que pode fazer tudo o que a lei não proibir, a Administração Pública só pode agir quando, como e da forma que a lei determinar.

É certo que a terceirização na Administração Pública é prática corriqueira, muitas vezes sem a observância das limitações e dos requisitos imposto pela lei, fato que pode ensejar, inclusive, crime de responsabilidade, por isso mesmo, o ato administrativo praticado sem a observância do Princípio da Legalidade é nulo de pleno direito, por caracterizar vício insanável. É o que leciona, por exemplo, o saudoso Hely Lopes Meirelles[193]:

> [...].
>
> O administrador público está, em toda sua atividade funcional, sujeito aos mandamentos da lei e às exigências do bem comum, e deles não se pode afastar ou desviar, sob pena de praticar ato inválido.
>
> [...].

Por fim, pode-se afirmar que hoje é notório o reconhecimento de que o fenômeno da terceirização vem ganhando espaço cada vez maior no mercado de trabalho. Por essa razão, quer-se deixar expresso que não se é contra nem a favor, discorda-se apenas do modo como esse fenômeno vem sendo inserido, a passos largos, na Administração Pública, inclusive nas atividades-fim, em total desrespeito aos critérios

---

(193) MEIRELLES, Hely Lopes. *Direito Administrativo Brasileiro*. São Paulo: Malheiros, 2006. p. 87.

especificados em lei, haja vista que as tais são de exclusividade dos servidores admitidos via concurso público de provas ou de provas e títulos, na forma do artigo 37, inciso II, da Constituição Federal de 1988.

Apesar de essa limitação encontrar-se expressa, claramente, no texto constitucional e em normas infraconstitucionais, aliado à existência de acordo celebrado com a interveniência do Ministério Público do Trabalho, objetivando a substituição da totalidade desses servidores contratados, muitas vezes de forma irregular, não é isso que se percebe no setor público, onde a contratação de servidores via transversa e por meio de empresas interpostas, é cada vez maior, inclusive para vagas que só poderiam ser ocupadas por aprovados em concursos, conforme previsão constitucional. O que é pior, não se vislumbra, pelo menos por agora, a correção de tais irregularidades.

7. Jurisprudência selecionada acerca de terceirização

Ao fim e ao cabo, trazemos à colação, apenas e tão somente a título ilustrativo, jurisprudência dos tribunais pátrios acerca do instituto da terceirização, que se transcreve a seguir:

> [...].
>
> *Superior Tribunal de Justiça*
>
> *Processo: REsp n. 772.241/MG*
>
> *Relator: Ministro LUIZ FUX*
>
> *Órgão Julgador: T1 – PRIMEIRA TURMA*
>
> *Data do Julgamento: 15.4.2008*
>
> *Ementa: PROCESSUAL CIVIL. ADMINISTRATIVO. AÇÃO DE IMPROBIDADE ADMINISTRATIVA. LEI N. 8.429/92. CONTRATAÇÃO DE SERVIDORES SEM REALIZAÇÃO DE CONCURSO PÚBLICO. MANUTENÇÃO DE CONTRATOS DE FORNECIMENTO DE MÃO DE OBRA. TERCEIRIZAÇÃO DE SERVIÇOS. VIOLAÇÃO DOS DEVERES DE MORALIDADE E IMPESSOALIDADE. LESÃO À MORALIDADE ADMINISTRATIVA. PENA DE RESSARCIMENTO. DANO EFETIVO. SANÇÕES POLÍTICO-ADMINISTRATIVAS COMPATÍVEIS COM A INFRAÇÃO. VIOLAÇÃO DO ART. 535, I e II, DO CPC. NÃO CONFIGURADA.*
>
> *1. Ação Civil Pública ajuizada por Ministério Público Estadual em face de ex-dirigentes de instituição bancária estadual, por suposta prática de atos de improbidade administrativa, decorrentes da contratação de funcionários para trabalharem na mencionada instituição bancária estadual, sem a realização de concurso público, mediante a manutenção de vários contratos de fornecimento de mão de obra, via terceirização de serviços, com inobservância do art. 37, II, da Constituição Federal.*
>
> *2. A Lei n. 8.429, de 1992, da Ação de Improbidade Administrativa, explicitou o cânone inserto no artigo 37, § 4º, da Constituição Federal de 1988, tendo por escopo impor sanções aos agentes públicos incursos em atos de improbidade nos casos em que: a) importem em enriquecimento ilícito (artigo 9º); b) causem prejuízo ao erário público (artigo 10); e c) atentem contra os princípios da Administração Pública (artigo 11), aqui também compreendida a lesão à moralidade administrativa.*

3. Acórdão recorrido calcado na assertiva de que: "[...]. Indispensável, portanto, para a viabilidade e êxito do processo, que se esteja perquirindo acerca de dano ou ameaça a interesses de âmbito coletivo. O que se discute, nos autos, é se a contratação de servidores, para trabalharem no BEMGE S/A, causou dano ao erário público ou se, de outra forma, acarretou enriquecimento indevido aos seus dirigentes. Com efeito, tal indagação foi bem enfrentada pelo d. Magistrado, no sentido de que a contratação irregular de servidores públicos, sem que se submetessem a concurso público, não configura violação a princípios norteadores da Administração Pública, de sorte a atrair qualquer penalidade atentatória à sua probidade e retidão. Na realidade, o enriquecimento ilícito dos apelados deixou de ocorrer, pelo simples e primordial fato de que os contratados prestaram os serviços regularmente e, em função disto, receberam em contrapartida a devida remuneração, não tendo havido, pois, qualquer prejuízo em desfavor da referida sociedade de economia mista. [...].

4. O ato de improbidade sub examine se amolda à conduta prevista no art. 11, da Lei n. 8.429, de 1992, revelando autêntica lesão aos princípios da impessoalidade e da moralidade administrativa, tendo em vista a contratação de funcionários, sem a realização de concurso público, mediante a manutenção de vários contratos de fornecimento de mão de obra, via terceirização de serviços, para trabalharem em instituição bancária estadual, com inobservância do art. 37, II, da Constituição Federal.

5. In casu, restou incontroverso nos autos a ausência de dano ao patrimônio público, porquanto os ocupantes dos cargos públicos efetivamente prestaram os serviços pelos quais foram contratados, consoante assentado pelo Tribunal local, tampouco ensejou o enriquecimento ilícito aos seus dirigentes. Esses fatos impedem as sanções econômicas preconizadas pelo inciso III, do art. 12, da Lei n. 8.429, de 1992, pena de ensejar enriquecimento injusto.

6. A aplicação das sanções, nos termos do artigo 21, da Lei de Improbidade, independe da efetiva ocorrência de dano ao patrimônio público, uma vez que há medidas repressivas que não guardam, necessariamente, conteúdo econômico; v. g., como a suspensão de direitos políticos, a declaração de inabilitação para contratar com a Administração etc., o que autoriza a aplicação da norma sancionadora prevista nas hipóteses de lesão à moralidade administrativa, verbis:"Art. 21. A aplicação das sanções previstas nesta lei independe: I – da efetiva ocorrência de dano ao patrimônio público; II – da aprovação ou rejeição das contas pelo órgão de controle interno ou pelo Tribunal ou Conselho de Contas." 7. Subjaz, assim, a afronta à moralidade administrativa, o que recomenda o afastamento dos recorrentes no trato da coisa pública, objetivo que se aufere pela proibição de contratar com a Administração Pública.

8. Dessarte, considerada a inocorrência de dano ao erário e de enriquecimento ilícito, uma vez que os serviços foram realizados, a reversão ao estado anterior manifesta-se impossível (ad impossiblia nemo tenetur).

9. Nada obstante, e apenas obiter dictum, o fato de a contratação de funcionários, sem a realização de concurso público, ter se dado mediante a manutenção de vários contratos de fornecimento de mão de obra (terceirização de serviços) e não de contratação originária, consoante afirmado no voto proferido na sessão realizada em 6.11.2007, não enseja a alteração do entendimento externado naquela assentada, máxime porque "Os princípios da razoabilidade e da proporcionalidade, lembrados no acórdão, não podem servir de justificativa para eximir o agente público e isentá-lo das sanções previstas em lei. Mal aplicados, os princípios podem significar a impunidade e frustrar os fins da lei" (REsp n. 513.576/MG, Rel. p/ acórdão Min. Teori Albino Zavascki, DJ de 6.3.2006).

10. Inexiste ofensa ao art. 535, I e II, CPC, quando o Tribunal de origem pronuncia-se de forma clara e suficiente sobre a questão posta nos autos, cujo decisum revela-se devidamente fundamentado.

Ademais, o magistrado não está obrigado a rebater, um a um, os argumentos trazidos pela parte, desde que os fundamentos utilizados tenham sido suficientes para embasar a decisão. Precedente desta Corte: RESP n. 658.859/RS, publicado no DJ de 9.5.2005.

11. Recurso especial parcialmente provido para, com fulcro no art. 12, III, da Lei n. 8.429, de 1992, impor aos recorridos a proibição de contratar com o Poder Público, pelo prazo de 03 (três) anos, tendo em vista que as sanções da Lei n. 8.429, de 1992 não são cumulativas (REsp n. 658389/MG, Relatora Ministra Eliana Calmon, DJ de 3.8.2007).

[...].

[...].

Superior Tribunal de Justiça

Processo: REsp n. 1.171.939/RJ

Relatora: Ministra NANCY ANDRIGHI

Órgão Julgador: T3 – TERCEIRA TURMA

Data do Julgamento: 7.12.2010

Ementa: DIREITO CIVIL. RESPONSABILIDADE CIVIL OBJETIVA. RESPONSABILIDADE SUBSIDIÁRIA. TOMADOR DE SERVIÇO. SUBORDINAÇÃO JURÍDICA DO PRESTADOR. NECESSIDADE. TERCEIRIZAÇÃO. REQUISITOS.

1. O tomador de serviço somente será objetivamente responsável pela reparação civil dos ilícitos praticados pelo prestador nas hipóteses em que estabelecer com este uma relação de subordinação da qual derive um vínculo de preposição.

2. A terceirização pressupõe a contratação de serviços especializados ligados à atividade--meio do tomador, ausentes a pessoalidade e a subordinação jurídica.

3. Na terceirização de serviços, os empregados da terceirizada não devem estar sujeitos ao poder de direção da terceirizante, sendo possível entrever, na perspectiva do tomador do serviço, a incompatibilidade entre terceirização e preposição, isto é, quem terceiriza não pode manter os funcionários da terceirizada sob sua subordinação jurídica.

4. A subordinação jurídica se dá sempre frente à empresa prestadora do serviço, responsável pela admissão, demissão, transferência e comando de seus empregados. A subordinação técnica, por sua vez, pode ocorrer também frente ao tomador do serviço, que dá ordens técnicas de como pretende que o serviço seja realizado.

5. Recurso especial a que se nega provimento.

(REsp n. 1.171.939/RJ, Rel. Ministra Nancy Andrighi, Terceira Turma, julgado em 7.12.2010, DJe 15.12.2010).

[...].

[...].

Superior Tribunal de Justiça

Processo: REsp n. 759.714/RS

Relator: Ministro HERMAN BENJAMIN

Órgão Julgador: T2 – SEGUNDA TURMA

Data do Julgamento: 2.4.2009

Ementa: ADMINISTRATIVO E CONSTITUCIONAL. SAÚDE PÚBLICA. TERCEIRIZAÇÃO NA PRODUÇÃO DE MEDICAMENTOS. ANÁLISE DE VIOLAÇÃO DE ARTIGO DA CONSTITUIÇÃO FEDERAL. INVIABILIDADE. LEI N. 6.360, DE 1976. LIMITAÇÕES. OFENSA À PORTARIA SVS/MS 59, DE 1996. NÃO CABIMENTO.

1. Cuida-se, originariamente, de Ação Ordinária ajuizada pelo Laboratório Régius Ltda., em que se busca reconhecer a licitude da terceirização no fabrico de Lavolho (colírio oftálmico), sem as limitações impostas pela Portaria n. 59, de 1996, da Secretaria de Vigilância Sanitária do Ministério da Saúde.

2. É defeso ao STJ analisar violação de dispositivo constitucional (art. 5º, inciso II, da CF, de 1988), competência reservada ao Supremo Tribunal Federal.

3. O art. 16, inciso IV, da Lei n. 6.360, de 1976 estabelece requisitos para que haja a terceirização na produção de drogas farmacêuticas, por exemplo, no caso de medicamento "cuja elaboração necessite de aparelhagem técnica e específica", ou demande "prova de que o estabelecimento se acha devidamente equipado e mantém pessoal habilitado ao seu manuseio". Em momento algum o dispositivo autoriza de maneira ampla e irrestrita — como pretende fazer crer a recorrente — a fabricação de medicamentos por terceiros.

4. O caput do artigo em análise deixa claro que devem ser atendidas as "exigências próprias" para cada situação. Tais condições são estabelecidas pela Administração Pública, que tem competência para editar normas regulamentares a fim de pormenorizar os requisitos previstos em lei, para a necessária proteção, fiscalização e controle da fabricação de medicamentos, que, feita desordenadamente, põe em risco a saúde pública.

5. A Portaria SVS/MS n. 59, de 1996, é norma administrativa que simplesmente disciplina as hipóteses cabíveis para a terceirização, bem como as circunstâncias em que ela se daria.

6. In casu, não se conhece da ofensa à mencionada Portaria, uma vez que tal modalidade de norma é, em regra, desprovida de status de lei federal. Precedente do STJ.

7. Ressalvada a hipótese de decretos federais, não cabe ao STJ examinar atos normativos secundários editados pela Administração Pública, tais como Resoluções, Circulares e Portarias, exceto se decorrentes de expressa previsão no texto legal. Situação não configurada no caso em apreço.

8. Recurso Especial parcialmente conhecido e não provido.

(REsp n. 759.714/RS, Rel. Ministro Herman Benjamin, Segunda Turma, julgado em 2.4.2009, DJe 20.4.2009).

[...].

[...].

Superior Tribunal de Justiça

Processo: RMS n. 24.874/PE

Relatora: Ministra ELIANA CALMON

Órgão Julgador: T2 – SEGUNDA TURMA

Data de Julgamento: 24.11.2009

Ementa: ADMINISTRATIVO E TRIBUTÁRIO — PERDA DE BENEFÍCIO FISCAL (PRODEPE) — INDÍCIOS DE TERCEIRIZAÇÃO — ATENDIMENTO A CONDIÇÕES LEGAIS — AUSÊNCIA DE DIREITO LÍQUIDO E CERTO — DILAÇÃO PROBATÓRIA — APRESENTAÇÃO E JULGAMENTO DE DEFESA ADMINISTRATIVA — AUSÊNCIA DE CERCEAMENTO DE DEFESA.

1. Ausência de direito líquido e certo ao benefício fiscal previsto no PRODEPE, devido aos indícios nos autos de terceirização das atividades das recorrentes, o que não atende às condições impostas pela legislação regente do benefício.

2. Mandado de segurança não comporta dilação probatória.

3. A apresentação e julgamento de defesa da impetrante no processo administrativo perante o Tribunal Administrativo Tributário do Estado de Pernambuco — TATE afasta a alegação de cerceamento de direito de defesa.

4. Para a concessão do benefício fiscal previsto no PRODEPE, o Estado exige o atendimento de certas condições. Uma delas é que o beneficiário não terceirize as suas atividades, condição esta que não foi respeitada pela recorrente, justificando a perda do benefício.

5. Recurso ordinário não provido. (RMS n. 24.874/PE, Rel. Ministra Eliana Calmon, Segunda Turma, julgado em 24.11.2009, DJe 7.12.2009)

[...].

[...].

Superior Tribunal de Justiça

Processo: REsp n. 118.533/RS

Relator: Ministro SÁLVIO DE FIGUEIREDO TEIXEIRA

Órgão Julgador: T4 – QUARTA TURMA

Data do Julgamento: 13.9.2000

Ementa: RECLAMATÓRIA TRABALHISTA. CAIXA ECONÔMICA FEDERAL. TERCEIRIZAÇÃO DO SERVIÇO PÚBLICO. TELEFONISTA. VÍNCULO EMPREGATÍCIO COM EMPRESA PÚBLICA. IMPOSSIBILIDADE. SIMPLES PRESTAÇÃO DE SERVIÇOS. EXIGÊNCIA DE CONCURSO PÚBLICO. ART. 5º, DO DECRETO-LEI N. 759, de 1969. RECURSO PROVIDO.

Improcede o pedido de reconhecimento de vínculo empregatício com empresa pública federal pelo simples fato de estar prestando serviços ao órgão, uma vez que a admissão de pessoal somente se faz por meio de concurso público. (REsp n. 118.533/RS, Rel. Ministro Sálvio de Figueiredo Teixeira, Quarta Turma, julgado em 13.9.2000, DJ 16.10.2000, p. 312)

[...].

[...].

Supremo Tribunal Federal

ADC n. 16

EMENTA: RESPONSABILIDADE CONTRATUAL. Subsidiária. Contrato com a Administração Pública. Inadimplência negocial do outro contraente. Transferência consequente e automática dos seus encargos trabalhistas, fiscais e comerciais, resultantes da execução do contrato, à Administração. Impossibilidade jurídica. Consequência proibida pelo art. 71, § 1º, da Lei federal n. 8.666, de 1993. Constitucionalidade reconhecida dessa norma. Ação direta de constitucionalidade julgada, nesse sentido, procedente. Voto vencido. É constitucional a norma inscrita no art. 71, § 1º, da Lei federal n. 8.666, de 26 de junho de 1993, com a redação dada pela Lei n. 9.032, de 1995.

[...].

[...].

Tribunal de Contas da União

GRUPO I — CLASSE III — Plenário

TC n. 033.625/2010-7

Natureza: Consulta

Órgão: Ministério da Educação

Interessado: Ministro de Estado da Educação

Advogado: não há

SUMÁRIO: CONSULTA. POSSIBILIDADE DE TERCEIRIZAÇÃO DE ATIVIDADES INSTRUMENTAIS RELATIVAS À ANÁLISE DE PRESTAÇÃO DE CONTAS DE CONVÊNIO. PREENCHIMENTO DOS REQUISITOS DE ADMISSIBILIDADE. CONHECIMENTO. RESPOSTA AO CONSULENTE. ARQUIVAMENTO.

1. Conhece-se de Consulta feita por autoridade competente, sobre matéria afeta ao exercício das atribuições deste Tribunal, sendo que a resposta tem caráter normativo e constitui prejulgamento da tese, mas não do fato ou caso concreto.

2. Nos termos do art. 1º, caput, do Decreto n. 2.271, de 1997, é possível a terceirização de atividades de natureza acessória ou instrumental à análise de prestação de contas de convênio, desde que tal natureza seja inequívoca, haja vista que são de competência exclusiva dos servidores públicos o exame e o parecer sobre a regularidade da prestação de contas.

3. A terceirização será ilícita se houver necessidade de subordinação jurídica entre a pessoa prestadora do serviço e o servidor público, bem assim de pessoalidade e habitualidade, tornando-se imperativa, nesse caso, a realização de concurso público, ainda que não se trate de atividade-fim do órgão ou entidade contratante.

[...].

8. Referências Bibliográficas

CAMINO, Carmen. *Direito individual do trabalho*. São Paulo: Síntese, 2003.

DELGADO, Mauricio Godinho. *Curso de direito do trabalho*. São Paulo: LTr, 2002.

LACERDA, Antônio Corrêa. *Globalização e investimento estrangeiro no Brasil.* São Paulo: Saraiva, 2004.

MARTINS, Sérgio Pinto. *A Terceirização e o Direito do Trabalho.* São Paulo: Atlas, 2011.

MEDAUAR, Odete. *Direito Administrativo Moderno.* São Paulo: Revista dos Tribunais, 2006.

MEIRELLES, Hely Lopes. *Direito Administrativo Brasileiro.* 32. ed. São Paulo: Malheiros, 2006.

MORAES, Paulo Douglas Almeida de. *Contratação indireta e terceirização de serviço na atividade-fim das pessoas jurídicas:* possibilidade jurídica e conveniência social. São Paulo: Saraiva, 2003.

NASCIMENTO FILHO, Adeildo Feliciano do. *Terceirização:* aspectos práticos e teóricos. Monografia (Graduação em Economia) — Universidade Federal do Paraná, 2001.

PAVIONE, Lucas dos Santos; AMORIN SILVA, Luiz Antônio Miranda. *Temas Aprofundados da AGU.* São Paulo: JusPODIVM, 2012.

RODRIGUES PINTO, José Augusto; PAMPLONA FILHO, Rodolfo. *Repertório de Conceitos Trabalhistas.* vol. I (Direito Individual), São Paulo: LTr, 2000.

RODRIGUEZ, Américo Plá. *Princípios de Direito do Trabalho.* São Paulo: LTr, 1996.

SALVINO, Marcos Ribeiro; FEREIRA, Simone Rodrigues. Terceirização de Serviços na Administração Pública e Responsabilidade Trabalhista. *Revista Novatio Juris,* ano II, n. 3, jul. 2009.

SUGEMO, Kazuo. *Japanese Labour Law.* University of Washington Press, 1992.

9. Sites

<http://pt.scribd.com/doc/22549001/Terceirizacao-vantagens-e-desvantagens-para-as-organizacoes-empresariais>

<http://www.dw-world.de/dw/article/0,,5527021,00.html>

<http://www.iela.ufsc.br/uploads/docs/134_texto3.josiane.pdf>

<http://www.rossinimartins.com.br/artigos/terceirizacao.html>

<http://s.conjur.com.br/dl/terceirizacao-cedes.pdf>

<http://biblioteca.univap.br/dados/INIC/cd/inic/IC6%20anais/IC6-42.PDF>

<http://tst.jusbrasil.com.br/noticias/2701512/terceirizacao-na-administracao-publica-presidente-do-tst-esclarece-mudancas>

<http://www.stj.jus.br>

<http://www.mte.gov.br>

<http://www.tst.jus.br>

<http://www.stf.jus.br>

<http://www.planalto.gov.br>

<http://portal2.tcu.gov.br/portal/pls/portal/docs/2055806.PDF>

<http://www.tcu.gov.br/Consultas/Juris/Docs/judoc/Acord/20110504/AC_1069_14_11_P.doc>

<http://trabalhoemdebate.blogspot.com/2011/02/terceirizacao-nos-servicos-publicos.html>

Capítulo XII

Disciplina Jurídica Acerca do Emprego Doméstico no Brasil e Princípio da Igualdade Material

Gustavo Nabuco Machado

Advogado da União lotado na Consultoria Jurídica junto ao Ministério do Trabalho e Emprego. Coordenador-Geral de Assuntos de Direito Trabalhista. Especialista em Direito do Trabalho e Processo do Trabalho pela Universidade Cândido Mendes. Especialista em Direito Público pela Universidade Cândido Mendes. Coautor do livro "Temas Aprofundados da Advocacia-Geral da União".

Resumo: Pretende o presente artigo abordar o tratamento conferido pelo ordenamento jurídico brasileiro ao emprego doméstico, investigando se o princípio da igualdade material resta atendido pelas normas que tratam da matéria. De fato, o emprego doméstico apresenta peculiaridades que o distinguem das demais formas de trabalho subordinado. Cabe indagar se tais características próprias são capazes de justificar a desigualdade de tratamento conferida pela ordem jurídica à categoria. Para tanto, discorrer-se-á, inicialmente, acerca da caracterização do emprego doméstico, identificando, com base na doutrina e principalmente na Lei n. 5.859, de 1972, os elementos que lhe são intrínsecos. Após, o tratamento legal conferido ao emprego doméstico será abordado, discorrendo-se sobre a evolução legislativa acerca da matéria. Por fim, tratar-se-á da questão sob o prisma do princípio da igualdade material, procurando entender o verdadeiro sentido do referido princípio consagrado pela Constituição, para então identificar se o tratamento desigual conferido aos domésticos pode ser juridicamente justificado.

Abstract: This article intends to approach the treatment given by the Brazilian legal system to domestic employment, investigating whether the principle of substantive equality remains served by rules that deal with the matter. In fact, household employment has peculiarities that distinguish it from other forms of subordinate labor. It is worth asking whether these characteristics are able to justify the unequal treatment given by the legal category. To do so, I will talk initially about the characterization of domestic employment, identifying, based on the doctrine and especially Law n. 5.859/72, the elements that are intrinsic. After the legal treatment given to domestic employment has been addressed, discoursing the legislative evolution on the subject. Finally, it will treat the matter under the substantive equality principle view, seeking to understand the true meaning of the principle enshrined in the Constitution, and then identify whether the unequal treatment given to the domestic employees can be legally justified.

Palavras-Chaves: Emprego doméstico. Disciplina jurídica. Desigualdade de tratamento. Princípio da igualdade material.

Keywords: Domestic employment. Legal discipline. Unequal treatment.

Sumário: 1. Introdução. 2. Caracterização do emprego doméstico. 3. Tratamento legal conferido ao emprego doméstico. 4. Emprego doméstico e princípio da igualdade material. 5. Conclusão. 6. Referências Bibliográficas.

1. Introdução

A história do emprego doméstico no Brasil é marcada, sobretudo, pela precariedade de direitos e pela discriminação em relação às demais formas de trabalho.

De fato, com raízes históricas advindas da época da abolição da escravatura, esta peculiar forma de trabalho jamais recebeu do ordenamento jurídico brasileiro o mesmo tratamento concedido ao trabalho prestado fora do âmbito residencial.

Por outro lado, é possível notar uma sensível evolução no que toca aos direitos concedidos aos empregados domésticos. Mas até que ponto essa evolução é juridicamente viável? Há possibilidade jurídica, em face do princípio da isonomia, de se estender aos domésticos exatamente os mesmos direitos ostentados pelo trabalhador ordinário? O presente artigo tem a pretensão de buscar respostas a tais indagações.

É certo que o emprego doméstico apresenta peculiaridades que o diferem das demais formas de trabalho subordinado. É preciso investigar, contudo, se tais características teriam o condão de justificar a desigualdade de tratamento jurídico existente.

Após identificar os elementos que caracterizam o emprego doméstico, bem como abordar a evolução legislativa da matéria, neste presente artigo buscar-se-á analisar a situação jurídica da categoria sob o prisma do princípio da isonomia.

No atual contexto, em que se verifica a tendência de ampliação dos direitos conferidos aos empregados domésticos espera-se que o presente artigo possa contribuir com o debate, com amparo nos princípios e normas que regem o ordenamento jurídico pátrio, mas sem perder de vista o aspecto social da questão e sobretudo o bem-estar das pessoas envolvidas.

2. Caracterização do emprego doméstico

A Lei n. 5.859, de 11 de dezembro de 1971, que *"Dispõe sobre a profissão de empregado doméstico e dá outras providências"*, traz em seu art. 1º a seguinte previsão:

> [...].
>
> Art. 1º *Ao empregado doméstico, assim considerado aquele que presta serviços de natureza contínua e de finalidade não lucrativa à pessoa ou à família no âmbito residencial destas, aplica-se o disposto nesta lei.*
>
> [...].

Acerca do referido conceito legal, comenta Mauricio Godinho Delgado[194]:

[...].

Nessa definição legal, o diploma omite três dos cinco elementos fático-jurídicos genéricos à figura do empregado (pessoalidade, subordinação e onerosidade) — desde que se considere suficientemente englobada na expressão aquele que presta serviços a figura da pessoa física.

A omissão, contudo, é absolutamente justificável. É que a Lei n. 5.859 quis destacar em seu texto apenas o elemento genérico objeto de conformação sociojurídica especial (continuidade) e os elementos específicos à relação empregatícia. Inexistia, assim, para a lógica da lei especial, qualquer necessidade de se repetirem elementos fático-jurídicos óbvios à existência da figura do empregado doméstico e que compareçam a essa categoria sem qualquer especificidade perante o padrão empregatício genérico celetista.

[...].

Com efeito, o emprego doméstico apresenta-se como uma modalidade especial de emprego, na medida em que, além dos cinco pressupostos próprios da relação empregatícia, previstos na Consolidação das Leis do Trabalho — CLT, ostenta ainda características próprias que o distinguem.

Assim será considerado emprego doméstico o trabalho prestado onerosamente, com subordinação, de forma contínua, mediante salário, mas em atividade sem fins lucrativos, por pessoa física, em âmbito residencial de outra pessoa física ou de sua família.

Podem ser apontados, portanto, como elementos específicos da relação de emprego doméstica: *atividades sem fins lucrativos*; *serviço prestado em âmbito residencial*; e *prestado à pessoa física ou à família*.

Questão polêmica refere-se ao elemento da *continuidade*, previsto na Lei n. 5.859, de 1971. A doutrina diverge quanto ao tema, que tem importantes repercussões práticas, afetas à inclusão ou não das chamadas *diaristas domésticas* na disciplina jurídica conferida pela citada lei.

De conseguinte, enquanto a CLT, em seu art. 3º[195], utiliza-se do termo *não eventual* para caracterizar o empregado por ela regido, a Lei n. 5.859, de 1971 exige para caracterização do empregado doméstico que o serviço prestado seja de *natureza contínua*.

Haverá distinção entre *não eventualidade* e *continuidade*? O diarista doméstico pode ser considerado empregado doméstico, para os efeitos da Lei n. 5.859, de 1971?

---

(194) DELGADO, Mauricio Godinho. *Curso de direito do trabalho*. 6. ed. São Paulo: LTr, 2007. p. 365.
(195) "[...]. Art. 3º Considera-se empregado toda pessoa física que prestar serviços de natureza não eventual a empregador, sob a dependência deste e mediante salário. [...]."

Para Sérgio Pinto Martins[196] não há distinção entre ambos os termos. Por outro lado, o empregado doméstico poderia prestar seus serviços de forma periódica, o que abrangeria os diaristas que trabalham sempre nos mesmos dias da semana em determinada residência:

[...].

Não vemos como fazer a distinção entre continuidade, prevista no art. 1º, da Lei n. 5.859, de 1972 para caracterizar o empregado doméstico, e não eventualidade, encontrada na definição de empregado do art. 3º, da CLT. O próprio professor Magano entende que um dos requisitos do contrato de trabalho é a continuidade, mostrando ser este pacto um contrato de trato sucessivo, de duração. Quanto aos domésticos, "os serviços podem ser prestados em forma contínua e ininterrupta ou em forma periódica; uma vez por semana, uma vez a cada quinze dias etc.", não afetando a caracterização do trabalho doméstico.

Inexiste eventualidade na prestação de serviços de uma faxineira que vai toda semana, por longos anos, à residência da família, sempre nos mesmos dias da semana. Ao reverso, há continuidade na prestação de serviços, que são realizados no interesse do empregador, pois as atividades de limpeza e lavagem de roupas são necessidades normais e permanentes do empregador doméstico.

[...].

Mauricio Godinho[197], por seu turno, entende que há sim distinção entre as mencionadas expressões, porém, assim como Sérgio Pinto, sustenta que os diaristas domésticos estariam incluídos no conceito de empregado doméstico:

[...].

Ora, ao não adotar a expressão celetista consagrada (natureza não eventual) — que importava o afastamento da teoria da descontinuidade no tocante à caracterização do trabalhador eventual — elegendo, ao revés, exatamente a expressão rejeitada pela CLT (natureza contínua), a Lei Especial dos Domésticos (5.859, de 1972) fez claramente uma opção doutrinária, firmando o conceito de trabalhador eventual doméstico em conformidade com a teoria da descontinuidade. Essa opção doutrinária não se chocaria com o sistema, não seria com ele incompatível: apenas daria tratamento diferenciado a um elemento fático-jurídico geral, no contexto de uma relação jurídica empregatícia (tratamento diferenciado, aliás, que a ordem jurídica confere ao doméstico em quase tudo: jornada, adicionais legais, FGTS etc.) Ou seja: o elemento da não eventualidade na relação de emprego doméstica deve ser compreendido como efetiva continuidade, por força da ordem jurídica especial regente da categoria.

---

(196) MARTINS, Sérgio Pinto. Ob. cit., p. 143-144.
(197) DELGADO, Mauricio Godinho. Ob cit., p. 369-370.

À luz, portanto, desta vertente interpretativa, configuraria trabalhador eventual doméstico — por incidência da teoria da descontinuidade, adotada expressamente pelo art. 1º, Lei n. 5.859, de 1972 — a chamada diarista doméstica, que labora em distintas residências, vinculando-se a cada uma delas apenas uma ou duas vezes por semana, quinzena ou mês.

[...].

Adota-se, por outro lado, no que toca ao tema, o entendimento sustentado por Alice Monteiro de Barros[198], que ao distinguir *não eventualidade* de *continuidade*, defende a inexistência de relação de emprego doméstico no serviço prestado pelas chamadas diaristas domésticas:

[...].

Não nos parece esteja incluída no art. 1º, da Lei n. 5.859 a trabalhadora chamada, impropriamente, de "diarista" (faxineira, lavadeira, passadeira etc.), que trabalha nas residências, em dias quaisquer, para diversas famílias. É que a Lei n. 5.859, de 1972, considera doméstico "quem presta serviço de natureza **contínua** e finalidade não lucrativa à pessoa ou à família, no âmbito residencial destas. [...]." (art. 1º)

De acordo com o Novo Dicionário Aurélio, o vocábulo "contínuo significa "em que não há interrupção, seguido, sucessivo".

É necessário, portanto, que o trabalho executado seja seguido, não sofra interrupção. Portanto, um dos pressupostos do conceito de empregado doméstico é a continuidade, inconfundível com a não eventualidade exigida como elemento da relação jurídica advinda do contrato de emprego firmado entre empregado e empregador, regido pela CLT. Ora, a continuidade pressupõe ausência de interrupção, enquanto a não eventualidade diz respeito ao serviço que se vincula aos fins normais da atividade da empresa. "Não é o tempo em si que desloca a prestação de trabalho de efetivo para eventual, mas o próprio nexo da prestação desenvolvida pelo trabalhador com a atividade da empresa'. (Cf. RIBEIRO DE VILHENA, Paulo Emílio. "Relação de emprego: supostos, autonomia e eventualidade". Revista de Direito do Trabalho, nov/dez.1982, v. 7, n. 40, p. 38/43).

Logo se a não eventualidade é uma característica que não depende do tempo, o mesmo não se pode dizer da continuidade, já que a interrupção tem natureza temporal.

Assim, não é doméstica a trabalhadora de residência que lá comparece em alguns dias da semana, por faltar na relação jurídica o elemento continuidade.

[...].

---

(198) BARROS, Alice Monteiro de. *Curso de Direito do Trabalho.* 4. ed. São Paulo: LTr, 2008. p. 342-343.

Sustenta-se, portanto, no âmbito do presente trabalho, na mesma linha da ilustre doutrinadora mineira, que o elemento da continuidade, exigido pelo art. 1º, da Lei n. 5.859, de 1972, pressupõe, em face de sua natureza temporal, ao contrário do que ocorre com o elemento da não eventualidade, contemplado pela CLT, *ausência de interrupção*, de modo que a diarista doméstica não pode ser considerada um empregado doméstico.

Nesse mesmo sentido, tem entendido o Tribunal Superior do Trabalho[199], como no seguinte aresto, a título de ilustração:

[...].

Diarista que presta serviços, em residência, dois ou três dias na semana. Inexistência de vínculo empregatício. O reconhecimento do vínculo empregatício com o empregado doméstico está condicionado à continuidade na prestação dos serviços, o que não se aplica quando o trabalho é realizado durante alguns dias da semana. No caso, inicialmente, durante longo período, a reclamante laborava duas vezes por semana para a reclamada, passando, posteriormente a três vezes. Assim, não há como reconhecer o vínculo de emprego postulado, porque, na hipótese, está configurada a prestação de serviços por trabalhadora diarista. Recurso de revista que se reconhece e a que se dá provimento para julgar improcedente a reclamação (TST, RR 17676/2005-007-09-00.0, 7ª T., Rel. Ministro Pedro Paulo Manus).

[...]. (Grifos nossos).

3. Tratamento legal conferido ao emprego doméstico

O marco legal no que toca à disciplina jurídica do empregado doméstico remonta ao Decreto-lei n. 3.078, de 27 de novembro de 1941, que regulamentou a locação dos empregados em serviços domésticos, definindo-o como aquele que presta serviços em residências particulares mediante remuneração. Até então, ante a ausência de uma regulamentação específica, aplicavam-se os preceitos referentes à locação de serviços previstos no Código Civil de 1916, bem como no Decreto n. 16.107, de 1923.

Sérgio Pinto Martins[200] elucida os direitos contemplados pelo citado Decreto-lei n. 3.078/41 aos domésticos:

"[...].

Tinha direito a aviso-prévio de oito dias, depois de um período de prova de seis meses. Poderia rescindir o contrato em caso de atentado à sua honra ou integridade física, mora salarial ou falta de cumprimento da obrigação do empregador de proporcionar-lhe ambiente higiênico de alimentação e habitação, tendo direito à indenização de oito dias.

[...]."

---

(199) *Apud* SAAD, Eduardo Gabriel; SAAD José Eduardo e BRANCO, Ana Maria Saad C. *CLT Comentada*. 44. ed. São Paulo: LTr, 2011. p. 69.

(200) MARTINS, Sérgio Pinto. Ob. cit., p. 142.

Alice Monteiro de Barros[201], por seu turno, comenta sobre a vigência da referida norma:

[...].

Em 1941, edita-se o Decreto-lei n. 3.078, disciplinando a locação dos empregados em serviços domésticos. Intensa polêmica foi travada em torno de sua vigência. Havia quem entendesse que o referido diploma legal não entrara em vigor, à falta de regulamentação (J. Antero de Carvalho, Direito e jurisprudência do trabalho, p. 92); outros (Mozart Victor Russomano) sustentavam a sua auto--executoriedade no que fosse possível, e, finalmente, havia os que consideravam revogado pela CLT e legislação complementar (Arnaldo Süssekind e Evaristo de Moraes Filho. *Temas atuais de Trabalho e Previdência*. São Paulo: LTr, 1976, p. 140).

Em nosso entender, a CLT, quando disciplinou as relações individuais e coletivas de trabalho, excluindo o doméstico de sua esfera normativa (art. 7º, "*a*"), não revogou o Decreto-lei n. 3.078, mas simplesmente deixou de estender ao empregado doméstico as normas consolidadas, embora o entendimento jurisprudencial dominante fosse em sentido contrário.

[...].

De fato, a CLT, de forma expressa, exclui a aplicação de seus preceitos aos empregados domésticos:

[...].

Art. 7º Os preceitos constantes da presente Consolidação, salvo quando for, em cada caso, expressamente determinado em contrário, não se aplicam:

a) aos empregados domésticos, assim considerados, de um modo geral, os que prestam serviços de natureza não econômica à pessoa ou à família, no âmbito residencial destas;

[...].

Por outro lado, a situação jurídica do empregado doméstico somente foi efetivamente delineada com a edição da Lei n. 5.859, de 11 de dezembro de 1972, ainda em vigor após várias alterações, responsável por atribuir importantes direitos ao empregado doméstico.

Com efeito, em seu texto original, a citada legislação previu direito à anotação de Carteira de Trabalho e Previdência Social – CTPS; férias anuais remuneradas de 20 dias úteis; e inscrição na Previdência Social na qualidade de segurado obrigatório.

Mas foi a Constituição Federal de 1988 que promoveu as maiores conquistas alcançadas por tais trabalhadores, contemplando de forma expressa, por meio do art. 7º, parágrafo único, extenso rol de direitos sociais, embora não equivalentes

---

(201) BARROS, Alice Monteiro de. Ob. cit., p. 334.

aos atribuídos aos demais empregados, quais sejam: *férias anuais, salário-mínimo, irredutibilidade salarial, décimo terceiro salário, gratificação natalina, repouso semanal remunerado, terço de férias, aviso-prévio, licença-maternidade de cento e vinte dias, licença-paternidade e aposentadoria.*

Por seu turno, a Medida Provisória n. 1.986, de 13 de dezembro de 1999, posteriormente convertida na Lei n. 10.208, de 23 de março de 2001, alterou a Lei n. 5.859, de 1972, para estender aos domésticos o regime do Fundo de Garantia do Tempo de Serviço — FGTS, mas apenas de forma facultativa, a depender de ato voluntário do empregador.

A referida legislação contemplou ainda o direito ao seguro-desemprego, porém, condicionado à inclusão no sistema do FGTS e limitado quanto ao valor (um salário--mínimo), bem como ao número de parcelas (três).

Mais tarde, a Lei n. 11.324, de 2006 promoveu nova melhoria na condição jurídica da categoria, ao prever descanso remunerado em feriados; férias de 30 dias corridos, assim como os demais trabalhadores; garantia de emprego à gestante, desde a confirmação da gravidez até cinco meses após o parto e vedação de descontos no salário do empregado por fornecimento de alimentação, vestuário, higiene ou moradia.

Nesse contexto de ampliação de direitos dos domésticos, oportuno registrar a aprovação da Convenção n. 189, da Organização Internacional do Trabalho — OIT, sobre o "Trabalho Decente para as Trabalhadoras e os Trabalhadores Domésticos", em sua 100ª assembleia, realizada na Suíça, em 16 de junho de 2011.

A possível ratificação da aludida Convenção pela República Federativa do Brasil implicará no compromisso do País em adequar seu ordenamento jurídico brasileiro às obrigações impostas pelo texto internacional.

Entre tais obrigações, destacam-se a igualdade de tratamento entre os trabalhadores domésticos e os trabalhadores em geral com relação às horas normais de trabalho, à compensação de horas extras, aos períodos de descanso diários e semanais e férias anuais remuneradas (art. 10); e também à proteção da seguridade social, inclusive no que diz respeito à maternidade (art. 14).

Outro compromisso importante previsto na referida Convenção refere-se às medidas relativas à inspeção do trabalho, resguardada a inviolabilidade do domicílio. Com efeito, sabe-se que o grande índice de informalidade no setor, bem como o descumprimento da legislação deve-se em grande parte à ausência de uma efetiva fiscalização por parte do Estado, que se encontra limitada em face da regra do art. 5º, inciso XI, da Constituição Federal.

4. Emprego doméstico e princípio da igualdade material

Estudos divulgados pelo Departamento Intersindical de Estatística e Estudos Socioeconômicos — DIEESE (Nota Técnica n. 25, de junho de 2006) informam que, em 2004, 1,6 milhões de trabalhadores domésticos do Brasil possuíam registro em carteira, ou seja, apenas 25,8% do total. Na região Norte, a proporçao foi de 11,6%; no Nordeste, de 14,6%; no Sudeste, 32,3%; no Sul, 30,3% e no Centro-Oeste, 23,1%.

Os citados estudos apontam ainda que, naquele mesmo ano, 6,5 milhões de pessoas trabalhavam como empregados domésticos, sendo 95% deste total do sexo feminino. Segundo o DIEESE, outrossim, o perfil das ocupadas nesta atividade se assemelha: geralmente são trabalhadoras negras, com idade entre 25 e 39 anos e com o ensino fundamental incompleto.

Esta evidente marginalização e subvalorização do emprego doméstico tem raízes históricas advindas do fim da escravatura no Brasil, apresentando-se como odioso resquício de um tempo de que nossa sociedade deveria envergonhar-se.

Por oportuno, transcreve-se abaixo trecho de artigo de Grijalbo Fernandes Coutinho[202], intitulado *"Ainda no tempo de casa grande e senzala"*, em que o autor, Juiz do Trabalho e ex-Presidente da Associação Nacional dos Magistrados da Justiça do Trabalho — ANAMATRA comentava acerca de proposta que tornava obrigatório o recolhimento de FGTS por qualquer empregador doméstico:

[...].

O recolhimento do FGTS para os empregados domésticos corrigirá minimamente a discriminação histórica praticada contra a referida categoria profissional, segregacionismo este fruto ainda de intolerável herança de mais de três séculos de escravidão no País, propiciando, ainda, a formação de um montante no Fundo capaz de financiar a habitação própria das domésticas, sem juros e quaisquer acréscimos.

A medida é tímida e generosa com os patrões, mas pelo menos tem o mérito de demonstrar que há *apartheid* social no Brasil com relação aos sete milhões de domésticos, cabendo aos novos "zumbis" e "quilombolas" organizarem-se para o estabelecimento de algo muito mais simples que as nossas futuras gerações sentir-se-ão envergonhadas pela sua ausência: isonomia de direitos trabalhistas humanos entre empregados.

[...].

Não se pode negar, por outro lado, a sensível evolução verificada quanto à situação jurídica do empregado doméstico no Brasil, com a extensão de vários direitos outrora negados. Mas seria juridicamente viável uma total equiparação de direitos trabalhistas entre o empregado doméstico e o celetista?

A resposta a tal indagação demanda a análise do tema sob o prisma do princípio da igualdade material.

---

(202) COUTINHO, Grijalbo Fernandes. *Ainda no Tempo de Casa Grande e Senzala*. Disponível em: <http://ww1.anamatra.org.br/003/00301015.asp?ttCD_CHAVE=62068> Acesso em: 7 fev. 2012.

O princípio da igualdade, também denominado de princípio da isonomia, permeia toda a ordem constitucional brasileira, sendo expressamente contemplado em diversos dispositivos da Carta Magna, como nos seguintes:

[...].

Art. 3º Constituem objetivos fundamentais da República Federativa do Brasil:

[...].

III – erradicar a pobreza e a marginalização e reduzir as desigualdades sociais e regionais;

IV – promover o bem de todos, sem preconceitos de origem, raça, sexo, cor, idade e quaisquer outras formas de discriminação.

[...].

Art. 5º Todos são iguais perante a lei, sem distinção de qualquer natureza, garantindo-se aos brasileiros e aos estrangeiros residentes no País a inviolabilidade do direito à vida, à liberdade, à igualdade, à segurança e à propriedade, nos termos seguintes:

I - homens e mulheres são iguais em direitos e obrigações, nos termos desta Constituição;

[...].

XLI – a lei punirá qualquer discriminação atentatória dos direitos e liberdades fundamentais;

XLII – a prática do racismo constitui crime inafiançável e imprescritível, sujeito à pena de reclusão, nos termos da lei;

[...].

Importa registrar a distinção entre a igualdade meramente formal, concepção típica do Estado Liberal, e a igualdade material, cuja definição fora muito bem expressa por Ruy Barbosa[203] em sua famosa "Oração aos Moços", segundo o qual:

[...].

A regra da igualdade não consiste senão em quinhoar desigualmente aos desiguais, na medida em que se desigualam, pois tratar com desigualdade a iguais, ou a desiguais com igualdade, seria desigualdade flagrante, e não igualdade real.

[...].

Sobre o princípio da igualdade material, Joaquim Barbosa Gomes[204], hoje investido no cargo de Ministro do Supremo Tribunal Federal — STF, proporciona importante lição:

[...].

Começa, assim, a esboçar-se o conceito de igualdade material ou substancial, que, longe de se apegar ao formalismo e à abstração da concepção igualitária

---

(203) BARBOSA, Ruy. *Oração aos Moços*. Adriano da Gama Kury. 5. ed., Rio de Janeiro: Casa de Ruy Barbosa, 1999. Disponível em: <http://www.casaruibarbosa.gov.br/dados/DOC/artigos/rui_barbosa/FCRB_RuiBarbosa_Oracao_aos_mocos.pdf> Acesso em: 7 fev. 2012.

(204) GOMES, Joaquim B. Barbosa. *Ação Afirmativa e Princípio Constitucional da Igualdade*. Rio de Janeiro: Renovar, 2001. p. 04.

do pensamento liberal oitocentista, recomenda, inversamente, que se levem na devida conta as desigualdades concretas existentes na sociedade, devendo as situações desiguais ser tratadas de maneira dessemelhante, evitando-se assim o aprofundamento e a perpetuação de desigualdades engendradas pela própria sociedade. Produto do Estado Social de Direito, a igualdade substancial ou material propugna redobrada atenção por parte dos aplicadores da norma jurídica à variedade das situações individuais, de modo a impedir que o dogma liberal da igualdade formal impeça ou dificulte a proteção e a defesa dos interesses das pessoas socialmente fragilizadas e desfavorecidas.

[...].

Reputa-se oportuno transcrever ainda a lição de Manoel Gonçalves Ferreira Filho[205] acerca do tema:

[...].

O Princípio da Igualdade não proíbe de modo absoluto as diferenciações de tratamento. Veda apenas aquelas diferenciações arbitrárias. Assim, o Princípio da Igualdade no fundo comanda que só se façam distinções com critérios objetivos e racionais adequados ao fim visado pela diferenciação.

[...].

A averiguação quanto à legitimidade do critério adotado pela ordem jurídica para amparar eventual desigualdade de tratamento conferida por suas normas não constitui tarefa simples. Sobre o tema, em obra clássica no âmbito doutrinário brasileiro, Celso Antônio Bandeira de Mello[206] proporciona inestimável contribuição. Segundo o autor, para que se averigúe a compatibilidade da medida com o princípio da igualdade, em suma:

[...].

Tem-se que investigar, de um lado, aquilo que é adotado como critério discriminatório; de outro lado, cumpre verificar se há justificativa racional, isto é, fundamento lógico, para, à vista do traço desigualador acolhido, atribuir o específico tratamento jurídico construído em função da desigualdade proclamada. Finalmente, impende analisar se a correlação ou fundamento racional abstratamente existente é, *in concreto*, afinado com os valores prestigiados no sistema normativo constitucional.

[...].

---

(205) FERREIRA FILHO, Manoel Gonçalves. *Curso de Direito Constitucional*. São Paulo: Saraiva, 2001. p. 277.
(206) MELLO, Celso Antônio Bandeira de. *Conteúdo Jurídico do Princípio da Igualdade*. 3. ed. São Paulo: Malheiros, 1999. p. 21.

Evidentemente, o emprego doméstico apresenta peculiaridades que o distinguem sobremaneira das demais formas de trabalho subordinado. De fato, segundo a doutrina de Alice Monteiro de Barros[207], a relação empregatícia doméstica:

[...].

Constitui, além de uma simples relação jurídica, uma 'complexa relação humana'. Como o serviço é prestado no âmbito residencial, o doméstico desfruta de uma íntima convivência com a família, e o elemento pessoalidade fica ressaltado, traduzindo-se na simpatia, confiança, afinidade e afetividade entre o empregado e o empregador. Trata-se, portanto, de um empregado de extrema confiança.

[...].

Ademais, é preciso atentar para o fato de que na relação empregatícia doméstica não há fins lucrativos no serviço prestado. O empregador corresponde, necessariamente, a uma pessoa física que não exerce atividade econômica.

Certamente tais peculiaridades devem ser observadas pelo legislador no disciplinamento legal da matéria, de modo que é justificável haver um tratamento jurídico específico, em atenção à concepção de igualdade material que, conforme visto, recomenda tratamento desigual aos desiguais, na medida de sua desigualdade.

Por outro, não se vislumbra qualquer justificativa racional para que o empregado doméstico seja privado de direitos sociais básicos conferidos aos demais empregados. As características próprias do emprego doméstico não autorizam por si só o tratamento desigual conferido pelo ordenamento jurídico brasileiro.

Com efeito, não só moral como juridicamente inadmissível, que a Constituição Federal, denominada de "Constituição Cidadã", em afronta a princípios por ela mesma consagrados, como o princípio da igualdade material e o princípio da dignidade da pessoa humana, legitime a precarização da situação jurídica dos domésticos, ao expressamente negar, em seu art. 7º, parágrafo único, vários direitos sociais atribuídos aos demais empregados.

De fato, direitos como seguro-desemprego, FGTS, adicional noturno, salário-família, jornada de trabalho e horas extras são expressamente excluídos da esfera jurídica dos domésticos, sem razões que minimamente autorizem tal tratamento discriminatório.

O que pode justificar, por exemplo, as jornadas de trabalho diárias extremamente excessivas, que muitas vezes ultrapassam doze, treze, quatorze horas de serviço, sem que haja direito a um limite ou mesmo direito a horas extras?

Efetivamente, a subvalorização de determinada categoria, que implica em condições sociais obviamente precárias, não pode ser justificada por razões de ordem

---

(207) BARROS, Alice Monteiro de. Ob. cit., p. 347.

estritamente econômica, como a excessiva oneração dos encargos trabalhistas cabíveis ao empregador.

Cabe ao Estado, sim, promover medidas a fim de desonerar o empregador doméstico, que, como visto, não exerce atividade lucrativa. Assim, isenções e incentivos fiscais devem ser instituídos, assim como medidas tendentes à simplificação burocrática das obrigações decorrentes do vínculo empregatício.

Nesse contexto, sustenta-se, com amparo nos princípios da isonomia e da dignidade da pessoa humana, a viabilidade jurídica de se estender aos empregados domésticos o núcleo básico de direitos sociais conferidos aos demais empregados, de modo que se revela imprescindível a alteração do texto constitucional.

Tal entendimento, contudo, não afasta a necessidade de que a legislação infraconstitucional, por intermédio de regramento próprio, contemple tratamento distinto ao emprego doméstico, levando em consideração suas peculiaridades e nos limites destas.

Atenta a esta realidade e em sintonia com entendimento que ora se defende é que a OIT procedeu à aprovação da já citada Convenção n. 189, que, como dito, prevê a obrigação de que todo Membro adote medidas para garantir a igualdade de tratamento entre os trabalhadores domésticos e os trabalhadores em geral no que toca a vários direitos trabalhistas e previdenciários, mas sempre considerando as características específicas do trabalho doméstico.

5. Conclusão

Ainda hoje, passados mais de 130 anos da abolição da escravatura no Brasil, ainda é possível detectar resquícios desta deplorável prática na legislação brasileira, e o que é pior, legitimados pela própria Constituição Federal, que, de forma expressa, nega a milhões de trabalhadores, em sua grande maioria mulheres e negras, direitos sociais básicos, conferidos aos demais empregados.

A sociedade evolui, assim como suas normas, e tal fato pode ser verificado na própria legislação que disciplina o trabalho doméstico. O atual estágio de amadurecimento de nossa sociedade não comporta mais este tipo de exploração autorizada pela ordem jurídica.

As características próprias do emprego doméstico devem ser levadas em consideração, sim, pelo legislador ordinário ao disciplinar a matéria, principalmente no que toca à necessária desoneração do empregador, que, como visto, não exerce atividade lucrativa.

Tais peculiaridades, contudo, não têm o condão de justificar o tratamento discriminatório conferido à categoria no que toca a direitos sociais básicos.

Nesse sentido, em atenção ao princípio da igualdade material, bem como da dignidade da pessoa humana, é que se conclui pela necessidade de alteração constitucional, a fim de se promover a extensão dos direitos contemplados pelo art. 7º aos empregados domésticos, sem prejuízo da necessária regulamentação infraconstitucional, que levará em consideração as características próprias desta modalidade tão importante de trabalho.

Por fim, transcreve-se trecho do já citado trabalho de Grijalbo Fernandes Coutinho, que muito bem expressa o sentimento do articulista que ora se manifesta:

[...].

Talvez não tardará o tempo em que as futuras gerações questionarão como fomos capazes de, em pleno século XXI, explorar a mão de obra humana, dos nossos semelhantes, iguais em liberdade, para o desempenho de tarefas exclusivamente nossas. A trabalhadora doméstica deixa a sua família para cuidar de outra, para criar os filhos que não seus, para suportar o mau humor das patroas e para, muitas vezes, perder a sua referência de mundo, não tendo sequer acesso ao conhecimento que verdadeiramente liberta o ser humano. Lamentavelmente, alguns traços da velha escravidão estão presentes na relação de trabalho doméstica: do senhor da casa servido o tempo todo pelo trabalhador que lhe deve obediência e respeito.

Alguns, cinicamente, rasgariam a infeliz frase: "o que tenho com isso, se posso pagar alguém para realizar as minhas tarefas domésticas?" No regime capitalista, é verdade, o dinheiro é a mola propulsora da mercantilização de quase tudo ou, como diz Caetano Veloso, é "a força da grana que ergue e destrói coisas belas" (letra de Sampa), não podendo, porém, comprar a dignidade do mais humilde trabalhador. O mínimo de senso humanitário fará qualquer um de nós sentir-se na pele do carrasco senhor da senzala moderna.

[...].

6. Referências Bibliográficas

BARBOSA, Ruy. *Oração aos Moços*. Adriano da Gama Kury. 5. ed. Rio de Janeiro: Casa de Ruy Barbosa, 1999. Disponível em: <http://www.casaruibarbosa.gov.br/dados/DOC/artigos/rui_barbosa/FCRB_RuiBarbosa_Oracao_aos_mocos.pdf> Acesso em: 7 fev. 2012.

BARROS, Alice Monteiro de. *Curso de Direito do Trabalho*. 4. ed. São Paulo: LTr, 2008.

COUTINHO, Grijalbo Fernandes. *Ainda no Tempo de Casa Grande e Senzala*. Disponível em: <http://ww1.anamatra.org.br/003/00301015.asp?ttCD_CHAVE=62068> Acesso em: 7 fev. 2012.

DELGADO, Mauricio Godinho. *Curso de direito do trabalho*. 6. ed. São Paulo: LTr, 2007.

FERREIRA FILHO, Manoel Gonçalves. *Curso de Direito Constitucional*. São Paulo: Saraiva, 2001.

GOMES, Joaquim B. Barbosa. *Ação Afirmativa e Princípio Constitucional da Igualdade*. Rio de Janeiro: Renovar, 2001.

MARTINS, Sérgio Pinto. *Direito do Trabalho*. 15. ed. São Paulo: Atlas, 2002.

MELLO. Celso Antônio Bandeira de. *Conteúdo Jurídico do Princípio da Igualdade*. 3. ed. São Paulo: Malheiros, 1999.

SAAD, Eduardo Gabriel; Saad José Eduardo e Branco, Ana Maria Saad C. *CLT Comentada*. 44. ed. São Paulo: LTr, 2011.

Capítulo XIII

Jovem Aprendiz — Aprendizagem do Jovem no Direito do Trabalho — Normatização da Formação Técnico-Profissional e Sopesamento de Princípios Constitucionais Expressos e Implícitos

Jerônimo Jesus dos Santos
Procurador Federal. Consultor Jurídico da Consultoria Jurídica junto ao Ministério do Trabalho e Emprego. Mestre em Direito. Professor Universitário.

Resumo: Análise e estudo da possibilidade, para atingir a finalidade legal estampada na Consolidação das Leis do Trabalho em obediência aos preceitos e princípios constitucionais, e da necessidade de edição de norma infralegal, via Portaria Ministerial, a fim de se permitir a realização de parcerias ou cooperação entre entidades sem fins lucrativos para o desenvolvimento e a execução dos programas de aprendizagem.

Abstract: Analysis and study the possibility to achieve the statutory purpose stamped on the Consolidation of Labor Laws in obedience to the precepts and constitutional principles, and the need for editing standard infralegal via Ministerial Ordinance, in order to allow for partnerships or cooperation among nonprofits for the development and implementation of learning programs.

Palavras-Chaves: Aprendizagem. Jovem aprendiz. Formação técnico-profissional. Princípios. Legislação. Normatização. Competência do Ministério do Trabalho e Emprego. Parceria. Cooperação. Entidades sem fins lucrativos.

Keywords: Learning. Young learner. Technical and professional training. Principles. Legislation. Standardization. Jurisdiction of the Ministry of Labor Employment. Partnership. Cooperation. Nonprofits.

Sumário: 1. Introdução. 1.1. Conceito de aprendizagem. 1.2. Aprendizagem legislada. 2. Análise dos artigos 429 e 430, da CLT e do art. 8º, do Decreto n. 5.598, de 2005. 2.1. Princípios, Conceitos e Ponderações. 2.1.1. Princípio da Legalidade. 2.1.2. Princípio da Eficiência. Princípio da Razoabilidade. Princípio da Proporcionalidade. 2.1.3. Princípio da Unidade da Constituição. Princípio do Efeito Integrador. 2.1.4. Do Processo de Ponderação de Normas. Princípio da Razoabilidade. Princípio da Proporcionalidade. Princípio da Juridicidade Admistrativa. 2.1.5. Princípio da Legalidade. Princípio da Segurança Jurídica. 2.1.6. Princípio do Interesse Público. Princípio da Juridicidade. Princípio da Supremacia do Interesse Público. 2.1.6.1. Interpretação Gramatical. Interpretação Lógica. Interpretação Sistemática. Interpretação Teleológica.

Interpretação Histórica. 3. Considerações dos arts. 429 e 430, da CLT. Contrato de Emprego. 3.1. Do Interesse Público. 3.2. Do Princípio da Máxima Efetividade das Normas Constitucionais. Princípio da Eficiência ou da Interpretação Efetiva. Do Princípio da Justeza ou da Conformidade Funcional. Do Legalismo Exacerbado. 3.3. Princípio da Prática ou Harmonização. 4. Conclusão. 5. Referências Bibliográficas. 5.1. Legislação. 6. Anexo: Portaria MTE n. 2.755, de 23 de novembro de 2010 – DOU de 24.11.2010.

1. Introdução

1.1. Conceito de aprendizagem

A aprendizagem, como é de sabença geral, é o processo pelo qual as competências são adquiridas ou modificadas, pelas habilidades, conhecimentos, comportamento ou valores, como resultado de estudo, experiência, formação, raciocínio e observação. De fato, a aprendizagem é uma das funções mais importantes mentais em humanos, animais e sistemas artificiais.

Segundo alguns estudiosos, a aprendizagem é um processo integrado que provoca uma transformação qualitativa na estrutura mental daquele que aprende. Essa transformação se dá por meio da alteração de conduta de um indivíduo, seja por condicionamento operante, experiência ou ambos, de uma forma razoavelmente permanente. As informações podem ser absorvidas por meio de técnicas de ensino ou até pela simples aquisição de hábitos. O *ato ou vontade de aprender* é uma característica essencial do psiquismo humano, pois somente este possui o caráter intencional, ou a intenção de aprender; *dinâmico*, por estar sempre em mutação e procurar informações para a aprendizagem; *criador*, por buscar novos métodos visando à melhora da própria aprendizagem, por exemplo, pela tentativa e erro.

Um outro conceito de aprendizagem é uma mudança relativamente duradoura do comportamento, de uma forma sistemática, ou não, adquirida pela experiência, pela observação e pela prática motivada. O ser humano nasce potencialmente inclinado a aprender, necessitando de estímulos externos e internos (motivação, necessidade) para o aprendizado.

Desta forma, a aprendizagem humana está relacionada à educação e desenvolvimento pessoal que deve ser devidamente orientada e é favorecida quando o indivíduo está motivado, principalmente, quando este está jovem. Na maioria dos casos a aprendizagem se dá no meio social e temporal em que o indivíduo convive; sua conduta muda, normalmente, por esses fatores.

1.2. Aprendizagem legislada

Nesse sentido, a aprendizagem vem sendo estudada e sistematizada desde os povos da Antiguidade oriental e, em nossa seara doméstica trabalhista, há disciplinamento da aprendizagem na Consolidação das Leis do Trabalho (CLT) e até regulamentada por legislação infralegal.

Contudo, para consecução dos objetivos consignados na Consolidação Laboral brasileira, pairava lacuna que merecia ainda ser estudada, qual seja, acerca da necessidade, da possibilidade e da finalidade de edição de norma infralegal, — que, atualmente, desde já consignamos, cumpre bem esse papel a Portaria[208] Ministerial n. 2.755, de 23 de novembro de 2010, que no fundo veio a viabilizar a efetivação do processo de aprendizagem - via parceria ou cooperação de entidades entre si ou por outras entidades que não só as referidas nos incisos I e II do art. 430 da CLT, a saber: as escolas técnicas de educação e as entidades sem fins lucrativos, além das citadas no art. 8º do Decreto n. 5.598, de 1º de maio de 2005, que tenham por objetivo a assistência ao adolescente e à educação profissional[209], registradas no Conselho

(208) "[...]. Os diplomas dessa natureza, em princípio, não constituem fontes formais do Direito, dado que obrigam apenas os funcionários a que se dirigem nos limites da obediência hierárquica. Faltam-lhes qualidades da lei em sentido material: generalidade, abstração, impessoalidade. Não obstante, há a possibilidade técnica de esses diplomas serem alçados ao estatuto de fonte normativa, assumindo aquelas qualidades e criando direitos e obrigações na vida trabalhista. É o que se passa quando expressamente referidos pela lei ou regulamento normativo (decreto) a que se reportam, passando a integrar o conteúdo desses diplomas. Tal hipótese não é incomum no Direito do Trabalho. [...]." Cf. DELGADO, Mauricio Godinho. *Curso de direito do trabalho*. 9. ed. São Paulo: LTr, 2010. p. 146.

(209) "[...]. O termo profissão, que, conforme designa o Dicionário Aurélio, pode ter vários significados, dentre os quais: a) atividade ou ocupação especializada e que supõe determinado preparo (a profissão de engenheiro; a profissão de motorista); b) ofício; c) exercício de uma determinada atividade que encerra certo prestígio pelo caráter social ou intelectual (a profissão de jornalista, de ator; as profissões liberais); d) carreira (a profissão jurídica); e, e) meio de subsistência remunerado resultante do exercício de um trabalho, de um ofício (não tem profissão). No âmbito do instituto da formação profissional, nos ensina Oris de Oliveira que o termo profissão pode ser compreendido a partir de três aspectos: a) no **sentido objetivo** como "qualquer das atividades especializadas permanentemente executadas, nas quais se desdobra o trabalho totalmente realizado em uma sociedade"; b) no **sentido subjetivo**, segundo o qual "a profissão é interiorizada pelo indivíduo, em que se unem 'vocação' (pendor, opção) e a 'ocupação' (mecânico, eletricista, ferreiro)" e, finalmente; c) um **terceiro sentido** de "uma associação, um grupo de pessoas que exerce a mesma atividade especializada". "[...]. **1.3. Orientação profissional.** Nos termos da Recomendação n. 87, da Organização Internacional do Trabalho, a orientação profissional significa a ajuda prestada a um indivíduo para resolver os problemas referentes à escolha de uma profissão e ao progresso profissional, levando-se em conta as características do interessado e a relação entre estas e as possibilidades do mercado de trabalho. A orientação profissional baseia-se na escolha livre e voluntária do indivíduo. Seu principal objetivo é de proporcionar a este todas as oportunidades possíveis para desenvolver sua personalidade e permitir-lhe obter de seu trabalho plena satisfação, levando em conta o melhor uso dos recursos nacionais da mão de obra. **1.4. Preparação pré-profissional. Pré-aprendizagem.** O Glossário da Formação Profissional — Termos de Uso Corrente define a formação pré-profissional nos seguintes termos: Formação organizada fundamentalmente visando preparar os jovens para a escolha de um ofício ou de um ramo de formação, familiarizando-os com os materiais, os utensílios e normas de trabalho próprios de um conjunto de atividades profissionais. Lembra-nos Oris de Oliveira que o conceito de **formação pré-profissional** corresponde ao que o mesmo glossário conceitua como **iniciação profissional prática**, "como tal entendido o conjunto de breves períodos passados no exercício da observação de diferentes atividades profissionais. Sua finalidade é dar a pessoas desprovidas de experiência profissional a possibilidade de ter uma ideia mais precisa das condições de trabalho, de ofícios ou profissões que lhes interessam e de lhes permitir assim escolher sua profissão com conhecimento de causa". **1.5. Formação técnico-profissional.** Existe uma importante distinção entre **formação técnico-profissional** e **formação profissional**. Não obstante ambas qualifiquem a pessoa para o exercício de uma profissão, a formação técnico-profissional tem um objetivo mais amplo, qual seja, o de formar concomitantemente o cidadão e o profissional. Nos ensina Oliveira que segundo o Glossário da UNESCO — Terminologia do Ensino Técnico e Profissional, "o ensino técnico e profissional deverá constituir uma parte integrante do sistema geral de educação e, em face disso, uma atenção particular

Municipal dos Direitos da Criança e do Adolescente[210].

No ensejo, Tarcio José Vidotti[211] anota:

[...].

A aprendizagem, segundo o Estatuto da Criança e do Adolescente (ECA), é definida como **formação técnico-profissional** ministrada segundo as diretrizes e bases da legislação de educação em vigor, estando inserida no campo da educação, e, principalmente, na educação permanente. O momento da aprendizagem é o da formação inicial, havendo formações posteriores que perduram por toda a vida. A aprendizagem é, pois, a fase primeira de um processo educacional (formação técnico-profissional) alternada (conjugam-se ensino teórico e prático), metódica (operações ordenadas em conformidade com um programa que se passa do menos para o mais complexo), sob orientação de um responsável (pessoa física ou jurídica) em ambiente adequado (condições objetivas: pessoal

---

deverá ser concedida a seu valor cultural. Deverá exceder a simples preparação para o exercício de uma determinada profissão, preparação cujo objetivo principal é fazer com que o estudante adquira competências e conhecimentos teóricos estritamente necessários a esse fim; deverá, juntamente com o ensino geral, assegurar o desenvolvimento da personalidade, do caráter e das faculdades de compreensão, de julgamento, de expressão e de adaptação". **A formação técnico-profissional é um processo educacional e, por isso, se insere no campo da educação permanente, que, a rigor, deveria durar por toda a vida.** É importante ressaltar que as alterações tecnológicas que ocorrem em velocidade fantástica hodiernamente exigem da formação técnico-profissional um caráter polivalente, para fazer frente ao desaparecimento do taylorismo e permitir o exercício de vários ofícios [...].", magistra Tarcio José Vidotti, in: Breves anotações a respeito das alterações promovidas pela Lei n. 10.097, de 2000 no contrato de aprendizagem, disponível em *Jus Navigandi*, http://jus2.uol.com.br/doutrina/texto.asp?id=2595.

(210) Considerando a exigência de um processo de ensino (§ 1º, do art. 430, da CLT), a organização metódica das tarefas complexas desenvolvidas no ambiente de trabalho, decompostas em atividades teóricas e práticas (§ 4º, do art. 428, da CLT), e inspirados pelos ensinamentos do Professor Orís de Oliveira (OLIVEIRA, Oris de. A aprendizagem empresária do adolescente. *Revista Synthesis*. Direito do Trabalho Material e Processual. Órgão Oficial do TRT da 2ª Região – São Paulo, [Porto Alegre], v. 33, n. 1, p. 15-19, 2001), quando aborda a questão em sua obra, podemos focar alguns traços que identificam uma ocupação que deva se submeter a um processo de aprendizagem. Assim, podemos classificar como as ocupações que demandam formação técnico-profissional aquelas que se realizam mediante a execução de tarefas complexas no ambiente de trabalho, exigindo para a sua qualificação a aquisição de conhecimentos teóricos e práticos a serem ministrados por meio de processo educacional organizado em currículo próprio (plano de curso), partindo de noções e operações básicas para os conhecimentos e tarefas mais complexas, demandando um período prolongado para a sua realização. Por esse entendimento, excluem-se aquelas atividades que podem ser praticadas com breves informações e aquelas que em poucas horas já inserem o trabalhador no processo produtivo. Dentro desse contexto, seria aconselhável que as entidades que irão promover a aprendizagem realizassem a análise ocupacional do ofício ou função a ser submetida à aprendizagem. Essa análise consiste na decomposição da ocupação em seus elementos, delimitando e hierarquizando as tarefas e operações, buscando a seleção de conteúdos, métodos, processos didáticos, meios auxiliares, processos de avaliação, exigindo, para isso, a articulação empresa-instituição, interagindo na obtenção de informações sobre a realidade no trabalho e na elaboração de um planejamento didático que assegure a qualificação desejada. A busca dessa qualificação desejada deve estar sempre sobre o foco do mandamento do art. 69, inciso II, do ECA, que assegura ao adolescente o direito à capacitação profissional voltada para o mercado de trabalho.

(211) VIDOTTI, Tarcio José. *Breves anotações a respeito das alterações promovidas pela Lei n. 10.097, de 2000 no contrato de aprendizagem. Jus Navigandi.* Disponível em: <http://jus2.uol.com.br/doutrina/texto.asp?id=2595>.

docente, aparelhagem, equipamento). A aprendizagem pode ser realizada de duas formas: a aprendizagem escolar e a aprendizagem empresária, conforme seja o órgão que assume a responsabilidade pela sua efetivação, havendo, ainda, uma espécie de terceiro gênero, o trabalho educativo.

O art. 68, do ECA prevê, ainda, mais uma forma de qualificação profissional, como aquela efetuada por programa social que tenha por base o **trabalho educativo**, sob responsabilidade de **entidade** governamental ou não governamental **sem fins lucrativos**, que deverá assegurar ao adolescente que dele participe condições de capacitação para o exercício de atividade regular remunerada [...]. Afirma o dispositivo legal que se entende por trabalho educativo a atividade laboral em que as **exigências pedagógicas** relativas ao desenvolvimento pessoal e social do educando **prevalecem sobre o aspecto produtivo**. Ressalte-se que a remuneração que o adolescente recebe pelo trabalho efetuado ou a participação na venda dos produtos de seu trabalho não desfigura o caráter educativo.

[...]. (Grifos nossos).

2. Análise dos artigos 429 e 430, da CLT e do art. 8º, do Decreto n. 5.598, de 2005

Ultrapassadas essas primeiras linhas conceituais, de suma importância para a percepção do mote da legislação consolidada e atingimento da política pública ali imposta, extraem-se da douta manifestação jurídica acima traçada algumas questões a serem delineadas — tais como: *(a) se o rol das entidades contidas no art. 430, e no art. 8º, do Decreto n. 5.598, de 1º de maio de 2005 é exaustivo ou exemplificativo; (b) o alcance do termo "estrutura adequada" ao desenvolvimento dos programas de aprendizagem; (c) necessidade de publicação de lei ou mesmo, em último grau, o decreto para contemplar a intenção administrativa; e (d) se o Titular da Pasta do Trabalho e Emprego tem competência para expedir Portaria Ministerial para dispor sobre a realização de cooperação ou parcerias entre entidades sem fins lucrativos para o desenvolvimento e a execução dos programas de aprendizagem, nos termos do art. 430, da Consolidação das Leis do Trabalho — CLT —* que orientam a opinião deste signatário para ao final concluir. Senão vejamos.

A primeira questão consiste em definir se o rol de entidades previstas nos incisos do art. 430, da CLT (e, ainda, no art. 8º, do Decreto regulamentador) é exaustivo ou meramente exemplificativo.

De plano, cabe dizer que a resposta a esse questionamento reclama uma prévia análise dos princípios[(212)] normativos envolvidos ou que tenham relação com a norma em apreço, não se resolvendo mediante a visão simplesmente literal da lei.[(212)]

---

(212) *Princípio significa regra, preceito. Razão primária. Proposição, verdade geral, em que se apoiam outras verdades*, cf. PESSÔA, Eduardo. *Dicionário Jurídico:* terminologia e locuções latinas. Rio de Janeiro: Ideia Jurídica, 2003, p. 290. "[...]. A palavra princípio traduz, na linguagem corrente, a ideia de "começo, início", e, nesta linha, "o primeiro momento da existência de algo ou de uma ação ou processo". Mas traz, também,

Isto porque, em obediência ao previsto no art. 4º, e no art. 5º, do Decreto-lei n. 4.657, de 04 setembro de 1942[213], e no art. 126, do CPC[214], e ainda, como também, por autorização legal, *"as autoridades administrativas e Justiça do Trabalho, na falta de disposições legais ou contratuais, decidirão, conforme o caso, pela jurisprudência, por analogia, por equidade e* **outros princípios e normas gerais de direito***, principalmente do direito do trabalho e, ainda, de acordo com os usos e costumes, o direito comparado, mas sempre de maneira que nenhum interesse de classe ou particular prevaleça sobre o interesse público. O direito comum será fonte subsidiária do direito do trabalho, naquilo em que não for incompatível com os princípios fundamentais deste"* (art. 8º, e parágrafo único, da CLT).

Nesse passo, é a lição magistral de Mauricio Godinho Delgado[215]:

[...].

Há dois papéis que os princípios cumprem, inquestionavelmente, no âmbito do Direito: surgem, em primeiro lugar, como proposições ideais informadoras da compreensão do fenômeno jurídico (**princípios descritivos**) — sendo essa sua função primordial no âmbito de qualquer ramo do Direito. Em segundo lugar, contudo, os princípios podem ser tomados para que cumpram o papel de fonte supletiva (**princípios normativos subsidiários**), em situações de lacunas nas fontes jurídicas principais do sistema. Essa utilização dos princípios como fontes normativas subsidiárias é permitida tanto pela legislação geral (arts. 4º e 5º, da Lei de Introdução ao Código Civil; art. 126, CPC) como pela legislação especial trabalhista (art. 8º, CLT).

Parte importante da doutrina jusfilosófica e constitucionalista ocidental do período seguinte à Segunda Guerra Mundial tem percebido uma terceira função nos princípios jurídicos, negligenciada na tradição anterior: aquilo que chamamos

---

consigo o sentido de "causa primeira, raiz, razão" e, nesta medida, a ideia de aquilo "que serve de base a alguma coisa". Por extensão, significa, ainda, "proposição elementar e fundamental que serve de base a uma ordem de conhecimentos" e, nesta dimensão, "proposição lógica fundamental sobre a qual se apoia o raciocínio". A palavra, desse modo, carrega consigo a força do significado de proposição fundamental. E é nessa acepção que ela foi incorporada por distintas formas de produção cultural dos seres humanos, inclusive o Direito. [...]. Os princípios atuariam no processo de exame sistemático acerca de uma certa realidade – processo que é típico às ciências — iluminando e direcionando tal processo. [...]." Cf. DELGADO, Mauricio Godinho. Loc. cit., p. 171-172.

(213) "[...]. Art. 4º Quando a lei for omissa, o juiz decidirá o caso de acordo com a analogia, os costumes e os princípios gerais de direito[...]." "[...]. Art. 5º Na aplicação da lei, o juiz atenderá aos fins sociais a que ela se dirige e às exigências do bem comum. [...]." (Decreto-lei n. 4.657, de 4 de setembro de 1942 teve a sua ementa alterada pela Lei n. 12.376, de 30 de dezembro de 2010 passando de Lei de Introdução ao Código Civil Brasileiro – LICC para Lei de Introdução às Normas do Direito Brasileiro — LINDB).

(214) "Art. 126. O juiz não se exime de sentenciar ou despachar alegando lacuna ou obscuridade da lei. No julgamento da lide caber-lhe-á aplicar as normas legais; não as havendo, recorrerá à analogia, aos costumes e aos princípios gerais de direito", institui o Código de Processo Civil (CPC) — Lei n. 5.869, de 11 de janeiro de 1973.

(215) DELGADO, Mauricio Godinho. Loc. cit., p. 159-160.

de **função normativa concorrente**. Se admitida tal função normativa teriam, genericamente, os princípios, real natureza de norma jurídica — como acreditamos ocorrer.

[...]. (Grifos nossos)

2.1. *Princípios, conceitos e ponderações*

2.1.1. Princípio da legalidade

Inicialmente, não se pode desconsiderar que a atuação do Administrador Público encontra-se atrelada ao **Princípio da Legalidade**, que impõe a toda a sua atividade funcional a sujeição aos mandamentos da lei e às exigências do bem comum, dos quais não pode afastar-se, sob pena de praticar ato inválido e expor-se à responsabilidade disciplinar, civil e criminal, conforme o caso, ou seja, a eficácia de toda atividade administrativa está condicionada ao atendimento da lei.

Segundo o referido Princípio, na Administração Pública não há liberdade nem vontade pessoal. Enquanto na administração particular é lícito fazer tudo o que a lei não proíbe, na Administração Pública só é permitido fazer o que a lei autoriza, na lição do festejado administrativa Hely Lopes Meirelles.

Pois bem, com base apenas nesse Princípio, sem sopesamento dos raciocínios analíticos e dialéticos explicitamente formulados[216] e sem uma revisão das posições

---

(216) A análise dos raciocínios foi empreendida, de modo sistemático, pelo Organon de Aristóteles, que distingue os raciocínios analíticos dos raciocínios dialéticos. 1. **Os raciocínios analíticos** são aqueles que, partindo de premissas necessárias, redundam, graças a inferências válidas, em conclusões igualmente necessárias ou válidas. Os raciocínios analíticos transferem à conclusão falsa, se o raciocínio foi feito corretamente, a partir de premissas corretas. O padrão do raciocínio analítico era, para Aristóteles, o silogismo, enunciado pelo clássico esquema: "Se todos os B são C e se todos os A são B, todos A são C." Notemos que esse raciocínio é válido quaisquer que sejam os termos colocados no lugar das letras "A", "B" e "C". A validade da inferência em nada depende da matéria sobre a qual raciocinamos, pois esta pode ser tirada dos mais diversos domínios do pensamento: é a própria forma do raciocínio que lhe garante a validade. A lógica que estuda as inferências válidas, graças unicamente à sua forma, chama-se **lógica formal**, pois a única condição que ela requer para garantir a verdade da conclusão, no caso de serem verdadeiras as premissas, é que os símbolos "A", "B" e "C" sejam substituídos, sempre que se apresentem, pelos mesmos termos. Do mesmo, em álgebra, a verdade da equação "x = x" pressupõe que se substitua a letra "x" pelo mesmo valor numérico. 2. **Os raciocínios dialéticos** que Aristóteles examinou nos Tópicos, na Retórica e nas Refutações sofísticas se referem, não às demonstrações científicas, mas às deliberações e às controvérsias. Dizem respeito aos meios de persuadir e de convencer pelo discurso, de criticar as teses do adversário, de defender e justificar as suas próprias, valendo-se de argumentos mais ou menos fortes. Em que os raciocínios dialéticos diferem dos raciocínios analíticos e do silogismo dialético, chamado entimema, do silogismo rigoroso da lógica formal. Aristóteles nos diz que no entimema não são enunciadas todas as premissas — subentende-se que são conhecidas ou aceitas pelo auditório — e aquelas em que nos fundamentamos seriam apenas verossímeis ou plausíveis: a estrutura do raciocínio dialético seria, quanto ao resto, a do silogismo. Esta última afirmação parece, à primeira vista, inconciliável com sua afirmação de que a função do discurso persuasivo é levar a uma decisão (Retórica, II, 18 (1391 b 8)). Com efeito, a estrutura da argumentação que motiva uma decisão parece muito diferente da de um silogismo pelo qual passamos das premissas à conclusão. Enquanto no silogismo a passagem das premissas à conclusão é obrigatória, o mesmo não acontece quando se trata de passar dos argumentos à decisão: tal passagem não é de modo algum obrigatória, pois se o fosse não estaríamos diante de uma decisão, que supõe sempre a

teóricas preconcebidas, *prima facie*, pode transparecer impossibilidade na edição de Portaria Ministerial com vistas a disciplinar a cooperação ou parceria[217] entre entidades e até, com sorte, talvez, entre instituições públicas, com vistas ao desenvolvimento de programas de aprendizagem, por considerar exaustivo o rol contido nos incisos do art. 430, da CLT e no art. 8º, do Decreto n. 5.598, de 2005, norma regulamentadora da temática.

Ora, essa cooperação[218] ou parceria[219] objetiva a integração de competências ou de missão institucional e de recursos próprios necessários e adequados ao

---

possibilidade quer de decidir de outro modo, quer de não decidir de modo algum. cf. PERELMAN, Chaim. *Lógica jurídica:* nova retórica. Trad. Verginia K. Pupi. São Paulo: Martins Fontes, 1998. p. 1-3.

(217) Ao nosso ver, Parceria ou Cooperação é uma convergência de esforços para o atingimento da meta final, que é a satisfação do interesse público. Portanto, considera-se Parceria a reunião de pessoas que conjugam esforços e capitais, no interesse comum (PESSOA, Eduardo. *Dicionário Jurídico.* 2. ed. rev., aum. e atual. Rio de Janeiro: Ideia Jurídica, 2003. p. 265). Sinônimo de cooperação que é ato ou efeito de cooperar, significa operar ou obrar simultaneamente; trabalhar em comum; ajudar; auxiliar; colaborar (FERREIRA, Aurélio Buarque. *Novo Dicionário.* São Paulo: Nova Fronteira, 2001. p. 381). Na seara pública, esse vocábulo ganha força de instrumento jurídico, assim a Lei n. 8.666, de 21 de junho de 1993 dispõe no art. 116 que se aplicam as disposições desta Lei, no que couber, aos convênios, acordos, ajustes e outros instrumentos congêneres celebrados por órgãos e entidades da Administração. Por sua vez, o Decreto n. 6.170, de 25 de julho de 2007 que veio regulamentar o citado art. 116, disciplinando similarmente aos convênios, aos contratos de repasse os termos de cooperação celebrados pelos órgãos e entidades da administração pública federal com órgãos ou entidades públicas ou privadas sem fins lucrativos, bem como, também, os instrumentos congêneres, nos quais se inserem a parceria (termos de parceria — art. 13) e a cooperação (sob regime de mútua cooperação mediante convênio — § 3º, do art. 1º). Inclusive, a Portaria Interministerial MP/MF/MCT n. 127, de 29 de maio de 2008, no art. 1º regula também os termos de cooperação celebrados com entidades públicas ou privadas sem fins lucrativos para a execução de programas, projetos e atividades de interesse recíproco que envolvam a transferência de recursos financeiros oriundos do Orçamento Fiscal e da Seguridade Social da União (§ 1º). Ora, se o interesse público, em algumas situações, recomenda que a execução de programa de governo seja transferida de órgãos e entidades da Administração Pública Federal para outros órgãos e entidades públicas e até privadas sem fins lucrativos, autorizada está, sistematicamente, por muito menos, a parceria sem o referido repasse e, quanto mais, entre entes privados, sob a avaliação, fiscalização e controle do poder público. Quem pode o mais pode o menos. Ademais, o art. 13, II, do Decreto n. 5.063, de 3 de maio de 2004, determina que o MTE, por intermédio do seu Departamento de Políticas de Trabalho e Emprego para a Juventude (DPJ), deve articular-se com organizações da sociedade civil, estimulando e apoiando a formação de consórcios sociais da juventude, com vistas a ações de preparação e inserção de jovens no mercado de trabalho. Lembrando que a transferência dos recursos orçamentários, portanto, segue as diretrizes emanadas do Decreto e da Portaria Interministerial. Consigna-se também que a parceria, como comunhão de esforços que é, não se valida com o mero gerenciamento efetuado por apenas uma delas, seja de recursos, ou, seja de encargos, como registro e anotação em carteira profissional do aprendiz, por exemplo. Ou seja, as parceiras envolvidas — todas qualificadas em formação técnico-profissional metódica — efetivamente, devem desenvolver e executar os programas (teóricos e/ou práticos) de aprendizagem profissional.

(218) Segundo entendimento do MPT, as parcerias em si não causariam nenhum prejuízo às premissas da CLT. Tanto assim que o mesmo vem celebrando TAC com empresas públicas e sociedades de economia mista, anteriormente multadas pela fiscalização do MTE por não estarem cumprindo as suas cotas. Questiona-se se a única forma do incremento da aprendizagem no Brasil, e consequentemente o cumprimento das cotas, seria mediante a interferência do MPT com a realização de TACs?

(219) À luz da CLT, parceria entre entidades não significa, ou melhor, não é sinônimo de falta ou insuficiência de estrutura. Não é voltada para suprir carência ou deficiência de estrutura. O que se pretende, afinal, com a realização de parceria ou cooperação é o somatório de forças das entidades e suas respectivas estruturas para a interiorização, ampliação e consecução da finalidade técnico-profissional do jovem aprendiz. Esse somatório tende a fortalecer ainda mais quantitativa e qualitativamente o processo de desenvolvimento, execução, acompanhamento, fiscalização e avaliação dos resultados.

desenvolvimento de ações conjuntas e coordenadas que contribuam para o fomento da qualificação técnico-profissional e social do aprendiz para sua inserção ou promoção no mercado de trabalho.

Preliminarmente, vale rememorar: uma norma não pode ser inútil. Ela tem que causar efeitos específicos na realidade social, por força do próprio sistema do Texto Fundamental e das garantias nele assentadas — garantias essas que não se cifram às definidas como impeditivas de se concretizarem no seio da sociedade para as quais foram editadas. Para tanto, a CLT, inovada pela Lei n. 10.097, de 2000, assegura o direito à formação técnico-profissional juvenil, alicerçado na Constituição da República de 1988, notadamente o estabelecido no art. 227, na Lei de Diretrizes Básicas da Educação e no Estatuto da Criança e do Adolescente. Dessa maneira, não se sustenta mais tratar uma lei em sua concepção puramente formalista, vazia de conteúdo e eficácia. Então, o mínimo a conferir-lhe é o valor de poderoso reforço à interpretação do Texto Constitucional, reforço esse que sirva melhor à sua efetividade social[220].

Sendo assim, a matéria posta não pode ser cuidada sob a exclusiva ótica da legalidade. E, sobremais disso, a Administração Pública não deve obedecer somente ao **Princípio da Legalidade**, quanto mais isoladamente, mas deve, acima de tudo, obedecer aos princípios constitucionais expressamente elencados, como também aos princípios implícitos no Texto Fundamental, cumprindo o que o próprio Texto impõe.

Nesse sentido, ordena a Lei Fundamental que os direitos e garantias expressos na Constituição não excluem outros decorrentes do regime e dos princípios por ela adotados (§ 2º, do art. 5º)[221].

Aliás, em relação à própria Administração Pública, a Carta Maior é determinante no art. 37, *caput*[222], quando dita que a Administração Pública deve obedecer aos princípios da legalidade, impessoalidade, moralidade, publicidade e eficiência e, **também**, aos outros, leia-se, princípios expressos ou implícitos. Deste modo, há que se observar os princípios, como de resto as demais normas legais, que devem ser

---

(220) Entendo, particularmente, que o disposto no art. 913, da CLT garante ao Titular da Pasta do Trabalho e Emprego o poder de estabelecer regras e procedimentos que visem permitir a realizar política pública na realidade social efetivando o Texto Constitucional, como no caso em apreço. O legislador celetário resolveu outorgar ao MTE essa atribuição e o fez de forma expressa e pormenorizada, nos termos do art. 200, da CLT, por exemplo. Desse modo, a regra do art. 913, da CLT permite que sejam editados regulamentos que visem explicar, esclarecer, explicitar e conferir o fiel cumprimento e execução das normas ditadas no texto celetista, sendo vedada qualquer possibilidade de contrariedade à lei em sentido lato, como a imposição de obrigações, proibições ou penalidades não indicadas previamente na norma a ser regulamentada.

(221) "[...]. § 2º Os direitos e garantias expressos nesta Constituição não excluem outros decorrentes do regime e dos princípios por ela adotados, ou dos tratados internacionais em que a República Federativa do Brasil seja parte. [...]".

(222) "[...]. Art. 37. A administração pública direta e indireta de qualquer dos Poderes da União, dos Estados, do Distrito Federal e dos Municípios obedecerá aos princípios de legalidade, impessoalidade, moralidade, publicidade e eficiência e, também, ao seguinte. [...]."

interpretados de forma sistemática, considerando-se ainda o contexto e a finalidade para os quais foram editados.

Nesse passo, a questão da aplicação do **Princípio da Legalidade**, no ensinamento de Odete Medauar[223] não pode ser abordada de maneira simplista. Aduz a renomada Professora:

[...].

Essa aparente simplicidade oculta questões relevantes quanto ao modo de aplicar, na prática, esse princípio. [...]. O sentido do princípio da legalidade não se exaure com o significado de habilitação legal. Este deve ser combinado [...] com o sentido de ser vedado à Administração editar atos ou tomar medidas contrárias às normas do ordenamento. A Administração, no desempenho de suas atividades, tem o dever de respeitar todas as normas do ordenamento.

[...].

Com efeito, trata-se de aferir também a validade, a valoração e o alcance da política pública já traçada na Portaria n. 2.755, de 2010 sob a óptica da eficiente realização dos objetivos previstos no próprio ordenamento jurídico.

Frise-se, não só a Administração deve respeitar e interpretar todas as normas do ordenamento, assim como, em conjunto, sistematicamente, os princípios que o caso requer. Eis que deve submeter-se não só à lei, em sentido formal, mas também a todos os princípios que se encontram na base do ordenamento jurídico, independentemente de sua previsão expressa no direito positivo. Em verdade, procura-se substituir a ideia de Estado Legal, puramente formalista, por um Estado de Direito vinculado aos ideais de justiça. Pretende-se submeter o Estado ao Direito e não à lei em sentido apenas formal. Disso, subentende-se atualmente falar-se em Estado Democrático de Direito, que compreende o aspecto da participação do cidadão (Estado Democrático) e o de justiça material (Estado de Direito)[224].

2.1.2. Princípio da eficiência. Princípio da razoabilidade. Princípio da proporcionalidade

Nessa estrada, cita-se, de passagem, mais especificamente, o **Princípio da Eficiência** que, de forma alguma, visa a mitigar ou ponderar o **Princípio da Legalidade**, mas sim *"embeber a legalidade de uma nova lógica, determinando a insurgência de uma legalidade finalística e material — dos resultados práticos alcançados —, e não mais uma legalidade meramente formal e abstrata"*[225]. Como se vê, a aplicação do Princípio da Eficiência vincula-se à valorização dos elementos finalísticos da lei. (Grifos nossos)

---

(223) *Direito Administrativo Moderno*. 12. ed. São Paulo: RT, 2008. p. 123-124.

(224) DI PIETRO, Maria Sylvia Zanella. *Parcerias na administração pública:* concessão, permissão, franquia, terceirização e outras formas. 3. ed. São Paulo: Atlas, 1999. p. 24.

(225) DE ARAGÃO, Alexandre Santos. O princípio da eficiência. *Revista Brasileira de Direito Público*, Belo Horizonte, Fórum, ano 2, n. 4, p. 77, jan./fev. 2004.

Dessa maneira, esses princípios devem ser devidamente avaliados, valorados, apreciados, sopesados e ponderados antes que seja proclamada uma eventual impossibilidade de se editar uma norma, o que se infere ter sido feito para a publicação da Portaria n. 2.755, de 2010 e, na medida da compatibilidade com os demais princípios norteadores da atividade administrativa, cabe a adoção de providência interpretativa que signifique o melhor atendimento ao Princípio da Eficiência, de modo a viabilizar a plena consecução do interesse público insculpido na norma celetista. Em face da diversidade de interesses e de princípios que se apresentam no caso concreto, urge a necessidade de se recorrer também ao **Princípio da Razoabilidade**, na vertente do **Princípio da Proporcionalidade**.

Assim, os princípios norteadores do Direito, especialmente os constitucionais, devem ser interpretados de forma harmônica, eis que não se concebe a existência de real conflito entre eles, quando muito, verifica-se a "aparência de conflito", o que a doutrina tem chamado de "tensão", sanável mediante o cotejamento do princípio em voga (o da legalidade) com os demais princípios constitucionais e em conformidade com o interesse público envolvido.

A Constituição deve ser sempre interpretada como um todo e, assim, as aparentes antinomias devem ser afastadas. As normas devem ser vistas como preceitos integrados em um sistema unitário de regras e princípios.

2.1.3. Princípio da unidade da Constituição. Princípio do efeito integrador

Consoante anota Canotilho[226], "como ponto de orientação", "guia de discussão" e "factor hermenêutico de decisão", o **Princípio da Unidade da Constituição** obriga o intérprete a considerar a Constituição na sua **globalidade** e a procurar **a harmonização dos espaços de tensão** [...] existentes entre as normas constitucionais a serem concretizadas.

A propósito, na aplicação do **Princípio da Unidade da Constituição**, há que se valer do **Princípio do Efeito Integrador**, como ensina Canotilho:

[...].

Na resolução dos problemas jurídico-constitucionais deve dar-se primazia aos critérios ou pontos de vista que favoreçam a integração política e social e o reforço da unidade política. Como tópico argumentativo, o Princípio do Efeito Integrador não assenta numa concepção integracionista de Estado e da sociedade (conducente a reducionismos, autoritarismos, fundamentalismos e transpersonalismos políticos), antes arranca da conflitualidade constitucionalmente racionalizada para conduzir a soluções pluralisticamente integradoras.

[...].

---

(226) CANOTILHO, J. J.Gomes. *Direito Constitucional e Teoria da Constituição*. 6. ed. rev. Coimbra: Almedina, 1993. p. 226.

É o que se colhe também do ensinamento do Juiz George Marmelstein Lima[227]:

[...].

Por outro lado, do ponto de vista jurídico, é forçoso admitir que não há hierarquia entre os princípios constitucionais. Ou seja, todas as normas constitucionais têm igual dignidade; em outras palavras: não há normas constitucionais meramente formais, nem hierarquia de *supra* ou infraordenação dentro da Constituição, conforme asseverou CANOTILHO. Existem, é certo, princípios com diferentes níveis de concretização e densidade semântica, mas nem por isso é correto dizer que há hierarquia normativa entre os princípios constitucionais. Com efeito, como decorrência imediata do princípio da unidade da Constituição, tem-se como inadmissível a existência de normas constitucionais antinômicas (inconstitucionais), isto é, completamente incompatíveis, conquanto possa haver, e geralmente há, tensão das normas entre si.

Ora, se a Constituição é um sistema de normas, um *lucidos ordo*, como era sempre advertido por Ruy Barbosa, que confere unidade a todo o ordenamento jurídico, disciplinando unitária e congruentemente as estruturas fundamentais da sociedade e do Estado, é mais do que razoável concluir que não há hierarquia entre estas normas constitucionais. Não existe nem mesmo hierarquia (jurídica) entre os princípios e as regras constitucionais, o que afasta, de logo, a ocorrência de normas constitucionais inconstitucionais, ou melhor, normas constitucionais do poder constituinte originário inconstitucionais, tendo em vista que o Supremo Tribunal Federal, acertadamente, já admitiu a possibilidade de normas constitucionais, emanadas do poder constituinte derivado, inconstitucionais (ADIn n. 939), desde que maculem as garantias de eternidade (cláusulas pétreas) enumeradas no § 4º, do art. 60.

Dessume-se, pois, que não há, do ponto de vista estritamente jurídico (epistemológico), hierarquia entre os princípios. Pode-se, não obstante, cogitar a hipótese de existência de hierarquia axiológica (ou deontológica) entre as normas constitucionais, incluindo-se aí, obviamente, os princípios.

[...].

Falou-se que não há hierarquia jurídica entre os princípios, embora normalmente haja entre eles uma tensão permanente. É verdade. As normas constitucionais, muitas vezes, parecem conflitantes, antagônicas até. À primeira vista, aparentam inconciliáveis o princípio da liberdade de expressão e o direito à intimidade ou privacidade. E o princípio da função social da propriedade com a norma que diz que as terras públicas não são passíveis de usucapião, como conciliá-los? O que dizer, outrossim, do princípio da livre iniciativa e as possibilidades de

---

(227) A hierarquia entre princípios e a colisão de normas constitucionais. Artigo disponível em: <www.jusnavigandi.com.br>.

monopólio estatal constitucionalmente previstas? Há, sem dúvida, constante tensão entre as normas constitucionais.

Essa tensão existente entre as normas é consequência da própria carga valorativa inserta na Constituição, que, desde o seu nascedouro, incorpora, em uma sociedade pluralista, os interesses das diversas classes componentes do Poder Constituinte Originário. Esses interesses, como não poderia deixar de ser, em diversos momentos não se harmonizam entre si em virtude de representarem a vontade política de classes sociais antagônicas. Surge, então, dessa pluralidade de concepções — típica em um "Estado Democrático de Direito" que é a fórmula política adotada por nós — um estado permanente de tensão entre as normas constitucionais.

[...].

Duas soluções foram desenvolvidas pela doutrina (estrangeira, diga-se de passagem) e vêm sendo comumente utilizada pelos Tribunais. A primeira é a da concordância prática (Hesse); a segunda, a da dimensão de peso ou importância (Dworkin). A par dessas duas soluções, aparece, em qualquer situação, o princípio da proporcionalidade como "metaprincípio", isto é, como "princípio dos princípios", visando, da melhor forma, preservar os princípios constitucionais em jogo. O próprio HESSE entende que a concordância prática é uma projeção do princípio da proporcionalidade.

A nosso ver, essas duas soluções (concordância prática e dimensão de peso e importância) podem e devem ser aplicadas sucessivamente, sempre tendo o princípio da proporcionalidade como "parâmetro": primeiro, aplica-se a concordância prática; em seguida, não sendo possível a concordância, dimensiona-se o peso e importância dos princípios em jogo, sacrificando, o mínimo possível, o princípio de "menor peso". Vejamos, com mais detalhes, o que vem a ser a concordância prática e a dimensão de peso e importância.

A concordância prática — O princípio da concordância prática ou da harmonização, como consectário lógico do princípio da unidade constitucional, é comumente utilizado para resolver problemas referentes à colisão de direitos fundamentais. De acordo com esse princípio, os direitos fundamentais e valores constitucionais deverão ser harmonizados, no caso *sub examine*, por meio de juízo de ponderação que vise preservar e concretizar ao máximo os direitos e bens constitucionais protegidos.

A concordância prática pode ser enunciada da seguinte maneira: havendo colisão entre valores constitucionais (normas jurídicas de hierarquia constitucional), o que se deve buscar é a otimização entre os direitos e valores em jogo, no estabelecimento de uma concordância prática (*praktische konkordanz*), que deve resultar numa ordenação proporcional dos direitos fundamentais e/ou valores fundamentais em colisão, ou seja, busca-se o 'melhor equilíbrio possível entre os princípios colidentes'(LERCHE). Nas palavras de INGO WOLFGANG SARLET: "Em rigor, cuida-se de processo de ponderação no qual não se trata da atribuição de uma prevalência absoluta de um valor sobre outro, mas, sim, na tentativa de aplicação simultânea e compatibilizada de normas, ainda que no caso concreto se torne necessária a atenuação de uma delas.

[...].

A dimensão de peso e importância — O segundo critério que pode ser utilizado se não for possível a concordância prática é o da dimensão de peso e importância (*dimension of weights*), fornecido por RONALD DWORKIN. Na obra *Taking Rights Seriously*, após explicar que as regras jurídicas são aplicáveis por completo ou não são, de modo absoluto, aplicada (dimensão do tudo ou nada), o prof. da Universidade de Oxford diz que os princípios "possuem uma dimensão que não é própria das regras jurídicas: a dimensão do peso ou importância. Assim, quando se entrecruzam vários princípios, quem há de resolver o conflito deve levar em conta o peso relativo de cada um deles [...]. As regras não possuem tal dimensão. Não podemos afirmar que uma delas, no interior do sistema normativo, é mais importante do que outra, de modo que, no caso de conflito entre ambas, deve prevalecer uma em virtude de seu peso maior.

[...].

Portanto, somente diante do caso concreto será possível resolver o problema da aparente colisão de princípios, através de um ponderação (objetiva e subjetiva) de valores, pois, ao contrário do que ocorre com a antinomia de regras, não há, *a priori*, critérios formais (metanormas) e *standards* preestabelecidos para resolvê-lo.

O intérprete, no caso concreto, através de uma análise necessariamente tópica, terá que verificar, seguindo critérios objetivos e subjetivos, qual o valor que o ordenamento, em seu conjunto, deseja preservar naquela situação, sempre buscando conciliar os dois princípios em colisão. É a busca da composição dos princípios.

Nesse caso, a legitimidade da interpretação apenas será preservada na medida em que, em cada caso, informada pelo critério da proporcionalidade, essa composição seja operada. Ou seja, "a especificidade, conteúdo, extensão e alcance próprios de cada princípio não exigem nem admitem o sacrifício unilateral de um princípio em relação aos outros, antes reclamam a harmonização dos mesmos, de modo a obter-se a máxima efetividade de todos eles", conforme a lição de CANOTILHO.

[...]." (Grifos nossos)

Vê-se, pois, que não há hierarquia entre os princípios constitucionais. Todas as normas constitucionais estão em um mesmo nível, como consequência do *Princípio da Unidade da Constituição*, não podendo haver normas constitucionais antinômicas, exsurgindo, em determinadas situações, a ocorrência de "tensão" entre elas, situação que deverá ser ultrapassada pelo intérprete.

Todavia, quando não for possível compatibilizar "interesses conflitantes", deve-se contemplar qual norma ou princípio deve ceder lugar a outro na prática, a fim de que o dilema tenha uma solução adequada no conflito. No Processo de Ponderação, não se atribui preferência a um ou a outro princípio, ao contrário, deve o intérprete assegurar a aplicação das normas conflitantes, no caso concreto, de forma que uma delas seja mais valorada, enquanto a outra sofre atenuação.

2.1.4. Do processo de ponderação de normas. Princípio da razoabilidade. Princípio da proporcionalidade. Princípio da juridicidade admistrativa

A complexidade e a relevância do **Processo de Ponderação de Normas** devem levar em consideração todas as circunstâncias do caso sob exame, pois cada caso tem suas peculiaridades, que merecem ser analisadas.

Assim, havendo "conflito" entre princípios e regras constitucionais, não é necessário que um deles seja absolutamente negado para que o outro possa ter validade. Deve-se fazer um balanceamento entre eles, de acordo com o caso concreto, evitando a contradição de suas normas, uma vez que a Constituição é una.

O intérprete deve valer-se, como já dito, dos *Princípios da Razoabilidade e da Proporcionalidade*, que uma parcela da doutrina mais contemporânea chama de "princípio dos princípios" para fins de solucionar a "tensão" porventura existente.

Segundo o referido Processo, a resolução do conflito de princípios jurídicos[228] e do conflito de valores é uma questão de ponderação, de sopesamento, de preferência, aplicando-se o princípio ou o valor na medida do possível. O **Princípio da Razoabilidade**, basicamente, propõe-se a eleger a solução mais razoável para o problema jurídico concreto, dentro das, *in casu*, circunstâncias sociais, econômicas, culturais e políticas que envolvem a questão, sem se afastar dos parâmetros legais. Sua utilização permite que a interpretação do direito possa captar a riqueza das circunstâncias fáticas dos diferentes conflitos sociais, o que não pode ser feito se a lei for interpretada literalmente.

Dessa maneira, para desenvolvimento e conclusão deste presente sucinto artigo, *prima facie*, ressalte-se a importância do **Princípio da Legalidade**, que é o ponto de partida hermenêutica para o estudo jurídico, aqui articulado, sobre a necessidade, possibilidade, finalidade e, consequentemente, necessária apresentação em texto da norma infralegal, plenamente realizada na Portaria Ministerial n. 2.755, de 2010, em anexo. Em seguida, faz-se alusão a outros princípios constitucionais, que são

---

(228) Princípios Jurídicos significam ideias básicas que presidem os sistemas de direito. cf. PESSÔA, Eduardo. loc. cit. p. 292.

relevantes especialmente sob a perspectiva do estabelecimento, das instituições, das entidades e, notadamente, do aprendiz, previstos nos arts. 429 e 430, da CLT, e no Decreto n. 5.598, de 2005, uma vez que podem amparar direitos subjetivos. Posteriormente, serão expostas as repercussões de alguns Princípios Constitucionais, de Princípios Gerais do Estado Democrático de Direito[229] e da atividade administrativa, que guardam estreito vínculo com a decisão tomada para a edição da citada Portaria. Senão vejamos.

Como não poderia deixar de ser, o elenco de princípios não é exaustivo. Não se exclui a possibilidade, o que é até mesmo recomendável, de que sejam levados em consideração ainda outros princípios e valores que o caso concreto possa demandar.

Pois bem, além das regras expressamente previstas, a doutrina reconhece a existência de fontes não escritas de legalidade. Consiste, basicamente, no conjunto dos Princípios Gerais de Direito, que, apesar de não figurar integralmente de forma expressa nos textos legais, deve ser observado pela Administração Pública sob pena de ilegalidade[230].

Nessa trilha, a noção mais ampla de legalidade e que melhor reflete o regime jurídico a que se submete a Administração Pública é aquela a que se refere o conceito de "juridicidade administrativa". A juridicidade administrativa representa a submissão da Administração Pública ao ordenamento jurídico como um todo — não apenas às leis em sentido estrito.

Como define Paulo Otero[231]:

[...].

A juridicidade administrativa traduz uma legalidade mais exigente, revelando que o poder público não está apenas limitado pelo Direito que cria, encontrando-se também condicionado por normas e princípios cuja existência e respectiva força vinculativa não se encontram na disponibilidade desse mesmo poder.

[...]. (Grifos nossos)

No entanto, como registra Angela Costaldello[232]:

---

(229) Princípios Gerais de Direito significam denominação genérica dos elementos que, aceitos e adotados universalmente como verdades axiomáticas, atuam na formação da consciência jurídica do homem da lei. Constituem-se por meio do estudo perfeito da ciência do direito, inclusive o natural, da sociologia, da filosofia e das fontes mediatas do direito escrito, estudo esse feito à luz da cultura jurídica das nações mais adiantadas, e do qual resulta uma concepção nítida da regra a ser aplicada, para suprir as omissões do direito positivo vigente. cf. PESSÔA, Eduardo. Loc. cit., p. 292.
(230) LAUBADÈRE, André de; VENEZIA, Jean-Claude; GAUDEMET, Yves. *Traité de Droit Administratif*. T. I, 12. ed. Paris: LGDJ, 1992. p. 557-558.
(231) OTERO, Paulo. *Legalidade e Administração Pública*. Rio de Janeiro: Ideia Jurídica, 2003. p. 15.
(232) COSTALDELLO, Angela. *Invalidade dos atos administrativos: uma construção teórica frente ao princípio da estrita legalidade e da boa-fé*. Curitiba, 1998. 165 f. Tese (Doutorado em Direito) — Pós-Graduação em Direito da Universidade Federal do Paraná, p. 50.

[...].

Importa salientar que juridicidade e legalidade não se excluem, apenas originam-se e atuam em esferas diferentes. A juridicidade encontra-se em toda e qualquer Administração Pública, sobretudo naquela que se conforma com o Estado de Direito. Já a legalidade resulta de cada um dos ordenamentos jurídicos e espraia efeitos e regulamenta ações somente no âmbito daquele ordenamento.

[...].

2.1.5. Princípio da legalidade. Princípio da segurança jurídica

Assim, a concepção da legalidade em sentido amplo permite superar o aparente confronto que se instauraria entre o **Princípio da Legalidade, da Segurança Jurídica, da Dignidade da Pessoa Humana** e assim por diante. Faz-se necessária essa ampliação da noção de legalidade porque *"a necessidade de completa subsunção da Administração à lei não é um fim em si, mas constitui meio para que ela possa cumprir o fim ao qual se encontra adstrita, isto é, a consecução do interesse público"*[233]. (Grifos nossos)

Aliás, é bom que se diga, desde logo, em relação ao **Princípio da Segurança Jurídica**, que a temática em apreço já fora normatizada pelo Ministério do Trabalho e Emprego[234], lastreada em várias Portarias - editada por uma e revogada por outra - como a de n. 49, de 14 de maio de 1946; a de n. 43, de 27 de abril de 1953; a de n. 127, de 18 de dezembro de 1956; a de n. 1.055, de 23 de novembro de 1964; a de n. 702, de 18 de dezembro de 2001, e a de n. 615, de 13 de dezembro de 2007, assim como em algumas Instruções Normativas, como, por exemplo, a de n. 26, de 20 de dezembro de 2001, que dita instruções para orientar a fiscalização das condições de trabalho no âmbito dos programas de aprendizagem, IN essa revogada pela Instrução Normativa n. 75, de 8 de maio de 2009, que *disciplina a fiscalização das condições de trabalho no âmbito dos programas de aprendizagem.*

Contudo, sem embargo de que o conteúdo da pretensão versada na Portaria n. 2.755, de 2010, apensada e resultada do presente estudo já fora objeto de normatização anterior, nos termos da Portaria n. 702, de 2001, editada pelo Titular da Pasta do Ministério do Trabalho e Emprego, ato normativo este revogado *in totum* pela Portaria n. 615, de 2007, sem então se perceber da necessidade finalística e material[235] que se apresentava e que se apresenta até o presente momento como

---

(233) ZANCANER, Weida. *Da convalidação e da invalidação...* Ob. cit., p. 23.

(234) De acordo com a competência do MTE, com o uso de suas atribuições e com a sua missão institucional, que lhe conferem o inciso II, do parágrafo único, do art. 87, da Constituição Federal; § 3º, do art. 430, e art. 913, da CLT; art. 1º, V; art. 10, I, II, III; art. 11, I, VIII; art. 12, I, II, III; art. 13, I; VIII; e art. 16, V, do Decreto n. 5.063, de 3 de maio de 2004; bem como o § 2º, do art. 8º; art. 32, do Decreto n. 5.598, de 1º de dezembro de 2005.

(235) No momento da edição da Portaria n. 615, de 2007, entendeu-se necessária a revogação da Portaria n. 702, de 2001, tendo em vista que naquele novo normativo estava previsto que a SPPE desenvolveria procedimentos para o monitoramento e avaliação sistemáticos da aprendizagem, com ênfase na qualidade pedagógica e na

se constata (*as circunstâncias fáticas continuam as mesmas, exigindo disciplinamento, como entendeu o Administrador à época - assim como este signatário se posiciona - pela inexistência de vedação legal para tal desiderato*), num fazer (*editando*) e desfazer (*revogando*), e fazer de novo, como é imperativo agora, como visto acima, em várias edições e revogações de Portaria - causando situações que surpreendem os administrados e que instabilizam de modo traumático e desproporcional as situações em curso, prejudicando, desse modo, a efetividade social das disposições consolidadas que ora se examina.

Por oportuno, basta cotejar o lançado no texto da Portaria n. 2.755, de 2010 *sub examine* e a revogada Portaria n. 702, de 2001, no parágrafo único do art. 2º, que então dispunha:

[...].

Parágrafo único. Para a execução do programa de aprendizagem, as entidades mencionadas no art. 1º poderão contar com a cooperação de outras instituições públicas e privadas.

[...].

É de se salientar que essas edições e revogações de normativos sobre o mesmo objeto, como anotado, infringem e afrontam o **Princípio da Segurança Jurídica**, notadamente na lição de Luís Roberto Barroso, que ainda enumera as seguintes ideias ou conteúdos que estão incluídos na noção de segurança[236]:

---

efetividade social. Entretanto, sua revogação, sem a edição de novo normativo que discipline efetivamente o tema, gerou uma lacuna que vem dificultando a plena execução das normas previstas na CLT.

[236] "[...]. A proteção da confiança dos administrados, decorrente do princípio da segurança jurídica [...]." Como já afirmou Almiro do Couto e Silva:"[...]. A invariável aplicação do princípio da legalidade da Administração Pública deixaria os administrados, em numerosíssimas situações, atônitos, intranquilos e até mesmo indignados pela conduta do Estado, se a este fosse dado, sempre, revogar ou invalidar seus próprios atos — qual Penélope, fazendo e desmanchando sua teia, para tornar a fazê-la e tornar a desmanchá-la — sob o argumento de ter adotado uma nova interpretação e de haver finalmente percebido, após o transcurso de certo lapso de tempo, que eles eram ilegais [...]. A decisão acerca do cabimento ou não da preservação dos efeitos [...] não pode prescindir da avaliação do interesse público que a questão concreta envolve. É este que vai guiar a escolha da solução a ser implementada [...]." É o interesse público que norteia toda a atividade administrativa [...]. A relação entre interesse público e interesse privado deve ser estabelecida levando-se em consideração especificamente os atuais escopos da atividade da Administração Pública. Os traços publicistas [...] não podem ser levados ao extremo, de modo a comprometer a obtenção do resultado visado e, em última análise, inviabilizar a própria prossecução do interesse público. Outrossim, a ponderação a propósito do interesse público poderá indicar a ausência de prejuízo [...]. Daí a relevância de se identificar o interesse público no caso concreto, levando-se em consideração a multiplicidade de interesses envolvidos. [...]. O princípio da proporcionalidade determina a ponderação de todos os interesses envolvidos na decisão a ser tomada: interesse público, primário e secundário, e os interesses dos particulares [...] e de terceiros que possam vir a ser afetados pela decisão. Como constata Sérvulo Correia, "a Administração revela falta de ponderação dos interesses em causa se, para satisfazer certo interesse público, usa um meio muito mais gravoso do que outro de que também dispõe ou se, para realizar certo interesse público agindo quando não é obrigada a fazê-lo, provoca efeitos negativos cujo alcance supera claramente o dos benefícios". O juízo de proporcionalidade confronta as vantagens de uma determinada decisão com os inconvenientes. Procede-se à avaliação, levando em consideração inclusive as circunstâncias fáticas, dos efeitos positivos e das repercussões negativas de uma determinada opção. Se o resultado indicar prevalecerem os efeitos positivos, a medida é justificável sob a perspectiva da proporcionalidade.

[...].

a existência de instituições estatais dotadas de poder e garantias, assim como sujeitas ao princípio da legalidade; 2. a confiança nos atos do Poder Público, que deverão reger-se pela boa-fé e pela razoabilidade; 3. a estabilidade das relações jurídicas, manifestada na durabilidade das normas, na anterioridade das leis em relação aos fatos sobre os quais incidem e na conservação de direitos em face da lei nova; 4. a previsibilidade dos comportamentos, tanto os que devem ser seguidos como os que devem ser suportados; 5. a igualdade na lei e perante a lei, inclusive com soluções isonômicas para situações idênticas ou próximas".[237]

Importa especialmente ao presente estudo a segurança jurídica sob a perspectiva de estabilidade das relações jurídicas, aliada à previsibilidade e à confiança depositada pelos administrados com relação à atuação do poder público. Justamente por ter a sua conduta pautada pelo ordenamento, há a expectativa legítima dos cidadãos, digna de tutela, de que a situação não será repentinamente modificada [...]. A proteção da confiança limita as mudanças de conduta do Estado no sentido de pronunciar a revogação de normas ou invalidade dos atos

---

Assim, é imprescindível a ponderação de todos os fatores implicados na questão específica se aferir a solução a ser aplicada ante uma determinada ilegalidade. Há de se procurar detectar qual seria o prejuízo ou lesão ao interesse público concreto que adviria [...]. É medida necessária para que se proceda ao correto balanceamento de todos os interesses em jogo. Em razão da necessidade de que sejam levados em consideração todos os interesses potencialmente atingidos, a doutrina cogita da reunião dos princípios analisados anteriormente — da supremacia do interesse público, da tutela da confiança, da proporcionalidade e assim por diante — no supraprincípio geral que determina que a Administração atue conforme a equidade ou a justiça do caso concreto. Referido princípio "aspira a situar as circunstâncias do caso concreto no primeiro plano da prática administrativa, superando assim toda tendência a automatizar a aplicação do Direito e a tipificar a atividade da Administração. Como competência que é, o seu exercício deverá ser funcionalizado e necessariamente vinculado a uma determinada finalidade, que é o atendimento ao interesse público. Em outras palavras, a competência é outorgada para a persecução de um determinado escopo. Diz-se ser o exercício da competência dever para a Administração, pois o perseguimento da finalidade para a qual foi outorgada é obrigatório. Os princípios da segurança jurídica, da boa-fé e da proporcionalidade impedem a adoção de soluções automáticas [...] sem uma avaliação da sua adequação para o atendimento ao interesse público no caso concreto. Mencione-se, por fim, a oportuna ressalva de Alexandre Santos de Aragão no sentido de que, ao se proceder desse modo, "não se trata de descumprir a lei, mas apenas de, no processo de sua aplicação, prestigiar os seus objetivos maiores em relação à observância pura e simples de suas regras, cuja aplicação pode, em alguns casos concretos, se revelar antitética àqueles." E arremata: "Há uma espécie de hierarquia imprópria entre as meras regras contidas nas leis e os seus objetivos, de forma que a aplicação daquelas só se legitima enquanto constituir meio adequado à realização destes. É a confirmação de que todas estas soluções estão contidas no próprio ordenamento. O princípio da proporcionalidade determina a ponderação de todos os interesses envolvidos na decisão a ser tomada: interesse público, primário e secundário, e os interesses dos particulares [...] que possam vir a ser afetados pela decisão. Como constata Sérvulo Correia, "a Administração revela falta de ponderação dos interesses em causa se, para satisfazer certo interesse público, usa um meio muito mais gravoso do que outro de que também dispõe ou se, para realizar certo interesse público agindo quando não é obrigada a fazê-lo, provoca efeitos negativos cujo alcance supera claramente o dos benefícios. [...]", cf. BARROSO, Luís Roberto. Ob. cit., p. 117. (Grifos nossos)

(237) A segurança jurídica na era da velocidade e do pragmatismo. In: *Temas de Direito Constitucional*. 2. ed. Rio de Janeiro: Renovar, 2002. p. 50-51.

anteriormente praticados e que sob a aparência da legalidade — obrigatória em razão da presunção de legitimidade e da autoexecutoriedade — produziram vantagens e deram origem a direitos subjetivos dos destinatários. Opõe obstáculos às mudanças bruscas de comportamento da Administração, no sentido de alterar situações já consolidadas, que foram por ela mesma impostas.

Isso porque a confiança decorre de "uma conduta, manifestada em certos atos do poder público, que fez gerar certa confiança de que se atuaria em um determinado sentido". E esta expectativa que os administrados têm com relação à atuação dos poderes públicos deve ser tutelada.

Para o presente estudo, importa especialmente a invocação da segurança jurídica e da proteção da confiança [...] dos atos administrativos favoráveis aos administrados. Com efeito, a questão ganha contornos especiais quando se trata de ato que gera direitos subjetivos aos administrados e que ingressa na sua esfera jurídica, trazendo-lhes um benefício.

[...].

2.1.6. Princípio do interesse público. Princípio da juridicidade. Princípio da supremacia do interesse público

Assim, é reconhecido pela doutrina e jurisprudência trazidas que não só a legalidade em sentido estrito deverá pautar a manifestação do intérprete e, por conseguinte, a decisão do Administrador, senão um juízo amplo da juridicidade, envolvendo os princípios essenciais à opinião jurídica, notadamente a observância do **Princípio da Supremacia do Interesse Público**.

Nesse passo, o **Princípio da Legalidade** deve ser considerado, não de forma isolada, mas como **integrante de um princípio maior: o Princípio da Juridicidade**. Por este, a Administração Pública haverá de se submeter, além da legalidade formal e material, a outras normas e princípios informativos do Princípio da Juridicidade, ou seja, há a necessidade da submissão dos atos de administração a todo o ordenamento jurídico. O Princípio da Juridicidade informa que há de se debruçar sobre todo o ordenamento jurídico em que se insere o dispositivo legal, para, no caso, encontrar-se a regra legal aplicável.

2.1.6.1. Interpretação gramatical. Interpretação lógica. Interpretação sistemática. Interpretação teleológica. Interpretação histórica

Saliente-se que a norma jurídica consolidada em questão, diante da possibilidade de entendimentos divergentes, **deve ser interpretada**, valendo-se também, para tanto, dos métodos que a doutrina tradicionalmente enumera:

[...].

a) **Interpretação gramatical**: feita por meio das palavras, das funções da semântica e da sintática. Corresponde à redação literal dos textos.

b) **Interpretação lógica**: deve levar em consideração os instrumentos fornecidos pela lógica para o ato de intelecção, que, naturalmente, estão presentes no trabalho interpretativo.

c) **Interpretação sistemática**: cabe levar em conta a norma jurídica inserida no contexto maior de ordenamento jurídico, avalia-se a norma dentro do sistema jurídico.

d) **Interpretação teleológica**: faz-se quando se considera os fins aos quais a norma jurídica se dirige (*telos* = fim).

e) **Interpretação histórica**: preocupa-se com a verificação dos antecedentes da norma.

[...]. (Grifos nossos)

Na hipótese sob apreciação, se a norma fosse totalmente clara para alguns, a meu pensar esta é (*tanto é, que entendemos não haver necessidade de edição de nova Lei ou Decreto regulamentar nem tampouco a comentada e, para tanto, editada Portaria 2.755, de 2010 para autorizar parcerias entre elas e entre outras entidades não exemplificadas nos arts. 430, da CLT e 8º, do Dec. n. 5.598, de 2005*), certamente não haveria questão controversa a ser dirimida, embora alguns doutrinadores defendam a tese de que as normas sempre carecerão de interpretação.

Com efeito, entende-se que a questão se resolve também mediante a utilização dos métodos de interpretação **sistemática** e **teleológica**.

Como se sabe, não se pode interpretar uma norma isolada e exclusivamente, faz-se necessário afastar um pouco a perspectiva individual, de modo a ver todo o subsistema legal, ou seja, para a interpretação de tal dispositivo, deve-se enxergá-lo em comunhão com todas as demais normas legais, no contexto do ordenamento jurídico.

Eis assim a aplicação da **interpretação sistemática**, porquanto esta busca correlacionar todos os dispositivos normativos, de modo que só se consegue elucidar a interpretação a partir do conhecimento do todo, não se pode interpretar a norma em "tiras" e sim como um todo. O sistema jurídico, na visão de Hans Kelsen, seria naturalmente uma pirâmide normativa, na qual tem-se no topo, a Constituição, abaixo, a legislação, após, os atos administrativos, e posteriormente os contratos e decisões. Todos os componentes da pirâmide têm que ser interpretados juntamente com a Constituição, aliás, todas as normas jurídicas devem ser lidas e relidas à luz da Constituição.

Por sua vez, a **interpretação teleológica** é a que se realiza tendo em vista a "*ratio legis*" ou "*intento legis*", isto é, conforme a intenção da lei. Busca-se entender a finalidade para a qual a norma foi editada, ou seja, a razão de ser da norma — a *mens legis*[238].

3. Considerações dos arts. 429 e 430, da CLT. Contrato de emprego

Feitas estas pontuações, e sob tais ópticas, analisam-se os dispositivos legais em estudo, traduzidos pelos dispositivos da CLT, alterados pela Lei n. 10.097, de 19.12.2000[239], abaixo transcritos:

> [...].
>
> *Art. 429. Os estabelecimentos de qualquer natureza são obrigados a empregar e matricular nos cursos dos Serviços Nacionais de Aprendizagem número de aprendizes equivalente a cinco por cento, no mínimo, e quinze por cento, no máximo, dos trabalhadores existentes em cada estabelecimento, cujas funções demandem formação profissional.*
>
> [...].
>
> *Art. 430. Na hipótese de os Serviços Nacionais de Aprendizagem não oferecerem cursos ou vagas suficientes para atender à demanda dos estabelecimentos, esta poderá ser suprida por outras entidades qualificadas em formação técnico-profissional metódica, a saber:*
>
> *I – Escolas Técnicas de Educação;*
>
> *II – entidades sem fins lucrativos, que tenham por objetivo a assistência ao adolescente e à educação profissional, registradas no Conselho Municipal dos Direitos da Criança e do Adolescente.*
>
> *§ 1º As entidades mencionadas neste artigo deverão contar com estrutura adequada ao desenvolvimento dos programas de aprendizagem, de forma a manter a qualidade do processo de ensino, bem como acompanhar e avaliar os resultados.*
>
> [...].
>
> *Art. 431. A contratação do aprendiz poderá ser efetivada pela empresa onde se realizará a aprendizagem ou pelas entidades mencionadas no inciso II, do art. 430, caso em que não gera vínculo de emprego com a empresa tomadora dos serviços.*
>
> [...].

---

(238) *Mens legis* é um termo jurídico que se refere ao espírito da lei, ou seja, a sua intenção, seu objetivo no âmbito social. Daí decorre que a norma, sempre que possível, deve ser interpretada não pela sua literalidade, mas com vistas a salvaguardar os valores protegidos e/ou o alcance pretendido pela lei.

(239) A aprendizagem empresária, antes da edição da Lei n. 10.097, de 2000, se dava por meio da matrícula do aprendiz nos cursos mantidos pelos Serviços Nacionais de Aprendizagem. A legislação revogada permitia, em caso de inexistência de cursos nos Serviços Nacionais de Aprendizagem que atendessem às necessidades da empresa, ou, ainda, inexistência de vagas, ficasse o empresário desobrigado da contratação nos termos da antiga redação do art. 429, da CLT, podendo, todavia, assumir a obrigação de efetuar a aprendizagem, sob supervisão daquele órgão, ao que se dava o nome de Aprendizagem Metódica no Próprio Emprego. Nessas duas espécies de aprendizagem empresária havia a inserção da aprendizagem num contrato de emprego e a relação daí decorrente era de empresa-empregado. O advento da Lei n. 10.097, de 2000, impediu a continuidade de tal procedimento de formação profissional ao exigir que a aprendizagem se faça por meio de inscrição em programa de aprendizagem desenvolvido sob a orientação de entidade qualificada em formação técnico-profissional metódica, pelo acréscimo do parágrafo primeiro ao art. 428, da CLT. Outra inovação importante foi a uniformização do cálculo das cotas de aprendizes para cada estabelecimento, já que foi estipulado um percentual entre 5% e 15% do número de empregados que trabalham em funções ou ocupações que demandem formação profissional. Por estas razões, pode-se dizer que a Lei em questão trouxe uma reforma da legislação sobre a aprendizagem.

Como se vê, com o fito de atender à própria imposição[240] prevista no art. 429, da CLT, houve imperiosa necessidade de alteração do art. 430, assim, a aprendizagem, que antes era restrita aos Serviços Nacionais de Aprendizagem ("Sistema S"), passa a ser realizada também pelas Escolas Técnicas de Educação (art. 430, inciso I) e por entidades que atendam aos seguintes requisitos simultaneamente: a) ser uma entidade sem fins lucrativos; b) ter por objetivo a assistência ao adolescente e à educação profissional; c) estar registrada no Conselho Municipal dos Direitos da Criança e do Adolescente; d) contar com estrutura adequada ao desenvolvimento dos programas para manter a qualidade do processo de ensino, bem como acompanhar e avaliar os resultados; e) cumprir os preceitos de competência para ministrar cursos de aprendizagem conforme normas a serem baixadas pelo Ministério do Trabalho e Emprego — MTE (art. 430, § 3º). Importante frisar que as escolas técnicas de educação não estão submetidas a esses requisitos.

A par dessas condições, as entidades a que se refere o inciso II, do art. 430, da CLT somente podem oferecer cursos ou vagas quando o "Sistema S" não puder atender à demanda. "Significa dizer que os Serviços Nacionais de Aprendizagem

---

(240) Há uma grande dificuldade dos estabelecimentos de cumprirem a cota de aprendizes prevista no art. 429, da CLT. Independentemente da primazia legal do 'Sistema S', é fato que suas instituições estão muito longe de atender de forma tempestiva às demandas por quantidade de vagas, customização e diversificação dos cursos, ou ainda à capilaridade correspondente e à dos estabelecimentos em âmbito nacional. As entidades do 'Sistema S' desenvolvem o curso de aprendizagem, mas não podem assinar a CTPS do aprendiz. Tal situação praticamente impede que as empresas públicas, estatais ou de economia mista contratem entidades do 'Sistema S' para executar seus programas de aprendizagem. As Escolas Técnicas da Rede Federal de Educação Profissional que agora passam por um movimento de expansão e reorientação ainda não estão plenamente aptas para adequar seus cursos técnicos às especificidades da Lei de Aprendizagem. Elas também não assinam a CTPS do aprendiz. As empresas públicas, estatais ou de economia mista para cumprimento da cota de aprendizes necessitam quase sempre recorrer às entidades sem fins lucrativos citadas no § 1º, III e § 2º do art. 8º, do Decreto n. 5.598, de 2005. Diversos estabelecimentos privados também acabam recorrendo às entidades sem fins lucrativos, seja pela indisponibilidade de vagas no 'Sistema S' ou pela inexistência de Escolas Técnicas em sua região. Uma quantidade significativa de entidades, principalmente as localizadas no interior do país, demonstra ainda não ter as condições para assumir, de forma tempestiva, todas as exigências estabelecidas pelas normas legais, por não disporem de profissionais e logísticas semelhantes às entidades das capitais. Trecho extraído do ofício da Presidência do Banco do Brasil demonstra bem esta situação: "Em muitos municípios do interior, inclusive, a instalação/manutenção de entidades de aprendizagem se mostra economicamente inviável, uma vez que em muitas localidades só o BB é obrigado a contratar aprendizes, já que predominam microempresas e empresas de pequeno porte, não obrigadas à lei de cotas. Nesses casos uma entidade de aprendizagem atenderia somente 1 ou 2 aprendizes vinculados ao BB." Inúmeras demandas foram recebidas no MTE provenientes de diversos setores da economia, bem como de entidades qualificadoras em formação técnico-profissional, relativas a autuações da Fiscalização do Trabalho pela não aceitação de parcerias existentes entre duas entidades na realização de programa de aprendizagem, paralisando sua execução. Algumas situações trazidas ao conhecimento do MTE são casos do 'Sistema S' não podendo assinar as CTPS como empregadores, terem buscado outra instituição formadora para assumir o registro trabalhista do aprendiz, bem como desenvolver parte do programa de aprendizagem. Existem também casos de entidades com reconhecida competência no mercado na execução de programas de aprendizagem que buscam entidades para auxiliá-las no desenvolvimento e execução de programa de aprendizagem em localidades onde considera economicamente inviável colocar infraestrutura própria para execução sozinha do programa. Apesar de não regulamentadas até o momento, é fato que a utilização de parcerias proporciona a interiorização e a ampliação do atendimento às empresas e demais instituições nos locais onde se tem ausência de entidades formadoras ou insuficiência delas.

detêm a preferência na ministração da aprendizagem, ao passo que as escolas técnicas de educação e as entidades sem fins lucrativos ministram cursos de aprendizagem de maneira supletiva"[241].

Tangencialmente, convém registrar, *salvo manifesto equívoco, "o aprendiz pode ser contratado não somente pela empresa onde se realiza a aprendizagem, mas também pelos Serviços Nacionais de Aprendizagem ou entidades similares, em autêntica terceirização"*[242], mediante contratação[243] por empresa interposta. Nesse caso, o vínculo de emprego é com a entidade educadora e não com a empresa tomadora dos serviços. Todavia, é aplicável, à hipótese, a Súmula n. 331, IV, do TST[244], em ocorrendo a inadimplência do empregador/instituição de ensino, respondendo subsidiariamente o tomador dos serviços (CLT, art. 431).

---

(241) ARRUDA, Hélio Mário de. Ob. cit.

(242) ARRUDA, Hélio Mário de. Ob. cit.

(243) Principais características do contrato de aprendizagem nos termos do art. 428, da CLT, o contrato de aprendizagem é um contrato de emprego especial, cujas características são as seguintes: a) ajuste por escrito; b) prazo determinado; c) permitido aos adolescentes maiores de 14 e menores de 24 anos; d) exigência de inscrição do adolescente em programa de aprendizagem. O objeto do contrato de aprendizagem é o fornecimento ao adolescente de formação técnico-profissional, metódica, compatível com o seu desenvolvimento físico, moral e psicológico, o qual deverá ser retribuído com a execução, pelo aprendiz, das tarefas necessárias a essa formação com zelo e diligência. Como contrato de emprego especial, o contrato de aprendizagem exige alguns requisitos para sua validade: a) anotação na CTPS; b) matrícula e frequência do aprendiz à escola, caso não tenha concluído o ensino fundamental; c) inscrição em programa de aprendizagem desenvolvido sob a orientação de entidade qualificada em formação técnico-profissional metódica. Ao adolescente aprendiz, salvo condição mais vantajosa, será garantido o salário-mínimo hora e sua jornada será limitada a seis horas diárias, sendo vedadas a prorrogação e a compensação de jornada. O limite de seis horas diárias poderá ser estendido até oito horas diárias para os aprendizes que já tiverem completado o ensino fundamental, se nelas forem computadas as horas destinadas à aprendizagem teórica. O contrato de aprendizagem não poderá ser firmado por prazo superior a dois anos. O contrato de aprendizagem extinguir-se-á no seu termo, ou, quando o aprendiz completar 24 anos, ou, ainda, nas seguintes hipóteses: a) desempenho insuficiente ou inadaptação do aprendiz; b) falta disciplinar grave; c) ausência injustificada à escola que implique perda do ano letivo; d) pedido de demissão do aprendiz. Essas hipóteses de rescisão contratual previstas no art. 433, da CLT são taxativas, vale dizer, o aprendiz goza de estabilidade no curso de aprendizagem, sendo inaplicável ao contrato de aprendizagem o disposto nos arts. 479 e 480, da CLT. Justifica-se a existência da estabilidade por não ser desejável permitir a interrupção da aprendizagem no meio de seu curso, haja vista que a formação profissional do trabalhador se coaduna com as diretrizes básicas do modelo nacional de educação no qual é prioridade o direito à profissionalização e, ainda, o direito do adolescente à profissionalização é dever de todos, consoante art. 227, da Constituição Federal. A circunstância de o legislador ter incluído entre os motivos da rescisão antecipada do contrato de aprendizagem o pedido do aprendiz e tornar inaplicáveis a essa rescisão o disposto nos arts. 479 e 480, da CLT reforça o juízo de que a relação contida no art. 433, da CLT é taxativa. Outro fato que reforça nosso entendimento é a utilização da expressão "falta grave" no inciso III, do citado dispositivo legal, termo esse próprio do instituto da estabilidade. Ademais, estabilidade do aprendiz no curso de aprendizagem não é inovação da Lei n. 10.097, de 2000 e já era acolhida pela jurisprudência anterior à alteração legislativa no instituto em estudo. Os contratos de aprendizagem tiveram a alíquota do FGTS reduzida para dois por cento.

(244) **IV** – O inadimplemento das obrigações trabalhistas, por parte do empregador, implica a responsabilidade subsidiária do tomador dos serviços, quanto àquelas obrigações, inclusive quanto aos órgãos da administração direta, das autarquias, das fundações públicas, das empresas públicas e das sociedades de economia mista, desde que hajam participado da relação processual e constem também do título executivo judicial (art. 71 da Lei n. 8.666, de 21.6.1993). (Alterado pela Resolução n. 96, de 2000, DJ 18.9.2000).

A propósito da obrigatoriedade do vínculo empregatício na aprendizagem empresária, Tácio José Vidotti assim observa:

[...].

A CLT, com a nova redação dada pela Lei n. 10.097, de 2000, não deixa qualquer dúvida que o contrato de aprendizagem é uma forma de **contrato de emprego**.

> Parece-nos claro que o conteúdo do art. 428, da CLT, que determina ser o contrato de aprendizagem um contrato de emprego especial, é aplicável às espécies de aprendizagem reguladas pelo art. 429 (por meio dos serviços nacionais de aprendizagem) e pelo art. 430 (por meio de Escolas Técnicas de Educação e entidades sem fins lucrativos que tenham por objetivo a assistência ao adolescente e à educação profissional).

Por sua vez, o conteúdo do art. 431 (complementando o art. 430, que trata da substituição das entidades do sistema "S" por Escolas Técnicas de Educação e entidades sem fins lucrativos que tenham por objetivo a assistência ao adolescente e à educação profissional) exige, sempre, a **existência do vínculo empregatício na aprendizagem**, podendo ser o mesmo tanto com a empresa quanto com as entidades mencionadas no inciso II, do art. 430.

Aduz o art. 431, da CLT que a contratação do aprendiz poderá ser efetivada pela empresa onde se realizará a aprendizagem ou pelas entidades mencionadas no inciso II, do art. 430, do mesmo Diploma Legal.

Caso a contratação seja firmada por uma das entidades de que trata o inciso II, do art. 430, da CLT não haverá vínculo empregatício entre o aprendiz e a empresa tomadora dos serviços.

Esse dispositivo legal reforça o entendimento de que inexistirá aprendizagem empresária sem a respectiva formalização do contrato de emprego e, ainda, que não se formará vínculo de emprego diretamente com a empresa tomadora.

[...]. (Grifos nossos).

Neste sentido, é a lição de Ricardo Tadeu Marques da Fonseca[245], que, considerando as características da legislação que regulamenta a matéria, entende que se o trabalho educativo se desenvolver em empresas por intermédio das entidades, aproxima-se da aprendizagem empresarial, visto que o aspecto produtivo assume maior preponderância e, assim, enseja o direito à proteção trabalhista e previdenciária, tal como dispõem o inciso II, do § 3º, do art. 227, da Constituição Federal e o art. 65, do ECA, que conferem proteção aos aprendizes. Entretanto, se o trabalho educativo se prestar, apenas, no interior das entidades aproxima-se da aprendizagem escolar, sendo desnecessária a concessão de direitos laborais.

---

(245) FONSECA, Ricardo Tadeu Marques da. A reforma no instituto da aprendizagem no Brasil: Anotações sobre a Lei n. 10.097/2000. *Revista do Tribunal Regional do Trabalho da 15ª Região*, Campinas, n. 14, p. 142, jan./fev./mar. 2001.

É bem verdade que o dispositivo legal em testilha não prima pela clareza, havendo na doutrina divergências a respeito do alcance da norma do art. 431, da CLT[(246)]. Em sentido contrário ao nosso entendimento, cita-se manifestação do douto Sérgio Pinto Martins:

[...].

A redação do artigo dá margem a muitas dúvidas. Na verdade, não é a entidade sem fins lucrativos que vai contratar o aprendiz, mas irá prestar o serviço de aprendizagem.

A expressão "caso em que não gera vínculo de emprego" diz respeito apenas ao que vem antes da vírgula, ou seja: "pelas entidades mencionadas no inciso II, do art. 430", isto é, às entidades sem fins lucrativos. Não gerará, portanto, vínculo de emprego com a empresa tomadora na hipótese de os cursos de aprendizagem serem prestados por entidades sem fins lucrativos. Implicará, porém, a formação do contrato de trabalho com a empresa, quando a aprendizagem não for prestada por entidades sem fins lucrativos, pois o art. 428, da CLT mostra que o contrato de aprendizagem é um contrato de trabalho especial, de prazo determinado. Do contrário, o art. 428, da CLT não faria referência à existência de contrato de trabalho.

Discordamos do ilustre professor da Universidade de São Paulo por entender que a *mens legis* é efetivamente a inexistência de aprendizagem empresária sem o vínculo empregatício.

A literalidade do texto legal autoriza o entendimento aqui defendido. O dispositivo legal é claro ao prever duas formas de contratação do aprendiz: ou pela empresa onde se realizará a aprendizagem, ou pelas entidades mencionadas no inciso II, do art. 430, da CLT. A referência do art. 428 ao contrato de aprendizagem como um contrato de trabalho especial se acomoda perfeitamente na sistemática utilizada pelo legislador, que definiu as linhas gerais do instituto nesse artigo e as peculiaridades nos artigos 430 e 431, todos do mesmo Diploma Legal.

[...].

No mesmo sentido caminha o veto presidencial ao parágrafo único do art. 431, da CLT[(247)] com argumento de que a supressão do mesmo *"não acarretará*

---

(246) CORTEZ, Julpiano Chaves. O menor aprendiz e a nova regulamentação. *LTr. Suplemento Trabalhista*, São Paulo, ano 37, n. 042/01, p. 218, 2001. SAAD, Eduardo Gabriel. A aprendizagem e o menor. *LTr, Suplemento Trabalhista*, São Paulo, ano 37, n. 024/01, p. 132, 2001.

(247) BRASIL. Presidência da República. Casa Civil. Subchefia para Assuntos Jurídicos. Mensagem n. 1.899, de 19 de dezembro de 2000. (...) Razões do veto. "É manifesta a incoerência entre o disposto no *caput* do art. 431 — que admite a contratação por intermédio da entidade sem fins lucrativos, estabelecendo que, neste caso, não haverá vínculo de emprego com o tomador de serviço - e a regra prevista no parágrafo único, que transfere a responsabilidade para o tomador de serviço caso a entidade contratante não cumpra as obrigações

qualquer prejuízo aos trabalhadores, pois é pacífico o entendimento do Tribunal Superior do Trabalho no sentido de que o inadimplemento das obrigações trabalhistas, por parte do empregador, implica na responsabilidade subsidiária do tomador de serviços (Enunciado n. 331, do TST)".

Destaca-se, pois, que a CLT, ao cuidar da matéria com novos ordenamentos veiculados pela Lei n. 10.097, de 2000, trouxe como principal novidade a possibilidade de **outras entidades** que não os Serviços Nacionais de Aprendizagem possam ofertar cursos de aprendizagem, embora somente devam atuar quando o "Sistema S" não oferecer cursos ou quando as vagas nos cursos forem insuficientes. Quando se refere ao "Sistema S", está-se falando do SENAI — Serviço Nacional de Aprendizagem na Indústria, do SENAC — Serviço Nacional de Aprendizagem no Comércio, do SENAR — Serviço Nacional de Aprendizagem Rural, do SENAT — Serviço Nacional de Aprendizagem nos Transportes e do SENACOOP — Serviço Nacional de Aprendizagem do Cooperativismo.

Nesse mesmo caminho, é o que o Juiz titular da Vara do Trabalho de Ituverava (SP), Dr. Tarcio José Vidotti[248] anota:

[...].

Na aprendizagem empresária a validade do contrato depende da inscrição do aprendiz em programas de aprendizagem desenvolvidos sob a orientação de entidades qualificadas em formação técnico-profissional metódica, **dentre as quais** os Serviços Nacionais de Aprendizagem, as Escolas Técnicas de Educação e as entidades sem fins lucrativos que tenham por objetivo a assistência ao adolescente e à educação profissional, desde que devidamente registradas no Conselho Municipal dos Direitos da Criança e do Adolescente.

Os Serviços Nacionais de Aprendizagem, SENAI, SENAC, SENAR e SENAT, foram criados por meio da instituição de um fundo constituído por desconto compulsório da folha de pagamento e são administrados pelos empresários.

Caso os Serviços Nacionais de Aprendizagem não ofereçam cursos ou vagas suficientes para atender à demanda dos estabelecimentos, a mesma poderá ser **suprida por outras entidades** qualificadas em formação técnico-profissional metódica, **tais como** Escolas Técnicas de Educação e entidades sem fins lucrativos

---

trabalhistas. Ora, não faz sentido admitir a contratação por entidade interposta, sem vínculo de emprego com o tomador do serviço, e concomitantemente transferir para o tomador do serviço a responsabilidade decorrente da contratação. Por outro lado, a supressão do referido parágrafo único não acarretará qualquer prejuízo aos trabalhadores, pois é pacífico o entendimento do Tribunal Superior do Trabalho no sentido de que o inadimplemento das obrigações trabalhistas, por parte do empregador, implica na responsabilidade subsidiária do tomador de serviços (Enunciado n. 331, do TST)".

(248) Em seu artigo intitulado *Breves anotações a respeito das alterações promovidas pela Lei n. 10.097, de 2000 no contrato de aprendizagem*. Jus navigandi, disponível em: <http://jus2.uol.com.br/doutrina/texto.asp?id=2595>.

que tenham por objetivo a assistência ao adolescente e à educação profissional, desde que devidamente registradas no Conselho Municipal dos Direitos da Criança e do Adolescente.

[...]. (Grifos nossos)

Em outras palavras, a lei consolidada abre um amplo espaço para que **outras** instituições de ensino passem a atuar na atividade técnico-educacional da aprendizagem profissional **suprindo**[249] as carências e fortalecendo o programa. A esperança da lei é que não só o "Sistema S", mas também as outras entidades de formação técnico--profissional venham a dinamizar os programas de aprendizagem e formação técnico-profissional metódica e progressiva em prol do desenvolvimento nacional. Esse é o intuito legal.

É sabido que a expansão das oportunidades para jovens e adolescentes, via programa de aprendizagem, esbarra no sério problema da falta de entidades formadoras em número suficiente que ofereçam cursos de iniciação profissional com a qualidade desejada. Fato é que determinadas localidades do País não são assistidas pelos integrantes do chamado "Sistema S", e também não possuem as entidades previstas nos incisos I e II, do art. 430, da CLT.

Em situações tais, que normalmente abrangem municípios menores, longínquos e mais pobres[250], seria razoável interpretar-se que a norma legal acima citada tenha, de fato, pretendido deixá-los fora do alcance dos programas de aprendizagem? Certamente, a resposta negativa é a única apropriada; se assim não fosse, tal disposição imporia maior "penalização" àquelas localidades já desamparadas pela inexistência das entidades mencionadas na norma. Ao contrário — em homenagem "ao princípio da dignidade humana e diversas diretrizes associadas a este princípio basilar - o princípio da não discriminação, o princípio da justiça social e, por fim, o princípio da equidade [...]." que "[...]. preservam a noção de unidade da ordem jurídica, mantendo o Direito como um efetivo *sistema*, isto é, um conjunto de partes coordenadas [...]."[251] — a lei celetista propicia um espaço importante para que os jovens de famílias de baixa renda tenham a oportunidade de ingressar no mercado de trabalho adquirindo qualificação técnico-profissional e, consequentemente, de ascensão social com a possibilidade da conquista do pleno emprego.

A realidade brasileira, especialmente nos diversos rincões da federação, demonstra a carência de entidades aptas ao atendimento das demandas por aprendizagem, especialmente em se tratando de jovens e adolescentes. Negar-lhes, em decorrência

---

(249) **Suprir** significa completar, inteirar, preencher. Fazer as vezes de; substituir. Remediar, diminuir, minorar. Preencher a falta de; prevenir. Prover, abastecer. Trocar, substituir. Servir de auxílio, acudir, remediar. Dar o máximo do necessário para a subsistência, segundo FERREIRA, Aurélio Buarque, loc. cit. p. 1.351.

(250) Não se pode admitir que os jovens e adolescentes residentes em cidades do interior sejam privados de oportunidades de acesso ao mercado de trabalho, na busca do primeiro emprego, de forma justa, ou seja, com formação técnica de qualidade.

(251) DELGADO, Mauricio Godinho. Loc. cit., p. 73-74.

de uma **interpretação estritamente gramatical** da norma, o acesso à aprendizagem, impossibilitando-lhes maiores oportunidades de trabalho, de educação, seria **contrariar as políticas públicas que sinalizam exatamente em direção oposta.**

Ainda que se admitisse, no limite de um exercício interpretativo, que a finalidade da norma contida no art. 430, e incisos, da CLT seja de caráter restritivo — e não é — esta teria que ser analisada em confronto com princípios outros constantes em nosso ordenamento jurídico, diante dos quais tal interpretação certamente sucumbiria. Reafirma-se, a Lei Consolidada não pretende restringir o universo de pessoas aptas a se candidatar à aprendizagem, em função da ausência ou até mesmo da insuficiência dessas entidades em determinadas localidades.

3.1. Do interesse público

Com efeito, há que se considerar a existência de um **interesse público maior**, consistente na necessidade do estabelecimento de políticas públicas voltadas à aprendizagem e capacitação laboral, notadamente em uma das faixas etárias mais carentes de oportunidades de trabalho.

Em verdade, com a concepção do Estado de Direito, o interesse público humaniza-se, à medida que passa a preocupar-se não só com os bens materiais que a liberdade de iniciativa privada almeja, mas também com valores considerados essenciais à existência digna; quer-se liberdade com dignidade, o que exige atuação do Estado para diminuir as desigualdades sociais e levar a toda a coletividade o bem-estar social. O interesse público, considerado sob o aspecto jurídico, reveste-se de um viés ideológico e passa a se confundir com a ideia de bem comum[252].

Além do dito interesse público maior, preponderante, há que se considerar também que a profissionalização[253] do adolescente mereceu acolhida em sede constitucional, consubstanciado no que dispõe o art. 227, *verbis*:

> [...].
>
> *É dever da família, da sociedade e <u>do Estado assegurar à criança e ao adolescente, com absoluta prioridade, o direito</u> à vida, à saúde, à alimentação, à educação, ao lazer, <u>à profissionalização</u>, à cultura, à dignidade, ao respeito, à liberdade e à convivência familiar e comunitária, além de colocá-los a salvo de toda forma de negligência, discriminação, exploração, violência, crueldade e opressão.*
>
> [...]. (Grifos nossos)

---

(252) DI PIETRO, Maria Sylvia Zanella. Loc. cit., p. 24.

(253) Podemos afirmar que a partir da promulgação da Constituição da República de 1988, com a adoção da doutrina internacional da proteção integral das crianças e dos adolescentes, adotou-se no Brasil um modelo nacional de educação no qual "o direito à profissionalização passou a ser prioritário e, para sua materialização, foi ele inserido no âmbito da política educacional, bem como foram ampliadas as hipóteses legais de aprendizagem". Para verificarmos tal opção, basta uma simples leitura dos artigos 203, 204, 205, 214, e 227, da Constituição da República de 1988, do Capítulo V, do Estatuto da Criança e do Adolescente (Lei n. 8.069, de 1990), do Capítulo III — da Educação Profissional, da Lei de Diretrizes e Bases da Educação (Lei n. 9.394, de 1996).

3.2. Do princípio da máxima efetividade das normas constitucionais. Princípio da eficiência ou da interpretação efetiva. Do princípio da justeza ou da conformidade funcional. Do legalismo exacerbado

Vê-se, então, que é **verdadeira obrigação** imposta pelo Estado ao próprio Estado, à família e à sociedade, a promoção de políticas públicas voltadas à profissionalização do jovem para a inserção no mercado de trabalho. Devem, portanto, o Estado, a família e a sociedade buscar promover a qualidade técnico-profissional dos programas e cursos de aprendizagem, em particular a qualidade pedagógica e a efetividade social, esta, inclusive, contemplada pelo **Princípio da Máxima Efetividade**.

Aliás, o **Princípio da Máxima Efetividade das Normas Constitucionais**, também chamado de **Princípio da Eficiência ou da Interpretação Efetiva**, deve ser entendido no sentido de emprestar à norma constitucional a mais ampla efetividade social, consoante magistra Pedro Lenza. [254]

Neste ponto, assegura Canotilho[255] que o Princípio da Máxima Efetividade é um princípio operativo em relação a todas e quaisquer normas constitucionais, e embora a sua origem esteja ligada à tese da atualidade das normas programáticas (THOMA), é hoje, sobretudo, invocado no âmbito dos direitos fundamentais (no caso de dúvidas deve se preferir a interpretação que reconheça maior eficácia aos direitos fundamentais).

Dessarte, consoante o **Princípio da Justeza ou da Conformidade Funcional**, o intérprete final *"[...] não pode chegar a um resultado que subverta ou perturbe o esquema organizatório-funcional constitucionalmente estabelecido (EHMKE)"*.[256]

A Carta Magna inclui em todas as fases da vida a proteção à criança e ao adolescente, à sua qualificação, desenvolvimento, capacitação e, como resultado, a profissionalização. A CLT, nesse aspecto, e, notadamente, em função de ser uma norma eminentemente social, só veio dar concreção a princípios constitucionais, como o da dignidade da pessoa humana, o do tratamento isonômico, o da igualdade e o da responsabilidade social entre outros, nos quais o importante é o interesse da coletividade. Assim, o interesse público se sobrepõe.

A renúncia ou o impedimento ao direito dos jovens à aprendizagem profissional, nessas circunstâncias, desdenha dos princípios mais caros da democracia. Deve-se, então, como garantia constitucional, defender esse direito veementemente, mesmo que se queira interpretar literalmente a lei de modo diferente, mesmo que se vislumbre o chamado "vazio" ou "limbo jurídico" que, como já dito, inexiste (não é o caso

---

(254) LENZA, Pedro. *Direito Constitucional Esquematizado*. 14. ed. rev., atual. e ampl. São Paulo: Saraiva, 2010. p. 136.
(255) CANOTILHO, J. J. Gomes. *Direito Constitucional e Teoria da Constituição*. 6. ed. rev., Coimbra: Almedina, 1993. p. 227.
(256) CANOTILHO, J. J. Gomes. Loc. cit., p. 228.

em comento), visto que há uma lei, a CLT, e o seu regulamento, o Decreto n. 5.598, de 2005, que, respectivamente, no art. 430, e nos arts. 8º, 13 e 15, entre outros, elencam exemplos de instituições e entidades capacitadas em formação técnico-profissional metódica, que podem proceder à qualificação, que é o bem maior pretendido pela *mens legis*.

Entender de modo diverso representaria desrespeito à Constituição, por apego ao **legalismo exacerbado**, não buscado pela lei *lato sensu*, seja a Lei Maior, seja a infraconstitucional ou o regulamento, seria impedir ou dificultar a política social direcionada ao desenvolvimento intelectual e à profissionalização dos jovens, voltados para resgatá-los de condições, muitas vezes, de verdadeira exclusão social, de um mundo de miséria, de violências, drogas e desempregos.

Decerto, então, que a obrigação funcional de qualquer intérprete, notadamente, o público, é atender a segmentos do povo, é atender ao que o povo positivou na Constituição. Não se deve é interpretar ao arrepio do Texto Maior que não atenda às pretensões legítimas de segmentos da população tampouco defender, sem a devida ponderação, o Princípio da Legalidade (estrita, pura e simples). Pelo contrário, visa-se, sim, a garantir o cumprimento da Constituição à qual qualquer lei deve ser submissa, subserviente e concretizadora. Isso não quer dizer que se quer advogar qualquer tese defendendo ato de ilegalidade ou de improbidade, mas sim garantir o cumprimento do Estado de Direito e, por conseguinte, a aplicação (prática) da Constituição.

Apesar de reiteradamente debatido ou, quando menos tangenciado em variados estudos, inclusive em obras de fôlego — como as já clássicas *"Aplicabilidade das Normas Constitucionais"*, de José Afonso da Silva e o *"Direto Constitucional e a Efetividade de suas Normas"*, de Luiz Roberto Barroso — persiste, em parte importante da doutrina, intranquilo o problema da efetividade das regras da Lei Maior. Considera-se efetividade, como qualidade de efetivo, atividade real, resultado verdadeiro dos comandos constitucionais, para além da questão de sua pura e simples eficácia ("qualidade ou propriedade de eficaz, eficiência", isto é, "ação, força, virtude de produzir efeito").[257] Por isso, avultam questões de confrontos sucessivos entre leis e atos administrativos. No cumprimento da espinhosa tarefa de distinguirem-se novos e específicos textos, como harmonizá-los com o conjunto do sistema constitucional, tendente a se converter em um arranjo harmônico jurídico. Uma das árduas questões que se põem, nesse quadro, é perquirir acerca da legalidade do ato que se possa pretender editar em face da lei — a CLT — e do Decreto n. 5.598, de 2005, à luz da Constituição. E, ainda, se o ato administrativo pode ser concretizado por intermédio de uma Portaria, que é o nosso pensar.

Noutras palavras, entronca em cogitações sobre a própria atuação da normatividade constitucional na vida da sociedade, ultrapassando a problemática estritamente

---

(257) FERREIRA, Aurélio Buarque. *Novo Dicionário da Língua Portuguesa*. São Paulo: Nova Fronteira, 2000. p. 503.

técnica de sua presença e função no mundo jurídico. Transcende à discussão das relações hierárquicas entre normas, para estender o debate ao impacto dessas relações no mundo dos fatos.

Parece hoje assentado, na doutrina, o cunho normativo, até mesmo, das manifestações preambulares dos textos constitucionais[258] e das normas ditas "programáticas" — que "não sendo operantes relativamente aos interesses que lhes constituem objeto específico e essencial, [...] produzem importantes efeitos jurídicos[259], até por serem geradoras, no mínimo, de "um direito subjetivo 'negativo' de exigir do Poder Público que se abstenha de praticar atos que contravenham os seus ditames[260] [...]. Traduz com ênfase o esforço do legislador constituinte, no sentido de combater a inoperância dos comandos do Estatuto Político Federal".

Patenteia-se, assim, estar no espírito da Constituição a realização efetiva, na sociedade, de um programa de formação técnico-profissional ao jovem aprendiz, que assente sobre certos princípios dela inspiradores e/ou nela própria eleitos e que a atividade hermenêutica promoverá heuristicamente. Essa atividade será, por isso mesmo, necessariamente criativa, em face da variação das condições sociais, a que estarão atentos o intérprete, o operador do direito e o julgador, privado da confortável postura da expectativa da atuação do legislador.

Se a esse espírito não se aliarem o teórico, o operador ou o intérprete, infrutíferas resultarão, invariavelmente, as modificações dos textos normativos, no propósito de conduzi-los à participação na elaboração do sistema jurídico e não só no seu entendimento e afirmação concretizada. Todavia, ressalvando, não se cuida de criação de direito ou imposição de obrigação na elaboração de um normativo, por exemplo, não se trata de formulação de normas jurídicas novas, mas apenas um reconhecimento de direito constitucional. Portanto, não é razoável que o operador do direito ou o intérprete aguarde, inerte, a formulação de regra para o caso concreto, se ele estiver convicto de que lhe cabe na hipótese regrar, obviamente, em harmonia com o princípio da separação de poderes, isto é, depois que o legislador já se pronunciou e onde este deixar lacuna, cabe-lhe supri-la, sem usurpar a função legislativa, autorizada pelo legislador, na busca do projeto político-social e econômico versado na Carta, transitando entre o político e o jurídico, para desvendar os valores que informam a norma posta a interpretar.

Tais incertezas simplesmente desaparecem, no momento em que esses valores e fins, sendo, também, normativos, passam a integrar o campo de investigação do jurista, do operador do direito ou do intérprete, ainda quando se reputem supralegais, ou numa suposta carência pontual de dispositivo legal ou regulamentar, com o fito

---

(258) REALE. *O Estado Democrático de Direito e Conflito das Ideologias*, p. 1-4.
(259) SILVA. *Aplicabilidade das Normas Constitucionais*, p. 151.
(260) BARROSO, Luís Roberto. *O Direito Constitucional e a Efetividade de suas Normas*. 4. ed., amp. e atual. Rio de Janeiro: Renovar, 2000. p. 117.

de integração e articulação para o atingimento da política pública, porque temos de rememorar de novo que a justiça está antes do direito positivo e que são unicamente as suas categorias intocáveis pela vontade do homem que podem fazer das leis direito.

A necessidade desse reaprendizado resulta de contingência histórica, a que não estamos infensos, visto o nosso longo passado de períodos autoritários entremeados de vacilantes momentos de legitimidade constitucional. Acresce-se a isso que já ultrapassamos a premissa do culto da lei enquanto forma, pois peca pelo desacordo com a realidade perceptível. Por outro lado, gera terríveis perplexidades que impedem a efetividade da norma, matéria política pública que, de conhecimento jurídico e da prática do direito, na consecução de uma sociedade livre, justa e solidária. Eis que as normas existem para repercutir na realidade social e aí produzir o efeito modelador para que se editaram, considerado correto ou adequado, bom ou justo pelo sistema jurídico.

3.3. Princípio da prática ou harmonização

Ademais, ainda que se apegue ao Princípio da Legalidade estrita, com base no **Princípio da Concordância Prática ou Harmonização**, há que se fazer o cotejamento de tal Princípio com outros igualmente constitucionais, especialmente os previstos no art. 1º, inciso IV (**valores sociais do trabalho**); art. 3º (**objetivos fundamentais da República Federativa do Brasil**); art. 6º (**direito social do trabalho**) e art. 23, X (**combate à pobreza e promoção de integração social**).

Ora, já sobejamente anotado, Pedro Lenza[261] assevera, em outras palavras, que o Princípio da Concordância Prática ou Harmonização parte da ideia de unidade da Constituição, em que os bens jurídicos constitucionais deverão coexistir de forma harmônica na hipótese de eventual conflito ou concorrência entre eles, buscando, assim, evitar o sacrifício (total) de um princípio em relação a outro em choque. O fundamento da ideia de concordância decorre da inexistência de hierarquia entre os princípios.

Nas palavras de Canotilho[262]:

[...].

O campo de eleição do Princípio da Concordância Prática tem sido até agora o dos direitos fundamentais (colisão entre direitos fundamentais ou entre direitos fundamentais e bens jurídicos constitucionalmente protegidos). Subjacente a este princípio está a ideia do igual valor dos bens constitucionais (e não uma diferença de hierarquia) que impede, como solução, o sacrifício de uns em relação aos outros, e impõe o estabelecimento de limites e condicionamentos recíprocos de forma a conseguir uma harmonização ou concordância prática entre estes bens.

[...].

---

(261) LENZA, Pedro. Loc. cit., p.136.
(262) CANOTILHO, J. J. Gomes. Loc. cit., p. 228.

Em reforço ao dito anteriormente, a interpretação estritamente literal do art. 430, e incisos, da CLT, sem considerar o fim social buscado pela norma, pode levar à exclusão do público mais vulnerável que a lei buscou proteger, composto especialmente por jovens em situação de risco, subtraindo-lhes a oportunidade de trabalho e estudo, necessários à formação profissional e intelectual[263].

4. Conclusão

Assim sendo, é de se concluir, *salvo manifesto equívoco* próprio do ser humano, que não se vislumbra exaustividade no que dispõe o art. 430, I e II, da CLT, mesmo em face da expressa referência a "**outras entidades**" nele contidas, compreendendo-se que a menção às entidades referidas nos citados incisos deve ser interpretada como uma ordem de preferência — se existentes tais entidades na localidade — não obstando que, inexistente às entidades do "Sistema S" ou em existindo, não oferecerem cursos ou vagas suficientes para atender à demanda local, seja a carência suprida por "**outras entidades**".

Entende-se que fosse esta a intenção do legislador de restringir a possibilidade do estabelecimento de parceria apenas às entidades referidas nos incisos do citado artigo, as teria inserido no próprio *caput* do artigo, no lugar da expressão "outras entidades", o que não ocorreu.

Obviamente que as "outras entidades" deverão atender às exigências de qualificação e estrutura[264] previstas no dispositivo legal, além de estarem igualmente obrigadas a avaliar e fiscalizar a aprendizagem, o que significa um maior controle.

Há que se ressaltar, também, que, quando a lei exige que a entidade seja dotada de estrutura[265], não especificou o tamanho de tal estrutura nem poderia fazê-lo, pois essa análise apenas seria factível diante do caso concreto. O que, de certo, a lei exige é que a estrutura seja compatível ou *adequada ao desenvolvimento dos programas de aprendizagem, de forma a manter a qualidade do processo de ensino.*

Finalmente, assevera-se que o estabelecimento, ao optar por contratar "outras entidades", na forma de parceria ou cooperação, deve exaurir as hipóteses previstas no art. 430, da CLT, para justificar adequadamente o ato.

---

(263) É preciso que possamos ir além das modificações legislativas quando o assunto é a proteção do trabalho do adolescente e sua formação técnico-profissional. Mister se faz que o intérprete entenda, que o Estado realize e a sociedade absorva e cumpra a legislação que trata do tema, haja vista que hoje ela *"ainda não penetra na consciência nacional, nem mesmo na consciência jurídica"*, prefaciando VARGAS, Luiz Alberto de. Painel: Trabalho infantil — Realidade mundial e aspectos legais. In: FÓRUM SOCIAL MUNDIAL, 2001, Porto Alegre. *Jornal do Magistrado*, Rio de Janeiro, ano 11, n. 62, p. 5, jan./fev. 2001.

(264) É premissa para qualquer discussão de regulamentação de parcerias no desenvolvimento da aprendizagem que cada programa (com ou sem parceria) seja devidamente cadastrado e validado pelo Cadastro Nacional de Aprendizagem do MTE. Toda essa questão da estrutura pode ser muito bem controlada, pois o Cadastro fornece as diretrizes e dados para que a fiscalização visite os estabelecimentos que realizam a aprendizagem.

(265) Apesar de a palavra "estrutura" ter sido em geral empregada sem precisão conceitual, e sem que se encarasse o problema teórico que, para alguns, essa definição poderia implicar, ela contém uma verdade: estrutura conforme a necessidade da clientela.

Observados os argumentos esposados, é de se concluir que não se divisou óbice à possibilidade, por atingir a finalidade legal estampada na Consolidação das Leis do Trabalho em obediência aos preceitos e princípios constitucionais, bem como houve necessidade de edição de norma infralegal, via Portaria Ministerial n. 2.755, de 2010, abaixo transcrita, a fim de se permitir a realização de parcerias ou cooperação entre entidades sem fins lucrativos para o desenvolvimento e a execução dos programas de aprendizagem.

5. Referências Bibliográficas

ARAGÃO, Alexandre Santos de. O princípio da eficiência. *Revista Brasileira de Direito Público*, Belo Horizonte: Fórum, ano 2, n. 4, p. 77, jan./fev. 2004.

LAUBADÈRE, André de; VENEZIA, Jean-Claude; GAUDEMET, Yves. *Traité de Droit Administratif*. T. I, 12. ed. Paris: LGDJ, 1992.

BARROSO, Luís Roberto. *O Direito Constitucional e a Efetividade de suas Normas*. 4. ed. amp. e atual. Rio de Janeiro: Renovar, 2000.

_____. A segurança jurídica na era da velocidade e do pragmatismo. In: *Temas de Direito Constitucional*. 2. ed. Rio de Janeiro: Renovar, 2002.

CORTEZ, Julpiano Chaves. O menor aprendiz e a nova regulamentação. *LTr Suplemento Trabalhista*, São Paulo, ano 37, n. 042/01, 2001.

COSTALDELLO, Angela. *Invalidade dos atos administrativos: uma construção teórica frente ao princípio da estrita legalidade e da boa-fé*. Curitiba, 1998, 165 f. Tese (Doutorado em Direito) — Pós-Graduação em Direito da Universidade Federal do Paraná.

CANOTILHO, J. J. Gomes. *Direito Constitucional e Teoria da Constituição*. 6. ed. rev. Coimbra: Almedina, 1993.

DELGADO, Mauricio Godinho. *Curso de direito do trabalho*. 9. ed. São Paulo: LTr, 2010.

DI PIETRO, Maria Sylvia Zanella. *Parcerias na administração pública: concessão, permissão, franquia, terceirização e outras formas*. 3. ed. São Paulo: Atlas, 1999.

FERREIRA, Aurélio Buarque. *Novo Dicionário*. São Paulo: Nova Fronteira, 2001.

FONSECA, Ricardo Tadeu Marques da. A reforma no instituto da aprendizagem no Brasil: anotações sobre a Lei n. 10.097, de 2000. *Revista do Tribunal Regional do Trabalho da 15ª Região*, Campinas, n. 14, jan./fev./mar. 2001.

LENZA, Pedro. *Direito Constitucional Esquematizado*. 14. ed. rev., atual. e ampl. São Paulo: Saraiva, 2010.

MEDAUAR, Odete. *Direito Administrativo Moderno*. 12. ed. São Paulo: RT, 2008.

OLIVEIRA, Oris de. A aprendizagem empresária do adolescente. *Revista Synthesis. Direito do Trabalho Material e Processual*, Órgão Oficial do TRT da 2ª Região – São Paulo, [Porto Alegre], v. 33, n. 1, p. 15-19, 2001.

OTERO, Paulo. *Legalidade e Administração Pública*. Rio de Janeiro: Ideia Jurídica, 2003.

PERELMAN, Chaim. *Lógica jurídica*: nova retórica. Trad. Verginia K. Pupi. São Paulo: Martins Fontes, 1998.

PESSÔA, Eduardo. *Dicionário Jurídico*. 2. ed. rev. aum. e atual. Rio de Janeiro: Ideia Jurídica, 2003.

SAAD, Eduardo Gabriel. A aprendizagem e o menor. *LTr, Suplemento Trabalhista*, São Paulo, ano 37, n. 024/01, 2001.

VIDOTTI, Tarcio José. *Breves anotações a respeito das alterações promovidas pela Lei n. 10.097/2000 no contrato de aprendizagem*. Disponível em Jus Navigandi: <http://jus2.uol.com.br/doutrina/texto.asp?id=2595>.

5.1. Legislação

Decreto-lei n. 4.657, de 04 de setembro de 1942.

Decreto n. 5.063, de 3 de maio de 2004.

Lei n. 5.869, de 11 de janeiro de 1973.

Lei n. 8.666, de 21 de junho de 1993.

Lei n. 12.376, de 30 de dezembro de 2010.

Enunciado n. 331 do TST.

Portaria MTE n. 2.755, de 23 de novembro de 2010.

6. Anexo: Portaria MTE n. 2.755, de 23 de novembro de 2010

PORTARIA MTE N. 2.755, DE 23 DE NOVEMBRO DE 2010.

Dispõe sobre a realização de cooperação ou parcerias entre entidades sem fins lucrativos para o desenvolvimento e a execução dos programas de aprendizagem, nos termos do art. 430 da Consolidação das Leis do Trabalho — CLT, e dá outras providências.

O MINISTRO DE ESTADO DO TRABALHO E EMPREGO, no uso das atribuições que lhe confere o inciso II do parágrafo único do art. 87 da Constituição de 1988;

CONSIDERANDO que a inclusão e profissionalização do jovem no mundo do trabalho inspiram-se nos preceitos constitucionais que preconizam a dignidade da pessoa humana (art. 1º, III), os valores sociais do trabalho (art. 1º, IV), o direito social do trabalho (art. 6º), o combate à pobreza e a promoção de integração social (art. 23, X), a não discriminação (art. 3º, IV), a igualdade (art. 5º, *caput*), a liberdade de exercício profissional (art. 5º, XII e art. 7º, XXXI);

CONSIDERANDO que é dever da família, da sociedade e do Estado assegurar aos jovens, com absoluta prioridade, além de outros direitos, à profissionalização, bem como colocá-los a salvo de toda forma de negligência e discriminação (art. 227, da Constituição);

CONSIDERANDO a competência estabelecida no art. 430, § 3º, da CLT, que determina ao Ministério do Trabalho e Emprego — MTE a fixação de normas para avaliação da competência das entidades sem fins lucrativos, que tenham por objeto a assistência ao adolescente e à educação profissional, registradas no Conselho Municipal dos Direitos da Criança e do Adolescente, previstas no art. 430, II, da CLT;

CONSIDERANDO a competência estabelecida no art. 913, da CLT que determina a expedição de instruções que se tornarem necessárias para a execução da Consolidação das Leis do Trabalho, assegurando ao MTE o estabelecimento de regras e procedimentos que visem à realização de política pública perante a realidade social a fim de dar efetividade ao Texto Constitucional, que permite, ainda, que o MTE edite regulamentos que visem explicar, esclarecer, explicitar e conferir o fiel cumprimento e execução das normas ditadas no Texto Celetista;

CONSIDERANDO a competência cometida ao MTE pelo Decreto n. 5.598, de 2005, para organizar cadastro nacional das entidades qualificadas em formação técnico-profissional metódica, bem como disciplinar a compatibilidade entre o conteúdo e a duração do programa de aprendizagem, com vistas a garantir a qualidade técnico-profissional;

CONSIDERANDO a possibilidade de o MTE articular-se com os movimentos sociais, a iniciativa privada e as organizações não governamentais, visando à consecução das políticas públicas afetas à Pasta;

CONSIDERANDO a necessidade de atendimento pelos estabelecimentos de qualquer natureza de empregar e matricular nos cursos dos Serviços Nacionais de Aprendizagem número de aprendizes equivalente a 5% (cinco por cento), no mínimo, e 15% (quinze por cento), no máximo, dos trabalhadores existentes em cada estabelecimento, cujas funções demandem formação profissional, nos termos do art. 429, da CLT;

CONSIDERANDO a hipótese de os Serviços Nacionais de Aprendizagem não oferecerem cursos ou vagas suficientes para atender à demanda dos estabelecimentos, assim como a hipótese de as Escolas Técnicas de Educação não poderem suprir os cursos ou vagas suficientes para atender à demanda dos estabelecimentos;

CONSIDERANDO a hipótese de apenas uma entidade sem fins lucrativos, que tenha por objetivo a assistência ao adolescente e à educação profissional, registrada no Conselho Municipal dos Direitos da Criança e do Adolescente, não poder suprir os cursos ou vagas suficientes para atender à demanda dos estabelecimentos (art. 430, II, da CLT);

CONSIDERANDO que há autorização legal para que outras entidades qualificadas em formação técnico-profissional metódica possam suprir eventual carência de vagas ou de cursos (art. 430, *caput*);

CONSIDERANDO que o Ministério Público do Trabalho — MPT vem celebrando Termo de Ajustamento de Conduta — TAC para o desenvolvimento de programa de aprendizagem pelo Serviço Nacional de Aprendizagem Industrial — SENAI, em parceria com outras entidades sem fins lucrativos, mencionadas no art. 8º, III, do Decreto n. 5.598, de 2005, conforme preceitua o art. 13 do citado diploma legal;

CONSIDERANDO que os TAC´s celebrados pelo MPT dispõem que a empresa compromissária poderá contratar jovens aprendizes por intermédio de entidades sem fins lucrativos, para assumir o desenvolvimento do programa de aprendizagem, no qual esta ostentará a qualidade de empregador, com todos os ônus decorrentes da relação de emprego, ficando a cargo do SENAI a responsabilidade pela formação específica, nos termos do art. 15, § 2º, I, do Decreto n. 5.598, de 1º de dezembro de 2005;

CONSIDERANDO que se confirmada a insuficiência de vagas ou inexistência de cursos, a empresa fica autorizada a matricular os aprendizes nas escolas técnicas de educação e nas entidades sem fins lucrativos, independentemente da anuência ou manifestação dos Serviços Nacionais de Aprendizagem, conforme prevê § 3º, do inciso II, do art. 9º da Instrução Normativa n. 75, de 8 de maio de 2009 que disciplina a fiscalização das condições de trabalho no âmbito dos programas de aprendizagem, expedida pela Secretaria de Inspeção do Trabalho — SIT;

CONSIDERANDO a necessidade de viabilizar a realização de parceria, prevista no *caput* do art. 430, da CLT, que dispõe que para atender à demanda dos estabelecimentos, esta poderá ser suprida por outras entidades qualificadas em formação técnico--profissional metódica; **resolve**:

Art. 1º Os estabelecimentos, para o cumprimento da cota de aprendizagem, poderão contratar entidades sem fins lucrativos para execução dos programas de aprendizagem, em atendimento ao art. 429 e na conformidade do art. 430, da CLT.

§ 1º As entidades de que trata o *caput* deste artigo poderão contar com a cooperação ou parcerias de outras entidades qualificadas em formação técnico-profissional metódica inscritas no Cadastro Nacional de Aprendizagem do Ministério do Trabalho e Emprego — MTE, exceto aquelas de que tratam os incisos I e II, do art. 8º, do Decreto n. 5.598, de 2005, e deverão possuir estrutura adequada ao desenvolvimento dos programas de aprendizagem, de forma a manter a qualidade do processo de ensino, acompanhar e avaliar os resultados, na forma do § 1º do art. 430, da CLT.

§ 2º A validade de cada parceria estabelecida ficará condicionada à aprovação do MTE, com base nas informações registradas no Cadastro Nacional de Aprendizagem.

Art. 2º A entidade parceira que assumir a condição de empregador, ficará responsável pelo ônus decorrente da contratação do aprendiz.

Parágrafo único. O inadimplemento das obrigações trabalhistas por parte da entidade a que se refere o *caput* deste artigo implicará responsabilidade subsidiária das entidades parceiras e do estabelecimento contratante.

Art. 3º Considera-se, para os efeitos desta Portaria, parceria ou cooperação a que objetiva a integração de competências ou de missão institucional com recursos próprios necessários e adequados ao desenvolvimento e execução de ações conjuntas e coordenadas que contribuam para ampliação e fomento da qualificação técnico-profissional e social do aprendiz para sua inserção e promoção no mercado de trabalho.

Art. 4º Não será validado programa de aprendizagem desenvolvido em parceria em que a responsabilidade de uma das entidades parceiras esteja limitada apenas ao registro e anotação na Carteira de Trabalho e Previdência Social do aprendiz.

Art. 5º A Secretaria de Inspeção do Trabalho — SIT, no que couber, baixará instrução normativa para orientar a fiscalização das condições de trabalho no âmbito dos programas de aprendizagem de que trata esta Portaria.

Art. 6º Esta Portaria entra em vigor na data de sua publicação.
CARLOS ROBERTO LUPI
Publicada no DOU de 24.11.2010 – seção 1 – p. 113.

Capítulo XIV

Inaplicabilidade da Lei de Arbitragem na Resolução de Litígios Trabalhistas Individuais

Alexandre Gomes Moura

Advogado da União lotado na Consultoria Jurídica junto ao Ministério do Trabalho e Emprego. Chefe da Divisão de Atos Normativos da Coordenação de Legislação Trabalhista.

Resumo: Não há como negar a crescente importância da arbitragem como mecanismo alternativo de resolução extrajudicial de conflitos. Esse instituto, todavia, tal qual previsto na Lei n. 9.307, de 23 de setembro de 1996, mostra-se incompatível com o Direito do Trabalho Individual, haja vista este ramo do direito ter sido construído sobre o axioma da proteção ao trabalhador. A arbitragem, com efeito, presta-se a dirimir litígios relativos a direitos patrimoniais disponíveis, sendo, neste aspecto, de todo temerário postular-se a compatibilização entre a Lei da arbitragem e os princípios da indisponibilidade do direito do trabalhador e a imperatividade das normas *justrabalhistas*. Cabe ao legislador avaliar a importância da utilização da arbitragem na solução de litígios trabalhistas individuais, procedendo, se assim entender, às devidas alterações normativas, de maneira a dotar o instituto com mecanismos adequados para salvaguardar os direitos sociais constitucionalmente deferidos aos trabalhadores.

Abstract: There is no way to deny the increasing importance of the arbitration as alternative mechanism of extrajudicial resolution of conflicts. This institute, however, such as seen in the Law n. 9.307, de 1996, is incompatible with the individual labor rights, to the extent this branch of the Law have been constructed on the axiom of the protection of the worker. The arbitration is useful to decide litigations involving patrimonial rights, being, in this aspect, dangerous to claim a compatibilization between the Law of the arbitration and the principles of the labor rights unavailability and imperativeness. It's the legislator obligation to evaluate the importance of the use of the arbitration in the solution of working individual litigations, proceeding, if necessary, to the normative alterations, in order to endow the institute with adjusted mechanisms to safeguard the constitutionally social rights granted to the workers.

Palavras-Chaves: Arbitragem. Direito do Trabalho. Proteção. Indisponibilidade. Seguro-desemprego. Tribunal Superior do Trabalho — TST. Jurisprudência.

Keywords: Labor rights. Arbitration. The principles of the labor rights unavailability. TST. Jurisprudence.

Sumário: 1. Introdução. 2. Aspectos gerais concernentes à arbitragem. 3. A arbitragem e os princípios do Direito do Trabalho. 4. Dos efeitos das decisões arbitrais no pagamento do seguro-desemprego. 5. Análise jurisprudencial. 6. Conclusão. 7. Referências Bibliográficas.

1. Introdução

Diante do notório quadro de sobrecarga e lentidão que assola os diversos ramos e instâncias do Judiciário brasileiro, a arbitragem tende a se consolidar como importante mecanismo alternativo de prevenção e resolução extrajudicial de conflitos.

Com base em dados levantados pela professora Selma Ferreira Lemes, Adriana Braghetta[266] aponta que os valores financeiros envolvidos nesta seara subiram vertiginosamente no decorrer dos últimos anos, passando de R$ 594.275.708,92 (quinhentos e noventa e quatro milhões, duzentos e setenta e cinco mil, setecentos e oito reais e noventa e dois centavos), no ano de 2007, para R$ 2.473.062.894,95 (dois bilhões, quatrocentos e setenta e três milhões, sessenta e dois mil, oitocentos e noventa e quatro reais e noventa e cinco centavos), em 2009.

As vultosas cifras envolvidas não exprimem, contudo, uma ampla aceitação deste método de resolução de conflitos pela coletividade. Em verdade, pode-se perceber que a arbitragem ainda é encarada com desconfiança por diversos setores da sociedade civil, notadamente por causa de uma arraigada cultura de judicialização dos conflitos e da insegurança jurídica decorrente de uma legislação que não engloba aspectos importantes do instituto.

A arbitragem, quando compreendida em um sentido mais restrito, qual seja, a arbitragem regida pela Lei n. 9.307, de 23 de setembro de 1996, possui claros limites quanto à sua abrangência, na medida em que se presta, somente, a dirimir litígios relativos a direitos patrimoniais disponíveis.

É neste contexto que o presente artigo pretende averiguar a aplicabilidade do instituto da arbitragem, tal qual previsto na Lei n. 9.307, de 1996, na prevenção e resolução de litígios trabalhistas individuais, tendo em vista que este ramo do direito rege-se por princípios próprios que se prestam a suprir uma condição de hipossuficiência associada, via de regra, à figura do trabalhador.

Analisar-se-á, outrossim, se a arbitragem é meio apto para a prestação da assistência às rescisões dos contratos de trabalho, nos moldes do art. 477, da Consolidação das Leis do Trabalho – CLT, e, ainda, se as sentenças e laudos arbitrais são instrumentos adequados para embasarem os requerimentos de seguro-desemprego.

Para uma correta compreensão do objeto deste artigo, divide-se o estudo em quatro pontos principais, sendo o primeiro destinado à análise de aspectos gerais do instituto da arbitragem; o segundo, à correlação entre a Lei de arbitragem e os princípios que norteiam o Direito do Trabalho Individual, mormente o princípio da indisponibilidade; o terceiro examinará a possibilidade de as decisões arbitrais servirem como instrumentos para subsidiar os requerimentos de seguro-desemprego; e, por

---

(266) BRAGHETTA, Adriana. *Arbitragem está consolidada nas empresas e na Justiça*. Disponível em: <http://www.conjur.com.br/2010-fev-05/arbitragem-brasil-consolidada-meio-empresarial-justica> Acesso em: 1º ago. 2010.

fim, no quarto ponto, far-se-á um apanhado da jurisprudência que aborda a matéria, com especial atenção, por certo, aos julgados mais recentes do egrégio Tribunal Superior do Trabalho.

Em conclusão, tenciona-se alcançar respostas que contribuam para a consolidação de um entendimento que minimize a situação de incerteza que envolve o tema em debate.

2. Aspectos gerais concernentes à arbitragem

Instituto que remonta à Antiguidade, a arbitragem sempre foi considerada pelas sociedades civilizadas, em maior ou menor medida, como instrumento legítimo para a solução de conflitos de interesses.

No Brasil, arbitragem já possuía assento em nossa primeira Constituição[267], a qual permitia às partes, nas causas cíveis e nas penais civilmente intentadas, nomear juízes árbitros, cujas sentenças seriam executadas sem recursos, caso assim fosse convencionado (art. 160, da Constituição Imperial de 1824). O próprio Código Civil de Bevicláqua, em sua redação original, autorizava que as pessoas capazes de contratar pudessem, em qualquer tempo, louvar-se, mediante compromisso escrito, em árbitros, para lhes resolver as pendências judiciais, ou extrajudiciais (art. 1.037, do Código Civil Brasileiro de 1916).

Porém, foi somente com a edição da Lei n. 9.307, de 1996 que a arbitragem ganhou um tratamento legislativo sistemático, capaz, portanto, de contribuir para a sua consolidação no mundo jurídico e, em consequência, servir para a consecução dos fins a que se propõe.

Pois bem, feita esta breve introdução, passa-se a discorrer sobre o objeto do estudo.

Classificada pela doutrina como procedimento extrajudicial heterônomo de resolução de conflitos, a arbitragem caracteriza-se por ser um mecanismo em que as partes interessadas, de comum acordo, designam terceiros (árbitros), com o desiderato de proferir decisão de caráter vinculante e cumprimento obrigatório.

Nos dizeres de José Augusto Rodrigues Pinto[268], cuida-se de:

[...].

um processo de solução de conflitos jurídicos pelo qual o terceiro, estranho aos interesses das partes, tenta conciliar e, sucessivamente, decide a controvérsia.

[...].

---

(267) "[...]. Art. 160. Nas cíveis, e nas penais civilmente intentadas, poderão as Partes nomear Juízes Árbitros. Suas Sentenças serão executadas sem recurso, se assim o convencionarem as mesmas Partes. [...]."
(268) PINTO, José Augusto Rodrigues. *Direito Sindical e Coletivo do Trabalho*. São Paulo: LTr. p. 269.

Não se trata, registre-se, de mera privatização de função típica do Estado (jurisdição), mas tão somente de guarida legal ao princípio da autonomia da vontade, princípio este que serviu e, em certa medida, ainda serve de pilastra para toda a concepção clássica do direito privado. Note-se, no entanto, que a autonomia da vontade tem como pressuposto a noção de uma vontade livre (liberdade subjetiva) em que os interessados, pelo menos em ideia, guardam relativa posição de igualdade e independência. Não foi por outra razão que o legislador ordinário, ao editar a Lei n. 9.307, de 1996, fez constar, expressamente, que o instituto presta-se, apenas, a dirimir litígios relativos a direitos patrimoniais disponíveis entre pessoas capazes de contratar (art. 1º).

Não há, por certo, dúvida acerca da possibilidade da utilização da arbitragem na esfera do Direito Coletivo do Trabalho, por força de expressa previsão constitucional (art. 114, §1º, da CF, de 1988). Contudo, no âmbito do Direito Individual do Trabalho, pode-se perceber que a sua aplicação é deveras controvertida, tendo em conta a presença dos princípios da indisponibilidade e imperatividade das normas trabalhistas, inerentes a este ramo do Direito.

3. A arbitragem e os princípios do direito do trabalho

Princípio, segundo clássica lição de Celso Antônio Bandeira de Mello[269]:

[...].

é o mandamento nuclear de um sistema, verdadeiro alicerce dele, disposição fundamental que se irradia sobre diferentes normas compondo-lhes o espírito e servindo de critérios para a sua exata compreensão e inteligência.

[...].

Arnaldo Süssekind[270], por sua vez, assevera que:

[...].

princípios são enunciados genéricos, explicitados ou deduzidos do ordenamento jurídico pertinente, destinados a iluminar tanto o legislador, ao elaborar as leis dos respectivos sistemas, como o intérprete, ao aplicar as normas ou sanar as omissões.

[...].

Todavia, para os fins do presente estudo, mais importante do que fixar a definição de princípios é reafirmar o caráter normativo destes, afastando, de uma vez por todas, a ideia de que os princípios são disposições meramente programáticas, rarefeitos em concretude.

---

(269) MELLO, Celso Antônio Bandeira de. *Curso de Direito Administrativo*. São Paulo: Malheiros, 2000. p. 745-746.
(270) SÜSSEKIND, Arnaldo. *Instituições de Direito do Trabalho*. 21. ed. São Paulo: LTr, 2003. p. 141-142.

No âmbito do Direito do Trabalho Individual, o estudo dos princípios que o norteiam assume posição de relevo, haja vista ter sido este ramo do direito construído sobre o axioma da proteção ao obreiro, de modo a igualar no plano jurídico a supremacia do poder do capital sobre o trabalho. É certo que é da noção da necessidade de atuação estatal em proteção ao trabalhador que defluem outras importantes balizas do Direito Individual do Trabalho, tais como a indisponibilidade do direito do empregado e a imperatividade das normas trabalhistas.

Este estudo, no entanto, não tem como objetivo esmiuçar os diversos princípios do Direito do Trabalho Individual, mas, apenas, aqueles que guardam pertinência com o instituto da arbitragem, razão pela qual se dará maior atenção ao princípio da indisponibilidade do direito do empregado.

Como dito em linhas anteriores, o sistema *justrabalhista* impõe uma série de restrições ao reconhecimento da validade e eficácia dos atos jurídicos tendentes à disposição dos direitos dos trabalhadores. Parte-se da premissa de que o trabalhador sustenta uma situação de inferioridade econômica em relação ao empregador, sendo esta situação fática, comumente, refletida nas relações de emprego, por meio da prática de atos de submissão do trabalho ao capital.

Tal assertiva materializa-se juridicamente mediante o princípio da indisponibilidade do direito do obreiro, norma que visa, em última análise, limitar a autonomia da vontade contratual, com vistas a resguardar o trabalhador contra abusos praticados em nome do Poder Empregatício.

Sobre o tema, assevera Mauricio Godinho Delgado[271]:

[...].

A indisponibilidade inata aos direitos trabalhistas constitui-se talvez no veículo principal utilizado pelo Direito do Trabalho para tentar igualizar, no plano jurídico, a assincronia clássica existente entre os sujeitos da relação socioeconômica de emprego. O aparente contigenciamento da liberdade obreira que resultaria da observância desse princípio desponta, na verdade, como instrumento hábil a assegurar a efetiva liberdade no contexto da relação empregatícia.

[...].

Em momentos de crise econômica recrudescem os movimentos em torno da precarização e desregulamentação do Direito do Trabalho — comumente emprega-se o termo flexibilização como eufemismo para exprimir tal ordem de ideias. Argumenta-se que o excesso da intervenção legislativa estatal representa entrave para a superação dos períodos de instabilidade da economia capitalista, vez que ninguém melhor que o próprio mercado, com suas leis próprias, para fazer girar o motor da economia e reativar postos de trabalho.

---

(271) DELGADO, Mauricio Godinho. *Curso de Direito do Trabalho*. 3. ed. São Paulo: LTr, 2004. p. 201-202.

Tal raciocínio, com todas as vênias, não convence. Sem o desiderato de aprofundamento do tema, pensa-se que a flexibilização das normas de proteção ao trabalho, mormente em períodos de crise econômica, deve ser a todo custo evitada. Em verdade, o sistema capitalista possui como característica marcante ser eivado, ciclicamente, por crises. Com efeito, é no momento de instabilidade que mais se faz necessário valer-se da segurança jurídica imposta pela ordem *justrabalhista*, de modo a impedir que recaiam, com maior força, nos ombros dos trabalhadores os ônus das intempéries do sistema.

Pede-se perdão pela digressão.

A compatibilidade entre o princípio da indisponibilidade e os comandos da Lei n. 9.307, de 1996 é alvo de intenso debate no mundo jurídico, tendo em conta que este diploma legal destina-se, por expressa disposição, a dirimir litígios relativos a direitos patrimoniais disponíveis (art. 1º).

Fixando o alcance e a abrangência do termo "direito patrimonial disponível", Fernando Galvão Moura e Nelma de Souza Melo[272] lecionam que tal direito:

[...].

é aquele que assegura o gozo ou a fruição, ao arbítrio de seu titular, de uma riqueza ou qualquer bem, apreciável monetariamente. Não abrange os direitos personalíssimos, os políticos e os de natureza pública em geral, insuscetíveis de renúncia ou transação. Em suma, são direitos que podem ser avaliados, transmitidos e até ser objeto de renúncia.

[...].

Em uma análise perfunctória da Lei n. 9.307, de 1996, percebe-se haver uma clara incompatibilidade entre o diploma legal que rege a arbitragem e o princípio da indisponibilidade dos direitos trabalhistas, tendo em conta não serem estes passíveis de mera disposição por ato de vontade do obreiro.

Esse entendimento, todavia, não é pacífico na doutrina e na jurisprudência especializada, havendo importantes vozes a sustentar, em maior ou menor medida, a compatibilidade entre os institutos. Sustentam os que assim pensam que o princípio da indisponibilidade pode ser relativizado diante de circunstâncias pontuais, tais como o término da relação de emprego.

Confira-se:

[...].

Diferentemente dessas situações contemporâneas à contratação do empregado e à vigência da pactuação, cabe destacar que, após a dissolução do contrato de trabalho, acha-se minimizada a sua vulnerabilidade oriunda da sua hipossuficiência econômico-financeira, na medida em que se esgarçam significativamente os laços de dependência e subordinação

---

(272) MOURA, Fernando Galvão; MELO, Nelma de Souza. *Arbitragem no Direito do Trabalho*. Disponível em: <http://jus2.uol.com.br/doutrina/texto.asp?id=2204&p=1> Acesso em: 10 ago. 2010.

do trabalhador face àquele que o pretenda admitir ou que já o tenha admitido, cujos direitos trabalhistas, por conta da sua patrimonialidade, passam a ostentar relativa disponibilidade. (TST – RR – 259/2008-075-03-00. Rel. Min. Barros Levenhagen. DEJT em: 11.12.2009).

[...].

Com a devida escusa, tem-se que este posicionamento não reflete com fidelidade a realidade vivenciada pelo trabalhador brasileiro, tampouco condiz com os fundamentos da ordem jurídica trabalhista.

Defende-se que a influência do poder econômico repercute para além do término da relação empregatícia, constituindo-se em verdadeira e persistente amarra à livre manifestação volitiva do trabalhador. Não é difícil imaginar, com efeito, uma situação em que o empregador possa compelir o empregado a remeter determinado conflito trabalhista ao juízo arbitral, sob ameaça de sua inclusão em lista suja ou outros mecanismos de igual torpeza.

Não se diga, ainda, que essa situação, por ser ilícita, deve ser tratada de maneira pontual pelo Judiciário, por meio do reconhecimento judicial da nulidade da cláusula arbitral. É que a exigência da interposição de ação judicial pelo trabalhador em busca do reconhecimento da nulidade de laudo ou sentença arbitral eivada de vício de vontade constitui verdadeira afronta à própria vocação protetiva da ordem *juslaboral* e em vindicação de todo apartada da realidade socioeconômica de nosso País.

O princípio da indisponibilidade, o qual se reconhece não ser absoluto, tem como desiderato, repita-se, igualar no plano jurídico a situação de desigualdade econômica verificada entre trabalhadores e empregadores, sendo atentatório a este princípio basilar desconhecer que a aplicação da Lei de arbitragem às lides trabalhistas servirá, em larga escala, como verdadeiro veículo de precarização das relações trabalhistas.

Pela incompatibilidade entre a arbitragem individual e o Direito do Trabalho, confira-se a doutrina de Carlos Henrique Bezerra Leite[273]:

[...].

A arbitragem, embora prevista expressamente no art. 114, §§ 1º e 2º, da CF, é raramente utilizada para a solução dos conflitos coletivos trabalhistas, sendo certo que o art. 1º, da Lei n. 9.307, de 1996 vaticina que a arbitragem só pode resolver conflitos em que estejam envolvidos direitos patrimoniais disponíveis, o que, em linha de princípio, inviabiliza sua aplicação como método de solução dos conflitos individuais trabalhistas.

[...].

---

(273) LEITE, Carlos Henrique Bezerra. *Curso de Direito Processual do Trabalho*. 5. ed. São Paulo: LTr. p. 110.

No mesmo sentido, Francisco Ferreira Jorge Neto e Jouberto de Quadros Pessoa Cavalcante[274]:

[...].

Parece não restar dúvida de que se está — quando se analisa o Direito do Trabalho — diante de um direito que não comporta, em princípio, a faculdade da disponibilidade de direitos por ato voluntário e isolado do empregado. Assim, o direito do trabalho não se coaduna com a Lei n. 9.307, de 1996, não admitindo a arbitragem como mecanismo de solução dos conflitos individuais de trabalho.

[...].

Em reforço à tese da incompatibilidade entre a arbitragem e o Direito Individual do Trabalho, tem-se que o legislador conferiu à ordem *justrabalhista* mecanismo peculiar para a conciliação dos conflitos individuais de trabalho. Conflitos estes que são tentadas as suas soluções pelas chamadas Comissões de Conciliação Prévia, compostas paritariamente com representantes de empregados e empregadores (art. 625-A, *caput*, da CLT).

Tais comissões, em que pesem não serem órgãos arbitrais, uma vez que não lhes é autorizado decidir controvérsias trabalhistas, guardam intrínseca relação com a arbitragem, haja vista ser da essência dos dois institutos a tentativa extrajudicial da solução do conflito mediante o mecanismo da mediação.

Note-se que as Comissões de Conciliação Prévia (CCP) são compostas necessariamente por representantes dos empregados e dos empregadores, em igual número, sendo vedada, no caso das comissões instituídas no âmbito das empresas, a dispensa dos empregados membros das Comissões, até 1 (um) ano após o fim do mandato, salvo se cometerem falta grave (art. 625-B, § 1º, da CLT).

Com efeito, a exigência da composição paritária das Comissões de Conciliação Prévia, bem como a previsão da estabilidade provisória de seus integrantes, denota a preocupação do legislador em assegurar a livre fruição dos direitos trabalhistas pelos empregados, não sendo razoável entender que exigência desta natureza, no que concerne a instituto potencialmente mais lesivo ao trabalhador, qual seja, a arbitragem, seja simplesmente olvidada.

Por fim, há que se registrar a competência deferida pelo art. 83, inciso XI, da Lei Complementar n. 75, de 20 de maio de 1993, ao Ministério Público do Trabalho (MPT) para atuar como árbitro, se assim for solicitado pelas partes, nos dissídios de competência da Justiça do Trabalho.

No caso, tem-se que as próprias garantias e prerrogativas funcionais conferidas aos órgãos do MPT constituem-se nos mecanismos de salvaguarda dos direitos

---

(274) JORGE NETO, Francisco Ferreira; CAVALCANTE, Jouberto de Quadros Pessoa. *Direito Processual do Trabalho*. Tomo I, 3. ed. São Paulo: Lumen Juris. p. 158.

dos trabalhadores, não merecendo, assim, a arbitragem realizada por membro do Ministério Público, as críticas feitas à arbitragem regida pela Lei n. 9.307, de 1996.

4. Dos efeitos das decisões arbitrais no pagamento do seguro-desemprego

Em estudo a diversas decisões arbitrais que trataram de questões relativas ao Direito Individual do Trabalho, pode-se perceber que as sentenças e laudos arbitrais enfrentam, com frequência, temas que transbordam o âmbito estritamente individual, refletindo, assim, na esfera jurídica de terceiros (Administração Pública) e em normas de ordem pública.

Citam-se, como exemplo, as repercussões das decisões arbitrais que se prestam a homologar a rescisão do contrato de emprego e a determinar o pagamento do seguro-desemprego.

Dispõe o art. 477, § 1º, da CLT:

> [...].
>
> *o pedido de demissão ou recibo de quitação de rescisão, do contrato de trabalho, firmado por empregado com mais de 1 (um) ano de serviço, só será válido quando feito com a assistência do respectivo Sindicato ou perante a autoridade do Ministério do Trabalho e Previdência Social.*
>
> [...].

De modo geral, a retrocitada norma presta-se, nos dizeres de Eduardo Saad, José Eduardo Saad e Ana Maria Saad[275], a resguardar o ato rescisório do contrato de trabalho contra eventuais abusos por parte dos empregadores.

Na mesma assentada, acrescentam os ilustres doutrinadores que a aludida previsão normativa é expressão da ingerência estatal nas relações de trabalho para pôr em equilíbrio o economicamente mais fraco (o empregado) com o economicamente mais forte (o empregador).

Com efeito, a homologação da rescisão do contrato por órgão do Estado, ou ainda pela respectiva entidade sindical apresenta-se como verdadeiro mecanismo garantidor dos interesses dos trabalhadores. Ademais, deve-se registrar que a assistência prestada não abarca uma lide. Apenas serve para conferir validade à quitação das parcelas já especificadas na legislação de regência.

Na mesma toada, acrescenta-se que o referido comando insere-se no campo das normas de ordem pública, e, portanto, não pode ser afastado por convenção da parte interessada, visto que nulo o ato que tiver por escopo obstar a aplicação do direito cogente (arts. 9º e 444, da CLT).

Ressalte-se, outrossim, que a Resolução n. 467, de 21 de dezembro de 2005, do Conselho Curador do Fundo de Amparo ao Trabalhador — CODEFAT, que estabelece

---

(275) SAAD, José *et alli*. *CLT Comentada*. 35. ed. São Paulo: LTr, 2005. p. 413.

procedimentos relativos à concessão do Seguro-Desemprego, somente prevê a concessão do Seguro ao trabalhador quando este apresentar o Termo de Rescisão do Contrato de Trabalho — TRCT devidamente homologado pelas entidades competentes, nos termos do art. 477, da CLT.

Não há, portanto, norma que autorize que a homologação da rescisão do contrato de trabalho dê-se mediante arbitragem e, consequentemente, que a Administração proceda à concessão do benefício com base, exclusivamente, em sentença ou laudo arbitral.

Permitir-se o pagamento de benefício previdenciário por meio de decisão arbitral representaria uma porta aberta para fraudes e malversação do erário público, haja vista a falta de quaisquer mecanismos de controle por parte do Estado e dos próprios órgãos de representação das categorias profissionais e econômicas.

Ademais, frise-se que a equiparação entre os efeitos das sentenças arbitrais e as proferidas pelo Poder Judiciário (art. 31, da Lei n. 9.307, de 1996) há de ser vista com a devida cautela, uma vez que tal equiparação, por certo, somente compreende as matérias sujeitas à competência do juízo arbitral – direitos patrimoniais disponíveis.

5. Análise jurisprudencial

Para que o estudo de determinado tema jurídico seja dotado de algum grau de cientificidade, faz-se necessário proceder a uma análise da jurisprudência que o aborda, levando em consideração, dentre outros aspectos, a evolução dos julgados e a tendência de consolidação da matéria. A delimitação do presente tema importa em uma análise mais detalhada da jurisprudência do egrégio Tribunal Superior do Trabalho (TST), tendo em vista ser este o colegiado ao qual compete a unificação de interpretação da legislação federal relativa ao Direito do Trabalho e Processual do Trabalho.

Pois bem, a jurisprudência do TST, refletindo as diversas tendências doutrinárias que abordam o assunto, não se mostra pacífica quanto à aplicabilidade da arbitragem, nos moldes previstos na Lei n. 9.307, de 1996, nas lides que versam sobre a aplicação das normas *justrabalhistas* individuais.

Pode-se, todavia, consolidar os julgados colacionados em dois blocos, sendo o primeiro o daqueles que entendem que a restrição à utilização da arbitragem em litígios relativos a direitos patrimoniais disponíveis não representa óbice absoluto à sua aplicação nos dissídios individuais decorrentes da relação de emprego e o segundo o dos que sustentam a ampla incompatibilidade do instituto com o Direito do Trabalho Individual.

Resume-se a primeira corrente jurisprudencial com as seguintes palavras do MM Min. Barros Levenhagen, proferidas no RR/TST – 259/2008-075-03-00, DEJT em 11.12.2009, *verbis*:

[...].

Pois bem, o art. 1º, da Lei n. 9.307, de 1996, ao estabelecer ser a arbitragem meio adequado para dirimir litígios relativos a direitos patrimoniais disponíveis, não se constitui em óbice absoluto à sua aplicação nos dissídios individuais decorrentes da relação de emprego. Isso porque o princípio da irrenunciabilidade dos direitos trabalhistas deve ser examinado a partir de momentos temporais distintos, relacionados, respectivamente, com o ato da admissão do empregado, com a vigência da pactuação e a sua posterior dissolução.

[...]."

Diferentemente dessas situações contemporâneas à contratação do empregado e à vigência da pactuação, cabe destacar que, após a dissolução do contrato de trabalho, acha-se minimizada a sua vulnerabilidade oriunda da sua hipossuficiência econômico-financeira, na medida em que se esgarçam significativamente os laços de dependência e subordinação do trabalhador face àquele que o pretenda admitir ou que já o tenha admitido, cujos direitos trabalhistas, por conta da sua patrimonialidade, passam a ostentar relativa disponibilidade.

Desse modo, não se depara, previamente, com nenhum óbice intransponível para que ex-empregado e ex-empregador possam eleger a via arbitral para solucionar conflitos trabalhistas, provenientes do extinto contrato de trabalho, desde que essa opção seja manifestada em clima de ampla liberdade, reservado o acesso ao Judiciário para dirimir possível controvérsia sobre a higidez da manifestação volitiva do ex-trabalhador, na esteira do artigo 5º, inciso XXXV, da Constituição.

[...]. (Grifos nossos).

Em contraponto ao posicionamento *supra*, o mesmo Tribunal Superior do Trabalho possui diversos julgados consagrando a inaplicabilidade da Lei n. 9.307, de 1996 às lides trabalhistas.

Confira-se:

[...].

AGRAVO DE INSTRUMENTO. RECURSO DE REVISTA. ARBITRAGEM. INAPLICABILIDADE DA LEI N. 9.307, de 1996 NOS CONFLITOS INDIVIDUAIS DE TRABALHO.

*Embora o artigo 31, da Lei n. 9.307, de 1996 disponha que a sentença arbitral produz, entre as partes e seus sucessores, os mesmos efeitos da sentença proferida pelos órgãos do Poder Judiciário e, sendo condenatória, constitui título executivo, entendo-a inaplicável ao contrato individual de trabalho. **Com efeito, o instituto da arbitragem, em princípio, não se coaduna com as normas imperativas do Direito Individual do Trabalho, pois parte da premissa, quase nunca identificada nas relações laborais, de que empregado e empregador negociam livremente as cláusulas que regem o contrato individual de trabalho. Nesse sentido, a posição de desigualdade (jurídica e econômica) existente entre empregado e empregador no contrato de trabalho dificulta sobremaneira que o princípio da livre manifestação da vontade das partes se faça observado.***

Como reforço de tese, vale destacar que o artigo 114, da Constituição Federal, em seus parágrafos 1º e 2º, alude à possibilidade da arbitragem na esfera do Direito Coletivo do Trabalho, nada mencionando acerca do Direito Individual do Trabalho. Agravo de instrumento a que se nega provimento" (AIRR – AIRR – 415/2005-039-02-40, Rel. Min. Horácio Senna Pires, DEJT 26.6.2009).

[...]. (Grifos nossos)

No mesmo sentido, leia-se trecho do asseverado no RR/TST-795/2006-028--05-00.8[276]:

[...].

RECURSO DE REVISTA. ARBITRAGEM. INAPLICABILIDADE AO DIREITO INDIVIDUAL DO TRABALHO. 1. Não há dúvidas, diante da expressa dicção constitucional (CF, art. 114, §§ 1º, e 2º), de que a arbitragem é aplicável na esfera do Direito Coletivo do Trabalho. O instituto encontra, nesse universo, a atuação das partes em conflito valorizada pelo agregamento sindical.

2. Na esfera do Direito Individual do Trabalho, contudo, outro será o ambiente: aqui, os partícipes da relação de emprego, empregados e empregadores, em regra, não dispõem de igual poder para a manifestação da própria vontade, exsurgindo a hipossuficiência do trabalhador (bastante destacada quando se divisam em conjunção a globalização e tempo de crise).

3. Esta constatação medra já nos esboços do que viria a ser o Direito do Trabalho e deu gestação aos princípios que orientam o ramo jurídico. O soerguer de desigualdade favorável ao trabalhador compõe a essência dos princípios protetivo e da irrenunciabilidade, aqui se inserindo a indisponibilidade que gravará a maioria dos direitos inscritos, quase sempre, em normas de ordem pública - que amparam a classe trabalhadora.

4. A Lei n. 9.307, de 1996 garante a arbitragem como veículo para se dirimir litígios relativos a direitos patrimoniais disponíveis (art. 1º). A essência do instituto está adstrita à composição que envolva direitos patrimoniais disponíveis, já aí se inserindo óbice ao seu manejo no Direito Individual do Trabalho (cabendo rememorar-se que a Constituição Federal a ele reservou apenas o espaço do Direito Coletivo do Trabalho).

5. A desigualdade que se insere na etiologia das relações de trabalho subordinado, reguladas pela CLT, condena até mesmo a possibilidade de livre eleição da arbitragem (e, depois, de árbitro), como forma de composição dos litígios trabalhistas, em confronto com o acesso ao Judiciário Trabalhista, garantido pelo art. 5º, XXXV, do Texto Maior. 6. A vocação protetiva que dá suporte às normas trabalhistas e ao processo que as instrumentaliza, a imanente indisponibilidade desses direitos e a garantia constitucional de acesso a ramo judiciário especializado erigem sólido anteparo à utilização da arbitragem no Direito Individual do Trabalho. Recurso de revista conhecido e provido. [...]." (RR/TST-795/2006-028-05-00.8. 3ª Turma, Rel. Min. Alberto Luiz Bresciani de Fontan Pereira, DJ 29.5.2009).

[...].

Como dito, a jurisprudência do egrégio TST não se encontra consolidada. Todavia, é perceptível, até pela quantidade de julgados angariados, que existe uma tendência em se negar, de maneira ampla, a aplicação da Lei n. 9.307, de 1996 aos litígios trabalhistas individuais, de maneira a robustecer, diante do atual quadro socioeconômico, o princípio da indisponibilidade do direito do obreiro.

---

(276) Em defesa da tese *supra*, vide, ainda, o TST-RR-2253/2003-009-05-00.9, 6ª Turma, Rel. Min. Aloysio Corrêa da Veiga, DJ em: 15.5.2009.

Aguarda-se, diante da crescente quantidade de casos submetidos ao crivo da Justiça do Trabalho, que o E. TST, em razoável período, pacifique a sua jurisprudência sobre o tema, pondo fim à situação de incerteza que ora perdura.

6. Conclusão

Não há como negar a tendência de consolidação da arbitragem como relevante mecanismo extrajudicial de composição de litígios. Todavia, o modelo de arbitragem instituído pela Lei n. 9.307, de 1996 apresenta-se, como demonstrado, incompatível com a resolução de lides decorrentes da aplicação do Direito do Trabalho Individual.

Com efeito, entende-se que validar a utilização da arbitragem, nos moldes em que previsto na Lei n. 9.307, de 1996, como instrumento de resolução de conflitos *justrabalhistas* individuais representaria, em incontrastável ofensa ao princípio da indisponibilidade do direito do obreiro e, consequentemente, ao princípio protetivo, haja vista não existir na legislação posta mecanismos minimamente válidos que garantam a liberdade da manifestação volitiva dos trabalhadores e a proteção destes em face do poderio econômico titularizado na figura do empregador.

Neste contexto, faz-se necessário que o legislador pátrio, dentro de um prudente critério de conveniência e oportunidade, avalie a importância da utilização da arbitragem na solução de litígios trabalhistas individuais, procedendo, se assim entender, às devidas alterações normativas, de maneira a dotar o instituto com mecanismos suficientes para salvaguardar os direitos sociais constitucionalmente deferidos aos trabalhadores.

7. Referências Bibliográficas

BRAGHETTA, Adriana. *Arbitragem está consolidada nas empresas e na Justiça*. Disponível em: <http://www.conjur.com.br/2010-fev-05/arbitragem-brasil-consolidada-meio-empresarial--justica> Acesso em: 1º ago. 2010.

DELGADO, Mauricio Godinho. *Curso de Direito do Trabalho*. 3. ed. São Paulo: LTr, 2004.

JORGE NETO, Francisco Ferreira; CAVALCANTE, Jouberto de Quadros Pessoa. *Direito Processual do Trabalho*. Tomo I, 3. ed. São Paulo: Lumen Juris, 2009.

LEITE, Carlos Henrique Bezerra. *Curso de Direito Processual do Trabalho*. 5. ed. São Paulo: LTr, 2009.

MELLO, Celso Antônio Bandeira de. *Curso de Direito Administrativo*. São Paulo: Malheiros, 2000.

MOURA, Fernando Galvão; MELO, Nelma de Souza. *Arbitragem no Direito do Trabalho*. Disponível em: <http://jus2.uol.com.br/doutrina/texto.asp?id=2204&p=1> Acesso em: 10 ago. 2010.

PINTO, José Augusto Rodrigues. *Direito Sindical e Coletivo do Trabalho*. São Paulo: LTr, 2009.

SAAD, José *et alli*. *CLT Comentada*. 35. ed. São Paulo: LTr, 2005.

SÜSSEKIND, Arnaldo. *Instituições de Direito do Trabalho*. 21. ed. São Paulo: LTr, 2003.

Capítulo XV

Termo de Ajustamento de Conduta — TAC — Meio Essencial para Solução de Conflitos

Jerônimo Jesus dos Santos

Procurador Federal. Consultor Jurídico da Consultoria Jurídica junto ao Ministério do Trabalho e Emprego. Mestre em Direito. Professor Universitário.

Resumo: Analisa-se e se conclui que o TAC é um dos principais meios essenciais de solução de conflitos. Além de ser o TAC um importante instrumento de composição de conflitos pela sua eficiência e eficácia. Aponta-se a carência de um conjunto de regras mínimas que tornem a prática do TAC mais segura. Também merecem reparos os procedimentos relativos ao controle, publicidade dos acordos celebrados e à participação dos envolvidos na sua formulação evitando-se a busca do Judiciário para decidir lides. A Administração Pública e seus órgãos legitimados devem ter uma postura pró-ativa, ativa e presente para aprimorar o sistema de solução de conflitos em benefício da coletividade.

Abstract: This study analyzes and concludes that the TAC is a leading essential means of solving conflicts. Besides being the TAC an important instrument of composition conflicts for its efficiency and effectiveness. Pointed out the lack of a minimum set of rules that make the practice of safer TAC. Also worthy of repair procedures for the control of the advertising agreements and participation of those involved in its formulation avoiding the search for the judiciary to decide labors. Public Administration and its agencies must have a legitimate pro-active, active and present to improve the system of conflict resolution for the benefit of the community.

Palavras-Chaves: Termo. Ajustamento. Conduta. Órgão. Público. Legitimado. Conflito. Solução. Direitos. Interesses. Compromisso. Obrigação. Sanção. Título executivo extrajudicial.

Keywords: Term. Adjustment. Conduct. Organ. Public. Legitimized. Conflict. Solution. Rights. Interests. Commitment. Obligation. Sanction. Extrajudicial execution instrument.

Sumário: 1. Conceito, surgimento e evolução histórica. 1.1. Conceitos. 1.1.1. Termo. 1.1.2. Ajustamento. 1.1.3. Conduta. 1.1.3.1. O TAC e a AGU. 1.1.3.2. Eficácia e características do TAC. 1.2. Surgimento e evolução do TAC. 2. Dos objetivos e fundamentos do TAC. 2.1. Da disciplina e da relevância do TAC. 2.2. As três ondas: obstáculos econômico, organizacional e processual. 2.3. Características da solução extrajudicial dos conflitos transindividuais. 2.4. Da extrajudicialidade e do potencial preventivo do TAC. 2.5. Da diferença entre Termo do Compromisso de Desempenho — TCD, do

Ajustamento de Conduta — TAC e do Compromisso de Cessação de Prática — CCP.
2.6. Requisitos necessários para a celebração do TAC. 3. Conclusão. 4. Referências
Bibliográficas. 4.1. Legislação. 4.2. *Sites*.

1. Conceito, surgimento e evolução histórica

1.1. Conceitos

Inicialmente consideremos os vocábulos componentes da expressão "Termo de Ajustamento de Conduta". Senão vejamos.

1.1.1. Termo

Termo é um instrumento que se traduz numa declaração de vontade exarada no processo, num procedimento ou, muitas vezes, é o próprio procedimento seguindo determinada forma ou maneira, contendo determinado e relevante teor.

Entende-se como processo, instrumento com regras previamente definidas em lei, reguladoras da relação jurídica a surgir entre o Estado-juiz e aqueles que o procuram para dirimir pendências. Como essa relação envolve o exercício do poder, tal garantia é essencial para conceder ao cidadão o prévio conhecimento de como esse instrumento de composição de litígios será desenvolvido e evitar abuso e arbitrariedade do Estado no exercício desta sua atividade primária.

Processo, então, é o instrumento colocado à disposição dos cidadãos para solução de seus conflitos de direitos e interesses e pelo qual o Estado exerce a jurisdição. Tal solução e exercício são desenvolvidos com base em regras legais previamente fixadas e buscam, mediante a aplicação do direito material ao caso concreto, a entrega do bem da vida, a pacificação social e a realização de Justiça. No mesmo sentido, RODRIGUES (2002:1) observa que:

> [...].
>
> A democracia lançou os fundamentos de um Estado de direito qualificado como democrático. O processo constituinte nos brindou um extenso e necessário rol de direitos e garantias fundamentais, ao mesmo tempo reforçando os direitos individuais clássicos, tão vilipendiados no passado recente, mas denotando também uma clara preocupação com a dimensão coletiva do cidadão. [...]. A Constituição renovou as bases de todo o direito, e acentuou o fenômeno da tutela constitucional das relações privadas imprimindo uma verdadeira revolução de Copérnico no estudo do direito civil.
>
> [...].

Já procedimento (expressão visível do processo) é a forma como o processo se exterioriza e se materializa no mundo jurídico. É por meio do procedimento que o processo age. Basicamente consiste ele numa sequência de atos que deve culminar com a declaração sobre quem tem o direito material (bem da vida). Esta sequência deve observar obrigatoriamente a dialética processual, consistente em facultar às partes a efetiva participação durante seu desenvolvimento (tese do autor e antítese do réu) e garantir a utilização de todos os recursos legais inerentes à defesa dos interesses de cada litigante, tudo para formar o convencimento do julgador (síntese).

Termo também significa uma designação comum às informações habitualmente constantes para abranger os propósitos, deveres, obrigações, interesses e direitos almejados pelos compromitentes (órgãos públicos legitimados) e compromissários (infratores). Ainda no termo se formaliza determinado ato processual ou administrativo.

1.1.2. Ajustamento

É de anotar que ajustamento abrange tanto o ajuste em si, quer dizer, o que foi convencionado, acordado, pactuado, combinado, estipulado quanto o que deve ser tornado justo, adaptado, amoldado, conformado, reconciliado ao correto, à retidão, ao exato ou às exigências do viver melhor, por vezes, impostas pelas normas. Em outras palavras: ajustamento é unir ou igualar ao tido como bem; harmonizado a um novo comportamento regular. Sendo assim, ajustamento não é represália, no sentido de desagravo ou revindita que se toma contra alguém.

1.1.3. Conduta

Já a conduta é o principal propósito buscado no termo a ser modificada, reconduzida, redirecionada para alcançar o comportamento adequado, ou seja, o procedimento moral ou tido como sendo o acomodado ou retilíneo às exigências da lei.

Assim, no Termo de Ajustamento de Conduta (TAC) a conduta é o modo habitual de proceder ou de comportar do indivíduo (*rectius*, pessoa jurídica) no meio social em que vive, de acordo com a prescrição normativa em vigor (PESSOA, 2003:90). Essa conduta é marcada pela diferença individual, pois cada um tende a ver e a fazer coisas diferentemente. Isso em razão de sua formação, vivência, cultura e personalidade. Essa diferença é a marca registrada e a impressão em tudo que se faça.

Aliás, a mera conduta na propositura do TAC exige uma verdadeira mudança de mentalidade, significa romper com dogmas e tradições, em prol da instrumentalidade do processo. A ênfase na informalidade, na conciliação, uma nova leitura dos institutos da legitimidade de agir e da coisa julgada são exemplos de reptos lançados pelas novas disciplinas normativas. A própria Constituição Federal se apropriou de tais valores ao prever os Juizados Especiais e os instrumentos de defesa da tutela de direitos transindividuais[277].

Daí a confirmação da relevância do TAC para a solução dos conflitos metaindividuais. Conflitos estes que podem ser entre partes desiguais e não individualizadas,

---

(277) O art. 98, inciso I, da CF menciona a criação dos Juizados especiais cíveis de menor complexidade e no art. 129 menciona a tutela dos direitos transindividuais. Sobre a possibilidade de conjugação dessas duas tutelas. *Vide* RODRIGUES: 1997.

de um lado, um segmento da coletividade e, de outro, uma grande organização pública ou privada; partes com graus diferenciados de autonomia de vontades; ou partes relacionadas por vínculo de subordinação econômica, política ou ambas.

1.1.3.1. O TAC e a AGU

O TAC é uma faculdade conferida a órgãos públicos com alto grau de profissionalização como o Ministério Público (MP) e a Advocacia-Geral da União (AGU), seja por si própria, seja representando a União; as autarquias; as agências; as fundações e demais entidades públicas federais.

Para tanto, convém firmar: uma mentalidade conciliatória deve ser estimulada nos órgãos legitimados a celebrá-lo.

Outrossim, deve ser criado um ambiente propício para a negociação.

Aliás, como acima anotado, o TAC, para prevenir ou terminar litígios, nas hipóteses que envolvam interesse público da União, suas autarquias e fundações, deve ser firmado pela AGU, conforme disposto no art. 4º-A, da Lei n. 9.469, de 10 de julho de 1997 incluído pelo art. 84, da Lei n. 12.249, de 11 de junho de 2010[278]:

> [...].
>
> *Art. 84. A Lei n. 9.469, de 10 de julho de 1997, passa a vigorar acrescida do seguinte art. 4º-A:*
>
> *Art. 4º-A. O termo de ajustamento de conduta, para prevenir ou terminar litígios, nas hipóteses que envolvam interesse público da União, suas autarquias e fundações, firmado pela Advocacia-Geral da União, deverá conter:*
>
> *I – a descrição das obrigações assumidas;*
>
> *II – o prazo e o modo para o cumprimento das obrigações;*
>
> *III – a forma de fiscalização da sua observância;*
>
> *IV – os fundamentos de fato e de direito; e*
>
> *V – a previsão de multa ou de sanção administrativa, no caso de seu descumprimento.*
>
> *Parágrafo único. A Advocacia-Geral da União poderá solicitar aos órgãos e entidades públicas federais manifestação sobre a viabilidade técnica, operacional e financeira das obrigações a serem assumidas em termo de ajustamento de conduta, cabendo ao Advogado-Geral da União a decisão final quanto à sua celebração.*
>
> [...].

Nesta trilha, repita-se, a AGU poderá solicitar aos órgãos e entidades públicas federais manifestação sobre a viabilidade técnica, operacional e financeira das obrigações a serem assumidas em TAC, cabendo ao Advogado-Geral da União a decisão final quanto à sua celebração.

---

(278) Esse ato pode e deve ser delegado, o mais legalmente amplo possível, a fim de evitar a demasiada burocratização e, por outro, tornando o TAC eficiente, também e, por fim, eficaz.

O Advogado-Geral da União delegou a competência de firmar TAC para os titulares máximos da PGU, CGU e PGF, nos termos do art. 4º, da Portaria AGU n. 690, de 20 de maio de 2009:

[...].

Art. 4º O Procurador-Geral da União, o Consultor-Geral da União, o Procurador-Geral Federal, em suas respectivas áreas de competência poderão, de acordo com o juízo de oportunidade e conveniência, acompanhar ou efetuar as tratativas jurídicas que estiverem em curso, passando a ser responsáveis ou corresponsáveis pela sua condução.

[...]

O art. 11, XV, do Ato Regimental n. 5, de 2002, com redação dada pelo Ato Regimental n. 7, de 2007, já expressamente determinava que:

[...].

Art. 11. Incumbe aos Procuradores Regionais da União,

[...].

XV – firmar, de acordo com a regulamentação do Procurador-Geral da União, termos de ajustamento de conduta nas lides que envolvam interesse público da União.

[...].

Por sua vez, dispôs a Ordem de Serviço PGU n. 10, de 25 de março de 2008, o seguinte:

[...].

Art. 1º Compete aos Procuradores-Regionais e Procuradores-Chefes da União, no âmbito de suas competências, as atribuições de decidir e firmar, em cada caso, termos de ajustamento de conduta, para prevenir ou terminar litígios, nas hipóteses que envolvam interesses públicos da União.

[...].

No âmbito Consultivo, isto é, quando a controvérsia não estiver judicializada, a Portaria AGU n. 690, de 20 de maio de 2009, delega à Consultoria-Geral da União juízo de oportunidade e conveniência para acompanhar ou efetuar as tratativas jurídicas que visem à formalização de TAC.

Desta forma, a Portaria CGU n. 09, de 16 de junho de 2009 viabiliza a participação da Consultoria Jurídica do Ministério responsável e da própria Consultoria Jurídica da União no Estado (ex-Núcleo de Assessoramento Jurídico — NAJ), conforme prevê o art. 1º:

[...].

Art. 1º A atuação direta das Consultorias Jurídicas dos Ministérios, do Departamento de Assuntos Jurídicos Internos – DAJI, da AGU, da Assessoria Jurídica da Controladoria-Geral da União, do Departamento Jurídico da ABIN, da Assessoria Jurídica da Secretaria Especial de Portos, da Subchefia para Assuntos Jurídicos da Casa Civil da Presidência da República e dos Núcleos de Assessoramento Jurídicos na formalização de Termo de Compromisso de Ajustamento de Conduta (TAC) abrange os casos em que a questão jurídica controversa não estiver judicializada.

[...].

Em outras palavras, a Portaria CGU n. 09, de 2009, dispõe que as Consultorias Jurídicas dos Ministérios juntamente com as atuais Consultorias Jurídicas nos Estados podem atuar diretamente na formalização de TAC nos casos em que a questão jurídica controversa não estiver judicializada.

Apesar da normatização do TAC, a AGU deve implementar uma cultura de utilização desse instrumento no seio da Administração Pública como adoção de uma política pública, para atingimento dos fins a fatos determinados relacionados ao descumprimento ou ameaça de descumprimento de um dever específico. Em agindo assim, atende, notadamente, ao princípio da eficiência executiva, anotado no art. 37, da CF.

1.1.3.2. Eficácia e características do TAC

O TAC, além de ter eficácia de título executivo extrajudicial, permite a fixação de um prazo para atendimento das exigências pelas empresas e a previsão de sanções no caso de descumprimento, trazendo maior segurança à Administração, às próprias empresas e pessoas físicas envolvidas.

Mais do que isso, em seara trabalhista, com o TAC permite-se u´a maior flexibilidade de interpretação, observadas as peculiaridades que circundam o caso, para que, por exemplo, as normas técnicas de saúde e segurança necessárias sejam atendidas dentro de um prazo razoável – desde que de tal medida não resulte qualquer prejuízo ao conteúdo dos direitos indisponíveis dos trabalhadores do setor atingido. O que não seria possível na análise restrita de legalidade própria dos requerimentos administrativos, até porque, em tese, não há no arcabouço normativo que regulamenta o tema, exceção ou faculdade, em, p. ex, o Fiscal de um órgão público deixar de interditar imediatamente os equipamentos que violem exigências técnico-normativas.

Nestes casos de infração à norma de segurança e à saúde, costumeira e frequente, o setor permanece interditado até que a empresa comprove a eliminação dos riscos. Todavia, a depender da situação fática, que os riscos devem ser sopesados por um lado, com muita ênfase, na saúde e na segurança necessária ao trabalhador e, por outro, na operação normal da empresa, se possível, enquanto, dentro de um cronograma acordado, efetuam as adequações imprescindíveis não somente pura e simplesmente ao atendimento da referenciada norma, mas, principalmente, ao conteúdo do direito à saúde e segurança.

Todavia, não se podendo olvidar o previsto no art. 132, do Código Penal que estabelece como crime a exposição da vida e da saúde humanas a risco, bem como, no âmbito trabalhista, a CLT, em seu art. 165, firma que o setor ou atividade que apresentar grave risco ao trabalhador será interditado.

Nessa linha de entendimento, a tutela jurídica da saúde e da segurança do obreiro passou a ter novos contornos com o advento da Carta Magna, impulsionada principalmente pela adoção da dignidade da pessoa humana e do valor social do trabalho, previstos no art. 1º, III e IV, como princípios fundamentais da República Federativa do Brasil.

Neste sentido, destaque-se o ensinamento doutrinário de MORAES (2002: 47):

[...].

Na Carta Magna de 1988 temos a consagração máxima dos direitos sociais, através da garantia de dignidade da pessoa humana e da proteção à saúde e segurança no meio ambiente do trabalho.

[...].

Nas palavras de MELO (2004: 29-36):

[...].

O meio ambiente do trabalho adequado e seguro é um direito fundamental do cidadão trabalhador (*lato sensu*).

[...].

Como apontado, aquela tutela jurídica está inserida no conceito maior de meio ambiente equilibrado, exposto no art. 225, e no art. 200, VIII da CF.

Conceitua MELLO (2004: 29-36):

[...].

O local onde as pessoas desempenham suas atividades laborais, sejam remuneradas ou não, cujo equilíbrio está baseado na salubridade do meio e na ausência de agentes que comprometem a incolumidade físico-psíquica dos trabalhadores, independentemente da condição que ostentem (homens ou mulheres, maiores ou menores de idade, celetistas, servidores públicos, autônomos etc.).

[...].

Nessa trilha, parte da doutrina entende que, em sendo normas de proteção à saúde e segurança do trabalhador, portanto tratam de direitos indisponíveis, estes não podem ser alvos ou objetos de TAC.

Desta forma, com a devida vênia e cautela, observados e sopesados os direitos indisponíveis ou disponíveis infligidos, deve ser analisada a viabilidade de se formular um TAC para a resolução das questões, como solução extrajudicial essencial que melhor atenda aos direitos e interesses envolvidos.

Nessa toada, há possibilidade de as chamadas condições dos direitos indisponíveis ser objeto de TAC, e não o seu conteúdo. Portanto, preservada, por exemplo, a saúde, a segurança etc., as condições para o seu alcance e implemento podem ser ajustados no TAC.

Contudo, é de bom alvitre que se anote que, nesse caso, a conciliação não pode, de forma alguma, implicar disposição do direito transindividual, e por isso é necessário que se leve a sério esse novo instrumento, disseminando nas instituições o estudo de técnicas que possam conduzir ao sim na celebração do ajuste **sem que haja nenhum tipo de concessão sobre o conteúdo do direito** (RODRIGUES, 2002:132). (Grifos nossos)

A participação na formação da decisão daqueles que por ela se obrigarão é uma nota relevante para o sucesso dessa justiça consensual. O transgressor ou iminente transgressor tem necessariamente seu ponto de vista considerado na elaboração das cláusulas do ajuste, o que pode ser fundamental para que não venha a descumpri--lo. Ao reconhecer o sistema o admite na formulação do compromisso, ainda que a margem de conformação da justa forma de conciliação seja pequena, por causa das características da tutela de direitos.

Com efeito, porque essa é uma decisão participativa, embora não concebida, para favorecer o obrigado, o ajuste pode também ser uma importante medida de justiça por constituir o meio menos gravoso de se obter o objetivo da norma daquele que dela se desviou ou que pode vir a fazê-lo. O TAC tem uma importante carga simbólica, que é demonstrar que aquele que descumpriu um direito fundamental da coletividade, quer rever a sua conduta. Assim, a conclusão do ajuste deve ser realizada em uma perspectiva não repressiva, sem ideias pré-concebidas. Por isso não precisa haver um reconhecimento explícito de culpa por parte do obrigado, mesmo porque esta em muitos casos é absolutamente irrelevante; o que se quer realmente é a cessação da conduta transgressora ao direito transindividual (RODRIGUES, 2002:131-132).

De fato, o TAC é uma forma de garantia da pacificação e estabilidade social. A sociedade moderna — constituída de grupos de diferentes características, com os mesmos direitos e deveres, reunidos por laços maiores, como idioma, cultura, religião, valores e aspectos geográficos — exige que a solução dos conflitos seja realizada mediante aplicação desse instrumento com regras previamente definidas em normativo.

1.2. Surgimento e evolução do TAC

O TAC teve a sua origem na legislação dos Estados-membros, embora com outras terminologias, e, em seara doméstica, na Lei n. 6.385, de 7 de dezembro de 1976[279], que dispõe sobre o mercado de valores mobiliários, como Termo de

---

(279) "Art. 11. [...]. § 5º A Comissão de Valores Mobiliários poderá, a seu exclusivo critério, se o interesse público permitir, suspender, em qualquer fase, o procedimento administrativo instaurado para a apuração de infrações da legislação do mercado de valores mobiliários, se o investigado ou acusado assinar termo

Compromisso (TC), se revestindo de negócio jurídico bilateral, não comportando a fixação de multa penal de caráter compensatório, para remediar possível inadimplemento por parte do compromissário, haja vista não ter natureza jurídica estritamente contratual, não tendo a lei atribuído à Comissão de Valores Mobiliários (CVM) legitimidade para pleitear perdas e danos em nome próprio ou do mercado.

O TC, ainda que sirva de instrumento da Administração Pública, apenas reafirma o dever de observância das normas jurídicas vigentes, não elidindo, novando ou mitigando o Poder de Polícia, sendo, outrossim, a aceitação da proposta ato discricionário, pelo que deverá ser considerado o binômio oportunidade-conveniência. Por revestirem-se as obrigações inseridas no TC do caráter de verdadeira *ordem*, implicando seu inadimplemento, inclusive, crime de desobediência, poderá a CVM, mediante instrução própria, enquadrar a conduta do compromissário inadimplente como infração grave, sujeitando-o às penalidades previstas da Lei n. 6.385, de 1976 (CLEMENTE, 2005:78).

Posteriormente o TAC foi incorporado pela Lei n. 6.938, de 31 de agosto de 1981, que dispõe sobre a Política Nacional do Meio Ambiente, também denominado de TC, através do qual o infrator poderia se comprometer a eliminar os danos ambientais causados. Uma vez cumprido gozava do benefício de redução de multa. Assim como descrito trata-se apenas de um instrumento administrativo, utilizado até hoje pelas normas federais e estaduais.

É inegável, contudo, que o surgimento do ajuste de conduta no cenário jurídico brasileiro se deveu principalmente à necessidade de aperfeiçoamento da tutela civil dos direitos transindividuais, e não apenas administrativa.

A ideia de TAC, no cenário internacional, como solução consensual de conflitos iniciou-se na França, em 1985, com a preocupação com o destino do lixo jogado no logradouro público.

No Brasil, a década de oitenta pode ser sinônimo de pífio desempenho da economia nacional; todavia representa uma década de conquista de direitos para os cidadãos brasileiros (HOBSBAWN, 1995:45).

Outrossim, além da instituição genérica do TAC para qualquer tipo de direito transindividual, há normas específicas que disciplinam esse ajuste. Anotemos.

Esse instrumento também apareceu na Lei n. 8.884, de 11 de julho de 1994[280] (Lei Antitruste), que permite ao Conselho Administrativo de Defesa Econômica

---

de compromisso, obrigando-se a: [...]" (Redação pelo Decreto n. 3.995, de 31.10.2001). Vide também o art. 3º da Lei n. 9.873, de 23.11.1999): "[...]. Art. 3º Suspende-se a prescrição durante a vigência: I - dos compromissos de cessação ou de desempenho, respectivamente, previstos nos arts. 53 e 58 da Lei n. 8.884, de 11.6.1994; II – o termo de compromisso de que trata o § 5º do art. 11, da Lei no 6.385, de 7.12.1976, com a redação dada pela Lei n. 9.457, de 5.5.1997. [...]."

(280) Lei n. 8.884, de 11 de julho de 1994 (Transforma o Conselho Administrativo de Defesa Econômica — CADE em Autarquia, dispõe sobre a prevenção e a repressão às infrações contra a ordem econômica).

(CADE) promover a execução do chamado "compromisso de cessação", sob pena de multa cominatória diária (art. 53 c/c arts. 25 e 60).

De modo que essa lei permite que o CADE autorize atos que, em tese, poderiam prejudicar o direito transindividual da livre concorrência, desde que sejam atendidas algumas condições específicas que demonstrem que a conduta empresarial possa ensejar um benefício maior para o sistema do que o eventual comprometimento desse valor.

O TC, tal qual foi idealizado e inserido na legislação antitruste e do mercado de capitais, teve clara inspiração no instituto do *consent decree* do direito americano.

Nesse passo, a maioria das ações impetradas pelo Departamento de Justiça nos EUA termina em acordo que é "homologado" em Juízo e incorporado em uma ordem judicial que é chamada de *consent decree* (EIZIRIK, 1997:13).

Na verdade, esse termo significa o acordo ajustado entre o indiciado ou o acusado da prática de algum ilícito civil ou criminal e a autoridade pública encarregada de sua investigação e eventual responsabilização, caso constatada a ilicitude das atividades desenvolvidas pelo sujeito sob investigação (EIZIRIK, 1997:13).

Tal acordo, que pode ocorrer a qualquer momento do processo, é ajustado pelas partes que se comprometem a cessar a prática dos atos que poderiam ser considerados irregulares pelo Governo. Este, por sua vez, compromete-se a suspender a investigação, enquanto o acordo estiver sendo cumprido.

Contudo, o TAC, como instituído nos moldes, forma, alcance, sujeitos e objeto, é criação genuinamente brasileira, embora tenha nuances e traços do *"class action"* do direito americano.

Nesse sentido, magistra RODRIGUES (2002:108):

[...].

Nas considerações dos autores que conceberam o instituto não há qualquer menção a uma influência alienígena mais direta. Como já tivemos a oportunidade de demonstrar, a proteção dos direitos transindividuais no ordenamento brasileiro é extremamente original. A partir de nossa cultura, tanto social quanto jurídica, sem romper com a tradição de tutela de direitos em um sistema filiado à cultura romano-germânica, soubemos nos apropriar de algumas lições das "class actions" norte-americanas e criar um sistema ímpar de tutela desses direitos. Como exemplo de criações nacionais neste campo temos a posição do Ministério Público na defesa dos direitos transindividuais, a existência de inquérito civil público e também o termo de ajustamento de conduta. Embora existam institutos similares em outros ordenamentos, não vislumbramos em nossa pesquisa nenhum preceito normativo que se identifique plenamente com o ajustamento de conduta brasileiro, especialmente quanto à sua extensão e eficácia.

[...].

Esse instituto, com essas referidas características, foi incorporado, em âmbito interno, ao Estatuto da Criança e do Adolescente (ECA), por meio da Lei n. 8.069, de 13 de julho de 1990, que estabelece em seu art. 211 que "os órgãos públicos legitimados poderão tomar dos interessados compromisso de ajustamento de sua conduta às exigências legais, o qual terá eficácia de título executivo extrajudicial".

Posteriormente, com a promulgação da Lei n. 7.347, de 24 de julho de 1985, Lei da Ação Civil Pública (LACP)[281] —, tornou possível a criação do acordo com a denominação que se popularizou como Termo de Ajustamento, com duas características: a de ser um título executivo extrajudicial e somente usado pelo Ministério Público. Com o advento do CDC que, por meio do seu art. 113, introduziu o § 6º, no art. 5º[282], da LACP, o TAC passou a ser firmado por qualquer órgão público.

Esse dispositivo conferiu aos órgãos públicos o poder de obter um "compromisso de ajustamento de conduta às exigências legais" daqueles que estejam atuando ou com possibilidade de atuar em descompasso com as regras de proteção dos direitos transindividuais.

Esta providência é fruto da experiência da Lei n. 7.244, de 7 de novembro de 1984 (Lei de Pequenas Causas), que confere ao Ministério Público natureza de título executivo extrajudicial (art. 55, parágrafo único). Esclarece, neste sentido, RODRIGUES (2002:2) que:

[...].

Datam desse período da história brasileira os ingentes esforços do legislador de dotar o país de mecanismos de tutela jurídica das pequenas causas e dos interesses difusos, com a edição respectivamente das Leis ns. 7.244, de 1984 e 7.347, inserindo o nosso ordenamento jurídico no rol daqueles que perseguem

---

(281) Ação Civil Pública confere ao Ministério Público Federal e Estadual, bem como a órgãos e instituições da Administração Pública e a associações com finalidades protecionistas, a legitimidade para acionar os responsáveis por danos causados ao meio ambiente, ao consumidor e aos bens e direitos de valor artístico, estético, histórico, turístico e paisagístico ou a qualquer outro interesse difuso ou coletivo. Consiste no "direito expresso em lei de fazer atuar, na esfera civil, em defesa do interesse público, a função jurisdicional, conforme MILARÉ (1990: 4-6).

(282) "[...]. Art. 5º A ação principal e a cautelar poderão ser propostas pelo Ministério Público, pela União, pelos Estados e Municípios. Poderão também ser propostas por autarquia, empresa pública, fundação, sociedade de economia mista ou associação que: I – esteja constituída há pelo menos um ano, nos termos da lei civil; II – inclua entre suas finalidades institucionais a proteção ao meio ambiente, ao consumidor, à ordem econômica, à livre concorrência, ou ao patrimônio artístico, estético, histórico, turístico e paisagístico. § 6º **Os órgãos públicos legitimados poderão tomar dos interessados compromisso de ajustamento de sua conduta às exigências legais, mediante cominações, que terá eficácia de título executivo extrajudicial.** [...]." (Grifos nossos)

o aprimoramento da administração da justiça com vistas a propiciar um efetivo acesso à Justiça, fenômeno descrito no já clássico estudo de Cappelletti e Garth.

[...].

NERY JUNIOR (1995:651), um dos autores do anteprojeto do Código de Defesa do Consumidor (CDC), afirma que:

[...].

Houve, entretanto, sensível avanço quando se dispensou o referendo do Ministério Público. Basta que qualquer entidade legitimada pelo art. 5º, da LACP ou art. 82, do CDC tome compromisso dos interessados, fixando cominações, para que esse compromisso tenha **eficácia** de título executivo extrajudicial.

Importante salientar que esse compromisso pode ter como objeto tanto obrigação de dar quanto de fazer ou não fazer, mas a execução será sempre por quantia certa. Se houver compromisso de pagamento em dinheiro, o não cumprimento do dever de prestar pode ensejar, como é curial, execução por **quantia** certa; o inadimplemento da obrigação de fazer ou não fazer, se fixada a cominação em dinheiro, pode dar azo, também, à execução por quantia certa.

[...]. (Grifos nossos)

O art. 585, VII, do Código de Processo Civil (CPC), diz que é título extrajudicial todo aquele a que a lei, expressamente, conferir essa qualidade. O § 6º, do art. 5º, da LACP atribui, expressamente, eficácia executiva ao compromisso de ajustamento da conduta dos interessados às exigências legais, tomado pelas entidades e órgãos legitimados pelos arts. 5º, da LACP e 82, do CDC, que poderão, inclusive, fixar cominações pelo inadimplemento do dever de prestar assumido no compromisso.

Na verdade, não há óbice algum ao interessado tomar a iniciativa da celebração do TAC requerendo que o mesmo seja realizado. O que importa é que a realização do TAC tem que ocorrer à luz do fim da norma, ou seja, só deve ocorrer quando se revelar a melhor solução para a tutela dos direitos transindividuais. Não só a própria celebração do ajuste deve estar sob a égide desse fim normativo como também o seu próprio conteúdo sempre deve favorecer à proteção dos direitos transindividuais, e não ser um meio de conceder condições mais favoráveis ao interessado. Caso contrário, firmar um TAC será um prêmio para quem sempre violou a norma.

Ademais, NERY JÚNIOR (1995:651) ensina que:

[...].

Quando se tratar de compromisso em que houver assunção de obrigação de pagar quantia certa, é dispensado o comparecimento de testemunhas nesse negócio jurídico, de sorte que é suficiente que dele constem as assinaturas dos interessados e da entidade legitimada para que se configure como título executivo extrajudicial (art. 585, n. VII, CPC). Não há necessidade da presença de duas testemunhas, como o exige o art. 585, n. II, do CPC, para que o compromisso tomado dos interessados por qualquer legitimado seja título executivo extrajudicial.

[...].

Com efeito, cediço que o TAC é uma medida que propicia maior agilidade e efetividade aos negócios jurídicos relativos aos direitos e interesses difusos, coletivos e individuais homogêneos, notadamente no que respeita às relações de consumo, evitando a ação judicial de conhecimento quando os interessados estiverem de acordo quanto à solução extrajudicial do conflito NERY JÚNIOR (1995:651).

O "acordo" introduzido pela Lei n. 9.099, de 26 de setembro de 1995 nas questões de competência dos Juizados Especiais Criminais assemelha-se, de certo modo, ao TAC, muito embora dele se distinga em alguns aspectos fundamentais (exige homologação judicial para sua validade, encontrando-se inserido no âmbito estritamente penal, enquanto que as normas legais que consubstanciam o Poder de Polícia dos órgãos da Administração Pública são mais abrangentes, de cunho misto, envolvendo preponderantemente matéria administrativa).

Contudo, quem melhor traduz a natureza do TAC é RODRIGUES (2002:4-5) quando afirma que:

[...].

a) o instituto do termo de ajustamento de conduta é compatível com o Estado Democrático de Direito previsto na Constituição brasileira, pois amplia o acesso a uma ordem jurídica justa e não viola a regra de monopólio da jurisdição; b) visa propiciar uma justa e adequada tutela dos direitos transindividuais, servindo notadamente para a tutela de direitos de natureza difusa e coletiva, assegurando a prevenção da ocorrência ou da consolidação de danos causados a esses direitos, motivo pelo qual a sua obtenção não deva ser burocratizada, bem como garantindo, preferencialmente, a tutela específica dos mesmos, sem dúvida, a mais compatível com a ontologia desses direitos; c) representa a possibilidade de aplicação negociada da norma jurídica típica da sociedade complexa, mas não havendo identidade entre os legitimados a celebrar o termo de ajustamento de conduta e os titulares dos direitos em questão não pode haver qualquer tipo de disposição do objeto do direito, ainda que se permita a flexibilização de prazos e condições, sempre de forma razoável; por esse mesmo motivo deve ser dada uma publicidade efetiva às cláusulas estabelecidas pelo termo; d) a flexibilização de prazos e condições do atendimento ao direito implica, em maior ou menor grau, uma tomada de decisão política, devendo, para que seja a mais democrática possível, ser sujeita ao mais amplo controle, e quando possível deve ensejar a participação direta dos cidadãos e demais colegitimados à defesa dos direitos; e) o Ministério Público tem um papel de protagonista na celebração de termos de ajuste de conduta, de acordo com o novo papel que a ele foi assegurado pelo ordenamento jurídico brasileiro, em vista da valorização das suas atribuições extrajudiciais; f) a prática da celebração do ajuste de conduta está em construção; deve, contudo, obedecer a essa essência de permitir a composição adequada dos direitos transindividuais.

[...].

Nesse mesmo sentido de construção da eficência e eficácia do instituto, com fundamento no artigo 876, da CLT, o TST confirma validade de execução de TAC firmado entre o Ministério Público do Trabalho (MPT) e empresa, a fim de assegurar a observância da lei trabalhista, o que constitui um título executivo extrajudicial, passível de execução direta na Justiça do Trabalho. Assim, a Primeira Turma do TST confirmou a possibilidade de ser cobrada multa pelo descumprimento do compromisso. A iniciativa do MPT em buscar a execução judicial da multa teve como motivo a constatação de descumprimento de uma das condições ajustadas pelo executado com o MPT no TAC, qual seja, o registro dos empregados. (AIRR 483/2001-083-03-40.7).

Portanto, em outras palavras, no âmbito trabalhista, tido, de forma errônea, como seara que, exclusivamente, só cuida dos direitos indisponíveis, os TACs são compromissos assumidos pelas empresas/empregadores perante o MPT, de cessarem ou não permitirem em seus estabelecimentos situações que estejam em desacordo com a legislação trabalhista e com os direitos sociais, constitucionalmente garantidos.

Nesses casos, normalmente, os TACs são compostos de duas partes: uma em que consta o encargo assumido, expresso numa obrigação de fato positivo ou negativo, de adequar a conduta à lei; e outra na qual se comina multa pelo descumprimento do avençado.

Repisa-se: o art. 876, da CLT, com a redação que lhe deu a Lei n. 9.958, de 2000, elevou os TAC's firmados perante o MPT à condição de Título Executivo Extrajudicial, corroborando a previsão genérica da LACP. Isso significa que, firmado o TAC, e posteriormente constatado seu descumprimento, o MPT tem a possibilidade de promover sua execução forçada perante a Justiça do Trabalho.

Confirmando a previsão legal, a jurisprudência pátria tem se orientado nesse sentido. É o que se verifica nas ementas abaixo colacionadas do Tribunal Superior do Trabalho (TST):

> *[...].*
>
> *EXECUÇÃO. TÍTULO EXECUTIVO EXTRAJUDICIAL. MINISTÉRIO PÚBLICO DO TRABALHO. TERMO DE AJUSTE DE CONDUTA. 1. O termo de ajuste de conduta ou de compromisso celebrado perante órgão do Ministério Público do Trabalho constitui título executivo extrajudicial passível de execução direta perante a Justiça do Trabalho. Incidência do art. 5º, § 6º, da Lei n. 7.347, de 1985 (Lei da Ação Civil Pública), com a redação conferida pelo art. 113, do Código de Defesa do Consumidor. Solução em*

sintonia, ademais, com os princípios da economia e celeridade processuais, tão caros ao processo trabalhista. 2. Provimento ao recurso de revista para determinar o retorno dos autos à MM. JCJ, a fim de que se empreste eficácia de título executivo ao termo de ajuste de conduta. (RR n. 521584/1998, Rel. Ministro João Orestes Dalazen, DJ 17.9.1999).

[...]. (Grifos nossos)

[...].

RECURSO DE REVISTA. EXECUÇÃO DE ACORDO EXTRAJUDICIAL. TERMO DE AJUSTE DE CONDUTA. COMPETÊNCIA DA JUSTIÇA DO TRABALHO. *O termo de ajuste de conduta ou de compromisso celebrado perante órgão do Ministério Público do Trabalho constitui título executivo, de molde a ensejar a execução direta pela Justiça do Trabalho, encontrando seu fundamento legal no art. 5º, § 6º, da Lei da Ação Civil Pública (Lei n. 7.347, de 1985) e na atual redação do artigo 876 da CLT. O referido termo, além de se colocar como instrumento ágil e célere de composição de conflitos de interesses, revela mecanismo alternativo ao Judiciário, equacionando conflitos de forma ampla, sob a tutela do Ministério Público do Trabalho, porque não concretizados em ações individuais. Revista conhecida e provida.* (RR 758547/2001, Relatora Juíza Convocada Maria de Lourdes Sallaberry, DJ 6.9.2002).

[...]. (Grifos nossos)

Saliente-se que nas obrigações de fazer, *"o devedor será citado para satisfazê-la no prazo que o juiz lhe assinar, se outro não estiver determinado no título executivo"* (art. 632, CPC). Ainda, *"na execução de obrigação de fazer ou não fazer, fundada em título extrajudicial, o juiz, ao despachar a inicial, fixará multa por dia de atraso no cumprimento da obrigação e a data a partir da qual será devida"*. E, *"se o valor da multa estiver previsto no título, o juiz poderá reduzi-lo, se excessivo"* (art. 645, e parágrafo único, do CPC).

Foi utilizando tais prerrogativas legais que a Procuradoria Regional do Trabalho da 9ª Região ajuizou, pelos Procuradores do Trabalho da Coordenadoria de Defesa dos Direitos Difusos e Coletivos (CODIN), várias **Ações de Execução de Termo de Ajuste de Conduta**, dentre as quais destacam-se as seguintes:

EAEJ 181/2002

2ª Vara do Trabalho de Curitiba

Exequente: Ministério Público do Trabalho /9ª Região

Procuradora: Drª. Margaret Matos de Carvalho

Réu: Estacionamento 2001 Ltda.

TAC: n. 281/01 em 6.8.2001

Através de inspeção realizada pela DRT em 22.10.2001, a pedido do Ministério Público do Trabalho, os Auditores Fiscais do Trabalho Ana Cristina Hayashi e Sérgio Luiz De Paula constataram que a empresa Estacionamento 2001 Ltda. continuava empregando mão de obra de menores, em afronta ao que ficou determinado em Termo de Ajustamento de Conduta firmado perante o Ministério Público do Trabalho. Dessa forma, autuaram a empresa pelas irregularidades apresentadas e encaminharam o relatório de inspeção a esta PRT, que, em razão da infringência ao Termo de Compromisso assumido propôs Ação de Execução em Agosto de 2002, na qual exarou-se o seguinte despacho:

"Caracterizado o título executivo extrajudicial (Termo de Compromisso de Ajuste de Conduta), conforme a Lei n. 7.347, de 1985, art. 5º, § 6º, e ante o contido no art. 876, da CLT, determino a expedição de mandado de citação ao executado para pagamento da multa, nos termos informados na petição inicial. Ante o caráter do pacto descumprido, determino, ainda, que o executado cumpra a obrigação de não fazer assumida no Termo de Ajuste de Conduta com o Ministério Público do Trabalho (Termo de Compromisso n. 281/01), ou seja, o de não utilizar-se de mão de obra de trabalhadores com idade inferior a 16 anos, sob pena de multa diária de um salário mínimo por trabalhador nestas condições. Ciência ao Ministério Público do Trabalho.

SILVANA APARECIDA FRANZ PEREIRA GIUSTI,

Juíza do Trabalho."

Apesar de citado para o cumprimento da obrigação assumida e o pagamento da multa no valor de R$ 6.234,66, o executado não se manifestou até o momento, devendo-se prosseguir a execução com a penhora de bens.

[...].

[...].

EAEJ n. 197/2002

15ª Vara do Trabalho de Curitiba

Exequente: Ministério Público do Trabalho /9ª Região

Procurador: Dr. Ricardo Bruel da Silveira

Réu: Weber Construções Civis

TAC: 241/00 em 22.11.2000

Por denúncias de trabalhadores foi instaurado Procedimento Investigatório contra a empresa Weber Construções Civis Ltda. em virtude do constante atraso nos pagamentos de salário e demais verbas trabalhistas. Firmado o Termo de Compromisso, a empresa se comprometeu a regularizar a situação dos trabalhadores. Renovadas denúncias de vários trabalhadores voltaram a ocorrer, indicando que a empresa continuava com sua prática ilegal de não pagamento de salários e verbas trabalhistas nas datas corretas, sendo que os atrasos chegavam a mais de cinco meses, conforme relatos.

Dessa forma, foi ajuizada Ação de Execução no início de setembro para cobrar a multa de R$ 120.881,76 e as obrigações assumidas perante o MPT em favor dos trabalhadores da empresa no Termo de Compromisso n. 241/00. A Juíza da 15ª Vara do Trabalho, MARLI GOMES GONÇALVES atua no caso.

O objetivo precípuo do Ministério Público do Trabalho, por meio de Termos de Compromisso de Ajustamento de Conduta, é a atuação preventiva e conciliatória em defesa dos direitos coletivos dos trabalhadores, para garantir o estrito cumprimento da lei e a aplicação das penalidades aos empregadores recalcitrantes, às quais, por consenso, se compromissaram.

O encerramento do Inquérito Civil Público somente ocorre após a fiscalização na empresa do cumprimento das cláusulas avençadas no Termo de Compromisso.

> A infringência resulta na imediata cobrança da multa (via guia DARF) ou no ajuizamento da Ação Executiva seja para cobrar a multa, seja para insistir na punição da empresa até o cumprimento da obrigação firmada.
>
> [...].

Como se pode constatar do acima exposto, é imperioso reconhecer que a utilização do TAC, com fundamento no § 6º, do art. 5º, da LACP, introduzido pelo art. 113, do CDC, também é uma realidade na Justiça do Trabalho. Nesta, como em qualquer outro ambiente litigioso, constitui-se em imprescindível instrumento de distribuição de justiça.

Portanto, o TAC é um instituto do Estado Democrático de Direito consagrado constitucionalmente, sobretudo porque facilita, por um lado, o livre acesso à Justiça e, por outro, tutela os direitos e interesses transindividuais, de natureza difusa, coletiva e individual homogêneo. Ademais, o TAC oferece a possibilidade de uma composição perfeita desses direitos metaindividuais, na medida que possui o potencial preventivo da ocorrência ou da consolidação de danos causados a esses direitos, bem como figura na aplicação negociada da norma jurídica típica da sociedade complexa em que vivemos.

2. Dos objetivos e fundamentos do TAC

Esse instituto, em muitas situações, é celebrado com o poder público para disciplinar como o Estado cumprirá o seu dever-poder de prevenir ou reparar um dano a um direito ou interesse transindividual perpetrado.

De outra sorte, em alguns casos, a adoção de uma política pública, ou a sua implementação, desde que referida a fatos determinados, pode ser objeto de ajustamento de conduta. Contudo, não deve o ajustamento de conduta ser utilizado para se conjugar esforços para atender determinados fins públicos, que não sejam relacionados ao descumprimento ou ameaça de descumprimento de um dever específico, sob pena de se comprometer em muito sua eficiência executiva.

Sobre os fundamentos variáveis do tema, RODRIGUES (2000:2; 2001:45; 2003:1) destaca que:

> [...].
>
> Elegemos como objeto de estudo o compromisso de ajustamento de conduta porque no nosso sentir o tema conjuga três fundamentais variáveis, quais sejam: **a tutela dos direitos transindividuais, a solução extrajudicial de conflitos e as implicações do princípio democrático de direito na definição de decisões políticas**, questões que têm como pano de fundo a tutela dos direitos do homem enquanto inserido em uma dada coletividade. Com efeito, pensar o Termo de Ajustamento de Conduta significa passar por uma verdadeira encruzilhada de várias tendências atuais da ciência jurídica.
>
> [...]. (Grifos nossos).

Na verdade, o estabelecimento de rotinas democratizantes da celebração do TAC é fundamental para se atender ao que Luhman define como legitimação pelo procedimento, uma vez que as soluções advindas dessa negociação em que a sociedade também se considera partícipe podem ter uma eficácia social muito maior (RODRIGUES, 2000:132; 2001:45; 2003:3).

De fato, essa busca da eficácia é o fim social para a realização do bem comum, alvo do direito, pressupõe, sem dúvida, a preservação da segurança jurídica.

2.1. Da disciplina e da relevância do TAC

O Estado, ao agir por seus Poderes Legislativo, Executivo e, principalmente, o Judiciário, deve necessariamente fazê-lo visando ao bem comum e ao interesse público – da coletividade.

Neste particular, merece transcrição o seguinte excerto do voto do Ministro Sálvio de Figueiredo, na RSTJ n. 129/364:

> [...].
>
> *A vida, enfatizam os filósofos e sociólogos, e com razão, é mais rica que nossas teorias.*
>
> *A jurisprudência, com o aval da doutrina, tem refletido as mutações do comportamento humano no campo do feito de família. Como diria o notável De Page, o juiz não pode quedar-se surdo às exigências do real e da vida. O direito é uma coisa essencialmente viva. Está ele destinado a reger homens, isto é, seres que se movem, pensam, agem, mudam, se modificam. O fim da lei não deve ser a imobilização ou a cristalização da vida, e sim manter contato íntimo com esta, segui-la em sua evolução e adaptar-se a ela. Daí resulta que o direito é destinado a um fim social, de que deve o juiz participar ao interpretar as leis, sem se aferrar ao texto, às palavras, mas tendo em conta não só as necessidades sociais que elas visam a disciplinar como, ainda, as exigências da justiça e da equidade, que constituem o seu fim. Em outras palavras, a interpretação das leis não deve ser formal, mas, sim, antes de tudo, real, humana, socialmente útil.*
>
> [...].

Tal diretriz finalística vale, sem dúvida, não para a aplicação judicial, mas, igualmente, para a administrativa, pois não é concebível que a mesma, ao concretizar as normas, por seus agentes, descure de tais fins, que devem ser, de resto, universais, sobretudo em um Estado Democrático de Direito (LIMA, 2005:10).

Aliás, a única maneira de combatermos o *déficit de legitimidade*, na expressão de Habermas, que hoje, de certa forma, existe com a celebração dos ajustes sem qualquer controle social, como registra a preocupação de setores da sociedade (RODRIGUES, 2000:133; 2001:54; 2003:4).

Como diz REALE (2003:56), a democracia sempre pode ser mais democrática. Tornar a prática do ajuste cada vez mais democrática deve ser o objetivo daqueles legitimados para a proteção extrajudicial de direitos que a todos pertence. No mesmo sentido, RODRIGUES (2002:12) ressalta que:

[...].

Deve-se, assim, compreender o que de simbólico reside na expressão democracia, pois o discurso democrático tem uma grande aptidão para legitimar a ordem instituída. Com efeito, a democracia não pode prescindir de uma teoria da justiça, sob pena de ser uma expressão vazia.

[...].

Na verdade, o que se procura realizar é a conjugação da democracia com a justiça.

O TAC, consoante muito bem lembrado por CARNEIRO (1992:237), é um instituto estabelecido em favor da tutela dos direitos transindividuais, ou seja, não é finalidade da norma favorecer o violador do direito.

Para esse autor (CARNEIRO, 1992:237):

[...].

é preciso deixar bem claro que o ajustamento de conduta não se destina à proteção do terceiro, que precisa acertar a sua conduta às exigências legais, mas sim dos destinatários indeterminados, no caso dos direitos difusos, ou determináveis, no caso de interesses coletivos, a quem ele visa resguardar e proteger.

[...].

De conseguinte, não foi a regra concebida para assegurar um eventual direito do transgressor da norma no sentido de poder, em determinada situações, descumpri-la ou cumpri-la de forma mais flexível.

Por sua vez, o TAC tornou-se um instrumento de grande importância, no momento da necessidade de coerção, ao abrir as possibilidades para os órgãos públicos legitimados utilizarem a medida. Este instrumento transformou-se numa via de entendimento, através da qual os empreendedores passaram a oferecer garantia de todos os meios de comprometimento, de forma civilizada, necessária e eficaz para um desenvolvimento sustentável do mercado e na sociedade em que atua.

Neste sentido, o TAC se caracteriza como uma forma mais rápida de solução de conflitos; justiça rápida e qualificada; tutela de direitos; ampara a sociedade; efetiva o direito. Enfim, o TAC se realiza numa concretização da justiça.

A nossa CRFB determina que o trabalho humano e a livre iniciativa são os valores a serem promovidos na ordem econômica. Estabelece, outrossim, registra RODRIGUES (2003:1), como princípios reitores desta última entre outros a defesa do consumidor, de cujas características mais importantes são a transindividualidade, a indeterminação objetiva, a conflituosidade que sua tutela enseja, a sua indisponibilidade coletiva.

Nesse passo, o ajustamento de conduta é um meio de se honrar os fundamentos do Estado Democrático de Direito, haurindo sua legitimidade da própria ordem constitucional (RODRIGUES, 2000:2).

Vai mais longe a douta Procuradora da República supracitada:

[...].

Pelo fato de a celebração do ajuste estar limitada pelo ordenamento jurídico à adaptação da conduta do transgressor da norma às exigências legais, pode-se considerar democrática a eleição realizada pelo representante do povo, de órgãos públicos legitimados[283] a promovê-la. A formação do ajuste não pressupõe deliberações políticas que não estejam previamente previstas na lei, implícita ou explicitamente. São órgãos cuja legitimação técnica, prevista no ordenamento constitucional, também desempenham um papel importante na concretização de direitos, mesmo porque podem estar menos sujeitos aos interesses pessoais e partidários, que comandam, mais de perto, a atuação dos representantes políticos, de índole técnica, a possibilidade de negociação desses direitos, dentro dos estritos limites legais.

[...].

Salienta-se, por uma via, que os direitos transindividuais são o gênero que engloba três espécies: os direitos difusos, os direitos coletivos e os direitos individuais homogêneos. Por outra, alguns doutrinadores consideram que a proteção dos direitos transindividuais é uma segunda onda de acesso a uma ordem jurídica mais justa.

Ressalta-se que a transindividualidade caracteriza a titularidade do direito, eis que seu gozo é atribuível a um conjunto mais ou menos indeterminado de pessoas, assim como a sua violação afeta a esfera jurídica desse espectro de indivíduos. O que importa é que a proteção da comunidade deve ser a medida da proteção de cada um de seus componentes.

2.2. As três ondas: obstáculos econômico, organizacional e processual

Em atendimento à ordem jurídica mais justa, ou melhor, ao direito fundamental do acesso à Justiça, CAPPELLETTI & GARTH (1998:31-32 e 49-50) focalizam diversas "ondas". A primeira "onda" cinge-se em frustrar o **"obstáculo econômico"** na fruição dos direitos do homem, o que se viabiliza pelo implemento da assistência judiciária ou gratuita. A segunda, tem por finalidade combater o **"obstáculo organizacional"**, possibilitando a defesa de interesses de grupo, difusos ou coletivos, implementada mediante ações populares ou coletivas; e finalmente a terceira "onda" vem para combater o **"obstáculo processual"** de acesso à Justiça, criado de forma natural pela expansão e reconhecimento dos direitos humanos, consolidando-se no congestionamento crônico dos sistemas judiciários internos da maioria dos Estados.

---

(283) O compromisso tomado pelos órgãos legitimados é uma providência fruto da experiência da Lei de Pequenas Causas (Lei n. 7.244, de 7.11.1984), que confere ao acordo extrajudicial, celebrado entre as partes.

Com efeito, apenas com a criação de mecanismos de garantia desses novos direitos o sistema passa a tutelar plenamente o indivíduo porque não olvida sua dimensão coletiva, típica das sociedades de massa. A tutela desses direitos não ocorre apenas em âmbito judicial, mas também pode ser realizada pelos meios extrajudiciais (RODRIGUES, 2003:1).

Nessa trilha, vê-se que a Administração Pública ao limitar a propriedade e a liberdade o faz para promover direitos, para evitar ou reparar danos causados a direitos da comunidade.

Nesse sentido, assegura GORDILLO (1998:175) que a concepção tradicional de Poder de Polícia é equívoca porque enfatiza o controle que o Estado exerce sobre os administrados, quando a lógica da regulação estatal é justamente promover o direito de todos, ou de quase todos, sujeitos à violação por alguns.

Em sendo assim, a aplicação de sanções administrativas aos transgressores da norma jurídica é também uma forma de tutela extrajudicial de direitos transindividuais. Tanto o poder público quanto os particulares estão sujeitos ao respeito dos direitos e interesses difusos, coletivos e individuais homogêneos, incorrendo nas mesmas sanções pelo seu descumprimento. O conteúdo dos direitos transindividuais transita muito bem entre o privado (direitos contratuais dos consumidores de um produto e serviço), e o público (direito à preservação do meio ambiente, do consumidor, à ordem econômica, à livre concorrência, do patrimônio artístico, estético, histórico, turístico e paisagístico, à saúde etc.).

Diante disso, há uma tendência em se privilegiar a solução negociada, também no âmbito administrativo. Esta é uma forma de solução de conflitos que possui uma lógica própria, pois enseja a participação ativa das partes interessadas, distinguindo-se das formas adjudicatórias de resolução de conflitos.

2.3. Características da solução extrajudicial dos conflitos transindividuais

O caminho, lembra RODRIGUES (2003:1), para se chegar ao resultado conciliatório passa necessariamente pela negociação, entendida esta como a entabulação de um diálogo, é uma *"comunicação bidirecional"* sobre os pontos de vista de cada parte e a melhor forma de compor os interesses em jogo. Ao se configurar como uma alternativa ao processo judicial, a conciliação permite uma maior economia.

Todavia, tendo em vista a singularidade desses direitos, especialmente sua indisponibilidade, reputamos que existe um regime peculiar da solução extrajudicial dos conflitos envolvendo direitos transindividuais, que pode ser resumido a duas regras que devem necessariamente ser observadas, sendo a primeira relacionada à ausência de renúncia e de concessão do direito em jogo, e a segunda no sentido da observância de um sistema que garanta que a vontade manifestada coincida com os interesses dos titulares do direito, seja por meio da consulta efetiva dos interessados, seja por meio da presunção de que órgãos públicos poderão adequadamente representar os direitos da coletividade.

No ajuste se reconhece a iminência ou a existência de um fato determinado, que pode ser um agir ou uma omissão, o qual possa causar violação a um direito transindividual. Por meio dele se realiza um pacto com o responsável pelo fato, de forma a se evitar o dano ou a repará-lo integralmente. Embora o ajuste de conduta seja firmado por órgãos públicos, é um instrumento de composição de deveres e obrigações resultantes eminentemente de responsabilidade civil.

Portanto, uma outra característica da solução extrajudicial dos conflitos transindividuais, que sempre está presente nas resoluções alternativas dos conflitos individuais, é o seu **potencial preventivo**, posto que ocorre, em muitos casos, a disciplina de alguns aspectos da relação entre aqueles que participam do acordo, não só apresentando a solução para um dissídio concreto, mas também dispondo para o futuro, a fim de evitar novos pontos de atrito em relacionamentos, às vezes, inevitáveis.

Decerto que a utilização do TAC tem um caráter educativo, consubstanciado no objetivo de prevenir a ocorrência de futuras transgressões e que tal objetivo só é alcançado quando restar sedimentada no corpo social a ideia de que é mais econômico investir na prevenção do que suportar as punições aplicadas.

Esse potencial preventivo é a responsabilidade civil preventiva, fundamental para adequação da tutela sob a ótica da prevenção. Aliás, o Princípio da Tutela Preventiva dos direitos preconiza que sempre que possível o sistema jurídico deve evitar a ocorrência dos atos ilícitos e dos danos. Desta forma, o TAC foi concebido como um mecanismo de solução extrajudicial de conflito justamente para propiciar essa prevenção.

Neste particular, vale lembrar que a singularidade da tutela inibitória é realizar em toda a sua plenitude a função da prevenção do ilícito, justamente porque tal tutela não está vinculada à ocorrência do dano, nem necessariamente à probabilidade de sua ocorrência. A tutela inibitória visa coibir que o ilícito ocorra, evidentemente porque toda ilicitude tem um grande potencial lesivo, mas a sua prestação não está vinculada à demonstração do dano, ou de que o mesmo possa vir a ocorrer, porque o seu fim é justamente evitar a própria ilicitude (RODRIGUES, 2002:125).

A tutela dos direitos transindividuais tem como fundamento a solidariedade social, deve haver a responsabilidade de assumir uma dada conduta ou deixar de fazê-la mesmo que não se trate de reparar danos, mas sim de preveni-los. O ilícito passa a ser uma realidade independente do dano.

O equivalente pecuniário sempre é desnaturado quando se trata de reparação de dano extrapatrimonial, e existe não para corresponder plenamente à reparação do dano, mas para mitigar os efeitos perversos da violação do direito e coibir a impunidade daqueles que o violaram.

A tutela preventiva, a única capaz de impedir que os direitos não patrimoniais sejam transformados em pecúnia, por meio de uma inconcebível expropriação de direitos fundamentais para a vida humana (MARINONI, 1998:14).

2.4. Da extrajudicialidade e do potencial preventivo do TAC

O Direito Processual brasileiro tem, nos últimos tempos, conhecido uma série de novos títulos executivos que, apesar de extrajudiciais, contam com a participação de entes estatais em sua formação.

Isso decorreu de dois motivos essenciais:

a) da constatação de que para o atingimento dos fins públicos não mais bastavam os meios de coerção tradicionais (imposição de multas administrativas, v. g.), de atuação indireta na obtenção dos comportamentos tidos como socialmente relevantes, e sim que são necessários instrumentos que possam garantir, de maneira efetiva, a observância daquelas condutas;

b) para obviar o trâmite de imposição de sanções, ou sustar sua aplicação por tempo suficiente à conformação aos padrões exigidos, como ocorre com o termo de compromisso de cessação de ilegalidade e/ou reparação do dano causado, para evitar o ajuizamento de ação civil pública.

Como doutrina MARTINS FILHO (2003:61):

[...].

não há campo para transação de direitos por parte do Ministério Público. O que se admite é apenas a flexibilização de prazos para o ajuste de conduta, quando a lesão à ordem jurídica não seja passível de imediata reparação. Assim, pode (a Advocacia-Geral da União, sic) ou o Ministério Público conceder prazo, previsto no termo de compromisso, para a adequação de conduta, suspendendo, por esse tempo o ajuizamento da ação civil pública e/ou a execução específica do título executivo extrajudicial que é o termo de compromisso.

[...].

Quer dizer: o TAC deve ser priorizado em relação à ação civil pública por apresentar flagrantes vantagens sobre esta.

Sendo assim, o TAC afasta o ajuizamento da ação civil pública. Ou, quando possível, para solucionar a questão ainda nesta fase, por meio do TAC, e mediante o qual os interessados compõem, perante órgão público legitimado, de modo a se obrigarem a cumprir o que determina a Lei, ou se absterem de prática lesiva ao direito ou interesse protegido, e ainda, a repararem as consequências de lesão já consumada, restaurando a integralidade do direito.

Geralmente tal compromisso assume a feição de protocolo administrativo ou de intenção (ARAÚJO, 1992:149):

[...].

em que pessoas físicas ou jurídicas, públicas, ou particulares, manifestam sua intenção de agir de determinada forma frente a algum episódio, durante algum tempo ou em certo tempo, se as condições de fato e de direito forem as mesmas da ocasião em que foi firmado, e se escrito.

[...].

Como o próprio nome indica, o protocolo de intenções é mais um acordo de cavalheiros, geralmente sobre a possibilidade de uma atuação futura do particular e do Estado.

Mas o que se quer evidenciar é que o TAC pode ser um importante veículo para se evitar a prática de atos ilícitos, ou a continuidade de sua ocorrência, haja ou não um dano configurado ao direito transindividual. Assim, tal como a tutela inibitória judicial o ajuste provê, principalmente, para o futuro. Estabelece como deve ser a conduta do obrigado daí por diante em relação à observância daquele direito. Em muitas situações o TAC inaugura um novo tipo de relacionamento entre o obrigado e os titulares do direito transindividual, sendo uma importante forma de promover a "justiça coexistencial" (RODRIGUES, 2002:126).

Mesmo que o ilícito ou o dano já tenha ocorrido, a função de evitar novos danos ainda é preventiva e absolutamente importante. Destarte, quando já haja um dano a direito transindividual, além da previsão da reparação deste, se possível de forma integral, deve o ajuste cumprir fielmente sua função preventiva estipulando obrigações que, se cumpridas, mitiguem a possibilidade de novos ilícitos e suas consequências. A prevenção é fundamental para a justa tutela de qualquer tipo de direito ou interesse transindividual.

Nota-se que o nosso sistema jurídico utiliza, de forma fungível, as duas expressões interesse e direito.

2.5. Da diferença entre Termo do Compromisso de Desempenho — TCD, do Ajustamento de Conduta — TAC e do Compromisso de Cessação de Prática — CCP

Vale rememorar e repisar que a década de 1990 nos legou alguns institutos que tratam justamente da tutela extrajudicial de direitos transindividuais, como o compromisso em Termo de Ajustamento de Conduta, previsto no § 6º, do art. 5º, da LACP [284], no art. 211[285], do ECA e no art. 79-A[286], da Lei n. 9.605, de 12

---

(284) "[...]. Art. 5º A ação principal e a cautelar poderão ser propostas pelo Ministério Público, pela União, pelos Estados e Municípios. Poderão também ser propostas por autarquia, empresa pública, fundação, sociedade de economia mista ou associação que: II – inclua entre suas finalidades institucionais a proteção ao meio ambiente, ao consumidor, à ordem econômica, à livre concorrência, ou ao patrimônio artístico, estético, histórico, turístico e paisagístico. § 6º Os órgãos públicos legitimados poderão tomar dos interessados compromisso de ajustamento de sua conduta às exigências legais, mediante cominações, que terá eficácia de título executivo extrajudicial."

(285) "[...]. Art. 211. Os órgãos públicos legitimados poderão tomar dos interessados compromisso de ajustamento de sua conduta às exigências legais, o qual terá eficácia de título executivo extrajudicial. [...]".

(286) "[...]. Art. 79-A. Para o cumprimento do disposto nesta Lei, os órgãos ambientais integrantes do SISNAMA, responsável pela execução de programas e projetos e pelo controle e fiscalização dos estabelecimentos e

de fevereiro de 1998, que dispõe sobre sanções penais e administrativas derivadas de condutas e atividades lesivas ao meio ambiente, a chamada Lei da Natureza.

Na verdade, o TAC foi concebido para aperfeiçoar a tutela civil dos direitos transindividuais até então restrita a instrumentos de natureza processual. Passou a ser uma atividade significativa para o Ministério Público, a partir da publicação da Lei de Crimes Ambientais, Lei n. 9.605, de 1998, que permitiu a criminalização de condutas lesivas ao meio ambiente.

Esse instrumento visa à conformação das condutas às exigências da lei vigente quando da ocorrência da ameaça ou da violação do direito, por meio de solução diretamente negociada pelos atores e responsáveis pela reparação do dano. Os conflitos ambientais resultam da disputa que se estabelece entre a apropriação dos recursos ambientais e sua preservação (BAÚ, 2005).

O TAC aparece na seara da defesa da ordem econômica, como compromisso de desempenho e como compromisso de cessação de prática. Este último está regulado no art. 53[287], da Lei n. 8.884, de 1994.

---

das atividades suscetíveis de degradarem a qualidade ambiental, ficam autorizados a celebrar, com força de título executivo extrajudicial, termo de compromisso com pessoas físicas ou jurídicas responsáveis pela construção, instalação, ampliação e funcionamento de estabelecimentos e atividades utilizadores de recursos ambientais, considerados efetiva ou potencialmente poluidores. § 1º O termo de compromisso a que se refere este artigo destinar-se-á, exclusivamente, a permitir que as pessoas físicas e jurídicas mencionadas no *caput* possam promover as necessárias correções de suas atividades, para o atendimento das exigências impostas pelas autoridades ambientais competentes, sendo obrigatório que o respectivo instrumento disponha sobre: I – o nome, a qualificação e o endereço das partes compromissadas e dos respectivos representantes legais; II – o prazo de vigência do compromisso, que, em função da complexidade das obrigações nele fixadas, poderá variar entre o mínimo de 90 (noventa) e o máximo de 3 (três) anos, com possibilidade de prorrogação por igual período; III – a descrição detalhada de seu objeto, o valor do investimento previsto e o cronograma físico de execução e de implantação das obras e serviços exigidos, com metas trimestrais a serem atingidas; IV – as multas que podem ser aplicadas à pessoa física ou jurídica compromissada e os casos de rescisão, em decorrência do não cumprimento das obrigações nele pactuadas; V – o valor da multa de que trata o inciso anterior não poderá ser superior ao valor do investimento previsto; VI – o foro competente para dirimir litígios entre as partes. § 2º No tocante aos empreendimentos em curso até o dia 30 de março de 1998, envolvendo construção, instalação, ampliação e funcionamento de estabelecimentos e atividades utilizadoras de recursos ambientais, considerados efetiva ou potencialmente poluidores, a assinatura do termo de compromisso devera ser requerida pelas pessoas físicas e jurídicas interessadas, até o dia 31 de dezembro de 1998, mediante requerimento escrito protocolizado junto aos órgãos competentes do SISNAMA, devendo ser firmado pelo dirigente máximo do estabelecimento. § 3º Da data da protocolização do requerimento previsto no parágrafo anterior e enquanto perdurar a vigência do correspondente termo de compromisso, ficarão suspensas, em relação aos fatos que deram causa à celebração do instrumento, a aplicação de sanções administrativas contra a pessoa física ou jurídica que o houver firmado. § 4º A celebração do termo de compromisso de que trata este artigo não impede a execução de eventuais multas aplicadas antes da protocolização do requerimento. § 5º Considera-se rescindido, de pleno direito, o termo de compromisso, quando descumprida qualquer de suas cláusulas, ressalvado o caso fortuito ou de força maior. § 6º O termo de compromisso deverá ser firmado em até 90 (noventa) dias, contados da protocolização do requerimento. § 7º O requerimento de celebração do termo de compromisso deverá conter as informações necessárias à verificação da sua viabilidade técnica e jurídica, sob pena de indeferimento do plano. § 8º Sob pena de ineficácia, os termos de compromisso deverão ser publicados no órgão oficial competente, mediante extrato. [...]."

(287) "[...]. Art. 53. Em qualquer fase do processo administrativo poderá ser celebrado, pelo CADE ou pela SDE *ad referendum* do CADE compromisso de cessação de prática sob investigação que não importará confissão quanto à matéria de fato, nem reconhecimento de ilicitude da conduta analisada. [...]."

A norma expressamente supõe a ponderação de bens e valores de relevo para o ordenamento jurídico. Ao que parece há uma amplitude maior de negociação na celebração do compromisso de desempenho do que no ajustamento de conduta. Neste último o objetivo é adequar a conduta do agente, que violou ou está ameaçando de violar um direito transindividual, às prescrições legais, sem admitir a consolidação da violação para fins de se proteger outros direitos.

Ensina RODRIGUES (2002:114) que:

[...].

No compromisso de desempenho, todavia, é possível a limitação a um direito transindividual, o da livre concorrência, desde que a não realização da conduta possa ser mais prejudicial a outros interesses igualmente tutelados pelo sistema. Por exemplo, pode-se admitir a fusão de duas empresas nacionais, ainda que resulte em domínio de parte do mercado, para proteger a empresa nacional em face de suas concorrentes internacionais, ou para preservar o nível de emprego, desde que a empresa se comprometa formalmente a cumprir os objetivos fixados, bem como a distribuição equitativa dos benefícios, a preservação da concorrência de parte substancial e se observem os limites necessários. Ademais, o compromisso sempre deve levar em conta os direitos dos consumidores.

[...].

Resta demonstrada a característica tão bem evidenciada por MANCUSO (1994:15) de conflituosidade objetiva dos direitos transindividuais. Ao contrário do ajuste de conduta, que pode versar sobre qualquer tipo de matéria, o desempenho de conduta é restrito à proteção dos valores da ordem econômica, e só pode ser celebrado pelo CADE. "Some-se a isso o fato de o compromisso de desempenho não constituir, por si só, um título executivo extrajudicial, posto que o que a lei dota de eficácia executiva é a decisão do Plenário do CADE que comina multa ou impõe a obrigação de fazer e de não fazer" (RODRIGUES, 2002:114).

De fato, a Lei n. 8.884, de 1994, foi bem mais precisa ao revestir o compromisso de cessação de caráter de título executivo extrajudicial, permitindo expressamente que o CADE ajuíze a respectiva ação de execução em caso de descumprimento das condições ajustadas ou colocação de obstáculos à fiscalização por parte do compromissário, arcando este com o pagamento de multa cominatória diária.

Comenta CLEMENTE (2005:83) que as obrigações assumidas pelo compromissário usualmente revestem-se do caráter de obrigação de fazer ou não fazer, a lei antitruste possibilita ao CADE requerer a concessão da tutela específica, podendo o juiz determinar providências que assegurem o resultado prático equivalente ao do adimplemento.

A Lei n. 8.884, de 1994 prevê expressamente a possibilidade de conversão da obrigação de fazer ou não fazer em perdas e danos, atribuindo, portanto, ao CADE legitimidade ativa para sua cobrança.

Todavia, relembra CLEMENTE (2005:83) que:

[...].

Lamentavelmente, as inovações empreendidas pela Lei n. 9.457, de 1997 no âmbito do mercado de valores mobiliários não foram tão ambiciosas. De fato, à CVM somente foi concedida a possibilidade de dar continuidade ao procedimento administrativo anteriormente suspenso, em caso de inobservância do termo de compromisso pelo compromissário, não havendo qualquer previsão legal de execução judicial das obrigações.

A redação original do "Projeto Kandir" previa que o acusado, ao firmar o termo de compromisso, além de obrigar-se a cessar a prática considerada ilícita pela CVM, corrigindo as irregularidades e indenizando os prejuízos, consentiria na aplicação da penalidade prevista na lei, o que representava, na prática, a sua expressa e antecipada confissão de culpa.

O inc. nesse sentido, entretanto, foi suprimido da redação final, mantendo-se o § 6º, do art. 11, pelo que, além de não representar confissão quanto à matéria de fato, nem reconhecimento de ilicitude da conduta investigada, o termo de compromisso não contém, originariamente, cominação expressa para a hipótese de inadimplemento pelo compromissário, além da própria retomada do processo administrativo suspenso, e que poderá ou não redundar na aplicação das penalidades pela CVM.

[...].

Por sua vez, comentando o art. 5º, § 6º, da LACP, GRECO FILHO (1991:377) afirma que:

[...].

O § 6º institui a possibilidade de as pessoas públicas legitimadas firmarem com os interessados compromisso de ajustamento de conduta às exigências legais, valendo o acordo como título executivo extrajudicial no caso de descumprimento.

A norma é salutar, porque dá força ao acordo, muitas vezes indispensável para que se possa alcançar a normalidade. As condutas agressivas ao meio ambiente e a outros direitos difusos comumente demandam tempo e despesas para a sua correção, de modo que o acordo será a única maneira de se alcançar a melhoria das condições. Poderia parecer estranho que perante uma conduta ilegal se admita contemporização, mas cremos que a utilização do instrumento atuará em favor da comunidade, já que seria inviável a correção imediata.

Três pontos, ainda importantes:

a) o termo de ajustamento somente pode ser firmado por **órgãos públicos**, excluídas, pois, as associações particulares, aplicando-se, pois, a regra às entidades enumeradas nos incisos I, II e III, do art. 82, excluído o inciso IV.

b) Em sendo a eficácia do título a de título executivo extrajudicial, a sua elaboração independe de homologação judicial, bem como a executividade dele resultante. Basta a assinatura dos participantes.

c) Em se tratando de título executivo extrajudicial, as "cominações" a que se refere o parágrafo somente podem ser pecuniárias, porque não há título executivo extrajudicial de obrigação de fazer ou de dar coisa infungível. Na falta de disposição em contrário expressa, deve haver a conciliação do dispositivo com o sistema de títulos executivos do Código de Processo Civil. Prestação de fazer ou de dar coisa infungível deve ser perseguida por meio de ação de conhecimento.

[...].

ALVIM *et alli* (1995:509-510) ensina que:

[...].

No parágrafo sexto, se estabelece, à semelhança do texto igual, que foi vetado para o Código de Proteção e Defesa do Consumidor, que os "órgãos públicos" legitimados por esta Lei n. 7.347, de 24 de julho de 1985, poderão tomar compromisso de ajustamento dos interessados. Isto significa que, celebrado esse compromisso, esses interessados deverão se comportar em conformidade à conduta descrita no compromisso, e, isto inocorrendo, haverão de sofrer as sanções ou cominações que, especificamente, hajam sido nele igualmente previstas.

Esse compromisso tem a validade de "título executivo extrajudicial", o que significa que, em termos práticos, o que nele haja estabelecido, desde que infringidos os seus mandamentos[288], e por isto havendo de incidir a sanção, viabiliza pelo órgão ou órgãos que o hajam firmado e perante os quais os interessados se hajam comprometido, que estes já ingressem pela via executiva, estando aí descrito o que se colima obter, de imediato, tendo em vista os fins colimados pelo próprio compromisso, e fazendo com que os infratores venham a sofrer as respectivas sanções. Em função de ilícito praticado em face de compromisso, configura-se hipótese, bastante possível, de concessão de tutela específica liminar, ainda que o parágrafo sexto, deste artigo 5º, seja da Lei n. 7.347. Esta interpretação se justifica pela mesma finalidade em parte, da

---

(288) O que nos parece é que é possível descrever uma conduta, representativa de uma obrigação de fazer (de uma dada maneira), ou de não fazer. Incorrendo o que haja sido objeto desse compromisso, *ipso facto*, não há razão para se entender que está perpetrado o ilícito, desnecessário processo de conhecimento para tanto. É certo, ainda, que haver-se-á de aportar, juntamente com esse compromisso, a prova documental de comportamento em desconformidade com o compromisso mesmo.

Lei n. 7.347 e do Código de Proteção e Defesa do Consumidor e em face do disposto no artigo 21, da Lei n. 7.347, com redação dada pelo artigo 117, do Código de Proteção e Defesa do Consumidor.

[...].

Ainda que esse compromisso contenha, como possível objeto de seu conteúdo, obrigação de fazer, ou de não fazer, pondera ALVIM *et alli* (1995:509-510), o seu **rendimento** como título executivo pode ser visualizado da seguinte forma:

a) a conduta nele descrita — obrigação de fazer; ou, obrigação de fazer e de não fazer — desde que se demonstre **idoneamente** a infração à conduta havida no compromisso como **lícita**, confere, desde logo, o direito ao procedimento executivo;

b) é certo que as obrigações de não fazer e de fazer, **em si mesmas**, são de difícil ou impossível coerção;

c) se o compromisso de ajustamento contiver — como normalmente terá — pena pecuniária, redutível a um *quantum* determinado, havendo solicitação do exequente, poderá o juiz determinar, de imediato, a execução por quantia certa, independentemente de perdas e danos, se os pressupostos desta houverem ocorrido.

Ademais, em sede de improbidade consumerista ocorre a inversão do ônus da prova, não cabendo ao agente público escusar-se no desconhecimento ou ignorância dos deveres que obrigam o seu atuar. Quando descumprido TAC, caberá ao agente público justificar porque o fez.

2.6. *Requisitos necessários para a celebração do TAC*

O TAC, a ser lavrado de forma autônoma, deve conter a qualificação completa do interessado (e eficácia da representatividade, se pessoa jurídica), domicílio do interessado ou local para recebimento de comunicações; o fato, sua exposição e, quando for o caso, o fundamento do pedido do TAC; data e assinatura do interessado ou de seu representante; o momento a partir do qual restará configurado o descumprimento do ajuste e, se for o caso, a previsão orçamentária para o adimplemento da obrigação; deve indicar o responsável pela sua fiscalização e, ainda, consignar a responsabilidade pessoal do firmador e a configuração de ato de improbidade administrativa pelo descumprimento, além de incluir documentos anexos, que não deverão ser objeto de mera referência.

É de se registrar, de vital importância, que os órgãos públicos legitimados podem admitir como interessados no TAC as pessoas físicas ou jurídicas que o iniciem como titulares de direitos ou interesses individuais ou no exercício de representação; aqueles que, sem terem iniciado o TAC, têm direitos ou interesses que possam ser afetados pelo cumprimento ou descumprimento do termo; as organizações e associações representativas, no tocante a direitos e interesses coletivos, e as pessoas ou associações legalmente constituídas quanto a direitos ou interesses difusos.

A cogitada inclusão de multa pecuniária de cunho compensatório, a título de indenização ou reparação pelo inadimplemento do compromisso, segundo o Princípio Universal da Responsabilidade Civil, logra melhor êxito, eis que, como já dito anteriormente, é uma obrigação de fazer ou não fazer e, na maioria das vezes, de dar. Na verdade, o caso concreto é que revelará a cominação cabível e adequada.

Em sendo determinados os prejudicados da conduta irregular do compromissário, e desde que quantificados os danos experimentados, nada impede que os prejudicados também firmem o instrumento, assumindo a condição de legítimos sujeitos de direito e credores do compromissário. Tem, então, entre os prejudicados e o compromissário uma relação de direito material de cunho verdadeiramente contratual, alguns doutrinadores entendem que se trata de transação.

Nesse particular, comenta EIZIRIK (1997:14) que embora a Lei n. 9.457, de 1997, não tenha expressamente mencionado que o compromisso constitui título executivo extrajudicial, como fez o legislador ao redigir o § 4º, do art. 53, da Lei Antitruste, se o termo de compromisso for firmado na presença de duas testemunhas e se este especificar o *quantum* que será pago como indenização a cada prejudicado, em consonância com o disposto no art. 585, II, do CPC, não há como negar ao acordo sua executividade.

Como referido, obedecidas as condições previstas no art. 585, II, do CPC, se o acordo estipular o valor a ser pago como indenização e quanto caberá a cada indenizado, uma vez descumprido, poderá o prejudicado ingressar com ação de execução contra a parte que estava sob investigação da CVM (EIZIRIK, 1997:14). Nessa hipótese, há uma dívida líquida e certa.

Nessa linha, entende CLEMENTE (2005:86) que o ajuste firmado entre o compromissário e os prejudicados, embora inserido no termo de compromisso, nenhum conflito gera em relação ao disposto no § 6º do art. 11, da Lei n. 6.385, de 1976; a **UMA** porque essa transação tem cunho preventivo, nos termos do art. 1.025[289], do Código Civil (e a praxe indica que, nesses casos, é usual o não reconhecimento ou a abordagem apenas superficial do mérito do direito material em conflito), e a **DUAS** porque parece evidente que o mencionado dispositivo teve por escopo principal o processo administrativo instaurado pela CVM, e não os ajustes firmados entre os particulares.

Nessa trilha, MILARÉ (2000:434) aponta que o compromisso de ajustamento de conduta às exigências legais, previsto no § 6º, do art. 5º, da LACP, introduzido

---

(289) O atual e correspondente art. 840, do Código Civil de 2002, manteve a mesma redação do Código Civil de 1916, de seguinte teor: "[...]. Art. 840. É lícito aos interessados prevenirem ou terminarem o litígio mediante concessões mútuas. [...]".

pelo CDC, art. 113, consagra figura de transação, na medida em que pode não só prevenir o litígio (propositura de ação civil pública) como também pôr-lhe fim (ação em andamento). A transação implica na extinção do processo com julgamento do mérito (CPC, art. 267, III).

A transação judicial tanto pode dar-se *no processo* como *em procedimento avulso* levado à homologação judicial, e deve observar todos os requisitos de validade exigidos do ajuste extrajudicial (MILARÉ, 2000:434).

A marca da indisponibilidade dos interesses e direitos transindividuais impede, em princípio, a transação, tendo em vista que o objeto desta alcança apenas direitos patrimoniais de caráter privado, suscetíveis de circulabilidade, de acordo com o art. 841, do Código Civil.

Frente, porém, a situações concretas de dano iminente ou consumado, em que o responsável acede em adequar-se à lei ou em reparar a lesão, seria fechar os olhos à realidade e às exigências da vida recusar pura e simplesmente tal procedimento, numa incompreensível reverência aos conceitos.

Salienta MILARÉ (2000: 394) que:

[...].

Realmente, não se pode negligenciar o fato de que, por um lado, o aforismo popular alerta que 'é melhor um mau acordo do que uma boa demanda' (com isso gizando os inconvenientes das pendências judiciais quando possam ser evitadas ou abreviadas); de outro lado, haverá casos em que a não celebração do acordo laboraria contra a tutela do interesse difuso objetiva. Imagine-se que a empresa poluente, reconhecendo ser fundada a pretensão inicial, apresente plano para a instalação, em três meses, dos equipamentos necessários, fazendo prova de que estão encomendados. Em casos que tais, a intransigência do autor na recusa ao acordo não se justificaria, porque nas ações coletivas o interesse reside menos em 'vencer' a causa, do que em obter, de algum modo, a melhor tutela para o interesse difuso questionado.

[...].

O compromisso lavrado no TAC pode, mais uma vez, envolver direitos transindividuais em risco diante de determinadas práticas econômicas. Neste caso, o TAC também pode ser um meio alternativo de solução de conflitos, por isso, extrajudicial.

Até porque "o controle jurídico da administração não precisa estar nas mãos dos tribunais ordinários: ele pode ser exercido por tribunais administrativos especiais", segundo ensina (KELSEN, 1998:400).

Conquanto a atual Constituição Federal estabeleça em seu art. 5º, inciso XXXV, que "a lei não excluirá da apreciação do Poder Judiciário lesão ou ameaça de lesão", o que não se pode aceitar é que, a partir daí, se pretenda ver obstaculizada toda e qualquer solução de conflito apenas porque não se efetivou perante o Judiciário (BEZERRA, 2001:103).

O TAC é um meio alternativo, na verdade, meio essencial de solução de conflitos, instituído, também por isso, para amenizar, diminuir a busca do Poder Judiciário que há muito tempo se encontrar assoberbado de processos.

Aliás, só a título de exemplo, o que chama a atenção, só o STF, em 2011, proferiu "102 mil decisões, das quais 89.074 foram, apesar de possíveis e previstas no Regimento Interno..., monocráticas, de um só Ministro (87%), das quais 36.754 couberam exclusivamente ao Presidente"[290].

Nesse sentido, demonstrando o árduo e descomunhal trabalho forense, ressalta mais uma vez o historiador VILLA, (2012:6):

[...].

são afirmações, como as do Ministro Marco Aurélio. Disse no programa "Roda Viva", da TV Cultura, que julgou, em 2011, 8.700 processos. Isso mesmo: 8.700 processos. Podemos supor que metade tenha sido julgada no mérito. Sobraram 4.350. Vamos imaginar, com benevolência, que cada processo tenha em média 500 folhas. Portanto, o Ministro teve de ler 2.175.000 páginas. Se excluirmos férias forenses..., os finais de semana, os feriados..., as licenças médicas, as viagens internacionais, as sessões plenárias, o Ministro deve ter ficado com uns quatro meses para se dedicar a estes processos. Em 120 dias, portanto, teve de ler, em média, 18.125 páginas. Imaginando que tenha trabalhado 14 horas diárias leu, por hora, 1.294 páginas, das quais 21 por minuto.

[...].

Assim, o TAC deve e, graças, tem sido amplamente utilizado como forma de se evitar a judicialização do conflito para proteção de direitos e interesses de pessoas físicas, jurídicas e de organizações/órgãos públicos ou privados.

Nessa estrada, com o fito de afastar a citada tamanha judicialização, é que o TAC deve ser amplamente realizado, para prevenir ou terminar litígios, nas hipóteses que envolvam interesse público da União, suas autarquias e fundações, a ser firmado pela Advocacia-Geral da União.

Afora isso, exatamente por que o TAC é um instrumento de tutela de direitos transindividuais, não deve ser celebrado sob a perspectiva do compromissário ou segundo o seu exclusivo interesse.

---

(290) Cf. o historiador e Professor da Universidade Federal de São Carlos (SP), VILLA, Marco Antonio. É, leitor, cabe rir. *Jornal O Globo*, terça-feira, 28 de fevereiro de 2012, p. 6.

Certo é que as novas formas de solução extrajudicial de conflito devem ser regidas pelos Princípios do Acesso à Justiça, da Tutela Preventiva, da Tutela Específica, da Aplicação Negociada da Norma Jurídica e do Princípio Democrático.

Por nosso lado, entendemos que nos TAC's poderá ser incluída cláusula que preveja a responsabilidade pessoal do administrador da pessoa jurídica interessada (compromissário) em caso de descumprimento do pactuado.

Essa sugestão não deve suscitar eventuais argumentos de *bis in idem* na imposição de penalidade, eis que, conforme já restou bastante claro, há duas ordens distintas e autônomas: de um lado, a primeira ordem, que, descumprida, teria ensejado o processo administrativo do qual o TAC pode ser originário; de outro lado, a segunda ordem, que consiste na própria obrigatoriedade de cumprimento do TAC, vinculando o compromissário. De molde que as infrações devem comportar sanções específicas, quando for o caso, tanto para a pessoa do administrador quanto para a pessoa jurídica por aquele representada.

3. Conclusão

O Termo de Ajustamento de Conduta (TAC), como objeto interdisciplinar, aparece na psicologia educacional, no estudo da ética, na ciência ambiental, estética, patrimônio histórico, patrimônio público, direito indígena, do trabalho, comercial, direitos do consumidor, saúde, cidadania etc.

Com efeito, este instrumento está ocorrendo em todas as áreas de interesse público, porquanto viabiliza a defesa dos direitos e interesses difusos, coletivos ou individual homogêneo.

Constata-se, hodiernamente, que a aplicação do TAC apresenta vantagens e resultados positivos para o cidadão, quer seja no campo social, econômico, financeiro, quer seja em seara jurídica, na busca de um melhor acesso à Justiça — bem da vida.

O acesso à Justiça cristaliza-se fundamentalmente em três movimentos ("ondas") relevantes da histórica jurídica: 1º) Assistência Judiciária Gratuita; 2º) Defesa dos Interesses Coletivos ou Difusos; e 3º) Meios Alternativos de Solução de Conflitos (ou melhor, Meio Essencial de Solução de Conflitos).

Essas "ondas" se constituíram como assuntos polêmicos que fundamentaram movimentos doutrinários, a partir do ano de 1965 em todo o mundo. Esses movimentos procuram a correção e as renovações sucessivas do próprio movimento na evolução do Direito e de maior fidelidade da Justiça aos seus fundamentos democráticos, na busca de coerência com as suas próprias premissas.

A primeira "onda" cinge-se em frustrar o "obstáculo econômico" na fruição dos direitos do homem, o que se viabiliza pelo implemento da assistência judiciária ou gratuita.

A segunda tem por finalidade combater o "obstáculo organizacional", possibilitando a defesa de interesses de grupo, difusos ou coletivos, ou ainda individual homogêneo implementada por meio de ações populares ou coletivas ou, ainda, via celebração de TAC.

A terceira "onda" vem para combater o "obstáculo processual" de acesso à Justiça, criado de forma natural pela expansão e reconhecimento dos direitos humanos, consolidando-se no congestionamento crônico dos sistemas judiciários internos da maioria dos Estados.

Com efeito, o TAC se traduz, na segunda onda, porém, sobremaneira, nas três "ondas" focalizadas por (CAPPELLETTI & GARTH, 1998:31), visto que o "obstáculo econômico" é vencido quando o órgão público legitimado assume o custo ao tomar do interessado o Termo sem despesas para o consumidor; não há "obstáculo organizacional", pois a autoridade do órgão público legitimado é quem busca a defesa de interesse ou direito coletivo, difuso ou individual homogêneo; e, por fim, inocorre "obstáculo processual", pois sendo o TAC um documento único acordado pelo interessado e órgão público legitimado, este impõe o trâmite desse termo de forma mais célebre, sem superposição de função ou hierarquia departamental.

Na prática, o TAC é um procedimento pré-processual, que gera um título executivo extrajudicial. Espelha um instrumento no qual o interessado assina um compromisso junto ao órgão público legitimado se comprometendo a alterar sua conduta tida como irregular às exigências da lei. Sob esse ângulo, o TAC é muito mais do que um compromisso é um comprometimento.

O TAC foi concebido para aperfeiçoar a tutela civil dos direitos transindividuais até então restrita a instrumentos de natureza processual. Passou a ser uma atividade significativa para o MPF, a partir da publicação da Lei de Crimes Ambientais, Lei n. 9.605, de 1998, que permitiu a criminalização de condutas lesivas ao meio ambiente.

De fato, o TAC tem sido amplamente utilizado como forma de se evitar a judicialização do conflito para proteção do meio ambiente, consumidor, ordem econômica, livre concorrência, patrimônio artístico, estético, histórico, trabalho, saúde, turístico ou paisagístico.

Trata-se, portanto, de uma das vias privilegiadas de afirmação de novos direitos coletivos, na medida em que submete um conflito coletivo à arbitragem, por vezes mediada pelo MP ou pela AGU, a fim de estabelecer um acordo, formalizado no TAC, em que tais direitos passam a ser regulados. Tal acordo, caso descumprido, pode vir a se traduzir em um processo judicial (de execução). Daí sua importância.

O TAC, para cuidar do interesse e direito do consumidor, como não podia deixar de ser, veio no bojo da codificação da relação consumeirista.

Esses fundamentos encontram respaldo na melhor doutrina e na pacífica jurisprudência de nossos Tribunais, bem como na realidade fática ocorrente em razão da larga utilização desse instituto nos vinte e um anos de vigência do CDC.

Numa ponta, os órgãos públicos devem fazer mudanças internas para transformar o consumidor e o contribuinte em seu objetivo principal. Noutra ponta, além de privilegiar o usuário, o cliente, o consumidor, enfim o cidadão, devem priorizar a regulação e a fiscalização com aquele foco. A visão regulatória consumeirista tem que levar em conta o princípio do CDC que reconhece a vulnerabilidade do consumidor.

Cumprir o CDC é uma obrigação prevista no art. 170, da CF e o respeito ao Código beneficia a todos. Inclusive, entende-se que o País ganha com este patamar de respeitabilidade.

Considera-se muito positivo que a regulação do TAC contemple o CDC, pois é uma lei que já está incorporada na sociedade.

O CDC criou um verdadeiro microssistema jurídico, a abranger diferentes áreas não só do direito civil, mas também de outros ramos do direito como o direito administrativo, penal e processual. Apresentam as relações de consumo feição própria, de natureza interdisciplinar, que estão a exigir e merecer tratamento à parte.

Ademais, os órgãos públicos têm que visar o aumento da concorrência entre as empresas. Por isso, devem zelar pela desconcentração qualquer que seja o mercado, mesmo que isso momentaneamente não esteja prejudicando o consumidor e contribuinte. Devem, portanto, encontrar um nível de competição ótimo entre as empresas fiscalizadas, buscando detectar medidas internacionais que tenham impacto positivo para a concorrência. Agindo assim, não estará só protegendo o consumidor e contribuinte, não tão somente o mercado, porém muito mais: o próprio sistema econômico e financeiro nacional.

Esse sistema não existe sem o consumidor. É preciso, então, protegê-lo. Não é possível ter uma corrente forte sem este elo. É imprescindível, pois, que os órgãos públicos tenham um trabalho mais preventivo, proativo com as empresas sob sua fiscalização. Desta forma, estarão em consonância com as instituições que fazem parte do SNDC.

Os órgãos públicos precisam não só fazer regras. É preciso assegurar seu cumprimento. Para isso é preciso ter um cronograma e fiscalização forte. Somente assim haverá sinalização para que investidores estrangeiros se interessem pelo Brasil. E somente com contratos cumpridos o País terá maior competitividade.

Ressalte-se que o TAC não poderá ser utilizado de maneira plena se não houver um aperfeiçoamento da estrutura administrativa do órgão público legitimado. Caso contrário, pode-se deitar por terra um mecanismo apto a dar eficácia social às normas jurídicas sob a perspectiva da tutela do interesse e direito do consumidor, por exemplo.

Constata-se ainda que o TAC é uma realidade no direito positivo brasileiro e, em sendo assim, não pode ficar na retaguarda das mudanças econômica ou jurídica experimentadas nos dias atuais.

Outrossim, não se pode olvidar que o compromisso tomado no TAC é um meio alternativo de solução de conflitos, ou melhor, é um meio essencial de solução de conflitos envolvendo direitos transindividuais em risco diante de determinadas práticas econômicas, ambientais, consumeiristas, concorrenciais, artísticas, estéticas, turísticas, paisagísticas, trabalhistas, entre outros.

A utilização do TAC tem um caráter educativo, consubstanciado no objetivo de prevenir a ocorrência de futuras transgressões e que tal objetivo só é alcançado quando restar sedimentada no corpo social a ideia de que é mais econômico investir na prevenção do que suportar as punições aplicadas.

O TAC é uma ferramenta indispensável para o interessado e para o órgão público legitimado. Também é um ganho para a população em geral, que pode ter com mais facilidade seu conflito de direito e de interesse resolvido.

O TAC é o direito vivo e democrático.

O TAC pode ter suas falhas. E isto se deve ao fato não só da incompetência pura e simples dos homens, mas, sim, da constante mutação dos valores que regem as sociedades onde vivem, que são fatores motivadores das normas que regulam esta convivência nem sempre pacífica.

Por essa ótica, o que dizer de um instituto que no dia 11 de setembro próximo futuro vai completar vinte anos e que, apesar disso, está procurando acertar e melhorar cada vez mais?

As soluções não nascem prontas; são, na verdade, fruto de uma evolução constante das experiências acumuladas por toda a existência da humanidade. E mais: não é justo que se critique um instituto simplesmente por um ou outro mau emprego. Tem que se levar em conta que este presta relevantes serviços à sociedade que clamou por sua criação mediante a forma mais pura de democracia em nossos tempos: a Constituição.

As críticas de fato devem existir, mas de modo a serem construtivas, não apenas demonstrando erros ou defeitos, mas, sim, oferecendo soluções, apontando caminhos para melhorar cada vez mais este ou qualquer outro meio de aplicação do direito e distribuição da Justiça, pois esse é o verdadeiro papel do TAC. Sempre que assim o forem, certamente não faltarão vozes a elevá-lo e ações para colocá-lo em prática.

Se a utilização do TAC em seus moldes atuais não representa o anseio da sociedade, que se mude seu curso, mas de forma consciente para atender ao bem comum e não ao interesse de alguns.

Como é cediço, no rastro de qualquer grande mudança, em decorrência da própria natureza humana, surgem reações, surgem questões polêmicas e controvertidas que ao longo do tempo são saneadas, sobretudo pelo próprio trabalho das rodas da engrenagem que tendem a amoldarem-se harmonicamente com o descortinar de cada novo dia.

De resto, eram estas as contribuições a expender sobre o ponto controvertido, rogando mais uma vez que as autoridades envidem esforços no sentido de serem um facilitador da implementação do TAC em todos os setores em que se possa defender os interesses e direitos difusos, coletivos ou individual homogêneo da sociedade.

Neste sentido, o TAC deve ser implantado em toda a esfera e níveis da Administração Pública, contribuindo, assim, para torná-la mais eficiente, participativa na dirimência das lides extrajudiciais ocorrentes nos seus vários importantes setores e, assim, eficaz.

No âmbito trabalhista, tido, de forma errônea, como seara que, exclusivamente, só cuida dos direitos indisponíveis, o TAC possibilita a assunção do compromisso pelas empresas/empregadores perante o MPT, de cessarem ou não permitirem em seus estabelecimentos situações que estejam em desacordo com a legislação trabalhista e com os direitos sociais, constitucionalmente garantidos.

Em sendo assim, no Direito do Trabalho, há possibilidade de as condições dos direitos indisponíveis serem objeto de TAC, e não o seu conteúdo. Portanto, preservada, por exemplo, a saúde, a segurança etc., as condições para o seu alcance e implemento podem ser ajustadas no TAC.

Aliás, neste ponto, apesar da normatização do TAC, a AGU deve implementar uma cultura de utilização desse instrumento no seio da Administração Pública como adoção de uma política pública, para atingimento dos fins a fatos determinados, relacionados ao descumprimento ou ameaça de descumprimento de um dever específico. Em agindo assim, ao meu ver, atende, notadamente, ao princípio da eficiência executiva, anotado no art. 37, da CF.

É de se concluir que o TAC é um importante instrumento de composição de conflitos pela sua eficiência e eficácia. Mas carece um conjunto de regras mínimas que tornem sua prática mais segura. Também merecem reparos os procedimentos relativos ao controle, publicidade dos acordos celebrados e à participação dos envolvidos na sua formulação. A prática democrática do ajuste é essencial para evitar que os conteúdos dos interesses e direitos sejam disponibilizados, quando da celebração do TAC.

A Administração Pública e seus órgãos legitimados devem ter, portanto, uma postura proativa, ativa e presente para aprimorar o sistema de solução de conflitos em benefício da coletividade.

É preciso termos os olhos e o coração abertos para sermos capazes de entender e interpretar as necessidades de Justiça nos dias que correm.

4. Referências Bibliográficas

AKAOUI, Fernando Reverendo Vidal. *Compromisso de ajustamento de conduta ambiental*. São Paulo: Revista dos Tribunais, 2003.

ANDRADE, Filippe Augusto Vieira. *Algumas reflexões sobre vinculação e discricionariedade em matéria ambiental*, apud "Justiça Penal 6", coord. Jaques de Camargo Penteado. São Paulo: Revista dos Tribunais, 1999.

ANTUNES, Luiz Filipe Colaço. *A tutela dos interesses difusos em direito administrativo:* para uma legitimação procedimental. Coimbra: Almedina, 1989.

ARAGÃO, Alexandre Santos de. A supremacia do interesse público no advento do estado de direito e na hermenêutica do direito público contemporâneo. In: SARMENTO, Daniel (Org.). *Interesses públicos versus interesses privados:* desconstruindo o princípio de supremacia do interesse público. Rio de Janeiro: Lúmen Juris, 2005.

ARAÚJO, Edmir Netto de. *Do negócio jurídico administrativo.* São Paulo: Revista dos Tribunais, 1992.

ALVIM, Arruda *et alli*. *Código do Consumidor comentado*. 2. ed. ampl. – 2. T., São Paulo: Revista dos Tribunais, 1995.

BANDEIRA DE MELLO, Celso Antônio. *Natureza e regime jurídico das autarquias*. São Paulo: Revista dos Tribunais, 1968.

_____. *Discricionariedade e controle jurisdicional*. São Paulo: Malheiros, 1992.

_____. *Curso de direito administrativo*. 11. ed. São Paulo: Malheiros, 1999.

_____. *Elementos de direito administrativo*. 2. ed. São Paulo: Revista dos Tribunais, 2001.

BARROSO, Luís Roberto. *O Direito constitucional e a efetividade de suas normas:* limites e possibilidades da Constituição brasileira. 3. ed. Rio de Janeiro: Renovar, 1999.

BEZERRA, Paulo Cesar Santos. *Acesso à justiça:* um problema ético-social no plano da realização do direito. Rio de Janeiro: Renovar, 2001.

BOBBIO, Norberto. *Il futuro della democracia:* una defesa delle regole del gioco. Torino: Eunaudi, 1984.

_____. *Teoria geral da política:* a filosofia e as lições dos clássicos. São Paulo: Campus, 2000.

CAETANO, Marcelo. *Princípios do direito administrativo*. Rio de Janeiro: Forense, 1977.

CAPPELLETTI, Mauro. *Os métodos alternativos de solução de conflitos no quadro do movimento universal de acesso à justiça*. Revista de Processo 74, 2000.

CANOTILHO. *Direito constitucional e teoria da Constituição*. Coimbra: Livraria Almedina, 1998.

CARNEIRO, Paulo Cezar Pinheiro. *A proteção dos direitos difusos através dos compromissos de ajustamento de conduta previstos na lei que disciplina a ação civil pública*. Tese apresentada e publicada nos anais do 9º Congresso Nacional do Ministério Público. Bahia, 1992, p. 237. *in* Livro de Estudos Jurídicos n. 6, do Instituto de Estudos Jurídicos, 1993.

_____. Ação Civil Pública: instrumento par o controle das cláusulas contratuais abusivas. In: *Revista de direito do Ministério Público*, Rio de Janeiro, n. 4, 1996.

_____. *Acesso à justiça: juizados especiais cíveis e ação civil pública:* uma nova sistematização da teoria geral do processo. 2. ed. Rio de Janeiro: Forense, 2000.

_____. Da tutela preventiva dos interesses difusos pelo MP. In: *Temas atuais de direito*. Rio de Janeiro: Liber Juris, 1986.

CARREIRA ALVIM, J. E. *Tutela específica das obrigações de fazer e não fazer na reforma processual*. Belo Horizonte: Del Rey, 1997.

CARVALHO FILHO, José dos Santos. *Ação civil pública*. 2. ed. Rio de Janeiro: Lúmen Juris, 1999.

_____. *Ação Civil Pública*: comentários por artigo, Lei n. 7.347, de 24.7.85. 3. ed. ampl e atual. Rio de Janeiro: Lumen Juris, 2001.

CAVALIERI FILHO, Sergio. *Programa de responsabilidade civil*. 2. ed. 4. tir. São Paulo: Malheiros, 2001.

CLEMENTE, Eduardo Silveira. *Direito societário concreto e outros estudos*. Campinas: Russell Editores, 2005.

COSTA, Eliane Romeiro. *Previdência privada e fundos de pensão*: Brasil, Chile e França. Rio de Janeiro: Lumen Juris, 1996.

DI PIETRO, Maria Sylvia Zanella. *Direito administrativo*. 13. ed. São Paulo: Atlas, 2001.

DUGUIT, Léon. *Traité de droit constitutionnel*. 2. ed. vol. II, 1923.

EIZIRIK, Nelson. *Reformas das S.As & do mercado de capitais*. Rio de Janeiro: Renovar, 1997.

ENTERRÍA, Eduardo García de, & FERNÁNDEZ, Tomás-Ramón. *Curso de Derecho Administrativo*. II, 4. ed. reimpressão de 1995, Madrid: Civitas, 1993.

FERRAZ, Sérgio; DALLARI, Adilson Abreu. *Processo administrativo*. 1. ed. 2. tir. São Paulo: Malheiros, 2001.

FINK, Daniel Roberto. Alternativa à ação civil pública ambiental (Reflexões sobre as vantagens do termo de Ajustamento de Conduta. In: MILARÉ, Edis (Coord.). *Ação civil pública*: Lei n. 7.347, de 1985. São Paulo: Revista dos Tribunais, 2001.

FIORILLO, Celso Antonio. *Curso de direito ambiental brasileiro*. São Paulo: Saraiva, 2000.

GARCIA, Emerson; PACHECO ALVES, Rogério. *Improbidade administrativa*. Rio de Janeiro: Lúmen Juris, 2002.

GORDILLO, Agustín. *Tratado de derecho administrativo*. Tomo 2. La defensa del usuario y de administrado. Tercera edición, Buenos Aires: Fundación de Derecho Administrativo, 1998.

_____. *Tratado de derecho administrativo*. T. 1, Parte Geral. 8. ed. Buenos Aires: FDA, 2003.

GRECO FILHO, Vicente *et alli*. *Comentários ao Código de Proteção do Consumidor*. Coord. Juarez de Oliveira. São Paulo: Saraiva, 1991.

GRELLA VIEIRA, Fernando. A transação na esfera da tutela dos interesses difusos e coletivos: compromisso de ajustamento de conduta. In: MILARÉ, Edis (Coord.). *Ação civil pública*: Lei n. 7.347/1985. São Paulo: Revista dos Tribunais, 2001.

GRINOVER, Ada Pellegrini *et alli*. *Código Brasileiro de Defesa do Consumidor comentado pelos autores do anteprojeto*. 4. ed. Rio de Janeiro: Forense Universitária, 1995.

GUERRA FILHO, Willis Santiago. Notas em torno do princípio da proporcionalidade. In: *Perspectivas constitucionais nos 20 anos da Constituição de 1976*. Vol. I. Coimbra: Coimbra Editora, 1996.

JOLOWICZ, J. A. & CAPPELLETTI, Mauro. *Public interest parties and the active role of the judge in civil litigation*. New York: Oceana Publications, 1975.

HOBSBAWN, Eric. *Era dos extremos:* o breve século XX 1914-1991. São Paulo: Cia. das Letras, 1995.

KELSEN, Hans. *Teoria geral do direito e do Estado.* Trad. Luís Carlos Borges. 3. ed. São Paulo: Martins Fontes, 1998.

KUHN, Thomas. S. *A estrutura das revoluções científicas.* Trad. de Beatriz Vianna Boeira e Nelson Boeira. São Paulo: Perspectiva, 1982 (Coleção Debates).

LAUBAÈRE, André de. *Traité de droit administratif.* 3. ed. vol. I, 1963.

LEAL, Márcio Flávio Mafra. A ação civil pública e a ideologia do Poder Judiciário: o caso do Distrito Federal. *Revista do Ministério Público do Rio Grande do Sul*, Porto Alegre, n. 35, 2001.

LEIS ETC., *Constituição Federal, Código Civil, Código de Processo Civil, Código Comercial.* Obra coletiva de autoria da Editora Revista dos Tribunais. São Paulo: RT, 2005.

LIMA, Arnaldo Esteves. *O processo administrativo no âmbito da Administração Pública:* Lei n. 9.784, de 29.1.1999. Rio de Janeiro: Forense Universitária, 2005.

LUCAS, Randolph. *Democracia e participação.* Brasília: Editora Universidade de Brasília.

MANCUSO, Rodolfo de Camargo. *Interesses difusos, conceito e legitimação para agir.* 4 ed. São Paulo: Saraiva, 1997.

_____. Ação civil pública: em defesa do meio ambiente, do patrimônio cultural e dos consumidores: (Lei n. 7.347, de 1985 e legislação complementar). 7. ed. rev. e atual. São Paulo: Revista dos Tribunais, 2001.

MARINONI, Luiz Guilherme. *Tutela inibitória:* individual e coletiva. São Paulo: Revista dos Tribunais, 1998.

MAZZILLI, Hugo Nigro. *O inquérito civil.* São Paulo: Saraiva, 1999.

MEDAUAR, Odete. *Direito administrativo brasileiro.* 16. ed. São Paulo: Revista dos Tribunais, 1991.

_____. *O direito administrativo em evolução.* São Paulo: Revista dos Tribunais, 1992.

MEIRELLES, Hely Lopes. *Direito administrativo brasileiro pela Constituição Federal de 1988.* 14. ed. atual. São Paulo: Revista dos Tribunais, 1989.

_____. *Direito administrativo.* 16. ed. atual. São Paulo: Revista dos Tribunais, 1991.

MELO. Raimundo Simão de. *Direito Ambiental do Trabalho e Saúde do Trabalhador.* São Paulo: LTr, 2004.

MILARÉ, Edis. *A ação civil pública na nova ordem constitucional.* São Paulo: Saraiva, 1990.

_____. *Direito do ambiente:* doutrina, prática, jurisprudência, glossário. São Paulo: RT, 2000.

MIRANDA, Augusto. *Mecanismos de Compromisso de Ajuste e sua Aplicação pelos Órgãos Ambientais.* 2001. Disponível em: <http://old.ecolatina.com.br/br/artigos/legisl_ambiental/legis_amb_06.asp> Acesso em: 6 dez. 2004.

MODERNE, Franck. *Sanctions Administratives et Justice Constitucionnelle, Contribution à l'étude du Jus Puniendi de l'etat dans on Démocraties Contemporaines.* Paris, 1993.

MORAES, Alexandre de. *Direito constitucional.* São Paulo: Atlas, 2000.

MORAES, Mônica Maria Lauzid de. *O direito à saúde e segurança no meio ambiente do trabalho.* São Paulo: LTr, 2002.

MOREIRA NETO, Diogo de Figueiredo. *Para preservar a democracia nada é preciso senão mais democracia*: direito da participação política. Legislativa, administrativa, judicial, fundamentos e técnicas constitucionais da democracia. Rio de Janeiro: Renovar, 1992.

_____. *Mutações do direito administrativo*. 2. ed. Rio de Janeiro: Renovar, 2001.

NEGRÃO, Theotônio. *Código de Processo Civil e legislação processual em vigor*. 25. ed. São Paulo: Saraiva, 1994.

_____; GOUVEIA, José Roberto. *Código de Processo Civil e legislação processual em vigor*. São Paulo: Saraiva, 2004.

NERY JUNIOR, Nelson. *Princípios do processo civil na Constituição Federal*. 2. ed. São Paulo: Revista dos Tribunais, 1995.

_____; NERY, Rosa Maria Andrade. *Código de Processo Civil comentado*. 2. ed. São Paulo: Revista dos Tribunais, 1996.

_____, GRINOVER, Ada Pellegrini; VASCONCELLOS E BENJAMIN, Antonio Herman de; FINK, Daniel Roberto; FILOMENO, José Geraldo Brito; WATANABE, Kazuo; DENARI, Zelmo. *Código Brasileiro de Defesa do Consumidor comentado pelos autores do anteprojeto*. 4. ed. Rio de Janeiro: Forense Universitária,1995.

_____. *Direito regulatório*. Rio de Janeiro: Renovar, 2003.

NIETO, Alejandro. *Derecho administrativo sancionador*. 2. ed. ampl. Madri: Tecnos, 1994.

OSÓRIO, Fábio Medina. *Direito administrativo sancionador*. São Paulo: Revista dos Tribunais, 2000.

PAJARDI, Piero. *I provvedimenti d´urgenza atipici nel processo civile*. Milano: Pirola Editore, 1992.

PESSÔA, Eduardo. *Dicionário Jurídico*. 2. ed. rev. aum. e atual. Rio de Janeiro: Ideia Jurídica, 2003.

PÓVOAS, Manuel Soares. *Seguro Total*. Ano I, n. 7, jan/fev., Rio de Janeiro: Funenseg, 2001.

RODRIGUES, Geisa de Assis. *Ação civil pública e termo de ajustamento de conduta*: teoria e prática. Rio de Janeiro: Forense, 2002.

_____. *A participação da sociedade civil na celebração do termo de ajustamento de conduta*. Artigo. Encontro de Procuradores da República em São Paulo, 2000.

_____. *Breves considerações sobre o compromisso de cessação de prática*. Rio de Janeiro: Forense, 2003.

_____. *Juizados especiais cíveis e ações coletivas*. Rio de Janeiro: Forense, 1997.

SAMPAIO, Marília de Ávila e Silva. *O poder normativo das agências reguladoras*. Rio de Janeiro: Revista de Direito Administrativo. Jan./Mar., 2002.

SCHWAB, Karl Heinz. *Divisão de funções e o juiz natural*. In: *RePro*, n. 48, 1987.

SILVA, José Afonso da. *Curso de direito constitucional positivo*. 6. ed. São Paulo: Revista dos Tribunais, 1990.

SANTOS, Jerônimo Jesus dos. *Meios alternativos de solução de conflitos*: efeitos sociais, econômicos e jurídicos no seguro, resseguro, previdência e capitalização. Rio de Janeiro: FUNENSEG, 2003.

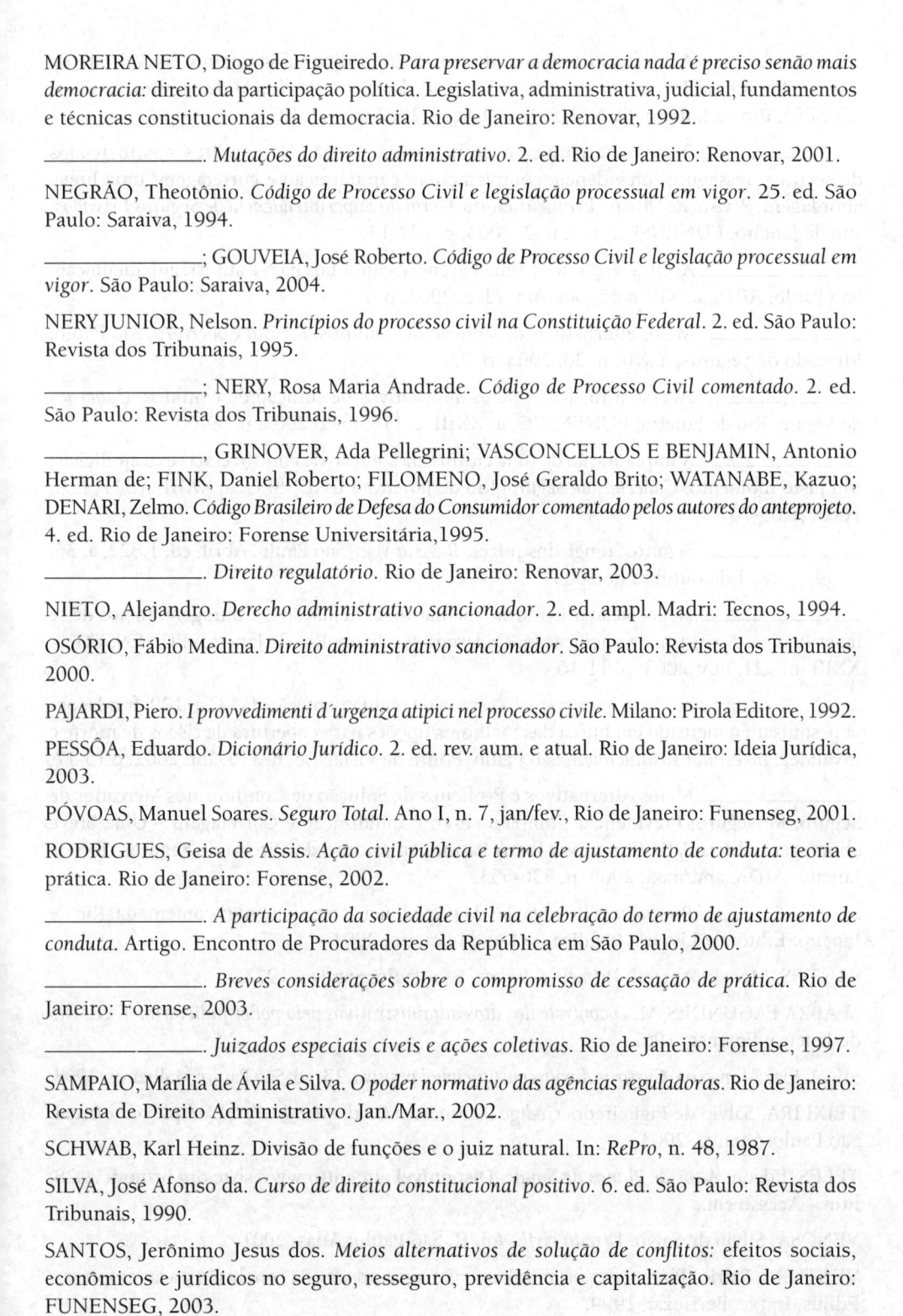

_____. A educação, o ensino da natureza jurídica e dos sujeitos do contrato de seguro. *Revista de Direito da Procuradoria-Geral da Superintendência de Seguros Privados (SUSEP)*, Rio de Janeiro: FUNENSEG, v. 1, n. 1, 2002, p. 111-127.

_____. Meios alternativos e profícuos de solução de conflitos nos mercados de seguros, resseguro, previdência complementar, capitalização e corretagem: uma breve abordagem. *Revista de Direito da Procuradoria-Geral da Superintendência de Seguros Privados*, Rio de Janeiro: FUNENSEG, v. 2, n. 2, 2003, p. 127-142.

_____. Arbitragem, ética e transparência: caminhos para a autorregulamentação. São Paulo: *APTS*, a. XIV, n 65, out. /nov./dez. 2003, p. 7.

_____. Meios alternativos de solução de conflitos. *Revista Cobertura*, São Paulo: Mercado de Seguros, a. XII, n. 30, 2003, p. 22.

_____. Acesso à Justiça e meios alternativos de solução de conflitos. *Cadernos de Seguro*, Rio de Janeiro: FUNENSEG, a. XXIII, n 118, maio 2003, p. 59-60.

_____. A implantação de uma cultura da solução de controvérsias extrajudiciais: um justo momento. *Cadernos de Seguro*, Rio de Janeiro: FUNENSEG, a. XXIII, n 117, mar. 2003, p. 65-70.

_____. Seguros: longe dos juízes. *Revista Veja*, São Paulo, Abril, ed. 1.822, a. 36, n. 39, p. 38, 1 de outubro de 2003.

_____. Negociação, ouvidoria, mediação, conciliação e arbitragem: meios de se fazer Justiça. A cultura da pacificação. *Cadernos de Seguro*, Rio de Janeiro: FUNENSEG, a. XXIII, n. 121, nov. 2003, p. 11-16.

_____. Segurando os riscos: à espera da regulamentação da LC n. 109, fundações já pesquisam o mercado em busca das melhores opções para cobertura de riscos de morte e invalidez. *Investidor Institucional*, São Paulo: Ponto de Vista, v. 6, n. 115, abr. 2002, p 15-17.

_____. Meios Alternativos e Profícuos de Solução de Conflitos nos Mercados de Seguro, Resseguro, Previdência Complementar, Capitalização e Corretagem – Uma breve abordagem. *Anais*. VIII Congresso Ibero Latino-Americano de Direito de Seguros. Rio de Janeiro: AIDA, abr./mai., 2003, p. 536-553.

_____. *Previdência Privada*: lei da previdência complementar comentada. Rio de Janeiro: Editora e Livraria Jurídica do Rio de Janeiro, 2004.

SANTOS, Moacyr Amaral. *Primeiras linhas*. São Paulo: Saraiva, 1977.

SEABRA FAGUNDES, M. *O controle dos atos administrativos pelo poder judiciário*. 4. ed. Rio de Janeiro: Forense, 1967.

SILVA, José Afonso da. *Curso de direito constitucional positivo*. 13. ed. São Paulo: Malheiros, 1998.

TEIXEIRA, Sálvio de Figueiredo. *Código de Processo Civil anotado*. 7. ed. ampl. ver. e atual. São Paulo: Saraiva, 2003.

TELES, Edson. *Altas de Planos de Saúde*. Disponível em:<http.www.sbac.org.br/noticias28.htm>. Acesso em:.

VENOSA, Silvio de Salvo. *Direito civil*. Vol. II. São Paulo: Atlas, 2001.

VENTURA, Patrica Plaza. *Las sanciones comunitarias europeas*: su conclusão y a las empresas. Edijus, Iratxe, Berriozar, 1999.

VENTURI, Elton. *Execução da tutela coletiva*. São Paulo: Malheiros, 2000.

VILLA, Marco Antonio. É, leitor, cabe rir. *Jornal O Globo*, terça-feira, 28 fev. 2012, p. 6.

VILLELA SOUTO, Marcos Juruena. *Direito administrativo regulatório*. Rio de Janeiro: Lúmen Juris, 2002.

WATANABE, Kazuo *et alii*. *Código Brasileiro de Defesa do Consumidor:* comentado pelos autores do anteprojeto. 2. ed. Rio de Janeiro: Forense Universitária, 1992.

_____. *Código Brasileiro de Defesa do Consumidor*. 3. ed. São Paulo: Forense, 1993.

ZANOBINI, Guido. *Corso di diritto amministrativo*. Milano: Giuffrè, 1936/1959.

4.1. Legislação

BRASIL. Consolidação das Leis Trabalhistas.

BRASIL. Código de Autoregulação para o Programa de Certificação Continuada da ANBID — Associação Nacional dos Bancos de Investimento.

BRASIL. Código Civil.

BRASIL. Código de Processo Civil.

BRASIL. Código Penal.

BRASIL. Decreto n. 2.181, de 20 de março de 1997.

BRASIL. Decreto n. 3.327, de 5 de janeiro de 2000.

BRASIL. Decreto n. 4.176, de 28 de março de 2002.

BRASIL. Decreto-lei n. 2.848, de 7 de dezembro de 1940.

BRASIL. Decreto-lei n. 73, de 21 de novembro de 1966.

BRASIL. Decreto-lei n. 261, de 28 de fevereiro de 1967.

BRASIL. Lei n. 6.385, de 7 de dezembro 1976.

BRASIL. Lei n. 6.938, de 31 de agosto de 1981.

BRASIL. Lei n. 7.244, de 7 de novembro de 1984.

BRASIL. Lei n. 7.347, de 24 de julho de 1985.

BRASIL. Lei n. 7.763, de 27 de abril de 1989.

BRASIL. Lei n. 7.770, de 31 de maio de 1989.

BRASIL. Lei n. 8.056, de 28 de junho de 1990.

BRASIL. Lei n. 8.069, de 13 de julho de 1990.

BRASIL. Lei n. 8.078, de 11 de setembro de 1990.

BRASIL. Lei n. 8.201, de 29 de junho de 1991.

BRASIL. Lei n. 8.392, de 30 de dezembro de 1991.

BRASIL. Lei n. 8.884, de 11 de julho de 1994.

BRASIL. Lei n. 9.069, de 29 de junho de 1995.

BRASIL. Lei n. 9.099, de 26 de setembro de 1995.

BRASIL. Lei n. 9.457, de 5 de maio de 1997.

BRASIL. Lei n. 9.605, de 12 de fevereiro de 1998.

BRASIL. Lei Complementar n. 95, de 26 de fevereiro de 1998.

BRASIL. Lei n. 9.613, de 3 de março de 1998.

BRASIL. Lei n. 9.656, de 3 de junho de 1998.

BRASIL. Lei n. 9.714, de 25 de novembro de 1998.

BRASIL. Lei n. 9.784, de 29 de janeiro de 1999.

BRASIL. Lei n. 9.932, de 20 de dezembro de 1999.

BRASIL. Lei n. 9.961, de 28 de janeiro de 2000.

BRASIL. Lei Complementar n. 109, de 29 de maio de 2001.

BRASIL. Lei de Introdução ao Código Civil.

BRASIL. Medida Provisória n. 2.177-43, de 27 de julho de 2001.

BRASIL. Medida Provisória n. 2.177-44, de 28 de agosto de 2001.

BRASIL. MINISTÉRIO DO ESTADO DA FAZENDA. CONSELHO NACIONAL DE SEGUROS PRIVADOS. Resolução CNSP n. 115, de 6 de outubro de 2004 (*Estabelece Condições Mínimas para a Certificação Técnica de Empregados e Assemelhados das Sociedades Seguradoras, de Capitalização e das Entidades Abertas de Previdência Complementar — CTE-SECAPRE, e dá outras providências*).

BRASIL. MINISTÉRIO DO ESTADO DA FAZENDA. SUPERINTENDÊNCIA DE SEGUROS PRIVADADOS. Circular SUSEP n. 200, de 09 de setembro de 2002.

BRASIL. MINISTÉRIO DO ESTADO DA SAÚDE. AGÊNCIA DE SAÚDE SUPLEMENTAR. Resolução de Diretoria Colegiada – RDC n. 57, de 19 de fevereiro de 2001.

4.2. Sites

<http.www.sbac.org.br/noticias28.htm>

<http://jc.uol.com.br/2005/03/15/15not_85533.php> Acesso em: 25 jun. 2005.

<http://www.mj.gov.br/DPDC/clipping/2004/outubro/051004.htm> Acesso em: 25 jun. 2005.

<http://teses.eps.urgsc.br/Resumo.asp/6009> Autor Jaime Baú, Orientador Harrysson Luiz da Silva (<harry@mbox1.ufsc.br>). Acesso em: 25 jun. 2005.

<http.//www.pmcon.org.br/conclusão_1encontro.html> E-mail: <contato@mpcon.org.br>.

<http:///www.arbitragem.com.br> Folder distribuído pelo Tribunal Arbitral de São Paulo em 2000 (Rua Jupuruchita, 350 — Cep 03128-070).

<http://jc.uol.com.br/2005/03/15/15not_85533.php> Acesso em: 25 jun. 2005.

<http://www.mj.gov.br/DPDC/clipping/2004/outubro/051004.htm> Acesso em: 25 jun. 2005.

MARSH acuerda el pago de 850 millones de onclus para cerrar la demanda del onclu general de Nueva York. Disponível em: <http://susep.empauta.com/noticia/mostra_noticia.php?cod_pesquisa=0&cod_noticia=839...>

Parte II

Estudos de Direito Público

Capítulo XVI

A Concessão de Visto Humanitário pelo Brasil e a Constitucionalidade da Resolução Normativa n. 97, de 12 de Janeiro de 2012, do Conselho Nacional de Imigração

Maria Leiliane Xavier Cordeiro

Advogada da União em exercício na Consultoria Jurídica junto ao Ministério do Trabalho e Emprego. Coordenadora de Legislação Trabalhista.

Resumo: De acordo com as normas de Direito Internacional, nenhum Estado soberano é obrigado a admitir, seja a título temporário, seja em definitivo, estrangeiros em seu território, tratando-se, portanto, de ato de natureza discricionária a possibilidade de ingresso de nacional de outro país no âmbito espacial de sua soberania. As razões que motivam o ingresso de estrangeiros nos diversos Estados soberanos variam desde razões perenes, que possuem ânimo de definitividade, até entradas temporárias, com finalidade de estudo, turismo, negócios, dentre outros. Atualmente, o Estado brasileiro atravessa uma polêmica que envolve o direito das gentes no que se refere diretamente à soberania de seu território: a entrada em massa de imigrantes haitianos pelas fronteiras do Estado do Acre e do Amazonas, após a devastação natural causada em 2010 pelo terremoto que vitimou a população de Porto Príncipe. Buscando disciplinar a entrada dos nacionais haitianos, que buscavam no Brasil abrigo e condições mínimas de sobrevivência e trabalho, o Brasil avançou no tema ao dar início à concessão de uma espécie de visto próprio para atender à atual demanda da população haitiana. Por meio da publicação da Resolução Normativa n. 97, de 12 de janeiro de 2012, do Conselho Nacional de Imigração, o Brasil passou a conceder um visto especial, chamado visto humanitário, ao estrangeiro original do Estado Haitiano, em acréscimo às hipóteses jurídicas já existentes. Tal medida, além de assegurar a entrada de aproximadamente 1.200 famílias haitianas, sem prejudicar a concessão de outras espécies de visto aos imigrantes do país, tem também a intenção mediata de atenuar uma situação de imigração ilegal realizada pela fronteira dos Estados do norte do país, além de resguardar o direito do Estado brasileiro à soberania nacional o que, em última instância, se reflete na adoção de medidas internas relacionadas à preservação dos direitos das populações diretamente afetadas pelo intenso fluxo migratório. A conclusão, entretanto, deve ser no sentido de que as medidas humanitárias ofertadas pelo Estado brasileiro, em consonância com o texto constitucional vigente, não devem se restringir às iniciativas administrativas já adotadas, mas devem abranger a adoção de políticas públicas que deem efetividade ao princípio da dignidade humana.

Abstract: In accordance with the norms of international law, no sovereign state is obliged to admit, either temporarily or definitively, foreigners in its territory, because the possibility of entry of the national of another country under its sovereignty space is, therefore, an act of discretionary nature. The reasons for the entry of foreign sovereign states are perennials, which have spirit of definitiveness, or temporary, with the purpose of study, tourism, business, among others. Nowadays, the Brazilian government crosses a controversy that involves the international law when it comes directly to the sovereignty of its territory: the mass entry of Haitian immigrants across the borders of the states of Acre and Amazonas, after the devastation caused in 2010 by natural earthquake that killed the people of Port-au-Prince. To discipline the input from national, who sought shelter in Brazil and minimum conditions for survival and work, Brazil has advanced in the subject to initiate the granting of a kind of visa itself to meet the current demands of the Haitian population. Through the publication of the Normative Resolution N. 97, of January 12th, 2012, issued by the National Immigration Council, Brazil has granted a special visa called "humanitarian visa", to the original foreigner from Haitian state, in addition to the legal hypotheses that already existed. This measure ensure the entry of approximately 1.200 Haitian families, without harming other species to grant visas for immigrants in the country, and also intends to mitigate the situation of illegal immigration across the border states of the north, as safeguarding the right of the Brazilian national sovereignty, which is reflected in the adoption of internal measures related to the preservation of the rights of the people directly affected by the intense migratory flow. The conclusion, however, should be in the sense that the humanitarian measures offered by the Brazilian government, concerning with the current constitutional text, should not be restricted to administrative initiatives already taken, but should include the adoption of public policies that give effectiveness to the principle of human dignity.

Palavras-Chaves: Direito Internacional. Condição jurídica do estrangeiro. Entrada de imigrantes haitianos no Brasil. Visto humanitário. Constitucionalidade da Resolução Normativa n. 97, de 12 de janeiro de 2012, do Conselho Nacional de Imigração.

Keywords: International Law. Legal status of foreigners. Entry of Haitian immigrants in Brazil. Humanitarian visa. Constitutionality of Normative Resolution N.97, of January 12th, 2012, issued by the National Immigration Council.

Sumário: 1. Introdução. 2. Da situação enfrentada pelo Brasil em relação à imigração de haitianos após o ano de 2010. 3. Da constitucionalidade da Resolução Normativa n. 97, de 12 de janeiro de 2012, do Conselho Nacional de Imigração (CNIg). 4. Conclusão. 5. Referências Bibliográficas. 5.1. *Sites*.

1. Introdução

A exata compreensão da questão relativa à entrada de cidadãos originários de Estado estrangeiro em território de um Estado soberano, tomando como parâmetro a atual situação enfrentada pelo Brasil, no que se refere ao aumento do fluxo de imigrantes haitianos, perpassa, anteriormente, por uma questão preliminar, qual seja, os conceitos de Estado soberano e território nacional.

Segundo a doutrina de FRANCISCO REZEK[291], todo Estado nacional ostenta três elementos conjugados, quais sejam, uma base territorial, uma comunidade humana, estabelecida sobre essa área, e uma forma de governo não subordinado a qualquer autoridade exterior.

Sobre o território, o qual se define pela área terrestre do Estado, além dos espaços hídricos internos, como lagos e rios, exerce o Estado plena soberania, à qual se supõe o exercício amplo e irrestrito da jurisdição.

Nesse sentido, compreende-se que, no âmbito de seu território, deve o Estado atuar com pleno domínio sobre as competências de ordem legislativa, administrativa, e jurisdicional. Além disso, para se assegurar o efetivo exercício da soberania, em sua jurisdição, não deve, o Estado local, enfrentar concorrência com qualquer outro tipo de soberania, competindo-lhe decidir, exclusivamente, sobre eventuais medidas restritivas ou concessivas no que diz respeito ao acesso e permanência em seu território.

No direito pátrio, a Constituição Brasileira de 1988 contempla expressamente o princípio da soberania, afirmando-a como fundamento do Estado Democrático de Direito e forma de independência nacional, além de mencioná-la como sendo um princípio da ordem econômica (art. 170, I, CF, de 1988).

Sobre o conceito de soberania, recentemente posicionou-se o Supremo Tribunal Federal no julgamento da Reclamação n. 11.243:

> "[...].
>
> *O art. 1º, da Constituição assenta como um dos fundamentos do Estado brasileiro a sua soberania – que significa o poder político supremo dentro do território, e, no plano internacional, no tocante às relações da República Federativa do Brasil com outros Estados soberanos, nos termos do art. 4º, I, da Carta Magna. A nacional no plano transnacional funda-se no princípio da independência nacional, efetivada pelo Presidente da República, consoante suas atribuições previstas no art. 84, VII e VIII, da Lei Maior. A dicotomizada em interna e externa, tem na primeira a exteriorização da vontade popular (art. 14, da CRFB) através dos representantes do povo no parlamento e no governo; na segunda, a sua expressão no plano internacional, por meio do Presidente da República. No campo da soberania, relativamente à extradição, é assente que o ato de entrega do extraditando é exclusivo, da competência indeclinável do Presidente da República, conforme consagrado na Constituição, nas leis, nos tratados e na própria decisão do Egrégio STF na Ext 1.085*[292].
>
> [...]".

---

(291) REZEK, Francisco. *Direito Público Internacional.* São Paulo: Saraiva, 2008.
(292) Rcl 11.243, Rel. p/ o ac. Min. Luiz Fux, julgamento em 8.6.2011, Plenário, DJE de 5.10.2011. Disponível em: <http://www.stf.jus.br/portal/constituicao/artigo.asp#ctx1> Acesso em: 27 fev. 2012.

Do ponto de vista da comunidade internacional, portanto, a Soberania do Estado expressa, principalmente, a determinação da autoridade suprema em seu interior, em especial, pela justificação da autoridade (ou legitimidade) conferida ao sujeito ou titular do poder supremo.[293]

Pode-se dizer, portanto, que o Direito Internacional vislumbra a análise das relações jurídicas pertinentes à comunidade internacional, não se limitando ao ordenamento jurídico de cada Estado, mas, sim, anuindo na correlação entre eles. Segundo DALLARI[294]:

[...].

apesar do progresso verificado, a soberania continua a ser concebida de duas maneiras distintas: como sinônimo de independência, e assim tem sido invocada pelos dirigentes dos Estados que desejam afirmar, sobretudo ao seu próprio povo, não serem mais submissos a qualquer potência estrangeira; ou como expressão de poder jurídico mais alto, significando que, dentro dos limites da jurisdição do Estado, este é que tem o poder de decisão em última instância, sobre a eficácia de qualquer norma jurídica.

[...].

No mesmo sentido, também tratando sobre a questão da soberania, destaca-se a doutrina de Celso Ribeiro Bastos[295]:

[...].

A soberania se constitui na supremacia do poder dentro da ordem interna e no fato de, perante a ordem externa, só encontrar Estados de igual poder. Esta situação é a consagração, na ordem interna, do princípio da subordinação, com o Estado no ápice da pirâmide, e, na ordem internacional, do princípio da coordenação. Ter, portanto, a soberania como fundamento do Estado brasileiro significa que dentro do nosso território não se admitirá força outra que não a dos poderes juridicamente constituídos, não podendo qualquer agente estranho à Nação intervir nos seus negócios.

[...].

Desta forma, percebe-se que o conceito de soberania nacional tanto possui implicações diretamente relacionadas ao âmbito interno da ordem jurídica, como no que se refere ao plano internacional. Internamente, a soberania implica a capacidade de produzir e aplicar as normas que disciplinam a convivência e o bem-estar comum de seu povo, sendo dotada, inclusive, do poder de impor sanções quando necessário.

---

(293) DALLARI, Dalmo de Abreu. *Elementos de Teoria Geral do Estado.* São Paulo: Saraiva, 1993. p. 68.
(294) DALLARI, Dalmo de Abreu. Ob. cit., p. 74.
(295) BASTOS, Celso Ribeiro. *Curso de Direito Constitucional.* São Paulo: Saraiva, 1994.

Externamente, a soberania nacional, como exposto, permite ao Estado impor-se na ordem internacional com poder de decisão e ação que afaste de seu território e sua ordem econômica, política, social, a intervenção de outros Estados (Princípio da Não Intervenção).

Aliado ao exposto, observa-se que, inato à noção de soberania, está o princípio da discricionariedade, que assegura ao Estado ampla independência para fixar parâmetros e requisitos no que diz respeito à entrada e à permanência de pessoas sujeitas à jurisdição diversa em seu território. Neste sentido, sobre o mérito dos atos administrativos, posiciona-se o reconhecido jurista Hely Lopes Meirelles[296]:

[...].

O mérito administrativo consubstancia-se, portanto, na valoração dos motivos e na escolha do objeto do ato, feitas pela Administração incumbida de sua prática, quando autorizada a decidir sobre a conveniência, oportunidade e justiça do ato a realizar. Daí a exata afirmativa de Seabra Fagundes de que o merecimento é aspecto pertinente apenas aos atos administrativos praticados no exercício de competência discricionária.

[...].

O mesmo autor acrescenta:

[...].

Em tais atos (discricionários), desde que a lei confira à Administração a escolha e valoração dos motivos e do objeto, não cabe ao Judiciário rever os critérios adotados pelo administrador, porque não há padrões de legalidade para aferir esta decisão.

[...].

Tratando especificamente a respeito da aplicação da discricionariedade administrativa nos atos inerentes à soberania do Estado, destaquem-se os seguintes julgados:

[...].

AGRAVO DE INSTRUMENTO. ESTRANGEIRO. DECLARAÇÃO DA CONDIÇÃO DE REFUGIADO. GUERRA NO PAÍS DE ORIGEM. ALTO GRAU DE DISCRICIONARIEDADE DA ADMINISTRAÇÃO. 1. O controle de estrangeiros no território brasileiro quanto à entrada, permanência e saída compulsória é matéria cometida à Administração com elevado grau de discricionariedade. 2. Os compromissos brasileiros com a proteção dos direitos humanos não afastam a discricionariedade no exame dos casos individuais de pedido de proteção. Tal exame de conveniência deflui da responsabilidade diplomática cometida ao Chefe do Executivo, em exercício de soberania estatal perante a sociedade internacional, e revela circunstâncias delicadas de responsabilidades e ônus nesse campo. 3. Não reconhecida a condição de refugiado após conclusão de regular processo administrativo, não

---

(296) MEIRELLES, Hely Lopes. *Direito Administrativo Brasileiro*. São Paulo: Malheiros, 2009.

cabe ao Poder Judiciário intervir para modificar a decisão da Administração. É pertinente a ordem de saída do Brasil sob pena de deportação, observado que implementada uma ou outra situação não há restrição para que se postule imigração por outras formas disponíveis. Processo: AG 37636 PR 2007.04.00.037636-5. Relator(a): Marcelo de Nardi. Julgamento: 19.2.2008. Órgão Julgador: Terceira Turma. Publicação: D.E. 5.3.2008.

[...].

[...].

ESTRANGEIRO. PERMANÊNCIA NO PAÍS. UNIÃO ESTÁVEL COM BRASILEIRA. CONCESSÃO DE VISTO PELO PODER JUDICIÁRIO. IMPOSSIBILIDADE. CONVENIÊNCIA E OPORTUNIDADE DA ADMINISTRAÇÃO. Reconhecimento da união estável com nacional como requisito para a obtenção de visto de permanência. A união estável não é a única condição a ser satisfeita, pelo Impetrante, junto à Administração Pública para a obtenção do visto de permanência. Necessidade de adequação aos interesses nacionais, a conveniência e oportunidade da Administração Pública. Conselho Nacional de Imigração é competente para decidir visto de permanência. Recurso e remessa parcialmente providos. Processo: 2001.51.01.020049-8. Relator(a): Desembargador Federal Fernando Marques. Julgamento: 21.10.2009. Órgão Julgador: Quinta Turma Especializada. Publicação: DJU – Data: 3.11.2009 – P. 93.

[...].

Na conjuntura proposta, já pacificada pela doutrina e pela jurisprudência, despontou, num período recente, a polêmica sobre a necessidade de reconhecimento da condição de refugiados aos imigrantes haitianos que buscaram abrigo no Brasil. Tal questão, a princípio restrita a parâmetros de viés estritamente humanitários, não pode ser suprimida do contexto da necessária preservação da soberania nacional e dos direitos da população diretamente envolvida, qual seja, aquela que reside nas áreas mais próximas à região fronteiriça.

De fato, neste ínterim, deve-se destacar que o cerne da divergência apresentada situa-se na questão da soberania do Estado Brasileiro em definir, na situação fática apresentada, qual a estratégia política a ser traçada de forma que, ao mesmo tempo em que se assegure a oferta de condições mínimas de dignidade aos imigrantes que busquem refúgio no País, não se exponha a riscos o território e a população nacional.

2. Da situação enfrentada pelo Brasil em relação à imigração de haitianos após o ano de 2010

Conforme exposto, a atual situação enfrentada pelo Brasil, no que se refere à crescente entrada de imigrantes de origem haitiana após o ano de 2010, precisa ser confrontada, num primeiro momento, sob o prisma da legislação interna.

No exercício da soberania nacional, com a finalidade de deliberar sobre assuntos pertinentes à política de imigração no território brasileiro, foi criado pela Lei n. 6.815, de 19 de agosto de 1980, o Conselho Nacional de Imigração, órgão que exerce competência normativa complementar em matéria migratória, nos termos delineados pelo Decreto n. 840, de 22 de junho de 1993[297].

Prevê ainda o Decreto n. 840, de 1993 que, para o exercício de suas atribuições legais, deliberará o Conselho Nacional de Imigração por meio da edição de Resoluções:

[...].

Art. 1º Ao Conselho Nacional de Imigração, órgão de deliberação coletiva, integrante do Ministério do Trabalho, nos termos da Lei n. 8.490, de 19 de novembro de 1992, compete:

I – formular a política de imigração;

II – coordenar e orientar as atividades de imigração;

III – efetuar o levantamento periódico das necessidades de mão de obra estrangeira qualificada, para admissão em caráter permanente ou temporário;

IV – definir as regiões de que trata o art. 18, da Lei n. 6.815, de 19 de agosto de 1980, e elaborar os respectivos planos de imigração;

V – promover ou fornecer estudos de problemas relativos à imigração;

VI – estabelecer normas de seleção de imigrantes, visando proporcionar mão de obra especializada aos vários setores da economia nacional e captar recursos para setores específicos;

VII – dirimir as dúvidas e solucionar os casos omissos, no que diz respeito a imigrantes;

VIII – opinar sobre alteração da legislação relativa à imigração, quando proposta por qualquer órgão do Poder Executivo;

IX – elaborar seu regimento interno, que deverá ser submetido à aprovação do Ministro de Estado do Trabalho.

[...].

Art. 4º O Conselho Nacional de Imigração deliberará por meio de resoluções.

[...].

Por sua vez, no que diz respeito à concessão do visto permanente previsto no art. 16, da Lei n. 6.815, de 19 de agosto de 1980, aos nacionais do Haiti, o Conselho Nacional de Imigração editou a Resolução Normativa n. 97, de 12 de janeiro de 2012:

"[...].

Art. 1º Ao nacional do Haiti poderá ser concedido o visto permanente previsto no art. 16, da Lei n. 6.815, de 19 de agosto de 1980, por razões humanitárias, condicionado ao prazo de 5 (cinco) anos, nos termos do art. 18 da mesma Lei, circunstância que constará da Cédula de Identidade do Estrangeiro.

---

(297) "[...]. Art. 142. O Conselho Nacional de Imigração, órgão de deliberação coletiva, vinculado ao Ministério do Trabalho, terá sede na Capital Federal. [...]." Destaca-se também o teor do art. 29, inciso XXI, da Lei n. 10.683, de 28 de maio de 2003, que dispõe sobre a organização da Presidência da República e dos Ministérios: "[...]. Art. 29. Integram a estrutura básica: [...]. XXI – do Ministério do Trabalho e Emprego o Conselho Nacional do Trabalho, o **Conselho Nacional de Imigração**, o Conselho Curador do Fundo de Garantia do Tempo de Serviço, o Conselho Deliberativo do Fundo de Amparo ao Trabalhador, o Conselho Nacional de Economia Solidária e até quatro Secretarias. [...]." (Grifos nossos).

> *Parágrafo único. Consideram-se razões humanitárias, para efeito desta Resolução Normativa, aquelas resultantes do agravamento das condições de vida da população haitiana em decorrência do terremoto ocorrido naquele país em 12 de janeiro de 2010.*
>
> *Art. 2º O visto disciplinado por esta Resolução Normativa tem caráter especial e será concedido pelo Ministério das Relações Exteriores, por intermédio da Embaixada do Brasil em Porto Príncipe.*
>
> *Parágrafo único. Poderão ser concedidos até 1.200 (mil e duzentos) vistos por ano, correspondendo a uma média de 100 (cem) concessões por mês, sem prejuízo das demais modalidades de vistos previstas nas disposições legais do País.*
>
> *Art. 3º Antes do término do prazo previsto no caput do art. 1º desta Resolução Normativa, o nacional do Haiti deverá comprovar sua situação laboral para fins da convalidação da permanência no Brasil e expedição de nova Cédula de Identidade de Estrangeiro, conforme legislação em vigor.*
>
> *[...].*

Nesse contexto, observa-se que se caracteriza como ato de soberania nacional, a edição de Resoluções Normativas pelo Conselho Nacional de Imigração. Na hipótese da Resolução Normativa n. 97, de 2012, ao contrário do que pode se extrair de uma análise precipitada, não houve qualquer pretensão de se restringir, mas sim de se ampliar as hipóteses legais de concessão de visto a refugiados haitianos.

De fato, se comparada a situação dos imigrantes do Haiti com a de outras nacionalidades, foi prevista, especificamente para o caso dos haitianos, a concessão de visto especial de natureza humanitária[298].

Observe-se, inclusive, que a concessão do visto especial em nada prejudica o deferimento de vistos de outras modalidades aos haitianos, ou seja, se um empregador brasileiro deseja oferecer um trabalho para um haitiano, esse visto de trabalho será

---

(298) Neste sentido, destaque-se a manifestação do CNIg na Ação Civil Pública n. 723-55.2012.4.013000, MPF; AC: "[...]. "No dia 12 de janeiro de 2012, em reunião extraordinária, o CNIg aprovou a **Resolução Normativa n. 97, que cria um visto especial, não disponível a nenhuma outra nacionalidade,** para que os haitianos possam vir residir no Brasil, sem que tenham que comprovar outra coisa que não o fato de residirem no Haiti e não terem problemas criminais. Esse visto é adicional a todas as demais normas migratórias brasileiras que continuam válidas aos haitianos. [...]. Por isso essa Resolução é uma oferta adicional de vistos, não existente para nenhuma outra nacionalidade e sua criação tem o potencial de realinhar o fluxo migratório de haitianos ao Brasil por canais migratórios formais, protegidos, cujos vistos são obtidos de forma simples e rápida. **Mais além, cada haitiano beneficiado por esse visto especial humanitário, tem o direito de trazer sua família. Assim, na verdade, podemos falar que a RN 97, de 2012 trata de autorizar 1.200 famílias de haitianos a ingressar no Brasil (ou seja, um número que pode chegar a mais de cinco mil pessoas por ano).** A edição da RN n. 97/12 foi considerada positiva pelo próprio Governo do Haiti, conforme palavras do Presidente daquele País por ocasião da visita da Presidenta Dilma em 01/02 passado e ainda por entidades nacionais e internacionais, que de fato conhecem de perto a realidade dos migrantes e das dificuldades vivenciadas em seu acolhimento. Desde a sua edição, as cidades de Brasileia e Tabatinga tiveram sua situação regularizada, com os haitianos conseguindo ir para outras regiões do Brasil e tendo cessado a grave situação humanitária que vivenciavam. Ainda há situações pendentes de solução, como os haitianos que já haviam deixado o Haiti antes da edição da RN n. 97, de 2012, mas estamos seguros de que a situação atual é melhor que no início de janeiro, que o Brasil manteve as 'portas abertas' aos haitianos e que as medidas adotadas contribuíram para que os direitos humanos dos haitianos sejam, de fato, preservados. [...]". (Grifos nossos).

expedido normalmente conforme as regras válidas para os nacionais de qualquer país. Da mesma forma, para o haitiano que venha estudar no Brasil, ou que venha a casar com brasileiro/a ou que tenha filho/a brasileiro/a continuará a ser normalmente expedido. Ou seja, todas as modalidades de ingresso no Brasil disponíveis a todas as nacionalidades (inclusive aos haitianos) permanecem válidas e não são computadas no número de vistos estipulados por ano pela Resolução CNIg n. 97, de 2012.

Na verdade, o Poder Executivo, por meio da publicação da Resolução CNIg n. 97, de 2012, que conceitua e disciplina as hipóteses de concessão de visto humanitário aos haitianos, sem se afastar da previsão do art. 1º, da Lei n. 9.474, de 1997[299], em especial de seu inciso III, demonstrou estar atento à dinâmica social dos direitos humanos dos imigrantes oriundos do Haiti, ampliando-se as hipóteses de concessão de visto para a entrada dos nacionais desse país no Brasil.

É necessário destacar que, num primeiro momento, não há caracterização de refúgio para desastres naturais, não sendo o caso de aplicação da Convenção de Genebra, de 1951, por não estarem comprovados, neste caso, os fundados temores de perseguição por motivos de raça, religião, nacionalidade, grupo social ou opiniões políticas.

Não obstante não se possa caracterizar a situação dos imigrantes haitianos como direito ao refúgio, a interpretação do conteúdo da Resolução CNIg n. 97, de 2012 leva à conclusão de que aquele direito não pode ficar estaticamente ligado ao fundamento da perseguição política, mas, tal como os direitos humanos, deve ser dinamicamente entendido, tendo em vista as novas investidas e ameaças a esse grupo de direitos, como ocorre nos casos de tragédias ambientais ou naturais, principalmente se tais eventos são potencializados pelo caos social e político da região, como é o caso do Haiti, que viveu esse caos durante o terremoto de 2010, levando seus cidadãos a deixar o seu país para buscar refúgio no Brasil.

A própria legislação brasileira já avançou nesse sentido, ao incluir na Lei n. 9.474, de 22 de julho de 1997, a condição de refugiado a todo aquele que *"devido à grave e generalizada violação dos direitos humanos, é obrigado a deixar seu país de nacionalidade e buscar refúgio em outro país"*, ampliando as possibilidades de concessão de refúgio.

Corroborando este conjunto de medidas voltadas à promoção da imigração e à oferta de condições dignas de permanência da população haitiana no Brasil, além

---

(299) "[...]. Art. 1º Será reconhecido como refugiado todo indivíduo que: I – devido a fundados temores de perseguição por motivos de raça, religião, nacionalidade, grupo social ou opiniões políticas encontre-se fora de seu país de nacionalidade e não possa ou não queira acolher-se à proteção de tal país; II – não tendo nacionalidade e estando fora do país onde antes teve sua residência habitual, não possa ou não queira regressar a ele, em função das circunstâncias descritas no inciso anterior; III – devido a grave e generalizada violação de direitos humanos, é obrigado a deixar seu país de nacionalidade para buscar refúgio em outro país. [...]."

da publicação da Resolução CNIg n. 97/2012, registre-se trecho da manifestação do Conselho Nacional de Imigração por meio do MEMO/GM/CNIg/N. 020/2012.[300]

> [...].
>
> *Desde janeiro/2010 até a presente data foram expedidas 3.489 carteiras de trabalho e previdência social (CTPS) a haitianos somente nos estados do Acre, Amazonas e Rondônia. Este dado demonstra que mesmo antes da concessão final das residências "humanitárias" pelo CNIg, os haitianos já podem trabalhar no Brasil. No âmbito do CNIg até 31.1.2012 foram concedidas 1.330 residências. Outras 900 encontram-se em tramitação, mas já com decisão favorável de concessão pelo Plenário do CNIg;*
>
> *2) Até 2010, apenas seis vistos humanitários haviam sido concedidos pelo CNIg. Em 2011 (dados até 31/12) foram 711, 709 referentes a cidadãos haitianos. Ou seja, esse visto humanitário tem sido quase uma exclusividade para os haitianos;*
>
> *3) O Conselho Nacional de Imigração estabeleceu parceria com algumas entidades da Sociedade Civil para que possam atuar como pontos de referência a cidadãos haitianos no Brasil, de forma a que tenham pessoas que falem pelo menos o francês e possam orientar aos haitianos para retirar seus documentos junto aos órgãos públicos brasileiros e ajudar no contato com os órgãos integrantes do Sistema Público de Trabalho, Emprego e Renda Brasileiro (SINE).*
>
> *[...].*
>
> *Além disso, articulou-se com as Superintendências Regionais do Trabalho e Emprego nos estados do Amazonas, Acre, Rondônia e São Paulo no sentido de auxiliar aos haitianos que assim demandem ou as entidades de referência para os haitianos na busca de empregos. O retorno que temos tido é que mais de 90% dos haitianos que deixaram Brasileia e Tabatinga já estão empregados. Os dados ainda estão sendo verificados, pois estamos levantando o PIS de cada um para verificação junto ao CAGED. Por fim, este Ministério atuando em conjunto com a Secretaria-Geral da Presidência da República tem articulado ações junto a empresas brasileiras que atuam em grandes empreendimentos na oferta de vagas a haitianos que estejam no Brasil. Assim, por exemplo, somente a empresa Odebrecht já tem contratado 185 haitianos distribuídos em empreendimentos nos estados de Rondônia, Mato Grosso e Rio de Janeiro. Outras grandes empresas também efetuaram contratações de haitianos, de forma que a notícia que temos é que na última 5ª feira apenas 120 haitianos ainda estavam em Brasileia/AC (no início de janeiro havia cerca de 1.300);*

---

(300) Memorando expedido como subsídio nos autos da ação civil pública n. 723-55.2012.4.013000, proposta pelo Ministério Público Federal no Estado do Acre contra a União. Destaque-se, ainda, da manifestação do Conselho Nacional de Imigração, as providências adotadas pelo Estado Brasileiro diante do aumento do contingente de imigrantes haitianos: "[...]. Tendo em vista a dimensão humanitária presente na situação do Haiti, o CONARE, mesmo diante de situação que não se caracteriza como refúgio, nos termos da Convenção de 1951 das Nações Unidas sobre o Estatuto dos Refugiados, não indeferiu os pedidos recebidos, pois, caso assim o fizesse colocaria os imigrantes haitianos em condição migratória irregular no Brasil. Ao contrário, o CONARE, por razões humanitárias, tem encaminhado tais solicitações de refúgio ao Conselho Nacional de Imigração (CNIg), órgão colegiado presidido pelo Ministério do Trabalho e Emprego. O CNIg tem aprovado a autorização de permanência nos processos recebidos do CONARE, com base em razões e argumentos de caráter humanitário. Cabe assinalar que, desde o final de 2010, o CNIg reúne, previamente a suas plenárias, Grupo de Trabalho dedicado exclusivamente ao caso dos haitianos. Até 31.1.2012, o CNIg concedeu autorizações de permanência no Brasil ("vistos humanitários") a aproximadamente 1.330 haitianos, correspondendo a todos os casos recebidos do CONARE. Ressalte-se que o Plenário do CNIg em reunião extraordinária realizada em 12 de janeiro passado decidiu conceder autorizações de permanência no Brasil a todos os cidadãos haitianos que o CONARE endereçar a esse Conselho por razões humanitárias. [...]."

4) O CNIg isentou todos os processos referentes a haitianos do pagamento de taxas, haja vista o teor humanitário dos pedidos;

5) Os critérios para concessão dos vistos para 1.200 haitianos por ano com base na RN 97, de 2012, serão determinados pelo MRE e pela Embaixada do Brasil em Porto Príncipe. Em princípio, podem ser concedidos a qualquer haitiano, salvo se houver problemas em relação ao cometimento de crimes. De 16 a 31/01/2012, segundo informação da Embaixada do Brasil em Porto Príncipe, apenas 11 pessoas demandaram a obtenção desse novo visto humanitário (embora tenha havido uma grande quantidade de consultas). Desses 11, 9 foram computados dentre os 1.200, pois os outros dois foram dependentes de um dos titulares. A expectativa é que, após a visita da Presidenta Dilma ao Haiti e consequente divulgação das medidas brasileiras de criação de canal migratório formal, haja um crescimento do número de vistos emitidos. De toda forma, o CNIg monitorará o cenário e caso necessário poderá rever os números estabelecidos.

[...].

Por outro lado, não obstante a implementação de todos estes instrumentos de patrocínio à entrada e à permanência de haitianos no Brasil, por meio da já referida Resolução CNIg n. 97, de 2012, no exercício de sua soberania e de suas prerrogativas de conveniência e oportunidade, entendeu razoável a Administração Pública estabelecer um limite determinado ao contingente numérico de imigrantes haitianos favorecidos pelo visto humanitário, de forma a se resguardar a segurança e o bem-estar da população brasileira, em especial daquela parcela residente em área fronteiriça e mais diretamente atingida pelo intenso fluxo migratório[301].

Registre-se que tal medida administrativa, não obstante albergada por ato de discricionariedade e soberania do Estado brasileiro, deram ensejo à propositura da ação civil pública n. 723-55.2012.4.013000 pelo Ministério Público Federal no Estado do Acre[302] contra a União.

Em síntese, impugnando o teor da Resolução Normativa n. 97, de 12 de janeiro de 2012, do Conselho Nacional de Imigração, por meio da qual estaria a Polícia Federal supostamente impedindo o ingresso de haitianos pela fronteira com o Peru, a pretensão do Órgão ministerial seria a garantia de reconhecimento da condição jurídica de refugiado a todos os haitianos que estivessem em território brasileiro ou que viessem para o Brasil, cessando todo e qualquer impedimento injustificado para o ingresso em território brasileiro de imigrantes de nacionalidade haitiana, ou ameaça de deportação daqueles que já se encontrassem no Brasil em busca de refúgio.

Além disso, foi requerida a garantia de assistência humanitária básica aos haitianos que já estivessem no Brasil, provendo-lhes comida, água, moradia provisória e serviços básicos de saúde até que estes consigam vínculo empregatício e possam manter-se por meios próprios.

---

(301) Referido limite, conforme exposto, foi fixado por meio da Resolução n. 97, de 2012, que restringiu a concessão de vistos humanitários a 1.200 por ano, correspondendo a uma média de cem concessões por mês.

(302) O Ministério Público Federal é o órgão responsável pela defesa da ordem jurídica, do regime democrático e dos interesses sociais e individuais indisponíveis, nos moldes do art. 127, da Constituição Federal.

Destaca a mencionada ACP que os direitos humanos, conforme descrito na Carta Internacional de Direitos Humanos e acolhidos pelos Estados democráticos como parte de seus sistemas internos, são universais, sobrepondo-se ao direito convencional e servem, inclusive, como limite à soberania dos países, razão pela qual se deve compreender o instituto do refúgio como instrumento de garantia do exercício pleno dos direitos humanos, conforme reconhecidos na Carta Internacional de Direitos Humanos, art. 3º, da DUDH e arts. 6º e 9º, do PIDCP (direito à vida, à liberdade e à segurança pessoal), art. 23, da DUDH e art. 7º, do PIDESC (o direito de acesso ao trabalho) e o art. 25, da DUDH e art. 11, do PIDESC, art. 2º, da DUDH, art. 2º, do PIDCP e art. 2º, do PIDESC (direito a moradia, alimentação e vestimenta adequadas).

Ressalve-se que a tutela antecipada inicialmente deferida, por meio da qual restou determinado à União a cessação de todo e qualquer impedimento ao ingresso de migrantes de nacionalidade haitiana em busca de refúgio, assegurando-lhes inclusive o direito de apresentação de pedido nos moldes da Lei n. 9.784, de 1997, bem como que fossem adotadas as providências determinadas pelos arts. 21 e 22 da referida legislação, por meio do Departamento de Polícia Federal e que fosse dado amplo conhecimento das formas de entrada deferidas pela Resolução n. 97, do Conselho Nacional de Imigração, foi suspensa pelo Tribunal Regional Federal da 1ª Região.[303]

Sobre o tema, destaque-se o teor do Memo/GMI/CGI/N. 81/2012, a respeito dos possíveis efeitos da tutela antecipada concedida na ação civil pública n. 723--55.2012.4.013000 na ordem jurídica interna:

> [...].
>
> *A decisão em comento não afetará exclusivamente, apenas, os haitianos que atualmente encontram-se retidos na fronteira, que seriam cerca de 300 pessoas.*
>
> *Na verdade, caso prevaleça a decisão do juiz a quo, poderá haver um incitamento à vinda de quantidades cada vez maiores de haitianos pela fronteira norte, causando um caos naquela região, que como se sabe é desprovida da infraestrutura mínima de atendimento à população. Essa preocupação o próprio juiz teve ao decretar segredo de justiça nos autos.*
>
> *Prevalecendo, no mérito, a decisão antecipada, poderá haver uma migração massiva de haitianos ao Brasil, sendo seus impactos incalculáveis.*
>
> *Certamente, toda a região amazônica será fortemente afetada, pelo enorme afluxo de pessoas, causando crises humanitárias em várias cidades na fronteira e na rota dos haitianos com destino aos grandes centros urbanos brasileiros.*
>
> *É certo que a região amazônica não disporá de empregos a todos os haitianos, gerando desemprego, informalidade e risco, inclusive de trabalho escravo, já que essa é uma região onde foram verificadas grande parte das ocorrências de trabalho escravo no Brasil.*
>
> *A rota de haitianos pela floresta amazônica provocará aumento do tráfico de pessoas, inclusive para a exploração laboral, e aumento na demanda por assistência social à União, aos estados e municípios da região, já que, repito, não haverá empregos para todos.*

---

(303) Suspensão de Tutela Antecipada n. 9420-44.2012.4.01.0000/TRF1.

Esta situação poderá levar ao aumento no risco de conflitos sociais nas pequenas e médias cidades para onde se dirijam os haitianos, já que uma coisa é a população local conviver com uma quantidade moderada de imigrantes; outra coisa bem diferente será o convívio com uma tal quantidade de imigrantes que possa afetar o próprio convívio social local.

O atual movimento de oferta de empregos para haitianos, coordenado entre empresas, Governo Federal e Governos estaduais não será possível de ser mantido em um cenário de migração massiva.

Por outro lado, a própria existência da RN n. 97, de 2012 do Conselho Nacional de Imigração estará ameaçada, já que o Estado não terá como organizar o fluxo de haitianos ao Brasil com vistos obtidos com base nessa resolução diretamente na Embaixada Brasileira em Porto Príncipe, já que estará lidando com um novo fluxo demasiadamente elevado pela fronteira.

[...].

Reconhecendo o grave risco que se impõe à soberania nacional, por meio da substituição da discricionariedade administrativa na política de migração brasileira, bem como os problemas sociais, de segurança e de planejamento orçamentário, econômico e financeiro decorrentes da ilimitada corrente migratória de haitianos para o Brasil, aliada às dificuldades já tradicionalmente enfrentadas pelas cidades fronteiriças, maculadas pela falta de infraestrutura, destaca-se da decisão do Tribunal Regional Federal da 1ª Região na Suspensão de Tutela Antecipada n. 9420-44.2012.4.01.0000:

[...].

Em tais circunstâncias, não há a menor dúvida do potencial lesivo grave da decisão, em detrimento da ordem pública, cujo conceito abrange a ordem administrativa em geral, caracterizada na hipótese com a normal execução do serviço público ou devido exercício das funções da Administração pelas autoridades constituídas.

O mesmo se diga da aptidão para causar lesão à segurança, à saúde e à economia públicas. O ingresso dos migrantes haitianos do modo em que permitido na decisão atacada, de forma indiscriminada e sem controle, pode dar ensejo à entrada massiva de estrangeiros no Brasil, principalmente na área de fronteira, gerando um colapso na estrutura social dessas localidades, com sério comprometimento da adequada prestação dos serviços públicos, entre os quais o de saúde e segurança.

[...].

Assim postos os fatos, defiro o pedido e suspendo os efeitos da decisão em causa. Oficie-se com urgência, ao juízo dela prolator, para os devidos fins.

[...].

Tal preocupação, conforme já exposto na manifestação do Conselho Nacional de Imigração, é legítima e justificada pelo receio de possíveis gravames ao próprio convívio social local.

3. Da Constitucionalidade da Resolução Normativa n. 97, de 12 de janeiro de 2012, do Conselho Nacional de Imigração (CNIg)

A Constituição Federal de 1988 elegeu, dentre os princípios das relações internacionais, a *prevalência dos direitos humanos* (art. 4º, II, CF, de 1988) e a *solidariedade humana em relação aos povos da América Latina*, (art. 4º, parágrafo único, CF, de 1988)[304]. Dentre os objetivos fundamentais previstos pela norma constitucional, destacam-se aqueles que preveem que a República Brasileira destina-se a *construir uma sociedade livre, justa e solidária* e a *promover o bem de todos, sem preconceitos de origem, raça, sexo, cor, idade e quaisquer outras formas de discriminação* (art. 3º, I e IV, CF, de 1988)[305].

Com base nesses fundamentos, o Conselho Nacional da Imigração (CNIg), por conta do agravamento das condições de vida da população haitiana após o terremoto de 12 de janeiro de 2010, publicou no dia 13 de janeiro de 2012, a Resolução Normativa n. 97 que trata de uma forma inédita, nunca antes oferecida a outro Estado estrangeiro, sobre a política de imigração dos haitianos para o Brasil.

O art. 1º da Resolução estipula que, por razões humanitárias, todo haitiano poderá receber um visto com duração de cinco anos e uma cédula de residente. O art. 2º estabelece que o visto humanitário será outorgado pelo Ministério das Relações Exteriores (ou pela Chancelaria) do Brasil por meio da Embaixada do Brasil em Porto Príncipe, num total de até 1.200 vistos por ano, com uma média de cem vistos mensais.

Esse número, fixado por meio de uma estimativa da demanda, leva em conta o número de vistos expedidos pela embaixada do Brasil em Porto Príncipe e a média mensal de entrada de haitianos desde o terremoto de janeiro de 2010, pode ser ampliado por meio de uma nova Resolução do mesmo Órgão.

O art. 3º adverte que o cidadão haitiano que tenha sido beneficiado com o visto humanitário, pouco antes da data do vencimento do visto, deverá comprovar sua situação trabalhista para poder permanecer no Brasil e renovar sua cédula de residência. Enquanto permanecerem no Brasil com visto regularmente concedido pelas autoridades competentes, os imigrantes haitianos gozam dos mesmos direitos civis relativos à saúde, educação e trabalho que os brasileiros.

Os dois últimos artigos definem a vigência da Resolução a partir da data de sua publicação (13 de janeiro de 2012) por um período de dois anos, com a possibilidade de ser, eventualmente, prorrogada.

Em breves linhas, a nova política migratória propõe-se a redefinir as linhas do fluxo migratório de haitianos para o Brasil, buscando impedir a continuação da entrada de estrangeiros por meio da violação das fronteiras nacionais, o que oferecia

---

(304) "[...]. Art. 4º A República Federativa do Brasil rege-se nas suas relações internacionais pelos seguintes princípios: [...]. II – prevalência dos direitos humanos; [...]. Parágrafo único. A República Federativa do Brasil buscará a integração econômica, política, social e cultural dos povos da América Latina, visando à formação de uma comunidade latino-americana de nações. [...]".

(305) "[...]. Art. 3º Constituem objetivos fundamentais da República Federativa do Brasil: I – construir uma sociedade livre, justa e solidária; [...]. IV – promover o bem de todos, sem preconceitos de origem, raça, sexo, cor, idade e quaisquer outras formas de discriminação. [...]".

riscos não só à segurança do País, mas também ao próprio estrangeiro que, para entrar no Brasil, muitas vezes se submetia a condições de risco à saúde e à vida.

De fato, constantemente noticiou a imprensa nacional um sem número de abusos e violações contra os direitos humanos dos haitianos que tentavam buscar novas rotas pelo lado boliviano da mesma tríplice fronteira Brasil-Bolívia-Peru, para poder chegar a Brasileia, Acre.

É evidente que, para se dar concreta eficácia aos dispositivos constitucionais mencionados, que diretamente refletem na questão humanitária da entrada dos imigrantes haitianos no Brasil, não se deve isolar a Resolução Normativa CNIg n. 97, de 2012 de outros atos administrativos de política interna e externa que possam ampliar o acesso dos imigrantes ao território nacional, sem comprometer a ordem jurídica interna.

Externamente, é possível o aprimoramento do diálogo entre os países da América do Sul que vêm recebendo os imigrantes haitianos em seu território para que se possa administrar de uma maneira regional e eficaz a imigração humanitária dos cidadãos haitianos.

Internamente, por sua vez, o princípio da dignidade da pessoa humana[306] exige que ainda seja implementada uma série de medidas que permitam o acesso e a fixação dos imigrantes em plenas condições de vida e de trabalho.

Por outro lado, a questão dos imigrantes haitianos não pode ser compartimentada em âmbito interno, devendo ser examinada em todos os aspectos, especialmente no que diz respeito à responsabilidade das três esferas de governo tendo em vista que, não obstante a imigração seja questão de direito internacional, afeta à pessoa jurídica de direito público (União), são os Estados e Municípios que mantêm o primeiro contato com os imigrantes.

A existência de possíveis pendências legislativas e administrativas para a melhor efetivação e realização do fluxo imigratório para o Brasil, não macula de inconstitucionalidade, entretanto, a Resolução Normativa CNIg n. 97, de 2012.

De fato, a disciplina normativa que se busca dar ao tema retrata o exercício legítimo da avaliação do mérito administrativo inerente ao ato de soberania nacional, não havendo afronta à legalidade ou à Constituição que justifique a alteração pelo Poder Judiciário do critério fixado pelo administrador público. Ao contrário, entende-se que este, diante do exercício de suas atribuições e competências legais, pode escolher, dentre as opções que a lei lhe permite, aquela que melhor se adeque ao interesse público e à soberania.

---

(306) Essa percepção chegou à jurisprudência dos tribunais superiores, já tendo se assentado que "a dignidade da pessoa humana, um dos fundamentos do Estado Democrático de Direito, ilumina a interpretação da lei ordinária" (STJ, HC 9.892-RJ, DJ 26.3.2001, Rel. orig. Min. Hamilton Carvalhido, Rel. para ac. Min. Fontes de Alencar). Disponível em: <http://www.lfg.com.br/artigos/Blog/dignidade_direito_absoluto.pdf> Acesso em: 16 mar. 2012.

Não há que se conceber a imposição, a qualquer Estado nacional, de receber, ilimitadamente e sem qualquer possibilidade de controle e garantia de segurança para a população local, fluxo não intermitente de estrangeiros em seu território.

O que se verifica, portanto, é que a Resolução CNIg n. 97, de 2012 encontra guarida e amparo na ordem jurídica constitucional e atende aos interesses nacionais de regularização da política migratória haitiana no âmbito interno, em respeito ao princípio da soberania nacional.

Entretanto, para que se efetive igualmente os direitos e garantias fundamentais do povo haitiano, compreende-se que ainda exigem-se esforços conjuntos dos governos brasileiros, haitiano e dos demais Estados da América do Sul, no sentido de que sejam implementadas, tanto quanto possível, políticas públicas integradas e apropriadas para tornar a recepção dos imigrantes haitianos verdadeiramente humanitária.

4. Conclusão

Não obstante registrem-se relevantes aspectos de caráter humanitário no contexto fático-jurídico que permeia a questão imigratória dos haitianos vitimados pelo desastre natural no ano de 2010, não se deve descartar os relevantes aspectos relativos à soberania e à independência nacionais do Estado Brasileiro, que lhe conferem o direito de regulamentar os limites à concessão de abrigo aos refugiados de outros países, considerando as restrições e problemas sociais já existentes na ordem interna, como o fez a Resolução Normativa n. 97, de 12 de janeiro de 2012, do Conselho Nacional de Imigração — CNIg, num intervalo de tempo no qual se estima que vieram para o Brasil cerca de quatro mil haitianos, muitos dos quais viajando em condições de extrema vulnerabilidade social, sanitária e de saúde.

Lançando mão do poder de jurisdição sobre o território nacional, o Estado brasileiro propôs-se a disciplinar a situação por meio da Resolução Normativa n. 97, de 2012, do CNIg, que dispõe sobre a concessão do visto permanente, previsto no art. 16, da Lei n. 6.815, de 19 de agosto de 1980, aos nacionais do Haiti, por razões humanitárias, conceitua ainda como razões humanitárias aquelas resultantes do agravamento das condições de vida da população haitiana em decorrência do terremoto ocorrido naquele país, em 12 de janeiro de 2010. Ainda de acordo com a Resolução, o referido visto, concedido com exclusividade aos nacionais daquela origem, possui caráter especial e será concedido pelo Ministério das Relações Exteriores, por intermédio da Embaixada do Brasil em Porto Príncipe, com limite de até 1.200 vistos por ano, correspondendo a uma média de cem concessões por mês.

Em síntese, pode-se dizer que as medidas adotadas na Resolução CNIg n. 97, de 2012 apresentam quatro grandes finalidades: concessão de visto humanitário, que irá regular a entrada e a permanência aos imigrantes haitianos no Brasil, sem prejudicar a concessão de outras espécies de vistos já previstas pela legislação; regularização da situação dos imigrantes haitianos que já estão no Brasil; uso de maior rigor contra os "coiotes" e as máfias internacionais de tráfico de pessoas, impedindo o fluxo migratório sem controle e o início de uma Política Pública de cooperação entre União e os Estados do Acre e do Amazonas com a ajuda humanística, que prevê a oferta de condições básicas de vida e trabalho aos imigrantes albergados naquela região. Além disso, a disciplina normativa da entrada de imigrantes no País tem por finalidade assegurar o controle, pelas autoridades competentes, da ocupação de uma região do País na qual a população já enfrenta uma série de problemas e restrições sociais.

Nesse contexto, compreende-se que a decisão do Governo brasileiro foi pautada por aspectos solidários e humanitários, sendo certo que as medidas propostas pela Resolução CNIg n. 97, de 2012 foram respaldadas pelo Governo do Haiti e por representantes das Nações Unidas. Por outro lado, deve ser registrado que a publicação da referida Resolução, ao fixar determinados limites à concessão do visto humanitário, também gerou polêmica nos meios político, jurídico e social, tendo culminado com a proposição da Ação Civil Pública n. 723-55.2012.4.013000 pelo Ministério Público Federal no Estado do Acre contra a União.

Por fim, deve ser registrado que a tese de que a migração é um Direito Humano fundamental não afasta a influência de aspectos de similar relevância dessa análise, como as já mencionadas questões de soberania, discricionariedade, além dos sensíveis parâmetros impostos pelas ordens jurídica, política e econômica que, por sua vez, impõem aos países direta ou indiretamente envolvidos na polêmica, a adoção de medidas efetivas de Políticas Públicas que assegurem aos imigrantes haitianos a consecução de condições humanitárias dignas de entrada e permanência nos países circunvizinhos.

5. Referências Bibliográficas

BASTOS, Celso Ribeiro. *Curso de Direito Constitucional*. São Paulo: Saraiva, 1994.

DALLARI, Dalmo de Abreu. *Elementos de Teoria Geral do Estado*. São Paulo: Saraiva, 1993.

MEIRELLES, Hely Lopes. *Direito Administrativo Brasileiro*. São Paulo: Malheiros, 2009.

MORAES, Alexandre. *Direito Constitucional*. São Paulo: Atlas, 2008.

REZEK, Francisco. *Direito Público Internacional*. São Paulo: Saraiva, 2008.

SARLET, Ingo Wolfgang. *Dignidade da pessoa humana e direitos fundamentais na Constituição Federal de 1988*. São Paulo: Livraria do Advogado, 2002.

SILVA, José Afonso da. *Curso de direito constitucional positivo*. São Paulo: Malheiros, 2008.

5.1. Sites

<www.stf.jus.br>

<www.mte.gov.br>

<www.planalto.gov.br>

Capítulo XVII

Direitos Fundamentais Sociais e a Cláusula da Reserva do Possível: Limites à Atuação Estatal

Marcio Pereira de Andrade

Advogado da União lotado na Consultoria Jurídica junto ao Ministério do Trabalho e Emprego. Coordenador de Licitações e Contratos. Graduado em Direito pela Pontifícia Universidade Católica de São Paulo (PUC/SP). Especialista em Direito Constitucional pelo Instituto Brasiliense de Direito Público (IDP). Coautor dos livros "Estudos dirigidos da AGU — Questões comentadas" e "Temas Aprofundados da Advocacia Geral da União".

Resumo: O presente trabalho tem por finalidade investigar os direitos sociais fundamentais, analisando suas principais características, tais como sua natureza e efetividade. Será estudada também a cláusula da reserva do possível, abordando seus principais aspectos. Por fim, será confrontada a efetividade dos direitos sociais fundamentais com a cláusula da reserva do possível e os limites de atuação do poder público.

Abstract: The present work has for purpose to investigate the basic social rights, analyzing its main characteristics, such as its nature and effectiveness. The clause of the reserve of the possible will also be studied, approaching its main aspects. Finally the effectiveness of the basic social rights with the clause of the reserve of possible and the limits of performance of the public power will be collated.

Palavras-Chaves: Direitos sociais fundamentais. Reserva do Possível. Limites do poder público.

Keywords: Basic social rights. Reserve of the Possible. Limits of performance of the public power.

Sumário: 1. Introdução. 2. Direitos Fundamentais Sociais. 2.1 Conceito. 2.2. A Efetividade das Normas Constitucionais. 2.3. Direitos Fundamentais Sociais Como Regras e Princípios. 2.4. Direitos Fundamentais Sociais e o Princípio da Proporcionalidade. 3. Cláusula da Reserva do Possível. 3.1. Introdução. 3.2. Políticas Públicas e Orçamento: Breve Noção. 3.3. Natureza Jurídica da Cláusula da Reserva do Possível. 3.4. Origem da Cláusula da Reserva do Possível. 3.5. A Reserva do Possível no Judiciário Brasileiro. 3.6. O Princípio da Dignidade da Pessoa Humana e o Mínimo Existencial. 4. Conclusão. 5. Referências Bibliográficas.

1. Introdução

O texto constitucional impõe ao poder público uma grande tarefa, a efetivação dos direitos sociais fundamentais, que via de regra se concretiza com o dispêndio de elevadas somas de recursos públicos, mas até que ponto esses direitos são exigíveis? Poderia o Estado se esquivar de seus deveres a pretexto da escassez de recursos? Quais os limites da ação estatal e do incremento das políticas públicas?

A efetividade dos direitos fundamentais sociais no Brasil sempre foi tema polêmico, diante, de um lado, de um país em desenvolvimento cujo orçamento público é limitado, e de outro, de um país cujas mazelas sociais parecem inesgotáveis.

Diante desse quadro, cabe analisar os postulados constitucionais máximos que orientam o Estado Democrático de Direito diante da efetividade dos direitos sociais fundamentais e os limites da ação governamental.

O presente artigo procura, assim, desenvolver uma reflexão teórica a respeito da efetividade dos direitos sociais fundamentais, a cláusula da reserva do possível e a limitação da atuação do poder público diante da escassez de recursos.

2. Direitos fundamentais sociais

2.1. Conceito

Discorrer sobre o conceito de direitos fundamentais sociais não é tarefa tão simples, diante do quadro de proposições existentes na doutrina. Numa definição genérica, Robert Alexy[307] define os direitos fundamentais sociais como:

[...].

Os direitos a prestações em sentido estrito (direitos sociais fundamentais) são direitos do indivíduo frente ao Estado a algo que — se o indivíduo possuísse meios financeiros suficientes e se encontrasse no mercado uma oferta suficiente – poderia obter também de particulares.

[...].

Esse conceito, contudo, não é suficiente para identificar os direitos sociais fundamentais na Constituição Brasileira. Assim, a doutrina ainda costuma distinguir um conceito formal e um conceito material.

Ensina Ana Carolina L. Olsen[308] que os direitos fundamentais sociais em sentido formal são "todos aqueles previstos no Capítulo II, do Título II, expressamente chamados 'Direitos Sociais', e pertencentes ao catálogo dos 'Direitos e Garantias Fundamentais'. Entretanto, enfatiza que não são os únicos, pois se deve levar em conta a concepção material de direitos fundamentais.

---

(307) *Apud*, COELHO, Helena B. C. M. Direitos Fundamentais Sociais: Reserva do Possível e Controle Jurisdicional. *Revista da Procuradoria Geral do Estado*, Procuradoria Geral do Estado do Rio Grande do Sul. Porto Alegre: PGE, v. 30, n. 63, p.124, jan./jun. 2006.

(308) OLSEN, Ana Carolina L. *Direitos Fundamentais Sociais:* Efetividade Frente à Reserva do Possível. Curitiba: Juruá, 2008. p. 38

Em concepção material Paulo Bonavides[309] é quem melhor sintetiza os direitos sociais fundamentais ao afirmar que:

[...].

não há diferença de valor entre direitos sociais e os direitos individuais, pois ambos estão conectados a um valor maior: a dignidade da pessoa humana.

[...].

A dignidade da pessoa humana, portanto, é o critério que identifica a fundamentalidade de um direito social. Contudo, como bem conclui Ana Carolina L. Olsen [310]:

[...].

ainda que o princípio da dignidade da pessoa humana não seja o único critério material de valor significativo para a elaboração de um conceito material de direitos fundamentais sociais, e para identificação daqueles direitos fundamentais fora do catálogo constitucional, sua relevância se impõe a ponto de tornar possível sua assunção como critério material basilar.

[...].

A seguir tratar-se-á do tema sobre a efetividade das normas constitucionais, por ser correlato e inerente à abordagem dos direitos fundamentais sociais.

2.2. A efetividade das normas constitucionais

Tendo-se em vista que os direitos fundamentais estão previstos primordialmente em normas constitucionais ou em tratados internacionais, é imperioso abordar o tema da efetividade das normas constitucionais, antes de adentrar o tema do estudo propriamente dito.

A doutrina classicamente distinguiu a efetividade das normas definidoras dos direitos fundamentais individuais — direitos de defesa — dos direitos sociais — direitos a prestação em sentido estrito. Assim, os direitos individuais – direitos de defesa — são entendidos como aqueles dos quais não se exige uma atuação do Estado, ao contrário, exige-se sua não interferência na autonomia privada, enquanto que os direitos fundamentais sociais — direitos a prestação em sentido estrito — exigem uma atuação do Estado voltada para a materialização desses direitos.

Com base nessa premissa, diferençou-se também a efetividade das normas que definem esses direitos: os primeiros, como exigem apenas uma abstenção do Estado, seriam autoaplicáveis; os segundos, como exigem uma intervenção positiva e direta

---

(309) BONAVIDES, Paulo. *Curso de Direito Constitucional*. 13. ed. São Paulo: Malheiros, 2003. p. 562.
(310) OLSEN, A.C.L. Ob. cit., p. 45.

do Estado, sua aplicabilidade dependeria de integração legislativa e ainda estariam sujeitos à discricionariedade do administrador.[311] e [312]

Nesse sentido, nas palavras de Paulo Bonavides[313]:

[...].

Com a queda do positivismo e o advento da teoria material da Constituição, o centro de gravidade dos estudos constitucionais, que dantes ficava na parte organizacional da Lei Magna — separação de poderes e distribuição de competências, enquanto forma jurídica de neutralidade aparente, típica do constitucionalismo do Estado liberal – se transportou para a parte substantiva, de fundo e conteúdo, que entende com os direitos fundamentais e as garantias processuais da liberdade, sob a égide do Estado social.

[...].

No constitucionalismo contemporâneo, do qual Paulo Bonavides é expoente, deve ser destacado o grande avanço que se deu com a doutrina da efetividade das normas constitucionais. Tal doutrina veio a pregar que as normas constitucionais, como as normas jurídicas em geral, são dotadas do atributo da imperatividade. Assim, as normas constitucionais contêm comandos que devem ser cumpridos. O descumprimento de uma norma constitucional, quer seja por ação, quer seja por omissão, deve ser tutelado visando à restauração da ordem jurídica, tudo com vistas a dar efetividade às normas constitucionais.[314]

A discussão sobre a efetividade das normas constitucionais, por certo, não pode passar ao largo da distinção entre princípios e regras, o que faz-se no próximo item.

2.3. Direitos fundamentais sociais como regras e princípios

Antes de adentrarmos ao tema do trabalho propriamente dito, faz-se necessário investigar a natureza das normas que veiculam os direitos fundamentais sociais, dentro da já clássica distinção feita pela doutrina que diferencia dois tipos de normas: regras e princípios.

Uma primeira concepção acerca de princípio é trazida por Paulo Bonavides[315], seguindo os ensinamentos de F. de Castro, *"os princípios são verdades objetivas, nem*

---

(311) MÂNICA, Fernando Borges. Teoria da Reserva do Possível: direitos fundamentais a prestações e a intervenção do Poder Judiciário na implementação de políticas públicas. *Revista Brasileira de Direito Público-RBDP*, Belo Horizonte, ano 5, n. 18, p.169-187, jul./set. 2007.

(312) Essa diferenciação de certa forma encontra-se superada tendo em vista a publicação de diversos estudos acerca dos custos dos direitos fundamentais de defesa, como em *"The Cost of Rights: Why Liberty Depends on Taxes"*, de Stephen Holmes e Cass Sunstein.

(313) BONAVIDES, P. Ob. cit., p. 564.

(314) BARROSO, Luís R. Da falta de efetividade à judicialização excessiva: direito à saúde, fornecimento gratuito de medicamentos e parâmetros para a atuação judicial. *Interesse Público*, n. 46, ano IX, p. 31-61, Porto Alegre: Fórum, 2007.

(315) BONAVIDES, P. Ob. cit., p. 256.

sempre pertencentes ao mundo do ser, senão do dever-ser, na qualidade de normas jurídicas, dotadas de vigência, validez e obrigatoriedade."

Conforme mostra Ana Carolina L. Olsen[316], Ronald Dworkin pode ser apontado como um dos primeiros autores a fazer tal distinção, veja:

[...].

Segundo Dworkin, a diferença que se estabelece entre regras e princípios seria de natureza lógica, sendo que 'as regras são aplicáveis à maneira do tudo ou nada', cabendo sobre elas tão somente um juízo de validade, de modo que, se válidas, deverão ser aplicadas ao caso concreto; se inválidas, não poderão ser utilizadas no processo decisório. Já os princípios atuam como razões que poderão levar a uma determinada decisão, e são aplicados segundo uma dimensão de peso ou importância, de modo que podem influenciar na decisão em maior ou menor grau. Interessante observar que Dworkin, em crítica aberta ao positivismo jurídico, já defendia que não só as regras, mas também os princípios eram obrigatórios e vinculavam o juiz.

[...].

A distinção entre regras e princípios também foi reconhecida por Robert Alexy[317], o qual expõe que a diferença básica entre princípios e regras é o grau de generalidade: enquanto os princípios são normas do mais alto grau de abstração, as regras têm uma graduação menor.

J. J. Gomes Canotilho, por sua vez, recepcionou a teoria desenvolvida por Alexy, também reconhecendo que o melhor critério de distinção entre regras e princípios é o critério qualitativo.

Para Canotilho[318]:

[...].

os princípios são normas jurídicas impositivas de optimização, compatíveis com vários graus de concretização, consoante os condicionamentos fáticos e jurídicos. Já as regras correspondem a imperativos de conduta que não aceitam graus de efetividade — ou são cumpridas ou são violadas, de modo que sua convivência no sistema jurídico é antinômica.

[...].

Com normas de otimização, quer-se dizer, segundo Canotilho[319], o balanceamento na aplicação dos princípios para a realização de algo da melhor forma

---

(316) OLSEN, A.C.L., Ob. cit., p. 64.
(317) *Apud* BONAVIDES, P. Ob. cit., p. 277.
(318) *Apud* OLSEN, A.C.L. Ob. cit., p. 65.
(319) *Apud* BONAVIDES, P. Ob. cit., p. 278.

possível. Aplica-se um princípio no lugar do outro, em razão da sua relevância, sem anular o excluído. Afinal, a anulação geraria uma antinomia, característica própria de regras.

Canotilho[320] afirma, também, que os princípios têm as funções de fazer o sistema jurídico respirar, legitimar, enraizar e caminhar. A respiração tem vez no caráter generalista dos princípios. A legitimidade perfaz-se na consagração de valores fundamentadores da ordem jurídica. O enraizamento refere-se ao caráter sociológico dos princípios, que se perfazem por meios processuais adequados. O caminho significa o desenvolvimento constitucional principiológico.

Para Gilmar Ferreira Mendes et alli[321], os princípios servem, além de norte para a produção normativa, como prevenção para o conflito de normas. Isto é, as normas, enquanto regras, são aplicadas umas em lugar das outras, gerando antinomia. Tal conflito é suprimido por critérios cronológico, hierárquico e da especialidade.

Mas, para estes autores, o que realmente diferencia tais tipos normativos é a relação fixidez/generalidade. Enquanto as regras possuem *hipóteses de incidência fixas e consequências jurídicas determinadas — umas e outras reciprocamente excludentes*[322] — os princípios têm um alto grau de generalidade, orientando a interpretação e a produção normativas.

A diferenciação entre regras e princípios está longe de ser pacífica; não obstante isso, certo é que os princípios possuem duas características: servem de norte para a produção normativa e impõem certa conduta, seja ao legislador, seja ao particular. Portanto, apesar do alto grau de generalidade, possuem conteúdo normativo próprio, obrigando determinados comportamentos.

Os direitos sociais fundamentais, por seu turno, ora vão assumir a feição de princípio, ora a de regra, não podendo ser taxados de antemão como uma coisa ou outra.

Nesse sentido, o entendimento de Ana Carolina L. Olsen[323]:

[...].

> tanto no caso dos direitos sociais previstos como regras, como no caso de sua previsão enquanto princípios, o resultado final da atividade hermenêutica poderá levar a um mandamento definitivo para o caso concreto. Além disso, uma mesma norma de direito fundamental social poderá funcionar como regra

---

(320) *Ibidem*, p. 278.
(321) MENDES, Gilmar F.; COELHO, Inocêncio M.; BRANCO, Paulo G. *Hermenêutica Constitucional e Direitos Fundamentais*. Brasília: Brasília Jurídica, 2002. p. 46.
(322) *Ibidem*, p. 46-47.
(323) OLSEN, A. C. L. Ob. cit., p. 69.

para um determinado caso concreto, e como princípio em outro, já que não se trata de tipos normativos fechados, mas sim de normas abertas à interpretação.

[...].

A partir da constatação de que os direitos fundamentais sociais se enquadram em um modelo normativo de regras e princípios, faz-se necessário observar que, enquanto princípios, sua aplicação será feita pelo mecanismo da ponderação de valores. Assim, após o balanceamento com outros bens jurídicos, será dado lugar a uma posição jurídica definitiva na solução do caso concreto.

Nesse processo de ponderação e balanceamento de bens jurídicos não poderá o aplicador de direito deixar de atentar para o preceito da proporcionalidade, instrumento essencial na resolução de conflitos dessa natureza. Tema este que será abordado a seguir.

2.4. Direitos fundamentais sociais e o princípio da proporcionalidade

O princípio da proporcionalidade, por si só, mereceria grande aprofundamento, contudo, este trabalho não comportaria tal análise. Não obstante isso, traçar-se-ão em linhas gerais alguns aspectos desse princípio e sua relação com os direitos sociais fundamentais.

Apesar de não estar expressamente previsto no Texto Constitucional, o princípio da proporcionalidade vem sendo admitido pela doutrina e pela jurisprudência[324] como exigência da própria estrutura dos direitos fundamentais, pois é esse princípio que vai mensurar e legitimar as intervenções de um princípio de direito fundamental em outro.

A respeito da função principiológica do preceito da proporcionalidade José Roberto Pimenta Oliveira[325] bem elucida:

[...].

Para o direito administrativo brasileiro, os princípios da razoabilidade e da proporcionalidade, com sua força constitucional e efeito estruturante do regime administrativo, exercem todas as funções cuidadosamente esquadrinhadas por Moreira Neto. Cumprem, assim, uma função axiológica, teleológica, sistêmica, integrativa, irradiante, provocativa e limitativa no surgimento, desenvolvimento e extinção de toda e qualquer relação jurídica travada entre a Administração

---

(324) No STJ: MS 1.752-DF, 1ª seção, rel Min. Milton Luiz Pereira, DJU 30.11.1992, p. 22.546; MS 2130-CE, 1ª seção, rel. Min. Milton Luiz Pereira, DJU 25.04.1994, p. 9185; STJ, MS 3551-DF, 1ª Seção, rel. Min. Demócrito Reinaldo, DJU 1.8.1994, p.18.572, entre outros. No STF: RMS 22.096-DF, 2ª T, rel. Min. Neri da Silveira, informativo STF n. 225; RE 203.954-CE, Tribunal Pleno, rel. Min. Ilmar Galvão, DJ 20.11.1996; STF.

(325) OLIVEIRA, José R. P. Os *Princípios da Razoabilidade e da Proporcionalidade no Direito Administrativo Brasileiro*. Coleção Temas de Direito Administrativo. São Paulo: Malheiros, 2006. p. 34.

e o administrado, o que inclui em seu campo de abrangência o lineamento do exercício de competências normativas infralegais outorgadas à órbita administrativa.

[...].

Cabe distinguir, ainda, que o princípio, ora em voga, terminou por ser dividido em três subprincípios, quais foram: o da adequação, o da necessidade e o da proporcionalidade em sentido estrito, como consequência dos avanços doutrinários nesta área.

Neste sentido, Zavaski [326] enumera:

[...].

a) 'princípio da necessidade', segundo o qual a regra de solução (que é limitadora de direito fundamental) somente será legítima quando for real o conflito, ou seja, quando efetivamente não foi possível estabelecer um modo de convivência simultânea dos direitos fundamentais sob tensão;

b) 'princípio da menor restrição possível', também chamado de 'princípio da proibição de excessos' que está associado, sob certo aspecto, também ao 'princípio da proporcionalidade', segundo o qual a restrição a direito fundamental, operada pela regra de solução, não poderá ir além do limite mínimo indispensável à harmonização pretendida;

c) 'princípio da salvaguarda do núcleo essencial', a rigor já contido no princípio anterior segundo o qual não é legítima a regra de solução, a pretexto de harmonizar a convivência entre direitos fundamentais, opera a eliminação de um deles, ou lhe retira a sua substância elementar.

[...].

Na interpretação e aplicação dos direitos fundamentais sociais, o operador do direito poderá se deparar com o confronto de direitos fundamentais entre si ou com outros valores e bens jurídicos. Daí a relevância de se explorar esse tema dentro deste estudo.

O princípio da proporcionalidade, portanto, será sempre um parâmetro de valoração dos atos do poder público para aferir se eles estão informados pelo valor superior inerente a todo ordenamento jurídico: a justiça.

3. Cláusula da reserva do possível

3.1. Introdução

Sabe-se que os direitos fundamentais sociais são demasiadamente amplos no texto constitucional. O mesmo não se pode dizer dos recursos de que o Poder Público

---

(326) ZAVASKI, Teori Albino. Antecipação e colisão de direitos fundamentais. *Ajuris*, Porto Alegre, V. XXII, n. 64, p. 395-417, jul. 1995.

dispõe para lhes suprir. O Estado não pode, pois, comportar toda a demanda de interesses cobrados pela sociedade. Deverá priorizar os mais relevantes aos interesses sociais.

A efetivação dos direitos fundamentais sociais exige dispêndio de verbas públicas. Direitos como educação, saúde, moradia, cultura, previdência social, lazer, entre outros, para serem efetivados, vão demandar do Estado enorme vulto de investimentos. Ocorre que nem sempre há recursos para cumprir todos os compromissos.

Verifica-se, então, uma série de demandas para efetivação dos direitos sociais fundamentais que não são atendidas pelo poder público, mas que são exigidas pela sociedade. Surge, assim, o Poder Judiciário como último refúgio do cidadão, que se socorre de ações judiciais para ver efetivados seus direitos.

Instaura-se um impasse: os direitos sociais fundamentais têm, do ponto de vista jurídico, aplicabilidade imediata, mas, por outro lado, o poder público encontra limitações materiais para efetivá-los.

Nesse contexto, surge o desafio de aplicação da cláusula da reserva do possível e os limites de atuação do poder público. Entretanto antes de abordarmos o tema diretamente, imprescindível se faz o entendimento de algumas noções, como as de políticas públicas e orçamento.

3.2. Políticas públicas e orçamento: breve noção

Como já ressaltado, com o advento do Estado social surge para o poder público o dever de intervenção positiva na ordem social. Os instrumentos e ações que o poder público tem para intervir na ordem social são conhecidos como políticas públicas.

Para Régis Fernandes de Oliveira[327], políticas públicas referem-se às:

[...].

providências para que os direitos se realizem, para que as satisfações sejam atendidas, para que as determinações constitucionais e legais saiam do papel e se transformem em utilidades aos governados.

[...].

No entendimento de Maria Paula Dallari Bucci[328]:

[...].

políticas públicas são programas de ação governamental visando coordenar os meios à disposição do Estado e as atividades privadas, para a realização de objetivos socialmente relevantes e politicamente determinados.

[...]."

---

(327) OLIVEIRA, Régis F. *Curso de direito financeiro*. São Paulo: Revista dos Tribunais, 2006. p. 251.
(328) BUCCI, Maria P. D. *Direito administrativo e políticas públicas*. São Paulo: Saraiva, 2006. p. 241.

Falar em políticas públicas, assim, é pressupor gastos de dinheiro público com o objetivo de alcançar e garantir direitos individuais e sociais assegurados pela Constituição. No Estado Social e Democrático de Direito, o orçamento público é o instrumento que concretiza a alocação de recursos — previsão e autorização de despesas — para a realização dos gastos públicos com o fim de alcançar os objetivos fundamentais do Estado previstos na Constituição e no ordenamento infraconstitucional[329].

Sobre o orçamento público, muitas coisas poderiam ser ditas, entretanto, cabe destacar o tratamento constitucional dado à matéria, especialmente às espécies normativas que formam o orçamento público, conforme a lição de Fernando Facury Scaff[330]:

[...].

No âmbito orçamentário, fundamental para que o Estado demonstre a origem das receitas (oriundas de seu patrimônio, de imposições fiscais e de empréstimos) e o destino das despesas e investimentos, foi estabelecido um sistema de planejamento constituído por um conjunto de três leis que se sucedem e se complementam: a Lei do Plano Plurianual (PPA), a Lei de Diretrizes Orçamentárias (LDO) e a Lei Orçamentária Anual (LOA). Todos os Planos e Programas nacionais, regionais e setoriais previstos na Constituição deverão ser elaborados em consonância com o plano plurianual (art.165, § 4º, da CF), e a LDO deverá estar sempre em consonância com o PPA (art.166, § 4º, da CF);

[...].

Importante, ainda, destacar que o orçamento público nada mais é do que uma decisão política, de iniciativa do Poder Executivo, com aprovação e possibilidade de emenda pelo Poder Legislativo, poderes estes cujos representantes foram eleitos democraticamente por escrutínio popular.

Os recursos financeiros do Estado, contudo, encontram limites na arrecadação de tributos e demais fontes de recursos que abastecem os cofres públicos. Portanto, ao poder público serão impostos limites financeiros na consecução de seus objetivos, numa difícil tarefa de ter que priorizar algumas demandas sociais dentro de um universo ainda maior de pleitos existentes.

Dessa forma, a atuação estatal limita-se ao mínimo existencial, correspondente ao conjunto de situações materiais indispensáveis à dignidade da pessoa humana e, nesse contexto, dá-se a aplicação da cláusula da reserva do possível.

3.3. Natureza jurídica da cláusula da reserva do possível

Não existe um consenso em relação à sua natureza jurídica e o significado de aplicação da cláusula da reserva do possível diante das normas constitucionais.

---

(329) OLIVEIRA, Régis F. Ob. cit., p. 243.
(330) SCAFF, Fernando F. Reserva do Possível, Mínimo Existencial e Direitos Humanos. *Interesse Público*, Porto Alegre: Notadez, ano 7, n. 32, p. 220, jul./ago. 2005.

Seria um princípio, ou seja, teria natureza normativa, ou seria uma condição da realidade, um elemento extrajurídico, que exerce sua influência na aplicação das normas jurídicas?

Diante da análise empreendida no tópico anterior sobre princípios e regras, fica difícil conceber a cláusula da reserva do possível como princípio.

Como pondera Ana Carolina L. Olsen[331]:

[...].

parece inadequado conceber a reserva do possível como esta espécie normativa. A reserva do possível não prescreve um determinado estado de coisas a ser atingido, não corresponde a um mandado de otimização. Ainda que se admita a possibilidade de ponderação de reserva do possível, este elemento por si só, não parece suficiente para identificá-la como um princípio, já que mesmo bens jurídicos podem ser ponderados. Em verdade, o que se pondera é a escassez de recursos apresentada pela reserva do possível, com o comando normativo do direito fundamental social.

[...].

Nessa senda, a reserva do possível se aproxima de condição de realidade, pois não se pode negar que a efetivação dos direitos prestacionais é influenciada por determinadas condições de fato, quer sejam de ordem material, quer sejam de ordem política — na tomada de decisão de alocação dos recursos públicos.

Mais uma vez, Ana Carolina L. Olsen[332] arremata:

[...].

De fato, não se pode negar que nem sempre a realidade se curva, pura e simplesmente, ao comando das normas. O elemento prescritivo do direito — e no caso, a normatividade da Constituição ao prever determinadas condutas materiais por parte dos agentes públicos – depende de uma certa correspondência entre norma e realidade. Não se pode prescrever o impossível sob pena de se subjugar o texto constitucional à força dos fatos, tornando-o uma mera "folha de papel" como previra Lassale.

[...].

É externa, portanto, a atuação que os direitos sociais fundamentais sofrem da reserva do possível, podendo até mesmo reduzi-los ou eliminá-los, confirmando sua natureza de condição de realidade.

---

(331) OLSEN, A. C. L. Ob. cit., p. 200.
(332) *Ibidem*, p. 202.

3.4. Origem da cláusula da reserva do possível

A doutrina é unânime em apontar que a cláusula da reserva do possível tem origem no direito alemão.

Sobre o tema, é elucidativo o ensinamento de Mariana Filchtiner Figueiredo[333], citando lição de Canotilho:

[...].

A teoria da reserva do possível tem origem, sobretudo, nas formulações de dois juristas alemães, propostas no início do anos de 1970 e depois acolhidas pela jurisprudência constitucional daquele país. Ensina Canotilho que Haberle concebeu a "reserva de caixas financeiras" para exprimir a ideia de que os direitos sociais a prestações materiais estariam sob reserva das capacidades financeiras do Estado, se e na medida em que consistem em direitos a prestações financiadas pelos cofres públicos.

[...].

Sobre o caso que deu origem ao julgamento na Corte Constitucional alemã, conhecido como *Numerus Clausulus* (BverfGE n.33, S.333), Fernando Borges Mânica[334] esclarece:

[...].

No caso, a Corte alemã analisou a demanda judicial proposta por estudantes que não haviam sido admitidos em escolas de medicina de Hamburgo e Munique em face da política de limitação do número de vagas em cursos superiores adotada pela Alemanha, em 1960. A pretensão foi fundamentada no art. 12, da Lei Fundamental daquele Estado, segundo a qual 'todos os alemães têm direito a escolher livremente sua profissão, local de trabalho e seu centro de formação'.

Ao decidir a questão o Tribunal Constitucional entendeu que o direito à prestação positiva — no caso aumento do número de vagas na universidade — encontra-se sujeito à reserva do possível, no sentido daquilo que o indivíduo pode esperar de maneira racional da sociedade.

[...].

É de se observar que em sua origem a reserva do possível foi evocada no sentido daquilo que o indivíduo, de maneira razoável, pode esperar da sociedade. Portanto, não se refere exclusivamente à existência de recursos financeiros suficientes para a efetivação do direito, mas, também, à razoabilidade de se exigir uma determinada prestação do Estado.

---

(333) FIGUEIREDO, Mariana F. *Direito Fundamental à Saúde:* parâmetro para sua eficácia e efetividade. Porto Alegre: Livraria do Advogado, 2007. p. 131-132.

(334) MÂNICA, F. B. Ob. cit., p. 180.

A cláusula da reserva do possível já foi aplicada pelas Cortes brasileiras, tema que será adiante enfrentado.

3.5. A reserva do possível no judiciário brasileiro

A evocação da cláusula da reserva do possível no Poder Judiciário brasileiro sofreu uma limitação em relação à sua origem na Corte Constitucional alemã. Assim, a reserva do possível vem sendo entendida pelo Judiciário brasileiro como a reserva do financeiramente possível no entendimento do Professor Canotilho.

Andreas Joachin Krell[335] enfrenta bem essa questão ao apontar que:

[...].

O português Canotilho vê a efetivação dos direitos sociais, econômicos e culturais dentro de uma 'reserva do possível' e aponta a sua dependência dos recursos econômicos. A elevação do nível da sua realização estaria sempre condicionada pelo volume de recursos suscetível de ser mobilizado para esse efeito. Nessa visão, a limitação dos recursos públicos passa a ser considerada verdadeiro limite fático à efetivação dos direitos prestacionais.

Essa teoria, na verdade, representa uma adaptação de um tópos da jurisprudência constitucional alemã (Der Vorbehalt des Müglichen), que entende que a construção de direitos subjetivos à prestação material de serviços públicos pelo Estado está sujeita à condição da disponibilidade dos respectivos recursos. Ao mesmo tempo, a decisão sobre a disponibilidade dos mesmos estaria localizada no campo discricionário das decisões governamentais e dos parlamentos, através da composição de orçamentos públicos.

[...].

De fato, a importação da doutrina alemã para a realidade brasileira merece ser feita com ressalvas. Isso porque naquele Estado é costume se fazer o que efetivamente está ao seu alcance na busca pela efetivação dos direitos fundamentais sociais. Assim, a cláusula da reserva do possível funciona como limite à pretensão de particulares, na medida em que não lhes cabe requerer além daquilo que o Estado já prestou dentro de sua capacidade, cumprindo com seus deveres constitucionais.[336]

Sobre a realidade brasileira Ana Carolina L. Olsen [337] mais uma vez esclarece a questão:

[...].

A reserva do possível deve ser trazida para o contexto sócio-político-econômico brasileiro: aqui, o Estado não faz tudo que está ao seu alcance para cumprir

---

(335) KRELL, A.J. Ob. cit., p. 51-52.
(336) OLSEN, A. C. L. Ob. cit., p. 223.
(337) OLSEN, A. C. L. Ob. cit., p. 223-224.

os mandamentos constitucionais. Muito pelo contrário, ele cria mecanismos para burlar as exigências dos direitos fundamentais prestacionais. É certo que a economia brasileira não pode ser comparada à alemã, mas isso não afasta a obrigação de dotação orçamentária para o cumprimento dos mandados constitucionais.

[...].

Nesse diapasão, Andreas Joachin Krell[338] arremata:

[...].

a discussão europeia sobre os limites do Estado Social e a redução de suas prestações e a contenção dos respectivos direitos subjetivos não pode absolutamente ser transferida para o Brasil, onde o Estado Providência nunca foi implantado.

[...].

De fato, essa posição reforça o entendimento de que o Judiciário no Brasil estaria a adaptar um preceito importado às suas particularidades e mazelas.

O fato é que a reserva do possível já foi objeto de análise pelo Supremo Tribunal Federal no julgamento da ADPF n. 45 MC/DF, ocorrido em 29.4.2004, com relatoria do Ministro Celso de Mello, cujos trechos se transcrevem[339]:

> *[...].*
>
> EMENTA: ARGUIÇÃO DE DESCUMPRIMENTO DE PRECEITO FUNDAMENTAL. A QUESTÃO DA LEGITIMIDADE CONSTITUCIONAL DO CONTROLE E DA INTERVENÇÃO DO PODER JUDICIÁRIO EM TEMA DE IMPLEMENTAÇÃO DE POLÍTICAS PÚBLICAS, QUANDO CONFIGURADA HIPÓTESE DE ABUSIVIDADE GOVERNAMENTAL. DIMENSÃO POLÍTICA DA JURISDIÇÃO CONSTITUCIONAL ATRIBUÍDA AO SUPREMO TRIBUNAL FEDERAL. INOPONIBILIDADE DO ARBÍTRIO ESTATAL À EFETIVAÇÃO DOS DIREITOS SOCIAIS, ECONÔMICOS E CULTURAIS. CARÁTER RELATIVO DA LIBERDADE DE CONFORMAÇÃO DO LEGISLADOR. CONSIDERAÇÕES EM TORNO DA CLÁUSULA DA "RESERVA DO POSSÍVEL". NECESSIDADE DE PRESERVAÇÃO, EM FAVOR DOS INDIVÍDUOS, DA INTEGRIDADE E DA INTANGIBILIDADE DO NÚCLEO CONSUBSTANCIADOR DO "MÍNIMO EXISTENCIAL". VIABILIDADE INSTRUMENTAL DA ARGUIÇÃO DE DESCUMPRIMENTO NO PROCESSO DE CONCRETIZAÇÃO DAS LIBERDADES POSITIVAS (DIREITOS CONSTITUCIONAIS DE SEGUNDA GERAÇÃO).
>
> *Não deixo de conferir, no entanto, assentadas tais premissas, significativo relevo ao tema pertinente à "reserva do possível" (STEPHEN HOLMES/CASS R. SUNSTEIN, "The Cost of Rights", 1999, Norton, New York), notadamente em sede de efetivação e implementação (sempre onerosas) dos direitos de segunda geração (direitos econômicos, sociais e culturais), cujo adimplemento, pelo Poder Público, impõe e exige, deste, prestações estatais positivas concretizadoras de tais prerrogativas individuais e/ou coletivas.*

---

(338) KRELL, A. J. Ob. cit., p. 63.
(339) Brasil. STF. ADPF n. 45 MC/DF. Min. Rel. Celso Mello. Distrito Federal, DJ 4.5.2004.

É que a realização dos direitos econômicos, sociais e culturais — além de caracterizar-se pela gradualidade de seu processo de concretização — depende, em grande medida, de um inescapável vínculo financeiro subordinado às possibilidades orçamentárias do Estado, de tal modo que, comprovada, objetivamente, a incapacidade econômico-financeira da pessoa estatal, desta não se poderá razoavelmente exigir, considerada a limitação material referida, a imediata efetivação do comando fundado no texto da Carta Política.

Não se mostrará lícito, no entanto, ao Poder Público, em tal hipótese — mediante indevida manipulação de sua atividade financeira e/ou político-administrativa — criar obstáculo artificial que revele o ilegítimo, arbitrário e censurável propósito de fraudar, de frustrar e de inviabilizar o estabelecimento e a preservação, em favor da pessoa e dos cidadãos, de condições materiais mínimas de existência.

Cumpre advertir, desse modo, que a cláusula da "reserva do possível" — ressalvada a ocorrência de justo motivo objetivamente aferível — não pode ser invocada, pelo Estado, com a finalidade de exonerar-se do cumprimento de suas obrigações constitucionais, notadamente quando, dessa conduta governamental negativa, puder resultar nulificação ou, até mesmo, aniquilação de direitos constitucionais impregnados de um sentido de essencial fundamentalidade.

Daí a correta ponderação de ANA PAULA DE BARCELLOS ("A Eficácia Jurídica dos Princípios Constitucionais", p. 245-246, 2002, Renovar):

"Em resumo: a limitação de recursos existe e é uma contingência que não se pode ignorar. O intérprete deverá levá-la em conta ao afirmar que algum bem pode ser exigido judicialmente, assim como o magistrado, ao determinar seu fornecimento pelo Estado. Por outro lado, não se pode esquecer que a finalidade do Estado ao obter recursos, para, em seguida, gastá-los sob a forma de obras, prestação de serviços, ou qualquer outra política pública, é exatamente realizar os objetivos fundamentais da Constituição.

A meta central das Constituições modernas, e da Carta de 1988 em particular, pode ser resumida, como já exposto, na promoção do bem-estar do homem, cujo ponto de partida está em assegurar as condições de sua própria dignidade, que inclui, além da proteção dos direitos individuais, condições materiais mínimas de existência. Ao apurar os elementos fundamentais dessa dignidade (o mínimo existencial), estar-se-ão estabelecendo exatamente os alvos prioritários dos gastos públicos. Apenas depois de atingi-los é que se poderá discutir, relativamente os recursos remanescentes, em que outros projetos se deverá investir. O mínimo existencial, como se vê, associado ao estabelecimento de prioridades orçamentárias, é capaz de conviver produtivamente com a reserva do possível.

[...]."

Da decisão acima transcrita surge a discussão de um tema especialmente relevante para o melhor entendimento da reserva do possível, a preservação de um mínimo existencial, tema que se passa a analisar.

3.6. O princípio da dignidade da pessoa humana e o mínimo existencial

Historicamente, na tradição ocidental, pode-se apontar dois aportes teóricos do princípio da dignidade da pessoa humana, como mostra Mariana Filchtiner Figueiredo[340]:

---

(340) FIGUEIREDO, M. F. Ob. cit., p. 48.

[...].

O primeiro deles teria origem na filosofia estóica, quando a dignidade foi compreendida como qualidade inerente ao ser humano, capaz de distingui-lo das demais criaturas, a justificar a tese de que todos os seres humanos seriam dotados de igual dignidade. O segundo estaria na concepção cristã de dignidade humana: se o homem foi criado à imagem e semelhança de Deus, é igualmente dotado de valor próprio e intrínseco, que impede seja tomado como objeto.

[...].

Na sucessão das sociedades ao longo do tempo, o princípio da dignidade humana passou por altos e baixos, por vezes até mesmo mudando sua conformação. Contudo, com a universalização dos direitos humanos após a Segunda Guerra Mundial, com a proclamação da Declaração Universal dos Direitos Humanos, em 1948, a dignidade da pessoa humana foi consagrada como valor fundamental da ordem jurídica, passando a ser o marco das nações democráticas contemporâneas.

Entre nós, o princípio da dignidade da pessoa humana foi insculpido expressamente no art. 1º, inciso III, da Constituição Federal, podendo ainda ser identificado reflexamente em outros dispositivos constitucionais. Afora isso, a República Federativa Brasileira é signatária de diversos tratados internacionais que se somam ao texto constitucional para reforçar e alçar a dignidade humana ao patamar de valor fundamental da ordem jurídica nacional.

Sobre os efeitos da aplicação do princípio da dignidade da pessoa humana Carmem Lúcia Antunes Rocha[341] ensina:

[...].

Como princípio constitucional, a dignidade gera obrigações que se espraiam em todos os subsistemas que compõem a estrutura jurídica de um Estado ou de uma sociedade democrática. Obriga ele a inação — de práticas que o contrariem — tanto quanto obriga as ações — de comportamento que o dotem de densidade de concretude.

[...]."

Nesse mesmo sentido a lição de Luiz Nunes Pegoraro[342]:

[...].

O conteúdo valorativo da Constituição implica dever negativo do Estado em não tocar certas esferas de subjetividade do cidadão, bem como tem o dever de

---

(341) ROCHA, Carmem L. A. O Mínimo Existencial e o Princípio da Reserva do Possível. *Revista Latino-Americana de Estudos Constitucionais*, Belo Horizonte: Del Rey, n. 5, p. 439-461, jan./jun. 2005.

(342) PEGORARO, Luiz N. O Controle da Administração Pública e a Cláusula da "Reserva do Possível". *Revista IOB de Direito Administrativo*, São Paulo, v. 1, n. 1, p. 88-101, jan. 2006.

implementar ações positivas visando à concretização dos valores constitucionais albergados.

[...].

Sobre o dever do Estado de implementar ações positivas para concretizar o princípio da dignidade Carmem Lúcia Antunes Rocha[343] discorre que:

[...].

Se a dignidade é o que diz respeito ao ser humano, ao que lhe assegura a condição de viver segundo a sua humana natureza, segundo condições que lhe enalteçam as qualidades de ser com o outro; se é ela o que não tem preço por ser exclusivo do homem e insubstituível em sua individualidade, na fórmula kantiana ainda hoje aproveitada largamente, faz-se patenteado, muito mais na atualidade, que o atendimento à dignidade da pessoa humana depende de dados externos ao homem e que são apreçados. Assim, serviços, obras, bens, que são úteis ao homem para que este se lance mais a mais na amplitude de sua recriação permanente hão de ser assumidos, inclusive materialmente, pela sociedade e pelo Estado.

[...].

Dessa noção de obrigação do Estado de promover ações para concretizar o princípio da dignidade da pessoa humana, surge o debate sobre o mínimo existencial.

Diversos conceitos e formulações foram feitos sobre o mínimo existencial, não só no Brasil, mas alhures. Convém destacar, contudo, a aceitação dessa premissa como um valor fundamental das sociedades contemporâneas.

Como observou Andreas Joachin Krell[344]:

[...].

praticamente todos os autores alemães concordam que o Estado Social deve garantir aos cidadãos sua existência física com dignidade, ou seja, um "mínimo social". Este mínimo foi extraído do princípio da dignidade humana e do direito à vida e à integridade física, direitos positivados na Lei Fundamental. A partir daí, a jurisprudência alemã tem defendido a garantia de um mínimo vital.

[...].

Na tentativa de conceituar o mínimo existencial e ampliando o debate a esse respeito Mariana Filchtiner Figueiredo[345], apoiada em Ricardo Lobo Torres, ensina:

---

(343) *Ibidem*, p. 441.
(344) KRELL, A. J. Ob. cit., p. 60-61.
(345) FIGUEIREDO, M. F. Ob. cit., p. 189.

[...].

Além de derivar da noção de dignidade da pessoa humana, o mínimo existencial também se funda no princípio da liberdade; em princípios constitucionais como a igualdade, o devido processo jurídico e a livre iniciativa; nos direitos humanos; e nas imunidades e privilégios do cidadão. É delineado em termos qualitativos, como proteção daquilo que seja necessário à manutenção das mínimas condições de vida condigna, enquanto condições iniciais da liberdade, isto é, da garantia de pressupostos fáticos que permitam ao indivíduo agir com autonomia. Abrange qualquer direito, no que represente de essencial e inalienável, bem como compreende outras noções, entre as quais a ideia de felicidade do homem. Não se trata pois de mera liberdade abstrata.

[...].

Sobre o conteúdo de um mínimo existencial, mais uma vez é Andreas Joachin Krell[346] quem ensina:

[...].

o referido 'padrão mínimo social' para sobrevivência incluirá sempre um atendimento básico e eficiente de saúde, o acesso a uma alimentação básica e vestimentas, à educação de primeiro grau e a garantia de uma moradia: o conteúdo concreto desse mínimo, no entanto, variará de país para país.

[...].

No Brasil, Vicenzo Demetrio Florenzano, nas palavras de Ana Carolina Lopes Olsen[347], entende que o mínimo existencial corresponde ao salário-mínimo constitucionalmente previsto, assim:

[...].

Outra possibilidade de definição de quais seriam as necessidades básicas de todo ser humano a serem englobadas pela noção de mínimo existencial, segundo Vicenzo Demetrio Florenzano, está na sua relação com o disposto no art. 7º, IV, da Constituição Federal, que prevê um salário mínimo "capaz de atender a suas necessidades vitais básicas e às de sua família com moradia, alimentação, educação, saúde, lazer, vestuário, higiene, transporte e previdência social.

[...].

Essa posição não é pacífica. Contudo, para o presente estudo, é suficiente ressaltar a importância do mínimo existencial como valor com raízes constitucionais e que permeia o conteúdo de reserva do possível e a limitação dos direitos fundamentais sociais.

---

(346) KRELL, A. J. Ob. cit., p. 61.
(347) OLSEN, A. C. L. Ob. cit., p. 316.

4. Conclusão

Os direitos sociais, a par de outros fundamentos, encontram sua fundamentalidade no princípio da dignidade da pessoa humana. Observou-se também que, por serem fundamentais, devem ter aplicabilidade imediata, conforme corrente constitucionalista contemporânea (pós-positivista). Ressaltou-se ainda que em relação a sua normatividade, os direitos sociais fundamentais devem ser lidos como princípios constitucionais.

Ao Estado caberá a missão de efetivar os direitos sociais prestacionais, devendo sempre estar pautado em sua atuação por um valor fundamental que permeia o texto constitucional, que é o princípio da proporcionalidade e da razoabilidade.

Por certo, a amplitude dos direitos sociais fundamentais constitucionalmente assegurados dificulta a tarefa do Estado de efetivá-los. Isso vai exigir do poder público planejamento, determinação e dispêndio de grandes somas em dinheiro, o que se dará por meio de previsão orçamentária e políticas públicas voltadas para a concretização desses direitos. Não é ocioso ressaltar que a disponibilidade destes recursos é oriunda de decisões políticas, tomadas por representantes democraticamente eleitos.

O Estado, contudo, a par da escassez de recursos, deve atender ao mínimo existencial como forma de concretizar a dignidade da pessoa humana, fundamento da República Federativa Brasileira e princípio constitucional que exerce efeitos sobre todo o ordenamento jurídico e sobre ações de governo.

A reserva do possível, por outro lado, não se dissocia dessa discussão; ao contrário, deve acompanhar a execução das políticas públicas. Na esfera das decisões a serem tomadas, o Executivo e o Legislativo observarão quais caberão dentro do orçamento, priorizando, ante o quadro de limitação material, as ações mais relevantes à dignidade da pessoa humana e a garantir um mínimo existencial.

Vê-se, pois, que os condicionamentos impostos pela cláusula da reserva do possível ao processo de concretização dos direitos sociais fundamentais, ou, como preferem alguns, direitos de segunda geração — de implantação sempre onerosa — traduzem-se em um binômio que compreende, de um lado, (1) a razoabilidade da pretensão individual/social deduzida em face do poder público; e, de outro, (2) a existência de disponibilidade financeira do Estado para tornar efetivas as prestações positivas dele reclamadas.

Portanto, a reserva do possível é um limite à liberdade da atuação do poder público na implementação das políticas públicas, que não poderá nela amparar-se para se eximir de priorizar os direitos sociais fundamentais, mas que, por outro lado, deverá ater-se à receita do Estado. Dentro dos limites desta receita, verificar-se-á obrigatoriamente o respeito ao mínimo existencial, a dar concretude ao princípio da dignidade da pessoa humana.

5. Referências Bibliográficas

BARROSO, Luís R. Da Falta de efetividade à judicialização excessiva: direito à saúde, fornecimento gratuito de medicamentos e parâmetros para a atuação judicial. *Interesse Público*, n. 46, Belo Horizonte: Fórum. Ano IX, p. 31-61, 2007.

BONAVIDES, Paulo. *Curso de Direito Constitucional*. 13. ed. São Paulo: Malheiros, 2003.

BUCCI, Maria P. D. *Direito administrativo e políticas públicas*. São Paulo: Saraiva, 2006.

COELHO, Helena B. C. M. Direitos Fundamentais Sociais: Reserva do Possível e Controle Jurisdicional. *Revista da Procuradoria Geral do Estado/Procuradoria Geral do Estado do Rio Grande do Sul*, Porto Alegre: PGE, v. 30, n. 63, p. 124, jan./jun. 2006.

FIGUEIREDO, Mariana F. *Direito Fundamental à Saúde: parâmetro para sua eficácia e efetividade*. Porto Alegre: Livraria do Advogado, 2007.

KRELL, Andreas Joachim. *Direitos Sociais e Controle Judicial no Brasil e na Alemanha:* Os (des)caminhos de um direito constitucional "comparado". Porto Alegre: Sergio Antonio Fabris Editor, 2002.

MÂNICA, Fernando Borges. Teoria da Reserva do Possível: direitos fundamentais a prestações e a intervenção do Poder Judiciário na implementação de políticas públicas. *Revista Brasileira de Direito Público* — RBDP, Belo Horizonte, ano 5, n. 18, p. 169-187, jul./set. 2007.

MENDES, Gilmar F.; COELHO, Inocêncio M.; BRANCO, Paulo G. *Hermenêutica Constitucional e Direitos Fundamentais*. Brasília: Brasília Jurídica, 2002.

OLIVEIRA, José R. P. *Os Princípios da Razoabilidade e da Proporcionalidade no Direito Administrativo Brasileiro*. Coleção Temas de Direito Administrativo. São Paulo: Malheiros, 2006.

OLIVEIRA, Régis F. *Curso de direito financeiro*. São Paulo: Revista dos Tribunais, 2006.

PEGORARO, Luiz N. O Controle da Administração Pública e a Cláusula da "Reserva do Possível". *Revista IOB de Direito Administrativo*, São Paulo, v. 1, n. 1, p. 88-101, jan. 2006.

ROCHA, Carmem L. A. O Mínimo Existencial e o Princípio da Reserva do Possível. *Revista Latino-Americana de Estudos Constitucionais*, Belo Horizonte: Del Rey, n. 5, p. 439-461, jan./jun. 2005.

SCAFF, Fernando F. Reserva do Possível, Mínimo Existencial e Direitos Humanos. *Interesse Público*, Porto Alegre: Notadez, ano 7, n. 32, p. 213-226, jul./ago. 2005.

ZAVASKI, Teori Albino. Antecipação e colisão de direitos fundamentais. *Ajuris*, Porto Alegre, v. XXII, n. 64, p. 395-417, jul. 1995.

Capítulo XVIII

O Sistema de Registro de Preços — SRP nas Contratações de Serviços de Natureza Continuada

Joaquim Pereira dos Santos

Advogado da União lotado na Consultoria Jurídica junto ao Ministério do Trabalho e Emprego. Graduado em Direito pela Associação de Ensino Unificado do Distrito Federal — AEUDF. Ex-Advogado do Banco do Brasil S.A. Ex-Analista Judiciário do Tribunal Regional Federal da 1ª Região. Atuou como Procurador Regional da União na 1ª Região.

Resumo: Direito Administrativo. Sistema de Registro de Preços nas contratações para prestação de serviço de natureza continuada. Lei n. 8.666, de 1993, Lei n. 10.520, de 2002, Decreto n. 5.450, de 2005 e Dec. n. 3.931, de 2001. Analisa-se, no presente, a questão quanto a se seria possível ou não a utilização do Sistema de Registro de Preços — SRP objetivando a contratação de serviços de natureza continuada.

Abstract: Administrative Law. Registration System Prices in contracting for service of a continuing nature. Law n. 8666, 1993, Law n. 10510, 2003, Dec. n. 5450, 2005 and Dec. n. 3931, 2001. It is analyzed in the present, the question as to whether or not it would be possible to use the Registry System Prices — SRP aiming to engage the services of a continuing nature.

Palavras-Chaves: Sistema de Registro de Preços. Contrato. Serviço de natureza continuada.

Keywords: Prices Registration System. Contract. Service of a continuing nature.

Sumário: 1. Introdução. 2. Exposição de teses doutrinárias e jurisprudências sobre a natureza jurídica do SRP e dos serviços de natureza continuada. 3. Conclusão. 4. Referências Bibliográficas.

1. Introdução

O Sistema de Registro de Preços (SRP) tem previsibilidade desde a edição da Lei n. 8.666, de 21 de junho de 1993, porém, sua regulamentação somente ocorreu com a edição do Decreto n. 3.931, de 19 de setembro de 2001.

Tal Sistema consiste em procedimento especial, mediante o qual o ente público não se exime da realização do certame licitatório, mas adota um procedimento especial e flexível, previsto em lei, que se aproxima da forma de aquisição praticada pelo setor privado, efetivando-se por meio de uma concorrência *sui generis*.

2. Exposição de teses doutrinárias e jurisprudências sobre a natureza jurídica do SRP e dos serviços de natureza continuada

É conveniente ressaltar que não há unanimidade, na doutrina, quanto à natureza jurídica do instituto.

Segundo Sidney Bittencourt[348]:

[...].

não se perfila no rol de modalidades de licitação, nem tampouco circunscreve um tipo licitatório. O SRP deve ser encarado simplesmente como uma ferramenta de auxílio que se consubstancia num procedimento especial a ser adotado nas compras do Poder Público, quando os objetos forem materiais, produtos ou gêneros de consumo frequente e, ainda, em situações especialíssimas, nas contratações de serviços.

[...].

Para Jorge Ulisses Jacoby Fernandes[349], entretanto, *"Sistema de Registro de Preços é um procedimento especial de licitação que se efetiva por meio de uma concorrência ou pregão sui generis, selecionando a proposta mais vantajosa, com observância do princípio da isonomia, para eventual e futura contratação pela Administração."*

Consoante Hely Lopes Meirelles[350]:

[...].

Registro de preços é o sistema de compras pelo qual os interessados em fornecer materiais, equipamentos ou gêneros ao Poder Público concordam em manter os valores registrados no órgão competente, corrigidos ou não, por um determinado período e a fornecer as quantidades solicitadas pela Administração no prazo previamente estabelecido.

[...].

Feitos tais registros doutrinários, de interesse meramente acadêmico para o estudo da questão, plausível definir-se o Sistema de Registro de Preços como o conjunto de procedimentos para o registro formal de preços relativos à prestação de serviços e aquisição de bens, visando a contratações futuras.

---

(348) BITTENCOURT, Sidney. *Licitação de registro de preços:* comentários ao Decreto n. 3.931, de 19 de setembro de 2001, 2. ed., rev. e ampl., Belo Horizonte: Fórum, 2008. p. 17.

(349) JACOBY FERNANDES, Jorge Ulisses. *Sistema de registro de preços e pregão presencial e eletrônico.* 3. ed., rev., atual. e ampl., Belo Horizonte: Fórum, 2008. p. 30.

(350) MEIRELLES, Hely Lopes. *Licitação e contrato administrativo.* p. 68, citado por: BITTENCOURT, Sidney. *Licitação de registro de preços:* comentários ao Decreto n. 3.931, de 19 de setembro de 2001. 2. ed. rev. e ampl., Belo Horizonte: Fórum, 2008. p. 19.

No procedimento do SRP, não está a Administração Pública obrigada a promover as aquisições dos bens ou a contratações dos serviços, entretanto, condiciona o licitante vencedor ao compromisso de manter a proposta por determinado lapso temporal, salvo ocorrência de fatos supervenientes e comprovadas alterações dos custos dos insumos.

No Sistema de Registro de Preços, e aí reside provavelmente o cerne da divergência doutrinária, há um procedimento licitatório prévio, na modalidade de concorrência ou pregão, do qual resultará o registro de preços mediante ata.

A chamada Ata de Registro de Preços, decorrente da licitação efetuada no âmbito do SRP, é documento vinculativo, obrigacional, com característica de compromisso para futura contratação, onde se registram os preços, fornecedores, órgãos participantes e condições a serem praticadas.

Em tal Ata, assemelhada a um contrato, a empresa assume o compromisso de fornecer bens e serviços a preços e prazos registrados nela; e a contratação é realizada quando convier aos órgãos da Administração.

Dentre as vantagens da adoção do SRP está o fato de não haver o comprometimento, no primeiro momento, de recursos orçamentários, permitindo, portanto, sua otimização, pois o preço é simplesmente registrado, ocorrendo a vinculação orçamentária somente, se for o caso, no momento da aquisição; e não na abertura do procedimento licitatório. Tal fundamento tem sido considerado válido, tanto pela doutrina[351] como pela jurisprudência do Tribunal de Contas da União — TCU[352].

Outro diferenciador consiste no fato de que a Administração, quando os preços registrados se mostrarem superiores aos praticados no mercado, pode realizar licitação paralela, mediante a demonstração de que os preços registrados são superiores aos de mercado.

---

(351) "[...]. A necessidade de previsão orçamentária para a realização de certame licitatório é uma exigência da Lei de Licitações. Exigência de índole constitucional e tecnicamente correta. Lamentavelmente, porém, o Governo vem provocando verdadeiro contingenciamento do orçamento, liberando cotas trimestrais, e sempre no final do exercício as maiores cifras, de modo que o gestor acaba devolvendo ao erário cifras que eram efetivamente necessárias ao bom andamento do serviço, apenas por impossibilidade de concretizar, em curto espaço de tempo, o longo percurso burocrático da licitação. A Lei de Responsabilidade Fiscal procurou estancar esse procedimento, dispondo que, até 30 dias após a aprovação do orçamento, deve o Poder Executivo publicar o cronograma mensal de liberação dos recursos e só em restritas hipóteses fica autorizado a alterá-lo limitando o empenho. Com a adoção do Sistema de Registro de Preços, a Administração deixa a proposta mais vantajosa previamente selecionada, ficando no aguardo da aprovação dos recursos orçamentários e financeiros. Não há necessidade de que o órgão tenha prévia dotação orçamentária, porque o sistema de registro de preços, ao contrário da licitação convencional, não obriga a Administração Pública, em face à expressa disposição legal nesse sentido. [...]." in JACOBY FERNANDES, Jorge Ulisses, *Sistema de Registro de Preços e Pregão Presencial e Eletrônico*. 3. ed. São Paulo: Fórum, p. 87-88.

(352) "[...]. Deste modo, resta cristalino que não há como suscitar situação emergencial - as dificuldades orçamentárias eram plenamente previsíveis, e o comportamento de fracionar a aquisição mediante dispensa de procedimento licitatório deu-se por dois anos. Portanto, proporemos a rejeição das razões de justificativas apresentadas pelo Sr. (...) Novamente lembramos que o sistema de registro de preços, previsto no art. 15, da Lei n. 8.666, de 1993 e regulamentado pelo Decreto n. 2.743, de 21 de agosto de 1998, presta-se bem às dificuldades apresentadas pelo responsável. [...]." (Acórdão TCU n. 3146/2004).

Pois bem, feitas tais considerações, retorna-se ao estudo inicialmente proposto, qual seja, a possibilidade ou não de efetuar-se a contratação de serviços de natureza continuada, mediante o Sistema de Registro de Preços.

A questão assume ares de polêmica, havendo razoáveis argumentos, tanto contrários como favoráveis à contratação de serviços tidos como continuados mediante a utilização do Sistema de Registro de Preços.

Certamente estas breves e singelas linhas sobre o estudo possuem apenas o desiderato de trazer alguma contribuição para o deslinde da matéria controvertida, considerando que, num dado caso concreto, caberá ao Administrador, em sua esfera de competência, sopesando os argumentos, tomar a decisão que lhe pareça a mais adequada e que melhor atenda aos interesses e necessidades da Administração.

Os que defendem a possibilidade da utilização do SRP para as contratações da espécie o fazem sob o argumento de que a legislação vigente reguladora da matéria não efetuou qualquer distinção ao tratar do Sistema de Registro de Preços.

De fato, tanto a Lei n. 10.520, de 2002[353], como o Decreto n. 3.931, de 2001[354], ao se referirem às contratações de serviços, não fizeram qualquer referência ou distinção excludente no que se refere aos serviços de natureza continuada.

Assim sendo, argumentam os defensores de tal tese, não havendo o legislador efetuado qualquer distinção quanto à natureza do serviço a ser contratado — continuado ou não — mediante o Sistema de Registro de Preços, não caberia ao intérprete fazê-lo.

Outro fundamento consiste no que dispõe o § 1º, do art. 4º do Decreto n. 3.931, de 2001, que prevê:

> [...].
>
> *Art. 4º O prazo de validade da Ata de Registro de Preço não poderá ser superior a um ano, computadas neste as eventuais prorrogações.*
>
> *§ 1º Os contratos decorrentes do SRP terão sua vigência conforme as disposições contidas nos instrumentos convocatórios e respectivos contratos, **obedecido o disposto no art. 57, da Lei n. 8.666, de 1993**. (Redação dada pelo Decreto n. 4.342, de 23.8.2002)*
>
> [...]. (Grifos nossos)

---

(353) "[...]. Art. 11. As compras e contratações de bens e serviços comuns, no âmbito da União, dos Estados, do Distrito Federal e dos Municípios, quando efetuadas pelo sistema de registro de preços previsto no art. 15, da Lei n. 8.666, de 21 de junho de 1993, poderão adotar a modalidade de pregão, conforme regulamento específico. [...]."

(354) "[...]. Art. 10. As contratações de serviços e a aquisição de bens, quando efetuadas pelo Sistema de Registro de Preços, no âmbito da Administração Federal direta, autárquica e fundacional, fundos especiais, empresas públicas, sociedades de economia mista e demais entidades controladas, direta ou indiretamente pela União, obedecerão ao disposto neste Decreto. [...]."

O art. 57, da Lei n. 8.666, de 1993, citada no art. 4º do Decreto n. 3.931, de 2001, acima transcrito, versa exatamente sobre a duração dos contratos, e seu inciso II refere-se especificamente aos serviços continuados, fazendo-o do seguinte modo:

[...].

Art. 57. A duração dos contratos regidos por esta Lei ficará adstrita à vigência dos respectivos créditos orçamentários, exceto quanto aos relativos:

[...].

II - à prestação de serviços a serem executados de forma contínua, que poderão ter a sua duração prorrogada por iguais e sucessivos períodos com vistas à obtenção de preços e condições mais vantajosas para a administração, limitada a sessenta meses; (Redação dada pela Lei n. 9.648, de 1998).

[...]. (Grifos nossos)

Com base em tais fundamentos, argumenta-se que a regulamentação efetuada mediante o Decreto n. 3.931, de 2001, acolhera os serviços continuados como passíveis de contratação também mediante Registro de Preços.

Ocorre que o cerne da controvérsia reclama uma análise sistemática das normas que regulam o instituto.

O Sistema de Registro de Preços — SRP encontra-se previsto e regulamentado em nosso ordenamento jurídico, mediante os seguintes dispositivos:

LEI N. 8.666, DE 1993

[...].

Art. 15. As compras, sempre que possível, deverão:

[...].

II – ser processadas através de sistema de registro de preços;

§ 1º O registro de preços será precedido de ampla pesquisa de mercado.

§ 2º Os preços registrados serão publicados trimestralmente para orientação da Administração; na imprensa oficial.

§ 3º O sistema de registro de preços será regulamentado por decreto, atendidas as peculiaridades regionais, observadas as seguintes condições:

I – seleção feita mediante concorrência;

II – estipulação prévia do sistema de controle e atualização dos preços registrados;

III – validade do registro não superior a um ano.

§ 4º A existência de preços registrados não obriga a Administração a firmar as contratações que deles poderão advir, ficando-lhe facultada a utilização de outros meios, respeitada a legislação relativa às licitações, sendo assegurado ao beneficiário do registro preferência em igualdade de condições.

§ 5º O sistema de controle originado no quadro geral de preços, quando possível, deverá ser informatizado.

§ 6º *Qualquer cidadão é parte legítima para impugnar preço constante do quadro geral em razão de incompatibilidade desse com o preço vigente no mercado.*

[...].

LEI N. 10.520, DE 2002

[...].

Art. 11. *As compras e contratações de bens e serviços comuns, no âmbito da União, dos Estados, do Distrito Federal e dos Municípios, quando efetuadas pelo sistema de registro de preços previsto no art. 15, da Lei n. 8.666, de 21 de junho de 1993, poderão adotar a modalidade de pregão, conforme regulamento específico.*

[...].

DECRETO N. 3.931, DE 2001

[...].

Art. 10. *As contratações de serviços e a aquisição de bens, quando efetuadas pelo Sistema de Registro de Preços, no âmbito da Administração Federal direta, autárquica e fundacional, fundos especiais, empresas públicas, sociedades de economia mista e demais entidades controladas, direta ou indiretamente pela União, obedecerão ao disposto neste Decreto.*

[...].

Art. 2º *Será adotado, preferencialmente, o SRP nas seguintes hipóteses:*

I – *quando, pelas características do bem ou serviço, houver necessidade de contratações frequentes;*

II – *quando for mais conveniente a aquisição de bens com previsão de entregas parceladas ou contratação de serviços necessários à Administração para o desempenho de suas atribuições;*

III – *quando for conveniente a aquisição de bens ou a contratação de serviços para atendimento a mais de um órgão ou entidade, ou a programas de governo; e*

IV – *quando pela natureza do objeto não for possível definir previamente o quantitativo a ser demandado pela Administração.*

[...].

Constata-se, desde logo, a possibilidade da utilização do Sistema de Registro de Preços — antes restrito a compras — às hipóteses de prestação de serviços, conforme permissivo contido na legislação acima citada.

O grande dilema consiste, contudo, em definir se seria possível ou não a utilização do Sistema de Registro de Preços — SRP, para contratação de empresa para prestação de **serviços de natureza continuada.**

Pois bem, a corrente contrária à admissão de tal modalidade de contratação, à qual me filio, o faz com fundamento na própria natureza e finalidade da inserção, pelo legislador, do Sistema de Registro de Preços em nosso ordenamento jurídico.

É que, segundo se extrai do art. 2º, e incisos, do Decreto n. 3.931, de 2001, a utilização do Sistema de Registro de Preços — SRP, estaria a exigir a **imprevisibilidade,** seja quanto ao **motivo do contrato** (não se sabe quando a contratação será necessária), seja quanto ao **quantitativo** (não se sabe ao certo a quantidade demandada ao longo da vigência da ata).

Assim, se a Administração puder determinar o quantitativo a ser exigido, por exemplo quantos pontos para acesso à internet serão necessários, bem como em que momento tal necessidade ocorrerá, então, o registro de preços não teria cabimento.

Ademais, os serviços caracterizados como contínuos necessitam, obviamente, de execução permanente e rotineira, por mais de um exercício.

Tal assertiva é constatada até mesmo pelo que consta no Anexo I da Instrução Normativa MPOG n. 02, de 30 de abril de 2008, que assim define:

> [...].
>
> I – *SERVIÇOS CONTINUADOS são aqueles cuja interrupção possa comprometer a continuidade das atividades da administração e cuja necessidade de contratação deva estender-se por mais de um exercício financeiro e continuamente.*
>
> [...].

Assim sendo, parece-nos clara a incompatibilidade da utilização do registro de preços, uma vez que este é empregado para situações em que não se sabe quando o objeto será necessário, enquanto o serviço contínuo é sempre necessário, não podendo sofrer solução de continuidade.

Nesse sentido, para José Nilo de Castro[355]:

> [...].
>
> há a necessidade imprescindível de verificar se se trata de serviços de natureza contínua, ou não. Pois que se de necessidade incessante da Administração Pública, sendo de uso diário, ensejam uma contração duradoura, o que inviabiliza a utilização do Sistema de Registro de Preços. Este visa à licitação única e anual para procedimentos de curta duração e de reiterada necessidade, que serão constantemente contratados como compra de materiais de escritório, por exemplo. Dessa forma, se forem os serviços aqui tachados (portaria, limpeza, copeiragem e jardinagem) de demanda frequente, mas de curta duração, será legítimo o uso de tal Sistema de Registro de Preços, observando-se também os demais critérios do art. 2º, do Decreto n. 3.931, de 2001.
>
> [...].

---

(355) CASTRO, José Nilo de; MAYRINK, Cristina Padovani; SILVA, Janaína Gomes da. Registro de preços: serviços de porteiro, limpeza, copeiragem e jardinagem: cabimento: critério: observância do caráter de habitualidade e frequência da prestação. *Biblioteca Digital Revista Brasileira de Direito Municipal — RBDM*, Belo Horizonte, ano 10, n. 32, abr./jun. 2009. Parecer. Disponível em: <http://www.editoraforum.com.br/bid/bidConteudoShow.aspx?idConteudo=57864> Acesso em: 16 dez. 2009.

Vale também trazer à lume, por sua pertinência temática, os fundamentos contidos no acórdão TC-038240/026/08 — Plenário, do TCE/SP, que teve como Relator Cláudio Ferraz de Alvarenga, que abordou a questão nos seguintes termos:

[...].

VOTO:

Diversamente, na hipótese dos autos, a Administração indicou haver necessidade de contratação de serviços de vigilância/segurança patrimonial para suas unidades escolares, já tendo certeza, de antemão, da exata medida de tempo e quantidade do interesse público que pretende ver atendido. Diz respeito à necessidade pública permanente e de caráter continuado, que não pode sofrer solução de continuidade.

Tanto é assim que tratou de fixar, na minuta do contrato, a possibilidade de a vigência do prazo contratual ser prorrogada até o limite de 60 meses, nos termos do artigo 57, II, da Lei n. 8.666, de 1993. Esta é uma exceção à regra de contratação adstrita à vigência dos créditos orçamentários, justamente por se presumir que, diante da impossibilidade, ou acentuada inconveniência da paralisação de determinado serviço de interesse público, já conte a Administração com verba suficiente para sua manutenção.

Não vingam as razões apresentadas pela Administração para, na hipótese, se valer do sistema de registro de preços. A implantação de unidades escolares futuras não acontece de repente; resulta de planejamento cuidadoso, desenvolvido durante tempo suficiente para licitação eventualmente necessária para contratação dos serviços de vigilância e segurança patrimonial; isso sem contar que, nesses casos, o acréscimo de serviços normalmente pode ser resolvido com a adequada utilização de aditivo. É instituto previsto na legislação de regência e de manejo consolidado pela jurisprudência e doutrina, como igualmente ocorre com as questões relacionadas à rescisão contratual, para as quais a Administração conta com previsão legal expressa na lei de regência.

Portanto, a despeito de se admitir a realização de pregão para o registro de preços de determinados serviços comuns, não é possível, na espécie, sua utilização. A razão está na incompatibilidade do sistema pelas suas próprias características, com o interesse público almejado, ou seja, necessidade de contratação de serviços que devem ser prestados de forma continuada. Como bem lembrou a Chefia da Assessoria Técnica, este entendimento prevaleceu no julgamento proferido nos autos TC-3064/026/08 (Plenário, em sessão de 4.6.2008).

[...].

Para Marçal Justen Filho[356]:

[...].

"*O registro de preços é um contrato normativo, constituído como um cadastro de produtos e fornecedores, selecionados mediante licitação, para contratações sucessivas de bens e serviços, respeitados lotes mínimos e outras condições previstas no edital*", para depois aduzir que "*No sistema de registro de preços, a principal diferença reside no objeto da licitação. Usualmente, a licitação destina-se a selecionar um fornecedor e uma proposta para uma contratação específica, a ser efetivada posteriormente pela Administração.*

---

(356) JUSTEN FILHO, Marçal. *Comentários à Lei de Licitações e Contratos Administrativos*. 11. ed. São Paulo: Saraiva, 2005. p. 144-145.

No registro de preços, a licitação destina-se a selecionar fornecedor e proposta para contratações não específicas, seriadas, que poderão ser realizadas durante um certo período, por repetidas vezes."

[...].

Vê-se, na forma prevista nos artigos 1º e 2º, do Decreto n. 3.931, de 2001, que o Sistema de Registro de Preços deve ser utilizado para as contratações de serviços e aquisições de bens, preferencialmente nas seguintes hipóteses:

a) quando, pelas características do bem ou serviço, houver necessidade de contratações frequentes, ou seja, aquisições de bens e contratações de serviços rotineiros, a exemplo das aquisições de material de consumo e serviços de vigilância ou de limpeza;

b) quando for mais conveniente a aquisição de bens com previsão de entregas parceladas ou contratação de serviços necessários à Administração para o desempenho de suas atribuições;

c) quando conveniente a aquisição de bens ou a contratação de serviços para atendimento de diversos órgãos ou entidades, ou a programas de governo; e,

d) quando pela natureza do objeto não for possível definir previamente o quantitativo a ser demandado pela Administração.

Marçal Justen Filho[357] em comentário dirigido a tal hipótese aduz que a mesma sintetiza o ponto comum de todas as demais hipóteses que o regulamento indica como cabível para adoção do SRP, a saber: a *"impossibilidade de identificar, de antemão, o quantitativo que satisfará a necessidade administrativa".*

Infere-se das proposições supracitadas que a viabilidade da adoção do SRP vincula-se ao caso concreto, em face dos contornos do objeto pretendido e das necessidades da Administração.

No que diz respeito à necessidade, em regra, tem-se aplicabilidade quando a Administração **necessita do objeto com frequência**, porém **não dispondo de condições de indicar previamente nem em que momento tal necessidade se dará nem em que quantidade**, o que, *data vênia*, não coaduna com a própria natureza dos serviços continuados.

O Sistema de Registro de Preços foi concebido com o objetivo de facilitar a aquisição, pela Administração, daqueles produtos e serviços necessários ao desenvolvimento de suas atividades, na forma prevista no Decreto n. 3.931, de 2001, em relação aos quais não se sabe ao certo se e quando haverá a necessidade, nem o seu quantitativo.

---

(357) JUSTEN FILHO, Marçal. *Comentários à lei de licitações e contratações públicas.* 10. ed. São Paulo: Dialética, 2004.

Tal "facilitador", entretanto, não desonera a Administração Pública da estrita observância aos princípios constitucionais a ela inerentes, especialmente os da legalidade, moralidade e probidade.

Aliás, é necessário ressaltar, em face da previsão contida no art. 8º, do Decreto n. 3.931, de 2001[358], a necessidade da adequada utilização de tal "ferramenta" legalmente colocada à disposição do Administrador para o desenvolvimento de suas atividades.

É que no citado dispositivo legal encontra-se disciplinada a figura do chamado "carona", que é a utilização do Sistema de Registro de Preços, mediante adesão a uma determinada ata, por órgão diverso do gerenciador.

Por tal adesão, qualquer órgão ou entidade da Administração, tomando conhecimento do registro de determinada Ata, mediante a concordância do órgão gerenciador e da empresa, poderá adquirir os produtos e serviços nela registrados.

Pois bem, se por um lado tal possibilidade representa uma grande ferramenta facilitadora das atividades da Administração, por outro, pode constituir-se em verdadeira válvula de escape para a inobservância dos princípios da moralidade, da legalidade e da concorrência, na medida em que o legislador não impôs limites à quantidade de adesões, podendo, em tese, cada órgão interessado, proceder à contratação adicional correspondente a cem por cento (100%) dos quantitativos registrados na Ata de Registro de Preços.

Entretanto, tal permissivo legal pode levar à absurda situação na qual um determinado Registro de Preços para aquisição de produtos ou serviços cujos valores, isoladamente, não sejam de grande monta, alcancem, ao final, cifras milionárias, o que representa verdadeira ofensa aos princípios inerentes à Administração Pública, especialmente os contidos no artigo 37, *caput*, e inciso XXI, da Constituição Federal.

A adesão ilimitada, mesmo em se tratando de serviços de natureza contínua, por muitos defendida, sob o argumento da ausência de vedação legal, num claro e exclusivo apego ao **princípio da legalidade estrita**, contraria os princípios da **competição, da igualdade de condições entre os licitantes e da busca da maior vantagem para a Administração.**

Ocorre que a questão não se resolve **unicamente** sob o fundamento da **legalidade**.

Não se pode desconsiderar que a atuação do Administrador Público encontra-se atrelada ao Princípio da Legalidade, que impõe a toda a sua atividade funcional a sujeição aos mandamentos da lei, e às exigências do bem comum, dos quais não pode afastar-se, sob pena de praticar ato inválido e expor-se à responsabilidade

---

(358) "[...]. Art. 8º A Ata de Registro de Preços, durante sua vigência, poderá ser utilizada por qualquer órgão ou entidade da Administração que não tenha participado do certame licitatório, mediante prévia consulta ao órgão gerenciador, desde que devidamente comprovada a vantagem. [...]."

disciplinar, civil e criminal, conforme o caso, ou seja, a eficácia de toda atividade administrativa está condicionada ao atendimento da lei.

Segundo o referido Princípio, na Administração Pública não há liberdade nem vontade pessoal. Enquanto na administração particular é lícito fazer tudo o que a lei não proíbe, na Administração Pública só é permitido fazer o que a lei autoriza.

Entretanto, a Administração Pública não deve obediência **apenas** ao Princípio da Legalidade, quanto mais isoladamente, mas deve, acima de tudo, obedecer aos princípios constitucionais expressamente elencados, como também aos princípios implícitos no Texto Fundamental, cumprindo o que o próprio Texto impõe.

Aliás, em relação à própria Administração Pública, a Carta Maior é determinante no art. 37, *caput*, quando dita que a Administração Pública deve obedecer aos princípios da legalidade, impessoalidade, moralidade, publicidade e eficiência e, também, aos outros, leia-se, princípios expressos ou implícitos. Deste modo, há que se observar os princípios, como de resto as demais normas legais, que devem ser interpretados de forma sistemática, considerando-se ainda o contexto e a finalidade para os quais foram editados.

Nesse passo, a questão da aplicação do **Princípio da Legalidade**, no ensinamento de Odete Medauar[359] não pode ser enxergada de maneira simplista. Aduz a renomada Professora:

[...].

Essa aparente simplicidade oculta questões relevantes quanto ao modo de aplicar, na prática, esse princípio. [...]. O sentido do princípio da legalidade não se exaure com o significado de habilitação legal. Este deve ser combinado [...] com o sentido de ser vedado à Administração editar atos ou tomar medidas contrárias às normas do ordenamento. A Administração, no desempenho de suas atividades, tem o dever de respeitar todas as normas do ordenamento.

[...].

Frise-se, não só a Administração deve respeitar e interpretar todas as normas do ordenamento, assim como, em conjunto, sistematicamente, os princípios ao que o caso requer. Eis que deve submeter-se não só à lei, em sentido formal, mas também a todos os princípios que se encontram na base do ordenamento jurídico, independentemente de sua previsão expressa no direito positivo.

Assim, os princípios norteadores do Direito, especialmente os constitucionais, devem ser interpretados de forma harmônica, eis que não se concebe a existência de real conflito entre eles, quando muito, verifica-se a "aparência de conflito", o que a doutrina tem chamado de "tensão", sanável mediante o cotejamento do princípio em voga (o da legalidade) com os demais princípios constitucionais e em conformidade com o interesse público envolvido.

---

(359) MEDAUAR ,Odete. *Direito Administrativo Moderno*. 12. ed. São Paulo: RT, 2008. p. 123-124.

As normas jurídicas devem ser sempre interpretadas como um todo e, assim, as aparentes antinomias devem ser afastadas. As normas devem ser vistas como preceitos integrados em um sistema unitário de regras e princípios.

Não há hierarquia entre os princípios constitucionais. Todas as normas constitucionais estão em um mesmo nível, como consequência do **Princípio da Unidade da Constituição**, não podendo haver normas constitucionais antinômicas, exsurgindo, em determinas situações, a ocorrência de "tensão" entre elas, situação que deverá ser ultrapassada pelo intérprete.

Quando não for possível compatibilizar "interesses conflitantes", deve-se contemplar qual norma ou princípio deve ceder lugar a outro na prática, a fim de que o dilema tenha uma solução adequada no conflito. No Processo de Ponderação, não se atribui preferência a um ou a outro princípio, ao contrário, deve o intérprete assegurar a aplicação das normas conflitantes, no caso concreto, de forma que uma delas seja mais valorada, enquanto a outra sofre atenuação.

A complexidade e a relevância do **Processo de Ponderação de Normas** devem levar em consideração todas as circunstâncias do caso sob exame, pois cada caso tem suas peculiaridades, que merecem ser analisadas.

Assim, havendo "conflito" entre princípios e regras constitucionais, não é necessário que um deles seja absolutamente negado para que o outro possa ter validade. Deve-se fazer um balanceamento entre eles, de acordo com o caso concreto, evitando a contradição de suas normas, uma vez que a Constituição é una.

O intérprete deve valer-se dos **Princípios da Razoabilidade e da Proporcionalidade,** que uma parcela da doutrina mais contemporânea chama de "princípio dos princípios" para fins de solucionar a "tensão" porventura existente.

Pois bem, além das regras expressamente previstas, a doutrina reconhece a existência de fontes não escritas de legalidade. Consiste, basicamente, no conjunto dos Princípios Gerais de Direito, que, apesar de não figurar integralmente de forma expressa nos textos legais, deve ser observado pela Administração Pública sob pena de ilegalidade.

Nessa trilha, a noção mais ampla de legalidade e que melhor reflete o regime jurídico a que se submete a Administração Pública é aquela a que se refere o conceito de "juridicidade administrativa". A juridicidade administrativa representa a submissão da Administração Pública ao ordenamento jurídico como um todo — não apenas às leis em sentido estrito.

Assim, é reconhecido pela doutrina e jurisprudência trazidas que não só a legalidade em sentido estrito deverá pautar a manifestação do intérprete e, por conseguinte, a decisão do Administrador, senão um juízo amplo da juridicidade, envolvendo os princípios essenciais à opinião jurídica, notadamente a observância do **Princípio da Supremacia do Interesse Público.**

Nesse passo, o **Princípio da Legalidade** deve ser considerado, não de forma isolada, mas como **integrante de um princípio maior: o Princípio da Juridicidade**. Por este, a Administração Pública haverá de se submeter, além da legalidade formal e material, a outras normas e princípios informativos do Princípio da Juridicidade, ou seja, há a necessidade da submissão dos atos de administração a todo o ordenamento jurídico.

O Princípio da Juridicidade informa que há de se debruçar sobre todo o ordenamento jurídico em que se insere o dispositivo legal, para, no caso, encontrar-se a regra legal aplicável.

Com efeito, no caso concreto, entende-se que a questão se resolve também mediante a utilização dos métodos de interpretação sistemática e teleológica.

Não se pode interpretar uma norma isolada e exclusivamente, faz-se necessário afastar um pouco a perspectiva individual, de modo a ver todo o subsistema legal, ou seja, para a interpretação de tal dispositivo, deve-se enxergá-lo em comunhão com todas as demais normas legais, no contexto do ordenamento jurídico.

Eis assim a aplicação da interpretação sistemática, porquanto esta busca correlacionar todos os dispositivos normativos, de modo que só se consegue elucidar a interpretação a partir do conhecimento do todo, não se pode interpretar a norma em "tiras" e sim como um todo.

Por sua vez, a interpretação teleológica é a que se realiza tendo em vista a *"ratio legis"* ou *"intento legis"*, isto é, conforme a intenção da lei. Busca-se entender a finalidade para a qual a norma foi editada, ou seja, a razão de ser da norma — a *mens legis*.

Feitas tais considerações não é razoável defender-se, sob o único argumento da ausência de vedação legal, a contratação de serviços de natureza continuada, mediante adesão, no Sistema de Registro de Preços, eis que além de descaracterizar a própria natureza do instituto, poderá propiciar verdadeira burla a princípios legais e constitucionais igualmente de observância obrigatória pelo agente público.

Aliás, é relevante ressaltar que o Tribunal de Contas da União, exatamente em face da problemática acima exposta, tem questionado a legalidade da regra contida no art. 8º do Decreto n. 3.931, de 2001, que trata da adesão à Ata de registro de preços por órgãos e entidades que não participaram da licitação, como se depreende do seguinte julgado:

[...].

Acórdão n. 1.487/07 — Plenário

ACORDAM os Ministros do Tribunal de Contas da União, reunidos em Sessão Plenária, ante as razões expostas pelo Relator, em:

9.1. conhecer da presente representação por preencher os requisitos de admissibilidade previstos no art. 237, inciso VI, do Regimento Interno/TCU, e considerá-la parcialmente procedente;

9.2. *determinar ao Ministério do Planejamento, Orçamento e Gestão que:*

9.2.1. *oriente os órgãos e entidades da Administração Federal para que, quando forem detectadas falhas na licitação para registro de preços que possam comprometer a regular execução dos contratos advindos, abstenham-se de autorizar adesões à respectiva ata;*

9.2.2. ***adote providências com vistas à reavaliação das regras atualmente estabelecidas para o registro de preços no Decreto n. 3.931, de 2001, de forma a estabelecer limites para a adesão a registros de preços realizados por outros órgãos e entidades, visando preservar os princípios da competição, da igualdade de condições entre os licitantes e da busca da maior vantagem para a Administração Pública, tendo em vista que as regras atuais permitem a indesejável situação de adesão ilimitada a atas em vigor, desvirtuando as finalidades buscadas por essa sistemática,*** *tal como a hipótese mencionada nos Relatório e Voto que fundamentam este Acórdão;*

9.2.3. *dê ciência a este Tribunal, no prazo de 60 (sessenta) dias, das medidas adotadas para cumprimento das determinações de que tratam os itens anteriores;*

9.3. *determinar à 4ª Secex que monitore o cumprimento deste Acórdão;*

9.4. *dar ciência deste Acórdão, Relatório e Voto, ao Ministério da Saúde, à Controladoria Geral da União e à Casa Civil da Presidência da República. (Relator: Valmir Campelo; Data do Julgamento: 1º.8.2007).*

[...]. (Grifos nossos)

3. Conclusão

Feitas tais breves considerações, trazidas, como antes dito, com a única finalidade de enriquecer o debate sobre a matéria, peço vênia aos que entendem de modo diverso, para defender que, pela própria natureza do objeto do Sistema de Registro Público, definido na forma do art. 2º, do Decreto n. 3.931, de 2001[360], não seria possível a contratação, em tal seara, de serviços de natureza continuada.

4. Referências Bibliográficas

BITTENCOURT, Sidney. *Licitação de registro de preços: comentários ao Decreto n. 3.931, de 19 de setembro de 2001*. 2. ed. rev. e ampl. Belo Horizonte: Fórum, 2008.

CASTRO, José Nilo de; MAYRINK, Cristina Padovani; SILVA, Janaína Gomes da. Registro de preços: serviços de porteiro, limpeza, copeiragem e jardinagem: cabimento: critério: observância do caráter de habitualidade e frequência da prestação. *Biblioteca Digital Revista Brasileira de Direito Municipal — RBDM*, Belo Horizonte, ano 10, n. 32, abr./jun. 2009. Parecer. Disponível em: <http://www.editoraforum.com.br/bid/bidConteudoShow.aspx?idConteudo=57864> Acesso em: 16 dez. 2009.

---

(360) "[...]. Art. 2º Será adotado, preferencialmente, o SRP nas seguintes hipóteses: I – quando, pelas características do bem ou serviço, houver necessidade de contratações frequentes; II – quando for mais conveniente a aquisição de bens com previsão de entregas parceladas ou contratação de serviços necessários à Administração para o desempenho de suas atribuições; III – quando for conveniente a aquisição de bens ou a contratação de serviços para atendimento a mais de um órgão ou entidade, ou a programas de governo; e IV – quando pela natureza do objeto não for possível definir previamente o quantitativo a ser demandado pela Administração. Parágrafo único. Poderá ser realizado registro de preços para contratação de bens e serviços de informática, obedecida a legislação vigente, desde que devidamente justificada e caracterizada a vantagem econômica. [...]."

FILHO, Marçal Justen. *Comentários à Lei de Licitações e Contratos Administrativos*. 11. ed. São Paulo: Saraiva, 2005.

JACOBY FERNANDES, Jorge Ulisses. *Sistema de registro de preços e pregão presencial e eletrônico*. 3. ed. rev., atual. e ampl. Belo Horizonte: Fórum, 2008.

JUSTEN FILHO, Marçal. *Comentários à lei de licitações e contratações públicas*. 10. ed. São Paulo: Dialética, 2004.

MEDAUAR, Odete. *Direito Administrativo Moderno*. 12. ed. São Paulo: RT, 2008.

MEIRELLES, Hely Lopes. *Licitação e contrato administrativo*. São Paulo: Malheiros, 2009.

Capítulo XIX

Reflexões Sobre a Decisão do Gestor Público Contrária à Orientação Contida em Parecer da Consultoria Jurídica

Joaquim Pereira dos Santos

Advogado da União lotado na Consultoria Jurídica junto ao Ministério do Trabalho e Emprego. Graduado em Direito pela Associação de Ensino Unificado do Distrito Federal — AEUDF. Ex-Advogado do Banco do Brasil S.A. Ex-Analista Judiciário do Tribunal Regional Federal da 1ª Região. Atuou como Procurador Regional da União na 1ª Região.

Resumo: O presente estudo pretende analisar a decisão do gestor público contrária à orientação proveniente de Assessoria Jurídica, no tocante à necessidade ou não do retorno dos autos ao órgão de assessoramento para reapreciação da matéria ou análise dos fundamentos que embasaram a decisão administrativa.

Abstract: The present study aims to analyze the manager's decision contrary to public advice from Legal Counsel, regarding the need or not returning the case to the advisory body to review the matter or analysis of the foundations that support the administrative decision.

Palavras-Chaves: Decisão administrativa. Discordância da Assessoria Jurídica.

Keywords: Administrative decision. Disagreement of Counsel.

Sumário: 1. Introdução. 2. Exposição de teses. 3. Conclusão. 4. Referências Bibliográficas.

1. Introdução

Nos pareceres jurídicos emanados das Consultorias Jurídicas da União, especialmente naqueles referentes a licitações e contratos[361], não raramente deparamo-nos com a inserção de um tópico que destaca a possibilidade de a área técnica discordar do posicionamento contido na manifestação do Órgão de assessoramento jurídico, juntando aos autos as justificativas de tal discordância[362].

---

(361) Área de atuação do subscritor.

(362) "[...]. a área técnica competente poderá discordar das orientações ou posicionamentos emanados deste opinativo, devendo, em tal hipótese, carrear aos autos as justificativas necessárias, sem a necessidade de retorno do feito a esta Consultoria Jurídica, consoante entendimento do Tribunal de Contas da União. [...]."

Na maioria das vezes, tal tópico prescreve, em caso de discordância devidamente fundamentada, a desnecessidade de retorno dos autos à Consultoria Jurídica.

Nestas breves e simplórias reflexões buscaremos abordar, especialmente para fins de provocação de discussão quanto ao tema, os aspectos que envolvem tal decisão da Administração, bem como se haveria ou não a necessidade do retorno dos autos ao órgão jurídico, seja para reapreciação da matéria, seja para fins de conhecimento quanto às razões que serviram de fundamento para a decisão administrativa.

2. Exposição de teses

Geralmente tal disposição faz referência ao entendimento do Tribunal de Contas da União permissivo de tal procedimento, consubstanciado no Acórdão assim expresso:

> [...].
>
> ACÓRDÃO TCU N. 4.127/2008 – 1ª CÂMARA – TC 022.942/2007-3
>
> [...].
>
> Determinar à Superintendência Federal de Agricultura, Pecuária e Abastecimento do Rio Grande do Sul que:
>
> [...].
>
> d) apresente as razões para o caso de discordância, nos termos do inc. VII, art. 50, da Lei n. 9.784, de 1999, de orientação do órgão de assessoramento jurídico à Unidade.
>
> [...].

A referida Corte de Contas[363], de fato, tem admitido que o gestor possa discordar da orientação contida no parecer jurídico, fazendo constar nos autos manifestação formal e fundamentada quanto aos fundamentos que serviram de base à discordância.

O fundamento de tal orientação decorre do fato de que a prerrogativa da decisão insere-se na competência atribuída à autoridade administrativa, a qual poderá concordar ou não com o entendimento jurídico e prosseguir em determinado processo ou certame licitatório.

A amparar tal entendimento, assim dispõe a Lei n. 9.784, de 1999:

> [...].
>
> Art. 50. Os atos administrativos deverão ser **motivados**, com **indicação dos fatos e dos fundamentos jurídicos**, quando:
>
> I – neguem, limitem ou afetem direitos ou interesses;
>
> II – imponham ou agravem deveres, encargos ou sanções;
>
> III – decidam processos administrativos de concurso ou seleção pública;

---

(363) Vide também Acórdão TCU n. 2.446/2007 — 1ª Câmara.

IV – *dispensem ou declarem a inexigibilidade de processo licitatório;*

V – *decidam recursos administrativos;*

VI – *decorram de reexame de ofício;*

VII – *deixem de aplicar jurisprudência firmada sobre a questão ou <u>discrepem de pareceres</u>, laudos, propostas e relatórios oficiais;*

VIII – *importem anulação, revogação, suspensão ou convalidação de ato administrativo.*

§ 1º *A motivação deve ser explícita, clara e congruente, podendo consistir em declaração de concordância com fundamentos de anteriores pareceres, informações, decisões ou propostas, que, neste caso, serão parte integrante do ato.*

[...]. (Grifos nossos)

Ademais, a atuação do intérprete é bastante complexa, não havendo, em regra, uma verdade única, imutável, sendo razoável permitir-se margem decisória ao Administrador, ainda que contrário ao seu órgão de assessoramento.

A propósito, o Ministro Eros Grau[364], do Supremo Tribunal Federal, no papel de doutrinador, aborda bem a complexidade da interpretação dos textos normativos, asseverando o seguinte:

[...].

Dá-se na interpretação de textos normativos algo análogo ao que se passa na interpretação musical. Não há uma única interpretação correta (exata) da Sexta Sinfonia de Beethoven: a Pastoral regida por Toscano, com a Sinfônica de Milão, é diferente da Pastoral regida por Von Karajan, com a Filarmônica de Berlim. Não obstante uma seja mais romântica, mais derramada, a outra mais longilínea, as duas são autênticas — e corretas. Nego peremptoriamente a existência de uma única resposta correta (verdadeira, portanto) para o caso jurídico — ainda que o intérprete esteja, através dos princípios, vinculado pelo sistema jurídico. Nem mesmo o Juiz Hércules [Dworkin] estará em condições de encontrar para cada caso uma resposta verdadeira, pois aquela que seria a única resposta correta simplesmente não existe. O fato é que, sendo a interpretação convencional, não possui realidade objetiva com a qual possa ser confrontado o seu resultado (o interpretante), inexistindo, portanto, uma interpretação objetivamente verdadeira.

[...].

Além de tal complexidade natural, determinadas matérias inserem-se no âmbito da discricionariedade do Administrador, não sendo competência do órgão de assessoramento jurídico emitir juízo quanto a tais assuntos. Tal orientação consta, inclusive, do MANUAL DE BOAS PRÁTICAS CONSULTIVAS, editado pela Consultoria-Geral da União — CGU, que assim prescreve:

---

(364) GRAU, Eros Roberto. *Ensaio e discurso sobre a interpretação/aplicação do direito.* 3. ed. São Paulo: Malheiros, 2005.

ENUNCIADO BPC N. 07

[...].

O Órgão Consultivo não deve emitir manifestações conclusivas sobre temas não jurídicos, tais como os técnicos, administrativos ou de conveniência ou oportunidade.

[...].

Pois bem, é certo que o órgão de assessoramento jurídico não deve emitir pronunciamento sobre temas alheios à sua competência. Contudo, em se tratando de matéria afeta às licitações e contratos no âmbito da Administração, a Consultoria-Geral da União orienta que as minutas referentes aos instrumentos licitatórios sejam analisados pelo órgão jurídico, de forma preventiva e subsidiária, mesmo que a conclusão do Parecer seja em sentido contrário à continuidade do procedimento.

Tal orientação restou consubstanciada no MANUAL DE BOAS PRÁTICAS CONSULTIVAS, mediante seu **ENUNCIADO BPC N. 21**, que assim dispõe:

[...].

Convém a análise das minutas apresentadas, de forma preventiva e subsidiária, ainda quando não se recomende o prosseguimento do procedimento ou certame.

[...].

Referida orientação considera a possibilidade de o gestor não acatar o entendimento jurídico — mesmo o contrário à continuidade do certame — e dar-lhe prosseguimento. Em tais hipóteses, é conveniente e atende ao interesse público a análise do assunto, na integralidade, **para que não seja produzido um certame sem a prévia manifestação jurídica** que o oriente, ou que seja **celebrado um contrato ou convênio sem qualquer análise jurídica de seu conteúdo**, implicando em maiores riscos para a Administração Pública.

Assim sendo, o questionamento que ora se propõe enfrentar é quanto à necessidade ou não, em havendo discordância do Administrador em relação à orientação emanada do órgão jurídico, do retorno dos autos ao órgão jurídico, para reapreciação da matéria, ou mesmo para análise quanto às justificativas então apresentadas pelo Gestor.

A conveniência da análise subsidiária referida no Enunciado acima transcrito, **de forma concomitante** à manifestação jurídica contrária à continuidade do processo, permite pressupor a possibilidade da continuidade do certame **sem o retorno** dos autos ao órgão jurídico.

Ocorre que, em face da competência pelo assessoramento do Administrador no controle interno da legalidade administrativa, entende-se necessário que, em determinadas hipóteses, a própria manifestação jurídica deve expressamente consignar que os autos deverão retornar ao órgão jurídico para análise ou reanálise, caso a autoridade discrepe da opinião emitida e pretender prosseguir no processo.

A justificar tal necessidade de retorno dos autos, socorre-se do próprio texto da Lei Complementar n. 73, de 1993, que instituiu a Lei Orgânica da Advocacia-Geral da União, que assim dispõe:

[...].

Art. 11. Às Consultorias Jurídicas, órgãos administrativamente subordinados aos Ministros de Estado, ao Secretário-Geral e aos demais titulares de Secretarias da Presidência da República e ao Chefe do Estado-Maior das Forças Armadas, compete, especialmente:

I – <u>assessorar as autoridades</u> indicadas no caput deste artigo;

II – exercer a coordenação dos órgãos jurídicos dos respectivos órgãos autônomos e entidades vinculadas;

III – fixar a interpretação da Constituição, das leis, dos tratados e dos demais atos normativos a ser uniformemente seguida em suas áreas de atuação e coordenação quando não houver orientação normativa do Advogado-Geral da União;

IV – elaborar estudos e preparar informações, por solicitação de autoridade indicada no caput deste artigo;

V – assistir a autoridade assessorada no controle interno da legalidade administrativa dos atos <u>a serem por ela praticados ou já efetivados</u>, e daqueles oriundos de órgão ou entidade sob sua coordenação jurídica;

VI – <u>examinar, prévia e conclusivamente</u>, no âmbito do Ministério, Secretaria e Estado-Maior das Forças Armadas:

a) os <u>textos de edital de licitação</u>, como <u>os dos respectivos contratos ou instrumentos congêneres</u>, a serem publicados e celebrados;

b) os atos pelos quais se vai reconhecer a inexigibilidade, ou decidir a dispensa, de licitação.

[...]. (Grifos nossos)

Decorre do normativo acima transcrito que o assessoramento a cargo do órgão jurídico compreende a assistência no controle da legalidade administrativa dos atos, além dos a serem praticados pela Administração, aqueles **já efetivados**, a saber, os quais poderiam reputar-se perfeitos e acabados.

Verifica-se que, especialmente no tocante às licitações e contratos, em regra, o assessoramento jurídico no controle da legalidade administrativa deve operar-se previamente.

Ocorre que vislumbrou o legislador a possibilidade de determinados atos administrativos serem praticados — por razões que somente o administrador poderá aquilatar — sem tal prévia submissão à análise pelo órgão de assessoramento jurídico, sem que, de tal fato decorra, por si, qualquer nulidade.

Em situações tais verifica-se o controle, *a posteriori*, do ato administrativo.

Ora, o entrave nas situações em que a autoridade discorda do posicionamento do órgão jurídico decorre do fato de que, na maioria das vezes, a autoridade **não** possui conhecimento jurídico. Assim, como exigir-lhe que fundamente juridicamente (art. 50, da Lei n. 9.784, de 1999) sua decisão de discordância em relação à manifestação do Órgão Jurídico, se não possui conhecimento para tanto?

Tal situação foi vislumbrada e abordada por Joel de Menezes Niebuhr[365], advogado militante em direito administrativo e constitucional, em seu artigo intitulado "RESPONSABILIDADE DE ADVOGADOS PELA EMISSÃO DE PARECERES JURÍDICOS PARA A ADMINISTRAÇÃO PÚBLICA"[366], no qual assevera:

[...].

De todo modo, ganha relevo o fato de que a autoridade administrativa decide influenciada sobremaneira pelo parecer. Ora, a autoridade administrativa talvez possua parcos conhecimentos jurídicos. Grande parte delas, a maioria, não recebeu formação jurídica específica.

Pressupõe-se que as autoridades administrativas tenham experiência, vivência com a coisa pública e, por via direta de consequência, estejam aptas a distinguir o certo do errado. Sem embargo, não cabe a elas o ofício jurídico, acompanhar de perto as decisões dos tribunais e as novas teses desenvolvidas pela doutrina. Para isso, ela conta com o corpo jurídico da entidade, cujo dever é expor a ela tais informações, empreendendo raciocínio jurídico sistêmico e amplamente fundamentado, que inspira e sirva de base para as suas decisões.

Em razão disso, cabe reconhecer que a responsabilidade da autoridade administrativa está entrelaçada com a responsabilidade do advogado, cujo parecer lhe serviu de fundamento para a tomada de decisão. Se a autoridade for responsabilizada, o advogado que lhe ofereceu os fundamentos jurídicos também deve sê-lo. Seguindo a mesma exegese, se o advogado não puder ser responsabilizado, a autoridade também não deve sê-lo.

Esse entrelaçamento de responsabilidades só não ocorre nas situações em que a autoridade administrativa não tenha adotado o parecer do advogado, atraindo para si toda a responsabilidade.

[...].

Denota-se, pois, que, embora possa o Administrador decidir-se contrariamente à orientação proveniente do órgão de assessoramento jurídico, sem a necessidade de retorno dos autos à Consultoria Jurídica, é conveniente que, em determinadas

---

(365) Advogado. Doutor em Direito Administrativo pela PUC/SP. Mestre em Direito pela UFSC. Autor dos livros *Princípio da Isonomia na Licitação Pública* (Florianópolis: Obra Jurídica, 2000); *O Novo Regime Constitucional da Medida Provisória* (São Paulo: Dialética, 2001); *Dispensa e Inexigibilidade de Licitação Pública* (São Paulo: Dialética, 2003) e *Pregão Presencial e Eletrônico* (3. ed. Curitiba: Zênite, 2005), além de diversos artigos e ensaios publicados em revistas especializadas. Professor Convidado de Direito Administrativo da Escola da Magistratura do Tribunal de Justiça de Santa Catarina e da Escola do Ministério Público de Santa Catarina.

(366) Disponível em: <http://www.esmesc.com.br/upload/arquivos/1-1246969410.PDF>

situações, independente de constar no texto do parecer tal possibilidade, a autoridade reenvie os autos para nova análise, o que representa, para ele, uma verdadeira garantia de adequado assessoramento da legalidade de seus atos.

Não se pode deixar de lembrar, ainda, o caráter opinativo dos pronunciamentos provenientes do órgão de assessoria jurídica.

A propósito do tema, considera-se conveniente trazer a conhecimento o ensinamento doutrinário do professor Ronny Charles Lopes de Torres[367], Advogado da União com larga experiência em direito administrativo, em seu artigo "A RESPONSABILIDADE DO PARECERISTA EM LICITAÇÕES: ELEMENTOS DE QUESTIONAMENTO E O POSICIONAMENTO DO STF"[368], que assim leciona:

[...].

DO CARÁTER OPINATIVO DO PARECER JURÍDICO

Um argumento muito usado por aqueles que defendem a responsabilização do parecerista é o de que seu parecer é vinculante, já que a redação do parágrafo único, do artigo 38, da Lei n. 8.666, de 1993 estabelece a atribuição de exame e "aprovação" das minutas.

Esse foi o entendimento exarado no MS 24.584/DF, pelo relator, Ministro Marco Aurélio, em seu voto:

"Não há o envolvimento de simples peça opinativa, mas de aprovação, pelo setor técnico da autarquia, de convênio e aditivos, bem como de ratificações. Portanto, a hipótese sugere a responsabilidade solidária, considerado não só o crivo técnico implementado, como também o ato mediante o qual o administrador sufragou o exame e o endosso procedidos."

O ilustre Ministro parece assimilar a compreensão de que o exame e a aprovação previstos no parágrafo único do artigo 38, do estatuto licitatório são vinculantes. Assim, uma vez ofertado o parecer, vincular-se-ia o gestor a sua obediência irrestrita.

Esse pensamento fundamenta-se em premissa equivocada. O parecer emitido pelo órgão de assessoramento jurídico, definitivamente, não é vinculante.

Em primeiro lugar, vale lembrar que o próprio TCU admite que o gestor pode se contrapor ao parecer jurídico, necessitando apenas motivar sua discordância. Recentemente, inclusive, aquele importante Tribunal determinou à Companhia Energética de Alagoas que fizesse constar manifestação formal e fundamentada,

---

(367) Advogado da União. Mestrando em Direito Econômico. Pós-graduando em Direito Tributário, Pós-Graduado em Ciências Jurídicas. Ex-Coordenador-Geral de Direito Administrativo da Consultoria Jurídica do Ministério da Previdência. Professor universitário. Autor do livro *Leis de licitações públicas comentadas* (São Paulo: Juspodivm).

(368) Disponível em: <www.ronnycharles.com.br>.

nos casos de eventual discordância da autoridade administrativa ao parecer da área jurídica, do que se denota a possibilidade, admitida pelo próprio TCU, de que o gestor desatenda à orientação jurídica, desde que fundamente sua manifestação. Frisamos também que o parecer, conforme o § 1º, do artigo 50, da Lei n. 9.784, de 1999, pode ser usado como motivação, a critério da decisão da autoridade competente para a prática do ato administrativo, que, por uma interpretação lógica, pode entender por bem não utilizá-lo como tal, caso dele discorde.

Cite-se, como exemplo, várias contratações de órgãos federais que não submetem a análise de suas minutas de editais e contratos aos órgãos consultivos da AGU, sem que seja declarada a nulidade de tais contratações, rotineiramente observadas pelos órgãos de controle.

Em segundo lugar, necessário constatar, como defendido pela melhor doutrina, que a ausência do parecer jurídico não acarreta anulação do procedimento, podendo apenas ensejar a apuração de responsabilidade pelo gestor.

Essa assertiva é confirmada pela prática administrativa, já que ocorrem contratações ou publicações de editais que desrespeitam a remessa prévia dos autos ao órgão competente pelo assessoramento jurídico para emissão de parecer, sem que isso cause necessariamente a anulação ou invalidação dos atos administrativos, pelos órgãos de controle.

Sob esse prisma, o parecer se caracteriza como obrigatório, mas não vinculante, conforme denota a leitura do artigo 42, da Lei n. 9.784, de 1999, senão vejamos:

> Art. 42. *Quando deva ser obrigatoriamente ouvido um órgão consultivo, o parecer deverá ser emitido no prazo máximo de quinze dias, salvo norma especial ou comprovada necessidade de maior prazo.*
>
> *§ 1º Se um parecer obrigatório e vinculante deixar de ser emitido no prazo fixado, o processo não terá seguimento até a respectiva apresentação, responsabilizando-se quem der causa ao atraso.*
>
> *§ 2º Se um parecer obrigatório e não vinculante deixar de ser emitido no prazo fixado, o processo poderá ter prosseguimento e ser decidido com sua dispensa, sem prejuízo da responsabilidade de quem se omitiu no atendimento.*
>
> *[...].*

Se admitíssemos o parecer jurídico como vinculante, seria inequívoca a constatação de que todas as licitações, contratações, aditamentos e alterações contratuais que prescindiram de tal manifestação, seriam inválidas. Mais ainda, significaria, a teor do § 1º, acima transcrito, que todos esses procedimentos apenas poderiam ter continuidade após a emissão do parecer jurídico, imposição abundantemente desmentida pela realidade fática, sendo, infelizmente, comum a realização de aditamentos contratuais sem a prévia oitiva ao órgão de assessoramento jurídico.

Com muita razão, citando o professor Adilson Abreu Dallari[369], MOTTA ressalta a incongruência de tentar dar a característica de "vinculante" a um parecer, pelo raciocínio lógico de que parecer vinculante não é parecer, é decisão.

O parecer jurídico não se constitui como ato administrativo, representando apenas uma manifestação opinativa, que pode ser agregada como elemento de fundamentação do ulterior ato administrativo, nos termos permitidos pelo § 1º, do artigo 50, da Lei n. 9.784, de 1999.

[...].

Quando na atuação estabelecida pelo parágrafo único do artigo 38, a atividade do corpo jurídico é a de verificar, dentro das limitações de sua competência e na pressa exigida pela necessidade administrativa, a legalidade das previsões do edital, contrato e suas minutas, cláusula a cláusula.

Nessa atuação, fogem ao âmbito de análise do parecerista os aspectos de gestão propriamente dita, a escolha discricionária do administrador e os elementos técnicos não jurídicos, como os aspectos de engenharia de uma obra ou a compatibilidade e a eficiência de determinado *software* ou produto de interesse da Administração, essas lacunas per si já indicam a falta de identidade entre a manifestação da assessoria jurídica e o eventual ato administrativo praticado. Estabelecer caráter vinculativo à manifestação prevista no parágrafo único do artigo 38 representa ignorar a realidade das contratações públicas de nosso país e transferir ao parecerista uma competência gerencial estranha a suas atribuições.

[...].

Temos convicção de que a atividade do parecerista, notadamente na análise de minutas de editais e contratos, representa um controle eficiente e preventivo da legalidade que, embora não gere notícias televisivas, a um custo baixo impede irregularidades e desvios de recursos públicos, com a retirada de cláusulas que viciam as licitações, direcionam seu resultado, restringem a competitividade do certame ou criam situações prejudiciais à disputa e, em última análise, ao próprio Poder Público.

[...].

Tal entendimento é corroborado por diversos julgados do Tribunal de Constas da União, a exemplo dos seguintes acórdãos: 2.446/2007 — Primeira Câmara; 1.913/2006 — Segunda Câmara; 4.127/2008 — Primeira Câmara; 147/2006 — Plenário e 462/2003 — Plenário.

---

(369) MOTTA, Carlos Pinto Coelho. *Eficácia nas licitações e contratos:* estruturas da contratação, concessões e permissões, responsabilidade fiscal, pregão — parcerias público/privadas. 10. ed. Belo Horizonte: Del Rey, 2005. p. 330.

Vale a pena também ressaltar a doutrina emanada do artigo "O advogado parecerista e a Lei de Improbidade Administrativa"[370], da autoria do doutor Roberto Wagner Lima Nogueira[371], que assevera:

[...].

O **advogado público**, quando chamado a dar uma **consulta jurídica** nos autos de um processo administrativo, **opina**. Esta **opinião** é, na lição clássica de **Hely Lopes Meirelles**, um ato enunciativo, que **não cria direitos e obrigações** como sói acontecer no caso de um ato administrativo. Logo, o **agente público** que terá que <u>decidir</u> o caso submetido à consulta do advogado é que emitirá o **ato administrativo de cunho decisório**.

[...].

A bem da verdade, o advogado parecerista <u>"opina"</u>. É lógico que **opinar** é <u>diferente</u> de **decidir**. O **parecer** <u>não</u> é um **ato administrativo de cunho** <u>decisório</u>, é apenas e tão somente uma **opinião** que <u>não cria nem extingue direitos</u>, como sói acontecer com os **atos de conteúdo decisório**, razão pela qual o juízo do procurador <u>não vincula</u> **a autoridade que tem** <u>poder decisório</u>. Neste sentido, é a lição segura do <u>Professor</u> e <u>Procurador de Justiça no Rio de Janeiro</u>, **Dr. José dos Santos Carvalho Filho**, <u>"Manual de Direito Administrativo"</u>, 12. ed. Rio de Janeiro: Lúmen Júris, 2005, p. 132, *verbis*,

[...].

Sendo juízo de valor do parecerista, o **parecer não vincula a autoridade que tem poder decisório**, que **pode ou não adotar a mesma opinião**. Sublinhe-se, por oportuno, que o **agente** a quem incumbe opinar <u>não</u> tem poder decisório sobre a matéria que lhe é submetida, visto que **coisas** <u>diversas</u> são opinar e decidir.

Advogado, procurador, assessor jurídico, diretor jurídico, na condição de pareceristas, <u>**não ordenam despesa**</u>, <u>**não gerenciam**</u>, <u>**arrecadam**</u>, <u>**guardam**</u> ou <u>**administram quaisquer bens**</u>, <u>**dinheiros ou valores públicos**</u>. Claro fica a ausência de tipificação no art. 10 e incisos da Lei de Improbidade Administrativa, como vem tentando enquadrá-los erroneamente o Ministério Público.

[...]. (Grifos nossos).

A jurisprudência, igualmente, já se preocupou com o tema, trazendo mais alguma luz à matéria, a exemplo do julgamento do Mandado de Segurança n. 24.073/DF[372],

---

(370) Disponível em: <http://jus.com.br/revista/texto/8252/o-advogado-parecerista-e-a-lei-de-improbidade-administrativa>.

(371) Mestre em Direito Tributário, professor do Departamento de Direito Público da Universidade Católica de Petrópolis (UCP), Procurador do Município de Areal (RJ), membro do Conselho Científico da Associação Paulista de Direito Tributário (APET).

(372) Publicado no DJE n. 57, em 31/03/2008.

julgado pelo Pleno do Supremo Tribunal Federal, da relatoria do Ministro Carlos Velloso, cujo voto restou assim expressado:

[...].

O parecer emitido por procurador ou advogado de órgão da administração pública não é ato administrativo. Nada mais é do que a opinião emitida pelo operador do direito, opinião técnico-jurídica, que orientará o administrador na tomada da decisão, na prática do ato administrativo, que se constitui na execução ex officio da lei. Hely Lopes Meirelles cuidou do tema e lecionou:

"Pareceres administrativos são manifestações de órgãos técnicos sobre assuntos submetidos à sua consideração. O parecer tem caráter meramente opinativo, não vinculando a Administração ou os particulares à sua motivação ou conclusões, salvo se aprovado por ato subsequente. Já então, o que subsiste como ato administrativo, não é o parecer, mas sim o ato de sua aprovação, que poderá revestir a modalidade normativa, ordinária, negocial ou punitiva." (Hely Lopes Meirelles. Direito Administrativo Brasileiro, 26. ed. São Paulo: Malheiros. p. 185).

Celso Antônio Bandeira de Mello não obstante classificar os pareceres como atos administrativos de administração consultiva, deixa expresso, entretanto, que visam eles "a informar, elucidar, sugerir providências administrativas a serem estabelecidas nos atos de administração ativa" (Celso Antônio Bandeira de Mello. Curso de Direito Administrativo. 13. ed. São Paulo: Malheiros, 2001. p. 377).

É dizer, o parecer não se constitui no ato decisório, na decisão administrativa, dado que ele nada mais faz senão "informar, elucidar, sugerir providências administrativas a serem estabelecidas nos atos de administração ativa."

Posta assim a questão, é forçoso concluir que o autor do parecer, que emitiu opinião não vinculante, opinião à qual não está o administrador vinculado, não pode ser responsabilizado solidariamente com o administrador, ressalvado, entretanto, o parecer emitido com evidente má-fé, oferecido, por exemplo, perante administrador inapto.

[...].

O Egrégio Superior Tribunal de Justiça, em recentíssimo julgado, houve por conceder a segurança para anular a pena de demissão imposta a servidor público pela autoridade competente, aplicada em desconformidade com a manifestação da consultoria jurídica, a qual havia opinado por penalidade diversa, na forma do seguinte acórdão:

[...].

SERVIDOR PÚBLICO. PAD. DEMISSÃO. PRINCÍPIOS. RAZOABILIDADE. PROPORCIONALIDADE.

Trata-se de mandado de segurança em que se pretende desconstituir ato do ministro de Estado da Justiça pelo qual o ora impetrante foi demitido do cargo de policial rodoviário federal em razão de conduta irregular consistente na omissão em autuar e reter veículo por infração de trânsito (ausência de pagamento do licenciamento anual), apurada em procedimento administrativo disciplinar (PAD). Ocorre que tanto a comissão processante quanto a Corregedoria Regional da Superintendência da Polícia Rodoviária Federal e a Corregedoria-Geral do Departamento de Polícia Rodoviária Federal concluíram que o impetrante deveria ser penalizado com suspensão, visto que não houve reiterada atuação ilícita, tampouco obtenção de vantagem pecuniária ou de qualquer outra espécie pelo servidor. Todavia, a autoridade coatora, apoiada no mesmo contexto fático, acolheu o parecer da consultoria jurídica e, discordando dos pareceres mencionados, aplicou a pena máxima de demissão (art. 132, caput, IV e XIII, da Lei n. 8.112, de 1990). Diante disso, a Seção concedeu a segurança ao entendimento de que, embora a autoridade coatora não esteja adstrita às conclusões tomadas pela comissão processante, a discordância deve ser fundamentada em provas convincentes que demonstrem, de modo cabal e indubitável, ter o acusado praticado infração capaz de ensejar a aplicação daquela penalidade máxima em reprimenda à sua conduta irregular. Na hipótese dos autos, a autoridade coatora não indicou qualquer outra evidência fática concreta que justificasse a exacerbação da pena de suspensão anteriormente sugerida. Dessa forma, a aplicação da pena de demissão mostra-se desprovida de razoabilidade, além de ofender o princípio da proporcionalidade e o disposto no art. 128, da Lei n. 8.112, de 1990, diante da ausência no PAD de qualquer menção à prática de outras condutas irregulares que pudessem interferir na convicção de que se trata de servidor público possuidor de bons antecedentes ou de que o impetrante tenha se valido das atribuições de seu cargo para lograr proveito próprio ou em favor de terceiros ou, ainda, de que sua atuação tenha importado lesão aos cofres públicos. Assim, a Seção determinou a reintegração do impetrante ao cargo de policial rodoviário federal, assegurando-lhe o imediato ressarcimento dos vencimentos e demais vantagens desde a data da publicação do ato demissionário. Precedentes citados: MS 13.678-DF, DJe 1º.8.2011; MS 12.429-DF, DJ 29.6.2007, e MS 13.091-DF, DJ 7.3.2008. MS 17.490-DF, Rel. Min. Mauro Campbell Marques, julgado em 14.12.2011.

[...].

Na situação referida no julgado *supra*, caso os autos tivessem retornado à Consultoria Jurídica para apreciação das razões de discordância formuladas pela autoridade, situação na qual poderia haver nova manifestação — inserida esta no assessoramento do controle de legalidade dos atos da administração — é bem provável que a anulação da penalidade imposta ao servidor poderia ter sido evitada.

Na hipótese, o não acolhimento da orientação proveniente do órgão de assessoramento jurídico pelo Administrador — embora juridicamente possível — pode, em tese, causar prejuízo ao ordenamento jurídico e à Administração, como, por exemplo, em face da possibilidade de ocorrência da prescrição.

3. Conclusão

O órgão de assessoramento jurídico não deve emitir manifestação em matérias afetas à área de competência do Administrador, devendo restringir-se aos aspectos jurídicos da demanda posta à sua apreciação. Quando o Administrador decide-se contrariamente à orientação da consultoria jurídica, atraindo para si, portanto, a responsabilidade pela decisão — e não há, em princípio, nenhuma ilegalidade em tal procedimento — deve apresentar os motivos, bem como os fatos e fundamentos jurídicos que embasaram sua decisão.

Neste contexto, deve valer-se de seu órgão de assessoramento jurídico, vez que a este é atribuída a competência para apreciação dos aspectos jurídicos da demanda, ainda que, para tanto, os autos tenham que **retornar** à Consultoria Jurídica.

Para tal propósito, sugere-se que, ao inserir-se nas manifestações jurídicas disposição referente à possibilidade de discordância do Administrador em relação aos termos do opinativo, acrescente-se sempre a possibilidade de retorno dos autos — assim entendendo a autoridade — para reapreciação da matéria, ou para a emissão de nova manifestação, de modo a atender integralmente a competência legal de assessoramento no controle interno da legalidade administrativa.

4. Referências Bibliográficas

DE TORRES, Ronny Charles Lopes. *Leis de licitações públicas comentadas*. São Paulo: Juspodivm, 2009.

GRAU, Eros Roberto. *Ensaio e discurso sobre a interpretação/aplicação do direito*. São Paulo: Malheiros, 3. ed. 2005.

MOTTA, Carlos Pinto Coelho. *Eficácia nas licitações e contratos: estruturas da contratação, concessões e permissões, responsabilidade fiscal, pregão — parcerias público/privadas*. 10. ed. Belo Horizonte: Del Rey, 2005.

NIEBUHR. Joel de Menezes. *Princípio da Isonomia na Licitação Pública*. Florianópolis: Obra Jurídica, 2000.

_____. *O Novo Regime Constitucional da Medida Provisória*. São Paulo: Dialética, 2001.

_____. *Dispensa e Inexigibilidade de Licitação Pública*. São Paulo: Dialética, 2003.

_____. *Pregão Presencial e Eletrônico*. 3. ed. Curitiba: Zênite, 2005.

<www.ronnycharles.com.br>

<http://www.esmesc.com.br/upload/arquivos/1-1246969410.PDF>

<http://jus.com.br/revista/texto/8252/o-advogado-parecerista-e-a-lei-de-improbidade--administrativa>

Capítulo XX

Aspectos Penais Referentes à Inexigência ou Dispensa de Licitação *Extra Legem*

Francisco Moacir Barros
Advogado da União lotado na Consultoria Jurídica junto ao Ministério do Trabalho e Emprego. Coordenador-Geral de Licitações e Contratos.

Resumo: O presente estudo pretende abordar os diversos aspectos referentes ao delito capitulado no artigo 89, da Lei n. 8.666, de 21 de junho de 1993. A visão crítica apresentada em face de citado dispositivo com o fito de aplicar os princípios gerais do Direito Penal Brasileiro ao crime tipificado na nominada disposição legal de natureza jurídica administrativa.

Abstract: The present study aims to address the various aspects relating to the offense capitulated in Article 89 of Law N. 8.666 of June 21, 1993. A critical view presented in the face of said device with the intent to apply the general principles of criminal law crime defined in the Brazilian nominated legal provision of legal administration.

Palavras-Chaves: Visão crítica. Princípios gerais de direito penal.

Keywords: View critical. General principles of criminal law crime. Article 89 of Law N. 8.666 of June 21, 1993.

Sumário: 1. Introdução. 2. Constitucionalidade do processo licitatório. 3. Tipo de conduta: comissiva. 4. Elementos do tipo. 5. Sujeito ativo do delito: autoria. 6. Sujeito passivo do delito: Administração Pública. 7. Tipo de conduta delitiva: comissividade. 8. Necessidade de conduta comissiva dolosa. 9. Princípio constitucional da legalidade. 10. Da tentativa. 11. Conclusão. 12. Referências Bibliográficas.

1. Introdução

O presente estudo tem por finalidade analisar os diversos aspectos permissivos do afastamento da exigência constitucional e legal para o caso de contratação por parte da Administração Pública[373], sem a utilização de procedimento licitatório,

---

(373) "[...]. Art. 1º Esta Lei estabelece normas gerais sobre licitações e contratos administrativos pertinentes a obras, serviços, inclusive de publicidade, compras, alienações e locações no âmbito dos Poderes da União, dos Estados, do Distrito Federal e dos Municípios. Parágrafo único. Subordinam-se ao regime desta Lei, além dos órgãos da administração direta, os fundos especiais, as autarquias, as fundações públicas, as

na forma prevista no vigente Estatuto das Licitações (Lei n. 8.666, de 21 de junho de 1993).

2. Constitucionalidade do processo licitatório

Por força do disposto no art. 37, inciso XXI[374], da Carta Política do País, a regra para contratação por parte da Administração Pública com particulares com a finalidade de adquirir bens, ou ainda, contratar obras e serviços, subsiste, obrigatoriamente, para ela a necessidade de fazê-lo por meio de realização de procedimento licitatório.

A vigente legislação traz a abordagem conceitual do que deve ser considerado como sendo um processo licitatório, no entanto, a doutrina mais abalizada a define como sendo:

> [...].
>
> *O procedimento administrativo pelo qual um ente público, no exercício da função administrativa, abre a todos os interessados, que se sujeitem às condições fixadas no instrumento convocatório, a possibilidade de formularem propostas dentre as quais selecionará e aceitará a mais conveniente para a celebração de contrato.*[375]
>
> [...]

Destarte, é possível a assertiva de que a gênese do procedimento licitatório encontra-se na vigente Constituição, de forma que a Administração não pode deixar de observar o processo seletivo de escolha na busca pela instituição de natureza privada que lhe ofereça as melhores condições, inclusive no que se refere a preços, quando da celebração de contrato.

Em não sendo possível a realização de procedimento licitatório, pela própria natureza do bem ou circunstância fática que envolva a contratação que a Administração pretenda realizar, essa deverá proceder na forma prevista nos arts. 24 e 25 da Lei n. 8.666, de 21 de junho de 1993 — Estatuto das Licitações Públicas, promovendo o enquadramento de situação ensejadora de dispensa ou inexigibilidade de licitação para seleção da melhor proposta no âmbito privado a sua futura parceira contratual.

O regramento da referenciada Lei ordinária pontua especificamente os casos em que se deve dispensar ou inexigir a realização de procedimento licitatório.

---

empresas públicas, as sociedades de economia mista e demais entidades controladas direta ou indiretamente pela União, Estados, Distrito Federal e Municípios. [...]." (Lei n. 8.666, de 21 de junho de 1993).

(374) "[...]. XXI – ressalvados os casos especificados na legislação, as obras, serviços, compras e alienações serão contratados mediante processo de licitação pública que assegure igualdade de condições a todos os concorrentes, com cláusulas que estabeleçam obrigações de pagamento, mantidas as condições efetivas da proposta, nos termos da lei, o qual somente permitirá as exigências de qualificação técnica e econômica indispensáveis à garantia do cumprimento das obrigações. [...]."

(375) DI PIETRO, Maria Sylvia Zanella. *Direito Administrativo*. 23. ed. São Paulo: Atlas, 2010. p. 350.

Pretende-se com o presente estudo destacar especificamente o aspecto punitivo penal para o caso do gestor da coisa pública realizar o enquadramento de situação de dispensa ou de inexigibilidade de licitação fora das hipóteses que a lei fez previsão, ou ainda, quando não for observada formalidade relacionada a tal dispensa ou inexigibilidade.

Nesse caso específico, o citado Estatuto das Licitações traz dispositivo regulador de conduta comissiva do agente que no lugar de realizar licitação, promove, inopinadamente, a dispensa ou deixa de exigir licitação, no caso de não haver hipótese que possa ser enquadrada em norma legal permissiva, cogente e vigente.

3. Tipo de conduta: comissiva

A tal propósito, observe-se o seguinte dispositivo normativo regulador da matéria, que assim encontra-se disposto:

> [...].
>
> Art. 89. Dispensar ou inexigir licitação fora das hipóteses previstas em lei, ou deixar de observar as formalidades pertinentes à dispensa ou à inexigibilidade:
>
> Pena — detenção, de 3 (três) a 5 (cinco) anos, e multa.
>
> Parágrafo único. Na mesma pena incorre aquele que, tendo comprovadamente concorrido para a consumação da ilegalidade, beneficiou-se da dispensa ou inexigibilidade ilegal, para celebrar contrato com o Poder Público.
>
> [...].

Assim, importa ressaltar que deve ser destacado especialmente o aspecto punitivo de natureza penal nos casos de dispensa e inexigibilidade de licitação fora das hipóteses legais, analisando quem possa ser agente e vítima dessa espécie de delito, assim como conceitos e causas eventuais que devem ser observadas quando da fixação e aplicação das penas privativas de liberdade, restritivas de direito e multa.

A regra geral constitucional, reitere-se, tem por objetivo a determinação de realização de licitação pública, com igualdade de condições entre os licitantes, para seleção do fornecedor que apresentar as melhores condições para a Administração (preço, prazo, técnica etc.) para, em momento seguinte, acontecer a celebração do instrumento de contrato que deverá regular todas as situações necessárias para a sua fiel execução com o fito de a Administração Pública obter o objeto pactuado, na forma prevista no parágrafo único, do art. 2º, da Lei n. 8.666, de 1993.[376]

A própria lei traz as situações em que se permite a contratação de forma direta mediante a utilização do instituto de **Dispensa de licitação**, que se encontram elencadas no art. 24, incisos I a XXXI, da Lei n. 8.666, de 1993[377].

---

(376) "[...]. Art. 2º Para os fins desta Lei, considera-se contrato todo e qualquer ajuste entre órgãos ou entidades da Administração Pública e particulares, em que haja um acordo de vontades para a formação de vínculo e a estipulação de obrigações recíprocas, seja qual for a denominação utilizada. [...]."

(377) "[...]. Art. 24. É dispensável a licitação: (Vide Lei n. 12.188, de 2010). I - para obras e serviços de engenharia de valor até 10% (dez por cento) do limite previsto na alínea "a", do inciso I do artigo anterior, desde que não

se refiram a parcelas de uma mesma obra ou serviço ou ainda para obras e serviços da mesma natureza e no mesmo local que possam ser realizadas conjunta e concomitantemente; (Redação dada pela Lei n. 9.648, de 1998). II – para outros serviços e compras de valor até 10% (dez por cento) do limite previsto na alínea "a", do inciso II do artigo anterior e para alienações, nos casos previstos nesta Lei, desde que não se refiram a parcelas de um mesmo serviço, compra ou alienação de maior vulto que possa ser realizada de uma só vez; (Redação dada pela Lei n. 9.648, de 1998). III – nos casos de guerra ou grave perturbação da ordem; IV – nos casos de emergência ou de calamidade pública, quando caracterizada urgência de atendimento de situação que possa ocasionar prejuízo ou comprometer a segurança de pessoas, obras, serviços, equipamentos e outros bens, públicos ou particulares, e somente para os bens necessários ao atendimento da situação emergencial ou calamitosa e para as parcelas de obras e serviços que possam ser concluídas no prazo máximo de 180 (cento e oitenta) dias consecutivos e ininterruptos, contados da ocorrência da emergência ou calamidade, vedada a prorrogação dos respectivos contratos; V – quando não acudirem interessados à licitação anterior e esta, justificadamente, não puder ser repetida sem prejuízo para a Administração, mantidas, neste caso, todas as condições preestabelecidas; VI – quando a União tiver que intervir no domínio econômico para regular preços ou normalizar o abastecimento; VII – quando as propostas apresentadas consignarem preços manifestamente superiores aos praticados no mercado nacional, ou forem incompatíveis com os fixados pelos órgãos oficiais competentes, casos em que, observado o parágrafo único do art. 48 desta Lei e, persistindo a situação, será admitida a adjudicação direta dos bens ou serviços, por valor não superior ao constante do registro de preços, ou dos serviços; (Vide § 3º do art. 48). VIII – para a aquisição, por pessoa jurídica de direito público interno, de bens produzidos ou serviços prestados por órgão ou entidade que integre a Administração Pública e que tenha sido criado para esse fim específico em data anterior à vigência desta Lei, desde que o preço contratado seja compatível com o praticado no mercado; (Redação dada pela Lei n. 8.883, de 1994). IX – quando houver possibilidade de comprometimento da segurança nacional, nos casos estabelecidos em decreto do Presidente da República, ouvido o Conselho de Defesa Nacional; X – para a compra ou locação de imóvel destinado ao atendimento das finalidades precípuas da administração, cujas necessidades de instalação e localização condicionem a sua escolha, desde que o preço seja compatível com o valor de mercado, segundo avaliação prévia; (Redação dada pela Lei n. 8.883, de 1994). XI – na contratação de remanescente de obra, serviço ou fornecimento, em consequência de rescisão contratual, desde que atendida a ordem de classificação da licitação anterior e aceitas as mesmas condições oferecidas pelo licitante vencedor, inclusive quanto ao preço, devidamente corrigido; XII – nas compras de hortifrutigranjeiros, pão e outros gêneros perecíveis, no tempo necessário para a realização dos processos licitatórios correspondentes, realizadas diretamente com base no preço do dia; (Redação dada pela Lei n. 8.883, de 1994). XIII – na contratação de instituição brasileira incumbida regimental ou estatutariamente da pesquisa, do ensino ou do desenvolvimento institucional, ou de instituição dedicada à recuperação social do preso, desde que a contratada detenha inquestionável reputação ético-profissional e não tenha fins lucrativos;(Redação dada pela Lei n. 8.883, de 1994). XIV – para a aquisição de bens ou serviços nos termos de acordo internacional específico aprovado pelo Congresso Nacional, quando as condições ofertadas forem manifestamente vantajosas para o Poder Público; (Redação dada pela Lei n. 8.883, de 1994). XV – para a aquisição ou restauração de obras de arte e objetos históricos, de autenticidade certificada, desde que compatíveis ou inerentes às finalidades do órgão ou entidade. XVI – para a impressão dos diários oficiais, de formulários padronizados de uso da administração, e de edições técnicas oficiais, bem como para prestação de serviços de informática a pessoa jurídica de direito público interno, por órgãos ou entidades que integrem a Administração Pública, criados para esse fim específico;(Incluído pela Lei n. 8.883, de 1994). XVII – para a aquisição de componentes ou peças de origem nacional ou estrangeira, necessários à manutenção de equipamentos durante o período de garantia técnica, junto ao fornecedor original desses equipamentos, quando tal condição de exclusividade for indispensável para a vigência da garantia; (Incluído pela Lei n. 8.883, de 1994). XVIII – nas compras ou contratações de serviços para o abastecimento de navios, embarcações, unidades aéreas ou tropas e seus meios de deslocamento quando em estada eventual de curta duração em portos, aeroportos ou localidades diferentes de suas sedes, por motivo de movimentação operacional ou de adestramento, quando a exiguidade dos prazos legais puder comprometer a normalidade e os propósitos das operações e desde que seu valor não exceda ao limite previsto na alínea "a" do incico II do art. 23 desta Lei: (Incluído pela Lei n. 8.883, de 1994). XIX – para as compras de material de uso pelas Forças Armadas, com exceção de materiais de uso pessoal e administrativo, quando houver necessidade de manter a padronização requerida pela estrutura de apoio logístico dos meios navais, aéreos e terrestres, mediante parecer de comissão instituída por

Outrossim, o mesmo Estatuto das Licitações também traz os casos legais previstos para contratação mediante reconhecimento de situação fática ensejadora de **Inexigibilidade de licitação**, que se encontram no art. 25, *caput*, incisos I e II, da Lei n. 8.666, de 1993[378], com especial enfoque na impossibilidade fática de se promover competição entre os licitantes.

---

decreto; (Incluído pela Lei n. 8.883, de 1994). XX – na contratação de associação de portadores de deficiência física, sem fins lucrativos e de comprovada idoneidade, por órgãos ou entidades da Administração Pública, para a prestação de serviços ou fornecimento de mão de obra, desde que o preço contratado seja compatível com o praticado no mercado. (Incluído pela Lei n. 8.883, de 1994). XXI – para a aquisição de bens e insumos destinados exclusivamente à pesquisa científica e tecnológica com recursos concedidos pela Capes, pela Finep, pelo CNPq ou por outras instituições de fomento à pesquisa credenciadas pelo CNPq para esse fim específico; (Redação dada pela Lei n. 12.349, de 2010). XXII – na contratação de fornecimento ou suprimento de energia elétrica e gás natural com concessionário, permissionário ou autorizado, segundo as normas da legislação específica; (Incluído pela Lei n. 9.648, de 1998). XXIII – na contratação realizada por empresa pública ou sociedade de economia mista com suas subsidiárias e controladas, para a aquisição ou alienação de bens, prestação ou obtenção de serviços, desde que o preço contratado seja compatível com o praticado no mercado. (Incluído pela Lei n. 9.648, de 1998). XXIV – para a celebração de contratos de prestação de serviços com as organizações sociais, qualificadas no âmbito das respectivas esferas de governo, para atividades contempladas no contrato de gestão. (Incluído pela Lei n. 9.648, de 1998). XXV – na contratação realizada por Instituição Científica e Tecnológica — ICT ou por agência de fomento para a transferência de tecnologia e para o licenciamento de direito de uso ou de exploração de criação protegida. (Incluído pela Lei n. 10.973, de 2004). XXVI – na celebração de contrato de programa com ente da Federação ou com entidade de sua administração indireta, para a prestação de serviços públicos de forma associada nos termos do autorizado em contrato de consórcio público ou em convênio de cooperação. (Incluído pela Lei n. 11.107, de 2005). XXVII – na contratação da coleta, processamento e comercialização de resíduos sólidos urbanos recicláveis ou reutilizáveis, em áreas com sistema de coleta seletiva de lixo, efetuados por associações ou cooperativas formadas exclusivamente por pessoas físicas de baixa renda reconhecidas pelo poder público como catadores de materiais recicláveis, com o uso de equipamentos compatíveis com as normas técnicas, ambientais e de saúde pública. (Redação dada pela Lei n. 11.445, de 2007). XXVIII – para o fornecimento de bens e serviços, produzidos ou prestados no País, que envolvam, cumulativamente, alta complexidade tecnológica e defesa nacional, mediante parecer de comissão especialmente designada pela autoridade máxima do órgão. (Incluído pela Lei n. 11.484, de 2007). XXIX – na aquisição de bens e contratação de serviços para atender aos contingentes militares das Forças Singulares brasileiras empregadas em operações de paz no exterior, necessariamente justificadas quanto ao preço e à escolha do fornecedor ou executante e ratificadas pelo Comandante da Força. (Incluído pela Lei n. 11.783, de 2008). XXX – na contratação de instituição ou organização, pública ou privada, com ou sem fins lucrativos, para a prestação de serviços de assistência técnica e extensão rural no âmbito do Programa Nacional de Assistência Técnica e Extensão Rural na Agricultura Familiar e na Reforma Agrária, instituído por lei federal (Incluído pela Lei n. 12.188, de 2.010). XXXI – nas contratações visando ao cumprimento do disposto nos arts. 3º, 4º, 5º e 20 da Lei n. 10.973, de 2 de dezembro de 2004, observados os princípios gerais de contratação dela constantes. (Incluído pela Lei n. 12.349, de 2010). Parágrafo único. Os percentuais referidos nos incisos I e II do *caput* deste artigo serão 20% (vinte por cento) para compras, obras e serviços contratados por consórcios públicos, sociedade de economia mista, empresa pública e por autarquia ou fundação qualificadas, na forma da lei, como Agências Executivas. (Redação dada pela Lei n. 11.107, de 2005).

(378) "[...]. Art. 25. É inexigível a licitação quando houver inviabilidade de competição, em especial: I – para aquisição de materiais, equipamentos, ou gêneros que só possam ser fornecidos por produtor, empresa ou representante comercial exclusivo, vedada a preferência de marca, devendo a comprovação de exclusividade ser feita através de atestado fornecido pelo órgão de registro do comércio do local em que se realizaria a licitação ou a obra ou o serviço, pelo Sindicato, Federação ou Confederação Patronal, ou, ainda, pelas entidades equivalentes; II – para a contratação de serviços técnicos enumerados no art. 13 desta Lei, de natureza singular, com profissionais ou empresas de notória especialização, vedada a inexigibilidade para serviços de publicidade e divulgação; III – para contratação de profissional de qualquer setor artístico,

Por outro lado, a melhor doutrina define crime como sendo o fato típico e antijurídico (posição adotada pelos Professores Damásio de Jesus, Júlio Mirabete e Celso Delmanto). Alguns outros autores, no entanto, ainda colocam a culpabilidade como sendo um terceiro elemento do conceito de delito. Assim, para esses últimos o delito seria o fato típico, antijurídico e culpável.

O tipo penal previsto no art. 89, da Lei n. 8.666, de 1993, caracteriza a atividade delitiva como sendo um crime de mera conduta que se configura independentemente da produção de algum resultado no mundo exterior. Nessa espécie de crimes o resultado naturalístico não se faz necessário, uma vez descumprida a regra da Lei, já estará configurado o crime.

O crime de dispensa ou inexigibilidade de licitação fora dos casos previstos em lei, configura-se apenas com a conduta comissiva ou omissiva do agente. Na espécie de crime capitulada no art. 89, da Lei n. 8.666, de 1993, a conduta do gestor público consubstanciada na atitude de dispensar ou inexigir licitação fora dos casos expressamente previstos na legislação de regência somente pode ser comissiva. Não existe a possibilidade jurídica de tal conduta acontecer por omissão, por causa da própria natureza jurídica do delito.

Acrescente-se, ainda, que esse é o entendimento que tem sido consagrado pela melhor jurisprudência do Superior Tribunal de Justiça (STJ). Observe-se o seguinte excerto:

[...].

> HABEAS CORPUS. *CRIME DE DISPENSA OU INEXIGIBILIDADE DE* **LICITAÇÃO** *FORA DAS* **HIPÓTESES** *LEGAIS. ART. 89, DA LEI 8.666, de 1993. CRIME DE MERA CONDUTA. COMPROVAÇÃO DE NECESSIDADE DE PREJUÍZO DA ADMINISTRAÇÃO PÚBLICA. DESNECESSIDADE. DELITO QUE SE PERFAZ INDEPENDENTEMENTE DE RESULTADO NATURALÍSTICO. DOLO CONSIGNADO PELAS INSTÂNCIAS ORDINÁRIAS.*
>
> *1. Segundo a jurisprudência mais recente de ambas as Turmas integrantes da Terceira Seção deste Superior Tribunal de Justiça, o crime previsto no art. 89, da Lei 8.666, de 1993 (*"**dispensar** *ou* **inexigir licitação fora das hipóteses** *previstas em lei, ou deixar de observar as formalidades pertinentes à dispensa ou à inexigibilidade*"*) é de mera conduta, não se exigindo a constatação de resultado naturalístico (demonstração de efetivo prejuízo para a Administração Pública) para a sua consumação.*
>
> *2. Concretamente, as instâncias ordinárias, soberanas na análise do contexto fático-probatório, consignaram a existência de dolo na dispensa das* **licitações fora das hipóteses** *legais.*

---

diretamente ou através de empresário exclusivo, desde que consagrado pela crítica especializada ou pela opinião pública. § 1º Considera-se de notória especialização o profissional ou empresa cujo conceito no campo de sua especialidade, decorrente de desempenho anterior, estudos, experiências, publicações, organização, aparelhamento, equipe técnica, ou de outros requisitos relacionados com suas atividades, permita inferir que o seu trabalho é essencial e indiscutivelmente o mais adequado à plena satisfação do objeto do contrato. § 2º Na hipótese deste artigo e em qualquer dos casos de dispensa, se comprovado superfaturamento, respondem solidariamente pelo dano causado à Fazenda Pública o fornecedor ou o prestador de serviços e o agente público responsável, sem prejuízo de outras sanções legais cabíveis. [...]."

3. Ordem denegada.

(STJ – HC n. 159.896/RN, HABEAS CORPUS, 2010/0008589-8).

[...]. (Grifos nossos)

Outrossim, para o Direito Penal considera-se o tipo penal como sendo a descrição do fato criminoso feita pela Lei. O tipo é uma referência, ou uma fórmula, que serve de modelo para avaliar se determinada conduta deverá ser incriminada ou não. O que não se ajusta ao tipo não é crime.

O tipo tem uma função de garantia, impedindo que seja considerado crime o que não estiver descrito na Lei. É também um indício de antijuricidade, indicando que, em princípio, a conduta descrita é ilícita, salvo excludente prevista em lei (legítima defesa, estado de necessidade, estrito cumprimento de dever legal, exercício regular de direito, ofensa irrogada em juízo etc.).

A tipicidade consiste na adequação do fato ao tipo penal anteriormente estabelecido, ou seja, na exata correspondência do fato praticado com a descrição legal existente. Onde não há tipicidade não há crime.

Aqui não se pode esquecer do princípio da legalidade – básico do Direito Penal - segundo o qual não há crime, nem pena, sem Lei anterior que o defina e a estabeleça (*nullum crimen, nulla poena sine lege* — Fuerbach), conforme os arts. 5º, inc. XXXIX, da CF, e 1º, do Código Penal.

É vedado o uso da analogia para imposição de penas. É permitida apenas a *in bonam partem*. O que equivale dizer que fazer analogia entre condutas ilícitas de forma a prejudicar o autor do delito não é algo aceitável no mundo jurídico. Permite-se apenas, quando, porventura, venha a beneficiar-lhe.

4. Elementos do tipo

O tipo penal é formado por elementos diversos, dentre os quais encontram-se os objetivos, os subjetivos e os normativos. De forma breve, pode-se dizer que os elementos objetivos típicos são aqueles referentes à materialidade do fato, mas, no entanto, não faz qualquer alusão à autoria do fato típico. O primeiro elemento objetivo do tipo, ou o seu núcleo, é a ação indicada pelo verbo, no caso <u>dispensar</u> ou <u>inexigir</u> licitação. Existem, ainda, outros elementos objetivos, tais como: sujeito ativo, sujeito passivo etc.

Já os elementos subjetivos do tipo são aqueles que fazem referência ao motivo, a uma tendência, ou a algum dado intelectual ou psíquico do agente, como o dolo específico, por exemplo, que indica um fim especial visado pelo agente com a prática do crime, como, por exemplo, o fim de lucro (art. 141, parágrafo único, do Código Penal).

Acrescente-se, ainda, que elementos normativos do tipo são expressões empregadas pela Lei que exigem uma avaliação do seu significado jurídico ou social não previstos na própria descrição da própria Lei penal, como os conceitos de documento, cheque, ato obsceno, mulher honesta, indevidamente, sem justa causa, sem autorização etc.

Anote-se, ainda, que existem outras circunstâncias penais que se referem à execução da pena; dentre elas encontram-se o *sursis*; o livramento condicional; substituição de pena por outras alternativas; circunstâncias agravantes e atenuantes; e também concurso de agentes e de crimes (formal e continuado).

No que se refere às circunstâncias (judiciais, especiais, de aumento de pena, atenuantes, agravantes, *sursis* etc.) tem-se que quando da aplicação das penas devem ser observadas as regras previstas no Código Penal e na Lei de Execuções Penais (aspecto conceitual), com a finalidade de melhor permitir a integração da norma jurídica ao caso concreto.

5. Sujeito ativo do delito: autoria

Para efeito de definição da autoria dessa espécie de delito tem-se que ele somente poder ter por sujeito ativo agente público administrativo devidamente investido de cargo público criado por lei, uma vez que para esse efeito trata-se de crime próprio, que só pode ser cometido por servidor público. Observe-se que o art. 327, do Código Penal, traz o conceito de servidor público (quem exerce cargo, emprego ou função pública).

E no caso, o parágrafo único, do art. 89, da Lei n. 8.666, de 1993, o beneficiário do ato ilegal será aquele que vier a contratar com a Administração Pública, em decorrência de dispensa ou inexigibilidade de licitação realizada fora dos parâmetros legais. Tem-se como sendo de ampla notoriedade que a Lei não permite tratamento diferenciado entre os administrados nem tampouco entre fornecedores concorrentes entre si.

6. Sujeito passivo do delito: administração pública

O sujeito passivo é a Administração Pública, tendo em vista que, em regra, essa espécie de delito tem por fito causar dano ao erário, vez que, em tese, não existe a concorrência nem a participação de licitantes que possam acompanhar e fiscalizar a legalidade dos atos preparatórios e anteriores à contratação, e ainda, não raras vezes essa espécie de crime guarda estreita correlação com o crime de corrupção ativa previsto no artigo 333, do Código Penal.

Na realidade, quando ocorre a participação de outros licitantes em qualquer espécie de contratação promovida pela Administração, parte-se da premissa maior de que, além do poder público, os próprios licitantes fiscalizarão as condutas uns dos outros.

7. Tipo de conduta delitiva: comissividade

Como é amplamente conhecido, em matéria de Direito Penal a conduta (comportamento humano avaliado pelo Direito) encontra-se classificada como somente podendo ser **comissiva** (resultado de ação voluntária e consciente, não se considerando ação o ato meramente reflexo ou inconsciente) ou **omissiva**, que consiste na omissão da ação devida.

No caso do delito tipificado no art. 89, da Lei n. 8.666, de 1993[379], a conduta somente pode ser comissiva.

O crime consuma-se no momento em que o servidor com a simples conduta comissiva dispensa ou deixa de exigir a realização de processo licitatório, quando assim não era possível proceder, pois, em sentido diverso, pesava-lhe a obrigação legal de promover o certame seletivo da escolha do fornecedor que oferecesse a melhor proposta, com as melhores condições para a Administração.

8. Necessidade de conduta comissiva dolosa

Conforme conceitualmente já declinado, para a existência do crime basta a ocorrência do fato típico e da antijuricidade. A culpabilidade é requisito para a imposição da pena como consequência da prática de atividade delitiva.

Já o dolo consiste no propósito (vontade e consciência) do agente de praticar a ação típica. O Código Penal adotou a teoria da vontade (quando o agente quer o resultado — *direto*) e a teoria do assentimento (o agente assume o risco de produzi-lo, art. 18, I, CP — *eventual*[380]).

Por outro lado, tem-se que a culpa consiste na prática não intencional do delito, faltando porém ao agente o dever de atenção e cuidado. A culpa pode ser caracterizada pela presença de conduta negligente, imprudente ou imperita.

Ademais, paira o questionamento se essa espécie de delito admite a modalidade tentada, ou seja, tentativa de dispensar ou inexigir licitação em caso *extra legem*? Ainda existe a possibilidade de se punir o agente que tenha tentado praticar o crime, mas não conseguiu consumá-lo? Como se trata de delito de mera conduta, a tentativa não é juridicamente possível, a conduta dolosa já caracteriza o crime.

9. Princípio constitucional da legalidade

A Carta Política do País prevê a obrigatoriedade de observância do princípio constitucional da legalidade presente em seu art. 37[381], segundo o qual resta para

---

(379) "[...]. Art. 89. Dispensar ou inexigir licitação fora das hipóteses previstas em lei, ou deixar de observar as formalidades pertinentes à dispensa ou à inexigibilidade: Pena — detenção, de 3 (três) a 5 (cinco) anos, e multa. Parágrafo único. Na mesma pena incorre aquele que, tendo comprovadamente concorrido para a consumação da ilegalidade, beneficiou-se da dispensa ou inexigibilidade ilegal, para celebrar contrato com o Poder Público. [...]"

(380) "[...]. Art. 18. Diz-se o crime: **Crime doloso**. I – doloso, quando o agente quis o resultado ou assumiu o risco de produzi-lo; [...]." (Incluído pela Lei n. 7.209, de 11.7.1984).

(381) "[...]. Art. 37. A administração pública direta e indireta de qualquer dos Poderes da União, dos Estados, do Distrito Federal e dos Municípios obedecerá aos princípios de legalidade, impessoalidade, moralidade, publicidade e eficiência e, também, ao seguinte: (Redação dada pela Emenda Constitucional n. 19, de 1998).

a Administração a obrigatoriedade de somente agir nos exatos limites postos pela lei. Qualquer ato praticado fora de tais limites deve ser considerado como sendo inconstitucional, portanto, não deve ser recebido como sendo legítimo ou legal, mas, em sentido contrário, ilegítimo e eivado de ilegalidade.

10. Da tentativa

Diz-se tentado o crime quando, iniciada a execução, não se consuma por circunstâncias alheias à vontade do agente. Salvo disposição em contrário, pune-se a tentativa com a pena correspondente ao crime consumado, diminuída de um a dois terços (art. 14, inciso II, e parágrafo único do Código Penal)[382].

Outrossim, nos crimes de mera conduta não é possível a caracterização da tentativa, tendo em vista que o início da execução da ação delitiva já consuma o crime, independentemente da obtenção de um resultado destacado da conduta.

11. Conclusão

No caso de execução de eventuais penas impostas, dentre as legalmente previstas, em face de dispensa ou inexigibilidade de forma diversa das regularmente previstas em lei, serão de <u>detenção e multa</u>. A futura execução penal far-se-á na forma prevista na Lei de Execuções Penais[383] (Lei n. 7.210, de 11 de julho de 1984), pelo Juízo perante o qual se processará o processo executório, que é da competência da Vara de Execuções Penais.

Em face do que foi desenvolvido em linhas gerais, deve-se considerar que, tendo em vista a obrigatoriedade legal da publicização dos atos administrativos, deve ser adotada uma postura cada vez mais fiscalizatória por parte do poder público, de forma a não se permitir que eventuais desmandos sejam perpetrados contra o erário, lesionando-o e, consequentemente, obstando-se que os recursos públicos sejam melhor aproveitados em educação, saúde, segurança, transporte etc.

Mais que isso, a própria sociedade deve dotar-se de mecanismos que lhe permitam acompanhar de perto a contabilidade analítica da Administração Pública, diretamente ou por intermédio de seus representantes legais, de forma que ela se torne mais acessível e conhecida, e ainda, permita eventuais e constantes correções de maneira a interferir na melhor destinação possível da aplicação dos recursos provenientes da tributação pública.

12. Referências Bibliográficas

BRASIL. *Constituição Federal*. Disponível em: <www.planalto.gov.br>.

---

(382) "[...]. Art. 14 - Diz-se o crime: **Crime consumado** I – consumado, quando nele se reúnem todos os elementos de sua definição legal; [...]" (Incluído pela Lei n. 7.209, de 11.7.1984).

(383) Institui a Lei de Execução Penal. "[...]. Art. 1º A execução penal tem por objetivo efetivar as disposições de sentença ou decisão criminal e proporcionar condições para a harmônica integração social do condenado e do internado. [...]."

BRASIL. *Lei n. 8.666*, de 1993. Disponível em: <www.planalto.gov.br>.

CARVALHO FILHO, José dos Santos. *Manual de Direito Administrativo*. 19. ed. Rio de Janeiro: Lumen Iuris, 2008.

COSTA JR., Paulo José da. *Direito penal das licitações*. 2. ed. São Paulo: Saraiva, 2004.

DI PIETRO, Maria Sylvia Zanella. *Direito Administrativo*. 23. ed. São Paulo: Atlas, 2010.

GASPARINI, Diogenes. *Crimes na licitação*. 2. ed. rev. e atual. São Paulo: NDJ, 2001.

GRECO FILHO, Vicente. *Dos crimes da lei de licitações*. 2. ed. São Paulo: Saraiva, 2007.

FRANÇA, Maria Adelaide de Campos. *Comentários à Lei de Licitações e Contratos da Administração Pública*. 5. ed. São Paulo: Saraiva, 2008.

Capítulo XXI

Responsabilidade Pessoal do Advogado Público na Emissão de Pareceres Jurídicos

Jasson Nunes Diniz
Advogado da União lotado na Consultoria Jurídica
junto ao Ministério do Trabalho e Emprego.

Resumo: Trata o estudo da responsabilidade pessoal do advogado público pela emissão de pareceres jurídicos, em especial, no âmbito dos processos licitatórios e dos contratos da Administração Pública. Supõe o prévio exame dos contornos atuais a respeito do parecer jurídico, seja em sede da legislação, da doutrina e da jurisprudência.

Abstract: This study of the personal responsibility of the public advocate for the issuance of legal opinions, in particular in connection with the bidding and contract of Public Administration, assumes the prior examination of the contours about the current legal opinion is based on legislation, doctrine and jurisprudence.

Palavras-Chaves: Responsabilidade. Parecer. Advogado Público. Erro. Dolo. Culpa.

Keywords: Responsibility. Legal Opinion. Public Attorney. Intention. Error. Caution.

Sumário: 1. Introdução. 2. Norma constitucional. 3. Norma infraconstitucional. 4. Doutrina. 4.1. Parecer Facultativo. 4.2. Parecer Obrigatório. 4.3. Parecer Vinculante. 5. Jurisprudência. 5.1. As decisões do Supremo Tribunal Federal sobre a responsabilização do advogado público. 5.2. Acórdão — Parte I. 5.3. Acórdão — Parte II. 5.3.1. O parecer facultativo. 5.3.2. O parecer obrigatório. 6. Conclusão. 7. Referências Bibliográficas.

1. Introdução

Trata o estudo da responsabilidade pessoal do advogado público pela emissão de pareceres jurídicos.

2. Norma constitucional

A Constituição Federal incumbe à Advocacia Pública duas funções precípuas: a representação judicial e a consultoria jurídica dos entes federados. Na esfera federal, esta tarefa cabe à Advocacia-Geral da União, conforme previsto no art. 131:

[...].

Art. 131. A Advocacia-Geral da União é a instituição que, diretamente ou através de órgão vinculado, representa a União, judicial e extrajudicialmente, cabendo-lhe, nos termos da lei complementar que dispuser sobre sua organização e funcionamento, **as atividades de consultoria e assessoramento jurídico do Poder Executivo.**

[...]. (Grifos nossos).

A Advocacia Consultiva tem como instrumento fundamental a emissão de pareceres jurídicos, por partes de advogados públicos.

Portanto, consoante se extrai da matriz constitucional, a atividade de emissão de pareceres jurídicos se insere no conceito constitucional de atividade de consultoria e assessoramento jurídico, próprias do Advogado Público.

A Lei Orgânica da Advocacia-Geral da União, isto é, a Lei Complementar n. 73, de 1993, dispõe sobre a competência das Consultorias Jurídicas para, entre outras atividades, examinar prévia e conclusivamente os textos de editais, contratos ou instrumentos congêneres, conforme previsto no art. 11:

[...].

Art. 11. Às Consultorias Jurídicas, órgãos administrativamente subordinados aos Ministros de Estado, ao Secretário-Geral e aos demais titulares de Secretarias da Presidência da República e ao Chefe do Estado-Maior das Forças Armadas, compete, especialmente:

[...].

VI – examinar, prévia e conclusivamente, no âmbito do Ministério, Secretaria e Estado-Maior das Forças Armadas:

a) os textos de edital de licitação, como os dos respectivos contratos ou instrumentos congêneres, a serem publicados e celebrados;

[...]."

3. Norma infraconstitucional

As normas infraconstitucionais acerca da responsabilidade do advogado público pela elaboração de pareceres jurídicos encontram-se na Lei n. 8.666, de 1993, que disciplina as licitações e contratações da Administração Pública e na Lei n. 9.784, de 1999, que regula o processo administrativo federal.

A Lei de Licitações e Contratos da Administração Pública consagra um devido processo legal para a licitação e para o contrato administrativo subsequente, de modo que o controle da legalidade do procedimento é bastante amplo, relevante e praticamente acompanha toda dinâmica procedimental.

Por tais razões, inclusive, a Lei de Licitações e Contratos da Administração Pública, conforme estabelece no art. 38, parágrafo único:

[...].

Art. 38. [...].

> *Parágrafo único. As minutas de editais de licitação, bem como as dos contratos, acordos, convênios ou ajustes devem ser previamente examinadas e aprovadas por assessoria jurídica da Administração.*
>
> *[...].*

Assim, a análise prévia dos editais constitui um importante instrumento de controle das licitações, ainda em sua fase interna. A análise jurídica prévia dos editais contribuirá para evitar equívocos, tais como exigências descabidas ou procedimentos anômalos.

A Lei do Processo Administrativo Federal fixou alguns parâmetros obrigatórios na condução dos processos administrativos, aplicáveis aos processos licitatórios (Lei n. 9.784, art. 69).

De maneira que a Lei n. 9.784, de 1999, delimita os conceitos de parecer "**obrigatório**" e "**vinculante**" abordando as gradações entre eles e apontando seus efeitos no campo administrativo, conforme regula o art. 42 e seus parágrafos:

> *[...].*
>
> *Art. 42. Quando deva ser **obrigatoriamente ouvido um órgão consultivo**, o parecer deverá ser emitido no prazo máximo de quinze dias, salvo norma especial ou comprovada necessidade de maior prazo.*
>
> *§ 1º Se um **parecer obrigatório e vinculante** deixar de ser emitido no prazo fixado, o processo não terá seguimento até a respectiva apresentação, responsabilizando-se quem der causa ao atraso.*
>
> *§ 2º Se o **parecer obrigatório e não vinculante** deixar de ser emitido no prazo fixado, o processo poderá ter prosseguimento e ser decidido com sua dispensa, sem prejuízo da responsabilidade de quem se omitiu no atendimento.*
>
> *[...]. (Grifos nossos)*

Assim, resume-se que é obrigatório o envio das minutas de editais, bem como as dos contratos, acordos, convênios ou ajustes à assessoria jurídica, para a elaboração de parecer.

Devemos lembrar, no entanto, que o parecer é peça obrigatória do procedimento. Embora sua ausência não gere a nulidade daquele, seu conteúdo tem papel relevante, pois orienta o administrador, conferindo base jurídica ao edital.

4. Doutrina

Conforme o Professor MEIRELLES (2003:115):

[...].

Pareceres administrativos são manifestações de órgãos técnicos sobre assuntos submetidos à sua consideração. O parecer tem caráter meramente opinativo, não vinculando a Administração ou os particulares à sua motivação ou conclusões, salvo se aprovado por ato subsequente. Já, então, o que subsiste como ato administrativo não é o parecer, mas, sim, o ato de sua aprovação, que poderá revestir a modalidade normativa, ordinatória, negocial ou punitiva.

[...].

Assim, extrai-se dos ensinamentos do mestre Hely Lopes Meirelles que:

[...].

o parecer elaborado por advogado público é ato administrativo mediante o qual o mesmo expressa orientação sobre alguma questão jurídica que lhe é posta à apreciação ou sobre a legalidade ou ilegalidade de algum ato administrativo, propondo à autoridade que lhe é superior determinada solução jurídica.

[...].

O parecer deve conter juízo, opinião, entendimento pessoal de seu signatário sobre o tema examinado, conforme nos ensinam os professores Sérgio Ferraz e Adilson Dallari:

[...].

Parecer jurídico, portanto, é uma opinião técnica dada em resposta a uma consulta, que vale pela qualidade de seu conteúdo, pela sua fundamentação, pelo seu poder de convencimento e pela respeitabilidade científica de seu signatário, mas que jamais deixa de ser uma opinião. Quem opina, sugere, aponta caminhos, indica uma solução, até induz uma decisão, mas não decide.

[...].

4.1. Parecer facultativo

Boa parte da doutrina reconhece a existência de três espécies de pareceres. Maria Sylvia Zanella di Pietro sustenta:

[...].

1. em primeiro lugar, a existência do **parecer facultativo**, quando a Administração Pública pode solicitar o parecer ou não.

Nesse caso, o parecer não é vinculante para quem o solicitou.

Todavia, se o parecer for indicado como fundamento da decisão administrativa, passa a integrar a própria decisão administrativa, valendo como motivo do ato decisório praticado.

[...]. (Grifos nossos)

4.2. Parecer obrigatório

[...].

2. em segundo lugar, consoante a autora, haveria o **parecer obrigatório**, quando a lei exige como condição prévia para a prática do ato final.

Nesse caso, somente a solicitação de parecer prévio é obrigatória, mas a orientação constante do parecer não.

Todavia, se a autoridade administrativa não acolher o parecer, fica obrigada a apresentar os motivos do não acolhimento.

[...]. (Grifos nossos)

4.3. Parecer vinculante

[...].

3. em terceiro lugar, no magistério doutrinário aludido, haveria o **parecer vinculante**, no caso em que a Administração Pública é obrigada a solicitá-lo e a acolher as suas conclusões.

[...]. (Grifos nossos)

A propósito, nos ensinamentos do professor Oswaldo Aranha Bandeira de Melo, temos:

[...].

Parecer conforme, ou vinculante, é o que a Administração Pública não só deve pedir ao órgão consultivo, como deve segui-lo ao praticar o ato ativo ou de controle. Encerra regime de exceção e só admite quando expressamente a lei ou o regulamento dispõem nesse sentido. O ato levado a efeito em desconformidade com o parecer se tem como nulo.

[...].

5. Jurisprudência

5.1. As decisões do Supremo Tribunal Federal sobre a responsabilização do advogado público

O professor Hely Lopes Meirelles[384], em seu magistério doutrinário, ao abordar a natureza jurídica dos pareceres administrativos, os trata como espécie de atos administrativos.

O Supremo Tribunal Federal, em três oportunidades, expediu relevantes manifestações sobre os efeitos do parecer jurídico, abordando a polêmica questão da responsabilização solidária do advogado membro de assessoria jurídica de órgão ou entidade da Administração Pública, juntamente com a autoridade administrativa, por danos causados ao erário.

Na primeira decisão, referente ao Mandado de Segurança n. 24.073, de 2003, na relatoria do Ministro Carlos Veloso, em que é invalidada decisão do Tribunal de

---

(384) MEIRELLES, Hely Lopes. *Direito Administrativo Brasileiro*. 28. ed. São Paulo: Malheiros, 2003. p. 189.

Contas da União, cujo teor pretendia responsabilizar os advogados públicos que haviam emitido parecer jurídico avalizando contratação direta que reputa irregular.

O Ministro relator valeu-se de dois argumentos para acolher o mandado de segurança:

1. em primeiro lugar, afirmou que os pareceres são atos meramente opinativos, que não vinculam a autoridade administrativa;

2. em segundo lugar, o Ministro relator assinalou que o advogado é inviolável no que tange ao exercício profissional, por efeito do que não deve ser penalizado em razão de opinião ou de tese jurídica por ele esposada.

Amparado por tais argumentos, decidiu que o autor do parecer emitiu opinião não vinculante, a qual não constituiu ato decisório, não podendo, portanto, ser responsabilizado solidariamente com o administrador.

5.2. Acórdão — Parte I

Na segunda decisão, no Mandado de Segurança n. 24.584, de 2004, na relatoria do Ministro Marcos Aurélio, o Supremo Tribunal Federal em meados de 2007, emitiu decisão que causou certa agitação no meio jurídico. Senão vejamos.

[...].

CONSTITUCIONAL. ADMINISTRATIVO. TRIBUNAL DE CONTAS. TOMADA DE CONTAS. ADVOGADO. PROCURADOR. PARECER [...].

I – Advogado de empresa estatal que, chamado a opinar, oferece parecer sugerindo contratação direta, sem licitação, mediante interpretação da lei das licitações. Pretensão do Tribunal de Contas da União em responsabilizar o advogado solidariamente com o administrador que decidiu pela contratação direta: impossibilidade, dado que o parecer não é ato administrativo, sendo, quando muito, ato de administração consultiva, que visa a informar, elucidar, sugerir providências administrativas a serem estabelecidas nos atos de administração ativa. Celso Antônio Bandeira de Melo. "Curso de Direito Administrativo". São Paulo: Malheiros, 13. ed. p. 377.

II – O advogado somente será civilmente responsável pelos danos causados a seus clientes ou a terceiros, se decorrentes de erro grave, inescusável, ou de ato ou omissão praticado com culpa, em sentido largo: Código Civil, art. 159; Lei n. 8.906, de 1994, art. 32.

[...].

Entendeu a Corte que a responsabilidade do advogado público vai existir quando este se pronunciar nos casos do art. 38, da Lei n. 8.666, de 1993, ou seja, quando houver manifestação acerca das minutas de editais de licitação, bem como as dos contratos, acordos, convênios ou ajustes, e seus respectivos e eventuais aditivos.

A tese para essa decisão é a seguinte:

O tipo de parecer do art. 38, da Lei n. 8.666, de 1993 é vinculante, o que significa dizer que, diferentemente do que ocorre com a simples emissão de parecer opinativo, o administrador decide apoiado na análise do setor jurídico, possibilitando assim a responsabilidade solidária do advogado.

Certamente a decisão foi tomada considerando que nesses casos a Lei prevê um verdadeiro compartilhamento do poder de decisão entre a autoridade executiva e o órgão consultivo, pois a lei das licitações estabelece a obrigação da autoridade de decidir à luz do parecer vinculante.

Finalmente, na terceira decisão do Supremo Tribunal Federal no Mandado de Segurança n. 24.631, de 2008, o relator, Ministro Joaquim Barbosa, lança novas luzes à matéria ao referir-se à tipologia do parecer jurídico, baseada na natureza da consulta e delineada no art. 42, da Lei n. 9.784, de 1999 que disciplina o processo administrativo federal.

5.3. Acórdão — Parte II

[...].

EMENTA: CONSTITUCIONAL. ADMINISTRATIVO. CONTROLE EXTERNO. AUDITORIA DO TCU. RESPONSABILIDADE DE PROCURADOR DE AUTARQUIA POR EMISSÃO DE PARECER TÉCNICO-JURÍDICO DE NATUREZA OPINATIVA. SEGURANÇA DEFERIDA.

I – Repercussões de natureza jurídico-administrativa do parecer jurídico: 1) **quando a consulta é facultativa**, a autoridade não se vincula ao parecer proferido, sendo que seu poder de decisão não se altera pela manifestação do órgão consultivo; 2) **quando a consulta é obrigatória**, a autoridade administrativa se vincula a emitir o ato tal como submetido à consultoria, com parecer favorável ou contrário, e se pretender praticar ato de forma diversa da apresentada à consultoria, deverá submetê-lo a novo parecer; 3) **quando a lei estabelece a obrigação de decidir à luz de parecer vinculante**, essa manifestação de teor jurídica deixa de ser meramente opinativa e o administrador não poderá decidir senão nos termos da conclusão do parecer, ou, então, não decidir.

II – No caso de que cuidam os autos, o parecer emitido não tinha caráter vinculante. Sua aprovação pelo superior hierárquico não desvirtua sua natureza opinativa, nem o torna parte de ato administrativo posterior do qual possa eventualmente decorrer dano ao erário, mas apenas incorpora sua fundamentação ao ato.

III – Controle externo: É lícito concluir que é abusiva a responsabilização do parecerista à luz de uma largada relação de causalidade entre seu parecer e o ato administrativo do qual tenha resultado dano ao erário. Salvo demonstração de culpa ou erro grosseiro, submetida às instâncias administrativo-disciplinares ou jurisdicionais próprias, não cabe a responsabilização do advogado público pelo conteúdo de seu parecer de natureza meramente opinativa.

[...]. (Grifos nossos)

5.3.1. O parecer facultativo

Assim, o entendimento do Supremo Tribunal Federal no Mandado de Segurança *supra*, distingue três espécies de parecer.

1) O **parecer facultativo** que abrange a imensa maioria dos casos da rotina administrativa. Regra geral, o administrador não está obrigado a pedir a opinião de sua consultoria jurídica. E se o fizer, não está vinculado a ela para decidir. Nestes casos, é certo que o advogado público não divide qualquer responsabilidade com o administrador, ainda que sua opinião tenha sido acatada e cause danos ao erário.

Prevalece aqui o dogma de que o ato administrativo não é o parecer, mas sim a sua aprovação.

5.3.2. O parecer obrigatório

2) O **parecer obrigatório**, por sua vez, é aquele que a lei exige no procedimento administrativo. As minutas de editais de licitação, por exemplo, devem ser previamente "examinadas e aprovadas por assessoria jurídica da Administração". É um exemplo típico de parecer obrigatório.

Aqui, a posição do Supremo Tribunal Federal é clara no sentido que o administrador tem liberdade para emitir o ato ainda que com parecer contrário da sua consultoria jurídica.

Não poderá, porém, modificar o ato na forma em que foi submetido à análise jurídica, exceto se pedir novo parecer. Desse modo, é razoável sustentar que o parecerista não divide a responsabilidade do ato com o administrador.

Considerando que grande parte dos pareceres obrigatórios é emitida por força da Lei de Licitações e Contratos (Lei n. 8.666, de 1993), é preciso ressaltar que a imunidade do advogado público no opinativo que examina os documentos ali apontados não é absoluta.

Nas hipóteses de culpa grave ou dolo do advogado público, e havendo nexo causal entre o parecer e o dano ao erário, é possível responsabilizá-lo, sem prejuízo das sanções cabíveis.

Finalmente, destaca-se o **parecer vinculante**. Nesta situação, o parecerista assume feições de administrador público, uma vez que sua opinião deve ser necessariamente seguida pelo administrador de fato.

Entretanto, abalizada doutrina assevera não haver, no ordenamento jurídico brasileiro, qualquer hipótese de parecer vinculante.

Ao menos em tese, não esquecer que, em parecer vinculante, o advogado público será responsabilizado se o parecer, adotado obrigatoriamente pelo administrador, causar danos ao erário.

Desse acórdão, podemos extrair que o Supremo reconhece as três espécies de parecer e endossa que só vai haver responsabilização se o advogado agiu com culpa extrema ou erro inescusável.

Além disso, afirma que só vai haver responsabilidade nas manifestações jurídicas quando o parecer for vinculante.

Em outras palavras, o Supremo Tribunal Federal sedimentou o entendimento no que tange à responsabilização do advogado público: este somente vai ser responsabilizado em quatro situações: culpa grave, erro inescusável, dolo e quando o parecer for vinculante.

Portanto, diferentemente de posições anteriores, em que qualquer tipo de parecer era suficiente para excluir a responsabilidade (MS n. 24.073, de 2003). Hoje, os pareceres vinculantes atribuem responsabilidade solidária entre advogados e autoridades, pois a Lei define um compartilhamento de decisões entre tais agentes.

6. Conclusão

O Supremo Tribunal Federal atribui responsabilidade ao advogado público quando este se pronunciar acerca das minutas de editais de licitação, bem como as dos contratos, acordos, convênios ou ajustes, e seus aditivos (art. 38, da Lei n. 8.666, de 1993).

O princípio que orientou essa atribuição é o de que vai existir responsabilidade solidária entre advogados públicos e autoridades administrativas, pois a Lei define um compartilhamento de decisões entre tais agentes em face de o parecer ser da espécie vinculante.

O advogado público somente pode ser responsabilizado nos casos em que agir, por ação ou omissão, com culpa grave ou com dolo, mesmo nos casos de parecer vinculativo.

Não basta a simples imputação ou a só existência da manifestação do advogado público. Sempre vai ser necessário um devido processo legal, assegurando-se o contraditório e a ampla defesa, para elucidar e provar se no caso concreto o advogado público agiu ou não com culpa grave ou dolo.

7. Referências Bibliográficas

DI PIETRO, Maria Sylvia Zanella. *Direito Administrativo*. 17. ed. São Paulo: Atlas, 2004.

MEIRELLES, Hely Lopes. *Direito Administrativo Brasileiro*. 28. ed. São Paulo: Malheiros, 2003.

NOGUEIRA, Roberto Wagner Lima. *O advogado parecerista e a Lei de Improbidade Administrativa*. Mestre em Direito. Professor de Direito Público. Jus Navigandi.

POSIÇÃO DO STF — MS n. 24.073/2003 – Rel. Min. Carlos Veloso. MS n. 24.584/2004 (Dec. 2007) – Rel. Min. Marcos Aurélio. MS n. 24.631/2008 – Rel. Min. Joaquim Barbosa.

TORRES, Ronny Charles Lopes. *A responsabilidade do parecerista na análise das minutas de editais e contratos*. Advogado da União. Professor Universitário. Pós-graduado em Ciências Jurídicas.

Capítulo XXII

Gestão Pública Aplicada a Órgão Jurídico

Jerônimo Jesus Dos Santos
Procurador Federal. Consultor Jurídico da Consultoria Jurídica junto ao Ministério do Trabalho e Emprego. Mestre em Direito. Professor Universitário.

Resumo: Estuda e analisa a Gestão e seus Modelos concluindo pela necessidade de se implementar no órgão jurídico a Gestão de Pessoas Participativa.

Abstract: Studies and analyzes the management models and their concluding by the need to implement the legal body of people participative management.

Palavras-Chaves: Administração Pública. Gestão Pública. Modelos de Gestão. Gestão por Processos. Gestão de Pessoas. Gestão por Competência. Líder.

Keywords: Public Administration. Public Management. Management Models. Business Process Management. People Management. Management Competency. Leader.

Sumário: 1. Introdução. 2. O Papel da Gestão. 3. Conceitos e Objetivos de Gestão Pública e de Administração Pública. 3.1. O Papel do Administrador ou do Gestor. 3.2. Princípios Práticos do Administrador ou Gestor. 4. Estudo dos Principais Modelos de Gestão. 4.1. Gestão por Competência. 4.2. Gestão por Processos. 4.3. O Papel do Líder. 4.3.1. Liderança Masculina e Feminina: Diferenças. 4.4. Gestão de Pessoas. 4.4.1. Gestão de Pessoas Participativa ou Gestão Participativa. 4.4.1.1. Pesquisa de Satisfação e de Clima Organizacional. 4.4.1.1.1. Conceito de Satisfação no Trabalho. 4.4.1.1.2. Conceito de Clima Organizacional. 4.4.1.1.3. Metodologia Aplicável à Pesquisa de Satisfação e de Clima Organizacional no Órgão Jurídico. 4.4.1.1.4. Caracterização da Pesquisa de Satisfação e de Clima Organizacional. 4.4.1.1.5. Universo da Pesquisa de Satisfação e de Clima Organizacional. 4.4.1.1.6. Instrumento de Coleta de Dados da Pesquisa de Satisfação e de Clima Organizacional. 4.4.1.1.7. Da Coleta de Dados da Pesquisa de Satisfação e de Clima Organizacional. 4.4.1.1.8. Tratamento de Dados da Pesquisa de Satisfação e de Clima Organizacional. 4.4.1.1.9. Divulgação da Pesquisa de Satisfação e de Clima Organizacional. 4.4.1.1.10. Resultados da Pesquisa de Satisfação e de Clima Organizacional realizada na Consultoria Jurídica junto ao MTE. 4.4.1.1.11. Ações Implementadas. 5. Conclusão. 6. Referências Bibliográficas.

1. Introdução

Gestão Pública é um tema atual, necessário e preponderante. Para alguns, complexo e, por vezes, rejeitado até bem pouco tempo, notadamente, no seio jurídico. Porém, ao nosso ver, de extrema utilização na vida profissional de qualquer servidor (*lato sensu*) que integre, participe ou colabore com a Administração Pública, seja de maneira direta (quando atua pelos entes federados, União, Estados, Municípios e DF), seja indireta (quando atua por entidades autárquicas, fundacionais e *paraestatais*), no exercício funcional, atuando como superior ou como subalterno, na qualidade de dirigente ou na de dirigido.

2. O papel da gestão

O que se verifica de fato mesmo é que a Gestão, ao longo dos anos, sempre foi uma das preocupações das organizações públicas ou privadas. Para tanto, na prática, a Gestão deve ser uma atividade estruturada a partir da implementação de cada programa e orientada para o alcance das metas prioritárias da administração[385] pública ou privada.

Nessa estrada, hodiernamente, não se pode fugir dos elos e laços fixados e lançados pela Gestão Pública quando pretende ser eficiente e eficaz à Administração Pública na prestação dos serviços do Estado ao cidadão ou à própria coletividade que a patrocina utilizando, principalmente, a corresponsabilização[386] como instrumento gerencial.

Em outras palavras, hoje em dia, a Gestão é indispensável ao pleno desempenho das funções públicas — empreendidas pela Administração — de forma a responder, eficiente e eficazmente, às demandas institucionais, de políticas públicas e sociais do ambiente em que se encontram inseridas.

3. Conceitos e objetivos de gestão pública e de administração pública

O conceito de Gestão Pública[387] na linguagem dos governantes foi um processo que exigiu e exige uma mudança na forma de ver a relação entre Estado e cidadão.

---

(385) A administração, também chamada gerenciamento ou gestão de empresas, supõe a existência de uma instituição a ser administrada ou gerida, ou seja, uma entidade social de pessoas e recursos que se relacionem num determinado ambiente, físico ou não, orientadas para um objetivo comum, estabelecido pela empresa. *Empresa*, aqui, significa o empreendimento, os esforços humanos organizados, feitos em comum, com um fim específico, um objetivo. As instituições (empresas) podem ser públicas, sociedades de economia mista ou privadas, com ou sem fins lucrativos. Atualmente se utiliza esta palavra para designar os estabelecimentos comerciais, industriais, de serviços etc., grandes ou pequenos, o que não revela seu sentido no título da profissão. Frederick Taylor é considerado o pai da Administração científica e Henri Fayol, fundador da Teoria Clássica da Administração. A teoria geral da administração começou com a *ênfase nas tarefas*, com a administração científica de Taylor. A seguir, a preocupação básica passou para a *ênfase na estrutura* com a teoria clássica de Fayol e com a teoria burocrática de Max Weber, seguindo-se mais tarde a teoria estruturalista. A reação humanística surgiu com a *ênfase nas pessoas*, por meio da teoria comportamental e pela teoria do desenvolvimento organizacional. A *ênfase no ambiente* surgiu com a Teoria dos Sistemas, sendo completada pela teoria da contingência. Esta, posteriormente, desenvolveu a *ênfase na tecnologia*. Cada uma dessas cinco variáveis — *tarefas, estrutura, pessoas, ambiente e tecnologia* — provocou a seu tempo uma diferente teoria administrativa.

(386) Considera-se Corresponsabilização o instrumento que garante a coordenação e corresponsabilização vertical e horizontal para a qualidade das políticas públicas, envolvendo os dirigentes do governo, os funcionários públicos, as empresas, as entidades classistas — patronais e dos trabalhadores — a classe política, a mídia e, em especial, os próprios cidadãos.

(387) Disponível em: <http://br.answers.yahoo.com/question/index?qid=20070905033542AAqqBjR>.

Assim, para que se compreendam os princípios fundamentais da Gestão Pública, é preciso que se tenha uma visão, pelo menos aqui perfunctória, dos principais elementos que estão relacionados à Administração Pública e à Gestão Pública operacionalizada na forma de gerenciamento. Senão vejamos.

A denominada Administração Pública[388] é, segundo a grande maioria dos doutrinadores, em sentido prático ou subjetivo, o conjunto de órgãos, serviços e agentes do Estado, e das demais pessoas coletivas públicas que asseguram a satisfação das necessidades coletivas variadas, tais como a segurança, a moradia, o transporte, a cultura, a educação, a alimentação, a saúde e o bem-estar dos cidadãos, e, ainda, o lazer, vestuário e a higiene.

Em outro dizer, consoante JUCÉLIO PAIVA (2011: 12):

[...].

Administrar é o processo de dirigir ações que utilizam recursos para atingir objetivos. Embora seja importante em qualquer escala de aplicação de recursos, a principal razão para o estudo da administração é seu impacto sobre o desempenho das organizações. É a forma como são administradas que torna as organizações mais ou menos capazes de utilizar corretamente seus recursos para atingir os objetivos corretos.

[...].

O estudo dessa nomenclatura prospera no sentido de inserir a origem e fundamentos dos termos no contexto do direito na esfera da Administração Pública.

Nesse passo, são indicadas por MELLO (2010: 115)[389] duas versões para a origem do vocábulo administração. A primeira é que esta vem de *ad* (preposição) mais *ministro, as, are* (verbo), que significa servir, executar; já a segunda indica que vem de *ad manus trahere*, que envolve ideia de direção ou gestão. Nas duas hipóteses, há o sentido de relação de subordinação, de hierarquia. O mesmo autor demonstra que a palavra administrar significa não só prestar serviço, executá-lo, como, outrossim, dirigir, governar, exercer a vontade com o objetivo de obter um resultado útil; e que até, em sentido vulgar, administrar quer dizer traçar programa de ação e executá-lo. A Administração Pública deve estar voltada para atender às necessidades e aos direitos da sociedade, pois um Estado não consegue sobreviver sem planejamento e o tal deve ser sistematizado pelos membros que estão à frente da Administração Pública.

---

(388) A necessidade de organizar os estabelecimentos nascidos com a Revolução Industrial levou os profissionais de outras áreas mais antigas e maduras a buscar soluções específicas para problemas que não existiam antes. Assim a aplicação de métodos de ciências diversas para administrar estes empreendimentos deu origem aos rudimentos da ciência da administração.

(389) MELLO, Oswaldo Aranha Bandeira de. *Princípios Gerais de Direito Administrativo*. Introdução. v. 1, 3. ed. São Paulo: Malheiros, 2010. p. 115.

Desta forma, seguindo essa mesma linha etimológica e conceitual, um cidadão empregado na Administração Pública diz-se servidor público ou funcionário público; isto é, deve servir, executar, gerenciar ou estar à disposição do público, da população, da coletividade para, eficiente e eficazmente, em homenagem e em observância aos princípios constitucionais previstos no art. 37, da CF[390], prestar determinado serviço de natureza pública.

A Administração Pública, segundo o já citado autor, pode ser definida objetivamente como a atividade concreta e imediata que o Estado desenvolve para assegurar os *interesses coletivos* e subjetivamente como o conjunto de órgãos e de pessoas jurídicas aos quais a lei atribui o exercício da função do Estado.

Sob o aspecto operacional, Administração Pública é o desempenho perene e sistemático, legal e técnico dos serviços próprios do Estado, em benefício da coletividade, objetivando, por último, a construção de um país econômico e culturalmente mais próspero e, para tanto, social e regionalmente menos desigual. Na verdade o que importa são os programas e projetos que devem ser eficientemente executados, para tanto, exigem um aparelho de Estado competente e eficaz.

Administração Pública, portanto, tem como principal objetivo o interesse público, seguindo os princípios constitucionais da legalidade, impessoalidade, moralidade, publicidade e eficiência.

Assim, Administração Pública, em sentido material, é administrar os interesses da coletividade por agentes que executam a função administrativa do Estado dentre os quais o chamado gestor público.

Aliás, nos dias de hoje o papel do administrador, ou melhor, do gestor público na administração das coisas referentes ao trato das necessidades públicas, vem maximizar e aperfeiçoar as demandas que se fizerem necessárias para alcançar uma gama de objetivos estabelecidos pelos órgãos governamentais, respaldando também os anseios da comunidade onde está inserida.

3.1. O papel do administrador ou do gestor

As funções do administrador ou do gestor foram, num primeiro momento, delimitadas como: planejar, organizar, comandar, coordenar e controlar. No entanto, por ser essa classificação bastante difundida, é comum encontrá-la em diversos livros e até mesmo em jornais de forma condensada em quatro categorias. Falemos sobre planejar e organizar e logo abaixo traçaremos algumas linhas sobre liderar e controlar.

Considera-se planejar como definir o futuro da empresa, principalmente, suas metas, como serão alcançadas e quais são seus propósitos e seus objetivos, ou como

---

(390) "[...]. Art. 37. A administração pública direta e indireta de qualquer dos Poderes da União, dos Estados, do Distrito Federal e dos Municípios obedecerá aos princípios de legalidade, impessoalidade, moralidade, publicidade e eficiência e, também, ao seguinte [...]."

ferramenta que as pessoas e as organizações usam para administrar suas relações com o futuro. É uma aplicação específica do processo decisório.

Nessa vereda, então, o planejamento envolve a determinação no presente do que se espera para o futuro da organização, delimitando quais decisões deverão ser tomadas, para que as metas e propósitos sejam alcançados.

Por outra viela, entende-se por organizar a adequação das atividades às pessoas e aos recursos da organização, ou seja, chega a hora de definir o que deve ser feito, por quem deve ser feito, como deve ser feito, a quem a pessoa deve reportar-se, o que é preciso para a realização da tarefa, de acordo com a meta organizacional traçada.

Logo, organizar é o processo de dispor qualquer conjunto de recursos em uma estrutura que facilite a realização de objetivos. O processo organizacional tem como resultado o ordenamento das partes de um todo, ou a divisão de um todo em partes ordenadas.

3.2. Princípios práticos do administrador ou gestor

São estes os fundamentais princípios que devem ser utilizados cotidianamente pelo gestor, notadamente, o público:

1º) saber utilizar princípios, técnicas e ferramentas administrativas;

2º) saber decidir e solucionar problemas;

3º) saber lidar com pessoas;

4º) comunicar eficientemente e negociar;

5º) conduzir mudanças;

6º) obter cooperação;

7º) solucionar conflitos;

8º) ter uma visão sistêmica e global da estrutura da organização;

9º) ser proativo, ousado e criativo;

10º) gerir com responsabilidade e profissionalismo;

11º) ter visão de futuro; e, afinal,

12º) ser um bom líder.

Não se pode olvidar que o servidor, no desempenho de suas atuações na Administração Pública — de maneira genérica e por vezes específica — é um gestor público que tem como função gerir, administrar de forma ética, técnica e transparente a coisa pública, seja esta órgão, departamento ou uma determinada política pública, visando ao bem comum da comunidade a que se destina e em consonância com as normas legais e administrativas vigentes.

Todavia, segundo Jorge Gerdau Johannpeter[391], na maioria dos *sites* e dicionários, ainda, o termo "gestão" aparece como sinônimo de "Administração". No entanto, são usados na área pública, não oficialmente, para designarem métodos diferentes. Assim, Gestão Pública é a aplicação de métodos mais recentes na administração estatal, métodos mais ou menos "importados" da lógica empresarial. A palavra "Administração" permanecerá ligada à ideia da teoria clássica e suas funções: planejar, comandar, controlar, coordenar e organizar. Para quem não é da área de administração: significa maior rigidez no ato de administrar[392].

Já o "gerir" significaria a utilização no Estado de métodos típicos das empresas. Em 1967, o Decreto-lei n. 200 iniciou, no Brasil, uma reforma gerencial, que tentava trazer a lógica empresarial para o Estado, daí a valorização das empresas públicas na época da suposta descentralização. A partir do final da década de 80 a "gestão" passou a significar métodos mais ortodoxos ligados ao neoliberalismo e a uma agenda internacional. Trata-se da diminuição do Estado[393], privatizações. A essa corrente

---

(391) Reconhecido pelo Governo Federal, em 2011, como um dos maiores, senão o maior defensor da eficiência e da qualidade; nomeado presidente da Câmara de Gestão e Competitividade e consultor do Governo Dilma.

(392) Disponível em: <http://www.administradores.com.br/informe-se/artigos/artigo-administracao-x-gestao/53320/>.

(393) Aliás, vale abrir parênteses, para anotar, segundo Lu Aiko Otta, Vera Rosa / Brasília, publicado no Jornal "O Estado de S. Paulo", edição do dia 30 de janeiro de 2012, matéria intitulada: **"Dilma quer reforma gerencial como nova marca"**: "A Presidenta pretende construir uma bandeira depois da "faxina" que marcou seu primeiro ano de governo e pediu à sua equipe foco na Gestão do Estado. O governo de Dilma Rousseff terá como bandeira a reforma do Estado. Foi o que ela explicou em detalhes à sua equipe ministerial, reunida na última segunda-feira. Não se trata, porém, de discutir o tamanho da máquina pública, como se fez no passado recente, quando ganharam força teses sobre o enxugamento estatal. O que Dilma quer é foco na Gestão. "Não tem essa história de Estado mínimo. Isso é uma tese falida, usada pelos tupiniquins. O Estado tem de ser eficiente", costuma dizer a Presidente. A reforma que Dilma tem em mente é gerencial. É fazer com que a máquina administrativa funcione e devolva ao cidadão os serviços pelos quais ele paga. "Isso é revolucionário", definiu. É com essa estratégia que a Presidente quer construir uma "marca" de governo [...]. Dilma está convencida de que o surgimento da nova classe média vai demandar cada vez mais serviços públicos de qualidade. No diagnóstico da Presidente, esse grupo de pessoas saídas da pobreza não fará como a classe média tradicional, que praticamente prescindiu do Estado, recorrendo a escolas particulares, planos de saúde e previdência privada. "Não se iludam! Essas pessoas não vão deixar de procurar escolas públicas nem o SUS e o INSS", argumentou ela. Na primeira reunião ministerial do ano, Dilma expôs o que espera da equipe para não tropeçar na Gestão, como ocorreu no primeiro ano de governo, marcado por crises políticas e pela queda no volume de investimentos do setor público, em grande parte por causa de problemas gerenciais. Obcecada por metas, ela cobrou desempenho dos auxiliares e avisou que, de agora em diante, todos serão avaliados pelos resultados apresentados a cada seis meses. Exemplo: Alguns órgãos já estão adiantados no processo e fizeram exposições sobre seus sistemas de acompanhamento. O do Ministério da Previdência permite dizer, com atualização a cada 15 minutos, quantas pessoas pegaram senha nos postos do INSS e aguardam atendimento. O da Educação mostra o andamento de construção de creches em cada prefeitura. Os aeroportos são monitorados 24 horas por dia por câmeras cujas imagens chegam até o gabinete da ministra-chefe da Casa Civil, Gleisi Hoffmann. Outras áreas, como Saúde e o Departamento Nacional de Infraestrutura de Transportes (Dnit), vão ganhar sistemas de controle semelhantes. O Ministério do Planejamento criou um escritório que vai se ocupar da reforma gerencial de vários órgãos do governo. "Serão medidas de grande impacto na vida dos cidadãos", prometeu o secretário-executivo adjunto da pasta, Valter Correia. A maior parte das mudanças deriva de sugestões apresentadas pela Câmara de Gestão, presidida pelo empresário Jorge Gerdau. Independentemente disso, a Casa Civil está estruturando um sistema que será periodicamente alimentado de informações por todos os ministérios. Na prática, ela foi novamente turbinada e começa a reassumir todas as funções de gerência, no mesmo

convencionou-se chamar de "Nova Gestão". Por exemplo: o estudo de mercados é amplamente utilizado em empresas, mas recentemente incorporou-se à estrutura da formulação de políticas, quando o agente público pesquisa as demandas da população, ou seja: o seu mercado. O mesmo acontece com técnicas de Recursos Humanos, Relações Públicas, Indicadores de eficiência etc.

Assim, é muito importante que o tema Gestão Pública continue sendo mais e mais debatido e, consequentemente, praticado, por ser também uma medida que sinaliza alterações relevantes no rumo da Administração Pública, compreendidos os valores éticos que orientam.

Na parte internacional, aprendemos mais sobre a pesquisa de opinião, que é uma ferramenta importante para que as decisões dos gestores e dos administradores públicos se baseiem cada vez mais em pesquisas e não em opiniões ou na sua intuição informal para embasar suas decisões. Desta forma, é extremamente importante, dentro dessa estratégia, se desenvolver cada vez mais e mais a cultura de tecnologias de Gestão Pública, para mostrar o que existe e verificar os resultados que isso traz.

Nessa esteira, em resposta à entrevista da Revista Gestão Pública, GERDAU[394] afirmou que a Gestão no Brasil se renova mais por meio da criatividade de seus técnicos e gestores, como também por meio de pesquisas e soluções que vêm de fora.

Ademais, os fundamentos da Gestão Pública de excelência são valores essenciais que caracterizam uma Gestão Pública como de excelência sem deixar de ser público. Não são leis, normas ou técnicas, são valores que precisam ser paulatinamente internalizados a se tornarem definidores da Gestão de um Órgão Público ou de qualquer Organização. São esses fundamentos apenas objetivos, fazem parte de uma visão futura da prática gerencial desejada. À medida que forem transformados em orientadores das práticas de gestão, tornar-se-ão gradativamente hábitos e, por fim, valores inerentes à cultura organizacional.

---

modelo da época em que Dilma comandou a pasta, de 2005 a 2010. Com dificuldades para deslanchar, o Programa de Aceleração do Crescimento (PAC), por exemplo, será monitorado pela Casa Civil. Um ano depois de instalados, os quatro fóruns temáticos de Gestão do governo não funcionaram e Dilma decidiu encerrá-los. No lugar deles é que entrará o sistema de monitoramento *online* dos programas, coordenado pela Casa Civil. Apertando controle sobre metas e uso do dinheiro, Dilma vai enquadrar inclusive as pastas ocupadas por indicações políticas. Em conversas reservadas, Dilma observou que, para ela, a reforma do Estado é ainda mais importante do que a ministerial. A ideia de Dilma é começar as mudanças pelo segundo escalão para melhorar a eficiência da máquina pública e desmontar estruturas "viciadas", mesmo comprando briga com partidos aliados [...]."

[394] Salienta ainda o consultor Jorge Gerdau que algumas ferramentas, como o mapa estratégico, que hoje é amplamente difundido no setor público, vieram de fora, que foi desenvolvido em Harvard, por Kaplan, na década de 1990. O que concerne às tecnologias de gestão, tecnologias de análise de processo, estrutura matricial, tudo isso envolve conhecimento tanto multinacional quanto do INDG (Instituto de Desenvolvimento Gerencial). O INDG é sociedade anônima de desenvolvimento e difusão de métodos e técnicas de gerenciamento voltadas à obtenção de resultados nas organizações privadas e públicas, que, originalmente, aproveitou os conceitos de gestão de qualidade do Japão e hoje tem tecnologias próprias desenvolvidas aqui no Brasil e que são exportadas. Há grandes empresas hoje que trabalham no Brasil e mundo afora que utilizam esses grandes pontos de ferramentas de gestão, ao ponto do INDG ter sido contratado pelo Correio da Bélgica. Afirma categoricamente Gerdau que o Brasil tem nessa área de serviços de tecnologia, conhecimentos e padrões internacionais, em alguns aspectos superiores a qualquer outro país.

Esses valores, portanto, devem estar alicerçados em fundamentos próprios da natureza pública das organizações e em fundamentos próprios da gestão de excelência contemporânea. Juntos, esses fundamentos definem o que se entende hoje por excelência em gestão pública.

Convém relembrar que os primeiros fundamentos são de natureza constitucional, encontram-se insculpidos no art. 37, da Constituição Federal: a gestão pública para ser excelente tem que ser legal, impessoal, moral, pública e eficiente.

4. Estudo dos principais modelos de gestão

Na verdade, uma equipe tecnicamente competente e com genuíno espírito público tem que ter em conta, como objetivo constante, que a excelência na Gestão deve garantir o provimento de bens e serviços à população. Ou melhor, a excelência em Gestão Pública pressupõe atenção prioritária ao cidadão e à sociedade na condição de usuários de serviços públicos e destinatários da ação decorrente do poder de Estado exercido pelas organizações públicas revelada por meio de um, individualmente ou em conjunto, dos seguintes Modelos de Gestão. Aliás, notadamente o de Gestão de Pessoas, porém, a Gestão Participativa, que, de antemão, à nossa visão, se adéqua justamente na aplicação cotidiana no órgão jurídico, ou pensando melhor, em toda a Administração Pública. Senão vejamos.

Segundo a literatura em Administração, o principal Modelo de Gestão de Pessoas atualmente é o do Gestão por Competências. Anota-se a seguir, em linhas gerais, sobre o tema.

4.1. Gestão por competência

Etimologicamente, competência, vem do latim *competentia* e significa a qualidade de quem é capaz de apreciar e resolver certo assunto, fazer determinada coisa, com capacidade, habilidade, aptidão e idoneidade.

A Gestão por Competências visa instrumentalizar a organização, pública ou privada, o seu departamento de recursos humanos e gestores dos órgãos públicos ou das empresas privadas para realizar Gestão e desenvolvimento de pessoas, com foco, critério e clareza. As ferramentas da Gestão por Competências são totalmente alinhadas às atribuições dos cargos e funções de cada organização.

Aliás, isto é feito por meio do chamado Mapeamento e Mensuração por Competências no qual são identificadas as competências comportamentais e técnicas (CHA) necessárias para a execução das atividades de um cargo/função e mensurado o grau ideal para cada grupo de competências para que um servidor ou funcionário que assuma o cargo/função atinja os objetivos da organização ou empresa.

Nesse passo, podemos dizer que o suprarreferido Mapeamento é a base da Gestão por Competências. Desta maneira, o gestor deve tomar muita cautela com as metodologias subjetivas existentes na Administração Pública ou no próprio mercado e baseadas no "acho e não acho", "gosto e não gosto", "pode e não pode", "o ideal seria" etc. Essas metodologias promovem grandes equívocos na obtenção do perfil ideal do cargo.

Nestes casos, pode ser utilizada a via da Seleção por Competências realizada numa entrevista comportamental com a apresentação pelo interessado de um projeto ou plano de trabalho para o cargo pretendido, visando identificar se o candidato àquele cargo possui ou não o perfil comportamental e técnico ideal identificado no Plano de Desenvolvimento por Competências.

Ao ensejo, nesse conjunto de provas, via entrevista comportamental e plano ou projeto de trabalho a ser entregue pelo candidato ao cargo comissionado, de confiança ou à função gratificada, devem ser avaliados e analisados, ainda e principalmente, *mutatis mutandis*, seguindo a linha esposada por JOSÉ PASTORE (2012: 07)[395], os atributos individuais do candidato, tais como:

a) a experiência que o servidor *lato sensu* acumulou na profissão, no cargo e na organização;

b) o conhecimento da sua profissão e das demais profissões com as quais se relaciona;

c) o seu desempenho pessoal e da sua produtividade;

d) assiduidade, pontualidade, zelo, relacionamento com colegas e clientes;

e) sua formação geral, cursos feitos, domínio de língua, habilidades especiais;

f) sua capacidade de liderar pessoas e bem se entrosar com as equipes de trabalho; e

g) curiosidade, exposição a leituras, vontade de estudar continuamente e inúmeros outros fatores poderão compor esta lista.

Aliás, aquele supracitado Plano de Desenvolvimento por Competências há que aperfeiçoar e potencializar o perfil individual de cada servidor ou funcionário por meio de ações de desenvolvimento e, notadamente, de liderança.

A propósito, a liderança deve estar orientada para resultados. Em sendo assim, é importante que tanto instituições públicas como privadas proporcionem suporte a programas de desenvolvimento de lideranças com foco em resultados.

Nessa linha, frise-se, o preenchimento dos chamados cargos de confiança, os cargos de livre provimento, bem como as funções gratificadas devem seguir critérios transparentes e predefinidos, que valorizem competências e credenciais — políticas, técnicas e de gestão — daqueles que os ocuparão, a fim de reduzir o espaço para práticas de nepotismo e clientelismo.

---

(395) Segundo o Professor JOSÉ PASTORE in Salários: interferência indevida. *Jornal O Globo*, Opinião, p. 7, segunda-feira, 12 mar. 2012.

Na Gestão por Competências se verifica se uma pessoa está habilitada para fazer um determinado trabalho ou desempenhar uma função ou cargo, para tanto há que se assegurar de que ela sabe o que se quer e se espera dela; se ela tem a autoridade para fazer o referido trabalho, função ou cargo e se ela sabe como fazer.

Ademais, também é na Gestão por Competências que se afirma que esses três fatores dependem de se comunicar claramente (1) a natureza da tarefa; (2) a extensão de sua descrição e (3) as fontes de informações e conhecimento relevantes.

4.2. Gestão por processos

Gestão por Processos ou, internacionalmente, traduzido por *Business Process Management*, ou BPM, é voltada para a eficiência, redução de custos e qualidade, por isso é recorrente na agenda de qualquer gestor ou executivo, seja público ou privado. Aliás, o atual dinamismo das organizações, aliado ao peso cada vez maior que a tecnologia exerce na administração, vem fazendo com que o tema Processos — mais recentemente — seja discutido e estudado com crescente interesse pelas organizações, sejam estas públicas ou privadas.

É de se apontar que, conforme anota MARCELO RADUCZINER[396], os principais fatores que têm contribuído para essa tendência são:

[...].

I) Aumento da demanda de mercado vem exigindo desenvolvimento e lançamento de novos produtos e serviços de forma mais ágil e rápida.

II) Com a implantação de Sistemas Integrados de Gestão, os chamados ERPs, existe a necessidade prévia de Mapeamento dos Processos. Entretanto, é muito comum a falta de alinhamento entre Processos, mesmo depois da implantação do Sistema.

III) As regras e procedimentos organizacionais se mostram cada vez mais desatualizados por causa do ambiente de constante mudança. Em tal situação erros são cometidos ou decisões são postergadas por falta de uma orientação clara.

IV) A maior frequência de entrada e saída de profissionais (*turnover*) tem dificultado a gestão de conhecimento e a documentação das regras de negócio, gerando como resultado maior dificuldade na integração e treinamento de novos colaboradores.

[...].

Os efeitos destas e outras situações têm levado um número crescente de empresas e de órgãos públicos a buscar uma nova forma de gerenciar seus Processos. Muitos começam pelo desenvolvimento e revisão das normas da organização ou ainda pelo

---

(396) Marcelo Raducziner — Sócio-Diretor da Compass International. <www.compassbr.com.br>.

Mapeamento de Processos. Entretanto, fazer isso de imediato é colocar o *"carro na frente dos bois"*[397].

Nesse sentido, MARCELO RADUCZINER assevera ainda que, em vez disso, o ponto de partida inicial é identificar os Processos relevantes e como devem ser operacionalizados com eficiência.

A propósito, lembra o supracitado autor, as questões que podem ajudar nesta análise, tais como:

[...].

1º) Qual o dimensionamento de equipe ideal para a execução e o controle dos processos?

2º) Qual o suporte adequado de ferramentas tecnológicas?

3º) Quais os métodos de monitoramento e controle do desempenho a serem utilizados?

4º) Qual é o nível de integração e interdependência entre processos?

[...].

Nessa seara, a resposta a essas indagações representa a adoção de uma visão abrangente por parte da organização sobre os seus Processos e de como estão relacionados. Essa "visão" é o que chama de uma abordagem de BPM. Sua implantação, consoante MARCELO RADUCZINER, deve considerar no mínimo 5 (cinco) diferentes passos fundamentais:

[...].

1. Tradução do negócio em Processos:

É importante definir quais são os Processos mais relevantes para a organização e aqueles que os suportam. Isso é possível a partir do entendimento da Visão Estratégica, como se pretende atuar e quais os diferenciais atuais e desejados para o futuro. Com isso, é possível construir o Mapa Geral de Processos da Organização.

2. Mapeamento e detalhando os processos:

A partir da definição do Mapa Geral de Processos inicia-se a priorização dos Processos que serão detalhados. O Mapeamento estruturado com a definição de padrões de documentação permite uma análise de todo o potencial de integração e automação possível. De forma complementar são identificados os atributos dos Processos, o que permite, por exemplo, realizar estudos de custeio das atividades que compõem o Processo, ou ainda dimensionar o tamanho da equipe que deverá realizá-lo.

---

(397) *Idem.*

3. Definição de indicadores de desempenho:

O objetivo do BPM é permitir a Gestão por Processos, o que significa medir, atuar e melhorar! Assim, tão importante quanto mapear os Processos é definir os indicadores de desempenho, além dos modelos de controle a serem utilizados.

4. Gerando oportunidades de melhoria:

A intenção é garantir um modelo de operação que não leve a retrabalho, perda de esforço e de eficiência, ou que gere altos custos ou ofereça riscos a execução da atividade pública (sic) ou, quando empresa privada, do negócio. Para tal é necessário identificar as oportunidades de melhoria, que por sua vez seguem quatro alternativas básicas: incrementar, simplificar, automatizar ou eliminar. Enquanto que na primeira busca-se o ganho de escala, na última busca-se a simples exclusão da atividade ou sua transferência, legalmente amparada, para terceiros.

5. Implantando um novo modelo de gestão:

O BPM não deve ser entendido como uma revisão de Processos. A preocupação maior é assegurar melhores resultados e nesse caminho trata-se de uma mudança cultural. É necessária maior percepção das relações entre Processos. Nesse sentido, não basta controlar os resultados dos Processos, é preciso treinar e integrar as pessoas visando gerar fluxo de atividades mais equilibrado e de controles mais robustos.

[...]. (Grifos nossos)

É por causa desse último passo que a implantação de BPM deve ser tratada de forma planejada e orientada em resultados de curto, médio e longo prazo.

Como dissemos, o BPM representa uma visão bem mais abrangente, onde a busca por ganhos está vinculada a um novo Modelo de Gestão. Todavia, colocar tal Modelo em prática requer uma nova forma de analisar e decidir como será o dia a dia da organização de hoje, de amanhã, da semana que vem, do próximo ano e assim por diante... Essa, afinal, é a atribuição e papel do líder.

4.3. O papel do líder

Conceitualmente, líder é considerado o indivíduo que chefia, comanda e orienta, em qualquer tipo de ação ou linha de ideias. É também aquele que, por suas qualificações e cargo, ocupa uma posição proeminente numa sociedade, organização, órgão ou empresa. Enfim, essencialmente, líder é aquele que guia, conduz, dirige, que representa um grupo ou uma corrente de opinião por suas virtudes carismáticas pessoais.

Dessa maneira, o principal papel do líder se concretiza no envolver e influenciar as pessoas para que trabalhem num objetivo comum. Todavia, para que cumpram metas traçadas, responsabilidades definidas, será preciso neste momento uma competência essencial, qual seja, a de influenciar pessoas de forma que os objetivos planejados sejam alcançados. A chave para tal está na utilização da sua afetividade, na sua interação com o meio ambiente em que atua, ou seja, afetividade significa aderir a um sistema de Gestão de Pessoas de forma parcial.

Nesse citado Modelo de Gestão não basta apenas o líder ser uma pessoa boa, acima de tudo, tem que ter foco. Aliás, *"foco também significa ter a segurança de dizer não quando todo mundo está dizendo sim"*, segundo "a cabeça de STEVE JOBS"[398]. É necessário que o líder tenha nascido para vencer, vitória essa que está relacionada com a busca constante de desafios, com a coragem de mobilizar-se, de assumir seu papel diante de seus pares, de seus colaboradores e de seus superiores. Porém, quando se fala de gerir pessoas é importante ter em atenção ser competente, reconhecer competências etc.

Alem disso tudo, o real líder se ajusta bem às oito lições de STEVE JOBS[399]:

[...].

1. Trabalhe. Arregace as mangas e comece a trabalhar imediatamente.

2. Encare as decisões difíceis. Se preciso, tome algumas decisões difíceis e dolorosas, mas encare a situação.

3. Não se deixe levar pelas emoções. Avalie os problemas da sua empresa de forma objetiva, com a cabeça fria.

4. Seja firme. De forma alguma é fácil, mas tem que ser firme e justo. Tem de saber o que tem que ser feito. Leve o tempo necessário para explicar e espere que os funcionários sigam suas diretrizes.

5. Busque informação; não faça suposições. Faça uma inspeção completa da empresa e baseie suas decisões em dados, não em suposições. É duro, mas justo.

6. Foco significa dizer "não". Concentre os recursos limitados em um pequeno número de projetos que a equipe possa executar bem.

7. Mantenha o foco: não dê margem ao excesso de funções. Mantenha as coisas simples[400], o que é uma virtude em um mundo de tecnologia excessivamente complexa.

---

(398) KAHNEY, Leander. *A cabeça de Steve Jobs — as lições do líder da empresa mais revolucionária do mundo.* Trad. Maria Helena Lyra e Carlos Irineu da Costa, 2. ed. 2. reimp. Rio de Janeiro: Agir, 2009. p. 39.
(399) KAHNEY, Leander. Ob. cit., p. 44.
(400) "[...]. Como disse o escultor romeno Constantin Brancusi: "Simplicidade é complexidade resolvida. [...]." *in* KAHNEY, Leander. Ob. cit., p. 71. Aliás, ensina Steve Jobs: "[...]. Quando você começa a olhar para um problema e acha que ele é simples, você não compreende quão complexo ele realmente é [...]. Depois que você mergulha no problema [...] percebe que ele é complicado e começa a encontrar muitas soluções rebuscadas. É aí que a maior parte das pessoas pára e as soluções tendem a funcionar por algum tempo. Mas alguém realmente bom vai continuar a buscar a solução elegante que funcione em todos os níveis. [...]." *in ibidem*, p. 72.

8. Concentre-se naquilo em que você é bom; delegue todo o resto. Jobs não dirige filmes de animação nem namora Wall Street. Ele se concentra naquilo em que é bom.

[...]. (Grifos nossos).

Convém reafirmar que trabalhar ou liderar pessoas é uma tarefa árdua em que mais depressa se detectam os fracassos do que os sucessos, já que no primeiro caso toda a organização se poderá ressentir, no segundo, o mérito é geralmente assumido de forma solitária.

Sobremais disso, tenhamos em mente: trabalhar com seres humanos exige conhecer, compreender para posteriormente se desenvolver.

Por um lado, para identificar competências há que se conhecer muito bem a organização e todos os seus colaboradores, sejam servidores, funcionários ou terceirizados. Desta forma, parte-se para a implementação de todo um sistema organizado, planejado e formalizado com o objetivo de reter talentos, desenvolver as capacidades individuais, prever constrangimentos, e, acima de tudo, criar e gerir as oportunidades. Nesse sentido, deve-se motivar todos aqueles colaboradores, gerir as suas expectativas e potencializar[401] a produtividade.

Em suma: liderar significa análise, responsabilidade e justiça.

Ao ensejo, MAXIMIANO (2000: 110) ao invés de usar o termo liderar, define como executar, *"o processo de execução consiste em realizar as atividades planejadas que envolvem dispêndio de energia física e intelectual".*

E por último, nesse sentido, depois de planejar, organizar, comandar, coordenar, executar, o líder deve controlar, já que, afinal, *"estando a organização devidamente planejada, organizada e liderada, é preciso que haja um acompanhamento das atividades, a fim de se garantir a execução do planejado e a correção de possíveis desvios"* (ARAÚJO, 170, 2004).

Cada uma das características que podem ser definidas separadamente, porém dentro da organização, são executadas em conjunto, ou seja, não podem ser trabalhadas disjuntas onde são homenageados feitos administrativos com ética. Dando ênfase a um dos princípios filosóficos da Administração que é: *"A Verdadeira Administração não visa lucro, visa bem-estar social, o lucro é mera consequência".*

Segundo JONH W. RIEGEL (2005: 31):

[...].

o êxito do desenvolvimento de executivos em uma empresa é resultado, em grande parte, da atuação e da capacidade dos seus gerentes no seu papel de

---

(401) Neste ponto, KAHNEY, Leander. Ob. cit., p. 103 diz assim de Steve Jobs: "[...]. Ele não apenas escolhe grandes parceiros criativos, mas também traz à tona o que neles há de melhor. [...]." Nesse sentido, afirma que Steve Jobs então falava: "[...]. desenvolvemos pessoas. Em vez de investir em ideias, nós investimos em pessoas. [...]", *ibidem*, p. 108.

educadores. Cada superior assume este papel quando ele procura orientar e facilitar os esforços dos seus subordinados para se desenvolverem.

[...].

Atualmente, em se tratando de ações de desenvolvimento, de aperfeiçoamento e de potencialização, não cabe mais o líder que só é chefe[402], que controla as pessoas, que centraliza a autoridade, que estabelece objetivos, que dirige com regras e regulamentos, que confronta e combate, que muda por necessidade e crise, que, afinal, tem um enfoque no departamento como propriedade sua e no seu eu.

O Modelo atual de liderança deve estar mais próximo e mais participativo com as atividades de toda a sua equipe; ser um técnico e facilitador que descentraliza poderes nos vários níveis, distribui a liderança; que concilia visão e estratégia e guia com valores compartilhados; que colabora e unifica e, por fim, que tem um enfoque mais amplo, no seu órgão ou empresa como um todo.

Ademais, os líderes devem fazer questão de sair de sua sala e acompanhar o dia a dia de perto do Órgão, para a identificação dos erros e acertos; que parta de uma rotina que inclui compartilhar, saber ouvir e, principalmente, se colocar no lugar do outro. Afinal, ele tem que ter muito contato, para sentir na pele a rotina de quem está na ponta dos Processos. Em outras palavras, o líder deve exercitar um estilo participativo de liderança.

Ora, é preciso que o líder invista em políticas transparentes de comunicação, visite todas as unidades, esteja à frente das coisas. Tal comportamento é cada vez mais comum nos atuais líderes e dirigentes de grandes organizações. Aliás, a figura de líder estratégico — aquele que se afasta do operacional para tomar suas decisões — ficou definitivamente no passado.

Na prática cotidiana, portanto, o líder deve percorrer constantemente diferentes setores da organização. E ele não precisa se disfarçar para analisá-los. Por exemplo, vai sozinho para bater papo pessoalmente com os servidores, funcionários, terceirizados, ou seja, os colaboradores. E dependendo do quanto o líder é capaz de fazer o colaborador se sentir à vontade, não há motivo para intimidação: a conversa flui de igual para igual. E ele faz justamente isso para evitar "filtros" na comunicação.

Entretanto, muitas das vezes, essa postura significa chamar a responsabilidade dos problemas para si. Todo mundo culpa ruídos na comunicação para o que não dá certo. Por isso se deve incentivar uma política de portas abertas. Não se deve conhecer outra forma de trabalhar que não seja com a porta escancarada, próxima das pessoas. Contudo, o líder deve estar preparado, pois vai receber críticas da mesma forma por agir assim. Apesar disso, o líder não deve gostar do distanciamento, pelo contrário, deve querer que a equipe saiba que pode contar com sua autoridade.

---

(402) A gerência de instituições requer conhecimento e aplicação de diversos modelos e técnicas administrativas, ao passo que a gerência de pessoal pode ser feita por pessoas sem qualificações adicionais.

Todavia, o problema é que, quanto mais acessível é o líder, mais as questões ficam diretamente ao seu alcance, sem passar por terceiros. O que pode deixar sua equipe preocupada. Um subordinado pode ficar incomodado, pensando que de certa forma está o líder passando por cima dele. O questionamento que vem à cabeça é: será que ele não confia em mim? Dessa maneira, é preciso então driblar possíveis mal-entendidos investindo em interação. Gostar de ouvir muitas ideias antes de tomar decisões e dar o crédito. Achamos que com isso se erra menos. O que não deve ocorrer é que os colaboradores se sintam frustrados quando perceberem que a própria cultura da organização é o principal empecilho para agir de forma participativa.

Infere-se que o líder deve estar mais próximo, não só das pessoas, mas também dos Processos. Acredita-se que estar presente diante das dificuldades agiliza Processos e ajuda a motivar a equipe. Isso faz com que o time corresponda mais rapidamente e com maior facilidade quando é preciso.

Por seu lado, o líder deve demonstrar, como estratégia a ser implementada, o controle, distensionar a auditoria e a disciplina, evitar as lutas de poder entre níveis e unidades, definir táticas, controlar o desempenho de indivíduos e atitudes, tomar ação corretiva quando a conduta está fora do esperado e tomar decisões consistentes com a estratégia geral do órgão ou da empresa. Além disso, o líder deve se pautar por uma conduta administrativa que suscita otimismo aos seus pares e liderados, pois, segundo se sabe, quem somos determina nossa maneira de ver os outros[403].

De mais a mais, para exercer efetiva liderança e passar a influir de forma concreta, o líder tem de ser propositivo.

O líder não deve ser respeitado por ser a autoridade que nomeia ou exonera, mas, sim, ser admirado como trabalhador e que não foge dos problemas. Ainda é preciso se policiar para não ser visto como uma pessoa centralizadora. Deve deixar claro para a equipe que ela tem liberdade para tomar decisões.

---

(403) Nesse mesmo entendimento, os seguintes ensinamentos: "quem você é determina sua maneira de ver tudo à sua volta. Não dá para separar sua identidade de sua perspectiva. Tudo que você é e toda experiência que adquire dá o tom das coisas que você vê. É sua lente." "Quem você é determina o que vê". "Cada de nós tem seu jeito de ser, e é isso que dá o tom a tudo. Não são as coisas à nossa volta que determinam o que vemos, e sim o que há dentro de nós. "Quem você é determina como você vê os outros." "O que as pessoas veem é influenciado por aquilo que elas são." "A maneira da qual as pessoas veem as outras é um reflexo delas mesmas." "Quem você é determina como você vê a vida." "Para uma pessoa que vive com um queijo fedorento embaixo do nariz, tudo cheira mal!" "Ninguém pode fazer-nos sentir inferiores sem nosso consentimento". "É você quem ensina como os outros devem tratá-lo. Você ensina a partir da maneira como vê a vida. E a maneira como vê a vida é resultado de quem você é." "Quem você é determina o que você faz." "As pessoas com quem você escolhe passar mais tempo mudarão seu jeito de ser." Afinal, "aqueles que têm uma autoimagem positiva esperarão o melhor para si. E os que possuem uma autoimagem tão positiva quanto rigorosa provavelmente serão os mais bem-sucedidos, terão capacidade de discernir o potencial dos outros e viverão cercados de outras pessoas de sucesso", segundo magistra John Maxwell. *Vencendo com as pessoas:* vinte e cinco princípios para alcançar o sucesso por meio dos relacionamentos. Rio de Janeiro: Thomas Nelson, 2007. p. 24-32.

Todavia, o líder deve enfrentar situações que inibem a liberdade de expressar pensamentos, é preciso reunir coragem para manifestar seu descontentamento. Deve sempre se indignar contra as injustiças e se comprometer com ações positivas de mudança.

O líder tem que enaltecer a importância do trabalho da equipe. Aliás, é uma oportunidade de aprender, de criar e, acima de tudo, de trabalhar com outras pessoas talentosas, eis a recompensa. Deve, porquanto, avaliar que trabalhar em equipe e visualizar diferentes pontos de vista é buscar novas perspectivas para superar obstáculos. Também é fundamental para o líder ser receptivo às mudanças. Há que saber ser sedutor, sendo capaz de persuadir as pessoas a fazerem quase tudo. Em outras palavras, deve possuir um sentido inato de saber exatamente como extrair o melhor das pessoas. Ele deve constantemente forçar as pessoas a elevarem suas próprias expectativas com relação ao que consigam fazer. Deve, pois, fazer com que elas fiquem entusiasmadas, sentindo que são parte de algo incrivelmente grande. Aí está o líder verdadeiro!

Ademais, o líder deve ainda estabelecer parcerias com atores nota 10, ou seja, com funcionários que sejam ou queiram ser talentosos. Essa é uma vantagem competitiva que coloca a liderança à frente. Deve buscar a mais alta qualidade nas pessoas e nos produtos de seus feitos. O líder deve sempre investir em pessoas. Contudo, há que trabalhar em equipes pequenas, sob pena de correr o risco de perderem o foco e se tornar inadministráveis; não deve dar ouvidos apenas aos que só dizem "sim", pois as discussões e os debates promovem o pensamento criativo. O verdadeiro líder quer parceiros que desafiem suas ideias. Deve, pois, travar combates intelectuais, porquanto só deve tomar decisões brigando para defender ideias. Sabe-se que isso é difícil e exaustivo, porém rigoroso e eficaz. Todavia, o líder estratégico deve dar total liberdade a seus parceiros, ou seja, dar muito espaço a seus parceiros criativos é o melhor conselho de Steve Jobs[404].

Nesse ambiente, se propicia a diversidade quer de opiniões, perspectivas, respeitadas as culturas, idades e gêneros no seio da Unidade Jurídica e no próprio usuário do serviço. É nesse clima organizacional que se deve planejar para que não se ande sem rumo. É assim que se abrem horizontes e portas sem medo, sem desistir, pois se sabe que só se perde quando se desiste. Sem, contudo, se olvidar de se trabalhar com afinco e lutar sempre, porque se prega que nada é de graça e, se for, talvez não tenha valor.

De mais a mais, por sua vez, os órgãos públicos e as empresas privadas devem estar em constante mudança. Para isto devem abordar a contingência a respeito da estratégia; maximizar a velocidade, flexibilizar e inovar-se; proteger-se contra a obsolescência e ignorância; e, ainda, ter altos níveis de comunicação, colaboração e inovação entre níveis de poder.

---

(404) KAHNEY, Leander. Ob. cit., p. 150.

Para tanto, nesse profícuo ambiente, o líder deve interpretar a realidade emergente; focalizar os recursos existentes de uma forma eficiente; desenvolver e promover novas capacidades em resposta às mudanças; facilitar criação, captação e disseminação de conhecimento que expressem a importância na valorização do capital humano; possibilitar não somente o desenvolvimento de suas potencialidades, mas também da superação dos seus limites e dos limites de sua equipe.

4.3.1. Liderança masculina e feminina: diferenças

É de sabença comum que há nítida diferença entre a liderança masculina e a feminina. Entretanto, assegura e orienta MADSON MORAES:

[...].

Liderar uma equipe não é tarefa das mais simples. Como lidar com os próprios conflitos, lar, família e ainda administrar os problemas e interesses de um grupo no ambiente profissional? Uma das tarefas de uma boa líder é manobrar muitas questões: ser equilibrada para não ser rabugenta ou condescendente demais e perceber quando as pessoas estão estimuladas ou não, além de alinhar funcionários aos objetivos da empresa.

[...].

Nessa estrada, parafraseando VÍCTOR MARTÍNEZ, especialista em treinamentos comportamentais e CEO da Thomas Brasil, uma das características que as mulheres têm é na hora de "acolher" liderados que porventura falham, por exemplo. Os homens, geralmente, estão mais acostumados ou preferem, diante da falha, o confronto, a dura, uma ação nesse sentido.

Consoante VÍCTOR MARTÍNEZ:

[...].

A mulher líder, com sua própria natureza que independe do estilo preferido de trabalho, no momento da falha é mais acolhedora e essa característica, atualmente, é tida como uma prática melhor do que o confronto em si. Não que o confronto esteja errado. A maioria das vezes, o homem vai preferir o confronto e a maioria das vezes a mulher vai preferir este acolhimento.

[...].

De fato, a mulher tem mais facilidade em reconhecer o sucesso da equipe. No entanto, essa característica da liderança feminina joga a favor e contra elas. Já o homem tem um pouco mais de dificuldade. Vamos exemplificar: quando alguém faz uma atividade mal feita, o homem diz *"a culpa não é minha"* e, quando faz bem feita, ele se gaba do sucesso da atividade.

Todavia, com a mulher ocorre o contrário: ela tem mais dificuldade em assumir a autoria do sucesso quando o acerto fora realizado por outra pessoa. Eis que, na ocorrência de eventual falha, ela é mais acolhedora e capaz de assumir um pouco mais essa parte de *"a culpada por esse erro talvez seja eu"*. *"Essa é a principal diferença da liderança masculina para a feminina"*, ressalta VÍCTOR MARTÍNEZ.

Sobremais, as mulheres, ainda, possuem algumas características próprias que as diferenciam do sexo masculino. As líderes são influentes, intuitivas e comunicativas. Ao trabalharem sob pressão, são ainda mais verbais. As mulheres buscam a segurança do *status quo*, ou seja, valorizam os aspectos relacionados à estabilidade e, ademais, são flexíveis e adaptáveis. Além disso, são firmes em relação às suas próprias ideias e pouco propensas a seguir linhas de procedimento ou padrões pré-estabelecidos.

4.4. Gestão de pessoas

A denominada Gestão de Pessoas[405] ou, também conhecida, por administração

---

[405] Ainda dentro do sistema e Modelo de Gestão de Pessoas, há um submodelo ou subsistema chamado hodierdanamente de Gestão por Valores. Conforme o livro *Gestão por Valores* de Simon L. Dolan e Salvador Garcia, Gestão por Valores constitui uma novidade internacional para o avanço na utilização de VALORES como ferramenta de Liderança Estratégica da empresa. O modelo denominado pelos autores como "Gestão por Valores" recolhe e sistematiza enfoques e práticas que estão a ser utilizadas em muitas das principais empresas de todo o mundo, com o objectivo de simplificar, orientar e comprometer a empresa com uma abordagem mais humanista. Garantindo uma abordagem rigorosa, os autores apresentam o tema de forma bastante acessível, desde as bases conceptuais até às práticas necessárias para gerir o processo de mudança de uma cultura empresarial convencional sustentada por valores orientados ao controle, para uma novo tipo de cultura baseada em valores orientados ao desenvolvimento organizacional. Trocar os tradicionais estilos de gestão por controle ou por objetivos por um modelo fundado em valores e baseado na confiança foi a proposta apresentada no CONARH por Simon Dolan, diretor científico do Instituto de Estudos Laborais da Esade Business School, de Barcelona. Na visão de Dolan, existem quatro tipos de empresa: As "impotentes", que não conseguem efetuar mudanças por falta de qualidade; As "arrogantes", que se acham supremas e, por isso, definham; As "frustradas", que buscam mudanças, mas não as efetivam; As "aptas", com qualidade e vontade de mudança. Em sua pesquisa, Dolan chegou à conclusão de que, na maioria das empresas, os funcionários veem o expediente como um "tóxico". Ao estudar casos de infarto entre os trabalhadores, descobriu que, em 90% deles, as vítimas apontam o trabalho como o principal fator do "susto" — devido ao estresse, cansaço, grandes jornadas de trabalho, entre outros fatores. "Não devemos ir até as empresas pensando em trabalhar, mas, sim, pensando em brincar; aí tudo fica mais fácil e melhor." Para ele, o gerente de RH tem, basicamente, três funções: simplificar, orientar e assegurar. Uma empresa não pode se basear na dominação; deve se pautar pela confiança, esta é a chave-principal da gestão por valores. A Gestão por Valores é, então, uma prática comercial reconhecida que pretende estimular o regresso dos clientes, motivar os colaboradores a dar o seu melhor diariamente, proporcionar lucro e, ao mesmo tempo, ser um motivo de orgulho para os proprietários. Os valores são palavras. E, às vezes, são somente palavras. Mas nesta filosofia, desenvolvemos uma metodologia onde estas palavras se transformam em ferramentas de gestão. Os valores não têm sentido separados, um por um. Só têm sentido se entendemos a estrutura dos valores e como esta estrutura está alinhada com a missão e a visão da empresa. Tem dois tipos de problemas. O primeiro é que existem muitos líderes dentro das empresas que têm medo de mudar. Porque a mudança significa incerteza. E, às vezes, incerteza revela medos. O segundo é que existe gente que sabe que precisa mudar, mas não tem a competência gerencial para a mudança. Então, o que precisamos? Precisamos de líderes que sejam transformadores, que sejam valentes e, ao mesmo tempo, que tenham poderes para fazer alianças para ter as competências necessárias para a mudança. Porque todas as empresas que promoveram a mudança, utilizando este conceito, são empresas de muito sucesso. De uma forma geral, a Gestão por Valores destina-se a identificar falhas entre aquilo que dizemos que acreditamos e aquilo que realmente fazemos. As três fases da Gestão por Valores são: 1. Definir a filosofia/objetivos e valores: Definir a filosofia da empresa (se já tiver uma filosofia empresarial, deve decidir se esta reflete os valores identificados); decidir quais os valores fundamentais com os quais

tenciona coordenar a estratégia e as táticas da sua empresa, assim como a ordem e a prioridade dos mesmos, são os primeiros pontos a ter em conta durante o processo de Gestão por Valores. É importante perceber que os valores não são aplicados às pessoas, mas em conjunto com elas. É um processo que implica a colaboração de todos. Devem ser simples, diretos e fáceis de entender e eleitos pelas pessoas. Depois de identificados, é importante responder a algumas perguntas: Será que os colaboradores da empresa veem a filosofia e os valores como diretrizes com as quais se identificam de modo a levar a cabo um trabalho do qual se possam orgulhar? Será que a filosofia e os valores servem como ponto de partida para a comunicação cotidiana e para todo o processo de decisões na empresa? Será que a filosofia e os valores estabelecem um novo conjunto de regras para a distribuição de recursos e para a resolução de problemas laborais e pessoais? Em relação aos clientes, é importante perguntar: De que maneira é que esta filosofia e valores afetam as nossas transações comerciais? Será que estes valores são realmente importantes quando da decisão de se estabelecerem relações comerciais? Os valores definidos na prática, um exemplo: 1) Diversão – constante e emoções saudáveis todos os dias, para que sinta vontade de repetir a experiência; Dedicação – exclusiva a cada sócio, para que atinja os resultados a que se propõe e a todos os pormenores, em todos os momentos; Integridade – para o servirmos cada vez melhor, todos os dias e para que possamos crescer juntos, lado a lado. 2. Comunicar a filosofia e valores: Colocar os valores expostos em cartazes em todas as zonas de trabalho, bem como nas salas de reunião, onde são tomadas decisões importantes, nas salas de lazer e nas salas de espera. Colocá-los de forma visível na entrada do edifício e na sala de formação. Colocá-los, inclusivamente, na parte de trás dos nossos cartões de visita. Todas estas são formas práticas de estarem sempre presentes para todos os colaboradores e clientes da empresa. No entanto, a filosofia e valores da empresa devam pautar todos os comportamentos e reuniões da empresa. É a única forma de se tornarem parte de toda a empresa, de se tornarem "vivos". No centro, encontram-se os valores da empresa. Estes são o fio condutor e verdadeiro patrão ao qual todos devem obedecer independentemente da função individual. Os diretores e coordenadores estão dispostos em círculo imediatamente a seguir. Na última linha de círculos, encontra-se o restante *staff*, independentemente da função que executem na empresa. Podemos colocar, lado a lado, um colaborador de uma determinada área estratégica e um colaborador da área da manutenção. Para a empresa, ambos devem ser igualmente importantes e valorizados. Ambos devem pautar os seus comportamentos com base nos mesmos valores. Ambos devem perceber o seu papel específico e o seu posicionamento estratégico geral para a empresa. Ambos são vitais para que a experiência dos associados seja completa. 3. Fazer convergir as nossas práticas diárias com a nossa filosofia e valores (avaliar). Depois de definir, com clareza, a filosofia e os valores da empresa, é necessário associar competências aos valores para concretizá-los. É necessário escolher um número reduzido de competências e dar-lhes prioridade. O passo seguinte é criar um sistema de medida "o mais sensível possível". Para finalizar, é preciso avaliar. Se não se avalia, não se pode pensar em desenvolver quaisquer competências. A avaliação deve ter duas componentes: autoavaliação e avaliação realizada por terceiros. Depois, as duas devem ser comparadas, para que a pessoa perceba a razão pela qual não são iguais. Os bons resultados de todo o processo dependem dos funcionários e gestores olharem para o sistema como um tributo para o seu crescimento pessoal. É fundamental associar a expansão e a melhoria da empresa ao crescimento pessoal de cada um. Por isso, a avaliação tem de dar a cada funcionário informação sobre como é o seu trabalho e o que é que dele espera a empresa. Ao mesmo tempo, deve incidir nas competências definidas como prioritárias. A empresa deve ajudar cada pessoa a melhorar nas competências-chaves. A melhor forma de fazê-lo é desenhar um plano de desenvolvimento pessoal, para os executivos e funcionários, e definir um sistema de *coaching*. Sem ajuda, é muito difícil desenvolver competências. Como exemplo: temos um sistema de controle de qualidade tripartido: 1. Avaliação de comportamentos mensal (comportamentos específicos de cada cargo); 2. Avaliação de performance trimestral (Paixão pelas Pessoas, Paixão pelos Números e Paixão pelo Conhecimento): Paixão pelas Pessoas. Desejar, com sinceridade, mudar a qualidade de vida das pessoas. Ser um exemplo em todos os momentos. Despertar nos nossos associados e colaboradores o interesse por um estilo de vida ativo e saudável, através de uma abordagem técnica, comportamental e motivacional. Avaliar pela comparação dos comportamentos transversais a toda a organização previstos e realizados. É estabelecido um plano de ação trimestral para corrigir os aspectos menos positivos. Paixão pelos Números — Desejar, diariamente, colocar números no *balanced score-card*. Trabalhar para cumprir e ultrapassar as metas propostas pela empresa. Conciliar a paixão pelas pessoas com fortes estratégias de rentabilização dos serviços prestados pela empresa. Avaliar mensalmente através da análise do *balanced score-card* de recursos humanos é uma associação de habilidades e métodos, políticas, técnicas e práticas definidas com objetivo de administrar os comportamentos internos e potencializar o capital humano.

Esse Modelo de Gestão se realiza no chamado Sistema[406] de Gestão de Pessoas que se divide em:

1) provisão de recursos humanos (se opera no recrutamento e seleção);

2) aplicação de Recursos Humanos (se concretiza na integração, desenho e análise de cargos);

3) desenvolvimento de Recursos Humanos (se realiza com treinamento e desenvolvimento organizacional);

4) manutenção de Recursos Humanos (se firma com os benefícios sociais e relações trabalhistas); e

5) monitoração de Recursos Humanos (se operacionaliza com os sistemas de informações de RH (*Software*).

Contudo, deve ser implementado nesse sistema Gestão de Pessoas e no seu subsistema Gestão por Valores, a imprescindível verificação do Clima Organizacional que se conceitua como o conjunto de fatores que interferem na Satisfação ou descontentamento no trabalho. Em outras palavras, Clima Organizacional é o conjunto

---

e cumprimento ou não dos objetivos. Paixão pelo Conhecimento — Desejar evoluir diariamente. Gostar de mais conhecimento. Apostar na formação pessoal. Empenhar-se diariamente para a manutenção de um conhecimento atualizado, que vá de encontro às necessidades dos nossos sócios, colegas e empresa. Avaliar através de documento que indica as formações oficiais e oficiosas o que o colaborador realizou nos últimos três meses e quais as que pretende realizar nos próximos três. 3. Um questionário semestral de satisfação para os clientes, que realmente é tabulado, e as mudanças são executadas. A lógica da gestão por valores parte da ideia de que é possível medir quais são os valores compartilhados pela maioria das pessoas da empresa. A partir desse ponto, seria possível trabalhá-los para criar uma cultura corporativa na qual os profissionais realmente gostem de trabalhar e sejam produtivos.

(406) Segundo os estudiosos e doutrinadores, o Processo de Provisão consiste em abastecer a empresa com mão de obra qualificada. Refere-se ao recrutamento e seleção de pessoal. Por sua vez, o Planejamento de Recursos Humanos advém do processo de decisão a respeito dos recursos humanos necessários para atingir os objetivos organizacionais, dentro de determinado período de tempo. Trata-se de antecipar qual a força de trabalho e talentos humanos necessários para a realização da ação organizacional futura. O planejamento estratégico de RH deve ser parte integrante do planejamento estratégico da organização e deve contribuir para o alcance dos objetivos da organização, incentivando o alcance dos objetivos individuais das pessoas. Recrutamento é o conjunto de técnicas e procedimentos que visa atrair candidatos potencialmente qualificados e capazes de ocupar cargos dentro da organização. O recrutamento é feito a partir das necessidades presentes e futuras de Recursos Humanos da organização. Seleção de Pessoal é a escolha dos candidatos recrutados que melhor se ajustam no cargo em aberto. O objetivo básico da seleção de pessoal é escolher e classificar os candidatos adequados às necessidades da organização. Processo de Aplicação consiste na análise e descrição de cargos e avaliação de desempenho.

de variáveis que busca identificar os aspectos que precisam ser melhorados[407], em busca da Satisfação e bem-estar dos servidores *lato sensu*[408].

Na verdade, não se pode olvidar que o Clima Organizacional afeta a motivação, o desempenho e a satisfação no trabalho. Ele cria certos tipos de expectativas cujas consequências se seguem em decorrência de diferentes ações. Decerto que as pessoas esperam certas recompensas, satisfações e frustrações na base de suas percepções do Clima Organizacional.

Nessa linha, é que os conceituados Modelos de Gestão de Pessoas de Sucesso levam em consideração as mudanças que ocorrem no mercado de trabalho e nas relações da instituição, da organização, do órgão público/funcionário, e do órgão/servidor.

Portanto, deve-se criar um laço estreito entre todos os níveis de relacionamento, tanto interno como externo, do quadro funcional até os clientes internos e externos, sejam fornecedores, no caso de empresa privada, sejam os usuários dos serviços ou contribuintes, no caso de órgão público.

Desta forma, as organizações privadas ou públicas, notadamente os órgãos jurídicos, tradicionalmente conservadores, precisam ter estratégias claras, sustentadas por uma Gestão de Pessoas que, ao nosso ver, para ter êxito, há que ser Participativa.

4.4.1. Gestão de pessoas participativa ou gestão participativa

A Gestão de Pessoas Participativa ou Gestão Participativa é o caminho para o sucesso da Administração Pública, ainda mais em um País como o nosso, em que predomina o Estado Democrático de Direito. Esse é o caminho para o sucesso do Órgão Jurídico que se legitima pela virtude de se materializar no conhecimento técnico adequado, na sensibilidade para captar o que é certo e justo, e na integridade pessoal. Ademais, na necessária solução satisfativa, individual e socialmente desejável, levando em consideração a realidade fática *versus* demandas individuais ou sociais que podem ser retratadas na **Pesquisa de Satisfação e de Clima Organizacional** junto às unidades administrativas em que atua e no âmbito da própria organização Jurídica.

4.4.1.1. Pesquisa de satisfação e de clima organizacional

O estudo sobre a **Pesquisa de Satisfação e de Clima Organizacional** torna-se necessário na Gestão das instituições, pois a partir de diversos exames realizados constata-se que o fator satisfação contribui para a eficiência dos servidores (*lato*

---

(407) Educação Corporativa é a prática coordenada de gestão de pessoas e de gestão do conhecimento tendo como orientação a estratégia de longo prazo de uma organização. Tecnologia em RH: otimiza a gestão e os custos de serviço por empregado, diminui a relação de dependência entre o empregado e o Recursos Humanos, dá mais autonomia aos empregados, que se tornam responsáveis pelo uso e benefício que obtêm dos sistemas, redução de custos das tarefas administrativas.

(408) No presente estudo, a nomenclatura servidor (*lato sensu*) abrange os servidores públicos, funcionários, terceirizados e colaboradores. Por oportuno, considera-se clientes internos e externos os usuários dos serviços públicos prestados pelo órgão.

sensu, incluindo os funcionários/terceirizados ou colaboradores) e para a prática de suas atividades. Assim, um dos grandes desafios das instituições ou organizações é proporcionar um ambiente de trabalho motivador para seus servidores.

Nessa perspectiva, o estudo se justifica pela importância em expandir conhecimentos teóricos a respeito da temática abordada. Para isso, busca-se verificar o nível de satisfação dos servidores com o escopo de identificar os aspectos que fragilizam e potencializam o nível de satisfação, bem como analisar o ambiente interno, para assim atacar, efetivamente, os principais focos de problemas, e, deste modo, sugerir ações que alavanquem satisfação e qualidade na execução de serviços voltados à área administrativa e jurídica da referida Instituição ou Organização Jurídica. A pesquisa, portanto, pode revelar, de fato, como detectar os pontos que precisam de medidas corretivas, tendo em vista a implementação de ações de melhoria com o objetivo de aumentar o grau de satisfação dos servidores e dos usuários dos serviços da Unidade Jurídica.

Estudar, identificar e aplicar a **Pesquisa de Satisfação e de Clima Organizacional** de uma instituição ou organização, seja pública ou privada, é de fundamental importância para demonstrar as percepções e os sentimentos dos profissionais nela inseridos e dos seus clientes, sendo a base para entender como a instituição e suas práticas administrativas ou jurídicas influenciam o desempenho das pessoas, estando intimamente relacionados com o grau de motivação de seus participantes, bem como dos usuários dos serviços.

Neste sentido, uma instituição ou órgão jurídico que demonstra interesse em avaliar os fatores que influenciam nas variáveis encontradas na **Pesquisa de Satisfação e de Clima Organizacional**, torna-se uma organização propícia a valorizar a estrutura humana que a ela pertence, flexível na influência ambiental sobre a motivação de seus profissionais.

Assim, a organização deve implementar pesquisa referente à análise da influência de Satisfação e do Clima da instituição, e como estes interferem no desempenho das atividades inerentes à organização. Portanto, é oportuno desenvolver este estudo para detectar a influência que tem o ambiente organizacional sobre o comportamento dos indivíduos, visando à melhoria da qualidade e do Clima interno para fazer da instituição ou Unidade Jurídica um bom órgão para se trabalhar ou usar os serviços prestados por ela.

O objetivo a ser traçado para a realização da **Pesquisa de Satisfação e de Clima Organizacional** deve se concentrar na análise da influência que algumas variáveis poderão ocasionar no Clima de uma instituição, organização ou órgão jurídico, bem como medir os níveis de satisfação e de insatisfação dos servidores pertencentes às áreas administrativas e jurídicas da Unidade, bem como dos usuários.

4.4.1.1.1. Conceito de satisfação no trabalho

Dentro de uma instituição ou organização de qualquer espécie, pessoas se satisfazem das mais diversas maneiras, sendo algumas por meio do ambiente favorável, outras com salários bons e benefícios, e algumas, ainda, bastam ser reconhecidas pelos seus superiores e pelos seus amigos por ter uma participação importante no processo de construção do trabalho, para que se sintam satisfeitas com o que fazem.

Neste ponto, são estas as palavras de SPECTOR (2004: 221):

[...].

A satisfação no trabalho é uma variável de atitude que reflete como uma pessoa se sente com relação ao trabalho de forma geral e em seus vários aspectos. Em termos simples, satisfação no trabalho é o quanto as pessoas gostam de seu trabalho.

[...].

Esta mesma visão é defendida por WAGNER III e HOLLENBECK (2000: 121):

[...].

Satisfação no trabalho é um sentimento agradável que resulta da percepção de que nosso trabalho realiza ou permite a realização de valores importantes relativos ao próprio trabalho.

[...].

Dificilmente a instituição, organização ou órgão jurídico poderá atender às expectativas de todos os seus servidores, mas ações que proporcionem bem-estar coletivo e um sentimento de segurança e perspectiva de futuro podem vir a proporcionar satisfação num grande número de servidores, desde que essas ações sejam percebidas por eles.

Portanto, satisfação no trabalho é o estado segundo o qual os indivíduos se sentem de modo positivo ou negativo com relação ao trabalho. É uma atitude ou resposta emocional às tarefas, assim como às condições físicas e sociais do local do trabalho.

4.4.1.1.2. Conceito de clima organizacional

Dentre as definições de Clima Organizacional mais conhecidas, destacam-se:

FLAVIO DE TOLEDO e BENEDITO MILLIONI (2005: 135), que no Dicionário de Administração de Recursos Humanos definem:

[...].

Clima Organizacional é um conjunto de valores, atitudes e padrões de comportamento, formais e informais, existentes em uma organização.

[...].

O Consultor norte-americano STANLEY M. DAVIS (2004: 43) diz que:

[...].

Clima Organizacional é uma avaliação de até que ponto as expectativas das pessoas estão sendo atendidas dentro da organização.

[...].

WARREN G. BENNIS (2003: 52), outro Consultor norte-americano, define:

[...].

Clima Organizacional é um conjunto de valores ou atitudes que afetam a maneira como as pessoas se relacionam umas com as outras e com a organização.

[...].

O Professor GEORGE H. LITWIN (2002: 35) diz que, em sua opinião:

[...].

Clima Organizacional é a qualidade do ambiente dentro da organização, e que é percebida pelos membros dessa organização como sendo boa ou não, e que influenciam o seu comportamento.

[...].

Como se nota, existe uma ideia em comum nas definições supracitadas: em todas elas, o Clima Organizacional está ligado diretamente à maneira como o servidor PERCEBE a organização com a sua cultura, suas normas, seus usos e costumes, como ele INTERPRETA tudo isso e como ele REAGE positiva ou negativamente a essa interpretação.

A conclusão é que o Clima Organizacional não pode ser "criado" pela organização ou pelo órgão jurídico, no sentido literal de se produzir alguma coisa em um determinado momento, mas é algo que já existe, vivo e atuante, dentro dela, resultante, principalmente, de fatores internos, das decisões tomadas e da maneira como o pessoal é administrado pelos seus chefes ou líderes, e atinge o servidor, diretamente, no que diz respeito à percepção que ele tem, por exemplo, do órgão jurídico, induzindo-o a determinado comportamento.

4.4.1.1.3. Metodologia aplicável à pesquisa de satisfação e de clima organizacional no órgão jurídico

De maneira que, para o êxito da Pesquisa de Satisfação e de Clima Organizacional, há que ser definido o aspecto metodológico a ser adotado, como, por exemplo, a justificativa de sua realização, sua caracterização, o universo e os procedimentos de coleta e análise de dados.

O líder do órgão jurídico deve envidar esforços contínuos para fortalecer medidas pensando na satisfação do servidor. Essas medidas requerem, para sua validação, de bases científicas que possam auxiliar na escolha de ações mais efetivas quando o assunto é Satisfação e Clima Organizacional. Dessa forma, o objetivo da pesquisa é verificar o grau de Satisfação dos servidores da área administrativa e jurídica, a partir da avaliação de diversas dimensões.

Com efeito, a análise dos dados poderá revelar, de fato, como detectar os pontos que precisam de medidas corretivas, tendo em vista a implementação de ações de melhoria, com o objetivo de aumentar o grau de satisfação dos servidores, visando à melhoria do Clima do órgão jurídico.

4.4.1.1.4. Caracterização da pesquisa de satisfação e de clima organizacional

O Modelo de Pesquisa a ser utilizado deve se caracterizar pela natureza descritiva, com características de **pesquisa qualitativa**, pois deve objetivar saber a opinião dos servidores e dos usuários dos serviços em relação às variáveis mensuradas e **quantitativas**, porquanto há necessidade de, ao final da pesquisa, proceder à elaboração de índices de Clima Organizacional e Satisfação. Há que ser aplicada a destinação prática, uma vez que se pretende utilizar seus resultados para intervir na prática de ações de melhoria.

4.4.1.1.5. Universo da pesquisa de satisfação e de clima organizacional

O universo da pesquisa deve abranger toda força de trabalho administrativa e jurídica alocada no órgão jurídico, incluindo os servidores, funcionários, terceirizados e colaboradores, bem como os usuários dos serviços prestados pela unidade jurídica.

4.4.1.1.6. Instrumento de coleta de dados da pesquisa de satisfação e de clima organizacional

Os questionários devem ser o instrumento de coleta de dados, contendo características a respeito de Clima Organizacional e Satisfação no trabalho em relação a diversas dimensões, quais sejam: desempenho global do órgão jurídico; alta administração; sua função; qualidade; segurança e saúde; percepção ambiental e meio ambiente; eficácia do trabalho; chefe imediato; satisfação com a Gestão; trabalho em equipe; comunicação e cooperação; desenvolvimento profissional; reconhecimento; avaliação de desempenho, horário e jornada de trabalho. Os referidos questionários devem conter pontuação a fim de se atribuir grau de concordância, como, p. ex., muito fraco ou discordo plenamente e muito bom ou concordo plenamente.

Um dos instrumentos sobre a Satisfação no Trabalho pode ser composto das seguintes dimensões: (1) satisfação com a gestão; condições de trabalho; (2) desenvolvimento da carreira; (3) níveis de motivação; (4) estilo de liderança e satisfação com as condições de higiene, segurança, (5) equipamentos e serviços. A escala a ser utilizada pode ser de cinco pontos, por exemplo, cabendo ao respondente atribuir um grau de concordância, como muito insatisfeito, insatisfeito, satisfeito, muito satisfeito ou totalmente satisfeito.

4.4.1.1.7. Da coleta de dados da pesquisa de satisfação e de clima organizacional

Os instrumentos devem ser encaminhados aos servidores e aos usuários, por meio de correio eletrônico ao Chefe do RH, seguindo de parte introdutória que visa esclarecer aos mesmos os objetivos da aludida pesquisa.

Nessa oportunidade, deve ser ressaltada a importância de todos os pesquisados, informando que os resultados alcançados podem repercutir diretamente sobre a melhoria das ações que merecem ser trabalhadas.

4.4.1.1.8. Tratamento de dados da pesquisa de satisfação e de clima organizacional

O tratamento de dados da Pesquisa de Satisfação e de Clima Organizacional deve ser transcrito para uma planilha, utilizando-se cálculos das médias, porcentagens e, posteriormente, gerados gráficos a partir dos percentuais obtidos.

4.4.1.1.9. Divulgação da pesquisa de satisfação e de clima organizacional

Os servidores e os usuários do serviço, alvos da pesquisa, devem ser previamente informados, por meio de reunião ministrada pela autoridade dirigente do órgão jurídico e pelo grupo de trabalho composto para tal finalidade, e comunicados sobre os objetivos, finalidade e mecanismos de realização da pesquisa.

Há que ter um prazo estipulado para o envio aos servidores, funcionários, terceirizados, colaboradores e usuários, bem como o prazo da entrega, ou seja, o recebimento dos questionários impressos, devidamente preenchidos. Aliás, estes deverão ser depositados em urna lacrada, sem identificação do respondente.

4.4.1.1.10. Resultados da pesquisa de satisfação e de clima organizacional realizada na consultoria jurídica junto ao Ministério do Trabalho e Emprego

Nessa trilha, em meados de 2008 e início de 2010, a Consultoria Jurídica (CONJUR), Órgão de Execução da AGU, levou a efeito a realização de **Pesquisa de Satisfação e de Clima Organizacional** junto às unidades administrativas do Ministério do Trabalho e Emprego (MTE), bem assim no âmbito da própria Consultoria Jurídica, visando ampliar e aperfeiçoar o relacionamento, a qualidade e o atendimento das demandas institucionais submetidas ao exame da CONJUR/MTE, cujo resultado apontou no sentido de que o Órgão Jurídico vinha desenvolvendo satisfatoriamente a sua missão institucional.

4.4.1.1.11. Ações implementadas

Não obstante o resultado obtido, instituiu-se no âmbito da referida Unidade Jurídica algumas ferramentas gerenciais, eventos e procedimentos, conforme abaixo relacionados:

I. Inter-relação permanente com as autoridades assessoradas

Desde 2007, antes mesmo da orientação emanada do Manual de Boas Práticas Consultivas da AGU, a CONJUR/MTE vem mantendo interface permanente com as autoridades assessoradas do MTE, a fim de prevenir, proativamente, e solucionar em conjunto as demandas submetidas ao Órgão de Execução da Advocacia-Geral da União — AGU.

Em outras palavras, a inter-relação permanente da CONJUR/MTE com as autoridades nada mais é do que uma maior aproximação com órgãos técnicos assessorados por meio de contato direto, quer seja por meio de reuniões ou conversas informais, com o objetivo de participar ativamente na prevenção de problemas técnico-jurídicos, elucidar dúvidas e prestar esclarecimentos previamente à manifestação formal.

II. Gestão de processos

Gestão de Processos significa para a CONJUR/MTE a valorização das formas e métodos para a consecução dos objetivos institucionais de maneira célere e qualificada, buscando-se a uniformização de entendimento jurídico, e ainda primando-se pela observância do prazo máximo de 10 (dez) dias, em regra, para emanar a manifestação jurídica.

III. Relatório diário, relatório semanal, relatório mensal e relatório anual

Na verdade, estes relatórios representam ações regularmente desenvolvidas para a Gestão dos feitos, com a finalidade de quantificar, acompanhar e controlar o trâmite destes, assim como as demais situações que exijam o encaminhamento e distribuição dos expedientes.

IV. Grupos de trabalho

Constituição de Grupos de Trabalho permanentes, como, por exemplo, com a finalidade de elaboração de modelos de editais, de contratos, de convênios, acordos de cooperação e demais ajustes.

V. Núcleo de gestão

Composto por dois administradores lotados na CONJUR/MTE, auxiliados por um servidor administrativo e dois estagiários na área de administração. Núcleo este ainda não integrante da estrutura regimental da CONJUR, tendo por finalidade auxiliar, propor, e apresentar sugestões técnicas voltadas para o planejamento, objetivos e metas a serem alcançados pela Gestão da CONJUR/MTE, além disso, cuida da organização e do apoio aos eventos jurídicos e sociais realizados pela Consultoria Jurídica.

VI. Núcleo de direção

Na prática, é o auxílio na Gestão de um Conselho composto por três experientes Advogados da União. Núcleo este não integrante ainda da estrutura regimental da CONJUR, com o fito de melhor opinar e orientar no direcionamento da atual Gestão da CONJUR/MTE.

Esses orientadores da Gestão do Núcleo de Direção são encarregados de refletir um diagnóstico, apontando ações articuladas considerando os objetivos do Órgão Jurídico. Além disso, devem formular e monitorar procedimentos para aperfeiçoar a atuação das Coordenações e da própria Consultoria Jurídica, bem como devem apresentar propostas para melhorar os processos de trabalho e idealizar indicadores de acompanhamento.

VII. *Site* da CONJUR

Ocupação do espaço destinado à CONJUR/MTE no *site* da AGU, com a inserção de manifestações jurídicas já digitalizadas, bem como informações, notícias e eventos em geral, promovidos pela CONJUR, possibilitando previamente o conhecimento do entendimento uniformizado da Consultoria Jurídica para as unidades assessoradas do MTE e das unidades administrativas da AGU, bem como imprimir transparências às ações empreendidas pelo Órgão de Execução da AGU.

VIII. Projeto CONJUR Digital

Diante da necessidade da convivência com os avanços tecnológicos disponíveis para a melhor consecução dos objetivos institucionais estabelecidos para a CONJUR/MTE, esta não poderia deixar de inovar no que diz respeito à responsabilidade de conservação e armazenamento dos documentos produzidos, realizando o enfrentamento de mais um desafio que consiste no processo de digitalização englobando a conversão de todo o seu acervo produzido em papel para imagem digital.

IX. CONJUR portas abertas

Momento semanal, normalmente às segundas-feiras, de 15h. às 16h., em que o Titular da Consultoria Jurídica se dispõe à escuta sensível dos servidores da Pasta, procurando harmonizar a gestão e promover o encaminhamento para a busca de soluções, como consequência do relacionamento humano.

Em suma, a ação **Conjur Portas Abertas** tem por objetivo dar continuidade à Gestão Participativa ora em curso na CONJUR/MTE, momento em que o Consultor Jurídico trata de assuntos de qualquer natureza de interesse dos advogados e servidores administrativos.

X. Café CONJUR

Este evento se concretiza em reuniões sociais, por vezes em datas comemorativas, para o congraçamento, interação, integração e o desenvolvimento da conexão humana.

Em sendo assim, o **Café CONJUR** é promovido com o objetivo de integração da equipe (advogados públicos, servidores administrativos e colaboradores). Ou melhor, no **Café CONJUR**, se busca a integração da nossa chamada **FAMÍLIA CONJUR**, celebrando a cada dia a existência de cada integrante da Consultoria Jurídica, e, ainda, dos seus convidados.

Mas, não só isso, **Café CONJUR** é momento de emoções.

É o momento de descoberta de talentos.

Esses momentos são marcados pelo afeto de toda a equipe. Nesses repetidos momentos, vamos construindo realmente uma família – a FAMÍLIA CONJUR.

XI. Projeto de Qualificação, Desenvolvimento e Capacitação da CONJUR

Em parceria com a Coordenação-Geral de Recursos Humanos do MTE, a CONJUR/MTE tem promovido ações de qualificação, desenvolvimento e capacitação de seus servidores administrativos e advogados públicos, tanto no aperfeiçoamento técnico profissional e gerencial, quanto no desenvolvimento dos recursos humanos e interpessoal, com a realização de seminários internos, palestras e eventos sociais.

XII. Seminários jurídicos internos da CONJUR

Encontros realizados com a participação de advogados, servidores e terceirizados onde são discutidos temas apresentados pelos advogados públicos, relacionados às matérias finalísticas da Pasta.

XIII. Seminários CONJUR Gestão

Apresentações realizadas pelos advogados com foco no desenvolvimento e capacitação na área de Gestão do Órgão Jurídico.

Só a título de exemplo, no último semestre foi realizado o Seminário CONJUR Gestão, intitulado "Seminário sobre Gestão por Valores", nos dias 25 de outubro e 01 de novembro de 2011 com base na leitura e divisão em capítulos, distribuídos entre os advogados, do livro "Gestão por Valores", escrito por Simon L. Dolan e Salvador Garcia.

Além disso, o Advogado da União Dr. Joaquim Pereira dos Santos proferiu também uma palestra, intitulada *"Vencendo com as Pessoas"*, baseada na obra homônima, da autoria de John C. Maxwell, especialista de reconhecimento internacional no treinamento de líderes, na qual busca o autor demonstrar, de forma didática, porém contundente, a necessidade da valorização dos relacionamentos para o alcance do sucesso.

Conforme ressaltado na mencionada obra, muitas pessoas se concentram primeiro em outros talentos e habilidades — como aprimorar a capacidade de comunicação e liderança ou expandir sua base de conhecimento — mas se esquecem que os bons relacionamentos são a base das grandes conquistas. Na verdade, nossas relações pessoais são a matéria-prima que precisamos para alcançar o sucesso e a realização pessoal.

Vencendo com as Pessoas relaciona 25 princípios pessoais considerados ferramentas necessárias para o aperfeiçoamento dos relacionamentos já estabelecidos, bem como orientações para cultivar os outros, deixando-os fortes e ativos.

Afinal de contas, em um mundo em que a alta tecnologia predomina, e que se pode chegar a qualquer lugar com um simples toque de teclado, não se concebe atitudes egoístas e isoladas como sendo o melhor caminho para o alcance dos objetivos vitoriosos traçados.

XIV. Palestras CONJUR com convidados

Eventos que contam com a participação de renomados doutrinadores do Direito e de autoridades da AGU e dos Poderes da República, que comparecem apresentando e debatendo temas que guardam correlação com as matérias afetas à Pasta.

Desde 2007, foram realizadas dezenas de Palestras CONJUR com convidados, como, por exemplo, *"a afirmação do trabalho no século XXI"*, proferida pelo **Ministro Mauricio Godinho**; *"a comemoração do dia internacional do trabalho e os trabalhadores domésticos, na perspectiva do art. 7º da CF"*, apresentada pela **Ministra Delaíde Miranda**; *"o papel das normas internacionais do trabalho no mundo globalizado"* abordada pelo **Ministro Lelio Bentes**; *"aspectos controvertidos do dano moral trabalhista"*, defendida pelo **Ministro João Dalazen**, eminente Presidente do Tribunal Superior do Trabalho — TST; *"origens do direito do trabalho no Brasil"*, apresentada pelo **Ministro José Luciano de Castilho** e a do **Ministro Aloysio Corrêa da Veiga**, Diretor-Presidente da Escola Nacional de Formação e Aperfeiçoamento de Magistrados do Trabalho (ENAMAT), dissertada sobre o polêmico tema *"responsabilidade da União e Súmula n. 331 do TST e Terceirização"*.

XV. Palestras internas da CONJUR

Eventos que contam com a participação de servidores e advogados públicos em que são apresentados assuntos de interesse coletivo relacionados à atividade da Consultoria Jurídica.

A propósito, e esse objetivo, o Advogado da União, Dr. Alexandre Gonçalves, apresentou o resumo da leitura do livro *"Liderança para um mundo melhor"*, que versa sobre um trabalho conjunto do Administrador e Consultor alemão, Laurens van den Muyzenberg e do Dalai Lama, Chefe Espiritual Tibetano, atualmente no exílio.

A obra trata de uma visão humanista — e por isso eficiente — do processo de tomada de decisões tanto no âmbito da administração de empresas privadas e públicas, bem como no setor decisório governamental.

Entendem os autores que a decisão tomada pelo administrador de uma empresa gera efeitos não apenas em sua produção ou produtividade, mas reflete, também, em um amplo espectro de pessoas, como os funcionários da empresa, seus fornecedores, consumidores e outros que, de alguma forma, estejam envolvidos na cadeia decisória e nos resultados ou nas consequências da decisão adotada, o mesmo acontecendo com as decisões de governo.

Com este entendimento, o propósito da obra é habilitar os líderes a entender as etapas mentais do processo decisório, ou seja, o que se passa em suas próprias mentes na condição de líderes e na de outras pessoas, no contexto da liderança.

Ensinam os autores que para se tomar uma decisão correta[409], ou de qualidade é necessário que se tenha visão correta e conduta correta, que podem ser resumidos na prática de atos éticos e virtuosos, evitando-se a adoção de atos nocivos, ou seja, prejudiciais aos que forem, de alguma forma, atingidos pela decisão adotada.

Deve, portanto, o líder agir com disciplina ética, paciência, generosidade, sabedoria e concentração, devendo a mente ser treinada para se manter sempre serena, lúcida e concentrada, para que possa tomar as decisões necessárias com rapidez e justiça.

Alertam os autores que o objetivo de uma empresa não é apenas gerar lucro; seu propósito deve estar primordialmente na sociedade, eis que é um órgão da sociedade.

O lucro é bom desde que obtido honestamente. Dizer que o objetivo de uma empresa é gerar lucro é o mesmo que dizer que o objetivo do homem é comer e respirar.

É certo que a empresa sem o lucro morre como o homem sem comer e respirar também morre, todavia, isto não significa que o objetivo da vida seja comer e respirar.

Assim, o propósito de uma empresa não deve ser apenas o de gerar lucros e empregos, mas, também, a felicidade de seus funcionários, clientes, fornecedores e de todos os que com ela se relacionam, inspirando confiança e credibilidade por meio de atitudes corretas e honestas, interessando-se e procurando promover, em seu âmbito de atuação, o bem-estar coletivo.

A cultura da ganância deve ser substituída pela cultura da confiança entre empresas, instituições financeiras, governos e o público em geral, baseada na visão correta e na conduta correta.

Os governos devem adotar a ideia de Responsabilidade Universal, tomando decisões que beneficiem não apenas seus países, mas levando em consideração uma perspectiva mundial, incorporando o conceito de Economia de Livre Mercado Mundial Responsável, em substituição ao capitalismo e ao livre mercado puro e simples.

Finalmente, os autores deixam claro que o capital é um meio e não um fim em si mesmo, que os investimentos são necessários para criar prosperidade e que o

---

(409) "[...]. Jobs se concentrava tanto naquilo que era deixado de fora quanto no que era incluído. O que torna a metodologia de Steve diferente das outras é que ele sempre acreditou que as decisões mais importantes que você toma não dizem respeito às coisas que você faz, mas àquelas que você não faz [...]." *in* KAHNEY, Leander. Ob. cit., p. 60.

objetivo principal é a liberdade e a prosperidade de todos e o caminho para obtê-las é a adoção de um Sistema de Livre Mercado Mundial Responsável em que todos participem e ajam com responsabilidade.

XVI. CONJUR Literária

É um momento em que a Consultoria Jurídica se reúne para assistir, participar e debater sobre o conteúdo da apresentação de resumos de leituras de livros feitas por integrantes da Equipe.

Aliás, com esse fito, só a título de exemplo, é que foi apresentada pela Advogada da União Dra. Maria Leiliane Xavier Cordeiro, a leitura do livro *"Abrace sua Equipe"*, escrito por Jack Mitchel, Presidente de uma cadeia de lojas de roupas masculinas e femininas, com sede nos EUA e que possui filiais pelo mundo inteiro.

A obra retrata que a família Mitchel sempre oferece um serviço de excelência como prioridade, uma vez que, quanto mais seus clientes estivessem satisfeitos, maior o sucesso das vendas e maior o faturamento. Tanto assim o é que hoje o faturamento anual das lojas chega a 65 milhões de dólares por ano.

Nesse livro, a intenção do autor seria dividir com seus leitores a receita de todo esse sucesso. Para ele a equipe é o maior patrimônio da empresa e o segredo é sempre manter a equipe coesa, satisfeita e motivada e para isso, ele afirma que é necessário estabelecer uma relação pessoal com cada funcionário (o qual ele chama de associado) para que cada um se sinta pessoalmente abraçado pelo Gestor ou pelos Gestores. Para isso, o autor desenvolve o conceito da "cultura do abraço, que se sustenta sobre cinco princípios fundamentais: a amabilidade, a confiança, o orgulho, a inclusão e o reconhecimento. Abraçar significa conhecer as aspirações e os medos de seus funcionários, elogiar um simples ato de sucesso e estimular o crescimento pessoal e profissional de cada membro do grupo.

XVII. Concursos públicos para seleção de estagiários da CONJUR/MTE

Fim da indicação subjetiva e realização de processos seletivos para a contratação de estagiários em Direito e Administração para exercício na CONJUR/MTE.

XVIII. Confraternização de fim de ano

Este evento tem como objetivo a integração da equipe somada à concretização do trabalho realizado durante todo o ano.

5. Conclusão

A Gestão de Pessoas, notadamente a Participativa, é uma área da Gestão de crucial importância para a sobrevivência sustentável a longo prazo das organizações, instituições e órgãos jurídicos. Gerir pessoas inseridas num contexto organizacional implica um conhecimento profundo das relações, comportamentos e competências técnicas dos profissionais ao dispor da organização, instituição ou órgão jurídico. Implica um esforço de Gestão que proporcione aos responsáveis e aos servidores, funcionários, terceirizados, colaboradores e trabalhadores, de forma clara e transparente, o conhecimento das tarefas e realizar exigências que estas encerram e níveis médios de desempenho nos cargos, funções, atividades ou postos de trabalho. Este conhecimento tem origem no estudo dos cargos, funções, atividades ou postos de trabalho existentes na organização, instituição ou órgão jurídico. Esta ferramenta, que deve ser revista — atualizada — ano após ano, permite delimitar os conteúdos funcionais na organização, instituição ou órgão jurídico e ajustar, congregar características profissionais dos servidores, funcionários, terceirizados, colaboradores e trabalhadores de modo a que estes respondam satisfatoriamente às exigências de tais cargos, funções, atividades ou postos de trabalho.

Para tanto, há que se implementar a Pesquisa de Satisfação e de Clima Organizacional que deve visar, além da Satisfação e o Clima Organizacional, à análise, racionalização e otimização de cargos, funções, atividades ou postos de trabalho. A Pesquisa deve ser dividida em partes, por exemplo, na Apresentação, na Introdução, na Caracterização da Organização envolvida, bem como os objetivos traçados para o trabalho de pesquisa. Outra parte deve abordar conhecimentos teóricos e a metodologia utilizada na sua realização; bem como há que se ter uma parte que revele os resultados obtidos na análise das atividades administrativas e jurídicas desenvolvidas na organização, instituição ou órgão jurídico.

Dentro do objetivo da Pesquisa deve-se proceder uma distinção entre a realidade detectada ao nível das atividades desempenhadas em cada cargo, função, atividade ou posto de trabalho e a forma ou modelo como, ao nível de Gestão, se deve proceder. Aliás, os pressupostos devem retratar a atual Gestão de Pessoal e qual o modelo funcional que a organização, instituição ou órgão jurídico deve implementar para otimizar e racionalizar os cargos, funções, atividades ou postos de trabalho, sem prejudicar, e até mesmo a qualidade do serviço prestado. Nesta parte da Pesquisa deve ser criada a Cartilha das atividades desenvolvidas em cada cargo, função, atividade ou posto de trabalho, que servirá para a elaboração da Carta de Serviços da organização, instituição ou órgão jurídico, documento que ficará disponível em cada cargo, função, atividade ou posto de trabalho, para que o servidor, funcionário, terceirizado ou colaborador consulte-a, sempre que necessário. Esta Cartilha representa uma importante contribuição para o resultado de trabalho de Pesquisa.

Já na outra parte, devem ser apresentadas as conclusões do trabalho de análise, racionalização e otimização dos cargos, funções, atividades ou postos de trabalho, bem como um conjunto de sugestões/recomendações que a organização, instituição, Unidade Jurídica pode ou deve adotar, no sentido de implementar políticas de recursos humanos mais justas e geradoras de melhores desempenhos individuais em cada cargo, função, atividade ou posto de trabalho.

O órgão jurídico, por exemplo, deve se pautar, de forma abrangente, na orientação ao cliente, seja na órbita interna ou externa. Para tanto, há que dedicar esforços para conhecer e satisfazer as necessidades de seus usuários por meio da chamada "Pesquisa de Satisfação e de Clima Organizacional". De fato, o órgão jurídico deve proporcionar-lhes um serviço de excelência e ser capaz de dar-lhes uma resposta imediata, eficiente e eficaz.

O resultado dessas pesquisas e as reclamações dos clientes internos ou externos funcionam como uma régua para medir, para estabelecer prioridade e para definir caminhos, a fim de atender às políticas públicas. Por isso, há necessidade de se desenvolver cada vez mais o atendimento ao cliente, a capacidade de ouvir, bem como de conciliar os eventuais conflitos[410] existentes.

O servidor *lato sensu* deve sempre ter a responsabilidade de contribuir para a consecução da política pública até na forma de exercício crítico, mas reconhecendo sempre os avanços porque ajuda a inspirar, a dar força para se prosseguir.

De fato, essas pesquisas e os relatórios formam um banco de dados que instrumentalizam a medição e Gestão para cada um melhorar o seu trabalho. Em seu labor diário, internaliza e exterioriza, por meio de diversas atividades, a responsabilidade social corporativa, focando a missão para a qual foi criada, com a visão do fazer melhor e, cada vez mais, aperfeiçoadamente.

Por isso, não só, mas também, deve haver o compromisso com os resultados decorrentes dos elaborados planos, fixados nos objetivos coletivos e individuais e tomadas de decisões, em função de seu impacto na consecução das metas alcançáveis, exequíveis e dos objetivos na visão da política de Gestão do órgão, assegurando o cumprimento dos compromissos adquiridos.

Decerto, quem faz a pauta de trabalho é o próprio cliente interno ou externo, ou seja, o usuário, daí há que se ter o pacto da unidade jurídica com foco em soluções.

O órgão jurídico deve investir no desenvolvimento da cultura organizacional voltada para o cliente interno ou externo, para, notadamente, garantir a excelência no atendimento. Na verdade, atender bem exige profissionalismo e constante aprimoramento, fator essencial para a construção da imagem institucional sólida da instituição. Além da melhoria do atendimento interno e externo, esse aprimoramento deve elevar o nível de motivação dos servidores, funcionários, terceirizados e colaboradores, destacando o papel de agente transformador das relações entre o público (cliente interno ou externo) e a unidade jurídica.

Os eventos realizados pelo órgão jurídico, por intermédio de um "Projeto de Qualificação, Desenvolvimento e Capacitação" contribuem para que o servidor, funcionário e colaborador redescubram sua identidade e valorizem seu papel na Instituição e na sociedade. Para tanto são incentivados a iniciar e reiniciar sempre um processo de aperfeiçoamento contínuo, que lhes proporcione maior realização

---

(410) Toda organização, como a CONJUR/MTE, tem seus problemas. Ao tentar solucioná-los é natural que haja divergências. Cabe ao Gestor mediar para uma convivência pacífica.

pessoal e participação na melhoria da Instituição Jurídica da qual fazem parte, assim como assegure maiores benefícios aos cidadãos.

A sustentabilidade desenvolvida pelo Órgão Jurídico deve ser constatada nos trabalhos com um horizonte estratégico que transcenda os eventuais interesses sociais, econômicos ou políticos imediatos, contribuindo para o desenvolvimento e alcance das políticas públicas mediante a criação de outros valores, tanto a curto como a longo prazo.

O interesse pelas pessoas deve ser promovido pelo órgão jurídico em torno de um trabalho respeitoso com os servidores, funcionários e colaboradores, cooperando para sua formação e desenvolvimento profissional, seja em treinamento constante e contínua capacitação. Considera-se o cuidado com os servidores — advogados públicos ou da área administrativa, funcionários e colaboradores. Além de ser importante um deles levar ao contato com os clientes os valores exaltados pelo órgão jurídico. A busca deve ser crescente no órgão às práticas de Gestão de Pessoas, notadamente, a Participativa. É uma necessária e diária busca de se criar mecanismos de captação de orientadores (palestrantes, professores, técnicos etc.) para uma capacitação que funcione de verdade e em pouco tempo. Ao lado de se materializar o treinamento e desenvolvimento de competências, tais como liderança, disseminação de motivação e engajamento para se formar equipe para até falar em público.

Desta forma, existe um envolvimento natural com a aplicação da Gestão de Pessoas, a Participativa. Assim, há que se ter encontros com os advogados públicos, servidores e terceirizados, enfim, os colaboradores, para se levantar outros gargalos. Nessa estrada, é preciso treinar pessoas e novos conteúdos necessários.

Em geral, as pessoas que trabalham na Administração Pública precisam de uma política de incentivo: ações simples como um lugar confortável para lanchar, por exemplo, uma conversa franca e aberta às suas necessidades, uma premiação ou até uma caixa de bombons são ótimos passos para criar engajamento. É um trabalho de conscientização junto aos integrantes da unidade jurídica. Pode-se assegurar que a ferramenta do reconhecimento é eficaz no órgão jurídico para mostrar que as pessoas são consideravelmente importantes.

A atualização constante é prática consolidada na CONJUR/MTE, inclusive, fica a sugestão de se criar o "Selo de Excelência da AGU", após a realização de treinamento em Gestão com pessoas, no qual se deve direcionar as práticas para a importância do líder, deixando claro que esta é uma qualidade que deve ser conquistada com respeito às diferenças individuais. Afinal, entender de gente é hoje um fato crítico para todos.

Pela própria definição podemos concluir que a inovação não está restrita às grandes empresas nem às empresas de tecnologia avançada. Todas as empresas ou órgãos públicos, inclusive o jurídico, podem inovar, basta colocar em prática ideias e métodos diferentes que resultem em novos produtos ou processos inovadores.

A unidade jurídica deve estar sempre cônscia de sua responsabilidade social, corporativa, agregando à sociedade, dentro de seus limites, os seus conhecimentos, capacidade, buscando uma qualidade de Gestão e criatividade, bem como inovação. Afinal, o órgão jurídico deve se propor a experimentar coisas novas, além de criá-las, proativamente.

Sobremais, os integrantes da unidade jurídica devem, dentro de sua competência, ajudar a mudar, pelo menos, a sociedade que os cerca; ajudar a criar coisas que façam diferença dentro e fora da Instituição, e não apenas executar um trabalho. Afinal, segundo magistra Steve Jobs[411], "*[...]. As pessoas que são loucas o bastante para pensar que podem mudar o mundo são aquelas que mudam o mundo. [...].*"

Por derradeiro, além de tudo já dito, a integridade deve ser ressaltada e ampliada. Ora, o interesse público espera que todas as pessoas devam comportar-se com honestidade, retidão, dignidade e ética, contribuindo assim para o aumento da confiança da sociedade.

6. Referências Bibliográficas

ARAÚJO, Luis César G. *Teoria Geral da Administração: aplicação e resultados nas empresas brasileiras*. São Paulo: Atlas, 2004.

CERTO, Samuel C. *Administração moderna*. São Paulo: Pearson, 2005.

CHIAVENATO, Idalberto. *Gestão de Pessoas*. São Paulo: Elsevier, 2008.

_____. Recursos Humanos: *O capital humano nas organizações*. São Paulo: Elsevier, 2009.

_____. *Gestão de Pessoas: novo papel dos recursos humanos nas organizações*. Rio de Janeiro: Campus, 2000.

_____. *Introdução à teroria geral da administração*: uma visão abrangente da moderna administração das organizações. 6. reimp. São Paulo: Elsevier, 2003.

_____. *Introdução à Teoria Geral da Administração*. 4. ed. São Paulo: Makron, 1993.

DRUCKER, Ferdinand P. *A Profissão de Administrador*. São Paulo: Pioneira Thompson Learning, 1998.

_____. *Introdução à administração*. 3. ed. São Paulo: Pioneira Thompson Learning, 2002.

FLÁVIO DE TOLEDO; B. MILLIONI. *Dicionário de Administração de Recursos Humanos*. 1979.

GIL, Antonio Carlos. *Gestão de Pessoas*. Enfoque nos Papéis Profissionais. São Paulo: Atlas, 2006.

KAHNEY, Leander. *A cabeça de Steve Jobs — as lições do líder da empresa mais revolucionária do mundo*. Trad. Maria Helena Lyra e Carlos Irineu da Costa, 2. ed. 2. reimp. Rio de Janeiro: Agir, 2009.

LACOMBE, F. J. M.; HEILBORN G. L. J. *Administração: princípios e tendências*. 1. ed. São Paulo: Saraiva, 2003.

---

(411) KAHNEY, Leander. Ob. cit., p. 120.

MARRAS, Jean Pierre. *Administração de Recursos Humanos: do operacional ao estratégico.* São Paulo: Futura, 2000.

MAXIMIANO, Antonio Cesar Amaru. *Introdução à administração.* 5. ed. rev. e ampl. São Paulo: Atlas, 2000.

_____. *Teoria Geral da Administração: da revolução urbana à revolução digital.* São Paulo: Atlas, 2002.

MAXWELL, John C. *Vencendo com as pessoas:* vinte e cinco princípios para alcançar o sucesso por meio dos relacionamentos. Trad. Osmar Alves de Souza. Rio de Janeiro: Thomas Nelson, 2007.

MELLO, Oswaldo Aranha Bandeira de. *Princípios Gerais de Direito Administrativo.* Introdução. v. 1, 3. ed. São Paulo: Malheiros, 2010.

MONTANA, Patrick J. *Administração.* 2. ed. São Paulo: Saraiva, 2003.

ROBBINS, S. P. *Administração.* 5. ed. Rio de Janeiro: Prentice-Hall do Brasil, 1998.

SPECTOR, P. E. *Psicologia nas organizações.* 2. ed. São Paulo: Saraiva, 2004.

SIQUEIRA, Mirlene Maria Matias. *Medidas do comportamento organizacional.* São Paulo: Artmed, 2008.

WAGNER III, J. A. HOLENBECK, J. R. *Comportamento organizacional: criando vantagem competitiva.* Trad. Cid Knipel Moreira. São Paulo: Saraiva, 2000.

Parte III

Homenagem ao Dia Internacional do Trabalho Evento Realizado nos Dias 3 e 4 de Maio de 2011

Este evento, além de oferecer brilhantes palestras dos Senhores Ministros do Tribunal Superior do Trabalho — TST em homenagem ao Dia do Trabalhador, também se presta a rememorar, em síntese, a história do Dia Internacional do Trabalho que remonta o ano de 1886, em Chicago. No 1º dia de maio daquele ano, milhares de trabalhadores foram às ruas reivindicar melhores condições de trabalho. Neste mesmo dia ocorreu nos Estados Unidos uma greve geral dos trabalhadores. Dois dias após os acontecimentos, um conflito envolvendo policiais e trabalhadores provocou a morte de alguns manifestantes. Este fato gerou revolta nos trabalhadores.

No dia quatro de maio, num conflito de rua, manifestantes atiraram uma bomba nos policiais provocando a morte de sete deles. Foi o estopim para que os policiais começassem a atirar no grupo de manifestantes. O resultado foi a morte de doze trabalhadores e dezenas de pessoas feridas. Para homenagear aqueles que morreram nos conflitos, o dia 1º de maio passou a ser o Dia Mundial do Trabalho. No Brasil a data começou a ser comemorada em setembro de 1925 com a edição de um Decreto do então Presidente Artur Bernardes.

Por fim, fica esclarecido que os textos que compõem esta Parte III seguem a ordem das palestras - degravadas e abaixo transcritas — proferidas pelos eminentes Ministros do Tribunal Superior do Trabalho — TST, no evento em homenagem ao Dia Internacional do Trabalho, realizado nos dias 3 e 4 de maio de 2011, a partir das 9h30, no auditório do Ministério do Trabalho e Emprego, em Brasília-DF, e não a ordem alfabética dos nomes dos autores estampados na capa.

Capítulo XXIII

Afirmação do Trabalho no Século XXI

Mauricio Godinho Delgado
Ministro do Tribunal Superior do Trabalho — TST

Bom dia a todas e a todos. Meus cumprimentos e agradecimentos ao Ministro Carlos Lupi e ao Doutor Jerônimo pelo convite que fizeram, dando-me a honra de comparecer mais uma vez ao Ministério do Trabalho e Emprego para dialogar, com os colegas, de desafio, de profissão, de trabalho em torno do nosso Direito do Trabalho nesta data tão significativa do 1º de maio.

Meus cumprimentos aos colegas Ministros do TST: Ministra Delaíde, Ministro Lélio Bentes, Ministro Augusto César. Meus cumprimentos ao Ministro de Estado da Seguridade Social, Garibaldi Alves. Pelo nome dessas autoridades, cumprimento os demais integrantes da mesa, cumprimentando também a todos os colegas aqui presentes.

O tema escolhido tem relação direta com o Direito do Trabalho. Conforme sabemos, o 1º de maio é data de rememoração histórica, iniciada lá nos idos de 1886, tendo sido escolhida como data significativa de homenagem ao trabalho e ao trabalhador no ano de 1889, durante Congresso da Internacional Socialista da época.

Essa data, além de destacar-se como símbolo de afirmação e de comemoração do trabalho e do trabalhador, é muito importante porque também nos remete a uma reflexão sobre as perspectivas do trabalho no presente século XXI.

Todos sabemos que, ao longo dos últimos trinta anos, assistimos a certo processo de desgaste da afirmação do trabalho e do emprego na sociedade ocidental. Esse desgaste iniciou-se em torno do final dos anos de 1970, espraiando-se pelo período seguinte. Hoje ainda não desapareceu inteiramente, embora, de fato, tenha diminuído a sua força de convencimento.

Entretanto, o que a história bem demonstra — e as palavras do Ministro Lupi enfatizam e comprovam isso de uma maneira muito clara — é que, na verdade, o trabalho e, particularmente, o *trabalho regulado* (que é, essencialmente, o *emprego*) é um instrumento fundamental de política pública, que se mostra decisivo no contexto do sistema capitalista e no contexto também das sociedades democráticas.

Se observarmos bem, a história da democracia nos últimos 120 anos inicia-se juntamente com o advento de nosso Direito do Trabalho no final do século XIX.

Podemos perceber que os Estados democráticos construíram basicamente quatro grandes políticas sociais, quatro grandes políticas de afirmação da democracia e de afirmação de um processo de inclusão social no sistema capitalista. Eventualmente poderíamos acrescentar uma quinta política pública de inclusão social.

Essas quatro políticas são: a *política de saúde pública*, a *política de educação*, a *política de seguridade social* — temos aqui o Ministro da Seguridade Social do País — a *política do trabalho e do emprego*.

Em algumas situações, em alguns países, desponta também a quinta dessas políticas públicas, a *política fundiária*. É bem verdade que a política fundiária não está presente exatamente em todos os países ocidentais. É que existe uma série de países que tem uma extensão territorial muito modesta, de maneira que esse tema jamais conseguiria ser, nesses países de dimensão territorial modesta, um tema de relevo exponencial como os quatro anteriormente citados.

No caso brasileiro, naturalmente, pelas características de nosso território colossal, de nosso desenvolvimento agrário, de nossas economia e sociedade, também a política fundiária apresenta-se como importante, por ser uma política de inclusão social inegável.

Se bem observarmos, nesse contexto de quatro ou cinco grandes políticas sociais que caracterizam o desenvolvimento do capitalismo a partir do século XIX, acentuando-se ao longo de século XX e nos anos que iniciam o século XXI, nós vamos perceber que a *política de emprego*, em síntese, a *política trabalhista* destaca-se como aquela que tem o maior impacto e eficácia, seja a curto, médio ou a longo prazos.

A política de emprego tem enorme potencial de inclusão social que se efetiva a partir do momento em que o indivíduo ingressa no trabalho através de um emprego, potencializando-se ao longo da sua vida de trabalhador e empregado. Evidentemente que a pessoa pode perpassar por diferentes empregos, não permanecendo exatamente no mesmo emprego durante toda a vida, é claro. Porém, essa sua inserção no mundo do emprego permanece por 30 ou 40 anos, tendo impacto notável para o indivíduo que vive do trabalho, para sua família, para a sociedade e para a própria economia circundante.

Efetivamente, se fizermos a comparação da política trabalhista em contraponto às demais quatro grandes políticas sociais, nós vamos perceber que o ingresso do indivíduo no mundo do trabalho — principalmente se for através do emprego — tem exponencial impacto em sua vida, avançando desde a juventude até seu período da maturidade e daí influenciando sua família, a comunidade circundante e o próprio ambiente econômico.

O emprego é uma forma de inserção social e econômica que é protegida, de maneira geral, pela norma jurídica, protegida por um Direito especial (o Direito do Trabalho), o qual confere ao trabalhador diferenciado *status* econômico, social, político, cultural e de cidadania. Esse *status* especial distingue o empregado perante os demais indivíduos que não têm um ramo jurídico próprio regulador de sua situação socioeconômica.

É inevitável perceber, desse modo, que o impacto do emprego, na qualidade de política pública, é simplesmente *multidimensional*.

Em uma primeira dimensão, nós temos a garantia de recebimento de uma série de parcelas econômicas criadas pela legislação trabalhista dos países ocidentais. Evidentemente que existem diferenças importantes entre essas parcelas, segundo o Direito de cada país, porém o fato é que elas, em seu conjunto, asseguram ao trabalhador uma imediata participação na renda social produzida pelo sistema econômico. A renda social da economia passa a se distribuir, em certa medida, a distintos segmentos sociais, por meio da fórmula generalizadora da relação de emprego.

Essa primeira dimensão do emprego é decisiva à sorte de qualquer sociedade e economia capitalistas uma vez que simplesmente corresponde àquela que instaura e alimenta o mercado econômico interno de qualquer país.

Em uma segunda dimensão, nós assistimos também, por meio da relação de emprego, à automática vinculação das pessoas ao sistema previdenciário instituído na sociedade, economia e instituições públicas, permitindo o potenciamento dessa outra política pública notavelmente inclusiva, a política previdenciária.

A vinculação emprego/previdência social é muito estreita, como se sabe, tendo raízes históricas no primeiro sistema de estruturação previdenciária construído no ocidente desenvolvido. Vamos nos lembrar de que o primeiro exemplo de formulação de um futuro Estado de Bem-Estar Social foi o exemplo alemão do final do século XIX: ele se construiu, originalmente, em torno do emprego, nos moldes do que seria chamado de modelo *bismarckiano* de Estado de Bem-Estar Social.

Naturalmente que, desde fins da Segunda Guerra Mundial, com o surgimento do chamado modelo *beveridgeano* de Estado de Bem-Estar Social, oriundo da Inglaterra, sem vinculação automática com o emprego e as profissões, esses laços tenderam a se atenuar um pouco; porém jamais deixaram de ser efetivamente relevantes.

O caso brasileiro é interessante, nesse contexto comparativo, porque a nossa primeira Lei Previdenciária notável, oriunda de 1923, a Lei Eloy Chaves, também se baseou na centralidade previdenciária das profissões, ou seja, na inserção do indivíduo na sociedade do trabalho por meio do emprego e, em consequência, no sistema de Previdência Social.

Apenas várias décadas depois é que o sistema previdenciário brasileiro começou a se desgarrar da centralidade do emprego — embora essa distância jamais chegasse a ser tão significativa.

O fato é que ainda hoje é muito importante a inserção do indivíduo no mundo do emprego com vistas à sua inserção previdenciária. O emprego mantém-se como o caminho mais simples, direto e eficiente de inserção previdenciária da pessoa humana, seja no Brasil, seja no próprio mundo ocidental desenvolvido. No Brasil, por exemplo, é incontestável que somente parcela muito pequena dos indivíduos que não são empregados integram-se e se preservam vinculados ao sistema previdenciário. Claro que o trabalhador autônomo, o trabalhador eventual, na qualidade de segurado obrigatório, deveria estar inserido na Previdência Social; porém o fato é que apenas um número reduzido desses profissionais concretizam e mantêm essa vinculação ao longo dos anos.

Há dados estatísticos brasileiros, referentes ao início deste século, em torno de 2002, evidenciando que menos do que 20% dos trabalhadores não empregados — entre eles os autônomos, os eventuais e os chamados *informais* — integravam-se ao sistema de Previdência Social. Por aí, se nota a grande importância do papel do Direito do Trabalho no tocante ao próprio avanço e generalização da política previdenciária no País.

No caso brasileiro, desponta uma terceira dimensão de impressionante relevância, consistente na criação e manejo de um dos mais importantes fundos sociais de que se tem notícia no Ocidente — o Fundo de Garantia do Tempo de Serviço, também estreitamente vinculado ao emprego, como se sabe.

O Fundo de Garantia, que é basicamente específico do empregado (salvo o raro caso de Diretores de S/As), além de ser uma poupança forçada que o trabalhador tem ao longo da sua relação de emprego, constitui-se em um dos mais importantes fundos sociais que ficam à disposição do Estado para a realização de fundamentais políticas públicas de forte impacto social, como são, por exemplo, as políticas habitacionais e as políticas de saneamento básico. De maneira geral essas políticas públicas estão todas atadas aos interesses da grande maioria da população, aos setores mais populares e que, portanto, estão na base da pirâmide social e econômica.

Só por essas três dimensões — e outras evidentemente existem — já se percebe como o Direito do Trabalho e a relação de emprego constituem notável política social, econômica, cultural e institucional, além de política de cidadania, sempre com impacto mais rápido, mais largo e eficiente do que as demais políticas públicas citadas. Estas outras políticas são importantes, imprescindíveis, é claro; porém os efeitos e os impactos do emprego regulado são insubstituíveis na sociedade e na economia capitalistas.

A política de saúde é fundamental, não se desconhece; a política de educação também é fundamental, como se sabe; e também é fundamental a política de Seguridade Social. Porém, percebam que essas outras políticas capturam o indivíduo em situações peculiares, ao passo que a política de emprego e do Direito do Trabalho capturam o indivíduo em inúmeras e diversificadas situações e fases da vida da pessoa humana na sociedade, e ao longo de várias décadas.

A política educacional é decisiva estrategicamente para qualquer sociedade, mas ela tem um efeito potenciador de longo prazo — como é notório.

A política de Seguridade Social revela-se como um pacto de caráter ético, que é decisivo para qualquer sociedade democrática, visando a não permitir que o indivíduo se veja desvalido em uma situação individual eventualmente desfavorável. Entretanto, regra geral, ela captura o indivíduo essencialmente quando ele deixa o mercado de trabalho, seja quando se aposenta, seja quando tem alguma doença de alguma maior gravidade.

Ao passo que a política trabalhista e de emprego captura o indivíduo próximo à juventude e o acompanha durante 30 ou 40 anos, instigando o máximo de sua potencialidade, permitindo que esse indivíduo ingresse no sistema econômico, oferte à sociedade e à economia sua contribuição, sua inteligência e sua energia. Ao mesmo tempo, a política trabalhista e de emprego propicia uma forte distribuição de renda no plano econômico-social, generalizando seus impactos para o conjunto da comunidade e economia circundantes.

Creio que o Brasil, nos últimos anos, deu exemplos bastante enfáticos da correção dessa valorização do trabalho e do emprego, enquanto política social.

Um dos grandes segredos pelo qual o Brasil conseguiu enfrentar essa segunda maior crise econômica dos últimos 70/80 anos, considerando-se como marco inicial a crise de 1929, reside exatamente no fato de essa crise ter coincidido com o período de forte ascensão do trabalho regulado no País, do emprego, com a incorporação de cerca de 15 milhões de pessoas ao mercado formal de trabalho. Ora, esse fato conferiu destacados dinamismo e proteção à economia brasileira, por meio de seu mercado interno, o que foi decisivo para que nós enfrentássemos uma crise mundial de proporções gigantescas, sem as desventuras que sofremos nas crises anteriores.

Além desse aspecto, nós temos que perceber também que o trabalho normatizado, o emprego, traz vantagens também do ponto de vista cultural para o trabalhador, ou seja, conforme bem lembrado pelo Ministro Lupi, através do trabalho regulado é que se consegue fazer com que as pessoas — por uma série de razões, sejam profissionais, individuais ou familiares — que as pessoas se qualifiquem, que as pessoas, mesmo adultas, continuem a valorizar seu processo educativo.

Isso é também claramente perceptível na circunstância de que o trabalhador é inserido por meio da relação de emprego, ele é que se sente mais motivado a ingressar em programas variados de qualificação profissional, pois, mesmo quando perder o emprego, continuará focado no mercado regular de trabalho.

O processo de qualificação de trabalhadores desorganizados, trabalhadores excluídos da relação de emprego, desponta como desafio praticamente insuperável para as políticas públicas, em face da própria dispersão e desconexão desses indivíduos no mercado de trabalho. Excluída aquela parcela muito restrita de trabalhadores altamente qualificados e que já são, portanto, educados desde os bancos universitários, segundo um processo de contínuo aperfeiçoamento que caracteriza as suas profissões mais sofisticadas; é inegável que os demais trabalhadores não empregados têm grande dificuldade para alcançar maior qualificação e aperfeiçoamento profissionais.

Não obstante suas comprovadas vantagens econômicas, sociais e culturais, a verdade é que o emprego, conforme sabemos, sofreu assédio impressionante nos últimos 30 anos. Sem querer exagerar no meu tempo, esse assédio pode ser sintetizado em três grandes fatores, três grandes vertentes discursivas que procuraram desprestigiar o emprego. Trata-se do argumento tecnológico, do argumento organizacional e do argumento mercadológico.

O argumento tecnológico insiste que os avanços tecnológicos (que são realmente espetaculares nesses últimos 30 a 40 anos) colocariam em xeque a própria sobrevivência do emprego. Esse argumento — conforme o Brasil deu um bom exemplo também — revelou-se argumento falso, não tendo sido comprovado efetivo, historicamente.

Na verdade, nós percebemos que o avanço tecnológico tem potencial para extinguir certas profissões e certas funções, mas também tem potencial fortemente criativo de emprego na sociedade capitalista. A autora inglesa da segunda metade do século XX, Joan Robinson, asseverou que o avanço tecnológico na verdade atua em três direções com respeito à questão do emprego: pode eliminar empregos; pode, ao revés, criar empregos; por fim, pode ser relativamente neutro quanto a essa equação (criar ou eliminar empregos).

A verdade é que os autores que defendem a tese do fim do emprego e do próprio trabalho esquecem-se das lições de Joan Robinson, enfatizando apenas as inovações tecnológicas que eliminam ou reduzem empregos, porém se silenciando, ladinamente, no tocante às tecnologias criadoras de empregos e trabalho ou que sejam simplesmente neutras quanto a essa equação.

Ninguém nega que existem tecnologias que ceifam trabalho, reduzindo a necessidade de mão de obra no sistema produtivo. Entretanto, há tecnologias que têm impacto relativamente neutro quanto à utilização do trabalho, não reduzindo, nem incrementando a necessidade de novas contratações para serem manejadas. Grande parte das tecnologias tem esse caráter neutro quanto a esse aspecto; basta lembrar a tecnologia da energia elétrica — presente neste auditório, a propósito — que já existe há mais de 130/140 anos e que, de forma alguma, tem sentido estritamente poupador de mão de obra. Basta lembrar também a tecnologia de grande parte dos aparelhos elétricos domésticos e de escritórios — fora a informática — que raramente provocaram, ao longo do tempo, a tendência de reduzir trabalho e emprego na sociedade urbana capitalista.

Entretanto, é inegável que há inovações e criações tecnológicas fortemente incrementadoras do trabalho e do emprego — e convenientemente esquecidas pela literatura dominante. Vamos lembrar, por exemplo, dessa recente invenção, que consiste no telefone celular, generalizado há pouco mais de apenas 15 anos passados, no início dos anos de 1990. Hoje temos cerca de 200 milhões de aparelhos celulares no Brasil, ao lado de aproximadamente 40 milhões de telefones fixos. Ora, vejam bem! A telefonia fixa cresceu no Brasil ao longo do tempo, estabilizando nos últimos anos, porém sem desaparecer desde o surgimento do aparelho celular. Nós temos o telefone fixo em casa, as empresas e instituições têm o telefone fixo, nenhum de nós deixa de ter o telefone fixo, tendo, porém, um e, às vezes, até dois aparelhos celulares, dependendo das promoções que as empresas de telefonia fazem.

Então, vejam, esse é um claro exemplo — e há inúmeros outros — de tecnologia nova que criou e expandiu certo mercado inovador sem extinguir o mercado precedente. O argumento tecnológico, na verdade, não se sustenta, sendo manifesto efeito de manejo discursivo exacerbado de certas circunstâncias e movimentos. Não há dúvida de que ocorre contínua transformação no sistema econômico, mas sem que haja inexorável eliminação do emprego.

O segundo argumento é o organizacional. Esse realmente é insustentável. Trago como exemplo nossa própria vida de trabalhador, seja intelectual ou não. O argumento insiste que o emprego estava atado a uma sociedade baseada no chamado sistema *taylorista*, em que ocorria forte separação de tarefas, forte especialização do trabalhador.

Entretanto, a partir dos anos de 1970, ao surgir nova forma de organização do trabalho nas empresas, o chamado sistema *toyotista*, o trabalhador viu-se diante da necessidade de se tornar multifuncional, exercendo várias tarefas ao mesmo tempo, sem tamanha especialização e divisão de funções. E, então, arremata-se: o *toyotismo* não seria compatível com a relação de emprego, considerada típica do período organizacional precedente.

Esse segundo argumento antiemprego é, contudo, absolutamente despojado de cientificidade. Não há prova histórica nessa linha sugerida. Todos nós percebemos, inapelavelmente, que hoje o exemplo mais comum na vida social, na vida trabalhista, na vida econômica e na vida intelectual é a *combinação das duas maneiras de trabalhar*. Todos somos *tayloristas* e *toyotistas*, em certa medida, no exercício de nossas funções profissionais. Temos de ser as duas coisas ao mesmo tempo, independentemente de sermos empregados ou não empregados.

Todos somos um tanto *taylortistas*, no sentido de que somos especializados em algo, temos que escolher uma área de especialização, focar nessa área e agir com uma certa verticalidade para nos aprofundarmos nessa área. É assim que todos nós trabalhamos em qualquer área em que estejamos. Entretanto, ao mesmo tempo, nós temos que ter um pouco de horizontalidade, ou seja, um pouco de circularidade; temos que saber fazer algumas tarefas a mais, agregar certo conjunto de tarefas às nossas funções principais. De fato, notadamente com a ajuda da computação e dos instrumentos tecnológicos, nenhum trabalhador, praticamente, realiza uma tarefa absolutamente desconectada das outras; ele realiza um certo grupo maior de tarefas, embora seja clara a ideia de principalidade e de acessoriedade entre elas.

Não obstante tal agregação de tarefas, o fato é que a especialização continua a ser fundamental - sendo cada dia mais fundamental, a propósito. Se nós não nos especializarmos, não iremos conseguir nos inserir no sistema econômico e no mundo do trabalho, salvo se nos dispusermos a laborar em funções manuais extremamente simples. Ora, fica bem claro que não existe qualquer incompatibilidade entre a relação de emprego e essas formas de gestão, quer misturadas, quer mesmo dispersas.

O terceiro argumento mostra-se, por fim, sem qualquer efetiva sustentação histórica, não dissimulando seu teor fortemente discursivo. Trata-se do argumento mercadológico. Por meio dele, se fala que o emprego geraria uma série de ônus que seriam insuportáveis para a concorrência capitalista no mercado nacional e no mercado mundial, circunstância exacerbada com a globalização. Nesse quadro, o emprego teria se tornado anacrônico, em vista de proteger em demasia o trabalho, dificultando a competição capitalista.

Atenção, vejam que a história também prova que isso não é verdade!

Qual é o país com a maior economia exportadora da Europa Ocidental? Sabemos que na Europa Ocidental está o emprego mais caro do mundo, efetivamente o patamar que melhor concretiza a valorização do trabalho nas economias capitalistas. Entre esses países europeus desponta a Alemanha, com um custo do trabalho à base de cerca de 25 euros a hora. É, de fato, comparativamente a inúmeros outros países, inclusive o Brasil, um custo e um valor altíssimos. Porém, nada disso impede aquela economia de ser a maior exportadora de toda a Europa Ocidental.

Isso se explica pelo fato de não haver uma correlação direta entre o custo da força de trabalho e a concorrência internacional entre as economias — salvo distorções gravíssimas, para cima ou para baixo. O que realmente influencia a competição econômica internacional é a *qualidade do produto ofertado* e o seu *preço de oferta*, sendo que este preço é determinado, essencialmente, pelo *câmbio*, pela política cambial.

O segredo da alta competitividade chinesa é o câmbio, a política cambial adotada por aquele país há cerca de três décadas, com tenacidade e coerência, em face de sua estratégia de conquista dos mercados internacionais. Há 30 anos, o câmbio chinês é parte de uma política pública de forte intervenção do Estado no mercado econômico e financeiro, de maneira a, explicitamente, manter desvalorizada a moeda chinesa, barateando os produtos oriundos daquele país. Em contraponto a isso, vários países não firmam política cambial interventiva, deixando sua moeda flutuar ou se sobrevalorizar na comparação com outras moedas — o que torna, por consequência, os seus produtos muito mais caros no mercado internacional.

Ora, sabe-se que todo produto no comércio exterior tem que ser convertido em moeda universal, tornando o câmbio instrumento decisivo aos termos de troca entre as economias. O câmbio cria uma medida de uniformidade nas disputas internacionais; o país que tiver a moeda mais desvalorizada terá, em consequência, os produtos mais baratos no comércio entre estrangeiros.

O trabalho e o emprego não afetam a competitividade das economias; ao contrário, um bom sistema de gestão trabalhista contribui para uma boa qualidade na produção efetivada pelas empresas. O que afeta, de modo drástico e direto, a concorrência no exterior é, inapelavelmente, o regime cambial da respectiva economia.

Estou terminando, cumprindo meus trinta minutos com certa extensão — lamento pela relativa prorrogação — mas gostaria de enfatizar, em homenagem a esse dia tão importante do 1º de maio, o fato de que todos esses argumentos que se levantaram contra o trabalho e o emprego não tiveram, efetivamente, o condão de diminuir a importância dessa política social e econômica de grande relevância para a afirmação dos indivíduos na sociedade capitalista e na sociedade democrática.

No século XXI, o trabalho, especialmente o emprego e o Direito do Trabalho preservam-se como uma das mais notáveis e eficientes políticas públicas de desenvolvimento econômico, desenvolvimento social e de justiça e inclusão sociais que a sabedoria humana já formulou nessa quadra da economia e sociedade dos dois últimos séculos. Muito obrigado!

Capítulo XXIV

A Comemoração do Dia Internacional do Trabalho e os Trabalhadores Domésticos, na Perspectiva do Art. 7º, da Constituição Federal

Delaíde Alves Miranda Arantes
Ministra do Tribunal Superior do Trabalho — TST

Bom dia a todos!

Quero dizer que é uma honra muito grande estar aqui nesta manhã, comemorando o Dia do Trabalho nesse evento tão importante!

Gostaria também de registrar que há mais ou menos um ano, participei aqui de uma promoção de um evento, também organizado pelo Ministério do Trabalho, na figura do Doutor Jerônimo. Era de um assunto bem interessante sobre o Direito Sindical, mais exatamente sobre o Precedente Normativo 119, do qual eu participei representando a Confederação dos Trabalhadores e Estabelecimentos de Ensino, a CONTEE, como Assessora Jurídica.

Faço também um outro registro. Fui recentemente nomeada Ministra do Tribunal Superior do Trabalho. A minha escolha aconteceu no dia 9 de dezembro de 2010 pelo Presidente Lula e nomeada pela Presidente Dilma. Aliás, com um importante e imprescindível apoio do Ministro Lupi. Não poderia deixar de apresentar o tema sobre a Comemoração do Dia Internacional do Trabalho e os Trabalhadores Domésticos na perspectiva do artigo 7º, da Constituição Federal aqui, hoje, sem fazer esses registros. Agradeço hoje a todos que estão presentes!

Não podemos falar de trabalho doméstico sem falar na discriminação que sofre essa importante categoria. Trata-se da maior categoria de trabalhadores do Brasil, são em torno de 7 milhões de trabalhadores.

Trata-se de uma discriminação de gênero, principalmente, mas não é só esse, acontece discriminação de várias ordens e de várias formas. A propósito, há uns 15 anos publiquei um livro, *"Direitos e Deveres do Trabalho Doméstico"*, que está na 6ª edição e, quando contava para os colegas, na época que estava preparando a obra, eles diziam que não seria bom para mim profissionalmente, porque eu iria ficar conhecida como advogada dos trabalhadores domésticos e, ademais, que seria ruim para a minha advocacia. Todavia, isso não aconteceu. Muito pelo contrário, tenho tido oportunidade de falar sobre a importância de se igualar os direitos dos trabalhadores domésticos aos urbanos e rurais. Além disso, no momento que eu assumi o Tribunal Superior do Trabalho, também ouvi alguém dizer: "Olha, muito cuidado, porque está saindo muita notícia na mídia que você foi trabalhadora doméstica e que você defende os trabalhadores domésticos, e isso pode fazer com que você seja uma Ministra discriminada — Ministra defensora dos trabalhadores domésticos".

E aí, para quem tem dito isso ou para quem tem perguntado, eu digo sempre o seguinte:"Eu não sou Ministra defensora dos trabalhadores domésticos", sou magistrada, integro com muita honra o Tribunal Superior do Trabalho, juntamente com o Ministro Lelio, que eu tenho dito que é meu ídolo, o Ministro Godinho, dentre outros Ministros que admiro tanto, que o meu papel não é defender o trabalhador doméstico nem trabalhador nem empresa. Este não é o trabalho do magistrado. Mas, além de magistrada, eu sou cidadã, sou jurista, tenho três livros publicados e tenho, como todos os cidadãos, o direito de falar sobre esta questão que considero da mais alta relevância.

A discriminação do trabalho doméstico se acentua em 1943 com a CLT.

O artigo 7º, da CLT exclui os trabalhadores domésticos do âmbito de proteção dos direitos trabalhistas e sociais. Passado algum tempo, em 1972, veio uma Lei e, um ano depois, um Regulamento, que passaram a conferir alguns direitos ao trabalhador doméstico.

Com o advento da Constituição de 1988, aguardávamos um reparo. A Constituição Federal, em seu artigo 7º, estende seu âmbito de proteção aos trabalhadores urbanos e rurais, contudo, ficam novamente à mercê os trabalhadores domésticos. No parágrafo único de seu artigo 7º, estende alguns direitos.

Tem alguma crítica que abordo sobre ela no meu livro, e que é coisa que a gente acha até engraçado, e não tem muita graça, que existe uma certa resistência do legislador em equiparar os direitos, porque como cada legislador tem uma empregada doméstica ou um empregado doméstico, então ele estaria legislando, equiparando direitos e criando deveres para ele mesmo cumprir. Então isso é só um registro que a gente faz, não tem nada de concreto sobre isto.

Tem outro painel que é a evolução da legislação e não tem necessidade de falar sobre cada um. Quero apenas fazer um registro: que os trabalhadores domésticos são signatários da única lei opcional de que tenho conhecimento no Brasil e no mundo. Imagine a Lei do Imposto de Renda opcional. Doutor Jerônimo, o senhor admite que seja descontado de seu salário Imposto de Renda? Então, essa é a questão, por que o FGTS, o direito ao FGTS e o direito ao Seguro-Desemprego foram estendidos opcionalmente?

Na admissão, caso o empregador ou empregadora concorde, será estendido o Fundo de Garantia e o Seguro-Desemprego ao trabalhador doméstico. Isso causa uma confusão muito grande porque o trabalhador doméstico, que tem um âmbito de informação um pouco mais limitado, ele ficou sabendo que passou a ter direito ao Seguro-Desemprego e ao FGTS.

Ele trabalha um ano, 2 anos, 3 anos, 4 anos, quando da saída, ele fica sabendo que não tem esse direito porque a ele não foi estendido. Então, essa é uma observação. Do ponto de vista das discussões judiciais, que são feitas no âmbito do trabalho doméstico, selecionei duas questões para registro, que é a discussão da questão da diarista. O Tribunal Superior do Trabalho não tem ainda uma jurisprudência inteiramente firmada, mas caminha no sentido de que, trabalhou duas vezes por semana, é diarista. Trabalhou um dia por semana, é diarista. E eu não vejo por essa ótica.

Eu acho que o elemento continuidade que a Lei exige para indenização do trabalho doméstico não passa pelo número de dias que ele trabalhou. Eu fiz inclusive um voto regente, voto vencido, na 7ª Turma na semana passada, que nós votamos na 7ª Turma, esse processo da diarista, exatamente no dia nacional do trabalho doméstico, que foi 27 de abril. Eu fiz um pronunciamento e tudo, e em seguida, fiquei vencida, porque, de todo estudo que já fiz até hoje, a conclusão a que chego, sob meu ponto de vista, é que o que define não é se ela trabalha um dia ou dois dias por semana, porque a diarista é aquela pessoa, aquele prestador de serviço, aquela prestadora de serviço que tem *status* de empregador.

Você vai contratar: "Olha, eu preciso de um serviço de diarista na minha casa, quarta" e ela fala "Não posso, porque já trabalho segunda, terça, quarta e quinta, eu só posso no sábado". E o preço? Cem reais por dia, oitenta por dia? E o empregado doméstico, ele ganha salário-mínimo e nós temos aquelas situações, salário-mínimo ou próximo disso?

Nós temos aquela situação, de alguém que precisa de uma empregada doméstica, para trabalhar uma vez por semana. A moça, o rapaz, que moram sozinhos, e que precisam trabalhar e, às vezes, dividem uma empregada doméstica para trabalhar dois dias na casa de um, dois dias na casa de outra. Aí ela não é diarista.

Então, acho que nós precisamos rever os critérios da classificação do trabalhador, da trabalhadora, se é doméstico ou se é diarista. E do ponto de vista legislativo, seria importante que fosse regulamentado o trabalho avulso da diarista e que os direitos dos trabalhadores urbanos e rurais fossem estendidos a todos os trabalhadores em condição de igualdade.

Uma outra questão que também tem com frequência no Judiciário se relaciona à jornada. Não existe no mundo jornada superior a oito horas por dia. O Ministro Lelio Bentes que é perito da Organização Internacional do Trabalho lida com estas questões e não existe a possibilidade, a não ser num regime de escravidão, trabalho de mais de oito horas por dia, e acontece muito no trabalho doméstico e não tem reconhecimento da hora extra.

Quando eu vou falar sobre o assunto ou alguém me consulta, quando advogava, me consultava: "e aí, o que eu faço? Digo: paga, se não paga como hora extra paga como remuneração do trabalho." O que é certo é que não se pode exigir mais de oito horas por dia. Então tem estas peculiaridades? Tem. Carecem de um tratamento legislativo as peculiaridades do trabalho doméstico, mas nem por isso, nada justifica exigir mais de oito horas de trabalho por dia.

Essa é uma discussão que tem no Judiciário. Ah, não tem direito a horas extras! Isto é detalhe, o que não pode é exigir mais de oito horas de trabalho por dia. Então, são questões que estão carecendo de um tratamento legislativo e mesmo no Judiciário, enquanto não vem a definição do ponto de vista legislativo de um reconhecimento do Judiciário.

Aponto alguns dados a respeito de que são quase 7 milhões de trabalhadores, 16,7% do total da ocupação é feminina. Isso, inclusive, é maior; já tem levantamento recente, e é bem maior. O trabalho doméstico tem como característica a precariedade e, apesar de ser numeroso, ainda não recebeu esse tratamento igualitário que é, inclusive, a isonomia exigida na Constituição Federal.

Na realidade, nesse dado do número de trabalhadores, que são mulheres, houve uma troca. Mais de 90% da categoria são trabalhadoras mulheres. Existem tramitando no Congresso Nacional alguns Projetos de Lei, o mais importante deles é o que revoga o parágrafo único do artigo 7º. O *caput* do artigo 7º cuida de trabalhadores domésticos, desta forma, o artigo 7º abrangeria os trabalhadores urbanos, domésticos e rurais.

O Doutor Jerônimo, inclusive, deu um Parecer, aqui na Consultoria Jurídica junto ao Ministério do Trabalho, sobre esse Projeto, ora em trâmite. Eu vi uma justificativa muito bem lançada por parte do Doutor Jerônimo.

Entretanto, há uma novidade importante: consta no Item IV do Programa da Conferência Internacional deste ano, que se realizará em Genebra, de 1º a 17 de junho, uma proposta de firmatura de uma Convenção para os Trabalhadores Domésticos, o que será também um avanço muito grande, em se tratando dessa lacuna que existe e que precisa urgentemente ter o reconhecimento para que os trabalhadores domésticos venham a ter o tratamento igual que a Constituição assegura. A Constituição assegura o tratamento igual, tanto em relação à cidadania quanto em relação aos direitos, aos direitos trabalhistas, aos direitos sociais, inclusive, com a proibição de que haja discriminação entre formas de trabalho.

Nesse material, separei alguns Projetos de Lei, que estão em tramitação e tomei conhecimento de um outro que foi recentemente apresentado, que acrescenta um artigo na Lei n. 8.203, de 24 de julho de 1991, com relação aos benefícios de acidente do trabalho. Aliás, os trabalhadores domésticos ainda não têm a cobertura ampla dos benefícios de acidente do trabalho.

Então, é uma questão que não pode deixar de ser abordada nesta comemoração do Dia 1º de maio, do Dia do Trabalho e, principalmente, com relação a mim, que também nasci no Dia do Trabalho. É uma reflexão que ontem lancei numa entrevista. Falei sobre isso: que devemos aproveitar o 1º de maio, Dia do Trabalho, não somente para comemorar as muitas conquistas da Constituição no Dia Internacional do Trabalho, no século XIX, que foram incorporadas aos direitos dos trabalhadores.

Aconteceram muitas batalhas, muitas greves, muitos trabalhadores morreram, muitos foram barbaramente massacrados e temos aí, como resultado de tanta luta e de tanta peleja, um avanço grande, mas não podemos perder a perspectiva do que ainda precisa ser conquistado.

Não podemos perder a perspectiva do nosso campeonato de acidente do trabalho, número avassalador de acidentes do trabalho. Não podemos, também, perder a perspectiva dos direitos que ainda não foram conquistados e, principalmente, nessa seara, em relação aos trabalhadores e trabalhadoras domésticos, precisamos cumprir o nosso papel e não deixar somente sob a responsabilidade do Poder Público.

Acho que todos temos uma grande responsabilidade com os trabalhadores domésticos, porque dependemos muito deles, notadamente, no combate à discriminação, ao preconceito e, no sentido de que venham a ter os seus direitos em iguais condições aos trabalhadores urbanos e rurais, porque são tão imprescindíveis no contexto do Brasil. Os domésticos são tão imprescindíveis quanto os urbanos e rurais para o crescimento do País e para que possamos atingir nosso ideal de uma sociedade melhor, uma sociedade mais justa, uma sociedade mais igualitária.

Não temos como caminhar nesse rumo se convivermos e não fizermos nada, não manifestarmos o nosso inconformismo em todas as oportunidades que tivermos e não trabalharmos no sentido de que seja atingido esse objetivo tão importante.

Eu gostaria de agradecer aqui a oportunidade.

Capítulo XXV

O Papel das Normas Internacionais do Trabalho no Mundo Globalizado

Lelio Bentes Corrêa
Ministro do Tribunal Superior do Trabalho — TST

Bom dia a todas e a todos. Quero saudá-los na pessoa do nosso querido Doutor Jerônimo, que teve essa brilhante ideia, executando-a com absoluta maestria — seguramente circundado por seus colegas da Consultoria Jurídica junto ao Mistério do Trabalho e Emprego, que contribuíram não só para a realização deste evento, mas também de outros que ocorrerão logo mais, dentre eles, a Solenidade de Comemoração dos 70 anos do Tribunal Superior do Trabalho, o nosso TST. Na ocasião, será firmado importante Convênio entre os Ministérios do Trabalho, da Previdência, a Advocacia-Geral da União e o Tribunal Superior do Trabalho, visando promover ações tendentes a reduzir os acidentes do trabalho no Brasil. A providência é mais que oportuna, diante dessa mazela que anualmente clama as vidas de milhares de trabalhadoras e trabalhadores, ou lhes reduz permanentemente a capacidade de trabalho.

Iniciativas como essa, viabilizadas pelo empenho determinado das referidas autoridades dos Poderes Executivo e Judiciário — a que se seguirão, certamente, esforços também no âmbito do Poder Legislativo e a atuação comprometida de entidades representativas de trabalhadores e empregadores — revelam-se fundamentais na restituição da dignidade do trabalho e na realização do seu valor social. Afigura-se imperioso garantir às trabalhadoras e trabalhadores brasileiros condições dignas e seguras de trabalho, dando às suas famílias a certeza de que seus pais, mães, irmãos, irmãs, filhas e filhos regressarão a seus lares, sãos e salvos, ao final de cada dia. Afinal de contas, não há objetivo econômico que justifique pôr em risco a vida e a saúde do trabalhador.

Adentrando o tema da nossa palestra — "O papel das normas internacionais do trabalho no mundo globalizado" —, a primeira pergunta que se impõe é: afinal de contas, qual a importância do Direito Internacional do Trabalho? Por que nos preocuparmos com o tema? Afinal, a Constituição brasileira — uma das mais modernas do mundo — não oferece resposta satisfatória aos desafios do mundo do trabalho?

Contamos, ainda, com uma legislação trabalhista que, apesar dos seus quase setenta anos de existência, ainda se revela, em muitos aspectos, atual, cuidadosa e detalhada. Por que, então, nos preocuparmos com as normas internacionais do trabalho? A resposta está no próprio fato de que o Direito do Trabalho nasceu internacional, como bem ressaltado por Arnaldo Süssekind.

Com efeito, as bases do Direito do Trabalho moderno, tal como o conhecemos, estão lançadas no Tratado de Versalhes de 1919 — de que resultou, inclusive, a criação da Organização Internacional do Trabalho (OIT). Além disso, os desafios que o mundo do trabalho oferece não são paroquiais. A terceirização precarizante, os acidentes do trabalho, o trabalho infantil, a discriminação em matéria de emprego e ocupação, o trabalho forçado e as restrições ao livre exercício da atividade sindical despontam entre os fenômenos que atualmente preocupam e afligem praticamente todas as nações do mundo. Há que se buscar, então, uma resposta global para tais desafios, a fim de proporcionar um esforço efetivo e eficaz no seu equacionamento, inserindo a atuação local num contexto mais amplo. Da coerência desses esforços, e do seu caráter global, depende o seu impacto na definição de um "patamar civilizatório mínimo", no dizer de Mauricio Godinho Delgado, acessível a todos os trabalhadores e trabalhadoras do mundo.

Ademais, é importante ressaltar que, dada a origem internacional dos princípios que informam o Direito do Trabalho — em boa hora incorporados ao ordenamento jurídico nacional — afigura-se fundamental o conhecimento do tratamento que lhes dispensam a doutrina e a jurisprudência internacionais, de modo a obter parâmetros para a sua aplicação no âmbito interno.

A título exemplificativo dessa clara inspiração internacional dos textos legislativos nacionais, tomem-se os artigos 5º, 6º e 7º, da Constituição da República. O artigo 5º, ao elencar os direitos individuais e coletivos assegurados a todos os cidadãos, tem diversos de seus incisos decalcados dos instrumentos internacionais definidores dos direitos humanos. O mesmo se dá com os artigos 6º e 7º, que definem os direitos sociais (entre eles os dos trabalhadores urbanos e rurais). Tais dispositivos revelam nítida inspiração na Declaração Universal dos Direitos Humanos, de 1948; no Pacto dos Direitos Sociais, Econômicos e Culturais e Pacto dos Direitos Civis e Políticos, ambos de 1966; e no Pacto de São José da Costa Rica, de 1969. Alguns deles são mesmo cópia fiel do que a comunidade internacional afiançou como as bases para a afirmação dos direitos inalienáveis de todos os seres humanos.

O artigo 7º, da Constituição — como, ademais, a própria CLT — consagra diversos direitos previamente referidos nas Convenções e Recomendações da Organização Internacional do Trabalho. Disposições relativas a férias remuneradas, ao salário compatível com o provimento das necessidades básicas dos trabalhadores, proteção à maternidade, proteção à saúde dos trabalhadores, idade mínima para o trabalho, proibição do trabalho noturno ou em condições insalubres para menores de idade, vedação da interferência (do Estado ou de particulares) no livre exercício da atividade sindical, entre tantas outras, encontram-se explicitamente consagradas na normativa internacional. Exatamente por isso, tais preceitos são objeto de discussão permanente nos órgãos da OIT dedicados ao controle da sua implementação pelos países que as ratificam.

Dentre tais órgãos de controle destaca-se a **Comissão de Peritos na Aplicação de Convenções e Recomendações**, que produz doutrina sólida e genuína, na medida em que se trata de um órgão da OIT, composto por vinte juristas independentes, incumbido de monitorar a situação de cada um dos países ratificantes das Convenções da OIT, quanto à sua correta implementação. Suas observações e estudos gerais constituem rico cabedal de informações acerca do conteúdo e alcance das normas internacionais do trabalho. Mais do que isso, proveem, ainda, uma visão prospectiva, progressiva, da aplicação da norma – auxiliando, em muito, o intérprete local na sua tarefa de dar concretude à norma no âmbito doméstico.

É importante ressaltar que o tema da interpretação dos princípios que regem o Direito do Trabalho não é um tema menor. Muitas vezes, princípios extremamente valiosos acabam amesquinhados, a partir de uma interpretação retrospectiva, deformada pelo compromisso com o passado. Não são raras as situações em que o intérprete incorre no equívoco de pretender subordinar os princípios plasmados na normativa internacional — e mesmo na Constituição da República — aos ditames da legislação infraconstitucional, à qual se afeiçoou pelo costume. A regra hermenêutica, todavia — e, por que não dizer, a própria lógica do direito contemporâneo — pressupõe exatamente o contrário: são os princípios que devem subordinar a interpretação da legislação, determinando uma interpretação construtiva, de forma a alcançar a máxima efetividade na sua implementação.

Penso que, assim, a importância do tema encontra-se plenamente justificada. Cumpre, nesse, passo, descrever brevemente a origem da Organização Internacional do Trabalho e do seu compromisso com os direitos fundamentais.

As nações do mundo, após vivenciarem o mais extenso e desastroso conflito já visto, decidiram rever as regras concebidas para presidir as relações internacionais, prevenindo os riscos emergentes da distribuição desigual de poderes e as opressivas restrições econômicas impostas aos países vencidos na Primeira Guerra Mundial. Desse processo resultou a dissolução da Liga das Nações e a criação, em 1946, da Organização das Nações Unidas (ONU), com o escopo de proporcionar um Forum democrático, que propiciasse o debate entre todas as nações e favorecesse o desenvolvimento de meios efetivos para lidar com temas de interesse global, bem como prevenir potenciais conflitos internacionais.

Enquanto isso, já em 1944, a Conferência Internacional do Trabalho alterava significativamente a Constituição da OIT por meio da Declaração de Filadélfia, alinhando os objetivos da instituição com as preocupações já mencionadas, além de aclarar o papel dos seus constituintes (governos, trabalhadores e empregadores) na construção de um clima de justiça social, como pré-requisito para uma paz duradoura.

Afirma a Declaração, em seu artigo primeiro, que **o trabalho não é uma mercadoria**, e enfatiza a importância da **liberdade de expressão e de associação** para o progresso sustentável[412]. Revelando a influência do pensamento vigente à época, relacionado com a necessidade de se abordarem as desigualdades sociais e econômicas de forma global e desde uma perspectiva dos direitos humanos — tal como propugnado no memorável *"Discurso das Quatro Liberdades"*, dirigido pelo Presidente **Franklin Delano Roosevelt** ao Congresso norte-americano em 1941 — a Declaração de Filadélfia consigna ainda:

c) A pobreza em qualquer lugar constitui uma ameaça à prosperidade em qualquer lugar;

d) a guerra contra a necessidade precisa ser travada com incansável vigor no âmbito de cada nação, e mediante esforços internacionais contínuos e concertados em que representantes de trabalhadores e empregadores, desfrutando de *status* igual ao dos governos, unam-se em um debate livre e decisão democrática visando à promoção do bem-estar comum.

Em consequência desse processo, a OIT, criada em 1919, no contexto da Liga das Nações, foi poupada da extinção e se tornou parte do Sistema das Nações Unidas — uma agência mais antiga que o próprio sistema.

Mais recentemente, a OIT trilhou novamente o mesmo caminho, ante o processo de globalização econômica e a ameaça de uma tendência crescente à desregulamentação das relações laborais, alimentada por um clima internacional de feroz competitividade. Em 1998, aprovou-se, pelo voto unânime dos delegados presentes à Conferência Internacional do Trabalho, a Declaração Sobre os Princípios Fundamentais e Direitos no Trabalho[413], visando prover um patamar mínimo para o desenvolvimento de relações humanas e democráticas no ambiente de trabalho, atribuindo a todos os Membros da Organização a responsabilidade inescusável de implementar tal objetivo universalmente. Estabelece a Declaração de 1998 que todo país-membro da OIT se compromete, como mera consequência dessa condição, a respeitar, promover e implementar quatro princípios fundamentais: *liberdade de associação e negociação coletiva, eliminação do trabalho forçado, abolição do trabalho infantil e eliminação da discriminação relacionada a emprego e ocupação*.

Em que pese algum criticismo inicial relacionado com a natureza não vinculante da Declaração e a natureza promocional do seu mecanismo de seguimento, os resultados até

---

(412) *Declaração Relativa aos Objetivos e Propósitos da Organização Internacional do Trabalho*, aprovada na 26ª Conferência Geral da OIT, realizada na Filadélfia, EUA, em maio de 1944.

(413) *Declaração da OIT Sobre os Princípios Fundamentais e Direitos no Trabalho*, aprovada na 86ª Conferência Geral da OIT, realizada em Genebra, Suíça, em junho de 1998.

agora alcançados são memoráveis: desde a sua adoção, pode-se perceber um incremento dramático no número de ratificações das oito Convenções da OIT relacionadas com os princípios fundamentais[414]. Em fevereiro de 2009, o número de ratificações das Convenções fundamentais totalizava 1306, de 1456 ratificações possíveis[415].

Tal fato, por si só, constitui um extraordinário êxito, porquanto os Estados ratificantes passam a se submeter ao sistema regular de monitoramento da OIT, por força do artigo 22, da sua Constituição, ficando obrigados a enviar informes regulares aos órgãos de supervisão.

Além disso, organizações de trabalhadores e empregadores podem oferecer representações no caso de descumprimento de qualquer das obrigações contidas no texto da Convenção ratificada, nos termos do artigo 24, da Constituição da OIT, bem como outros Estados que tenham ratificado a mesma Convenção podem oferecer reclamação no caso de falha no dever de assegurar efetiva observância dos direitos ali assegurados.

A Declaração da OIT de 1998 também proporcionou a base para a Agenda do Trabalho Decente, lançada em 1999, com o objetivo de assegurar não apenas acesso ao trabalho, mas acesso ao trabalho seguro, dignificante e produtivo a todos.

Mais recentemente, em 2002, a OIT estabeleceu a Comissão de Alto Nível sobre as Dimensões Sociais da Globalização. Esse grupo tem conduzido debates altamente produtivos, interna e externamente à Organização, levando a discussão a diversos atores de diferentes partes do mundo. Várias conclusões relevantes foram alcançadas e compiladas no relatório final da Comissão, publicado em 2004. O relatório pugna, entre outras medidas, pelo redirecionamento do processo econômico para concentrar-se nas pessoas; pelo fortalecimento da democracia; pelo desenvolvimento sustentável (sob as perspectivas econômica, social e ambiental); por regras justas no comércio internacional; por solidariedade com países e pessoas excluídos ou desfavorecidos pela globalização; e pelo fortalecimento e maior efetividade das Nações Unidas.

É notável a coincidência entre vários dos relatórios produzidos em reuniões locais ou regionais organizadas pela Comissão de Alto Nível e o relatório global, especialmente no tocante à necessidade de construção de meios tendentes a promover o desenvolvimento econômico sustentável, baseado na justiça social e dignidade humana, responsabilidade empresarial e boa governança num ambiente globalizado e competitivo. Outra característica comum à maioria dos relatórios é a necessidade

---

(414) Liberdade de Associação e Negociação Coletiva: Convenções **87** (150 ratificações) e **98** (160 ratificações); Eliminação do Trabalho Forçado e Compulsório: Convenções **29** (175 ratificações) e **105** (171 ratificações); Eliminação da Discriminação em Respeito a Emprego e Ocupação: Convenções **100** (168 ratificações) e **111** (169 ratificações); e Abolição do Trabalho Infantil: Convenções **138** (163 ratificações) e **182** (174 ratificações).

(415) Esse número, em junho de 2012, era de 1.330.

de reconciliar crescimento econômico e melhor distribuição de renda, considerando que a riqueza gerada pelo livre comércio não tem beneficiado uniformemente ricos e pobres.

Esse trabalho serviu de base para a adoção, em junho de 2008, da Declaração da OIT sobre Justiça Social para uma Globalização Justa[416], que estatui, em seu preâmbulo:

> [...].
>
> *Considerando que o presente contexto da globalização, caracterizado pela difusão de novas tecnologias, o trânsito de ideias, o intercâmbio de produtos e serviços, o crescimento na movimentação de capitais e financeira, a internacionalização dos negócios e dos processos e diálogo empresariais, bem como a movimentação de pessoas, especialmente mulheres e homens trabalhadores, vem remodelando o mundo do trabalho de forma profunda:*
>
> *— de um lado, o processo de cooperação e integração econômicas tem ajudado certos países a se beneficiar de altas taxas de crescimento econômico e criação de empregos, a absorver grande parte da população rural empobrecida na economia urbana moderna, a alcançar seus objetivos de desenvolvimento, e a estimular inovações no desenvolvimento de produtos e na circulação de ideias;*
>
> *— de outro lado, a integração da economia global tem levado muitos países e setores a enfrentar grandes desafios quanto à desigualdade de renda, permanentes altos níveis de desemprego e pobreza, vulnerabilidade das economias a choques externos, e o crescimento do trabalho desprotegido e da economia informal, com impacto nas relações de emprego e as proteções que podem oferecer;*
>
> *Reconhecendo que o alcance de um resultado melhor e mais justo para todos torna-se ainda mais necessário nessas circunstâncias, a fim de se satisfazer a aspiração universal por justiça social, alcançar o pleno emprego, assegurar a sustentabilidade das sociedades abertas e da economia global, alcançar a coesão social e combater a pobreza e crescentes desigualdades;*
>
> *Convencida de que a Organização Internacional do Trabalho cumpre um papel central em auxiliar na promoção e alcance do progresso e justiça social num ambiente em constante mudança:*
>
> *— baseada no mandato contido na Constituição da OIT, inclusive na Declaração de Filadélfia (1944), que continua totalmente relevante no século XXI e deveria inspirar a política de seus Membros e que, entre outros objetivos, propósitos e princípios:*
>
> *• afirma que o trabalho não é uma mercadoria e que a pobreza em qualquer lugar constitui um risco à prosperidade em todos os lugares;*
>
> *• reconhece que a OIT tem a obrigação solene de promover entre as nações do mundo programas tendentes à consecução dos objetivos do pleno emprego e da elevação dos padrões de vida, de um salário mínimo que permita a subsistência e a extensão das medidas de seguridade social em ordem a prover uma renda mínima a todos os que necessitam, juntamente com outros objetivos indicados na Declaração de Filadélfia;*
>
> *• incumbe a OIT com a responsabilidade de examinar e considerar todas as políticas econômicas e financeiras internacionais à luz do objetivo fundamental da justiça social; e*

---

(416) *Declaração da OIT sobre Justiça Social para Uma Globalização Justa*, aprovada na 97ª Conferência Geral da OIT, realizada em Genebra, Suíça, em junho de 2008.

> — *baseando-se e reafirmando a Declaração da OIT sobre os Princípios Fundamentais e Direitos no Trabalho e seu Mecanismo de Seguimento (1998) na qual os Membros reconhecem, na desincumbência do mandato da Organização, a particular importância dos direitos fundamentais, nomeadamente: liberdade de associação e efetivo reconhecimento do direito à negociação coletiva, eliminação de todas as formas de trabalho forçado ou compulsório, efetiva abolição do trabalho infantil, e eliminação da discriminação em relação a emprego e ocupação;*
>
> *[...]."*

Há muito se percebem indicadores de que a prosperidade econômica não tem sido traduzida em melhores condições de vida para todos. Nesse sentido, proliferam estudos e depoimentos de autoridades e instituições insuspeitas. O próprio Banco Mundial assevera, no seu Relatório sobre o Desenvolvimento Mundial, publicado em 2000, que as desigualdades entre países ricos e pobres — assim como entre pessoas ricas e pobres nos países — simplesmente dobrou num período de 40 anos.

O Relatório da OIT sobre o Mundo do Trabalho de 2008[417] aponta na mesma direção, ressaltando que a taxa global de desigualdade de ingressos tem crescido mais rápido do que nunca na era da globalização financeira.

Além disso, a participação dos salários na renda nacional encontra-se em declínio na significante maioria dos 70 países — desenvolvidos e em desenvolvimento — pesquisados. Num contexto de crise, são os grupos mais vulneráveis que sofrem as piores consequências, tais como desemprego e endividamento.

Vale dizer: pessoas pobres ainda têm que suportar as pesadas consequências da desaceleração econômica, ainda que não tenham tido a oportunidade de se beneficiar da sua expansão. Salta aos olhos a atualidade e importância dessas conclusões, à vista do caos econômico que se instaurou no mundo nos últimos anos e que, neste final da primeira década do novo milênio, mostra sua face mais cruel.

No dizer de **Noam Chomsky**[418], a avidez sem precedentes de organismos estatais em intervir em socorro do mercado:

> [...].
>
> revela, mais uma vez, o caráter profundamente antidemocrático das instituições do estado capitalista, concebidas com o principal propósito de socializar os custos e riscos e privatizar os lucros, sem controle público.
>
> [...].

Poucos ousam contestar, hoje, a necessidade da intervenção estatal, de caráter regulatório, como forma de prevenir o agravamento da situação. Enquanto a busca

---

(417) *Relatório sobre o Desenvolvimento Mundial 2000/2001 — Atacando a Pobreza*. Banco Mundial, Nova Iorque: Oxford University Press, 2000.

(418) CHOMSKY, Noam. *Where Now for Capitalism?* BBC News, 19 de setembro de 2008. Disponível em: <http://www.chomsky.info/articles/20080919.htm> Tradução livre.

do lucro constitui objetivo legítimo no sistema capitalista, é dever do Estado assegurar que todos se beneficiem dos resultados alcançados em proporção razoável à sua contribuição para tanto. Salários pagos em algumas grandes companhias no mundo industrializado — até 520 vezes maiores do que aqueles pagos a trabalhadores comuns — dificilmente podem ser considerados "razoáveis"[419].

Mesmo aqueles que não contribuíram de forma direta para a expansão econômica merecem beneficiar-se da prosperidade alcançada. Para esse fim, benefícios sociais devem estar acessíveis, alcançando os grupos mais vulneráveis, especialmente por intermédio de políticas voltadas para a educação, saúde e formação profissional. Programas de renda mínima condicionados à frequência escolar, por exemplo, têm-se revelado ferramentas úteis no empoderamento de famílias empobrecidas, qualificando-as para se tornar agentes de seu próprio resgate da situação de pobreza.

A Organização Internacional do Trabalho tem buscado encorajar seus Membros a tomar as medidas necessárias para o efetivo respeito, promoção e implementação dos direitos dos trabalhadores. Um número significativo de normas encontra-se em vigor, e um sofisticado mecanismo de supervisão está implementado e em funcionamento[420].

No entanto, trazer 182 Estados de diversas tradições e práticas, em diferentes estágios de desenvolvimento econômico, a um entendimento comum acerca do mundo do trabalho constitui uma tarefa gigantesca. O consenso deve ser construído desde o princípio e, obviamente, o reconhecimento da dignidade inerente a todos os seres humanos e de sua condição de igualdade em valor e direitos — tal como consagrado no preâmbulo da Declaração Universal dos Direitos Humanos — constitui a pedra de toque desse processo.

A adoção da Declaração sobre os Princípios Fundamentais e Direitos no Trabalho, de 1988, apesar do criticismo de alguns renomados autores, constitui um passo estratégico rumo ao reconhecimento de valores universais compartilhados por todas as Nações, cada uma delas comprometendo-se a assegurar a livre e total fruição desses direitos por todos e cada um dos cidadãos.

É verdade, porém, como nota **Phillip Alston**, que os quatro princípios proclamados na Declaração encontram correspondência com os termos de outros documentos internacionais de Direitos Humanos, de aceitação universal, como a Declaração Universal dos Direitos Humanos e o Pacto Internacional dos Direitos

---

(419) Em seu *Relatório sobre o Mundo do Trabalho 2008 — A Taxa Global de Desigualdade de Renda é Ampla e Crescente*, a OIT exemplifica que, em 2007, entre as 15 maiores companhias norte-americanas, Presidentes e Diretores ganhavam 520 vezes mais que um trabalhador comum da mesma empresa.

(420) A Comissão de Peritos em Aplicação de Convenções e Recomendações da OIT registrou, desde 1964, 2620 casos de progresso em países cuja legislação ou prática não revelava conformidade com normas ratificadas.

Econômicos, Sociais e Culturais. É precisamente por essa razão que o *status* de genuínos Direitos Humanos não pode ser negado àqueles princípios ou aos direitos a que correspondem.

Com efeito, afigura-se razoável postular para os princípios fundamentais e direitos no trabalho um lugar, entre aquelas normas definidoras de Direitos Humanos, a que a comunidade internacional reconhece especial importância, adjetivando-as de "direito costumeiro internacional" — o que importa a obrigatoriedade de sua observância por todos os Estados, independentemente de ratificação. Primeiro, devido ao significativo número de ratificações alcançado pelas Convenções correspondentes àqueles princípios — mais do que suficiente para justificar a sua aceitação como direito costumeiro internacional. Segundo, pela óbvia relação entre o princípio fundamental da eliminação do trabalho forçado ou compulsório e o direito universalmente reconhecido a todo ser humano de se ver livre das formas contemporâneas de escravidão. O mesmo raciocínio se aplica ao princípio da não discriminação, amplamente aceito como um dos Direitos Humanos fundamentais, ou aquele relacionado com a abolição do trabalho infantil, correspondente ao direito da criança à proteção contra a exploração econômica, bem como ao pleno desenvolvimento de suas capacidades. O princípio da liberdade de associação e negociação coletiva, a seu turno, é largamente aceito como uma das dimensões do direito inalienável de todo ser humano à liberdade de expressão.

Mediante a promoção desses princípios fundamentais, encorajando os Estados-Membros a ratificar e implementar as respectivas Convenções, a OIT lança as bases para relações mais equitativas e justas no mundo do trabalho e, ao mesmo tempo, reafirma o seu compromisso com a promoção dos Direitos Humanos. Como ressaltado por **Virginia Leary**[421], a OIT levou 50 anos para se dar conta de que sua função sempre foi a de promover os Direitos Humanos. Esse compromisso afigura-se agora firmemente reconhecido e definitivamente integrado em todas as atividades da OIT.

A disseminação dos princípios fundamentais e direitos no trabalho por todo o mundo objetiva assegurar as condições básicas para o desenvolvimento sustentável desde a perspectiva das relações de trabalho. Obviamente, o mandato da OIT não se exaure em assegurar que crianças não sejam exploradas — e, portanto, tenham acesso à educação e ao pleno desenvolvimento de suas potencialidades — garantir que nenhum trabalhador seja engajado em qualquer trabalho contra a sua própria vontade; assegurar oportunidades iguais e tratamento digno a todos, independentemente de gênero, raça, cor da pele, etnia ou idade; e garantir que os trabalhadores sejam livres para se organizar e lutar coletivamente pela melhoria das suas condições de trabalho e de vida. Mas assim se proveem, por certo, aos atores sociais as ferramentas necessárias à deflagração do processo de construção, por meio do diálogo social — e, às vezes, inevitável, mas construtiva confrontação — de uma sociedade

---

(421) *Lessons from te Experience of the International Labour Organisation* em: "The United Nations and Human Rights — A Critical Appraisal". Phillip Alston (editor), Clarendon Press, Oxford, 1992.

baseada em valores humanos, num clima de justiça social, como pré-requisito para uma paz duradoura.

É certo, no entanto, que a disseminação desses valores entre os Estados-Membros da OIT, conquanto importante, não será suficiente. Necessário se faz assegurar a sua efetiva implementação no âmbito doméstico de cada país. Para esse fim, faz-se indispensável a expansão dos programas de cooperação e assistência técnicas da OIT. É importante que as normas da OIT sejam traduzidas na legislação nacional, mas é igualmente indispensável que se transformem em práticas correntes locais. Esse processo não é automático e, em muitos casos, depende tanto da capacitação de atores sociais e servidores públicos, treinamento de magistrados, membros do ministério público, advogados e agentes da inspeção do trabalho ou de campanhas de conscientização quanto de vontade política.

A cooperação bilateral deve igualmente ser encorajada, permitindo aos Estados--Membros da OIT beneficiar-se das lições aprendidas por seus pares. Experiências bem sucedidas devem ser disseminadas, porquanto podem servir de fonte de inspiração para outros Estados, na busca de respostas adequadas para os seus próprios desafios, adaptadas à realidade local e sempre tendo em consideração as necessidades peculiares de cada nação.

Finalmente, é vital que a visão do Direito do Trabalho, como parte integrante dos Direitos Humanos, seja promovida não só na esfera doméstica, desde a formação dos novos advogados, magistrados, membros do Ministério Público e agentes da inspeção do trabalho, mas também no âmbito internacional, mediante a consagração desses valores nas políticas emanadas de outras agências do sistema das Nações Unidas, especialmente aquelas diretamente envolvidas com temas afetos ao comércio e desenvolvimento. A construção de uma Organização das Nações Unidas mais forte e mais efetiva pressupõe, como primeiro passo, que todas as suas agências falem a mesma linguagem.

É necessário, então, tomarmos consciência de que o arcabouço normativo internacional, de grande qualidade, diga-se de passagem, reforçado pelo trabalho incessante dos órgãos de controle da OIT, é extremamente útil na regulação das relações laborais, para que se tornem justas socialmente e contribuam para o desenvolvimento da competitividade econômica, mas com respeito aos direitos humanos.

Tais instrumentos só adquirirão força e eficácia, a partir da atuação interna de cada um de nós, dos membros do Poder Judiciário, na aplicação das leis, das Convenções ratificadas que se incorporam ao ordenamento jurídico com caráter supralegal; na invocação dos princípios que informam essas normas nacionais; na dos advogados ao trazer suas postulações invocando os diretos reconhecidos na Normativa Internacional; dos administradores e dos gestores, especialmente, os que forem responsáveis pela formulação de políticas de emprego, de salário, que encontram nos documentos da OIT, não apenas inspiração e exemplos bem sucedidos de outros países do mundo, que poderiam ser estudados para adaptação ao nosso País, mas encontram ali também a permanente oferta de cooperação técnica.

Qualquer país pode se valer do auxílio dos especialistas da OIT, mediante um Convênio de Cooperação Técnica. E é por esse intermédio que se tem alcançado transformações efetivas. Mais de dois mil casos de sucesso foram registrados desde 1964 nessa atuação da OIT, essencialmente por conta dos projetos de atuação de assistências técnicas.

Temos todo esse aparato à nossa disposição e precisamos lançar mão dele com mais frequência. Precisamos, porém, rever algumas atitudes. É preciso levar a sociedade a uma discussão profunda e transparente, acerca dos rumos que queremos seguir em relação à despedida arbitrária, em relação à precarização do trabalho, ou mesmo em relação à liberdade sindical.

É necessário alcançar um ponto de amadurecimento que permita compreender que, se nosso país pretende se afirmar como liderança econômica no mundo contemporâneo, é preciso igualmente fortalecer nossa posição sob o aspecto ético. Aí, sim, poderemos nos afirmar liderança não apenas em desenvolvimento econômico, mas também na afirmação dos direitos humanos. Só assim estaremos habilitados a enfrentar com altivez os desafios que se impõem no século XXI.

Obrigado mais uma vez pelo convite, um grande abraço a todos!

Capítulo XXVI

Aspectos Controvertidos do Dano Moral Trabalhista

João Oreste Dalazen
Ministro e Presidente do Tribunal Superior do Trabalho — TST

Ilustre Doutor Jerônimo Jesus dos Santos, digníssimo Consultor Jurídico do Ministério do Trabalho e Emprego, em nome de quem peço licença para saudar em virtude da exiguidade de tempo, as eminentes autoridades que nos prestigiam e, em especial o meu dileto amigo, o Ministro aposentado, José Luciano de Castilho Pereira! Saúdo igualmente os senhores diretores de empresa, advogados, dirigentes sindicais, líderes sindicais, servidores públicos, senhoras e senhores!

Gostaria de, inicialmente, transmitir a minha calorosa saudação a todos os senhores e consignar o meu imenso regozijo em participar desse evento alusivo ao 1º de maio, Dia do Trabalho! O Tribunal Superior do Trabalho não poderia deixar de fazer-se presente nesse momento para a discussão de um dos vastos temas que hoje compõem a pauta, aqui tão bem referidos pelos ilustres presidentes da Força Sindical e da CUT.

Evidente que teríamos que dedicar uma semana, pelo menos, para debater cada um desses vastíssimos temas, instigantes e atualíssimos temas. O que seria extremamente importante, mas elegemos para esta ocasião um tema não menos importante e que também está na ordem do dia, que é a questão do Dano Moral Trabalhista.

Este, por si só, também um tema vastíssimo que igualmente nos renderia ensejo para muitas instigantes reflexões, ponderações e averiguações, tão vasto é esse tema. É obvio, portanto, que nós vamos tratar de aspectos pontuais e de maneira muito objetiva, em face da premência do tempo.

Ao iniciar a abordagem desse tema, gostaria de lembrar o que disse um grande jurista, um dos maiores jusfilósofos do direito, chamado Ihering, Rudolf Ihering. Esse grande austríaco dizia o seguinte "O direito protege não apenas os nossos bens materiais, o nosso patrimônio na acepção material, mas o direito protege também os nossos bens imateriais, protege também aquilo que nós somos como pessoas, como seres meramente existenciais."

E o dano moral manifesta-se precisamente no ataque, na lesão ao nosso chamado patrimônio imaterial, ou se preferirem, nosso patrimônio ideal. Quer dizer: o dano moral configura-se na lesão a atributos da personalidade ou a direitos subjetivos reconhecidos à pessoa meramente como ser existencial.

No que diz respeito ao dano moral trabalhista, de que vamos tratar, ele não é senão o agravo ou o constrangimento infligido quer ao empregado, quer ao empregador, mediante a violação desses direitos fundamentais inerentes à personalidade, como consequência ou como decorrência da relação de emprego.

A locução "dano moral", é preciso que se entenda, é uma locução imprópria. Por que é imprópria? Porque ela designa um não dano. Não dano, por quê? Porque a locução dano diz respeito a uma diminuição patrimonial. Há um prejuízo. Há uma perda, um desfalque. E no caso do chamado dano moral, obviamente, não é disso que se trata.

Trata-se sim da lesão, como disse, ou da ofensa a direitos inerentes à personalidade e que também, como ressaltei a princípio, são protegidos pelo direito.

Mas, afinal, quais são esses direitos inerentes à personalidade que o direito protege igualmente, a exemplo dos bens materiais? Aqui está uma das questões sérias concernentes ao tema.

Acontece que, na amplitude desses direitos, é muito difícil detectar, captar quais são esses direitos personalíssimos. Lembro que Jorge Luís Borges, um grande escritor argentino, como se sabe, dizia que "Nas enumerações o primeiro que sobressai são as omissões".

Então, é muito difícil enumerar todos esses direitos, cuja lesão é suscetível de caracterizar dano moral. É muito difícil!

Durante muito tempo, se pensou que dano moral estava identificado apenas como uma lesão à honra e como uma lesão à vida. Hoje, a jurisprudência e a doutrina modernas avançaram, e avançaram de modo acentuado, interpretando a lei e a Constituição Federal, para entender que muitos outros direitos inerentes à personalidade são passíveis de configurar ou de caracterizar dano moral em caso de lesão.

Num elenco não exaustivo, não taxativo, nós poderíamos dizer que dentre esses direitos, cuja lesão caracteriza dano moral, estão: a lesão à intimidade ou à privacidade, que se manifesta obviamente, por exemplo, pela violação do sigilo de comunicação, pela violação do sigilo profissional, pela violação do sigilo bancário, pela violação do sigilo industrial; a violação à honra; a violação à dignidade; a violação à honestidade de uma pessoa, do empregado, do empregador; a violação à imagem; ao bom nome; à reputação; a violação à liberdade.

Nós que temos, infelizmente, desgastadamente, ainda tantos casos de trabalho forçado ou em condições análogas à de escravo, devemos incluir a lesão à vida, representada pelo dano biológico ou a lesão à saúde. Todas essas são formas de caracterização do dano moral.

Os senhores vão encontrar outro acórdão, mais restritivo, inclusive, do Tribunal Superior do Trabalho, entendendo que o dano seria restritivo à honra, lesão à honra, à imagem e à intimidade. No meu juízo, é um equivoco, fruto de uma interpretação literal do artigo 5º, inciso X, da Constituição Federal.

Por quê?

Porque, obviamente, que a vida e a incolumidade física das pessoas não integram seu patrimônio material. Compõem, sim, o nosso patrimônio ideal, pois são bens, por natureza, insuscetíveis de avaliação econômica. Aliás, como é óbvio, são os mais preciosos bens e, por isso, mesmo a violação desses bens chega a constituir, como sabem os estudiosos, até crime, crime de homicídio, crime de lesão corporal etc. Diga-se o mesmo da liberdade.

Outra abordagem igualmente equivocada do conceito de dano moral, que reduz o conceito desse instituto, que está muito arraigada entre nós, e que, ainda, se insiste em associá-lo à dor e ao sofrimento da vítima, de modo que a indenização por dano moral seria restrita àqueles casos em que teria padecimento físico e espiritual da vítima. Por isso, é que se fala que a indenização do dano moral seria o preço da dor, em latim *"pretium doloris"*, não é?

Essa é uma visão também equivocada, porque, como frisa com muita propriedade um clássico do tema, um autor argentino chamado Ramon Daniel Pizarro: "O sofrimento não é um requisito indispensável para que haja dano moral, ainda que seja uma de suas possíveis e até costumeiras consequências."

Efetivamente, se o sofrimento da vítima fosse essencial à caracterização do dano moral, não haveria como explicar o dano moral de que podem ser vítimas, por exemplo, as pessoas físicas dementes ou as que não têm discernimento para compreender a ofensa, ainda que, temporariamente, de que seja alvo. Ora, é induvidoso que mesmo sem lágrimas ou sem percepção sensitiva do sofrimento pode configurar-se o dano moral.

Em realidade, as angústias, as aflições, as humilhações, o medo, os padecimentos, a dor, enfim, o sofrimento espiritual, insisto, são consequências possíveis ou efeitos possíveis do dano moral, mas não necessários para sua configuração.

Sem lesão a um bem não material, reconhecido pelo direito, o sofrimento espiritual da pessoa, ainda que presente, não configura dano moral ressarcível. Em outras palavras: pode haver sofrimento, sem que se caracterize dano moral. Por exemplo, se um casal de namorados rompe o relacionamento e um deles entra em depressão só por isso. A angústia aí experimentada por um não é ressarcível a título de dano moral.

Claro que é uma hipótese diferente daquela em que um noivo, na hora do casamento, simplesmente diz "Não, não caso com a fulana de tal, com o fulano de tal" porque isso, evidentemente, provocaria uma humilhação pública e então, sim, estaríamos em face de um dano moral. Mas é só para ressaltar nesse exemplo que um mero desfazimento de namoro pode provocar sofrimento e, no entanto, não haver dano moral.

A recíproca também é verdade. Pode não haver padecimento moral, espiritual e se configurar dano moral, como num caso de quebra ilegal de sigilo ou de violação do direito à imagem. A violação do direito à imagem não provoca sofrimento algum a qualquer pessoa. E, no entanto, a Constituição Federal assegura uma indenização pela simples violação ao direito à imagem, porque a imagem é um atributo da personalidade muito importante e protegido pelo direito.

O essencial, portanto, para caracterizar o que se convencionou chamar impropriamente de dano moral é que haja sempre lesão a um bem ou interesse da personalidade não material e protegido pelo direito.

Uma questão que se suscita e que é relevante é a seguinte: pode ser sujeito passivo do dano moral uma pessoa jurídica? Certamente a execução cartesiana do contrato do contrato do trabalho, evidentemente, rende ensejo a quem era empregado ou empregador, provocar ou ser vítima de dano moral. A questão de saber se a pessoa jurídica pode ou não ser vítima de dano moral é controvertida, altamente controvertida.

Há quem rechace essa possibilidade. Há uma corrente doutrinária jurisprudencial muito antiga e hoje já superada, diga-se a bem da verdade, que afirma que o dano moral teria sempre como pressuposto o elemento da dor, o elemento ontológico da percepção sensitiva da dor, mas isso, hoje é forçoso convir, está superado.

Na verdade, a dor não é substrato inafastável do dano moral. Primeiro, porque como nós vimos o dano virtualmente não se apresenta como substrato de uma dor e, segundo, porque no caso das pessoas jurídicas é inquestionável que o nosso ordenamento jurídico, ao menos, protege alguns dos direitos inerentes à personalidade compatível com a natureza das pessoas jurídicas como se extrai do artigo 52 do Código Civil.

O que diz o artigo 52 do Código Civil Brasileiro de 2002? Diz que se aplicam às pessoas jurídicas, no que couber, a proteção dos direitos da personalidade. Isso significa que se aplicam a elas direitos, tais como, a inviolabilidade da honra e da imagem, o bom nome comercial ou civil, o direito ao sigilo etc. São direitos imateriais, inegavelmente, de que também são titulares as pessoas jurídicas. Assim, a pessoa jurídica, por exemplo, pode sofrer ofensa à honra objetiva, mediante difamação que lhe abale o conceito, a boa fama, a imagem; na esfera civil ou na esfera comercial, ou mesmo, na esfera trabalhista.

No recorte que a jurisprudência do Superior Tribunal de Justiça, já sumulada, a Súmula 388 reconhece a indenização por dano moral, hoje, em caso, por exemplo, em favor de pessoa jurídica, de simples devolução indevida de cheque.

No domínio específico do Direito do Trabalho, que é o que nos interessa, embora menos frequente, é possível o dano moral causado pelo empregado, pessoa física, ao empregador, pessoa jurídica. Nós poderíamos aqui enumerar alguns casos não teóricos, não acadêmicos, alguns casos pontuais que se registram aqui e acolá. Por exemplo, um determinado empregado, esse é um fato concreto ocorrido no Estado do Amazonas, um empregado indiscreto de uma indústria fabricante de motos, aliás, indiscreto e curioso, violou o sigilo industrial da empresa ao entrar num recinto fechado da fábrica, onde estava depositado um produto novíssimo, uma moto novíssima, que seria lançada e ali, utilizando-se de celular, sacou fotos do produto e expôs as fotos desse produto num *site*, para regozijo, para a felicidade da concorrência.

É evidente que isso causou um dano à imagem, a um direito industrial, de propriedade industrial, propriamente, do empregador em semelhante circunstância.

Outra hipótese concebível é o boato, por exemplo, que o empregado provoque de que o empregador, digamos, de uma instituição financeira, está numa situação financeira ruinosa e que, portanto, possa abalar a credibilidade da empresa, da pessoa jurídica.

Evidentemente que são situações incomuns, mas que podem configurar dano moral. Repito, causado pelo empregado à empresa, à pessoa jurídica. São casos escassos, pontuais, registrados na jurisprudência, mas concebíveis perfeitamente.

Agora, o que mais se vê na jurisprudência, como se sabe, é o fenômeno inverso. É o fenômeno do dano moral causado pelo empregador ao empregado. Aqui, há uma jurisprudência riquíssima de dano moral que é causado antes da contratação, da formalização do contrato de emprego; que é durante a execução do contrato de emprego; que é causado após a cessação ou por conta da cessação do contrato de trabalho.

Nós vamos passar em revista alguns desses casos, *"en passant"*, muito rapidamente, em face da exiguidade de tempo.

Vemos inicialmente alguns casos de configuração de dano moral ainda na fase pré-contratual, ainda nas tratativas para a admissão do empregado. Pode haver, por exemplo, um dano à imagem e à intimidade da pessoa candidata ao emprego, em face de eventual publicidade que a empresa dê, por exemplo, a laudos e pareceres obtidos na avaliação de candidatos a emprego por meio da aplicação de testes psicológicos e entrevistas.

É evidente que a empresa que faz testes psicológicos e de alguma maneira permite a publicidade, autoriza a divulgação desses dados, obviamente confidenciais, relativos ao candidato, sujeita-se a uma indenização por dano moral e isto antes do contrato, mas por conta dele.

Uma outra hipótese: exigência de teste sorológico da AIDS como condição para a admissão e emprego. Trata-se de uma forma típica de discriminação a exigência deste teste sorológico da AIDS. Além de implicar uma discriminação evidente, vedada pela Lei n. 9.029 — que é a Lei, a famosa Lei Benedita da Silva de 1995 — essa exigência também importa uma violação ao direito à intimidade da pessoa, por isso também gera direito a uma indenização por dano moral.

Aliás, a Lei n. 9.029, de 13 de abril de 1995, proíbe a exigência de atestados de gravidez e esterilização, e outras práticas discriminatórias, para efeitos admissionais ou de permanência da relação jurídica de trabalho.

Enfim, nós poderíamos aqui enumerar várias hipóteses em que isso seria concebível, algumas discutíveis antes da contratação.

Vejamos durante a execução do contrato de emprego que é onde, evidentemente, ocorrem os casos mais frequentes de dano moral e por distintas formas.

É evidente que as formas clássicas de dano moral são aquelas provenientes de calúnia, injúria ou difamação que, como se sabe, no Direito brasileiro, são formas típicas de crime. Como registrou um famoso jurista francês "As nódoas da injúria, da calúnia e da difamação são como as pétalas da paineira que uma vez desprendidas jamais voltam ao mesmo lugar".

A lesão é profunda, como se sabe, e é, do ponto de vista material, praticamente irreparável. E do ponto de vista moral, gera direito a uma compensação por conta exatamente da honra de qualquer dos sujeitos do contrato de emprego, seja empregado, seja empregador.

Uma outra forma possível de dano moral no curso do contrato de emprego dá-se mediante a instalação de câmeras de vídeo ofensivas à intimidade e à privacidade do empregado. Os senhores sabem que nós vivemos não apenas na era da informação, mas também em uma sociedade mais da vigilância e uma sociedade cada vez mais de controle.

Um grande ficcionista, um grande escritor Inglês, George Orwell, escreveu uma obra de ficção científica que todos conhecem, denominada "1984". Em que ele, nessa obra, é que fala do famoso "Big Brother", do grande irmão, do Estado controlando tudo e a todos de forma onipresente. Pois bem, essa obra de ficção já deixou de ser ficção porque nós sabemos que o fato objetivo é que câmeras, *softwares* e GPS estão cada vez mais presentes na vida do homem moderno, igualmente no ambiente de trabalho. As pessoas nunca foram tão vigiadas na atividade profissional.

Em meu entender, a caracterização do dano moral pela instalação de câmeras televisivas no ambiente depende da finalidade do sistema de vigilância e, em particular, da sua localização, porque isso poderá ou não afetar um direito inerente à personalidade, à intimidade e à privacidade.

Em meu entender, se o objetivo evidente é o resguardo da segurança e do patrimônio da empresa e as câmeras de vídeo não são invasivas da intimidade ou da privacidade, não se pode cogitar caracterização de dano moral. Por quê? Porque não há nessas hipóteses lesão a direito personalíssimo do empregado.

Vamos figurar um exemplo de um caso concreto. Uma determinada empresa de transporte coletivo instala câmeras de vídeo nos seus veículos, por motivo de segurança, e uma dessas câmeras flagra uma justa causa cometida pelo cobrador. O que o cobrador fazia? Sistematicamente, não cobrava tarifas de alguns passageiros. Não cobrava.

Essa câmera de vídeo é válida? Em meu entender, é válida e não tipifica dano moral, seja pela finalidade do sistema, seja porque o empregado tem conhecimento da existência desse equipamento de antemão; seja porque não está comprometida a intimidade do empregado, ele sabe que está sendo controlado e sabe que aquilo tem uma finalidade de proteção ao patrimônio e à segurança da empresa.

Agora, muito diferente será a instalação de uma câmera de vídeo em cantinas, em vestiários, banheiros e refeitórios. Obviamente que viola a intimidade do empregado e extrapola, eu diria até, os limites do poder diretivo do empregador. Não só o poder diretivo, mas, por conseguinte, o poder de fiscalização do empregador, a instalação de câmeras nessas áreas eminentemente privativas do empregado. Portanto, em um ambiente em que se for violada a privacidade, isto causa, claro, evidente constrangimento à vítima.

O outro aspecto que eu devo tratar é da caracterização do dano moral na cessação contratual.

Igualmente, ainda por conta do contrato do trabalho, mas após a rescisão do contrato do trabalho, em razão dele, há inúmeras situações que podem caracterizar e caracterizam um dano moral passível de gerar indenização por dano moral.

É impossível elencar, catalogar e expor isso com regras claras e precisas. Há que se examinar caso a caso para se saber se há ou não dano moral. Pode-se afirmar que a dispensa sem justa causa ou a dispensa por justa causa pode ou não gerar indenização por dano moral, dependendo da forma pela qual ela se opera.

Vamos tratar inicialmente da questão da dispensa sem justa causa. Às vezes, nós vemos alguns julgados na Justiça do Trabalho, reconhecendo o direito à indenização por dano moral em virtude de suposta depressão, ou de real depressão advinda da despedida sem justa causa, ou pelo sofrimento causado ao empregado por conta do desemprego, resultante da despedida sem justa causa.

Outras vezes, já vimos julgados reconhecerem indenização por dano moral em virtude de o empregado haver sido despedido na iminência da aposentadoria num período em que ele estava amparado por garantia de emprego do aposentando, ou seja, na iminência de se aposentar. Isso traduz dano moral? No meu entender, não.

O dano moral não se confunde com a mera infração contratual ou desrespeito a uma norma coletiva porque, senão, tudo passará a ser dano moral. Nós não podemos reconhecer isso. É preciso ter consciência de um aspecto que eu considero muito relevante para, mesmo para aqueles que defendem os direitos, a efetividade dos direitos, como é razoável e como é importante para a própria sobrevivência do Direito como ciência. É preciso não banalizar os institutos. Não banalizar porque, senão, perde a credibilidade. Nós temos que examiná-los com consciência, com cuidado; seja a favor de empregado, seja a favor de empregador.

Muito bem. Porque entendo que não há dano moral no caso da despedida sem justa causa em si mesma; pelo fato da despedida em si mesma? Porque, mesmo que ela provoque, como é natural, depressão, aflição, angústia etc. e até uma baixa estima que comprometa a autoestima do empregado etc. Por quê? Porque nós sabemos que infelizmente no Direito brasileiro prevalecem uma norma legal e uma norma constitucional pelas quais se assegura às empresas a denúncia vazia do contrato de trabalho.

O empregador pode despedir sem justa causa. É o chamado direito potestativo de despedir. Salvo os casos excepcionais de garantia de emprego que estão previstos em lei ou previstos em Norma Coletiva, em Convenção Coletiva ou em Acordo Coletivo.

Mas a despedida sem justa causa, a despedida imotivada, como regra, todos os senhores sabem, ela em si mesma é um direito dos empregadores. Eu digo com toda a certeza, com toda a confiança que esta não é, em meu entender, uma postura feliz do Direito brasileiro.

O Direito alemão, por exemplo — e vejam que nós estamos falando de uma sociedade de economia capitalista próspera do mundo ocidental — o Direito alemão só permite, só considera válida a despedida que seja socialmente justificada. O ideal seria para todos os empregados o sistema da CIPA, uma despedida que se justifique por razões econômicas, técnicas etc. Infelizmente não é assim. Infelizmente é direito.

Então, se é direito, entendo que as consequências pessoais, sociais e econômicas da despedida sem justa causa, em si mesmas, não geram responsabilidade civil do empregador por dano moral. Por quê? Porque os senhores hão de convir! Seria um absurdo que o empregador despedisse sem justa causa, exercendo, segundo a lei, um direito, e fosse depois penalizado pelo só fato de exercer esse direito.

Mas vejam que nós estamos tratando aqui de hipótese de pura e simples despedida sem justa causa. Há casos e casos, como é importante ressaltar, além desse aspecto, os prejuízos econômicos inerentes à privação do emprego e à natural aflição derivada dessa perda estão ressarcidas pela indenização prevista na Lei Trabalhista, a multa de 40% do FGTS.

Agora, é importante apontar a ressalva, porque esta talvez seja mais frequente do que a regra. No caso de despedida sem justa causa, o empregador somente suporta responsabilidade civil por dano moral, em meu entender, em face de abuso ou discriminação no exercício desse direito.

A jurisprudência reconhece, a meu ver de forma muito acertada, que há, por exemplo, discriminação injusta. Injusta nos seguintes casos: dispensa imotivada, sem justa causa do empregado, mas, veladamente, a dispensa se deve ao fato de o empregado ser portador do vírus HIV, ser soropositivo. Se se comprovar a discriminação a que se deveu, que ele estava contaminado e que, em verdade, a despedida deveu-se, a despeito da formalização sem justa causa, deveu-se à circunstância de estar doente, é claro que esta é uma forma de discriminação e que, portanto, caracteriza dano moral. Repito: ainda que se busque encobrir o verdadeiro motivo. Ainda que a formalização se dê sem justa causa. Porque os senhores sabem que no Direito do Trabalho, sobretudo, prevalece o Princípio da Primazia da Realidade. A realidade prepondera mais que a forma no âmbito do Direito do Trabalho. É uma das principais características do Direito do Trabalho.

Ministro Luciano! Já me encaminho para uma conclusão que sei que Vossa Excelência está premido pelo tempo.

O segundo aspecto, um segundo exemplo de despedida sem justa causa, que pode caracterizar dano moral é, por exemplo, a despedida sem justa causa, mas que, na verdade, seja derivada de preconceito sexual do empregador. Despede sem justa causa, mas, na verdade, porque o empregado sabe que é por sua opção sexual. Em outro exemplo, circulou um boato na empresa de que a empregada era lésbica e fora despedida. Esse típico preconceito, desde que demonstrado, é passível de gerar dano moral e provocar a respectiva indenização.

Outra variante do tema bastante delicada e polêmica é a estreita vinculação entre o dano moral e a despedida por justa causa. Aqui também há uma questão controvertida.

Eu vou expor para os senhores o meu ponto de vista que é o posicionamento de um segmento doutrinário e jurisprudencial. Talvez não seja o segmento abraçado pelo meu eminente amigo Ministro Luciano de Castilho Pereira. Nós somos diletos amigos, mas no Tribunal, às vezes, raramente — não é, Ministro Luciano? — caminhávamos em sentido contraposto. Sempre porque eu estava errado. Nunca pela hipótese inversa.

Mas o que eu penso a propósito? Eu penso que o fato de a justa causa não resultar provada em juízo não gera, só por isso, em princípio, direito a uma indenização por dano moral. Esse fenômeno ocorre com muita frequência e se reveste de maior importância no caso de imputar-se ao empregado despedida por justa causa decorrente da suposta prática de ato de improbidade, que, como os senhores sabem, é qualquer conduta em que o empregado revele desonestidade e, de forma dolosa, busque se apropriar de bens ou de numerário do empregador.

É uma conduta, uma imputação muito grave, portanto, de que o empregado agiu com improbidade, porque significa que agiu com desonestidade e isto é um estigma para a vida desse empregado para sempre.

Mas o que sucede muitas vezes? A reversão judicial da justa causa. O empregador imputa a justa causa por ato de improbidade e não prova em juízo, ou há prova insuficiente, porque a Justiça do Trabalho exige uma prova dita "robusta". O que é natural, porque está comprometida a honorabilidade de uma pessoa e exige uma prova irretorquível, induvidosa, de autoria de materialidade do ato de improbidade e, muitas vezes, não se coloca a produzir essa prova.

E aí surge o problema. Nessa circunstância, o empregador vai responder por dano moral, por uma indenização? Eu entendo que não. Que isso não gera automaticamente indenização por dano moral, se o empregador — aqui tem uma condicionante — se o empregador agiu de boa-fé, se ele não deu publicidade ao fato e não imputou levianamente a justa causa.

Dito de outro modo: somente pode emergir a obrigação de responder pelo dano moral se, pelo contrário, o empregador conferiu publicidade aos fatos supostamente caracterizadores de justa causa; ou imputar uma acusação leviana ao empregado, a pretexto de justa causa; ou agir de forma maliciosa, por exemplo, mediante denúncia de uma reclamação trabalhista. Ele promove uma denunciação caluniosa, pede instauração de inquérito policial e todos os desdobramentos por um suposto crime que o empregado tenha cometido. São situações extremas, evidentemente que não estamos falando dessa hipótese. É preciso que ele não tenha agido assim. E de todo modo, em todo caso é preciso que o fato imputado, e não provado em juízo, abale a honorabilidade do empregado.

Vou ilustrar aqui um exemplo para concluir: A Primeira Turma do Tribunal Superior do Trabalho teve que reconhecer dano moral no caso de uma empregada que foi despedida por desídia. Desídia, os senhores sabem, é o descaso. É uma justa causa culposa, meramente culposa, que decorre de um comportamento, digamos assim, negligente do empregado. Ela foi despedida por desídia. Desídia decorrente do quê? De diferenças apresentadas no caixa. Diferenças apresentadas no caixa, mas a imputação foi de desídia! E o que aconteceu? O empregador não provou a justa causa em juízo, mas, além disso, que até aí nada de mais, até aí segundo a minha tese, não haveria dano moral. Mas o que aconteceu? Ficou provado que o empregador divulgou a subtração do numerário imputada à empregada. Quer dizer, despediu por desídia, porque não teve a coragem de imputar o ato de improbidade, mas ficou provado, pelo menos é o que se evidencia nos autos, que ele deu publicidade, divulgou que a empregada no fundo agira de forma desonesta. É evidente que sendo essa empregada caixa na empresa, esse comportamento leviano abalou a imagem e a honorabilidade da empregada.

Acolheu-se, ao favor dela, um pedido de indenização por dano moral.

Já, pelo contrário, a empresa ante uma suposta apropriação indébita cometida no ambiente de trabalho, de forma séria e não leviana, pode requer abertura de inquérito policial para apuração do responsável pela área penal. Mesmo que não logre provar o mesmo fato na Justiça do Trabalho a título de improbidade, pessoalmente entendo que não há configuração de dano moral. Por quê? Porque a chamada notícia crime, ou seja, o simples fato de a empresa exercer o direito de levar ao conhecimento da autoridade policial o suposto cometimento de um delito e pedir a apuração da autoria e da materialidade para a punição do responsável, sem indicar quem, isso, por si só, é um direito de todos nós. É um direito de todos nós.

Na medida em que ela simplesmente exerce esse direito, ela não pode ser responsabilizada, em meu entender, por dano moral, se depois, no processo trabalhista, ela não logra comprovar a justa causa decorrente da prática de ato de improbidade.

Mas aqui, mais do que nunca, senhoras e senhores, nós estamos, quanto a essa hipótese específica, em que há inquérito, imputação de ato de improbidade, nós estamos em face de uma situação verdadeiramente tormentosa e atormentadora. Por quê? Num caso como esse, o Tribunal se dividiu, plenamente, e por uma escassa maioria entendeu o contrário do que acabo de expor. Entendeu que houve dano moral. Era exatamente este o caso: o empregador sequer cogitou, neste exemplo que figurei, de inquérito, sequer se cogitou de culpa da empresa, ela apenas foi infeliz na prova. Não conseguiu o ato de improbidade. Não conseguiu, mas isso foi o bastante para que o Tribunal reconhecesse que nesse episódio em que se atribuiu a prática de ato de improbidade ao empregado, que a honra do empregado de qualquer maneira havia sido maculada e, por conseguinte, ele faria jus, como fez jus, a uma indenização por dano moral decorrente da lesão que esse comportamento da empresa teria causado.

Foi uma decisão por escassa maioria, sem nenhum desdouro para a douta maioria. Isto, enfim, revela quão delicada e quão difícil é essa questão.

Em meu entender, essa solução implica o reconhecimento de uma responsabilidade civil objetiva da empresa. Por quê? Porque significa dizer que o empregador será sempre fadado a indenizar o dano moral caso não comprove a justa causa e, em meu entender, a responsabilidade civil, no Direito brasileiro, salvo casos excepcionais de atividade de risco, é baseada na culpa. É necessário que haja uma culpa.

Senhoras e senhores, o tema é vastíssimo. Meu querido amigo e ilustre jurista Ministro José Luciano de Castilho está sequioso por transmitir aos senhores belíssimas lições que a sua formação cultural e humanística nos fazem esperar. De modo que agradeço imensamente a paciente atenção dos senhores e muito obrigado e até uma outra oportunidade.

Capítulo XXVII

Origens do Direito do Trabalho no Brasil

José Luciano de Castilho Pereira
Ministro aposentado do Tribunal Superior do Trabalho – TST.
Professor de Direito do Trabalho, no IESB- Brasília.

Bom! Primeiro quero agradecer ao Ministério do Trabalho o convite que me foi feito de estar aqui hoje.

A ideia de falar um pouco sobre as "origens do Direito do Trabalho no Brasil" é que o Brasil não tem a mesma particularidade de outros povos, por exemplo, o Direito de Trabalho no Brasil, a rigor, começou em 1930, inclusive o Ministério do Trabalho. Senão vejamos:

1. Como era o Brasil ao tempo da criação do Ministério do Trabalho?

1.1. O Ministério do Trabalho, hoje Ministério do Trabalho e Emprego, foi criado, no alvorecer da Revolução de 1930, que colocou, à frente do Governo Provisório, GETÚLIO VARGAS.

LINDOLFO COLLOR foi o primeiro Ministro do Trabalho.

Pela primeira vez, começaram a surgir leis sociais, que deveriam ser cumpridas, por obra e graça da fiscalização do Ministério do Trabalho.

Isso incomodava a classe empresarial, que através da FIESP, fez o seguinte comentário sobre a lei de férias de 15 dias:

[...].

Que fará um trabalhador braçal durante 15 dias de ócio?

Ele não tem o culto do lar, como ocorre nos países de climas inóspitos e padrão de vida elevado.[...]. O lar não pode prendê-lo e ele procurará matar as suas longas horas de inação nas ruas. A rua provoca com frequência o desabrochar de vícios latentes e não vamos insistir nos perigos que ela representa para o trabalhador inativo, inculto, presa fácil dos instintos subalternos que sempre dormem na alma humana, mas que o trabalho jamais desperta[...]. Nos limitaremos a dizer que as férias operárias virão quebrar o equilíbrio de toda uma classe social da nação, mercê de uma floração de vícios e talvez de crimes que esta mesma classe não conhece no presente (cfr. citação feita por Tânia Regina de Lucca *Indústria e Trabalho no Brasil*. São Paulo: Contexto, 2001, p. 40).

[...]

1.3. A mesma reação teve a Associação Comercial do Rio de Janeiro, condenando a lei que limitava o trabalho do menor, dizendo:

[...].

os menores precisam de tutela, mas não essa tutela da vadiagem, da criminalidade, que é o que esta lei faz, retirando os menores do trabalho, para fazê-los perambular pelas ruas. É que o Estado não tem nem pão, nem casa, nem dinheiro, nem escola para aqueles a quem a fábrica dá tudo isso e mais o estímulo, a suficiência da ação moral."(*op.* supracitada, p. 41-42).

[...]."

1.4. De ser observado, nesses dois exemplos, como eram vistos os operários, que eram considerados seres humanos de segunda categoria, incapazes de alcançar os bens da cultura, sendo que a eles era reservado o dever de trabalhar sem limites, desde a idade mais tenra, para ficarem protegidos dos vícios decorrentes do ócio...

Eis uma terrível herança da escravidão, num quadro em que o escravo era considerado uma mercadoria descartável, domado apenas pelo "tronco" e pelo trabalho sem proteção humana.

1.5. Mas houve algo pior.

Estava (ou está?...) no nosso inconsciente coletivo um forte pensamento a nos dizer que o brasileiro é uma raça inferior, permitindo a JOAQUIM MURTINHO, que foi Ministro da Fazenda do Brasil, dizer, em 1897, a seguinte preciosidade:

[...].

Não podemos, como muitos aspiram, tomar os Estados Unidos da América do Norte como tipo de nosso desenvolvimento industrial, porque não temos as aptidões superiores de sua raça, força que representa o papel principal no progresso industrial desse povo. (MOOG, Vianna. *Bandeirantes e Pioneiros*. 13. ed. Civilização Brasileira, 1981. p. 100-101).

[...].

1.6. Nesse contexto, é fácil apreender esta lição de MÁRCIO POCHMANN:

[...].

O trabalho valorizado não é algo difundido no Brasil. De passado colonial e sustentado pela escravidão, o trabalho serve de obrigação para a sobrevivência para a maior parte da população. Poucas famílias desfrutam do trabalho como consequência de sua posição de poder e riqueza. Somente com a industrialização nacional a partir da Revolução de 30, que o Brasil começou — sem terminar ainda — o caminho da valorização do trabalho. (*Direito ao Trabalho:* da obrigação à consequência. In: *Práticas de Cidadania*. Organizado por Jaime Pinsky. Ed. Contexto, 2004. p. 107).

[...].

1.7. Deve ainda ser acrescentado que as novas leis brasileiras, a partir de 1930, cuidando do trabalho humano e limitando fortemente a liberdade de contratar, provocaram, como referido nos exemplos citados da FIESP e da Associação Comercial do Rio de Janeiro, enorme reação da classe empresarial, acostumada ao individualismo do Código Civil de 1916, do qual decorria a regra do *"pacta sunt servanda"*, sem a qual a ordem jurídica careceria daquela segurança indispensável ao seu desenvolvimento.

Achava-se, então, que a legislação trabalhista, implantada a partir de 1930, sobretudo com a força do Ministério do Trabalho, deveria mesmo ser resultado da influência fascista da Itália.

Para a elite intelectual e econômica do Brasil dos anos 30 do século passado — totalmente voltada para a Europa e completamente envolta no manto do individualismo liberal — era muito difícil admitir uma legislação que protegesse uma classe contra a outra.

Como pode ser justa uma legislação que trata desigualmente as partes?

Mais grave, afirmavam, é criar uma Justiça com o mesmo espírito de tratar as partes de modo desigual, tutelando uma delas.

Assim, durante muito tempo, havia também um preconceito contra a Justiça do Trabalho, que aplicaria uma injusta legislação que impediria a liberdade das partes na celebração de um contrato, segundo se dizia e se diz até hoje. Note-se que a Justiça do Trabalho - criada em 1941- somente passou a integrar o Poder Judiciário com a Constituição Federal de 1946, em plena euforia democrática, com o fim dos tempos de Vargas e com o final da 2ª Guerra Mundial.

1.8. Resta dizer que a reação contra a legislação trabalhista não foi maior porque, substancialmente, ela se aplicava apenas aos trabalhadores do comércio e da indústria, isto é, ela estava dirigida aos trabalhadores urbanos.

E como estava dividida a população brasileira, em 1940?

Em tal data, 20% da população era urbana, estando o restante no campo.(cfr. Urbano Ruiz in *Ética, Justiça e Direito* — uma publicação da CNBB, por intermédio da Vozes. 2. ed., 1996. p. 146).

Vinte anos antes, em 1920, o quadro estatístico era o seguinte:

O Brasil tinha 30 milhões de habitantes, com 76% de analfabetos, residindo e trabalhando no campo, na sua esmagadora maioria.

Residir no campo nas décadas de 30 e 40 do século passado era estar rigorosamente isolado, com remotas notícias do que acontecia no mundo.

Se a legislação trabalhista — iniciada com a Revolução de 30 — se aplicasse logo ao meio rural, certamente não sobreviveria nenhum auditor do Ministério do Trabalho para contar a história.

Sobre essa exclusão do homem do campo da legislação trabalhista, assim se manifestou o Ministro do Trabalho, ALEXANDRE MACHADO FILHO, no Item 73 da Exposição de Motivos da CLT:

[...].

A essa conclusão chegou a Comissão, em voto prevalente, sob a alegação de serem imprescindíveis maiores esclarecimentos das exatas condições das classes rurais, inibidas, no momento, por falta de lei, da revelação sindical dos respectivos interesses.

[...].

De qualquer maneira, foi com a legislação social que teve início em 1930 — com a posição corajosa da Justiça do Trabalho e com a ação ousada do Ministério do Trabalho em sua aplicação — que foi possível caminhar para a Carta Cidadã de 1988, quando, pela primeira vez, uma Constituição Brasileira incluiu (art. 1º) o valor social do trabalho como um dos fundamentos da República, estabelecendo, por consequência, que a ordem social tem como base o primado do trabalho, e como objetivo o bem-estar social e a justiça sociais (art. 193).

Nessa quadra anterior a 1988, era muito pequena a participação do Ministério Público do Trabalho nesta área social. Realmente, é possível dizer que o Ministério Público do Trabalho — ou o Ministério Público em geral — nasceu com a Carta Cidadã de 1988.

2. Mas como era o trabalho, no Brasil, do século XVI até 1930?

2.1. A maneira mais precisa e rápida para fazer esta visão geral do trabalho, no Brasil, do descobrimento até a Revolução de 30, é dada por ÂNGELA DE CASTRO GOMES, que ensina:

[...].

Os anos 30 inauguraram-se com este legado, e as medidas que então se implementam são bem uma demonstração da intensidade e atualidade do problema que se enfrentava. É a partir desse momento, demarcado pela Revolução de

30, que podemos identificar de forma incisiva toda uma política trabalhista, previdenciária, sindical e também a instituição da Justiça do Trabalho. É a partir daí que podemos igualmente detectar — em especial durante o Estado Novo (1937/1945) — toda uma estratégia político-ideológica de combate à "pobreza", que estaria centrada justamente na promoção do valor do trabalho. [...]. A complexidade dessa autêntica transformação de mentalidade — como os ideólogos do pós 30 a encaravam — talvez só possa ser razoavelmente dimensionada com o registro de que o Brasil foi uma sociedade escravista por quatro séculos, [...]. ou seja, a formulação liberal clássica que associa o ato de trabalhar com riqueza e cidadania sempre estivera ausente do país e produzir uma identidade social e política para o trabalhador era um esforço muito grande." (sem grifos no original) (In: *Ideologia e trabalho no Estado Novo*. com outros autores. In: Repensando o Estado Novo. Organizado por Dulce Pandolfi. Ed. FGV, 1999. p. 55).

[...].

2.2. Na mesma linha de pensamento, no Atlas da Exclusão Social — Agenda não liberal da inclusão social no Brasil, organizada por MÁRCIO POCHMANN e outros, lê-se o seguinte:

[...].

A partir do fim da escravidão (1888) e do Império (1889), foram criadas expectativas de mudanças estruturais que se frustraram com a evolução do capitalismo no Brasil. O avanço inegável que decorreu da instalação da República foi contraposto pela democracia, com escassa participação política. O circuito econômico também permaneceu fechado, uma vez que a abolição da escravatura representou pouco mais do que a simples passagem do cativeiro para a condição de miséria, com fome e marginalização do mercado de trabalho da maior parte da população pobre e negra." (sem grifo no original). (Ed. Cortez – SP. jan. 2005. Vol. V, p.23).

[...].

Apropriada ainda a referência a esta lição de TÂNIA REGINA DE LUCA:

[...].

Não se pode subestimar o fato de as relações de trabalho continuarem, no início do século XX, fortemente impregnadas por padrões herdados da escravidão. A mão de obra ainda era encarada como algo que deveria ser usado e abusado sem limites.[...]. Cada indústria gerenciava sua empresa da forma que melhor lhe aprouvesse: criava regulamentos internos, impunha normas quanto à idade de admissão de crianças, estipulava o valor dos salários, que poderiam ser rebaixados a qualquer momento.[...]. Qualquer reclamação era tomada como uma afronta pessoal, um desacato à sua autoridade." (In: *Indústria e Trabalho na História do Brasil*. Ed. Contexto, 2001. p. 27-28).

[...].

2.3. Infelizmente, essa herança dos tempos da escravidão, que marcou 4 séculos de nossa história — ainda permeia a legislação trabalhista brasileira, que continua admitindo a despedida imotivada dos empregados, tratados, assim, como descartável mercadoria, não ouvindo o grito da Declaração de Filadélfia, de 1944, proclamando que o trabalho não é uma mercadoria.

3. O que temos a comemorar neste maio de 2011?

3.1. Longo e atribulado tem sido o caminho de valorização do trabalho humano nesta terra de Santa Cruz, obra ainda inacabada como adverte Márcio Pochmann, já referido neste trabalho.

Fixarei alguns pontos:

a) em 1940, como já foi dito, 80% da população brasileira estava no campo. Somente 20% estava no mundo urbano.

40 anos depois a situação se inverteu, 20% da população estava no campo, sendo que 80% dela se mudara para a vida urbana.

A essa mudança radical, permitindo ao saudoso GILBERTO DUPAS, economista e sociólogo, que morreu há pouco tempo, escrever o seguinte comentário:

[...].

As cidades brasileiras passaram de doze para 130 milhões de habitantes, constituindo um dos maiores processos de deslocamento populacional da história mundial [...], como decorrência houve a explosão do trabalho informal e flexível, especialmente a partir da abertura econômica, com a ruptura definitiva do antigo paradigma do mercado de trabalho. Em apenas uma década alterou-se a ocupação predominante, de formal para informal, tendo essa última atingido no final de 1998 a proporção alarmante de 55% da força de trabalho metropolitano. [...] Apesar de vários casos bem-sucedidos de novas categorias ou profissões no setor informal, há uma clara dor de passagem nesse processo do formal para o informal. Tudo passa a depender do próprio indivíduo. Fins de semana e férias adquirem sabor de renúncia de renda, não mais de direito adquirido. O cidadão é instado a inventar seu próprio trabalho e manter com o Estado uma relação predominantemente de marginalidade." (In: *Economia Global e Exclusão Social*. Ed. Paz e Terra, 1999. p. 202-203).

[...].

Aqui, foi levada às últimas consequências a novidade do fim da história, atingida com a destruição — sem um tiro — do império soviético, precedida da queda do muro de Berlim.

b) a partir do final dos anos 70, anunciou-se aos quatro ventos que o Estado não poderia interferir na economia, que tem leis inflexíveis, não sujeitas à ingerência estatal. O mesmo deveria ocorrer com as relações de trabalho, que deveriam ser resultado do negociado entre empregados e empregadores, sem a ação estatal. E no ano 2000, o Ministro do Trabalho, de então, Min. Francisco Dorneles, em importante entrevista ao Correio Brasiliense do dia 6.2.2000, p. 22, disse o seguinte, sobre a negociação coletiva, quando se pensava em acrescentar ao artigo 7º, da CF, a seguinte intercalada: salvo negociação coletiva:

[...].

No sistema paralelo não haverá espaço para contestações. Todos poderão negociar seus direitos, quando quiserem e pelo tempo que desejarem. Se não gostarem do novo sistema, poderão voltar para o regime atual. É melhor uma pessoa trabalhar num sistema negociado do que não ter direito nenhum".

[...].

Concluiu melancolicamente o Ministro do Trabalho, num retorno ao período que se pensava encerrado em 1930.

c) Mas o mais importante a ser celebrado é que nesse últimos oito anos a Carta de 1988 começou a ser cumprida, assegurando um extraordinário processo de integração social, com rara e efetiva distribuição de riqueza, que permitiu a diminuição da pobreza com um fantástico desenvolvimento humano, assegurando um incrível aumento do trabalho formal.

Ao lado disso, temos experimentado um formidável desenvolvimento econômico.

Tudo isso acontecendo com a mesma legislação trabalhista que começou a ser gestada em 1930, com sua implantação assegurada pelo Ministério do Trabalho, pela Justiça do Trabalho e, de 1988 em diante, pelo Ministério Público do Trabalho.

Esse fatos permitiram à *Revista Veja* fazer, no número de 31.10.2007, o seguinte comentário, sobre nosso crescimento econômico:

[...].

Os resultados obtidos até aqui são auspiciosos. O Brasil ficou dormindo 25 anos e aparentemente está acordando.

[...].

Resume o economista DELFIM NETO.

[...].

O crescimento econômico se acelerou, mais empregos foram criados e a desigualdade social diminuiu.

[...].

Apesar desse eufórico comentário, a *Revista Veja* apontou alguns desafios que ainda não foram vencidos, indicando um deles:

[...].

reformar as leis trabalhistas que inibem o emprego.

[...].

Sem comentários...

Claro fica, entretanto, que a crítica à legislação trabalhista brasileira é sustentada por outros interesses.

Vale verificar o que está escrito no *"The Economist"* do dia 10 de março deste ano, dizendo que, no Brasil, um arcaico código do trabalho penaliza empregados e empregadores. Tais leis, segundo o *"The Economist"*, impedem empregados e empregadores de negociarem novos termos e condições das relações de trabalho, ainda que ambos estejam de acordo. Tudo isso, provocando grande informalidade e milhões de ações na Justiça do Trabalho, segundo apressada e equivocada conclusão do *"The Economist"*.

4. Conclusão

4.1. Como se sabe, o Dia do Trabalho celebra dia de luta dos trabalhadores em busca de mínimos direitos humanos, luta esta que é contínua e parece estar sempre recomeçando, para assegurar dignidade humana a todos os trabalhadores.

4.2. Nestas palavras de hoje, procurei ressaltar o papel do Ministério do Trabalho na implementação do Direito do Trabalho no Brasil, como uma das metas da Revolução de 1930.

E quando se luta para dar dignidade ao trabalho humano o que está sendo feito é o cumprimento de direitos fundamentais consagrados pela Constituição de 1988.

O que se deseja é o desenvolvimento econômico assegurando a valorização do homem, para que o progresso valha a pena.

Essa é a lição que está escrita no art. 193, da Carta de 1988, que afirma que a ordem social tem como base o primado do trabalho, e como objetivo o bem-estar e a justiça sociais.

Lição que também está no art. 170, da CF, ao anunciar uma ordem econômica fundada na valorização do trabalho humano e na livre iniciativa, visando assegurar a todos existência digna, conforme os ditames da justiça social.

4.3. O que a doutrina e a jurisprudência trabalhista têm dito, nesses últimos anos, é que é ampla e desejável a negociação coletiva entre patrões e empregados, desde que respeitados os direitos fundamentais assegurados pela Carta de 1988.

O fundamental não pode ser renunciado.

É o óbvio.

4.4. É preciso não perder a recente experiência de grande desenvolvimento econômico com enorme valorização do trabalho, que — visto sob o olhar puramente econômico — permitiu aumentar o número de consumidores fazendo crescer o lucro dos produtores e vendedores — com a mesma legislação trabalhista que se diz impedir o emprego e o crescimento econômico.

Não é preciso dizer que, quando todos ganham a satisfação não é puramente econômica.

4.5. Por finalmente, vale insistir que o Direito do Trabalho no Brasil começou, efetivamente, em 1930, portanto, há cerca de 80 anos.

E de 1930 até esta data, temos passado por grandes embates sociais, que têm aumentado com o fenômeno da globalização, no qual o valor humano é cada vez mais submetido aos interesses econômicos.

Termino citando, novamente, a DECLARAÇÃO DE FILADÉLFIA, de 1944, ao dizer que o trabalho não é um mercadoria e que a penúria, seja onde for, constitui um perigo para a prosperidade geral.

Bom, meus amigos! Esses nossos últimos anos — fazendo abstração de quem foi Presidente, se gosta ou se não gosta — foi um período de prosperidade para a classe econômica e prosperidade para a classe de trabalhadores. Nem todos os empresários nem todos os trabalhadores ficaram ricos, porém melhorou a situação de todo mundo. Afinal, quando o clima é de facilidade, quando o clima é de respeito às coisas... É outra coisa! A pessoa trabalha satisfeita, quando a pessoa está satisfeita, seja em casa, seja onde for, a produção é maior, é muito maior a produtividade mesmo.

Finalmente, então, meu muito obrigado pela atenção de todos.

Brasília — Ministério do Trabalho e Emprego — 4.5.2011.

Parte IV

Responsabilidade da União e Terceirização

Esta Parte IV trata do artigo que tematiza a palestra degravada proferida no evento realizado no dia 9 de agosto de 2011, às 9h30, no auditório do Ministério do Trabalho e Emprego, em Brasília-DF.

Capítulo XXVIII

Responsabilidade da União e Súmula n. 331 do TST — Terceirização

Aloysio Corrêa da Veiga

Ministro do Tribunal Superior do Trabalho — TST. Diretor Presidente da Escola Nacional de Formação e Aperfeiçoamento de Magistrados do Trabalho (ENAMAT) de 2011 a 2013.

Gostaria de agradecer ao Sr. Paulo Pinto, Secretário Executivo do MTE e ao Dr. Jerônimo Jesus dos Santos, Consultor Jurídico, pelo amável convite que me fizeram, para falar sobre um tema que talvez seja um dos mais polêmicos.

Na atualidade, desde o segundo quartel do século 20, este tema provocou um dos maiores conflitos entre capital e trabalho, com reflexos na Justiça do Trabalho.

Trago aqui uma reflexão histórica, com relação à conduta e posicionamento dos Tribunais do Trabalho em face dessa modalidade da atuação da força de trabalho dentro de um contexto social. Nós temos aqui situações que são bem típicas, pois me chamaram para falar especificamente sobre a responsabilidade do Estado nessas terceirizações, sendo que essa grande questão se resolve agora, depois de tanto tempo, com o julgamento da ADC 16 pelo Supremo Tribunal Federal.

É preciso entender que a terceirização é um fenômeno! Antes de ser especificamente trabalhista, ela tem origem em uma questão social, muito mais da modificação da cadeia produtiva nesse século XX, pós Revolução Industrial. Vemos também, como um fenômeno da globalização, uma necessidade de se integrar a produção a um mercado cada vez mais exigente, mais abrangente, a questão das fronteiras territoriais, que se tornaram ilimitadas, não mais circunscritas ao território de cada país. Tudo isso fez com que tivéssemos de nos adaptar a uma nova realidade, a uma mudança do comportamento na exploração econômica e na formação da cadeia produtiva.

Claro que, no início, a Revolução Industrial trazia como critério de produção exatamente a concentração. As empresas começavam na matéria-prima e terminavam na colocação daquilo que produziram no mercado.

O Fordismo demonstra uma forma de exploração econômica em que o grande era o bom: *the big is beautiful!* O Fordismo começa a ter uma perda de capacidade de atuar e produzir e essa perda de capacitação e produção mais se manifesta pós 2ª guerra mundial, quando era necessário que as empresas tivessem capacidade, competência e qualidade na produção, no mercado, na descentralização para ter maior qualidade nos produtos. O Fordismo vem exatamente como uma ideia para um formato necessário do produto e da qualidade que o mercado exigia.

Como exemplo, destaco que essa mudança de comportamento mais se manifesta na comunicação. Começou com fumaça, depois veio com tambores. A dificuldade de comunicação vai mudando com o decorrer do tempo, com os séculos, e não termina no século XX, mesmo com uma possibilidade de comunicação em tempo real, virtual.

Hoje, com a globalização, a comunicação se manifesta em tempo real, contemporaneamente ao fato, em todos os recantos do mundo, de forma que todo o conhecimento de toda a manifestação da cadeia, de toda produção, possa ser divulgado de forma mais rápida que o sentido. Isso faz com que as cadeias produtivas se especializem para competir no mercado.

O conhecimento técnico e científico fazia com que determinadas empresas tivessem de descentralizar determinadas atividades para ter um elemento de competição, uma qualidade. Isso fazia com que fossem buscar um mercado profissional, cada vez mais especializado, para atender a determinadas demandas. É essa a ideia de terceirização que seria aquela que poderíamos conceber dentro do espírito do Direito do Trabalho.

Na realidade, esse grande conflito se manifesta em dois sentidos: o primeiro deles é o que vem a ser terceirização e, dentro disso, como resolver a questão social, os princípios de Direito do Trabalho e o posicionamento da atividade jurisdicional nesse cenário.

Terceirização: no numeral, três vem depois de um e dois, então um e dois são as partes, terceiro é o estranho, vem depois de um e dois, e das partes que litigam vem o terceiro, mas que não é um estranho à relação jurídica, pois a integra por um interesse econômico e jurídico. Ele integra a relação, embora não faça parte.

Sobre esse terceiro é que temos de entender o fenômeno da terceirização. Essa terceirização, em princípio, diz respeito a um segmento. O que se terceiriza? Se terceiriza a atividade. Parte da produção, do serviço, é o que se terceiriza. Não há como se terceirizar homens, cidadãos, pessoas. Por que criaram uma demonização da terceirização? Temos de repelir a demonização da terceirização que desvirtua a relação do terceiro que se integra a uma relação de outras partes.

Em princípio, o que se pretende terceirizar é uma atividade, jamais terceirizar homens. A terceirização de pessoas volta ao período dos zangões, os grandes feitores no trabalho rural, que arregimentavam e ainda arregimentam mão de obra para empregar, em determinados momentos, na produção de fazendas, os famosos boias-frias.

Assim sendo, a terceirização com desvirtuamento da finalidade é terceirizar pessoas para atender a determinado segmento, alugar pessoas para determinado tipo de trabalho. Esse não é o princípio da terceirização.

Sendo a terceirização um fenômeno provocado pela economia, vemos um grande questionamento, em face da realidade social que dela advém. No final da década de 80, quando houve mudança de comportamento econômico, as empresas, sobretudo a indústria têxtil no Brasil que detinha uma prevalência grande, em razão das grandes fábricas de tecidos, que movimentavam a economia em determinadas localidades.

Eu era juiz em Teresópolis, no Rio de Janeiro, onde ficava a sede da Sudantex; ela começa a entrar em crise econômica monstruosa, um parque industrial invejável, com uma arregimentação de emprego direto na base de quase oito mil empregados dentro de uma cidade pequena, representava de fato um grande movimento econômico naquela localidade. De repente, começa a entrar em crise financeira grande e a Justiça do Trabalho sempre se notabilizou por ser termômetro da crise. Quando a crise se manifestava de maneira mais absoluta, a Justiça do Trabalho era o termômetro que subia, as obrigações aumentavam e provocava maior número de reclamações trabalhistas. Conversando, uma vez, com o diretor da empresa, ele dizia: não temos mais condições de sobreviver, de repente, a matéria, o produto final, o tecido encontrado na Avenida Rio Branco, no centro da cidade do Rio de Janeiro, estava no mercado informal por um preço menor do que a matéria-prima, o custo para poder dar origem à cadeia produtiva. Não temos mais para quem vender, porque a concorrência internacional fazia com que o produto chegasse ao Brasil por um preço infinitamente menor que a matéria-prima para fabricação do mesmo tecido. Vinha da China, dos famosos Tigres Asiáticos; lá a ideia que se trazia era que o custo de fato era menor, a mão de obra também era mais barata, mais sedutora para que se pudesse produzir com aquele custo mais baixo.

A terceirização parte de um princípio, se entendermos que terceirização tem a ver com produto final. Preço de mercado não significa dizer que seja naturalmente precarização de determinados setores, pois preço final resultará em um custo. É preciso entender que preço e custo se diferem. Muitas vezes o custo se torna mais razoável para o empreendimento, embora o preço da aquisição seja maior. Se eu tenho determinada atividade empresarial, e se resolver concentrar determinada parte da atividade, que é processamento de dados, corro o risco de ficar obsoleto na minha atividade produtiva em um ano, os equipamentos, toda estrutura nessa atividade movimenta muito a cada momento.

Assim, se eu tiver que competir no mercado e para baixar custo e concentrar, vou ter profissionais talvez menos qualificados do que se eu contratar determinadas empresas especializadas, onde terei absolutamente uma qualidade maior, pelo tecnicismo, segundo pela dimensão da empresa e atualização no mercado. Nem por isso o preço vai ser menor do que se eu explorasse diretamente, só que o custo me será mais atraente.

A questão da terceirização se resolveria dentro de um critério tão somente que se chama enquadramento sindical e preço. Resolvida essa questão, não haverá discussão de terceirização. A terceirização, portanto, diz respeito à atividade, à especialização. Só se pode admitir terceirização se houver especialização. Não a havendo, não há razão.

Vamos abstrair da história de atividade-fim, atividade-meio. É claro, essa questão vamos falar, sobre uma definição na lacuna da lei, mas, na realidade, só poderá haver terceirização, caso se discuta isso em termos de respeito a princípios da dignidade da pessoa humana, de respeito aos princípios que norteiam o trabalho, se houver algo que norteia a especialização. Em havendo especialização, podemos abrir o debate mais aprofundadamente da vinda de um terceiro para compor aquela relação jurídica.

Na realidade, quando falo de terceirização de pessoas, de mão de obra, estou voltando à alocação de serviços, que não é preceito que rege os princípios consagrados na Constituição Federal. Quando falamos de terceirização, falamos de terceirização de atividade e não de mão de obra, ou de pessoas. Reitero que essa terceirização, essa possibilidade de haver delegação de atividades, em princípio não poderia conter precarização da relação de trabalho. Temos diversas atividades em que se fracionam as linhas de produção. Temos na atividade têxtil, por exemplo, essas facções, que convergem para determinado setor da atividade econômica, sem que haja precarização e, naturalmente, não há relação de emprego com o titular da relação jurídica.

A empresa que vende sanduíches do McDonalds, espalhados pelo mundo, não é titular da relação de emprego desses estabelecimentos todos. Isso porque deriva de um *franchising* explorado por pessoas, com produtos, fiscalização técnica da empresa-mãe. Ela quer que os sanduíches sejam atrativos para que sejam lembrados a cada intervalo de lanche. Poxa, o McDonalds, quem não espera ansiosamente? Mas a McDonalds não tem a responsabilidade em todas as relações jurídicas de *franchising*, explorando a atividade. Essa é uma questão que uma sociedade moderna convive com terceirização de atividades. No Brasil temos inclusive várias empresas de outros *franchisings* se notabilizando.

Na realidade, não se pode entender pela locação de pessoas em atividades. É sobre isso que o Direito do Trabalho tem a grande preocupação. O Direito do Trabalho protege dentro da relação jurídica de emprego, clássica de emprego, para não haver desvirtuamento. Temos uma relação jurídica em que se notabiliza que a prestação pessoal de serviços é dirigida por alguém que remunere em que aquele que presta está subordinado. Esse seria o conteúdo básico a definir. Se existe essa tipicidade, qualquer máscara para impedir que transpareça aquela realidade, importará em desvirtuamento e irá prevalecer a relação jurídica que deu caso.

Temos situações de denúncias; o MTE tem atividade de fiscalização reconhecida. Em determinadas localidades há exploração de atividades de terceiros em que o empregado da tomadora está vestido com todos os equipamentos de proteção e o empregado da empresa terceirizada, que faz o mesmo serviço, sob supervisão do empregado da tomadora, trabalha com sandálias havaianas, sem proteção, em uma crueldade absurda, importando cada vez mais em acidentes que se repetem diariamente. Não há ninguém que possa entender como justo, legal, como princípio do Estado, reconhecer válido esse tipo de prestação de serviço.

Há de se entender que, para haver terceirização justa, ideal, concernente ao Estado Democrático de Direito, que ela tenha exatamente um princípio maior: da dignidade da pessoa humana. Há de se entender uma separação entre atividade e mão de obra.

E com relação à questão que mais nos aflige, a terceirização no serviço público, nas sociedades de economia mista, talvez essa seja a grande definição ou indefinição. Isso provocou o seguinte: não há uma regulação específica com relação à terceirização. Nunca houve. Há exceção, toda regra geral tem exceção para justificar, faz parte da surpresa, do clímax, elevar a conversa a um suspense, que é importante, na hora que bate o sono, ele dá uma acordada, vamos falar da lacuna de norma legal no processo de terceirização.

A primeira norma legal que veio tratar de terceirização foi a Lei n. 6.019, de 1974, oriunda do regime militar. Uma vantagem de se passar muito tempo de magistratura, tenho mais de 30 anos, é a possibilidade de ter uma história para contar, virar testemunha. A Lei n. 6.019 veio e tinha uma característica de terceirização, restringia a uma determinada atividade. Para substituir extraordinariamente o pessoal regular da empresa houve acréscimo de mão de obra. Se houvesse uma demanda maior da empresa, ela poderia contratar empresas ou terceiros para vir a auxiliar na prestação de serviços. Norma legal vinha e definia, dava o alcance, o salário não pode ser diferente.

Qual o grande problema da terceirização hoje? Chama-se enquadramento sindical. Ninguém discute validade da terceirização nas montadoras de automóvel. Elas terceirizaram desde paralamas até a seta, o chip da seta etc. Empresas que nasceram do núcleo da própria empresa, de empregados que estabeleceram comercialmente empresas para atender demanda, pela especialização, para que pudessem ter maior qualidade, rapidez, eficiência na entrega do bem. Claro que o custo poderia ser maior, mas era diluído na qualidade e quantidade, e mesmo diante da consequência da eficiência, nem por isso passaram a remunerar menos ou precariamente. Se assim fizessem não teriam o resultado, o que é inerente ao desenvolvimento da atividade.

A primeira legislação, como disse, foi a Lei n. 6.019, de 1974 que trazia como conteúdo esse cuidado na contratação do trabalho temporário, o enquadramento sindical pode ser outro, mas não pode ter remuneração menor que o pessoal permanente, porque estava integrado no ramo de produção da empresa. As outras normas foram a Lei n. 7.102, de 1983, que trata dos profissionais de vigilância, a Lei de telecomunicações e de empresas de energia — Lei n. 8.987, de 1995 e a Lei n. 9.472, de 1997. Todas elas falam que não há vínculo direto quando a atividade é inerente.

A questão é saber exatamente se ocorre terceirização de atividade. Não posso admitir que seja terceiro o estranho que entrou na relação jurídica, mas que trabalha diretamente ligado à estrutura da empresa sob o comando do tomador de serviço. Isso não é terceiro.

A questão da primazia da realidade é exatamente um dos suportes mais importantes de qualquer relação humana. Temos um fato jurídico, que é o que existe, o que se manifesta, ou dá aparência de uma forma que não representa o conteúdo. A maior definição de primazia da realidade com nosso Ronaldo fenômeno, com o episódio que o envolveu - ele pôde descobrir a primazia da realidade, vai deixar transparecer exatamente o que de fato acontece.

A questão da terceirização, ela existe, pode existir, pode conviver, mas é preciso que haja a figura do terceiro na atividade econômica. Se há um terceiro e uma atividade, por falta de competência, qualificação, produção, enfim, por tudo, por isso se terceiriza! Agora, se há terceirização com o fim de se proceder à precarização na relação de trabalho pela economia no custo, mas com sacrifício do pessoal humano, não posso entender como legal e justo.

Se alguém faz a mesma coisa é só porque é empreendedor e porque tem mais condições de viver que o terceiro, excluído, não é assim? A questão da terceirização envolve a legislação que vem nesse sentido de especializar o trabalho, não de precarizar o homem, mas a ausência da legislação, de definição, de estrutura em que possa delimitar isso, provocou uma manifestação do Poder Judiciário, em razão da lacuna na lei e aí temos os princípios da liberdade da atuação econômica, dos princípios protetivos do Direito do Trabalho — elevados a direito fundamental, que a Justiça determina seja reconhecida. Contudo, esses princípios muitas vezes colidem.

Duas forças iguais colidem? Um prevalece sobre o outro? Não, cria uma lacuna. A colisão de princípios cria uma lacuna. Essa lacuna tem de ter uma solução e qual a solução? Os princípios maiores? O estudo se resolve pela apreciação dos princípios para saber o que vai prevalecer.

Quando há uma ausência de legislação sobre determinado tema, quem vai dar a palavra final é o Poder Judiciário e que, em boa hora, trouxe a Súmula n. 331. Afirmo que essa Súmula foi uma grande solução para uma questão de terceirização. Ela define se houver subordinação direta, prestação de serviço, onde está a terceirização? É nula. Não pode haver terceirização nisso, não existe terceiro nessa relação jurídica, por mais que queiram dizer. Por mais bonita que possa ser, não é! Então se eu estou dizendo que presto pessoalmente o serviço, sob subordinação de uma estrutura econômica dentro do sistema organizacional da empresa, onde está o terceiro? Me parece que não existe terceiro.

Na Súmula veio isso aí um enunciado, e ela foi atualizada nesse período. Em princípio, a Súmula n. 256 falava: — não tem esse negócio de terceirização, não! Mas hoje, diante da necessidade de se manifestar sobre um fato, não podemos desconhecer o fato. Existe terceirização e relembro a advertência de Georges Ripert. Ele dizia, "quando o Direito ignora a realidade, a realidade se vinga ignorando o Direito". O fato existe! Se o direito ignorar o fato, o fato prevalece, vai continuar acontecendo sem regulação.

Por isso, dentro de um sistema de direito produtivo, é necessário haver demonstração, o que pode estabelecer o limite de atuação? O grande problema é que temos uma mudança de conceito da atuação do Poder Judiciário. O que dava segurança jurídica era formalismo. Era sinônimo de segurança jurídica. Então, no Direito Romano, a pessoa usava fórmula, dava três pulinhos para consagrar seu direito, se não desse não estava consagrado. Toda relação era precedida por um formalismo absoluto. Isso foi substituído.

O que vai dar segurança jurídica hoje? O processo legal, sinônimo de segurança jurídica é saber o que vai acontecer. Posso agir assim, vou repetir esse ato e nada de mal me acontecerá se seguir esse caminho. Agora, o que não pode acontecer é nada de mal me acontecer, penso eu, se seguir esse caminho, de repente, me dá uma tirada de rumo que não consigo suportar.

A manifestação do Poder Judiciário vem ao encontro exatamente de uma necessidade de resolver uma lacuna, de uma colisão de princípios. Este é o norte da Súmula n. 331, que diz que a contratação de trabalhadores por empresa interposta é ilegal. Por quê? Porque a contratação de pessoas por empresa interposta não é terceirização, é uma arregimentação de mão de obra, locação de mão de obra. Essa, naturalmente, tem uma regra específica. É empregador quem assalaria e dirige a prestação de serviços, não é? Assumindo o risco do negócio. Em princípio, é ilegal e forma-se vínculo diretamente com o tomador, ele não está tomando coisa nenhuma, não há relação jurídica de estranho.

Agora, é de se observar, não forma vínculo de emprego com o tomador a prestação de serviço de vigilância, limpeza e conservação, bem como serviços especializados ligados à atividade-meio.

Portanto, a questão da atividade, desde que não exista a pessoalidade e a subordinação direta, se houver, não há terceirização nenhuma, existe um vínculo do prestador com o tomador, que não é tomador e sim empregador, ele dirige e assalaria a prestação de serviço. Terceiro é quando há necessidade de uma parte da linha de produção ser delegada a uma outra empresa ou prestação de serviço para dar qualidade ou resposta mais eficiente para se poder competir no mercado.

Em relação à atividade-meio e fim, há uma dúvida grande, não sei o que é meio e fim até hoje. Sério! Há uma dificuldade de entender meio e fim. Atividade--meio não é inerente, já atividade-fim se insere na atividade. Observe: se não tiver prestação de serviço de empresa dentro da atividade, não vai dar para trabalhar lá dentro, nem por isso ela é entendida como atividade-fim.

Contudo, tudo isso é terminológico. O que quero deixar claro, se houver descentralização da atividade, dentro de uma área de especialização, claro, poderá haver licitude, se houver respeito aos princípios, essa foi a grande conquista do TST. Demonstrando o seguinte: quando a primazia da realidade indicar que não existe uma atividade de terceiro e sim precarização de mão de obra por locação, não pode reconhecer como válido, como lícita a atividade.

Com relação ao serviço público, cada vez mais, vem se notabilizando como fonte de conflito quanto à terceirização. Chegou a ter na Justiça do Trabalho no Brasil mais de 100 mil processos em que se discutia responsabilidade da União nessas terceirizações. É um numero expressivo. A questão vai primeiro dirimir acerca dessa terceirização ilimitada de atividades. Até o TCU diversas vezes se manifestou quanto a esse tipo de terceirização. É preciso entender primeiro: há limitação da Administração Pública, direta e indireta, na gestão dos recursos públicos. Há leis, como a de responsabilidade fiscal, Lei Complementar 101, que limita o percentual de servidores dentro de repartição pública. Isso cria determinada limitação na atuação do serviço público.

O concurso público, na questão do conceito legal do serviço público, é a forma mais democrática de ingresso. Abre para a população em geral a possibilidade de ingressar na atividade pública. Mas é preciso o oferecimento de concurso.

Em determinadas localidades, o Brasil tem extensão territorial das maiores, isso faz com que toda essa multiplicidade e diversidade de localidades tenham comportamentos diferentes. Há municípios que têm uma carência muito grande de recursos para gerir sua atividade. Então as questões emergenciais não são resolvidas, por exemplo, o "Incidente em Antares" de Veríssimo, quando é deflagrada a greve de coveiros e os cadáveres insepultos querendo ser enterrados. Os grevistas andavam pela cidade provocando toda uma conturbação social.

Há questões emergenciais que precisam ser resolvidas e o Administrador tem de resolver, de maneira qualquer, até na contratação excepcional de interesse público. Precisa haver um fato extraordinário, pois a terceirização emergencial é extremamente necessária, do contrário não será possível terceirizar, o ingresso deve se dar pela via constitucional do concurso público.

A outra questão que se coloca é quando poderá ou não haver contratação sob essa alegação? É necessário excepcional interesse público; não ordinário, e sim extraordinário. Essas terceirizações são legais, ou seja, a terceirização de determinados serviços pela Administração Pública, por licitação de empresas para prestar serviços em determinadas atividades.

Até em instituições financeiras, de economia mista, não digo apenas do Banco do Brasil, há contratação de terceiros para fazer serviços que são regulares. Se houver essa contratação de empresas para esse tipo de serviço, me parece contrato temporário no molde da Lei n. 6.019, de 1974. Vai gerar isonomia salarial, no mínimo, e grande entrevero com o Tribunal de Contas para justificar o tipo de contratação. O TCU já se manifestou nesse sentido. Quando se tratar desse tipo de atividade, atividade dual, inerente à própria atividade da empresa, não pode haver terceirização nesse sentido ou contratação pública que dê qualidade a esse tipo de atividade.

A questão maior é da responsabilidade. Qual a responsabilidade se houver contratação de empresas terceirizadas, sobretudo na área de asseio e conservação, vigilância? Há previsão legal de contratação extraordinária? Quando haverá responsabilidade subsidiária do ente público direto, da administração direta ou indireta?

A questão, por 10 anos, estabeleceu-se no entendimento do item IV da Súmula n. 331. Vamos construir a responsabilidade e construir uma historinha nessa responsabilidade. Em toda atividade pública, o serviço de asseio e conservação é terceirizado. Muito bem, como é feita a terceirização? Método tradicional: licitação? Ela tem várias características, uma delas nem sempre é melhor — menor preço? Há licitação, transparência e, daí, o serviço público contratado, não se pode dizer que a Administração Pública tem culpa *in eligendo*. Não elegeu errado, são as regras do jogo. Foi uma licitação pública — participou a sociedade. Com isso o que nós tivemos? Uma demonstração de transparência, audiência para poder o poder público contratar, mas, após, há o desenvolvimento da prestação de serviços e em seu curso a empresa contrata mão de obra. A mão de obra vai prestar serviço de asseio e segurança, e no implemento das obrigações, o que ocorre com o pessoal? A prestação de serviço se dá diretamente com a pessoa do tomador dos serviços.

É a tal história, não seria muito atento ou muito desatento, se não se percebesse que os empregados da prestadora estão sem receber salários há três meses. Dentro da relação de trabalho e experiência pessoal que tive, como Juiz em uma Vara de interior do Rio de Janeiro, em Teresópolis, cidade conhecida, nem tão interior assim. Quando eu tomei posse como Juiz naquela cidade, havia funcionários, servidores concursados e havia o pessoal da prestação de serviços, eram dois senhores e duas senhoras. Fiquei 10 anos como titular, os 10 anos eram sempre as mesmas coisas, embora mais de 20 empresas prestadoras de serviço passassem por lá, porque cada um tinha uma concorrência por lá, o que eles faziam, perdiam a concorrência, demitiam as senhoras e elas eram contratadas pela outra, porque já conheciam o serviço.

Assim foi e nessas empresas de prestação, o que ocorre? Ficam todos os funcionários terceirizados... eles se repetem, trabalham para as empresas sucessoras e não conhecem a empresa prestadora, mas apenas a tomadora. Essas senhoras não sabiam quem era seu patrão. Elas nunca tinham visto a empresa que formalizava o vínculo.

O Estado, quando contrata, deve lembrar a velha história do Saint-Exupéry, "te tornas eternamente responsável pelo que cativas". Como posso dizer que não tenho responsabilidade se pego uma estrutura, ponho para trabalhar para mim e digo o seguinte: se você não trabalhar bem não te pago. Duvido que o Administrador Público pague a remuneração do prestador de serviços se ele descumprir as cláusulas da prestação de serviços. Ou seja, no asseio e conservação, se não faz a limpeza por uma semana, duvido que vá pagar. Agora, o fato de não se pagar salário dos empregados. Não causa nada? Dentro do próprio Poder Judiciário? Não paga os servidores três meses e os próprios servidores se cotizam para dar ajuda financeira enquanto a empresa não paga, não há responsabilidade do Estado?

A Administração Pública tem de vigiar não só o efetivo cumprimento do que se contratou, mas a totalidade daquilo a que ele se obrigou. Parece que se tem de vigiar, exatamente o bom cumprimento e desempenho. Não posso exigir uma atividade bem feita se não estou pagando empregado. Se o empregado da empresa que tem obrigação de prestar não está recebendo, não pode o Administrador Público ignorar isso.

Então me parece que não existirá, *in eligendo* mal, a responsabilidade, pois para a licitação houve regra objetiva. A questão é exatamente a regra subjetiva que deriva da necessidade de a Administração fiscalizar o cumprimento dessas ações. Se assim fizer, terá exatamente o resultado em que não haverá sonegação de qualquer tipo de atividade que foi contratada. Esse é o conteúdo e é o que resultou do julgamento da ADC 16 no STF. O mero inadimplemento não importa em responsabilização do ente público, não pode importar responsabilização.

Mas, o que vem a ser mero inadimplemento? É a grande questão hoje no Judiciário. Mero inadimplemento é o eventual, a que todos estão sujeitos. Alguém se esqueceu de pagar a conta, paga no dia seguinte, é o mero inadimplemento. Outra coisa é o devedor contumaz, o que tem obrigação de pagar os salários e não paga, isso não é mero inadimplemento coisa nenhuma, é o contumaz. O mero é o perdoável, houve dificuldade.

Agora, no momento em que se torna cotidiana, deixou de ser mera. Nessa, naturalmente, haverá responsabilidade, desde que haja culpa *in vigilando*, ou seja, a Administração Pública tinha o dever de vigiar o cumprimento das obrigações e não o fez. Saiu pagando, mesmo podendo reter. Se assim não fizer, ela está descumprindo o contrato em sua integralidade.

Senhores, o Tribunal Superior do Trabalho está, com preocupação, trazendo audiência pública no sentido de ouvir a sociedade para definir a questão da terceirização em prestação de serviços de energia elétrica, concessionárias, que não geram lucro direto. Audiência pública para ouvir a sociedade representa uma segurança e que toda sociedade participa para que o Poder Judiciário se torne cada vez mais eficiente.

Quanto aos questionamentos trazidos pelos participantes, esclareço que a partir de 2000, o Item IV da Súmula n. 331, do TST consagrou a responsabilidade objetiva do ente público. Só por figurar no passivo era ele responsável subsidiário no valor a ser apurado na demanda.

Passo agora a examinar os questionamentos do público sobre a matéria.

Em relação à indagação sobre estar em trâmite no TST cinco mil ações que versam sobre a responsabilidade subsidiária, porém todas com base na antiga redação do Item IV, eis que não havia perquirição de culpa, porque era desnecessário, esclareço que estão sendo essas ações julgadas pelos Itens V e VI da atual redação da Súmula n. 331, pelo exame da culpa *in vigilando*, se não houver debate de culpa *in vigilando*. Muitas vezes vinham fundadas na culpa *in eligendo*, outras vinham fundadas na culpa *in vigilando*.

Havendo tese no Acórdão Regional, temos de extrair da tese a existência ou não da culpa *in vigilando*, se não houver tese e reconhecimento pelas instâncias ordinárias, não há como dizer que houve contrariedade, pelo conteúdo da ADC1 necessário tese sobre conduta do Administrador Publico em fiscalizar o cumprimento das obrigações existentes no contrato de prestação de serviço.

Interessante que notamos que a maioria dos entes públicos, no contrato tem uma cláusula de reserva pelo não cumprimento das obrigações trabalhistas. Mas, na realidade, se não houver não tem, se a instância ordinária não reconhecer a responsabilidade subsidiária e não houver debate de culpa ou exclusão da culpa, não haverá responsabilidade subsidiária.

Se houver demonstração pelo ente público que se cumpriu o dever de vigiar, vigiou, fiscalizou, não é responsável. Mas me parece que há uma coisa chamada de inversão do ônus da prova. Vamos dizer, a grande definição de ônus da prova, tudo se resolve pela presunção, o que acontece cotidianamente é a presunção.

O Estado fiscaliza e o extraordinário é o que se alega. Se fiscalizou o cumprimento, me parece que o ônus se inverte pela aptidão de ter fiscalizado. Quem tem aptidão para fiscalizar? O ente público. Ele tem de fiscalizar o cumprimento do contrato. Quando? Já. Eu mesmo já julguei diversas vezes casos em que foi extraída a responsabilidade pela culpa *in vigilando*, recentemente, semana passada, no TST.

O TST pretende reformular a Súmula n. 331 em relação à atividade-fim, estudar a possibilidade da ampliação do escopo da Súmula, incluindo atividades de informática, promoção de vendas, logística, pois atualmente as empresas estão sujeitas a interpretações da fiscalização do trabalho em questões de atividade-meio e fim.

Em relação aos questionamentos entendo ser uma questão tormentosa, a definição de atividade-meio e fim.

Eu estava dizendo que não consigo identificar o que é meio e o que é fim, a questão é a seguinte: se não houver precarização, se houver descentralização, em princípio a terceirização terá licitude. Agora, a questão é se é concorrente com a atividade da empresa, não há terceirização, aí é fim.

Em relação à terceirização das promotoras de vendas, por exemplo, tenho diferenciado o que é promotora de venda e agente de vendas, que não só promove.

Promotor de vendas é como no caso da Avon, que chega à casa do cliente, oferece o produto. Ela só faz isso e alguém entrega o produto. Ela não tem um contato ou relação direta, ela só faz captar pedido, que nem sabe se vai ser aprovado.

Agora, no momento que a promotora ou promotor conclui o negócio, ele deixa de ser promotor de vendas, o agente da Natura, não é mesmo?

É empregado terceirizado, pode estar livre da fiscalização do MTE? Parece-me que não. A fiscalização do trabalho tem de examinar a primazia da realidade.

O que vemos na promoção de vendas é um desvirtuamento da função da promoção, que não promove a venda, mas conclui o negócio. Se ela concluir negócio está inserida na atividade. Então essas interpretações da fiscalização, é verdade, elas podem ser discutidas em juízo.

Mas, em princípio, pode haver fiscalização da empresa. Agora se houver desvirtuamento da função, haverá necessariamente possibilidade da atuação.

Em relação à pergunta do Dr. Lopes da Silva, se cooperativas de serviço se considera como terceirização de mão de obra? E como combater essa prática? Tenho a esclarecer que cooperativa de serviço não é nada demoníaca, não! O que se repele são as chamadas fraudes cooperativas, as que se notabilizaram numa época. Existe uma cooperativa, por exemplo, das costureiras do Rio Grande do Sul, é uma cooperativa fantástica que funciona incrivelmente, nunca houve problema com a cooperativa das costureiras do Rio Grande do Sul. São todas cooperadas dentro de um empreendimento.

O que é cooperativa? É cooperação da atividade, como profissional, para ter dimensão de atividade. São profissões de manufatura. Eu me reúno com profissionais para fazer um produto e colocar no mercado independente de quem produziu mais ou menos, vamos dividir o que conseguimos arrecadar, um faz o outro vende. Estão dentro de uma atividade, harmonicamente, e pode ser uma cooperativa que funcione bem para os cooperados.

O que não pode se reconhecer são cooperativas em fraude, como surgiram pós-Constituição de 1988.

No Estado do Rio de Janeiro criaram uma cooperativa chamada Fadesp, com um projeto fantástico de educação, do Darci Ribeiro, com a criação dos CIEPs, era uma atividade incrível em termos de solução no projeto de educação e os CIEPs, Centros de Ensino Integrado, tinham uma necessidade de funcionamento, precisavam desde merendeira até diretor. E não havia servidores em quantidade para poder dar vazão e eles foram construídos em quantidade no Estado do Rio de Janeiro e criaram uma cooperativa. Na cooperativa estavam como cooperados desde o diretor da cooperativa, passando pelo diretor do CIEP até a merendeira, além de vigilante, professor, inspetor de alunos, a parte de serviços. Enfim, tudo.

Essa foi a história, na realidade era um contrato de trabalho que o Estado estava impedido de fazer. Naturalmente a remuneração diferida na cooperativa era notória, não queria que o diretor recebesse o mesmo valor da merendeira, ou tivesse rateio, recebiam salários, isso não era cooperativa. Isso era fraude.

Vamos voltar à atividade-fim ou meio. Eu faço suco, mas para fazer suco tenho de ter algo para botar dentro da máquina. Esse mecanismo da produção que era inerente à produção, terceirizava. Não havia cooperativa, havia o boia-fria, arregimentação de mão de obra. Safra, não safra, é outra coisa, mas havia um contrato direto com quem dirigia e assalariava. E por essa razão o reconhecimento direto do vínculo com o tomador de serviço, que passava a ser empregador.

A Súmula n. 331 pacificou o entendimento sobre a responsabilidade subsidiária do tomador na hipótese do descumprimento das obrigações trabalhistas pelo empregador, empresa terceirizada. Há projeto de lei em tramitação no Congresso Nacional defendendo a responsabilidade solidária. Observa-se essa proposta de alteração na responsabilidade.

O Congresso Nacional é a Casa que teria a resolução do hiato. Os projetos de lei existem sim, não apenas um, existem vários. Os mais importantes são dois, um é o Projeto de Lei n. 4.302 de 1998, cujo relator é o Deputado Sandro Mabel; existe outro Projeto, o de n. 1.621 de 2007, cujo autor é o Deputado Vicentinho. Preciso dizer o que contém em um ou em outro? É a vontade política, isso é o Congresso Nacional que vai dizer, um diz que a responsabilidade é solidária, outro diz que não é! Um diz que pode terceirizar tudo, outro nada!

Quem tem de encontrar a solução é a vontade política do Congresso Nacional. É o soberano para isso, agora é preciso que na análise ele não desconheça o fato, porque se ele desconhecer o fato vai ser difícil manter, na prática, a disposição da norma.

O que podemos entender como serviços especializados na construção civil? Construtores querendo considerar especializados assentamento de cerâmicas, pisos e paredes, instalação de portas e batentes de madeira, serviços de pintura da construtora tomadora, instalação e metais.

A Súmula n. 331 permite a terceirização de serviços ligados à atividade-meio do tomador. Muitos serviços especializados pertencem à atividade-fim de uma construtora e não atividade-meio. O maior cuidado deve ser para que não haja precarização das condições de saúde e segurança do trabalho!

No caso da construção civil, embora a Súmula n. 331 tenha se manifestado dentro de um aspecto geral, há posicionamento específico da jurisprudência do TST, como a Orientação Jurisprudencial 191 da SDI, de que não se forma vínculo se o tomador não for construtora. Se o tomador for construtora e exercer atividade, o vínculo existe, é ilegal terceirização, ela está no Item I da própria Súmula n. 331.

Agora é verdade, quando se trata de uma eventualidade no contrato da empreitada não se gera vínculo com o tomador. Por exemplo, o particular que firma um contrato de empreitada com uma empresa construtora para fazer uma obra de reparação de sua residência, neste caso não há que se falar em responsabilidade do dono da obra, nem subsidiária. E é lícita a terceirização, quando na realidade há empresas terceirizadas para serviços especializados dentro de uma construtora a responsabilidade subsiste, há responsabilidade subsidiária e se a direção foi direta de pessoal do tomador aí nem é responsabilidade, é vinculo direto com o tomador.

Agora, se for subempreitadas, uma empresa grande de construção civil subempreita diversos setores: o piso, vai fazer a empresa tal, a estrutura hidráulica, vai fazer empresa tal, ela é responsável subsidiária, porque é empresa de construção civil, é uma exceção da orientação.

Quanto à questão sobre as verbas rescisórias não pagas pela prestadora de serviço quando perde licitação, se pode ser entendido como mero inadimplemento, entendo que depende. Pode e não pode. Se houver culpa, haverá responsabilidade, se não houver culpa, não haverá responsabilidade. O grande problema é que nessa mudança de empresa prestadora deixa sempre um rombo, em que a Administração Pública tem de se desvencilhar, se não, foge do poder de fiscalização, toda licitação tem de ter um distrato, uma quitação, enquanto não houver quitação não posso dizer: não sou mais responsável.

Quanto ao reflexo da Súmula no serviço público municipal na questão da coleta de lixo e sobre a terceirização no âmbito municipal, se difere da geral, esclareço que não. A terceirização é um fenômeno econômico mundial. Essa pergunta é do Sr. Eli Aires, Presidente do Sindauto, de Araxá, Minas Gerais.

Retorno ao "Incidente em Antares" para respondê-lo. Existem atividades essenciais ao serviço público. Essenciais mesmo, como a coleta de lixo. As atividades podem vir de empresas públicas ou de sociedades de economia mista, existem empresas privadas que fazem terceirização disso. O sistema da terceirização é o mesmo. A responsabilidade continua sendo a mesma, é uma concessão de serviço público, como são as empresas de ônibus. Se é concessionária, não há ingerência, mas na limpeza é atividade essencial ao serviço público e sendo essencial, haverá que se fiscalizar. Terceirização da empresa, não é concessão de serviço. Se fosse concessão não haveria responsabilidade, mas é atividade inerente.

Continuando a questão sobre o aspecto danoso das cooperativas, se maiores que a terceirização, apenas volto a ressaltar que se a cooperativa tem o aspecto de terceirizar, de prestar serviços, cooperativas prestadoras para tomador, é terceirização, isso se não estiver no conteúdo do cooperativismo.

Quanto à pergunta do Sr. Silvio Antônio, de como ficam as ações do TST sobrestadas, em face da lacuna da lei, esclareço que estamos julgando todas, porque houve a decisão do STF na ADC16.

Em relação à pergunta do Sr. Nixon Rodrigues, se o não pagamento das verbas rescisórias do trabalhador terceirizado gera responsabilidade subsidiária da União, retorno à mesma resposta: depende! O Item IV da Súmula n. 331 prevê a responsabilidade subsidiária do contratante se ele descumprir a Lei n. 8.666, de 1993, o artigo 40 determina que o contratante deverá pagar a fatura do contratado 80 dias após a prestação. A CLT determina pagamento até o 5º dia útil do mês subsequente. É correto entender que se o contratante não cumprir o artigo da Lei n. 8.666 a empresa, para não atrasar salários, poderá enviar a ele a folha de pagamento para os salários serem pagos diretamente do empregador reduzindo o valor quando do pagamento da fatura dos serviços públicos, o mero inadimplemento de atraso dos contratantes se aplica. Isso tudo tem de estar contratado, pois apenas assim será admissível.

A questão é contratual, você vai receber 30 dias após, posso dizer, preciso antecipar o pagamento dos salários. Não há responsabilidade do ente público de adiantar, nem pode, por força de dotação orçamentária; se puder ele vai adiantar e compensa, mas isso é contratual, a obrigação de pagar é da empresa prestadora, os salários, o que pode o ente público fazer é o seguinte: pagar fatura, exigir que comprove. Pagou os empregados? Traz a folha de pagamento, não paguei, então não recebe enquanto não pagar, aí sim. Criou impasse e rompimento por inadimplemento.

Isso, diante do art. 71 da Lei n. 8.666 e da manutenção da Súmula n. 331, a questão é a seguinte: a Lei n. 8.666 não isenta de responsabilidade o Administrador Público, ela cria responsabilidade subsidiária nos contratos com relação à Previdência.

O art. 71, § 2º consagrou a responsabilidade solidária do ente público com relação à previdência social. Se houver fraude na licitação, se houver irregularidade haverá responsabilidade por culpa *in eligendo*, mas e se não houver fiscalização, haverá responsabilidade pela culpa *in vigilando*? Essa é a questão geral, sendo necessário que haja debate sobre isso na relação processual para se verificar se efetivamente existe a culpa.

Agora, se posso reconhecer a terceirização em alguns setores, é considerada mão de obra fraudulenta, como no setor bancário? Depende. A terceirização, como a vigilância no setor bancário, é a imposição legal, não é fraudulenta, determinadas terceirizações irão depender da análise sob o prisma do princípio da primazia da realidade.

E em relação à empresa integrante do mesmo grupo econômico da prestadora de serviços, se deve ter enquadramento sindical idêntico ao da tomadora, entendo que esse é o grande problema e a grande solução. No dia que isso ocorrer, todos receberão o mesmo, pois será negociado. Ressalto que muitas vezes é o ideal, mas pode não ser o melhor, vai depender do amadurecimento da representação sindical.

Muitas vezes uma empresa de atividade empresarial, metalúrgica, por exemplo, terceiriza parte do processamento de dados, suponhamos. O sindicato dos profissionais de processamento de dados pode ter muito mais capacidade de negociação e de obter resultados maiores, mas é preciso empregar a empresa tomadora. Aí que está o problema, é o grande problema que não quer se calar, o debate da reforma sindical, que já importa em uma questão que é preciso enfrentar, em ampla reforma sindical.

Quanto à indagação sobre se o Estado deve arcar com o ônus trabalhista dos trabalhadores dos organismos internacionais, ressalto desde já que se trata de uma confusão danada! Nós celebramos tratado internacional de cooperação, na qual, nesse tratado, nós como signatários, que celebramos com aval do Congresso Nacional, recebemos um serviço da ONU para determinado desenvolvimento de setores. Nesse tratado, eu regulo tudo: preço, contratação, modo de pagamento, direitos, enfim, aí eu chego, eu como entidade internacional, aí chego, há qualquer discussão interna, quero ser empregado da empresa, da ONU. Olha, o contrato que você celebrou é outro, houve tratado internacional que houve relação jurídica diversa. Quem tem de responder pelo inadimplemento? Vamos dizer que o tribunal que elegeu para responder a questão seja impossível. Quem tem de responder não é o organismo internacional, é o Estado brasileiro que se comprometeu, parece-me que o Estado brasileiro é responsável pelo que ele está celebrando aí, com relação a suas pessoas, seus nativos.

Em relação à pergunta sobre a Lei n. 8.029, que o participante indaga quanto ao entendimento sobre a área da movimentação de mercadorias, é necessária a leitura da Lei n. 12.023/2009, que trata especificamente sobre a atividade e sobre o trabalho avulso. O problema é quem faz a movimentação de mercadorias. A mercadoria no porto, é uma atuação de avulso, já a mercadoria no comércio, do empregado. De todo modo, se trata de terceirização, pois estamos tratando da intermediação de mão de obra na movimentação de mercadoria, daí vai seguir uma regra geral, da terceirização de contratos de trabalho, se assim não dispuser a lei.

Quanto à pergunta sobre a relação terceirização/consumidor, entendo que a questão da terceirização em relação ao consumo, a terceirização vai ter diversos efeitos com relação ao consumidor, para quem se vai reclamar, se é a empresa prestadora de serviço ou a tomadora. A prestadora é sempre representante da tomadora.

Quanto ao *Call Center*, se estamos reclamando contra o atendimento, o tele-atendimento, ele é um representante, claro. Ele poderá agir com abuso de poder, ou desvio de finalidade, com culpa, fraude, vai responder para o tomador que terá ação de regresso, que terá culpa do prestador, mas a responsabilidade nas relações de consumo, sempre será da empresa tomadora e nunca, responsabilidade direta, nunca da prestadora, em que a prestadora terá possibilidade de uma ação de regresso.

E sobre a questão relativa à responsabilidade solidária entre a obrigação da prestadora com a tomadora, em relação ao consumidor me parece que sim. Porque há duas concorrentes para o ato ilícito.

Por fim, respondendo acerca das entidades sindicais, se devem alterar os estatutos para representar os terceirizados nas indústrias e funções afins, tenho entendido que se a atividade sindical, da atividade preponderante da empresa tomadora, puder ser alterada para representar as atividades dos terceirizados afins. Se for da mesma categoria profissional evidente que sim, se não for, pelo princípio da unicidade sindical. Por essa razão eu creio que o que importa agora é nos movimentarmos para reflexão maior para o debate da responsabilidade e reforma sindical.

No setor público quanto à representação sindical, pode-se negociar condições de trabalho em termos de salário? A questão é vocação do Legislativo. Quem pode negociar orçamento é Congresso Nacional. Então a representação sindical terá de observar isso. Dentro dos parâmetros da legalidade, nada impede que haja vinculação aos sindicatos. Hoje os sindicatos de empregados públicos estão proliferando, mas o limite da negociação é a Constituição Federal.

O que tentei trazer foram reflexões sobre determinados temas e agradeço a atenção dos senhores. Obrigado a todos e parabéns para os pais e advogados!

Parte V

A Imprescindibilidade da Negociação Coletiva

Esta Parte V aborda o tema discutido no julgamento histórico, realizado na Seção de Dissídio Coletivo, em 10 de agosto de 2009 no Recurso Ordinário em Dissídio Coletivo (RODC), entre os recorrentes e recorridos Sindicato dos Metalúrgicos de São José dos Campos e Região e outros, de um lado, e Embraer e outra, do lado oposto.

Parte V

A Imprescindibilidade da Negociação Coletiva

Capítulo XXIX

A Imprescindibilidade da Negociação para a Realização de Dispensa Coletiva em Face da Constituição de 1988

Carlos Alberto Reis de Paula

Ministro do Tribunal Superior do Trabalho — TST. Conselheiro do Conselho Nacional de Justiça — CNJ. Doutor e Mestre em Direito pela UFMG. Membro Efetivo da Academia Nacional de Direito do Trabalho.

Resumo. O presente artigo procura demonstrar a necessidade da negociação para a efetivação de dispensa coletiva diante dos princípios constitucionais em um Estado Democrático de Direito e suas consequências em relação aos direitos laborais.

Abstract. This article seeks to demonstrate the necessity of the negotiation for an effective collective dismissal in the context of constitutional principles in a Democratic State and its consequences in relation to labor rights.

Palavras-Chaves. Dispensa coletiva. Negociação. Princípios constitucionais. Reintegração de trabalhadores. Compensação financeira.

Keywords. Collective dismissal. Negotiation. Constitutional principles. Reintegration of Workers. Financial compensation.

Sumário. 1. Introdução. 2. Da proteção contra a dispensa. 3. Nova postura do Judiciário. 4. Eficácia dos Princípios de Direito. 5. Da efetiva aplicação do instituto da negociação coletiva. 6. Conclusão. 7. Referências Bibliográficas.

1. Introdução

Propomos abordar o tema relativo à dispensa coletiva e imprescindibilidade constitucional da negociação, no presente artigo, a partir do julgamento, no nosso sentir e entender, histórico, da Seção de Dissídio Coletivo em 10 de agosto de 2009 no Recurso Ordinário em Dissídio Coletivo — RODC n. 309/2009-000-15-00.4 em que recorrentes e recorridos Sindicato dos Metalúrgicos de São José dos Campos e Região e outros, de um lado, e Embraer e outra, do lado oposto.

A questão volta-se para a circunstância de a empresa ter dispensado quantidade expressiva de empregados sob o argumento do agravamento da crise econômica mundial, que a teria afetado de forma acentuada, com a necessária redução da produção de aeronaves decorrente do cancelamento de encomendas, sem perspectiva de retomada breve dos níveis de produção similares ao do último semestre de 2008. A Embraer defendia, ainda, que a área em que atua depende essencialmente do mercado internacional, que se encontrava em franca retração, sem sinais de recuperação *"para os próximos meses, ou talvez anos"*.

2. Da proteção contra a dispensa

Quid juris? (interrogação com que o Professor Wilson Melo da Silva sempre iniciava as suas inesquecíveis aulas de Direito Civil na Casa de Afonso Pena — Faculdade de Direito da UFMG).

No ordenamento jurídico brasileiro, apesar do princípio protetivo delineado no artigo 7º, inciso I, da Constituição Federal de 1988, a empresa pode dispensar o trabalhador sem motivação, ou seja, sem justa causa. Existem exceções, como, por exemplo, a do artigo 165, em relação aos membros das CIPAs, em que se exige motivação de ordem disciplinar, técnica, econômica ou financeira. Nas denominadas estabilidades provisórias, como as previstas para o dirigente sindical (artigo 8º, VIII, da CF, de 1988) e para a empregada gestante (artigo 10, inciso II, alínea *b*, do Ato das Disposições Constitucionais Transitórias da mesma Constituição), entre outras, são admitidas dispensas tão somente motivadas por justa causa.

Nos termos do mencionado artigo 7º, inciso I, a proteção contra a dispensa individual arbitrária ou sem justa causa é assegurada, nos termos de lei complementar, "que preverá indenização compensatória, dentre outros direitos". O texto é fruto de negociação entre os constituintes de 1988, e, em hermenêutica constitucional, não remete ao legislador ordinário assegurar apenas o direito à indenização ao empregado, mas também garantir a efetiva proteção contra a despedida arbitrária. Todavia, o tempo que corre inexorável, quase vinte e quatro anos da promulgação da Carta Magna, consagra no mundo dos fatos a perenidade de norma que nasceu com o caráter de provisória. É a nossa, por que não dizer, triste realidade.

Vivemos em um mundo globalizado, bem o sabemos, o que nos dispensa explicitações. Não menos fato é que o longe não mais existe, pois, enquanto a matriz dorme, atividades, até de ordem financeira que a alcançam, se desenvolvem em outra parte do planeta. A nova organização empresarial se faz em rede, realidade presente na governança empresarial.

Como dito por AMAURI MASCARO NASCIMENTO (LTr. 73-01/9-1973 e 01/25, jan.2009):

[...].

> nosso direito voltou-se para as dispensas individuais, e nesse sentido é que se dirige a sua construção legal, doutrinária e jurisprudencial, apesar da realidade mais rica e expansiva das relações de trabalho.

[...].

Afinal, o que é dispensa coletiva?

A nossa legislação permanece silente.

ORLANDO GOMES (*LTr*, ano 38, p. 575-579, jan. 1974) ensina que demissão coletiva:

[...].

é a rescisão simultânea por motivo único, de uma pluralidade de contratos de trabalho numa empresa, sem substituição dos empregados dispensados.

[...].

Sem buscar cotejos de conceituações, podemos dizer que a dispensa coletiva importa o desligamento simultâneo de quantidade significativa de empregados, movida a empresa por motivos econômicos, tecnológicos, estruturais ou similares.

Algumas legislações, como a alemã, por exemplo, estabelecem número certo para que se considere uma dispensa como coletiva. Outras privilegiam a natureza jurídica do instituto, em vez de se apoiarem em critério estritamente numérico.

3. Nova postura do Judiciário

A Constituição Federal de 1988 positivou e inaugurou — alinhando-se ao que há de mais moderno na doutrina e filosofia constitucionalistas — o paradigma jurídico constitucional do Estado Democrático de Direito, a exigir uma nova postura do Poder Judiciário, mais alinhada às ideias concebidas dentro de um contexto jurídico pluralista, democrático, popular e aberto. O trabalho, nessa perspectiva, constitui manifestação da personalidade, e é o instrumento pelo qual alguém passa de indivíduo a pessoa e, decorrentemente disto, a ter respeito no ambiente social em que atua. Pelo trabalho humano se produzem os bens da vida, enquanto se criam, transformam ou se adaptam os recursos naturais, para a satisfação das necessidades humanas individuais e coletivas. A agregação de valores a esses recursos propicia o surgimento de capital. Sob essa ótica, em um regime capitalista, como o nosso, indiscutivelmente o capital e o lucro têm finalidades sociais.

Oportunas as palavras de MENELICK DE CARVALHO NETO (A hermenêutica constitucional sob o paradigma do Estado Democrático de Direito. *Revista Notícia do Direito Brasileiro*, p. 245) ao prelecionar que:

[...].

no paradigma do Estado Democrático de Direito, é preciso requerer do Judiciário que tome decisões que, ao retrabalharem construtivamente os princípios e as regras constitutivas do direito vigente, satisfaçam, a um só tempo, a exigência de dar curso e reforçar a crença tanto na legalidade, entendida como segurança jurídica, como certeza do direito, quanto no sentimento de justiça realizada, que deflui da adequabilidade da decisão às particularidades do caso concreto.

[...].

Nos termos em que posta a questão, portanto, somos levados a pensar sobre o positivismo romano-germânico clássico. No pensamento característico dessa corrente, o ordenamento jurídico é tido como um sistema fixo de regras que teriam a pretensão de regular todo o âmbito possível da conduta humana. Se assim o é, a ideia de um sistema fixo implica em reconhecer que este poderá apresentar lacunas legais em relação a certos casos.

Nessas hipóteses, a discricionariedade do juiz exerceria o importante papel de preencher essas lacunas, criando e aplicando retroativamente uma nova norma jurídica, que decorreria de um direito supostamente preexistente para, assim, manter a ilusão da certeza jurídica.

Em tais situações, consideradas pelo positivismo e pelas correntes jurídico-filosóficas ulteriores como *hard cases*, nos quais não há uma regra estabelecida capaz de orientar claramente sobre a decisão jurídica a ser tomada, ainda assim é possível que uma das partes tenha um direito pré-estabelecido, pré-existente, de ter sua pretensão assegurada.

Compete ao juiz descobrir o substrato jurídico presente na tradição jurídico-constitucional que garanta tais direitos, evitando, todavia, a adoção de algum método ou procedimento puramente mecanicista e formal. DWORKIN deixa claro que se trata, primeiramente, de uma postura a ser adotada pelo aplicador do Direito diante da situação concreta para a qual não há uma resposta jurídica evidente, cuja decisão efetiva deve ser buscada com base nos princípios jurídicos que sustentam o ordenamento jurídico, entendidos em sua integridade.

Na ótica de DWORKIN (*O Império do Direito*. São Paulo: Martins Fontes, 1999. p. 229) entender os princípios em sua integridade pressupõe que:

[...].

o conjunto de normas públicas reconhecidas pode expandir-se e contrair-se organicamente, à medida que as pessoas se tornem mais sofisticadas em perceber e explorar aquilo que esses princípios exigem sob novas circunstâncias, sem a necessidade de um detalhamento da legislação ou da jurisprudência de cada um dos possíveis pontos de conflitos.

[...].

O Direito, portanto, deve ser compreendido como um todo, em seu conjunto. Estamos nos afastando da ótica positivista clássica, e adentrando no que usualmente é denominado de pós-positivismo. PAULO BONAVIDES (*Direito Constitucional*, 1998. p. 265), argumenta que é próprio de tal corrente jurídica a consagração da teoria da força normativa dos princípios e da sua prevalência concreta no ordenamento jurídico e no momento de tomada da decisão jurisdicional. Isto importa a perda do caráter meramente programático tradicionalmente atribuído aos princípios, e o consequente reconhecimento de sua concretude, ao deixarem de ser uma mera especulação metafísica em proveito do campo concreto e positivo do Direito (com letra maiúscula). Os princípios passam a ser vistos como integrantes do gênero norma, situados no mesmo patamar das regras legais positivadas, e, quiçá, até mesmo acima delas de um ponto de vista lógico-sistemático.

Nessa linha jusfilosófica é que se sedimenta o magistério de MENELICK DE CARVALHO NETO (*op. cit.*, p. 246) ao dizer que:

[...].

o aplicador deve exigir então que o ordenamento jurídico se apresente diante dele não por meio de uma única regra integrante de um todo passivo, harmônico e predeterminado que já teria de antemão regulado de modo absoluto a aplicação de suas regras, mas em sua integralidade, como um mar revolto de normas em permanente tensão concorrendo entre si para regerem situações.

[...].

4. Eficácia dos princípios de direito

A discussão se assenta, pois, na eficácia dos princípios do direito.

Afinal, o que são princípios?

Como sempre, oportunas as palavras de AMÉRICO PLÁ RODRIGUEZ (*Princípios de Direito do Trabalho*. Trad. de Wagner D. Giglio. São Paulo: LTr, Ed. da Universidade de São Paulo, 1978. p. 11) quando destaca, ao abordar o tema título do livro, que:

[...].

consideramos importante o tema, não apenas pela função fundamental que os princípios sempre exercem em toda disciplina, mas também porque, dada sua permanente evolução e aparecimento recente, o Direito do Trabalho necessita apoiar-se em princípios que supram a estrutura conceitual, assentada em séculos de vigência e experiência possuídas por outros ramos jurídicos. Por outro lado, seu caráter fragmentário e sua tendência para o concreto conduzem à proliferação de normas em contínuo processo de modificação e aperfeiçoamento. Por isso se diz que o Direito do Trabalho é um Direito em constante formação. Compreende-se então que, o que Cretella Júnior chama a principiologia adquira uma maior significação, porque constitui o alicerce fundamental da disciplina, que se mantém firme e sólida, malgrado a variação, fugacidade e profusão de normas.

[...].

Especificamente sobre a interrogação, com o uruguaio EDUARDO J. COUTURE (*Vocabulário Jurídico*. Montevidéu, 1960. p. 489) aprendemos que é:

[...].

enunciado lógico extraído da ordenação sistemática e coerente de diversas normas de procedimento, de modo a outorgar à solução constante destas o caráter de uma regra de validade geral.

[...].

Já em MIGUEL REALE (*Filosofia do Direito*. São Paulo: Saraiva, 2005. p. 60 e segs.) temos que:

[...].

os princípios são os fundamentos que servem de alicerce ou garantia e certeza a um conjunto de juízos.

[...].

Se possível for fixar uma visão sintética, os princípios têm, portanto, função interpretativa, integrativa e construtiva.

As normas constitucionais referentes à tutela do obreiro compõem o microssistema constitucional de proteção ao trabalhador. Esse microssistema reflete a própria essência e finalidade do Direito do Trabalho, qual seja, "a preservação e tutela do hipossuficiente". Integrariam esse microssistema as normas constitucionais que preveem a dignidade da pessoa humana, os valores sociais do trabalho e a garantia do desenvolvimento nacional.

Nessa linha de divagação, o que a Constituição Federal enuncia sobre as questões coletivas?

Há de se partir de que a negociação é inerente ao Direito Coletivo. O artigo 114, do Texto Maior, ao fixar a competência da Justiça do Trabalho, em seu parágrafo primeiro, aborda a negociação para, no parágrafo que se segue, estabelecer que:

[...].

recusando-se qualquer das partes à negociação coletiva ou à arbitragem, é facultado às mesmas, de comum acordo, ajuizar dissídio coletivo de natureza econômica.

[...].

5. Da efetiva aplicação do instituto da negociação coletiva

No texto constitucional, todos os institutos, quando se trata de conflito de natureza coletiva, se vinculam à negociação. Nesse primeiro enfoque, não pode qualquer parte se recusar, por atitude infundada, a colaborar com a efetiva aplicação do instituto da negociação, já que princípio reitor no âmbito coletivo. Afinal, em um Estado Democrático de Direito, a ninguém, pessoa natural ou instituição, se reconhece o direito de não contribuir para o bem comum. A busca de tal bem comum, todavia, não se sobrepõe à garantia dos direitos individuais e, eventualmente, sociais, dos que participam da negociação, na medida em que tampouco é lícito que o bem comum se sobreponha ao indivíduo e às garantias que lhe são constitucionalmente inerentes.

O Código Civil de 2002 consagra a boa-fé objetiva como princípio norteador dos contratos que têm natureza meramente privada. A esse passo, oportuna a lição de WAGNER BALERA (*Valor social do trabalho*. São Paulo: LTr, 1958. p. 170) ao asseverar que:

[...].

O Direito do Trabalho será o maior entrave aos abusos da liberdade de mercado, e fixará os limites dessa mesma liberdade.

[...].

Para os que não perdem de vista a natureza do direito que aplicam, obviamente, a boa-fé tem maior incidência no âmbito do Direito do Trabalho.

Oportuno lembrar que o Direito do Trabalho, no regramento positivo brasileiro, foi o primeiro a dar trato legal às questões coletivas. A história do Direito pátrio torna irrefutável a afirmativa.

Em outra face, a leitura do art. 8º, III, da Constituição, revela que os sindicatos existem para a defesa dos interesses individuais e coletivos da categoria que representam.

Além disso, pelo disposto no inciso VI do mesmo artigo, descobre-se a preocupação do legislador constituinte em garantir o equilíbrio das partes na negociação coletiva, no sentido de evitar que os Acordos ou Convenções Coletivas de Trabalho se apresentem como "legítimas" imposições da vontade do empregador, ao estabelecer que "é obrigatória a participação dos sindicatos nas negociações coletivas de trabalho".

Releva destacar que o artigo está inserido no Título II da Constituição Federal — Dos Direitos e Garantias Fundamentais. Sem querer adentrar no mérito de rico debate, não posso, todavia, deixar de sublinhar, a esse passo, o disposto no artigo 5º da mesma Carta:

[...].

§ 1º *As normas definidoras dos direitos e garantias fundamentais têm aplicação imediata.*

§ 2º *Os direitos e garantias expressos nesta Constituição não excluem outros decorrentes do regime e dos princípios por ela adotados, ou dos tratados internacionais em que a República Federativa do Brasil seja parte.*

[...].

Não se pode olvidar que na relação de emprego há uma visão tríplice: a importância do trabalho para o trabalhador, como sua fonte de sobrevivência, e de sua família; de outro lado, o empregador há de sempre buscar manter sua empresa em condições de sustentabilidade, inclusive para dar a devida segurança aos empregados; por último, a própria sociedade, a quem se volta o resultado do trabalho despendido, e na hipótese de um desemprego, sobretudo o massivo, sempre responderá pelas consequências sociais inevitáveis dessa situação.

Essa visão se amolda ao previsto no artigo 1º, IV, da Constituição Federal pelo qual:

[...].

a República Federativa do Brasil, formada pela união indissolúvel dos Estados e Municípios e do Distrito Federal, constitui-se em Estado Democrático de Direito e tem como fundamentos:

[...]

IV – os valores sociais do trabalho e da livre iniciativa.

[...].

A celebração da relação de emprego se faz por meio de contrato, em um acordo tácito ou expresso, consoante o disposto no artigo 442 da CLT. Como salienta MESSINEO (*Doctrina general del contrato*. Trad. esp. Fontanarrosa, Sentís Melendo e Volterra. Buenos Aires, 1952, cap. 1, n. 1), a instituição jurídica do contrato decorre da instituição jurídica da propriedade. Tecnicamente, é instituição pura de direito privado, em regimes que admitem a propriedade individual. A lição de SAN TIAGO DANTAS (Evolução contemporânea do direito contratual. *RT*, 195/144) é definitiva:

[...].

O direito contratual do início de século XIX forneceu os meios simples e seguros de dar eficácia jurídica a todas as combinações de interesses; aumentou, pela eliminação quase completa do formalismo, o coeficiente de segurança das transações; abriu espaço à lei da oferta e da procura, levando as restrições legais à liberdade de estipular; e se é certo que deixou de proteger os socialmente fracos, criou oportunidades amplas para os socialmente fortes, que emergiam de todas as camadas sociais, aceitando riscos e fundando novas riquezas.

[...].

Se essa era a visão sob a égide do Código Civil de 1916, houve uma mudança do perfil político-ideológico a partir do novo Código Civil, com a adoção das denominadas cláusulas gerais, dentre as quais se destaca a estampada em seu artigo 421, pelo qual:

[...].

A liberdade de contratar será exercida em razão e nos limites da função social do contrato.

[...].

A função social do contrato — que, logicamente, deriva da própria função social da propriedade consagrada pela Constituição Federal — não elimina a autonomia privada, mas a restringe. Não estamos mais no regime puro do *pacta sunt servanda*, haurida do liberalismo dos séculos XVIII e XIX, porquanto a conservação do contrato, a sua manutenção, bem como a continuidade de execução subordinam-se às regras da equidade e do equilíbrio contratual, em que os princípios reitores são a boa-fé objetiva e a função social do contrato.

Em síntese, não se pode reduzir o contrato às pretensões individuais dos contratantes. Há de ser um verdadeiro instrumento de convívio social e de preservação simultânea tanto dos interesses individuais quanto dos interesses da coletividade.

Como bem lembra NELSON NERY JUNIOR (Contrato no Código Civil — apontamentos gerais. In: *O Novo Código Civil* — Homenagem ao Professor Miguel Reale. Domingos Franciulli Netto, Gilmar Ferreira Mendes, Ives Gandra da Silva Martins Filho (Coords). 2. ed. São Paulo: LTr, 2005. p. 447):

[...].

> o contrato estará conformado à sua função social quando as partes se pautarem pelos valores da solidariedade (CF, 3º, I) e da justiça social (CF, 170, *caput*), da livre-iniciativa, for respeitada a dignidade da pessoa humana (CF, 1º, III), não se ferirem valores ambientais (CDC, 51, XIV) etc.

[...].

Com essa visão de contrato, oriunda do Código Civil de 2002 e inspirada pela Constituição de 1988, é que temos de apreciar os contratos de trabalho cuja extinção ocorre na dispensa coletiva. Ou será que os princípios do contrato, estabelecidos no Código Civil, não se aplicam ao Direito do Trabalho?

A uma única conclusão chegamos, pelas premissas assentadas ao longo dessa reflexão: a negociação é indispensável em dispensa coletiva.

Bem de se ver que a dispensa coletiva não é, a princípio, repudiada pelo ordenamento jurídico. Em observância, contudo, aos princípios assentados em linhas volvidas temos que está condicionada necessariamente à negociação, que em nosso entender pode ser tanto prévia ou *a posteriori*, inclusive perante o Poder Judiciário, mais precisamente a Justiça do Trabalho, a que está afeta a competência, quer por força do inciso III, quer do inciso II, ambos do artigo 114 da Constituição Federal, o último em condições muito específicas.

Parece-me oportuno que se pontuem algumas linhas sobre a CONVENÇÃO n. 158 da Organização Internacional do Trabalho, aprovada na 68ª reunião da Conferência Internacional do Trabalho (Genebra – 1982) e que entrou em vigor no plano internacional em 23 de novembro de 1985.

Essa Convenção foi aprovada pelo Congresso Nacional em 17 de setembro de 1992 (Decreto Legislativo n. 68), sendo ratificada pelo Governo brasileiro em 4 de janeiro de 1995, para vigorar doze meses depois. Sua eficácia jurídica no território nacional só se verificou a partir do Decreto n. 1.855, de 10 de abril de 1996, com o qual foi publicado o texto oficial no idioma português, promulgando a sua ratificação.

Passados sete meses, o Governo brasileiro denunciou a ratificação da Convenção mediante nota enviada ao Diretor-Geral da Repartição Internacional do Trabalho, assinada pelo Embaixador-Chefe da Delegação Permanente do Brasil em Genebra (Ofício n. 397, de 20.11.96). Com o Decreto n. 2.100, de 20 de dezembro de 1996, o Presidente da República promulgou a denúncia, anunciando que a Convenção deixaria de vigorar no Brasil a partir de 20 de novembro de 1997. A Confederação Nacional dos Trabalhadores na Agricultura ajuizou a **AÇÃO DIRETA DE INCONSTITUCIONALIDADE N. 1.625-3**, que os Ministros Maurício Corrêa (Relator) e Carlos Brito julgaram procedente, em parte, para, emprestando ao Decreto federal n. 2.100, de 20 de dezembro de 1996, interpretação conforme o artigo 49, inciso I da Constituição Federal, determinar que a denúncia da Convenção n. 158 da OIT condiciona-se ao referendo do Congresso Nacional, a partir do que produz a sua eficácia. Já o Ministro Nelson Jobim julgou improcedente a ação, ao passo que o Ministro Joaquim Barbosa a julgou totalmente procedente. Com vista dos autos, desde 03 de junho de 2009, a Ministra Ellen Gracie.

O artigo 13 da Convenção n. 158 preconiza que havendo dispensas coletivas por motivos econômicos, técnicos, estruturais ou análogos, o empregador deverá informar oportunamente à representação dos trabalhadores, manter negociações com essa representação e notificar a autoridade competente, cientificando-a da sua pretensão, dos motivos da dispensa, do número de trabalhadores atingidos e do período durante o qual as dispensas ocorrerão. Nota-se, portanto, que a referida Convenção insere-se na mesma linha principiológica da Constituição Federal e do Código Civil de 2002, sendo plenamente compatível, tanto na teoria quanto na prática, com o Estado Democrático de Direito atualmente vigente no Brasil.

Particularmente sobre o direito à reintegração de empregados atingidos por dispensa coletiva, em que ausente a negociação, a despeito da ordem do raciocínio que estou a seguir, infelizmente, entendo inexistir no nosso ordenamento jurídico. Para nós, o artigo 7º, inciso I, da Constituição Federal reclama lei complementar para regular a matéria, como expressamente previsto, o que fica patenteado com a análise dos Anais da Constituinte de 1988. Não nos podemos esquecer da doutrina sobre a reserva de lei, em sua acepção de "reserva de Parlamento", a exigir que certos temas, dada a sua relevância, sejam objeto de deliberação democrática, em um ambiente de publicidade e discussão, próprio das casas legislativas. Busca-se assegurar, com esse procedimento, a legitimidade democrática para a regulação normativa de temas que atingem a sociedade de forma muito sensível.

Nessa linha de raciocínio, nos autos do referido RODC n. 309/2009-000-15-00.4, o Tribunal Superior do Trabalho, após amplo debate, conquanto tenha afastado a abusividade da dispensa coletiva sem negociação — cujo reconhecimento implicaria necessariamente o direito à reintegração dos empregados dispensados — fixou a premissa de que a negociação coletiva é imprescindível para que determinada empresa possa realizar a dispensa em massa de trabalhadores. Não foram estabelecidas, porém, quais seriam as consequências da ausência de negociação, tendo sido arbitradas, tão somente, as verbas trabalhistas pertinentes a quaisquer dispensas.

6. Conclusão

À luz da principiologia constitucional relativa à exigência de negociação para a efetivação de dispensa coletiva, todavia, conquanto se afigure impossível a reintegração dos trabalhadores dispensados sem negociação, seria possível pensar, em tese, sobre mecanismos compensatórios aptos a darem concretude real à determinação constitucional, conforme exige a própria lógica de materialização dos princípios jurídicos em um Estado Democrático de Direito. Nesse sentido, não é doutrinariamente impossível refletir acerca de compensação financeira, ou até mesmo de indenização, apta a reverter de algum modo aos trabalhadores, nas hipóteses em que determinada empresa realize dispensa coletiva sem prévia negociação com os sindicatos pertinentes.

7. Referências Bibliográficas

BALERA, Wagner. O valor social do trabalho. In: *Revista LTr*, ano 58, n. 10, p. 1.167-1.178.

BONAVIDES, Paulo. *Curso de Direito Constitucional*. 26. ed. São Paulo: Malheiros, 2011.

COUTURE, Eduardo J. *Vocabulário Jurídico*. Montevidéu, 1960.

DANTAS, San Tiago. Evolução contemporânea do direito contratual. In: *Revista dos Tribunais*, São Paulo, vol. 195, 1952.

DWORKIN, Ronald. *O Império do Direito*. Trad. Jefferson Luiz Camargo. São Paulo: Martins Fontes, 1999.

GOMES, Orlando. *Dispensa coletiva na reestruturação da empresa — Aspectos jurídicos do desemprego tecnológico*. São Paulo: LTr, 1974.

MESSINEO. *Doctrina general del contrato*. Trad. Esp.: Fontanarrosa, Sentis Melendo e Volterra. Buenos Aires: EJEA, 1952.

NASCIMENTO, Amauri Mascaro. *Iniciação ao direito do trabalho*. São Paulo: LTr, 2009.

NERY JR., Nelson. Contratos no Código Civil — apontamentos gerais. In: *O novo Código Civil*: Estudos em homenagem ao professor Miguel Reale. Ives Gandra da Silva Martins Filho, Gilmar Ferreira Mendes, Domingos Franciulli Netto (Coords). São Paulo: LTr, 2003.

NETTO, Menelick de Carvalho. A hermenêutica constitucional sob o paradigma do Estado Democrático de Direito. In: *Notícia do Direito Brasileiro*, Nova Série, n. 6, 2º Sem. 1998. Brasília: Faculdade de Direito da Universidade de Brasília.

REALE, Miguel. *Filosofia do Direito*. 19. ed. São Paulo: Saraiva, 2002.

RODRIGUEZ, Américo Plá. Princípios de Direito do Trabalho. Trad.: Wagner D. Giglio. Ed. da Universidade de São Paulo. São Paulo: LTr, 1978.